Psychologie des Guten und Bösen

Dieter Frey
(Hrsg.)

Psychologie des Guten und Bösen

Licht- und Schattenfiguren der Menschheitsgeschichte –
Biografien wissenschaftlich beleuchtet

 Springer

Hrsg.
Dieter Frey
Department Psychologie
Ludwig-Maximilians-Universität
München, Deutschland

ISBN 978-3-662-58741-6   ISBN 978-3-662-58742-3   (eBook)
https://doi.org/10.1007/978-3-662-58742-3

Die Deutsche Nationalbibliothek verzeichnet diese Publikation in der Deutschen Nationalbibliografie;
detaillierte bibliografische Daten sind im Internet über http://dnb.d-nb.de abrufbar.

Einbandabbildung: © [M] francesco chiesa | dk_photo/stock.adobe.com

Springer ist ein Imprint der eingetragenen Gesellschaft Springer-Verlag GmbH, DE und ist ein Teil von
Springer Nature.
Die Anschrift der Gesellschaft ist: Heidelberger Platz 3, 14197 Berlin, Germany

Dieses Buch widme ich meinen Kindern, Lena, Johanna und Josef, mit denen ich viel über das Gute und Böse im Menschen diskutiert habe. Wir haben das Gute bewundert und uns immer gefragt, warum das Böse so viele Chancen in der Welt hat. Das Bestreben war immer, die Welt zu erklären, aber gleichzeitig besser zu machen. Ihnen gebührt mein herzlicher Dank für ihre fortwährende Unterstützung, u. a. bei der Auswahl der „Guten" und der „Bösen" in diesem Werk

Vorwort

Jeder hat Vorstellungen über das Gute und das Schlechte im Menschen. Er sieht das Gute und das Schlechte in sich selbst, seiner Familie, der Nachbarschaft, der Gesellschaft und in den täglichen Medien. Er wundert sich, warum es das Schlechte gibt, warum Menschen so menschenverachtend und gefühlskalt sein können, dass sie den Tod von Hunderten, Tausenden und Millionen Menschen zu verantworten haben – vielleicht ist er vom Bösen sogar fasziniert. Andererseits gibt es die Guten, die die Welt seit jeher zum Positiven verändert haben. Während uns die Reflexion über die Bösen verzweifeln lässt, steigert die Reflexion über das Gute unsere Stimmung, und wir fragen uns, warum nicht alle dem Guten folgen.

In diesem Buch wird an konkreten Personen aufgezeigt, was das Gute ist, wie es sich entwickelt und wer in vielerlei Hinsicht als Vorbild, durch das andere zu positivem Verhalten und Wirken angeregt werden, dienen kann. Genauso wird die Psychologie des Bösen analysiert und beleuchtet, welche Faktoren dazu beitragen, dass Menschen zu schrecklichen Taten bereit sind. Es entsteht der Eindruck, dass durchaus ähnliche Ausgangslagen den einen Menschen zu guten Taten ermutigen, den anderen jedoch in die Gewaltbereitschaft drängen können. Im Vordergrund steht dabei die psychologische, vor allem die sozialpsychologische Analyse – wohlwissend, dass die soziologische Analyse oder andere Wissenschaften genauso relevant sind.

Dieses Projekt wurde von 29 Masterstudenten des Masterstudiengangs der Wirtschafts- und Sozialpsychologie an der Ludwig-Maximilians-Universität (LMU) München in einem Vertiefungsseminar der Sozialpsychologie erarbeitet. Die Teilnehmenden wurden aus über 400 Studenten ausgewählt. Sie haben sich intensiv mit den guten und den bösen Eigenschaften von Menschen auseinandergesetzt und insbesondere reflektiert, welche Anfangsbedingungen, Ursachen und Auslöser zum Guten oder zum Bösen führen.

Durch die Expertise des Seminarleiters, den hohen akademischen Ausbildungsgrad der Studierenden sowie den mehrstufigen Reviewprozess ist gewährleistet, dass die psychologischen Analysen auf dem aktuellen Forschungsstand basieren. Wir haben zu jedem Artikel Literatur für diejenigen zitiert, die sich vertiefend orientieren wollen, und dabei versucht, die goldene Mitte zwischen zu viel und zu wenig Literatur zu wählen.

Die Studierenden haben die Herausforderung so bravourös gemeistert, dass sich der Springer-Verlag gerne bereit erklärt hat, die Beiträge zu publizieren. Es ist sowohl für den Laien interessant, sich mit der Psychologie des Guten und des Bösen auseinanderzusetzen, als auch für Fachleute, da die gesamten Mosaiksteine der Psychologie angesprochen und integriert werden. Im Gegensatz zu den klassischen Lehrbüchern ist das vorliegende Werk weder abstrakt noch trocken, sondern das psychologische Wissen wird anhand der psychologisch relevanten Faktoren für das Gute und für das Böse dargelegt.

Das Buch folgt dem humanistischen Grundgedanken als Leitbild im Sinne von Respekt und Wertschätzung und der Vorstellung einer Gesellschaft, die auf Toleranz, Menschlichkeit, Offenheit und Akzeptanz von Vielfalt beruht. Das bedeutet, dass das Buch auch einen Beitrag dazu liefern soll, wie wir die Welt besser gestalten können. Die Beispiele „guter" und „schlechter" Menschen sollen als Ausgangspunkt für diesen Gestaltungsprozess dienen, da kein Mensch böse geboren wird.

Die in diesem Buch vorgestellten positiven Persönlichkeiten stellen eine Auswahl dar, die der Herausgeber und die Autoren getroffen haben, da ihnen auch heutzutage noch eine hohe Relevanz zukommt. Diese positiven Persönlichkeiten zeichnen sich dadurch aus, dass sie den humanistischen Grundgedanken nicht nur proklamieren, sondern auch gelebt haben. Somit haben sie einen Beitrag zu Nächstenliebe und Gerechtigkeit geleistet und durch ihr Wirken die Menschheit zum Besseren verändert. Die im Buch vorgestellten negativen Persönlichkeiten haben wir ausgewählt, um zum einen zu zeigen, zu welchen Gräueltaten und zu welchem menschenverachtenden Verhalten Menschen fähig sind, und um zum anderen Menschen zu sensibilisieren, wie solche Verhaltensweisen in der Multikausalität entstehen und wie man möglicherweise hätte intervenieren können, um die Folgen möglichst zu minimieren.

Dies ist das 5. Buch einer Reihe, die gemeinsam mit Studierenden erarbeitet wurde. Es sind jeweils Themen, die schon vor Hunderten von Jahren relevant waren und auch noch in Hunderten von Jahren relevant sein dürften.

In dem 1. Buch *Psychologie der Werte: Von Achtsamkeit bis Zivilcourage*[1] beschäftigten wir uns mit über 30 Werten. Es geht u. a. darum, wie sie entstehen, wie man durch Erziehung oder Führung diese Werte leben kann und welcher philosophisch-theologische Hintergrund ihnen zugrunde liegt (Frey 2016).

Im 2. Buch *Psychologie der Sprichwörter: Weiß die Wissenschaft mehr als Oma?*[2] wurden Sprichwörter behandelt und analysiert, unter welchen Bedingungen Sprichwörter, z. B. „Wer einmal lügt, dem glaubt man nicht", Bestand haben (Frey 2017b).

In dem 3. Buch *Psychologie der Märchen*[3] ging es um Märchen, die oft Tausende von Jahren alt sind, und die psychologische Analyse der verschiedenen Charaktere (Frey 2017a).

Das 4. Buch *Psychologie der Rituale und Bräuche*[4] befasste sich mit Sitten und Bräuchen, z. B. Hochzeits- und Geburtsbräuchen, und ihren zugrunde liegenden psychologischen Phänomenen (Frey 2018).

---

1   Frey, D. (Hrsg.). (2016). *Psychologie der Werte. Von Achtsamkeit bis Zivilcourage – Basiswissen aus Psychologie und Philosophie*. Berlin, Heidelberg: Springer.
2   Frey, D. (Hrsg.). (2017b). *Psychologie der Sprichwörter. Weiß die Wissenschaft mehr als Oma?* Berlin, Heidelberg: Springer.
3   Frey, D. (Hrsg.). (2017a). *Psychologie der Märchen. 41 Märchen wissenschaftlich analysiert – und was wir heute aus ihnen lernen können*. Berlin, Heidelberg: Springer.
4   Frey, D. (Hrsg.). (2018). *Psychologie der Rituale und Bräuche*. Berlin, Heidelberg: Springer.

Unser Ziel ist es wie in jedem der vorangegangenen Werke, den Leser dazu anzuhalten, Gegebenes kritisch zu hinterfragen und auch zu hinterfragen, inwieweit wir uns heutzutage von unserer Faszination und Sensationslust leiten lassen.

Wir wünschen Ihnen als Leser viel Freude und Spaß bei der Lektüre und hoffen, Ihnen mit diesem Buch einige Anregungen zum Nachdenken und zur Reflexion des eigenen Lebens zu geben.

Ich danke dem Springer-Verlag, insbesondere Joachim Coch (Planung), Judith Danziger (Projektmanagement) und Stefanie Teichert (Lektorat) für ihre Unterstützung. Ebenso danke ich Michaela Bölt, Nadja Bürgle, Clarissa Zwarg, Caroline Mehner und Marlene Gertz (Letztere 3 als Sprecher des Masterstudiengangs) für die Begleitung und Unterstützung in allen Phasen des Buchprojekts. Mein Dank richtet sich außerdem an die Psychotherapeutin, Dr. Angelika Nierobisch, mit der ich häufig und tiefgehend über die Ursachen vieler guter und schlechter Verhaltensweisen diskutiert habe und die mir stets wertvolle Hinweise gegeben hat.

Dieter Frey
München
im Februar 2019

Inhaltsverzeichnis

I   Die Psychologie des Guten

II   Die Psychologie des Bösen

III   Die Verbindung von Gut und Böse

Herausgeber- und Autorenverzeichnis

Über den Herausgeber

Kurzdarstellung

Dieter Frey ist Professor für Sozialpsychologie an der Ludwig-Maximilians-Universität München. Seine Forschungsinteressen liegen sowohl im Bereich der Grundlagenforschung (beispielsweise Dissonanztheorie, Kontrolltheorie oder die Theorie der gelernten Sorglosigkeit) als auch im Bereich der angewandten Forschung (beispielsweise Entstehung und Veränderung von Werten, Entstehung von Innovationen, Grundlagen und Faktoren professioneller Führung, Zivilcourage). Auch interessiert ihn die konkrete Umsetzung von Forschungsergebnissen in die Praxis.

Ausführlicher Biografietext

Dieter Frey studierte Sozialwissenschaften an der Universität Mannheim und der Universität Hamburg. Nach seiner Promotion und Habilitation in Mannheim, die unter anderem durch ein VW-Stipendium und ein DFG-Stipendium gefördert wurden, war er von 1978 bis 1993 Professor für Sozial- und Organisationspsychologie an der Universität Kiel. Dazwischen war er von 1988 bis 1990 Theodor-Heuss-Professor an der Graduate Faculty der New School for Social Research in New York. Seit 1993 ist Dieter Frey Professor für Sozialpsychologie an der Ludwig-Maximilians-Universität München. Zuvor hatte er Rufe nach Bochum, Bielefeld, Zürich, Hamburg und Heidelberg erhalten.

Er ist Leiter des LMU Centers for Leadership and People Management - eine Einrichtung der Exzellenzinitiative – und Mitglied in der Bayerischen Akademie der Wissenschaften. Von 2003 bis 2013 war er akademischer Leiter der Bayerischen EliteAkademie. Über mehrere Jahre war er Gutachter der Deutschen Forschungsgemeinschaft. 1998 wurde er zum Deutschen Psychologie Preisträger („Psychologe des Jahres") ernannt. 2011 hat die Zeitschrift *Personalmagazin* ihn zum „Praktischen Ethiker" und einem der führenden Köpfe im Personalbereich in Deutschland ausgezeichnet. Für seine Arbeiten, die für eine humanere Welt beitragen, wurde er 2016 von der Dr. Margrit Egnér-Stiftung der Universität Zürich ausgezeichnet. Er ist Mitglied im wissenschaftlichen Beirat des Roman Herzog Instituts, des NS-Dokumentationszentrums München und anderen Institutionen.

Seine Forschungsgebiete liegen sowohl in der Grundlagenforschung (z. B. psychologische Theorien wie Dissonanztheorie, Kontrolltheorie, Theorie der gelernten Sorglosigkeit) als auch in der angewandten Forschung (z. B. Entstehung und Veränderung von Werten, Entstehung von Innovationen, Grundlagen und Faktoren professioneller Führung, Zivilcourage). Schließlich beschäftigt er sich auch mit der Anwendung von Forschung auf soziale und kommerzielle Organisationen.

Autorenverzeichnis

Daniel Abraham
München, Deutschland

Nadja Mirjam Born
München, Deutschland

Franziska Brotzeller
München, Deutschland

Verena Busch
München, Deutschland

Melina Dengler
München, Deutschland

Engin Devekiran
Bretten, Deutschland

Caroline Eckerth
München, Deutschland

Karolin Ehret
München, Deutschland

Frey, Dieter, Prof. Dr.
Department Psychologie und Leiter
des LMU Centers for Leadership
München, Deutschland

Marlene Gertz
München, Deutschland

Melissa Hehnen
München, Deutschland

Hannah Lehmann
München, Deutschland

Andrea Maier
München, Deutschland

Cintia Malnis
Emmering, Deutschland

Caroline Mehner
München, Deutschland

Josefine Morgan
München, Deutschland

Annika Motzkus
München, Deutschland

Huong Pham
München, Deutschland

Karolin Rehm
München, Deutschland

Katharina Ritschel
München, Deutschland

Amelie Scheuermeyer
München, Deutschland

Doreen Schick
München, Deutschland

Paulina Schmiedel
Hamburg, Deutschland

Tim Schöttelndreier
Bückeburg, Deutschland

Bernadette Clarissa Simon
München, Deutschland

Tinatini Surmava-Große
München, Deutschland

Pia von Terzi
Freising, Deutschland

Cara Charlotte Windfelder
München, Deutschland

Clarissa Zwarg
Kirchheim, Deutschland

Einleitung, Aufbau und Hintergrund des Buches

Dieter Frey

© Springer-Verlag GmbH Deutschland, ein Teil von Springer Nature 2019
D. Frey (Hrsg.), *Psychologie des Guten und Bösen,* https://doi.org/10.1007/978-3-662-58742-3_1

1

Die vorgestellten Personen wurden aufgrund ihrer Taten in die Kategorien „Gut" oder „Böse" eingeordnet, auch wenn keine Person nur gute oder nur schlechte Seiten hat. Nach einer kurzen Einleitung wird die Biografie der betreffenden Person geschildert, diese in den historischen und sozialen Kontext eingebettet und ausgeführt, was positiv oder negativ gemacht wurde. Dann werden die psychologischen Theorien, Modelle und Konzepte erläutert, die diesen Taten zugrunde liegen könnten, und diese ggf. um soziologische, philosophische, theologische und politische Perspektiven ergänzt. Am Ende der Beiträge wird u. a. reflektiert, was wir von dieser Person für die Zukunft lernen können.

Wenn wir uns mit der Psychologie des Guten und Bösen beschäftigen, geht es letztlich immer auch um **Werte,** die Personen vertreten oder nicht vertreten haben. Werte sind Grundsätze, anhand derer eine Gesellschaft oder eine Gruppe von Menschen ihr Zusammenleben ausrichtet oder ausrichten will. Es sind Vorstellungen und Ideen vom Zusammenleben, die als richtig und als wertvoll angesehen werden. Werte leiten das Verhalten von Menschen. Sie liefern ein Koordinatensystem, einen Kompass, an dem sich ein Mensch orientieren kann und bilden die Basis von Entscheidungen. Solche Werte finden sich sowohl bei den Personen der guten als auch der bösen Kategorie.

1.1 Unterteilung in Gut und/oder Böse

Das Buch ist aufgegliedert in die Psychologie des Guten und die Psychologie des Bösen. Alle vorgestellten Personen wurden einer Kategorie zugeordnet, weil wir den Eindruck hatten, dass ihr Verhalten eher Ausdruck des Guten bzw. des Bösen ist.

An dieser Stelle ist anzumerken, dass die Kategorisierung in Gut und Böse stark historisch geprägt und an die Normen und Werte einer Gesellschaft geknüpft ist. So wurde häusliche Gewalt in Deutschland bis in die 1990er-Jahre nicht strafrechtlich verfolgt, sondern als Privatproblem den Familien überlassen. Die körperliche Züchtigung von Kindern ist z. B. (erst) seit dem Jahr 2000 verboten, in dem entsprechenden Gesetz wurde aber gleichzeitig das „Recht auf gewaltfreie Erziehung" festgeschrieben. Damit wurde ein Täter/eine Täterin früher vermutlich weniger als „böse" angesehen, als wir dies nach unserem heutigen Verständnis von Recht und Unrecht machen würden.

Die strikte Unterteilung in Gut und Böse fällt schwer und wird den Personen vermutlich nicht immer gerecht, weil diese selten ausschließlich gut oder böse sind. Ein Soldat kann im Krieg Menschen foltern und hinrichten – also aus unserer Perspektive eine besondere Bösartigkeit zeigen, die laut Allgemeiner Erklärung der Menschenrechte verboten ist –, aber gleichzeitig seiner Frau und seinen Kindern gegenüber ein rührender und fürsorglicher Ehemann, ein guter Nachbar und wertvolles Mitglied einer Gemeinde sein. Macht ihn dieses gute bzw. böse Verhalten weniger böse bzw. gut?

Das Verhalten des Soldaten kann unterschiedlichste Gründe haben: Man fühlt sich oder ist der Rolle verpflichtet, in der man verteidigen, kämpfen und – einem höheren Zweck dienend – siegen muss, oder hat, wenn man sich gegen diese Rolle wehrt, sehr oft Nachteile oder sogar den eigenen Tod zu befürchten. Dies zeigt, dass Menschen je nach Rolle liebenswürdig oder sogar Mörder sein können. Daher beziehen wir uns in diesem Buch in erster Linie auf böse und gute Taten und nicht auf böse und gute Menschen.

Daneben gelten die ethisch-moralischen Prinzipien ohnehin meistens nur für die eigene Gruppe, nicht aber für die Außengruppe. Dass Menschen sowohl das Gute wie auch das Böse in sich haben, zeigt sich in den Tausenden von Kriegen, die es immer gab und weiterhin gibt. Es geht um Macht, um die Eroberung oder die Verteidigung knapper Ressourcen und um die Ausweitung von Einfluss. Interessant ist, dass menschenverachtendes und teils bestialisches Verhalten oft mit höchsten moralischen Werten und Ansprüchen gerechtfertigt wird (z. B. Kreuzzüge). Es gibt immer Gründe, zu agieren und zu reagieren – ob aus Rache oder präventiv, um dem Feind zuvorzukommen. Menschen sind keine rationalen, sondern rationalisierende Wesen.

1.2 Zur Wirkung des Buches: Wie gefährdet sind wir wirklich?

Dem Leser mag es ähnlich gehen wie uns selbst. Bei der Konfrontation mit dem **Bösen** wird er selbst in einen negativen emotionalen Zustand kommen und sich fragen: Warum ist das passiert? Warum konnte sich so etwas entwickeln? Warum ist niemand eingeschritten? Warum kann der Mensch so fürchterlich sein?

Wichtig ist es, an dieser Stelle zu betonen, dass wir eine Auswahl an Personen getroffen haben, die nach unserem Verständnis alle sehr grauenvolle Taten begangen haben. Diese Taten geschahen in einer Zeitspanne von fast 2000 Jahren. Es ist also teilweise sehr viel Zeit dazwischen vergangen, in der auch wunderbare Dinge geschehen sind, auf die wir hier nicht eingehen. Wir möchten beim Leser nicht das Gefühl der Unsicherheit auslösen.

Kommen Personen durch die Medien mit Straftaten oder anderen Katastrophen in Berührung, steigt in ihnen das Gefühl, dass diese Taten oder Katastrophen sehr wahrscheinlich sind und ihnen bestimmt auch widerfahren werden. Das lässt sich psychologisch mit dem Phänomen der **Verfügbarkeitsheuristiken** erklären, was sich sehr deutlich in Umfragen zur Sicherheit von Flugreisen zeigt. Die Wahrscheinlichkeit, Todesopfer eines Flugzeugabsturzes zu sein, ist extrem gering – dennoch fühlen sich viele in der Luft nicht sicher, weil sie aus den Medien mehr Bilder von Unfallstellen und Verunglückten kennen als von glücklichen Passagieren, die sicher aus dem Flugzeug aussteigen. Und es sind auch mehr Bilder von Flugzeugabstürzen in der Zeitung als Berichte

von Krebskranken, obwohl die Wahrscheinlichkeit, an Krebs zu sterben, wesentlich höher ist, als die mit einem Flugzeug abzustürzen. Diese Überrepräsentation von bildhaften negativen Ereignissen werden stärker erinnert, weshalb wir uns unsicherer fühlen. Das Gegenteil ist bei Lottogewinnern der Fall. Wöchentlich sieht man in der Zeitung das Bild des glücklichen Gewinners, obwohl eigentlich die Millionen von Verlierern abgebildet sein müssten, um ein realistisches Bild wiederzugeben. Lassen Sie sich beim Lesen also bitte nicht von der Anzahl der Personen in der bösen Kategorie verunsichern. Das alles sind sehr seltene Taten, und die Wahrscheinlichkeit, dass sie Ihnen widerfahren, ist sehr gering.

Die Beschäftigung mit dem **Guten** geht eher mit positiven Emotionen einher. Auch hier können sich Fragen auftun: Warum sind nicht alle Menschen so? Was hat ihm/ihr die Kraft gegeben, diese Taten zu vollbringen? Welche für uns alle geltenden Werte spiegeln sich darin wider? Dies löst bei den meisten ein Gefühl der Erleichterung und inneren Ruhe aus, weil doch so viel Gutes in der Welt passiert. Gleichzeitig zeigt sich auch bei den Persönlichkeiten in der guten Kategorie, dass diese durchaus zu Negativem fähig sind.

Selbst in einer Gesellschaft, die wie in Deutschland im Grundsatz vom christlichen Menschenbild geprägt ist und für Nächstenliebe und Gleichberechtigung steht, kommt es vor, dass sich vermeintlich „gute" Personen ungerecht behandelt fühlen und dann getrieben von Neid, Rachelust und einem hohen Machtbedürfnis zu egoistischen und bösen Taten fähig sind. Daneben muss man das nach außen und das nach innen gezeigte Leben und Verhalten unterscheiden, ebenso das in der Öffentlichkeit und das in der Anonymität gezeigte Verhalten. Oft ist es so, dass man Personen sowohl der guten wie auch der bösen Seite zuordnen könnte. Jeder Mensch hat mehrere Gesichter, je nachdem, in welchem inneren Affekt- und Kognitionszustand und in welcher Situation er sich befindet.

Der Beitrag der wissenschaftlichen Psychologie zur Analyse des Guten und Bösen

Dieter Frey, Clarissa Zwarg, Marlene Gertz und Caroline Mehner

© Springer-Verlag GmbH Deutschland, ein Teil von Springer Nature 2019
D. Frey (Hrsg.), *Psychologie des Guten und Bösen*, https://doi.org/10.1007/978-3-662-58742-3_2

„Gut" und „Böse" sind moralische, wertende Kategorien aus der Philosophie. „Das hast du gut gemacht.", „Deine Note ist gut.", „Es geht mir gut." und „Du bist gut, besser, die Beste." sind Ausdrucksweisen, die wir im Alltag häufig verwenden. Damit bewerten wir andere oder uns selbst hinsichtlich unseres Verhaltens oder unseres Gefühlszustands. Im *Duden* wird „gut" definiert als „den Ansprüchen genügend, von zufriedenstellender Qualität, ohne nachteilige Eigenschaft oder Mängel, wirksam, nützlich; angenehm, erfreulich, sich positiv auswirkend" (Duden 2019). Das Gegenteil von gut ist böse. „Böse" wird definiert als „moralisch schlecht, verwerflich, schlecht, schlimm, übel" oder auch als „ärgerlich, zornig, wütend". Auch hierbei handelt es sich um ein Adjektiv „böse, böser, am bösesten", das wir in unserem Alltag häufig verwenden. Bezeichnet man eine Person als gut oder böse, generalisiert man ihr Verhalten auf die ganze Person.

In der Psychologie gibt es die Kategorien „Gut" und „Böse" eigentlich nicht. Die Psychologie ist eine weitgehend wertfreie Disziplin, die versucht, das Verhalten und Personen zu erklären, ohne zu sagen, ob bzw. dass eine Person besser oder schlechter als eine andere ist. In der Psychologie finden daher eher Begriffe und Kategorien wie „positiv" und „negativ" bei der Beschreibung von Verhaltensweisen oder Persönlichkeitseigenschaften Verwendung.

Uns ist es wichtig, zu betonen, dass wir nicht schwarz-weiß denken und die Menschen als Ganzes in diesem Buch nicht als gut oder böse kategorisieren. Es geht darum, ihr Verhalten in diese Kategorien einzuordnen, um uns so dem Phänomen des Guten und des Bösen zu nähern. Man sollte streng genommen also nicht von „bösen" Menschen sprechen, sondern von Menschen, die böses Verhalten gezeigt haben oder in unserer Gesellschaft als böse wahrgenommen wurden. Im Extremfall kann ein „böser" Mensch ein fürsorglicher Vater oder Ehemann gewesen sein. Jeder Mensch ist gut **und** böse. So wurden die vorgestellten Personen aufgrund ihres Verhaltens zwar jeweils der Kategorie „Gut" oder „Böse" zugeteilt, dennoch zeigen sich in ihrer Persönlichkeit Grauzonen.

Da dieses Buch viel mit Psychologie und der Interpretation von Gut und Böse zu tun hat, aber viele Leser eher psychologische Laien sind, ist es wichtig, zu Beginn eine Einführung zu geben, wie wissenschaftliche Psychologie arbeitet, welchen Denkweisen sie folgt, was sie kann – und was nicht (vgl. auch Silbereisen und Frey 2001).

2.1　Die Psychologie und ihre Vorausurteile

Bei jeder Wissenschaft haben Menschen gewisse positive und negative Vorausurteile über die Wissenschaft oder diejenigen, die diese Wissenschaft betreiben. So bestehen oft negative Vorausurteile, z. B. wären Rechtswissenschaftler langweilig und dächten nur in Paragrafen; Studierende der Ökonomie würden nur nach ihrem Nutzen schauen; Studierende der Ingenieurwissenschaften wären technisch besonders begabt, hätten aber keine Ahnung vom Umgang mit Menschen; Mathematiker und Physiker wären zwar Meister der Logik, hätten aber keinen Zugang zu Emotionen; und schließlich über Studierende der Psychologie: Vorsicht vor Psychologen! Sie hätten ein Röntgenauge und würden sehen, was andere nicht sehen, oder sie wollten sich durch das Studium selbst analysieren und helfen.

Solche Vorausurteile werden oft bestätigt. Wie die psychologische Forschung zeigt, ist die soziale Wahrnehmung selten objektiv, sondern subjektiv. Man sieht, was man glaubt oder erwartet. Man nimmt eher unterstützende Fälle wahr (Confirmation Bias) oder interpretiert bestimmte Signale der jeweiligen Personen in Richtung der bestehenden Hypothesen, Vorausurteile und Erwartungen.

Um mit Vorausurteilen aufzuräumen: Weder haben Psychologiestudenten ein Röntgenauge noch per se psychische Störungen oder kämpfen mit Depressionen. Die Selbstmordquote unter Psychologiestudenten ist wesentlich geringer als unter Jura- und Medizinstudenten, und keineswegs beschäftigen sich Psychologiestudenten nur mit ihrer eigenen Gefühlswelt. Im Gegenteil: Die wissenschaftliche Psychologie ist sehr naturwissenschaftlich und überwiegend experimentell ausgerichtet (▶ Abschn. 2.4). Im Grundstudium muss man sich zunächst mit Statistik, Methoden, Physiologie oder auch Biologie beschäftigen. Die Psychologie lässt sich nicht auf die klinische Psychologie reduzieren. Das Spektrum ist viel breiter und nur ein Teil der Psychologen ist später im klinischen Bereich tätig (Therapie, Beratung usw.), während viele andere in Unternehmensberatungen, Forschungsinstituten, Marketingfirmen oder der Personal- und Organisationsentwicklung arbeiten.

2.2 Was will, was kann die moderne wissenschaftliche Psychologie?

Psychologie ist die Wissenschaft des Erlebens und Verhaltens (vgl. Bierhoff und Frey 2006, 2011; Frey und Bierhoff 2011). Auch wenn sich die moderne Psychologie nicht mehr – wie es in ihren Anfängen hieß – mit der Seele beschäftigt, so beschäftigt sie sich doch auch heute mit der Funktionsweise des Menschen, mit seinem Erleben und Verhalten, seinen Wahrnehmungen, Erwartungen, Kognitionen, Emotionen, Gefühlen, Motiven, Stimmungen, ebenso mit Lernen und Problemlösen. Kurt Lewin, einer der wichtigsten Vertreter der Psychologie, hat die sog. „Weltformel der Psychologie" definiert (Lewin 1936; Frey 2012; Hauser et al. 2016): $E + V = f (P, U)$ – Erleben (E) und Verhalten (V) sind eine Funktion (f) der Person (P) und der Umwelt (U).

Das, was wir im tatsächlichen Erleben und Verhalten von Personen sehen und erkennen, ist einerseits in der Person verankert, andererseits wird es durch die Umwelt geprägt. Zur Person gehören ihre genetisch-biologischen Ausgangsbedingungen und ihre gemachten Erfahrungen in der frühen Kindheit, der Jugendzeit oder im Erwachsenenalter. Zusätz-

lich nimmt ihre Umwelt Einfluss, die teilweise einfach so ist, wie sie ist, und zudem aktiv von Personen ausgewählt und beeinflusst wird.

Der Begriff Umwelt ist hier weit gefasst. Gemeint ist nicht nur die physikalische, architektonische, sondern vor allem die soziale Umwelt: das Wirken der Eltern, des Kindergartens, der Schule, der Universität, des Berufes und damit der Führungs-, Unternehmens- und gesellschaftlichen Kultur – im weitesten Sinne der gesamte historische und politische Kontext, in dem Menschen leben. Wäre der Leser im Mittelalter aufgewachsen oder in Asien oder in Afrika, wäre seine Persönlichkeitsstruktur anders geprägt worden. Die Umstände der Geburt (Familie, Kultur, Zeitalter) und der erste Tag des Lebens sind zentral.

Die Umwelt hat also einen entscheidenden Einfluss auf die Entwicklung einer Person. In diesem Buch wird an vielen Stellen deutlich, was die negative oder die positive Entwicklung der dargestellten Personen prägte. Natürlich beeinflusst nicht nur die Umwelt die Person, sondern umgekehrt können auch Personen die Umwelt – manchmal im Kleinen, manchmal auch im Großen – gestalten, vor allem wenn sie mit anderen koalieren, also Unterstützer und Helfershelfer sind.

Da gezeigtes Verhalten von der Person und ihrer Umwelt abhängt, ist die Psychologie in ihren Erklärungen keineswegs deterministisch. Psychologen können nicht wie Techniker sagen, dass in einem Schaltkreis eine Glühbirne immer leuchten wird, wenn er nur richtig geschaltet ist. Sie können nur sagen, dass bei den gegebenen Faktoren ein bestimmtes Entwicklungs- und Verhaltensmuster sehr (un)wahrscheinlich ist.

An dieser Stelle wird erstmals die wichtige Rolle der Psychologie deutlich, um Erklärungsansätze zu liefern, warum Menschen eher positiv bzw. negativ handeln. Es muss stets betrachtet werden, was in der Person selbst vorhanden und was in ihrer Umwelt geschehen ist, um ihr Verhalten zu erklären und nachvollziehbar zu machen.

Wir hatten bereits erwähnt, dass Psychologie eine naturwissenschaftliche Disziplin ist, d. h, ähnlich wie die Chemie und die Physik versucht die Psychologie Theorien und Modelle aufzustellen, um auf höherer Abstraktionsebene menschliches Erleben und Verhalten im weitesten Sinne zu erklären, vorherzusagen und zu verändern.

2.3 Moderne wissenschaftliche Psychologie

Von Kurt Lewin kommt der Ausspruch: „Nichts ist praktischer als eine gute Theorie oder ein gutes Modell." Theorien helfen, bestimmte Phänomene des Erlebens und des Verhaltens zu erklären und vorherzusagen (vgl. Frey und Irle 1993, 2002a, b; Frey et al. 2010).

So wie es in der Medizin nicht eine Theorie des menschlichen Organismus gibt, so gibt es auch keine allgemeine Theorie über das Funktionieren des Menschen, sondern viele sog. „Minitheorien", z. B. die Frustrations-Aggressions-Theorie, die Selbstwertschutztheorie oder die Theorie der kognizierten Kontrolle, um nur einige zu nennen. Im Sinne der Wissenschaftstheorie hat eine gute Theorie 5 Aufgabenbereiche, die weiter unten ausgeführt werden.

Wir wollen die Funktionsweise von Psychologie, vor allem der Sozialpsychologie, mithilfe einer populären Theorie veranschaulichen, um nachvollziehbar zu machen, welche Funktionen eine psychologische Theorie hat und wie die Wissenschaft der Psychologie arbeitet. Beispielhaft wird hierzu im Folgenden die Theorie der **wahrgenommenen (kognizierten) Kontrolle** (vgl. Frey und Jonas 2002) herangezogen. Diese postuliert, dass Menschen in der Regel bestrebt sind, Ereignisse in sich selbst und in ihrer Umgebung

- zu erklären, d. h. einen Sinn zu finden, warum und wozu etwas da ist (Erklärbarkeit),
- vorherzusagen, um Transparenz zu erzielen (Vorhersehbarkeit),
- mitzugestalten und zu beeinflussen (Beeinflussbarkeit).

Die Theorie postuliert keineswegs, dass dies immer und überall so ist. Viele Dinge will man nicht erklären oder auch nicht vorhersagen, z. B. wenn sie zu bedrohlich und nicht beeinflussbar sind.

Die Theorie spezifiziert also die Bedingungen, wann Menschen eher erklären, vorhersagen und beeinflussen wollen. Dort, wo neue Situationen adaptiert werden können, ist es tatsächlich besser Kontrolle im Sinne von Erklärbarkeit, Vorhersagbarkeit und Beeinflussbarkeit zu haben. Kontrollverlust hingegen besteht dann, wenn Menschen keinen Sinn in dem sehen, was sie tun, und auch nicht erklären können, warum und wozu etwas gemacht wird. Kontrollverlust empfinden Menschen auch, wenn die Zukunft nicht vorhergesagt werden kann, was Angst macht. Schließlich entsteht Kontrollverlust, wenn Ereignisse nicht beeinflusst werden können, was Hilflosigkeit und Apathie bewirken kann. Viele Personen, die sich in die negative Richtung entwickeln, haben meist eine Art von Kontrollverlust erlebt. Ihr negatives Verhalten ist teilweise der Versuch, Kontrolle wiederherzustellen, z. B. durch aggressives, antisoziales Verhalten. Auch wer Menschen unterdrückt, will manchmal Kontrolle und Macht demonstrieren.

Welchen Vorteil hat nun eine Theorie wie die der wahrgenommenen Kontrolle? Man kann mit einer Theorie mindestens 5 Aufgabenbereiche abdecken (vgl. Frey et al. 2011; Schmalzried et al. 2016):

1. **Ereignisse beschreiben und analysieren:** Erkennt man z. B. in einer Gesellschaft oder in einer Firma so etwas wie Kontrollverlust, kann man dafür verschiedene Worte verwenden. Die Leute sind frustriert, orientierungs- und teilnahmslos. Sie wissen nicht, warum sie etwas machen, und können keinen Einfluss nehmen. In der Sprache der Theorie kann dieser Zustand dann von allen, die die Theorie kennen, beschrieben und analysiert werden – also das Ausmaß, in dem wahrgenommene Kontrolle vorhanden oder nicht vorhanden ist.

2

2. **Zustände erklären:** Oft will man z. B. im Unternehmenskontext erklären, wie engagiert Mitarbeiter sind. Laut der Theorie der kognizierten Kontrolle kann es sein, dass ein wenig engagierter Mitarbeiter die Wahrnehmung hat, dass er weder etwas beeinflussen noch vorhersagen kann, während der begeisterte und motivierte Mitarbeiter seine Umwelt eher so wahrnimmt, dass er Dinge vorhersagen und beeinflussen kann. Jeder Mensch bringt ein anderes kognitives System mit, das beeinflusst, wie er eine gewisse Situation interpretiert. Insgesamt kann man mithilfe der Theorie erklären, warum jemand wenig oder hoch motiviert ist.

3. **Zustände vorhersagen:** Eine Theorie eignet sich darüber hinaus dazu, Vorhersagen zu treffen. Wenn jemand eine neue Firma gründen will, wird er sich fragen: Wie viele Informationen will ich über den Tellerrand hinaus geben? Wie eingehend will ich erklären, warum und wozu etwas gemacht werden soll? Wie viel Autonomie und Partizipation will ich ermöglichen? Menschen unterscheiden sich hierbei. Es gibt Führungskräfte, die wenig Bereitschaft zeigen, Erklärungen zu geben, und Mitgestaltungsmöglichkeiten stark einschränken, weil sie Entscheidungen nicht aus der Hand geben wollen. In der Regel wird dieses Vorgehen laut der Theorie der kognizierten Kontrolle von den Mitarbeitern allerdings weniger gut angenommen werden, da sich diejenigen, die in ihrer Umgebung Sinn und Transparenz und damit Vorhersehbarkeit, Autonomie und Partizipation erleben, eher mit der Firma identifizieren und mehr Engagement und Motivation zeigen. Wird diese Umgebung nicht wahrgenommen, werden Menschen eher teilnahmslos und verlieren das Interesse (Frey und Jonas 2002; Frey 2015).

4. **Zustände verändern:** Mithilfe einer guten Theorie, z. B. der hier aufgezeigten Kontrolltheorie, kann man als Psychologe auch intervenieren, d. h. neue Zustände schaffen. Man kann z. B. im Altersheim, im Krankenhaus, der Schule, dem Elternhaus oder der Firma sagen: Wenn du einen Menschen motivieren willst, sorge dafür, dass er sehr viel Erklärbarkeit, Vorhersehbarkeit und Beeinflussbarkeit erfährt. Dabei darf man Menschen nicht überfordern, sondern sollte individuell auf sie eingehen. Insofern gibt die Theorie die Möglichkeit, evidenz- oder theorienbasiert Verbesserungen in den jeweiligen Subsystemen zu erreichen.

5. **Kritik bestehender Zustände:** Eine gute Theorie hat letztlich immer auch einen sog. revolutionären Charakter. Aus einer Theorie lässt sich oft ableiten, was zu tun ist, sofern man Mündigkeit, Motivation, Identifikation und Engagement fördern will. Ebenso kann man die Postulate der Theorie mit der Realität konfrontieren und dabei feststellen, dass die gesellschaftliche Realität ganz anders wahrgenommen wird, als es von der Kontrolltheorie für wichtig befunden wird. Dies lässt sich kritisch aufzeigen und liefert z. B. einen Erklärungsansatz, warum in einer Organisation oder in einer Gesellschaft Gleichgültigkeit, Parteiverdrossenheit und Niedergeschlagenheit vorherrschen.

Wie man an diesem Beispiel sieht, kann man aufgrund nur einer Theorie sehr viel analysieren, erklären, vorhersagen und verändern.

2.4 Methoden in der Psychologie

Die wissenschaftliche Psychologie hat ähnlich wie die Naturwissenschaften Methoden eingeführt, wie man Theorien testen kann. Intuition und Bauchgefühl reichen nicht aus, um das Erleben und Verhalten von Menschen zu erklären und vorherzusagen. Labor-, aber auch Feldexperimente oder -untersuchungen sind unabdingbar, um die Vorhersagen einer Theorie zu überprüfen (vgl. Frey und Jonas 2002).

Beispiel: Wirkt Lärm, der nicht vorhersehbar und nicht beeinflussbar ist, aversiver als derselbe Lärm, den ich vorhersagen, beeinflussen und damit beenden kann? Konkret: Der neu eingezogene Nachbar macht Lärm, und Sie ärgern sich. Hat er Sie aber vorgewarnt (Vorhersehbarkeit), die Hintergründe genannt, z. B. Geburtstag (Sinn vermittelt) und gleichzeitig Beeinflussbarkeit signalisiert (Klingeln oder Klopfen, wenn es zu laut ist), dann sind Sie eher bereit, den Lärm zu ertragen.

Das kann man in **Laborexperimenten** testen, indem Menschen mit Lärm konfrontiert werden und Erklärbarkeit, Vorhersehbarkeit und Beeinflussbarkeit vorhanden sind oder nicht. Dann sieht man, dass derselbe objektive Stressor „Lärm" sehr unterschiedliche aversive Reaktionen auslöst, je nachdem ob er erklärbar, vorhersehbar und beeinflussbar ist oder nicht. Hiermit sind nicht nur emotionale Reaktionen, sondern auch Leistungsverringerungen usw. gemeint. Diese Laborexperimente sind ähnlich aufgebaut wie Experimente in der Chemie oder Physik: Man hat bestimmte, sog. unabhängige Variablen – hier z. B. Vorhersehbarkeit, Beeinflussbarkeit – und überprüft, ob eine aversive Stimulation, z. B. Lärm, Auswirkungen auf eine sog. abhängige Variable hat, z. B. emotionale Belastung, Frustrationstoleranz, Leistungsfähigkeit usw.

Dies kann man auch in **Felduntersuchungen** erforschen, indem man Leute beobachtet, die z. B. in einem Team Erklärbarkeit, Vorhersehbarkeit und Beeinflussbarkeit erleben oder eben nicht, und man kann dann überprüfen, wie sie reagieren. Ebenso kann in Felduntersuchungen überprüft werden, ob z. B. Krankenhauspatienten, die erklären können, warum ein Unfall passiert ist, die den Genesungsprozess vorhersagen können und die zudem glauben, sie könnten die Genesung selbst beeinflussen, weniger lange im Krankenhaus bleiben und früher wieder zur Arbeit gehen als Menschen, die einen Kontrollverlust erleben. Letztere wissen nicht, warum ihnen das passiert ist, können weder die Entwicklung der Genesung vorhersehen noch nehmen sie wahr, dass sie diese möglicherweise beeinflussen können. Solche und ähnliche Untersuchungen sind über Jahre erfolgt (vgl. Frey und Rogner 1986, 1987; Rogner und Frey 1986; Frey et al. 1989).

Diese Beispiele veranschaulichen, dass die wissenschaftliche Psychologie anders ist, als es sich vielleicht der Laie vorstellt. Das Bild vom Therapeuten, der auf der Couch sitzt und über viele Stunden frühkindliche Erlebnisse analysiert, trifft nur für einen kleinen Ausschnitt der Psychologie zu. Natürlich gibt es verschiedene Schulen, aber zu 90 % geht es um die hier beschriebene wissenschaftliche Psychologie.

Auch deshalb liegt der Fokus im Psychologiestudium in der Ausbildung von Statistikkenntnissen, Methoden der Datenerhebung und -auswertung. Für viele Studierende und Außenstehende ist dies nicht sofort nachvollziehbar. Die Erklärung ist einfach: Da wir eine naturwissenschaftliche Disziplin sind, die über empirische Forschungen, z. B. Laborexperimente, Feldexperimente, Beobachtungen oder Befragungen, Daten erhebt, müssen diese Daten ausgewertet werden. Es gilt zu überprüfen, was die Ursachen von Aggression, die Konsequenzen von Frustration usw. sind. Dies kann oftmals nur durch sehr elaborierte statistische Methoden geprüft werden. Gibt es z. B. Unterschiede zwischen hoher und niedriger Frustration hinsichtlich des beobachtbaren aggressiven Verhaltens und sind die Unterschiede signifikant, also groß genug, um die These, dass Frustration Aggression erzeugt, zu bestätigen (Dollard et al. 1939)? Jeder Psychologe muss empirische Untersuchungen und deren Methodik, die weltweit durchgeführt und publiziert werden, verstehen und nachvollziehen können. Es geht nicht darum, empirischen Ergebnissen blind zu vertrauen – ein Wissenschaftler überprüft selbst die methodische Qualität und somit die Gültigkeit der Ergebnisse.

2.5 Teilgebiete der Psychologie und ihre Relevanz für das Gute und Böse

Das Fach Psychologie hat sich in den letzten Jahrzehnten sehr ausdifferenziert und umfasst viele Teilbereiche. Da im Rahmen dieses Buches über Gutes und Böses Forschung aus den unterschiedlichsten Bereichen vorgestellt wird, möchten wir diese im Folgenden kurz einführen.

2.5.1 Allgemeine Psychologie

Sie beschäftigt sich mit allen Vorgängen des Erlebens und Verhaltens von Menschen, z. B. mit Wahrnehmungs- und Gedächtnisprozessen, Prozessen des Lernens und Problemlösens, der Wahrnehmung über Stereotype und Vorurteile, aber genauso mit Emotionen, Motiven und Motivation. Da diese Prozesse im Grunde allen Menschen gemein sind, spricht man von Allgemeiner Psychologie.

Viele Probleme, die mit der Psychologie des Guten und des Bösen verbunden sind, berühren die Allgemeine Psychologie: Welche Motivausprägungen haben Menschen? Wie ist ihre Motivation, etwas Böses oder Gutes zu leisten? Kennen sie ihre Motive? Sind ihnen die Emotionen und ihre Emotionsregulierungen bzw. Fehlregulierungen bekannt? Welche Art von Problemlösungen wenden sie an? Welche Wahrnehmungsverzerrungen hatten sie in der Wahrnehmung anderer Personen oder Situationen? Wie kommen diese unterschiedlichen Wahrnehmungsverzerrungen zustande?

Das Auftreten von Verhalten, egal ob positiv oder negativ, kann auch anhand der Lerntheorien erklärt werden, die zentrale Bestandteile der Allgemeinen, aber auch der Sozialpsychologie und anderer Disziplinen sind. Unser Verhalten ist nicht angeboren, sondern es wird erlernt. Lerntheorien umfassen 4 sog. **Lerngesetze:**

a) **Klassische Konditionierung:** Man lernt über Assoziationen, wie am Beispiel des Pawlow'schen Hundes, der Fleisch mit einem Gong verbindet, deutlich wird. Fleisch erzeugt Speichelfluss. Ertönt jedes Mal, wenn Fleisch gefüttert wird, ein Gong, genügt nach einiger Zeit nur das Hören des Gongs, um einen Speichelfluss zu erzeugen; Fleisch muss keines vorhanden sein. Die jeweilige Situation wird assoziiert, und es wird ein bestimmtes Verhalten erzeugt. Beispielsweise können Situationen, die Angst oder Freude auslösen, ein Verhalten abschwächen oder verstärken, das damit verbunden ist. Durch klassisches Konditionieren kommt in der Tat sowohl Gutes wie auch Böses zustande. So kann ein Reiz oder eine Situation bei einer Person aggressives Verhalten auslösen, wenn die Situation z. B. durch negative Erfahrungen in der Kindheit vorbelastet ist, in denen sich das Kind immer verteidigen musste.

b) **Belohnungslernen:** Verhalten, das in irgendeiner Form belohnt wird, wird öfter gezeigt. Verhalten, das bestraft wird, wird seltener gezeigt. Belohnung und Bestrafung sind abhängig vom Wertesystem des Empfängers. War das Belohnungs- und Bestrafungsverhalten von Personen, die sich gut oder böse entwickelt haben, identisch? Welche Anreize oder Fehlanreize haben sie durch ihr Verhalten in der frühen Kindheit, im Jugendalter oder auch im Erwachsenenalter erhalten? Wurde das Gute entsprechend belohnt? Wurde das Böse bestraft, toleriert oder sogar belohnt?

c) **Modelllernen:** Ein großer Teil unseres Verhaltens entsteht durch Beobachten und Imitieren von anderen Menschen, zu denen wir eine engere Beziehung haben. Viele Dinge braucht man also nicht persönlich zu lernen, sondern man imitiert Vorbilder. Hierunter fällt beispielsweise sowohl aggressives als auch

Hilfeverhalten. Die Frage wird dabei immer sein: Welche Modelle, also Vorbilder, hatten die jeweiligen Personen, die sich positiv oder weniger positiv entwickelt haben (siehe vor allem Bandura 1977)?

d) **Gruppenlernen:** Ein großer Teil unseres Verhaltens wird in Gruppen gelernt, indem sich die Mitglieder der Gruppe gegenseitig verstärken, sanktionieren usw. Ein gutes Beispiel hierfür sind die Anonymen Alkoholiker oder Weight Watchers. Das jeweilige gute oder böse Verhalten ist sehr stark davon abhängig, in welches Netzwerk man – oft zufällig – hineingerät und welche Gruppe und Personen Einfluss auf einen ausüben. Frei nach dem Motto: Zeige mir dein soziales Netzwerk, und ich sage dir, wer du bist.

Diese Lerngesetze sind auf erwünschtes und unerwünschtes Verhalten bzw. auf die Entwicklung des Guten und Bösen anwendbar. Gerade hier zeigt sich, dass das Gute und das Böse nicht angeboren sind, sondern durch frühkindliche Verstärkung beeinflusst wird.

2.5.2 Persönlichkeits- und Differentielle Psychologie

Hier werden die individuellen Unterschiede zwischen Menschen herausgearbeitet, z. B. Unterschiede der Intelligenz, der Kreativität, des Selbstwertes, der Ängstlichkeit, der Depressivität oder der Extraversion. Sie ist somit das Gegenstück zur Allgemeinen Psychologie, die sich auf Gemeinsamkeiten psychologischer Prozesse bezieht (z. B. Lernen, Denken, Problemlösen). In der Persönlichkeits- und der Differentiellen Psychologie versucht man herauszufinden, warum sich die Persönlichkeit von Menschen unterschiedlich entwickelt, z. B. auch innerhalb einer Familie mit denselben Eltern, denselben Erziehungsstilen usw. Es ist keineswegs immer so, dass sich die Kinder einer Familie ähneln.

In der Persönlichkeits- und der Differentiellen Psychologie stellt man sich folgende Fragen: Was waren die spezifischen personalen Ausgangsbedingungen, durch die sich ein Mensch zum Guten oder zum Bösen entwickelt hat? Welche Dispositionen waren vorhanden (z. B. Ängstlichkeit, Neurotizismus, hohe Intelligenz, hoher Grad an Extraversion oder an Machtstreben, Egoismus, Narzissmus usw.)? Man kann also viele Aspekte anhand der Persönlichkeits- und der Differentiellen Psychologie analysieren.

2.5.3 Sozialpsychologie

Mit ihrer Hilfe wird analysiert, inwieweit menschliches Erleben und Verhalten von der Anwesenheit anderer Menschen abhängig ist. Die zentrale Frage ist, welchen Einfluss die soziale, technische und kulturelle Umgebung sowie Gruppenprozesse auf psychologische Zustände haben. „Sozial" meint in diesem Zusammenhang interaktiv, also inwieweit der soziale Kontext, z. B. Normen und Werte der jeweiligen Kultur, Menschen beeinflussen (Bierhoff und Frey 2016a, b).

Die Sozialpsychologie ist die Disziplin, in der man versucht nachzuweisen, dass menschliches Verhalten – egal ob im positiven oder negativen Sinne – gesellschaftlichen Normen, Werten oder dem Gruppendruck unterliegt und dass Menschen nach Konformität streben.

Ein beeindruckendes Beispiel sind die **Milgram-Experimente,** in denen Personen per Zufall in eine Lehrersituation versetzt wurden und einer Versuchsperson, die sinnlose Silben lernen sollte, Stromstöße gaben – sogar bis zu einer Stärke, die tödlich gewesen wären. Die Milgram-Experimente, die international durchgeführt wurden, zeigten, dass ein hoher Prozentsatz, nämlich 80 % der Teilnehmer (auch in Deutschland), Elektroschocks dieser Stärke verabreichten. Das waren durchaus Menschen, die sich für sehr integer hielten. Der Druck, z. B. durch eine Autorität, hier den

Wissenschaftler, der Gehorsam forderte, löste dennoch dieses negative Verhalten der Teilnehmer aus.

Die Macht der Rollen zeigt sich auch in dem berühmten **Stanford-Gefängnis-Experiment**. Für den Versuch, der in einem simulierten Gefängnis an der University of Stanford stattfand, wurden Studenten in 2 Gruppen eingeteilt: Wärter und Gefangene. Ziel war es, zu untersuchen, welche Dynamiken sich in den Gruppen herausbilden und wie stark diese sind. Die Studie, die für 2 Wochen geplant war, musste von der Versuchsleitung vorzeitig abgebrochen werden, da die Situation schnell außer Kontrolle geriet. Nach ersten Konflikten zwischen den beiden Gruppen kam es zu Aufständen bei den Gefangenen, die wiederum immer sadistischere Reaktionen der Wärter hervorriefen. Die schockierende Erkenntnis dieses Experiments war, dass auch normale Menschen zu grausamen Tätern werden können, wenn sie in bestimmte Rollen hineinversetzt werden. Das Stanford-Gefängnis-Experiment ist auch Grundlage für den Film „Das Experiment" (2001) mit Moritz Bleibtreu in der Hauptrolle.

Weitere klassische Experimente der Sozialpsychologie sind Konformitätsexperimente, in denen gezeigt werden konnte, dass Menschen in einer Gruppe dazu neigen, ihre Urteile der Gruppe anzupassen. Oft handelt es sich dabei um unbewusste Prozesse, wobei die Mehrheit einen Gruppendruck ausübt.

Andererseits gibt es aber auch Forschungen, dass Minoritäten durchaus eine Chance haben, sich gegenüber einer Mehrheit durchzusetzen. Voraussetzungen dafür sind, dass sie über die Zeit konsistent sind, Koalitionen bilden, Unterstützer suchen und die Argumentation so formuliert ist, dass sie sich an das Wertesystem anpasst.

Innerhalb der Sozialpsychologie spielt z. B. auch die Theorie der **kognitiven Dissonanz** eine zentrale Rolle (Festinger 1957; Frey und Gaska 1993; Peus et al. 2006). Sie betont, dass Menschen keine rationalen, sondern rationalisierende Wesen sind. Was immer man tut, versucht man zu rechtfertigen. Das machen oft auch die, die sich in eine negative Richtung entwickelt haben.

Daneben beschäftigt sich eine Vielzahl von Theorien in der Sozialpsychologie mit Führung und Macht. Sowohl das Gute wie auch das Böse sind oft mit der Ausprägung von Macht und Führung verbunden. Das Böse will oft Macht demonstrieren und andere klein machen, teilweise um eine zuvor erlebte Ohnmacht zu kompensieren. Dies zeigt sich meistens in einem Missbrauch von Macht. Das Gute kann sich ebenfalls der Macht bedienen, wird aber im Sinne einer Verbesserung der Welt als verantwortungsvoll wahrgenommen.

2.5.4 Biologische, physiologische und Neuropsychologie

Sie dient dazu, die biologischen, physiologischen und neuronalen Grundlagen aller wichtigen psychologischen Prozesse zu ergründen. So wird z. B. untersucht, ob es bestimmte Krankheiten, biologische Veränderungen und/oder Gene gibt, die für das Gute bzw. Böse förderlich sein könnten.

So gibt es eine Vielzahl von neurowissenschaftlichen Erklärungen, die in diesem Zusammenhang relevant sind. Es konnte gezeigt werden, dass Empathie mit der Aktivität anderer Hirnareale zusammenhängt als Mitgefühl und dass empathische Reaktionen kurzfristig durch Angst, Alkoholkonsum, Hunger und langfristig durch Traumata verringert werden. Besonders interessant ist auch die Amygdala, die bei sehr altruistischen Personen (z. B. Organspendern) größer und aktiver als bei der Kontrollgruppe ist, während sie bei Psychopathen kleiner und weniger aktiv ist. Psychopathen weisen tatsächlich gestörte Hirnnetzwerke im Bereich der Amygdala und des orbitofrontalen Kortex auf und haben 5–7 % weniger graue Hirnsubstanz.

Häufig liegen also biologische Besonderheiten vor, die genetisch oder durch frühkindliche Erfahrungen bedingt sein können und (mit) entscheiden, ob sich Menschen in eine bestimmte, manchmal auch negative Richtung entwickeln.

2.5.5 Entwicklungspsychologie

In der Entwicklungspsychologie wird untersucht, wie sich psychische Prozesse, also Emotionen, Kognitionen, Motive, Problemlösefähigkeiten, ausgehend von der Geburt, über die Kindheit und Jugendzeit und bis ins hohe Alter entwickeln bzw. fehlentwickeln.

Die Entwicklungspsychologie ist eine wichtige Teildisziplin bei der Betrachtung des Guten und des Bösen, weil sie im Sinne einer lebenslangen Entwicklung folgende Fragen beantworten kann: Wo waren Auslöser, wo Verknüpfungen, die dazu führten, dass sich Menschen von der einen in die andere Richtung entwickelt haben? Was war die Ursache, dass sich jemand vom Bösen zum Guten oder umgekehrt entwickelt hat, und gibt es dafür eine Erklärung? So erkennt man z. B. oft ein eskalierendes Commitment, d. h., dass es letztlich zur Eskalation kommt, weil man den einmal eingeschlagenen Weg nicht mehr verlassen konnte und erfahren hat, dass extreme Gewalttätigkeit nicht negativ sanktioniert wird usw.

2.5.6 Klinische Psychologie

In der Klinischen Psychologie betrachtet man Störungen von Menschen wie Ängste, Depressionen, Schizophrenie, aber auch zunächst unerklärliche Aggressionen. Untersucht wird, wie diese Störungen entstanden sind und inwieweit man sie durch Therapie behandeln kann.

Die Klinische Psychologie stellt eine der Paradedisziplinen bei der Untersuchung dar, wie sich Fehlverhalten entwickelt hat. Wie kommt es zu Gefühlskälte? Warum sind Menschen bereit, Massenmörder zu werden? Wo beginnt das Krankhafte und wie kann es therapiert werden – wenn überhaupt? Innerhalb der Therapie der Klinischen Psychologie gibt es ebenfalls verschiedene Schulen, z. B. die Gesprächs- und die Verhaltenstherapie sowie die Tiefenpsychologie.

2.5.7 Arbeits-, Wirtschafts- und Organisationspsychologie

In diesem Bereich der Psychologie geht es um menschliche Phänomene in sozialen und kommerziellen Organisationen. Themengebiete sind u. a. Arbeitsmotivation, Führung, Macht, Konflikte, Zusammenarbeit, Mitarbeitereinstellung, Mitarbeiterbindung, Innovation oder auch Marketing, Werbung usw.

Diese Disziplinen bieten zunächst weniger direkte Ansatzpunkte, um Gutes und Böses zu erklären. Trotzdem haben die jeweiligen sozialen und kommerziellen Organisationen, in denen die Menschen gelebt haben – v. a. auch durch ihre Führungs- und Unternehmenskultur – einen großen Einfluss darauf, ob sich Menschen in eine negative oder positive Richtung entwickeln. Insbesondere können Kündigungen, Arbeitslosigkeit, Mobbing am Arbeitsplatz oder Selbstverwirklichung und Karriereerfolg eine wichtige Rolle für die individuelle Entwicklung zu gut und böse spielen.

2.5.8 Pädagogische Psychologie

Die Pädagogische Psychologie befasst sich mit Lehr- und Lernprozessen: Wie muss ein Stoff pädagogisch, didaktisch und methodisch aufbereitet sein, damit der Lernende optimale Lernfortschritte erzielt? Sie beschäftigt sich zudem mit Erziehungspraktiken und hat hier Ähnlichkeiten mit der Führungsstilforschung aus der Arbeits-, Wirtschafts- und Organisationspsychologie.

Beispiel: Wichtig ist beispielsweise, wie Kinder erzogen werden – mit sozialer Wärme oder sozialer Kälte, mit Konsistenz oder Inkonsistenz, mit Konsequenz oder Inkonsequenz, mit Geboten (Optionen) oder Verboten. Man weiß, dass die Art der jeweiligen Erziehungspraktiken starken Einfluss auf den Selbstwert und die emotionale Entwicklung hat. In der Regel ist eine Erziehung mit sozialer Wärme, Konsistenz, Konsequenz und Gebotsorientierung eher verbunden mit emotionaler Stärke, Empathie

2

und Hilfeverhalten, während soziale Kälte, Inkonsistenz, Inkonsequenz und Verbotsorientierung eher antisoziales und dissoziales Verhalten fördert.

Bei der Entwicklung von Menschen ist besonders die Bindung des Kindes zu den Eltern oder nahen Bezugspersonen relevant. Die **Bindungstheorie** spielt sowohl bei positiven wie auch bei negativen Aspekten eine große Rolle. Eine mangelhafte/fehlende Bindung in der Kindheit ist eher ein Prädiktor für eine kritische, negative Richtung, eine positive Bindung weist in eine positive Richtung. Dem Elternhaus kommt eine entscheidende Bedeutung zu, insbesondere bei der Entwicklung des Wertesystems und durch das jeweilige Vorbildverhalten.

In Bezug auf das Gute und das Böse ist die Pädagogische Psychologie die Wissenschaft, die analysiert, welche Erziehungspraktiken die Menschen dazu gebracht haben, gut oder böse zu werden. Zudem gibt sie Anhaltspunkte, wie ein Verhaltenstraining oder eine Umerziehung aussehen könnte, z. B. bei Soldaten, die heimkommen und im Krieg Schreckliches erlebt haben oder Frauen des Gegners vergewaltigt haben. Wie kann man solche Menschen umerziehen, wenn dies überhaupt möglich ist?

2.5.9 Bindestrich-Psychologien

Es gibt eine Vielzahl weiterer Unterdisziplinen der Psychologie, die kleinere Teilgebiete erforschen, z. B. Gesundheits-, Sport-, Werbepsychologie, Polizei-, Kriminal- und Rechtspsychologie, religiöse Psychologie, Kunst- und Musikpsychologie. Es gibt also fast keinen Teilbereich, der nicht Gegenstand dieser sog. Bindestrich-Psychologien ist. Hier werden jeweils die Phänomene des Erlebens und Verhaltens mit einem bestimmten Schwerpunkt erforscht.

Die meisten dieser Teilgebiete sind direkt oder indirekt auf unsere Thematik anwendbar. So kann z. B. die Rechts- und Kriminalpsychologie Antworten aufzeigen, wie zu

erklären ist, dass Menschen kein Unrechtsempfinden (mehr) haben usw.

In allen vorgestellten psychologischen Disziplinen ist man bestrebt, Theorien und Modelle zu entwickeln, um menschliches Verhalten zu erklären, vorherzusagen, aber auch zu beeinflussen. Je mehr psychologische Erkenntnisse vorliegen, desto leichter ist es, Menschen einzuschätzen und ihr Verhalten zu analysieren und ggf. zu beeinflussen. Wir werden im Folgenden jeweils gutes und böses Verhalten von Menschen diskutieren und versuchen, mithilfe psychologischer Erkenntnisse, Theorien und Modelle zu erklären, wie es dazu gekommen ist und wie man das Verhalten von Menschen beeinflussen kann bzw. vielleicht hätte beeinflussen können.

Zusammengefasst kann man aus allen Disziplinen der Psychologie Erkenntnisse ziehen, die auf die Entwicklung des Guten und des Bösen anwendbar sind. In jeder der psychologischen Teildisziplinen gibt es Theorien und Modelle, die hierfür relevant sind. Einige hatten wir bereits genannt, z. B. die Lerntheorie, die Kontrolltheorie, die Frustrations-Aggressions-Theorie, Modelle für die Kindererziehung, Bindungstheorie usw.

2.6 Die Erklärungskraft von Nachbardisziplinen

Wenn wir die Psychologie des Guten und des Bösen analysieren, wollen wir keineswegs einen psychologischen Imperialismus oder gar psychologische Arroganz walten lassen. Die Welt ist zu komplex, und viele der behandelten Personen hätten natürlich genauso durch die Brille der Politikwissenschaft, der Ökonomie, der Soziologie oder anderer Wissenschaften analysiert werden können (vgl. Frey 2010).

Der **Soziologe** würde den Sachverhalt, ähnlich wie die Sozialpsychologie, durch die sozialen Ausgangsbedingungen erklären: In welchem Sozialgefüge ist der jeweilige Mensch aufgewachsen, mit welchen Vorbildern, mit welchen Rollen, mit welchem sozialen Druck, mit welchen positiven oder negativen Normen? Vermutlich würde er dann zu dem Schluss kommen, dass Menschen so geworden sind, weil sie eine bestimmte Rolle zugewiesen bekamen oder übernommen haben. Natürlich wird ein Soziologe immer fragen: In welcher Schicht wuchs jemand auf, in welcher Familienkonstellation, auf dem Land oder in der Stadt? Fühlt er sich depriviert oder gratifiziert? Die meisten Menschen, die sich zu Personen entwickelt haben, die dazu neigen, eher und mehr böses Verhalten zu zeigen, das anderen schadet, fühlten sich in Bezug auf andere subjektiv unfair behandelt, d. h. depriviert, während sich diejenigen, die gutes Verhalten an den Tag legen, als gratifiziert gesehen haben, ihr Verhalten also bestätigt wurde.

Der **Politologe** würde das Verhalten aus den politischen Rahmenbedingungen und den politischen Institutionen, die Menschen prägen, erklären. Er würde sagen, dass sich in autoritären Regimen oder in Zuständen von Kriegen oder Unterdrückung oft eher Gegenbewegungen ergeben, wie dies z. B. bei Stalin der Fall war (▶ Kap. 18). Politische Rahmenbedingungen erfordern also oft eine Gegenwehr. Sie erfordern oft, dass man sich wehrt, um die Macht zu erhalten und bewirken, dass Menschen sich aus Machtgründen gewissenlos verhalten. Politologen würden wahrscheinlich auch postulieren, dass bestimmte Massaker wie von Hitler in rein demokratischen Gesellschaften eher weniger wahrscheinlich ist.

Der **Jurist** würde mithilfe der deutschen Verfassung, des Strafgesetzbuches u. a. argumentieren. Er würde Paragrafen aufführen, vergangene Urteile zitieren und damit begründen, warum die eine Tat juristisch falsch war und somit bestraft werden sollte und eine andere Tat weniger gravierend und somit zum Freispruch der Person führen sollte. In einem Prozess gibt es immer einen Staatsanwalt, der das ganze Geschehen objektiv und zur Sicherheit der Gesellschaft betrachtet, einen Verteidiger des Angeklagten,

der etwas subjektiver argumentiert und Begründungen für das Verhalten seines Mandaten aufführt, um es zu relativieren, und schlussendlich den Richter, der darüber entscheidet, ob sich ein Täter wegen einer Straftat schuldig gemacht hat. (Ein Richter unterscheidet nicht zwischen gut und böse, da es sich hierbei nicht um Kategorien des Rechts handelt. Die Strafjustiz befindet alleine darüber, ob sich ein Täter wegen einer Straftat schuldig gemacht hat).

Der **Ökonom** würde das Verhalten anhand ökonomischer Rahmenbedingungen erklären: War jemand ökonomisch privilegiert oder unterprivilegiert? Inwieweit war die wirtschaftliche Situation ausschlaggebend, durch die sich z. B. eine Massenbewegung ergeben konnte, die nur nach ihrem Anführer gesucht hat.

Ein **Psychiater** (Mediziner) würde, ähnlich wie ein Psychologe, die Psyche eines Menschen untersuchen. Dazu stellt er Fragen über die Kindheit, die Jugend, das Verhältnis zu den Eltern, Freunden, Lebenspartnern und beobachtet währenddessen das Verhalten der Person. Die Art und Weise wie eine Person über etwas spricht, gibt Aufschluss darüber, wie es ihr geht, wie sie sich fühlt und was sie bewegt. Ein Psychiater schaut sich zusätzlich ggf. noch Testergebnisse physiologischer oder bildgebender Tests an. Muss ein Straftäter mit dem Verdacht auf eine Schizophrenie psychiatrisch begutachtet werden, wird für die Absicherung der Diagnose häufig auch ein Magnetresonanztomogramm (MRT) angefertigt (▶ Kap. 34).

Mit dieser Gegenüberstellung wollen wir dokumentieren, dass man einen interdisziplinären Ansatz oder, wenn man in der Psychologie bleiben möchte, einen intradisziplinären, d. h. verschiedene Unterdisziplinen der Psychologie berücksichtigenden Ansatz präferieren sollte, sofern man überhaupt der Meinung ist, dass man diese Dinge erklären kann. In dem ▶ Kap. 34 geht es um die Sichtweise der Nachbardisziplinen, die in Interviews erfasst wurde.

2

2.7 Zum Zusammenspiel von Psychologie und Ethik

Auch wenn die Methodik der Psychologie in 90 % aller Institute eine naturwissenschaftliche ist, heißt das nicht, dass philosophische und ethisch-moralische Fragen ausgeklammert werden. Sicherlich hat sich die Psychologie vor ca. 100 Jahren aufgrund der Position von Wilhelm Wundt, der man sich angeschlossen hat, von der Philosophie getrennt. Ob dies sinnvoll war, kann man unterschiedlich bewerten; der Herausgeber des Buches bewertet es negativ. Aber auch viele naturwissenschaftlich orientierte Wissenschaftler schließen Ethik und Moral nicht aus, im Gegenteil.

Wir sind der Meinung, dass jeder Psychologe, der sich mit Menschen und Gruppen beschäftigt, sich immer auch mit Werten, Sinnfragen und Bedürfnissen gut auskennen und in Kernfragen der Philosophie kompetent sein muss. Das heißt, all das, was empirisch erforscht und interpretiert wird, muss letztlich immer vor dem Hintergrund des jeweiligen sozialen, kulturellen und historischen Kontexts interpretiert werden. Was bedeuten empirische Ergebnisse? Wie sind sie entstanden? Gleichzeitig geht es immer auch um moralisch-ethische Fragestellungen. Ist z. B. alles erlaubt, was möglich ist? (vgl. Frey und Graupmann 2011; Graupmann et al. 2011).

Natürlich werden wir in unseren Analysen immer auch die Sinnfrage stellen: Was war ethisch-moralisch akzeptabel, wenn man eine Gesamtsicht hat? Wir werden letztlich auch immer reflektieren müssen, dass der Mensch eingebettet ist in seine Kultur und Gesellschaft und insofern politische, wirtschaftliche, kulturelle Phänomene eine große Rolle spielen und bei der Interpretation von Verhalten berücksichtigt werden müssen.

Ganz wichtig: Auch wenn die Psychologie naturwissenschaftlich orientiert und weitgehend wertfrei ist, ist es uns ein Anliegen, sie nicht darauf zu beschränken. Im Sinne von Max Weber ist ein Wissenschaftler immer auch Politiker, der Sollzustände herausarbeiten, erklären und verbreiten soll. Insofern werden wir in den späteren Analysen auch wissenschaftlich fundiert zeigen, wie positives Verhalten verstärkt und negatives Verhalten minimiert werden kann. Dabei geht es sowohl darum, wie man negatives Verhalten damals hätte minimieren können – ohne arrogant zu sein –, als auch darum, wie es in Zukunft durch bestimmte Vorkehrungen minimiert werden kann (Graupmann et al. 2016).

Manche Menschen haben Schwierigkeiten damit, wissenschaftliche Berichte und Analysen von Gräueltaten und ihren Straftätern aufzunehmen, weil sie häufig das Gefühl haben, man würde deren Verhalten legitimieren und befürworten. Der Herausgeber dieses Buches war u. a. Theodor-Heuss-Professor an der Graduate Faculty der New School for Social Research in New York und hat dort insbesondere vor jüdischen Kollegen (Dozenten und Studenten) im Jahr 1989 einen Vortrag über die Ursachen der Nazibewegung und des Holocausts gehalten. Er hat versucht, einen kontrolltheoretischen Ansatz zu transportieren, dem zufolge diese Geschehnisse durch den Kontrollverlust in der Weimarer Republik und das Versprechen Hitlers, durch die Eroberung anderer Länder und Eliminierung von Sündenböcken die Kontrolle wiederherzustellen, zu erklären sind (Frey und Rez 2002). Der Herausgeber dieses Buches wurde damals von den jüdischen Kollegen heftig kritisiert, mit der Begründung, der Holocaust in seinen unfassbaren Dimensionen sei nicht zu erklären (was vielleicht auch gar nicht die Intention war) und es gäbe bestimmte Ereignisse, die sich wissenschaftlicher Erklärungen entziehen würden. Diese Meinung muss man akzeptieren. Andererseits kann man schlecht sagen, Gräueltaten entstehen zufällig, denn sehr oft gibt es gewisse Regelmäßigkeiten oder von Theorien abgeleitete Bedingungen, die es wahrscheinlicher machen, dass es zu solchen Verhaltensweisen kommt. Das wird uns in jedem einzelnen Fall begegnen und vermutlich gilt auch hier, dass es mehrere Wahrheiten gibt.

Wir zeigen einen (von mehreren) Wegen auf, das Verhalten zu analysieren, und wollen Erklärungsansätze liefern. So neigt z. B. eine Person eher dazu, straffällig zu werden, wenn sie als Kind von den Eltern misshandelt wurde – wobei dies nicht zwingend der Fall sein muss, wie einige Beispiele in der guten Kategorie zeigen werden (► Kap. 3 und 4). Diese Analysen heißen aber niemals, dass das Verhalten angemessen ist, sondern erklären vielmehr, wie es dazu kommen konnte.

2.8 Zugrunde gelegtes Welt- und Menschenbild

Wir orientieren uns an der Humanistischen und Positiven Psychologie. Das bedeutet, dass wir nicht nur die Welt erklären, sondern sie auch zum Positiven verändern wollen. Für dieses Handeln braucht man einen Kompass oder einen Ankerpunkt. Leitgedanken finden sich in der Philosophie von Immanuel Kant: seiner Forderung nach Mündigkeit („Bediene dich deines eigenen Verstandes."), dem kategorischen Imperativ („Handle so, dass dein Handeln ein allgemeines Gesetz werden könnte.") und ebenso seinem Prinzip („Behandle deinen Gegenüber respektvoll."). Genauso gilt das Prinzip des Selbstrespekts: „Wenn sich das Gegenüber nicht respektvoll behandelt fühlt, soll er/sie dies artikulieren und auf seinen/ihren Selbstrespekt pochen." Dazu könnte man noch addieren, nachfolgend in einen kritisch-rationalen Austausch zu treten. Insofern ist unser Menschenbild neben Kant auch verbunden mit Poppers kritischem Rationalismus im Sinne einer offenen kritisch-rationalen Diskussion ohne Dogmatismus, in der kritisch-rational diskutiert werden kann und muss. Genauso relevant ist Lessings Idee *(Nathan der Weise)* der Toleranz und der Akzeptanz von Vielfalt (vgl. Frey et al. 2004; Frey und Schmalzried 2013a, b).

Wichtig ist, dass wir der humanistischen Grundidee, die von Respekt und Wertschätzung zollt, und der Vorstellung einer Gesellschaft, die auf Toleranz, Menschlichkeit, Offenheit

und Akzeptanz von Vielfalt beruht, folgen. Es ist wichtig, einzuschreiten, wenn genau diese Werte eingeschränkt werden. Unser Ziel beschränkt sich dabei nicht auf psychologische Analysen, sondern soll darüber hinaus zeigen, wie wir die Welt etwas besser machen und die Analyse von guten und bösen Taten von Menschen als Ausgangspunkt für eine bessere Welt nutzen können.

Literatur

Bandura, A. (1977). *Social learning theory*. Englewood Cliffs: Prentice Hall.

Bierhoff, H.-W., & Frey, D. (Hrsg.). (2006). *Handbuch der Sozialpsychologie und Kommunikationspsychologie*. Göttingen: Hogrefe.

Bierhoff, H.-W., & Frey, D. (Hrsg.). (2011). *Bachelorstudium Psychologie: Sozialpsychologie – Individuum und soziale Welt*. Göttingen: Hogrefe.

Bierhoff, H. W., & Frey, D. (Hrsg.). (2016a). *Enzyklopädie der Psychologie/Selbst und soziale Kognition: Sozialpsychologie* (Bd. 1). Göttingen: Hogrefe.

Bierhoff, H. W., & Frey, D. (Hrsg.). (2016b). *Enzyklopädie der Psychologie/Soziale Motive und soziale Einstellungen: Sozialpsychologie* (Bd. 2). Göttingen: Hogrefe.

Dollard, J., Miller, N. E., Doob, L. W., Mowrer, O. H., & Sears, R. R. (1939). *Frustration and aggression*. New Haven: Yale University Press.

Duden. (2019). Wörterbücher: gut. ► https://www. duden.de/rechtschreibung/gut. Zugegriffen: 17. Jan. 2019.

Festinger, L. (1957). *A theory of cognitive dissonance*. Stanford: Standford University Press.

Frey, D. (2010). Ohne Psychologie geht es nicht. Über die Notwendigkeit, unsere Zukunft durch psychologisches Know-how mit zu gestalten. In R. Oerter, D. Frey, H. Mandl, L. von Rosenstiel, & K. Schneewind (Hrsg.), *Neue Wege wagen: Innovation in Bildung, Wirtschaft und Gesellschaft* (S. 210–213). Stuttgart: Lucius & Lucius.

Frey, D. (2012). Noch heute inspirierend und vorbildlich – Gedanken zur Feldtheorie von Kurt Lewin. In K. Lewin (Hrsg.), *Feldtheorie in den Sozialwissenschaften – Ausgewählte theoretische Schriften* (S. 7–10). Bern: Huber.

Frey, D. (2015). *Ethische Grundlagen guter Führung. Warum gute Führung einfach und schwierig zugleich ist*. München: Roman-Herzog-Institut.

Frey, D., & Bierhoff, H.-W. (Hrsg.). (2011). *Bachelorstudium Psychologie: Sozialpsychologie – Interaktion und Gruppe*. Göttingen: Hogrefe.

Frey, D., & Gaska, A. (1993). Die Theorie der kognitiven Dissonanz. In D. Frey & M. Irle (Hrsg.), *Kognitive Theorien der Sozialpsychologie* (S. 275–325). Bern: Huber.

Frey, D., & Graupmann, V. (2011). Werte vermitteln – Sozialpsychologische Modelle und Strategien. In R. Klein & B. Görder (Hrsg.), *Werte und Normen im beruflichen Alltag. Bedingungen für ihre Entstehung und Durchsetzung* (S. 25–44). Berlin: LIT.

Frey, D., & Irle, M. (Hrsg.). (1993). *Theorien der Sozialpsychologie: Bd. I. Kognitive Theorien der Sozialpsychologie.* Bern: Huber.

Frey, D., & Irle, M. (Hrsg.). (2002a). *Theorien der Sozialpsychologie. Bd. II. Gruppen-, Interaktions- und Lerntheorien* (2. Aufl.). Bern: Huber.

Frey, D., & Irle, M. (Hrsg.). (2002b). *Theorien der Sozialpsychologie. Bd. III. Motivations-, Selbst- und Informationsverarbeitungstheorien* (2. Aufl.). Bern: Huber.

Frey, D., & Jonas, E. (2002). Die Theorie der kognizierten Kontrolle. In D. Frey & M. Irle (Hrsg.), *Theorien der Sozialpsychologie: Bd. III. Motivations-, Selbst- und Informationsverarbeitungstheorien* (S. 13–50). Bern: Huber.

Frey, D., & Rez, H. (2002). Population and predators: Preconditions for the holocaust from a control-theoretical perspective. In L. S. Newman & R. Erber (Hrsg.), *Understanding genocide: The social psychology of the holocaust* (S. 188–221). New York: Oxford University Press.

Frey, D., & Rogner, O. (1986). Psychologische Determinanten des Genesungsprozesses von Unfallpatienten. In M. Amelang (Hrsg.), *Bericht über den 35. Kongreß der Deutschen Gesellschaft für Psychologie in Heidelberg 1986: Bd. 1. Kurzfassungen* (S. 392). Göttingen: Hogrefe.

Frey, D., & Rogner, O. (1987). The relevance of psychological factors in the convalescence of accident patients. In G. R. Semin & B. Krahé (Hrsg.), *Issues in contemporary German social psychology* (S. 241–257). London: Sage.

Frey, D., & Schmalzried, L. (2013a). Arbeitsethik: Was Chefs von Kant lernen können. Süddeutsche Zeitung Artikel vom 01. September 2013. ▶ https://www.sueddeutsche.de/karriere/arbeitsethik-was-chefs-von-kant-lernen-koennen-1.1758833. Zugegriffen: 17. Jan. 2019.

Frey, D., & Schmalzried, L. (2013b). *Philosophie in der Führung – Gute Führung lernen von Kant, Aristoteles, Popper & Co.* Berlin: Springer.

Frey, D., Rogner, O., & Havemann, D. (1989). Psychological factors influencing the recuperation process of accident patients. In P. F. Lovibond &

P. H. Wilson (Hrsg.), *Clinical and abnormal psychology* (S. 481–485). Amsterdam: Elsevier.

Frey, D., Kerschreiter, R., Winkler, M., & Gaska, A. (2004). Wie viel Moral braucht der Mensch? Die Bedeutung von Werten und ethischen Prinzipien bei der Führung von Mitarbeitern. In H. Bohlander & M. Büscher (Hrsg.), *Werte im Unternehmensalltag erkennen und gestalten* (S. 49–69). München: Rainer Hampp (DNWE Schriftenreihe, Folge 13).

Frey, D., Braun, S., Wesche, J. S., Kerschreiter, R., & Frey, A. (2010). Nichts ist praktischer als eine gute Theorie – Nichts ist theoriegewinnender als eine gut funktionierende Praxis: Zum Theorie-Praxis-Austausch in der Psychologie. In U. P. Kanning, L. von Rosenstiel, & H. Schuler (Hrsg.), *Jenseits des Elfenbeinturms – Psychologie als nützliche Wissenschaft* (S. 50–74). Göttingen: Vandenhoeck & Ruprecht.

Frey, D., Schmalzried, L. K., Jonas, E., Fischer, P., & Dirmeier, G. (2011). Wissenschaftstheorie und Psychologie: Einführung in den Kritischen Rationalismus von Karl Popper. In D. Frey & H.-W. Bierhoff (Hrsg.), *Bachelorstudium Psychologie: Sozialpsychologie – Interaktion und Gruppe* (S. 285–303). Göttingen: Hogrefe.

Graupmann, V., Osswald, S., Frey, D., Streicher, B., & Bierhoff, H.-W. (2011). Positive Psychologie: Zivilcourage, soziale Verantwortung, Fairness, Optimismus, Vertrauen. In D. Frey & H.-W. Bierhoff (Hrsg.), *Bachelorstudium Psychologie: Sozialpsychologie – Interaktion und Gruppe* (S. 107–129). Göttingen: Hogrefe.

Graupmann, V., James, L., Silveira, S., & Frey, D. (2016). Werte. In H.-W. Bierhoff & D. Frey (Hrsg.), *Enzyklopädie der Psychologie: Sozialpsychologie. Bd. 2. Soziale Motive und Soziale Einstellungen* (S. 817–842). Göttingen: Hogrefe.

Hauser, A., Frey, D., & Bierhoff, H. W. (2016). Was die Psychologie im Innersten zusammenhält: Leben und Werk des Kurt Lewin. In H.-W. Bierhoff & D. Frey (Hrsg.), *Enzyklopädie der Psychologie - Sozialpsychologie. Bd. 1. Selbst und soziale Kognition* (S. 55–74). Göttingen: Hogrefe.

Lewin, K. (1936). *Principles of topological psychology.* New York: McGraw-Hill.

Peus, C., Frey, D., & Stöger, H. (2006). Theorie der kognitiven Dissonanz. In H.-W. Bierhoff & D. Frey (Hrsg.), *Handbuch der Sozialpsychologie und Kommunikationspsychologie* (S. 373–379). Göttingen: Hogrefe.

Rogner, O., & Frey, D. (1986). Kognitive Bewertungsprozesse als Determinanten des Genesungsprozesses nach einem chirurgischen Eingriff. In M. Amelang (Hrsg.), *Bericht über den 35. Kongreß der Deutschen*

2

Gesellschaft für Psychologie in Heidelberg 1986: Bd. 1. Kurzfassungen (S. 393). Göttingen: Hogrefe.

Schmalzried, L., Frey, D., Agthe, M., Aydin, N., Lermer, E., & Pfundmair, M. (2016). Wissenschaftstheorie und Sozialpsychologie. In H.-W. Bierhoff & D. Frey (Hrsg.), Enzyklopädie der Psychologie - Sozialpsychologie.

Bd. 1. Selbst und soziale Kognition (S. 3–20). Göttingen: Hogrefe.

Silbereisen, R. K., & Frey, D. (2001). Was will die Psychologie? Vom klassischen Anspruch zu neuen Herausforderungen. In R. K. Silbereisen & D. Frey (Hrsg.), Perspektiven der Psychologie (S. 7–44). Weinheim: Beltz.

Zur Entstehung des Guten und des Bösen: ein psychologisches Entwicklungsmodell

Marlene Gertz, Clarissa Zwarg und Dieter Frey

Literatur – 25

3

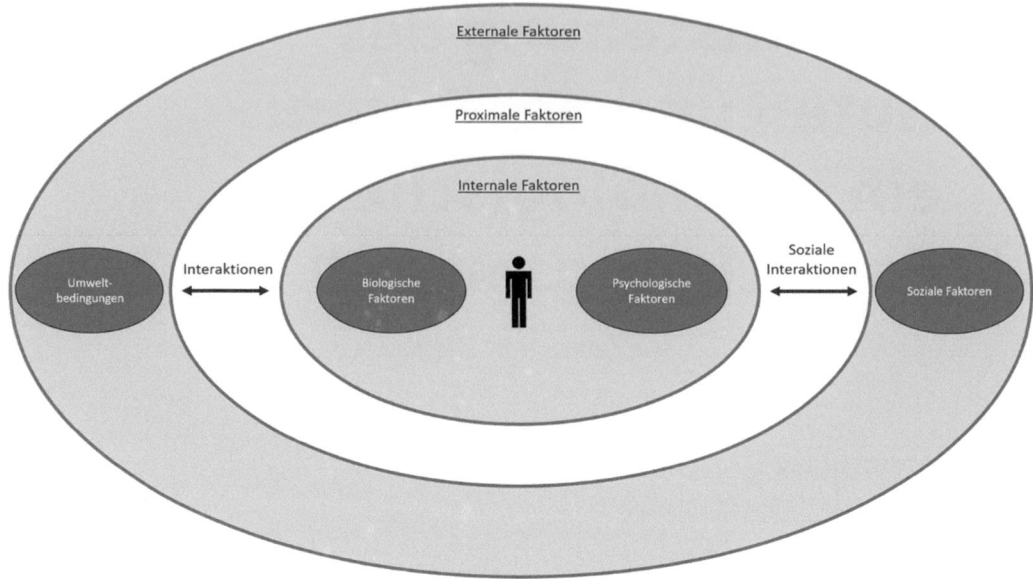

Abb. 3.1   Komponenten des multifaktoriellen Entwicklungsmodells

Die Entwicklungs-, Persönlichkeits- und Differentielle Psychologie beschäftigen sich alle mit der Frage, wie sich Menschen entwickeln und warum man genau zu der Person wird, die man ist ► Abschn. 2.5. Wird man „gut" oder „böse" geboren und bleibt dann das ganze Leben gleich? Oder gibt es einschneidende Erlebnisse, die so schrecklich sind, dass sie jeden von uns zu kriminellen Taten befähigen würden?

Es sind verschiedene Bedingungen und Mechanismen bekannt, die die Entwicklung beeinflussen. Diese lassen sich aufteilen in biologische, psychologische und soziale Faktoren bzw. andere Umweltbedingungen (◘ Abb. 3.1). Die Faktoren sind in allen Lebensbereichen (darunter Familie, Schule, Freizeit und auch die eigene Persönlichkeit) und Altersstufen identifizierbar. So entfalten manche Faktoren bereits im frühen Kindesalter ihre Wirkung, andere hingegen erst im Erwachsenenalter (Oerter et al. 2011).

In der Forschung über die menschliche Entwicklung wurden internale und externale Faktoren identifiziert (Bliesener 2014; Krettenauer 2014). **Internale Faktoren** beschreiben

die biologische und psychologische Ausgangssituation einer Person. Dazu gehören genetische Faktoren, die angeboren sind, aber auch der eigene Stoffwechsel und Hormonspiegel, die sich im Laufe des Lebens verändern. Diese Faktoren beeinflussen die Entwicklung der psychologischen Faktoren wie das Temperament, die Persönlichkeit, Bedürfnisse, Emotionen und Einstellungen sowie die kognitiven Funktionen einer Person maßgeblich.

Externale Faktoren beziehen sich auf das persönliche Umfeld und wirken von außen auf die Entwicklung einer Person ein. Hier spielen sowohl Umweltbedingungen wie etwa die Lebensumstände oder Unfälle eine Rolle als auch soziale Faktoren wie das Elternhaus oder die Peergroup der Person. Peergroup ist definiert als die Gruppe gleichaltriger Kinder oder Jugendlicher, die als primäre soziale Bezugsgruppe neben die Eltern tritt. In der Peergroup werden vom Elternhaus oder von der Schule abweichende Normen vermittelt und erprobt.

Diese internalen und externalen Faktoren wirken stabilisierend oder destabilisierend auf die Entwicklung einer Person. Dementsprechend können verschiedene Schutz- bzw. Risikofaktoren identifiziert werden (Bliesener 2014). Zwischen internalen und externalen Faktoren treten Interaktionen **(proximale Faktoren)** auf, die auch die Entwicklung des Individuums beeinflussen. Ist man als Kind z. B. mit dem frühen Tod der eigenen Mutter konfrontiert, ist das ein Risikofaktor für die gesunde Entwicklung eines Kindes. Demgegenüber stehen die Schutzfaktoren, z. B. eine stabile Beziehung zum Vater und zu den Großeltern, die die negative Wirkung des Risikofaktors durch die proximale Wirkung abpuffern können.

In den Einführungen zur Psychologie des Guten sowie des Bösen werden wir vertiefend auf dieses biopsychosoziale Modell eingehen und dabei Schutz- (▶ Kap. 4) sowie Risikofaktoren (▶ Kap. 16) erläutern.

Bei der Analyse der Entwicklung der Persönlichkeiten in diesem Buch und der Dominanz von negativem Verhalten, wie es in diesem Buch beschrieben wird, mag der eine oder andere Leser vielleicht ernüchtert sein oder sich unsicher fühlen. An dieser Stelle sollte aber berücksichtigt werden, dass sich der Großteil der Menschen eben nicht so verhält. Neben allen Gewalttaten sollten also immer die positiven Aspekte und Taten der Mehrheit der Menschen gesehen werden.

Das hier vorgestellte psychologische Entwicklungsmodell wirft die Frage auf: Wie entwickelt sich der Mensch sowohl vom Guten zum Bösen wie auch vom Bösen zum Guten? Dabei kann man Folgendes festhalten:

1. Dissoziales und kriminelles Verhalten nimmt mit zunehmendem Alter ab (Loeber et al. 2005).

2. Je mehr Schutzfaktoren vorhanden sind, desto geringer ist die Wahrscheinlichkeit, dass sich Risikofaktoren auswirken und Entwicklungsstörungen entstehen (Albee 1980). Hier ist vor allem das soziale Netzwerk, d. h. Familie und Freude, sehr wirkungsstark.

3. Menschen verändern sich u. a. auch dann, wenn sie kritische oder traumatische Lebensereignisse erfahren haben, z. B. Unfälle, Arbeitslosigkeit, Trennungen von Partnern, Tod nahestehender Personen. So sind oft ein hoher Leidensdruck und die Einsicht vorhanden, dass man sein Leben ändern muss (Aymanns und Filipp 2009).

4. Die Entwicklung einer Person ist beeinflussbar und Fehlentwicklungen sind korrigierbar (Krettenauer 2014). Menschen können also durch gute Prävention oder Therapie in einem gewissen Rahmen verändert werden.

5. Menschen verändern sich oft auch dann, wenn sie ihr Umfeld und ihre Rolle ändern, insbesondere wenn sie in eine andere Umgebung ziehen und so mit anderen Menschen zusammentreffen.

Literatur

Albee, G. W. (1980). A competency model must replace the defect model. In L. A. Bond & J. C. Rosen (Hrsg.), *Competence and coping during adulthood* (S. 75–104). Hanover: University Press of New England.

Aymanns, P., & Filipp, S. H. (2009). *Kritische Lebensereignisse und Lebenskrisen: Vom Umgang mit den Schattenseiten des Lebens*. Stuttgart: Kohlhammer.

Bliesener, T. (2014). Erklärungsmodelle dissozialen Verhaltens. In T. Bliesener, F. Lösel, & G. Köhnken (Hrsg.), *Lehrbuch der Rechtspsychologie* (S. 37–63). Bern: Hogrefe.

Krettenauer, T. (2014). Der Entwicklungsbegriff in der Psychologie. In L. Ahnert (Hrsg.), *Theorien in der Entwicklungspsychologie* (S. 2–25). Berlin: Springer VS.

Loeber, R., Lacourse, E., & Homish, D. L. (2005). Homicide, violence, and developmental trajectories. In R. E. Tremblay, W. W. Hartup, & J. Archer (Hrsg.), *Developmental origins of aggression* (S. 202–219). New York: Guilford Press.

Oerter, R., Altgassen, M., & Kliegel, M. (2011). Entwicklungspsychologische Grundlagen. In H.-U. Wittchen & J. Hoyer (Hrsg.), *Klinische Psychologie & Psychotherapie* (2. Aufl., S. 301–317). Heidelberg: Springer.

Die Psychologie des Guten

Inhaltsverzeichnis

Einführung zur Psychologie des Guten

Clarissa Zwarg und Dieter Frey

© Springer-Verlag GmbH Deutschland, ein Teil von Springer Nature 2019
D. Frey (Hrsg.), *Psychologie des Guten und Bösen,* https://doi.org/10.1007/978-3-662-58742-3_4

4.1 Persönlichkeiten, die Positives bewirken bzw. bewirkt haben

Mit dem Bösen wird menschenverachtendes Verhalten, Mord, Skrupellosigkeit oder Ähnliches assoziiert; nichts davon kann das Zusammenleben der Menschen positiv beeinflussen. Doch was steckt hinter dem entgegengesetzten Pol des Bösen – dem Guten? Wie entwickeln sich Menschen zum Guten? Kann das Böse verhindert und das Gute im Menschen gestärkt werden? In den folgenden Kapiteln sollen diese Fragen anhand ausgewählter Persönlichkeiten, die mit ihrem Verhalten Positives in der Welt bewirken bzw. bewirkt haben, beleuchtet werden.

Der Blick fällt dabei auf Personen, die in ihrer politischen Position die Gesellschaft prägten und bereicherten. Darunter ist der ehemalige Präsident der Vereinigten Staaten von Amerika, **Abraham Lincoln,** der mit seiner Politik die Abschaffung der Sklaverei initiierte und gleichzeitig den Erhalt der Vereinigten Staaten als demokratische Republik förderte (▶ Kap. 5).

Auch **Willy Brandt,** der erste sozialdemokratische Bundeskanzler Deutschlands, ging mit seinem Kniefall von Warschau in die Geschichte ein. Mit diesem Zeichen der Sühne für die Gräueltaten des Nationalsozialismus war Brandt ein wichtiger Wegbereiter für eine Politik der Aussöhnung und Annäherung nach dem Zweiten Weltkrieg (▶ Kap. 6).

Neben ihnen steht auch **Nelson Mandela,** der erste demokratisch gewählte Präsident Südafrikas. Seine Präsidentschaft folgte auf 27 Jahre Haft und einen langen Kampf für die Freiheit und Gleichheit schwarzer und weißer Bürger Südafrikas. Mandela steht für einen versöhnlichen Weg aus den endlosen Jahren der Apartheid (▶ Kap. 7).

Dem Ziel der Gerechtigkeit für alle Menschen verschrieb sich auch **Martin Luther King** als Anführer der amerikanischen Bürgerrechtsbewegung (▶ Kap. 8). Dabei hielt er an dem Prinzip der Gewaltlosigkeit fest und sah in **Mohandas Gandhi,** der in diesem Buch ebenfalls porträtiert wird (▶ Kap. 9), sein großes Vorbild. Auch Gandhi war Anführer einer Bewegung, der Unabhängigkeitsbewegung in Indien, und prägte wie kein anderer durch unzählige Hungerstreiks und Gefängnisaufenthalte den Begriff des gewaltlosen Widerstands.

Einige vorgestellte Persönlichkeiten zogen Kraft und Motivation aus ihrem Glauben. Was Religion im Guten – das Böse ausgeklammert – bewirken kann, soll anhand von **Papst Franziskus** dargestellt werden. Er gilt als „Kardinal der Armen", weil er sich insbesondere für Benachteiligte unserer Gesellschaft, z. B. Flüchtlinge und Obdachlose, einsetzt (▶ Kap. 10).

Albert Schweitzer gab hingegen seine kirchliche Laufbahn auf, um direkt am Menschen Positives zu bewirken, und studierte Medizin. Später eröffnete er ein Tropenhospital in Lambarene und hielt ein Leben lang daran fest, anderen Menschen trotz auftretender Widerstände zu helfen (▶ Kap. 11).

Und was ist mit Frauen im Widerstand und Kämpferinnen für das Gute? Sie verbindet oft Mut und der bedingungslose Einsatz für ihre Überzeugungen. Mit einem großen Schritt zurück in die Geschichte wird hier **Jeanne d'Arc** als Nationalheldin Frankreichs vorgestellt. Dabei geht es um das Schicksal eines Bauernmädchens, das an sich und seine Bestimmung glaubte und so dem König und den Franzosen zum Sieg in der Schlacht von Orléans verhalf (▶ Kap. 12).

Die junge **Sophie Scholl,** die mit anderen Mitgliedern der „Weißen Rose" aktiv und bis zu ihrem Todesurteil ungebrochenen Widerstand gegen das nationalsozialistische Regime leistete, ist bis heute ein Vorbild für Zivilcourage (▶ Kap. 13).

Zivilcourage beweist auch die junge **Malala Yousafzai** in Pakistan, die sich für Bildung, insbesondere von Frauen, stark macht. Schon als junges Mädchen macht sie in zahlreichen Kampagnen auf Missstände aufmerksam. Ein Attentat überlebte sie nur knapp und engagiert sich bis heute als Kinderrechtsaktivistin (▶ Kap. 14).

Wie Malala haben auch andere vorgestellte Persönlichkeiten den Friedensnobelpreis erhalten – in jedem Fall haben sie die Geschichte positiv beeinflusst. Doch es sind nicht nur historisch relevante Helden, die Gutes bewirken. Viele Prominente nutzen ihre privilegierte Situation, um sich zu engagieren und für einen guten Zweck einzusetzen. In unseren auch stark von sozialen Medien geprägten Zeiten ist dieses Engagement ein wichtiges Signal, schließlich sind Prominente gerade für junge Menschen oft ein Vorbild. Als positives und authentisches Beispiel wurde in dieses Buch **Philipp Lahm** aufgenommen, der u. a. mit seiner Stiftung für Sport und Bildung benachteiligte Kinder in Deutschland und Afrika unterstützt (▶ Kap. 15).

Im Folgenden sollen Gemeinsamkeiten der vorgestellten Persönlichkeiten aufgezeigt werden, um Muster ihres Handelns zu erkennen. Dazu werden zunächst sog. Schutzfaktoren für die Förderung positiven Verhaltens und im Anschluss übergreifende Phänomene der genannten Positivbeispiele vorgestellt.

4.2 Schutzfaktoren für eine Entwicklung zum Guten

Im vorhergehenden ▶ Kap. 3 wurde bereits das multifaktorielle Entwicklungsmodell eingeführt. Im Einführungskapitel zur Psychologie des Bösen geht es darum, welche Faktoren dazu führen, dass Personen straffällig und gefährlich werden (▶ Kap. 16). Doch Risikofaktoren, die sich im Multifaktorenmodell zur Entstehung von Delinquenz (Straffälligkeit) wiederfinden, müssen

nicht zwangsläufig eine negative Entwicklung bzw. dissoziale Verhaltensweisen auslösen. Sogenannte Schutzfaktoren können eine solche Entwicklung verhindern und darüber hinaus das Gute stärken.

Diese Schutzfaktoren bzw. protektiven Faktoren zeigen sich in allen Lebensbereichen und Entwicklungsphasen des Menschen. Auch wenn nicht genau quantifiziert werden kann, wie viele Schutzfaktoren nötig sind, um einen bestimmten Risikofaktor zu neutralisieren – wie beispielsweise schwierige familiäre Verhältnisse –, so bieten sie dennoch wichtige Ansätze zur Prävention und Intervention. Im Rahmen dieses Buches ist besonders interessant, wie dissozialem Verhalten auch bei vorhandenen Risikofaktoren (▶ Kap. 16) vorgebeugt werden kann. Hier können auf den Ebenen des Individuums und sozialen Umfelds **protektive Faktoren** herausgestellt werden, die vorhandene Risikofaktoren neutralisieren und gleichzeitig eine positive Entwicklung fördern können. In ◘ Tab. 4.1 sind einige dieser Faktoren beispielhaft zusammengefasst (Bliesener 2014).

Es wird deutlich, dass neben der Person selbst auch die Umwelt – insbesondere das engere Umfeld – entscheidend ist, ob sich individuelle Eigenschaften und Fähigkeiten positiv entwickeln. Es handelt sich also um ein Zusammenspiel von Faktoren auf beiden Ebenen: Person und Umwelt. An dieser Stelle spiegelt sich Kurt Lewins Annahme wider, dass Erleben und Verhalten eine Funktion von Person und Umwelt ist (Lewin 1936; ▶ Kap. 2).

Faktoren, die eine Entwicklung zum Guten fördern, können den vorgestellten Ebenen des Multifaktorenmodells zugeordnet werden. Dabei ergeben sich auf internaler Ebene spezifische biologische sowie psychologische Faktoren und auf externaler Ebene soziale Faktoren sowie bestimmte Umweltbedingungen (◘ Abb. 4.1). Diese sollen in den nächsten Abschnitten näher beschrieben werden.

■ **Tab. 4.1**   Protektive Faktoren auf Ebene des Individuums und sozialen Umfelds

Ebene des Individuums	Ebene des sozialen Umfelds
– Ausreichende soziale Kompetenz, vor allem ausreichende Empathiefähigkeit – Ausreichende kognitive Kompetenzen zur Lösung von Alltagsproblemen – Gutes Planungs- und Entscheidungsverhalten – Positive selbstbezogene Kognitionen sowie internale Kontrollüberzeugungen – Positive Bewältigungserfahrungen – Einfaches Temperament, das den Umgang mit anderen und Alltagsproblemen erleichtert – Robuste Neurobiologie – Glaube oder (spirituelle) Überzeugung von Sinnhaftigkeit und Struktur im Leben	– Emotionale Bindung an eine zuverlässige Person – Ausreichende soziale Unterstützung durch normkonforme Personen – Autoritativer (warmherziger, bestimmter) Erziehungsstil – Angemessene Beaufsichtigung durch die Eltern – Vom Kind oder Jugendlichen erlebte Wertschätzung einer Begabung oder eines Hobbys – Hinreichende materielle Versorgung sowie positive Bindung an eine Lehrkraft und die Schule

4

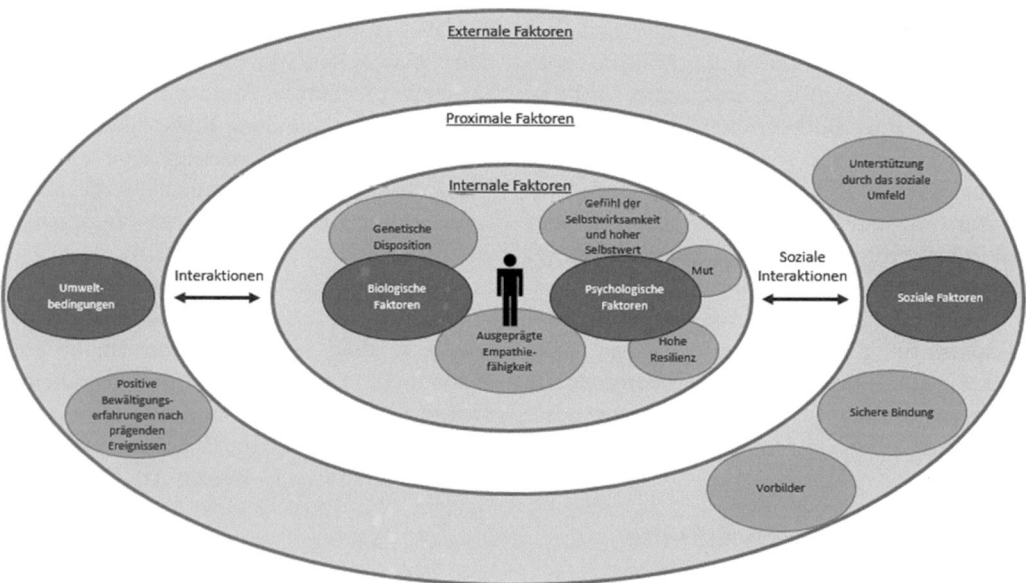

■ **Abb. 4.1**   Multifaktorielles Entwicklungsmodell für die Entstehung von positivem Verhalten

4.3 Kooperationsverhalten im Zusammenhang mit biologischen Faktoren

Darwin nahm als entscheidende Faktoren für menschliches Überleben Konkurrenz, Kampf und Selektion an, während er Kooperation, Zusammenhalt und gemeinschaftlichem Handeln eher eine untergeordnete Rolle zuschrieb (Darwin 2003). Doch gerade das Leben in Gruppen ist aus evolutionärer Sicht ein Überlebensvorteil. So haben bereits unsere Vorfahren gemeinsam gejagt oder die Kinderbetreuung aufgeteilt. Tatsächlich entwickelte sich später ein Menschenbild, das die Kooperation zwischen Menschen fokussiert und die Annahmen Darwins infrage stellte (Bauer 2008). Mit jenem neuen Menschenbild geht einher, dass die Grundlage menschlicher Motivation zwischenmenschliche Anerkennung, Wertschätzung und Zuneigung ist. Vor allem innerhalb der Ingroup sind diese Bedürfnisse von besonderer Bedeutung (Tajfel 1974). Die Ingroup beschreibt eine Gruppe von Personen, denen man sich zugehörig fühlt, z. B. die eigene Kultur, Religion oder Familie. Demgegenüber steht die Outgroup, also eine Personengruppe, der man nicht angehört. Um die Frage nach solchen grundlegenden psychischen Bedürfnissen zu beantworten, scheint die Biologie nicht die nächstliegende Disziplin. Neurobiologische Befunde unterstützen allerdings Erkenntnisse, die auf Grundlage von Experimentalstudien zur Spieltheorie gewonnen wurden. Das bekannteste Experiment im Rahmen der Spieltheorie ist das sog. „Gefangenendilemma". Dabei haben 2 Spieler die Wahl, zu kooperieren oder zu versuchen, den anderen Spieler zu übervorteilen. Werden hier beliebig viele Runden gespielt, kann das beste Ergebnis mit einer Strategie erzielt werden, die an erster Stelle auf Kooperation setzt, bei Nichtkooperation des Partners zunächst die Kooperation verweigert und in bestimmten Intervallen wieder Kooperationsangebote macht (Axelrod 1984). Es hat sich gezeigt, dass Nichtkooperation, Übervorteilung, aber auch blindes Vertrauen nicht so wirksam waren.

Um zu verstehen, warum der Mensch aus neurobiologischer Sicht nach Kooperation strebt, lohnt ein Blick auf das körpereigene Motivationssystem. Zentrale Botenstoffe sind hier Dopamin, Oxytozin und Opioide (Bauer 2008). Diese Substanzen gehen mit subjektivem Wohlbefinden sowie körperlicher und mentaler Gesundheit einher. Diese sog. „Glücksbotenstoffe" werden während gelingender Beziehungen und zwischenmenschlicher Interaktion ausgeschüttet. Ohne soziale Gemeinschaft und Beziehungen fehlt somit auch dauerhafte Motivation. Joachim Bauer (2008, S. 132), ein Neurowissenschaftler, Psychiater und Psychotherapeut, fasst dies wie folgt zusammen:

» „Nicht der Kampf ums Dasein, sondern Kooperation, Zugewandtheit, Spiegelung und Resonanz sind das Gravitationsgesetz biologischer Systeme."

Doch wenn der Mensch eigentlich zur Kooperation veranlagt ist und das grundlegende Bedürfnis nach Zugehörigkeit hat, wieso versuchen dann nicht alle, durch positives Verhalten gelingende Beziehungen aufzubauen bzw. aufrechtzuerhalten? Ein Aspekt, der hier nicht vernachlässigt werden darf, ist, dass kooperatives Verhalten häufig verhindert wird, weil eine Person Angst empfindet oder sich bedroht fühlt. Statt Kooperation wird dann womöglich Aggressivität gezeigt, um sich zu wehren oder aggressivem Verhalten des Gegenübers entgegenzuwirken. Im Sinne der **Dissonanztheorie** (▶ Kap. 2) sind Menschen rationalisierende Wesen. Das heißt, in diesem Fall würden Personen ihr negatives Verhalten damit rechtfertigen bzw. legitimieren, dass sie sich gegenüber dem Bösen nur zur Wehr gesetzt hätten. Neben der Situation, in der sich die Person befindet, kann ein Teil auch auf die genetische Disposition zurückgeführt werden. So ist ein Grundstein für Kooperation – neben der Fähigkeit zur Perspektivenübernahme – auch die **Empathiefähigkeit** einer Person. Diese meint, sowohl Gedanken und Gefühle anderer zu erkennen (kognitive Empathie) als auch adäquat in Bezug auf die eigenen Emotionen und Verhaltensweisen reagieren zu können (affektive Empathie). Neuere Studienergebnisse zeigen, dass Empathie zu einem Zehntel auf die genetische Veranlagung zurückzuführen ist (Warrier et al. 2018).

Grundsätzlich gilt, dass die genetische Disposition einer Person immer in Wechselwirkung mit der sozialen Umgebung einer Person ihre Wirkung entfaltet. Welche Faktoren gezeigtes Verhalten zusätzlich beeinflussen, wird in den folgenden Abschnitten erläutert.

4

4.4 Das Zusammenspiel von Person und Umwelt

In diesem Buch werden Persönlichkeiten vorgestellt, die nach unserem kulturellen und gesellschaftlichen Verständnis in ihrer Entwicklung entweder zum Guten oder zum Bösen tendierten. Es wird deutlich, dass „gute" Personen keineswegs stets auf eine positive Vergangenheit zurückblicken. Im Gegenteil: Das Leben einiger Personen, die für dieses Buch ausgewählt wurden, ist von extremen Schicksalsschlägen gekennzeichnet, oder sie erlitten Gewalt. Trotzdem entwickelten sich viele zu Wohltätern, die die Welt ein Stück besser machten oder machen. Doch woher nahmen gerade diese Personen die Kraft, den Mut und das Durchhaltevermögen, Gutes zu bewirken und daran festzuhalten?

Faktoren, die hier eine wichtige Rolle spielen, können auf die Persönlichkeit sowie das soziale Umfeld, in dem sich die Person bewegt, zurückgeführt werden. Das heißt, widerfährt einer Person ein schwerer Schicksalsschlag wie der Verlust einer engen Bezugsperson, können individuelle Eigenschaften oder unterstützende Faktoren im sozialen Umfeld der Person, dieses Schicksal auffangen und sogar eine positive Entwicklung fördern. Hier ist wiederum erkennbar, dass Erleben und Verhalten eine Funktion von Person und Umwelt ist (Lewin 1936; ▶ Kap. 2).

4.4.1 Psychologische Faktoren

Die Entwicklung der Persönlichkeit beginnt in den frühen Kinderjahren. Der Idealfall ist natürlich eine unbeschwerte und geborgene Kindheit. Doch einige der vorgestellten Personen, z. B. Abraham Lincoln (▶ Kap. 5), blicken auf eine schwierige Kindheit zurück, ebenso auf Krisen und Misserfolge im Leben. So sind es meistens nicht die durchlebten Krisen einer Person, die über ihre weitere Entwicklung entscheiden, sondern wie

Personen mit eben diesen persönlichen Krisen umgehen und welche Unterstützung sie dabei erhalten. Schaffen sie es, Krisen konstruktiv zu überwinden, können sie gestärkt daraus hervorgehen. Hierbei sind neben sozialen Ressourcen, die in ▶ Abschn. 4.4.2 behandelt werden, auch individuelle Ressourcen der Betroffenen entscheidend.

Zentral ist in diesem Zusammenhang eine hohe **Resilienz,** die die Widerstandskraft gegenüber belastenden Ereignissen, Ungerechtigkeiten oder Schicksalsschlägen meint und so erklären kann, warum bei vergleichbaren Schicksalsschlägen (der frühe Tod einer Bezugsperson, Missbrauch etc.) die einen zusammenbrechen, Störungen entwickeln oder selbst kriminell werden, während andere gestärkt daraus hervorgehen und sich nicht entmutigen lassen. Resilienz ist vor allem dann gegeben, wenn die Person durch eigene Werte oder eine nahestehende Person Sicherheit erfährt. Neben solchen Ressourcen spielt auch die eigene Wahrnehmung der Situation eine wichtige Rolle (Henninger 2016). Eine hohe Resilienz zeigt sich bei nahezu allen vorgestellten „guten" Persönlichkeiten.

Weitere typische Charakteristika – neben einem erfolgreichen Umgang mit schwierigen Umständen – sind das Gefühl der **Selbstwirksamkeit** verbunden mit einem **hohen Selbstwert** und dem Glauben an sich selbst. Dieses Selbstbild ist auch Voraussetzung für den **Mut,** den wohl alle Persönlichkeiten bei ihrem Kampf für eine gute Sache gemeinsam haben. Trotzdem begleitet viele Positivbeispiele in diesem Buch auch ein andauernder **Zweifel,** der ihr Streben und Handeln beeinflusste. Sie teilen die Sehnsucht, in der Welt etwas Positives zu bewirken. Dabei steht häufig nicht die eigene Person im Vordergrund, sondern das Ziel, für das Gemeinwohl zu kämpfen. Ihr Verhalten spiegelt zudem, wie bereits erwähnt, eine hohe **Empathie** wider, die hilft, Bedürfnisse von Mitmenschen nachzuvollziehen, was eine Grundvoraussetzung für ihr prosoziales Verhalten darstellt (Schmitt und Altstötter-Gleich 2010).

Postkonventionelle Moral
Stufe 5 und 6: Orientierung an universellen ethischen Prinzipien –
Perspektive aller

Konventionelle Moral
Stufe 4: Mitglied einer Gesellschaft – Perspektive des sozialen Systems
Stufe 3: Moral der guten Beziehung – Perspektive der Beziehung

Präkonventionelle Moral
Stufe 2: Instrumenteller Austausch – Perspektivenkoordination
Stufe 1: Orientierung an Gehorsam und Strafe – egozentrische Perspektive

◻ **Abb. 4.2**   Stufen der Moralentwicklung nach Kohlberg

Die vorgestellten Persönlichkeiten zeigen zudem eine gesunde Dosis Narzissmus bzw. die Fähigkeit, **Selbstmarketing** zu betreiben. Zwar ist Selbstmarketing keineswegs Voraussetzung, um Gutes zu leisten, es kann aber eine wichtige Quelle der Unterstützung sein. Gerade in der heutigen Zeit wird am Beispiel von Malala Yousafzai (▶ Kap. 14) deutlich, wie wichtig Selbstmarketing und Präsenz in der Öffentlichkeit sein können.

Doch Bekanntheit allein reicht meist nicht, um andere für die eigene Sache zu gewinnen. Viele große Persönlichkeiten zeichnen sich durch ihre **rhetorischen Fähigkeiten** und **Führungskompetenzen** aus. Sowohl charismatische Führung wie durch Mohandas Gandhi (▶ Kap. 9) als auch Führung auf Basis einer Kultur der Menschenwürde, Exzellenz und Ethikorientierung (Frey 2015; Frey und Schmalzried 2013) wie durch Martin Luther King (▶ Kap. 8) kann andere begeistern und mitreißen. Das ist besonders wichtig, da Wohltäter immer auch Unterstützer brauchen. Alleine kann niemand etwas ausrichten.

Im Zusammenhang mit den psychologischen Faktoren spielt auch die Moralentwicklung eine wichtige Rolle. Das Verhalten einer Person orientiert sich an unterschiedlichen Perspektiven von Moral. An dieser Stelle kann an Kohlbergs (1996) **Theorie der Moralentwicklung** angeknüpft werden, die im Folgenden kurz vorgestellt wird.

Insgesamt geht Kohlberg von 6 aufeinanderfolgenden Entwicklungsstufen mit steigender Komplexität aus. Die einzelnen Stufen folgen der soziomoralischen Perspektive, die eine spezifische Sichtweise auf das Selbst, auf andere und auf moralische Regeln meint. Diese Perspektive ist Grundlage moralischer Verhandlungen von Interessen, Erwartungen und Verpflichtungen (◻ Abb. 4.2).

Eine Einordnung moralischen Verhaltens fällt entlang der Definition der einzelnen Stufen (Kohlberg 1971) leichter.

Werden kulturelle Regeln und Kategorien wie „gut" und „böse", „richtig" und „falsch" anhand der Folgen des eigenen Handelns, z. B. Belohnung oder Bestrafung durch Autoritäten, interpretiert, entspricht das einem Verhalten der **präkonventionellen Moral** auf der Stufe 1. Hier ist das Denken des Kindes also noch sehr selbstbezogen bzw. egozentrisch, und es geht darum, Belohnung zu bekommen

4

bzw. Bestrafung zu vermeiden. Auf der Stufe 2 beruht das moralische Urteil dann nicht mehr auf einer egozentrischen Perspektive, sondern auf der Perspektive des jeweils Handelnden in der Situation. Hier hat die Person also die Fähigkeit zur Koordination verschiedener individueller Perspektiven. Somit wird auch erkannt, wenn die eigenen Interessen denen einer anderen Person entgegenstehen. Die Regelung solcher Konflikte erfolgt allerdings auf dieser Stufe noch durch einen einfachen instrumentellen Austausch – also: „Wie du mir, so ich dir".

Auf der Stufe 3 der **konventionellen Moral** folgt der Jugendliche bzw. junge Erwachsene Konventionen, die auf Erwartungen der eigenen Familie oder Gruppe beruhen. Das Denken ist jetzt auf soziale Beziehungen ausgerichtet und umfasst eine Gruppenperspektive, die die gute Beziehung in den Mittelpunkt stellt. Es geht darum, Vertrauen und Loyalität zu zeigen und dabei die eigenen Interessen denen der Gruppe unterzuordnen. Auf der folgenden Stufe 4 sieht sich die Person als Mitglied der Gesellschaft und nimmt dabei die Perspektive eines übergreifenden sozialen Systems ein. Zentral ist hier die Verantwortung, die man als Mitglied dieser Gesellschaft mit ihren Pflichten und Rechten trägt.

Das Verhalten der vorgestellten Persönlichkeiten spiegelt sich vor allem in den Stufen 5 und 6 der **postkonventionellen Moral** wider: Hier bemüht sich die Person, universelle moralische Werte und Prinzipien festzulegen, die unabhängig von Autoritäten und der eigenen Identifikation mit der Gruppe Gültigkeit haben. Moralische Normen werden hinsichtlich der Gerechtigkeit und der Nützlichkeit für alle Mitglieder einer Gesellschaft hinterfragt. Es geht dabei also um eine Art Weltethos – unabhängig von den In- und den Outgroups der Person.

An dieser Stelle fließt auch Kants kategorischer Imperativ (Kant 1961) ein, der ebenfalls als Richtlinie für moralisches Handeln dienen kann. Auch Kant geht es um universelle Prinzipien für das menschliche

Miteinander und um eine moralische Handlungsmaxime des Einzelnen, die auch als allgemeines Gesetz gelten könnte. Dieses Bestreben haben viele der vorgestellten Persönlichkeiten, indem sie Prinzipien für ein Miteinander einfordern, die das Wohl aller Menschen berücksichtigen.

4.4.2 Soziale Faktoren und Umweltbedingungen

Die Rahmenbedingungen, unter denen eine Person lebt, beeinflussen maßgeblich ihr Verhalten. So sagte Philip Zimbardo (2008, S. 191):

» „Die Grenze zwischen Gut und Böse, die man einst für undurchdringlich hielt, hat sich vielmehr als recht durchlässig erwiesen."

Das heißt, wir können nicht davon ausgehen, dass ein Mensch von Natur aus nur gut oder böse ist. Die Entwicklung, die eine Person nehmen kann, ist geprägt von einer Vielzahl einzelner Faktoren und kann nicht klar vorhergesagt werden. Zimbardo spricht dabei von der Macht des sozialen Umfelds, das Personen auch soziale Rollen zuweist. Im Extremen zeigte das Stanford-Gefängnis-Experiment, wie sich Personen entsprechend dieser Rollen verhalten (Haney et al. 1973; ▶ Kap. 2). Im Alltag sind die Auswirkungen in milderer Form erkennbar: Wird beispielsweise in einer Gruppe ein Gruppensprecher gewählt, so wird der Auserwählte entsprechend der Rolle zukünftig vermutlich mehr Führungs- und richtungsweisendes Verhalten gegenüber den Mitgliedern der Gruppe und als Gruppenvertreter nach außen zeigen.

In diesem Buch werden individuelle Rahmenbedingungen, die das Verhalten der vorgestellten Persönlichkeiten beeinflusst haben, thematisiert und erläutert. Dabei ist eine große Gemeinsamkeit bei nahezu allen Persönlichkeiten die Unterstützung durch ihr **soziales Umfeld,** das ihnen auch in schwierigen Zeiten Halt gegeben hat. Diese Unterstützung wirkt sich positiv auf die oben genannten individuellen Faktoren (▶ Abschn. 4.4.1) aus und ist gleichzeitig eine Bestätigung in der Rolle als Wohltäter.

Auch Helden haben **Vorbilder,** die neben sozialer Unterstützung Einfluss auf ihr Verhalten nehmen. Schon Kinder lernen durch Beobachtungen und übernehmen Verhaltensweisen. Hierbei handelt es sich um die Theorie des Beobachtungslernens (Bandura et al. 1963), die auf der sozial-kognitiven Lerntheorie basiert.

Auch wenn die vorgestellten Personen teilweise schlechte Erfahrungen in ihrer Kindheit gemacht haben, so hat eine **sichere Bindung** (Grossmann und Grossmann 2014) im Kindesalter positive Auswirkungen auf die weitere Entwicklung und spielt bei den Rahmenbedingungen eine bedeutende Rolle. Eine sichere Bindung meint, dass Kind und Eltern eine positive Beziehung zueinander haben und die Eltern eine sichere Basis bilden, von der aus das Kind die eigene Umwelt erkunden kann (Siegler et al. 2011). Da eine schlechte Bindung in der Kindheit eher ein Prädiktor für eine negative Entwicklung ist, sind in diesem Fall kompensierende Schutzfaktoren erforderlich (▶ Abschn. 4.2). Grundsätzlich hat das Elternhaus einen großen Einfluss und ist insbesondere für das Wertesystem einer Person sehr wichtig (▶ Abschn. 4.6).

Die Rahmenbedingungen haben deshalb großes Gewicht, weil sie nicht nur das Verhalten in einer Situation, sondern die Entwicklung einer Person insgesamt beeinflussen. Neben den genannten Faktoren haben die vorgestellten Persönlichkeiten häufig auch **Ereignisse** erlebt, die ihren weiteren Weg stark geprägt haben. Das Verhalten und Schaffen einer Person wird also letztlich durch eine Wechselwirkung zwischen Persönlichkeitseigenschaften, sozialer Umgebung und persönlichen Erlebnissen beeinflusst. Darüber hinaus sind hier auch die Kultur und der historische Kontext, in dem sich die Person bewegt, zu nennen.

4.5 Handlungsmöglichkeiten für eine Förderung des Guten

An dieser Stellte schließt sich der Kreis zu den in ▶ Abschn. 4.2 aufgeführten Schutzfaktoren. Neben individuellen Faktoren, die protektiv gegen dissoziales Verhalten wirken, spielen auch bestimmte soziale Faktoren bzw. Rahmenbedingungen eine protektive Rolle und sind somit eine wichtige Stellschraube, um positives Verhalten in der Gesellschaft zu fördern bzw. negatives Verhalten zu vermeiden. So könnten auf Ebene des Individuums bei gefährdeten Personen Trainings oder Therapien helfen, um beispielsweise soziale Kompetenzen oder das eigene Selbstbild zu stärken. Auf der Ebene des sozialen Umfelds scheint es hingegen wichtig, Aufklärung zu leisten – d. h. Eltern über ihren Einfluss auf die Entwicklung des Kindes zu informieren und gegebenenfalls Familientrainings anzubieten sowie auch in Schulen Lehrkräften relevante Inhalte zu diesem Thema zu vermitteln.

4.6 Normen und Werte und ihre Bedeutung für die Entwicklung zum Guten

Personen, die wir der Rubrik „Gut" zuordnen, vertreten z. B. positiv besetzte Werte wie Respekt, Zivilcourage, Nächstenliebe und Solidarität. Es ist wichtig, zu betonen, dass Werte aber auch negativen Einfluss nehmen und moralisch verwerflich sein können. So wurden beispielsweise unter Hitler Werte wie der absolute Gehorsam gegenüber dem Führer oder das Streben nach einem rein deutschen Volk proklamiert.

Umso wichtiger ist es, zu verstehen, woher die Werte einer Person kommen. Einen zentralen Einfluss nehmen hier die Kultur, die soziale

Schicht und die Familie (Frey 2016). So waren beispielsweise die Werte von Sophie Scholl (► Kap. 13) oder auch von Martin Luther King (► Kap. 8) stark durch ihr christliches Elternhaus geprägt. Warum aber sind Werte so wichtig? Von den vorgestellten Persönlichkeiten ging meist eine Bewegung aus, die einen bedeutenden (positiven) Einfluss auf die Gesellschaft nahm. Eine Bewegung basiert häufig auf Werten, die durch ihre Anführer proklamiert werden, z. B. die Gewaltfreiheit durch Gandhi (► Kap. 9), die Gleichheit und Freiheit aller Menschen durch Mandela (► Kap. 7) oder die Nächstenliebe durch Albert Schweitzer (► Kap. 11). Sie alle förderten ein werteorientiertes Miteinander.

4.7 Vorbildcharakter der Positivbeispiele

In dieses Buch wurde eine Vielzahl von Personen, die Positives bewirkt haben bzw. immer noch bewirken, aufgenommen. Es ist wichtig, sich nicht entmutigen zu lassen und zu denken, dass derartiges Verhalten unerreichbar ist – zumal fast alle der vorgestellten Persönlichkeiten auch manchmal ihren eigenen Ansprüchen nicht genügen konnten. Kein Mensch ist unfehlbar, und auch „gute" Menschen haben dunkle Seiten. Die Persönlichkeiten müssen nicht in Gänze zum Vorbild werden; vielmehr geht es darum, sich einzelne Aspekte herauszugreifen und zu erkennen, dass es viele Bereiche gibt, in denen man aktiv sein kann.

So ist ein erster Schritt, nicht wegzuschauen, Zivilcourage (Frey et al. 2001) zu zeigen und einzuschreiten. Ein Land braucht keine Helden, wenn alle seine Bürger Zivilcourage zeigen. Einige Wohltäter ziehen sich auch bescheiden in den Hintergrund zurück. Ohne die vielen, teils wenig sichtbaren Personen auf unserer Welt, die Gutes im Hintergrund bewirken, beispielsweise Gründer von Hilfsorganisationen und ehrenamtliche Helfer, wäre die Welt trostloser. Auch sollten nicht die vielen Menschen unbeachtet bleiben, die im privaten Bereich Gutes bewirken, indem sie z. B. Angehörige pflegen, am Kranken- oder Sterbebett stehen.

Und doch sind die großen Vorbilder wichtig, da sie das eigene Verhalten positiv beeinflussen und uns im eigenen Tun bestärken können. Nelson Mandela war es z. B. immer wichtig, Menschen als Gemeinschaft zu sehen. Für ihn war das die Voraussetzung für ein gleichberechtigtes Miteinander. Und es ist die Ermutigung, dass jeder im Kleinen Großes bewirken kann.

Literatur

Axelrod, R. (1984). *The evolution of cooperation*. New York: Basic Books.

Bandura, A., Ross, D., & Ross, S. (1963). Imitation of film-mediated aggressive models. *Journal of Abnormal and Social Psychology, 66,* 3–11.

Bauer, J. (2008). *Prinzip Menschlichkeit: Warum wir von Natur aus kooperieren*. München: Heyne.

Bliesener, T. (2014). Erklärungsmodelle dissozialen Verhaltens. In T. Bliesener, F. Lösel, & G. Köhnken (Hrsg.), *Lehrbuch der Rechtspsychologie* (S. 37–63). Bern: Hogrefe.

Darwin, C. (2003). *On the origin of species, 1859*. London: Routledge.

Frey, D. (2015). *Ethische Grundlagen guter Führung. Warum gute Führung einfach und schwierig ist*. München: Roman Herzog Institut.

Frey, D. (2016). *Psychologie der Werte*. Berlin: Springer.

Frey, D., & Schmalzried, L. K. (2013). *Philosophie der Führung: Gute Führung lernen von Kant, Aristoteles, Popper & Co*. Berlin: Springer.

Frey, D., Neumann, R., & Schäfer, M. (2001). Determinanten von Zivilcourage und Hilfeverhalten. In H. W. Bierhoff & D. Fetchenhauer (Hrsg.), *Solidarität. Konflikt, Umwelt und Dritte Welt* (S. 93–122). Opladen: Leske & Budrich.

Grossmann, K., & Grossmann, K. E. (2014). *Bindungen – Das Gefüge psychischer Sicherheit*. Stuttgart: Klett-Cotta.

Haney, C., Banks, C., & Zimbardo, P. (1973). Interpersonal dynamics in a simulated prison. *International Journal of Criminology and Penology, 1,* 69–97.

Henninger, M. (2016). Resilienz. In D. Frey (Hrsg.), *Psychologie der Werte*. Berlin: Springer.

Kant, I. (1961). *Grundlegung zur Metaphysik der Sitten*. Stuttgart: Reclam.

Kohlberg, L. (1971). Stages of moral development. *Moral Education, 1*(51), 23–92.

Kohlberg, L. (1996). *Die Psychologie der Moralentwicklung*. Frankfurt a. M.: Suhrkamp.

Lewin, K. (1936). *Principles of topological psychology*. New York: McGraw-Hill.

Schmitt, M., & Altstötter-Gleich, C. (2010). *Differentielle Psychologie und Persönlichkeitspsychologie kompakt*. Weinheim: Beltz.

Siegler, R., DeLoache, J., & Eisenberg, N. (2011). *Entwicklungspsychologie im Kindes- und Jugendalter* (3. Aufl.). Heidelberg: Spektrum Akademischer Verlag.

Tajfel, H. (1974). Social identity and intergroup behaviour. *Social Science Information, 13*(2), 65–93.

Warrier, V., Toro, R., Chakrabarti, B., Børglum, A. D., Grove, J., Hinds, D. A., et al. (2018). Genome-wide analyses of self-reported empathy: Correlations with autism, schizophrenia, and anorexia nervosa. *Translational Psychiatry, 8*(1), 35.

Zimbardo, P. (2008). *Der Luzifer-Effekt*. Heidelberg: Spektrum Akademischer Verlag.

Abraham Lincoln

Josefine Morgan

© Springer-Verlag GmbH Deutschland, ein Teil von Springer Nature 2019
D. Frey (Hrsg.), *Psychologie des Guten und Bösen,* https://doi.org/10.1007/978-3-662-58742-3_5

5.1 Einleitung

» „Those who deny freedom to others,
deserve it not for themselves." (Lincoln
1859, zitiert nach Basler 1953b, S. 376)

Die Jahre 1809 und 1865 sind wichtige Meilensteine in der Geschichte der Vereinigten Staaten von Amerika (engl. United States of America, kurz: USA) und für die Menschheit. Nach mehr als 200 Jahren des Sklavenhandels brachte 1809 das letzte Schiff einen afrikanischen Sklaven in die USA und knapp 60 Jahre später wird offiziell auch der letzte Sklave in den USA wieder ein freier Mann. Diese beiden Jahre sind auch deswegen prägend für die Sklavereigeschichte, weil sie das Geburts- und das Todesjahr des Mannes markieren, der maßgeblich an der endgültigen Abschaffung der Sklaverei auf amerikanischen Boden beteiligt war: Abraham Lincoln, 16. Präsident der USA und noch heute verehrt als einer der großartigsten Helden der Geschichte durch seine Rolle als Retter der Union und Befreier der Sklaven (von Montgelas 1947) – ein Mann, der durch seine Persönlichkeit und Taten das „gute Amerika" wie kein anderer Vertreter der USA damals wie heute verkörpert.

Wie konnte ein Junge aus bescheidenen Verhältnissen mit eigenem Antrieb zum Träger des höchsten Amtes der USA aufsteigen und trotz des damaligen Widerstands für die Freiheit aller kämpfen? Weshalb wird der Mann, der im Bürgerkrieg einen der größten Verluste amerikanischer Soldaten zu verantworten hat, trotzdem heute als einer der größten und besten Präsidenten gefeiert und in überdimensionalen Gedenkstätten verewigt? Diese und ähnliche Fragen werden im Folgenden behandelt, indem Lincolns Persönlichkeit, relevante Teile seiner Biografie und die erlebte Zeitgeschichte aus psychologischer Sicht interpretiert werden.

5.2 Biografie

Die folgenden biografischen Angaben zu Abraham Lincoln basieren auf den Werken von Jörg Nagler (2015) und Michael Burlingame (1994).

5.2.1 Kindheit und Jugend

Lincoln wurde am 12. Februar 1809 in Hardin County im westlichen Kentucky, seit 1792 „Sklavenstaat" der Union, in einfache Verhältnisse geboren – nicht ungewöhnlich für eine Siedlerfamilie der damaligen Zeit. Harte körperliche Arbeit, Krankheit, Gewalt, Alkoholmissbrauch, Bildungsmangel und vor allem Rassismus galten als Norm. Obwohl sich die amerikanischen Staaten „Freiheit für alle" als zentrales Postulat der Republik auf die Fahnen schrieben und in Lincolns Geburtsjahr die Einfuhr von Sklaven final stoppten, war zu diesem Zeitpunkt noch jeder 5. der 7 Mio. Einwohner versklavt.

Lincoln war eines von 3 Kindern seiner Eltern, Thomas Lincoln und Nancy Hanks, die beide aus einfachen Familien stammten. Sie konnten weder Lesen noch Schreiben und verdienten sich das Leben durch Landarbeiten. Schon in seiner Kindheit war Lincoln konfrontiert mit dem Tod. So verstarb eines seiner Geschwister noch im Säuglingsalter, und seine Mutter starb an einer Vergiftung, als Lincoln nur 9 Jahre alt war. Dies war keine Außergewöhnlichkeit in der damaligen Zeit – bis zu 40 % der Kinder verloren mindestens ein Elternteil vor dem 15. Geburtstag. Dennoch war Lincoln in intensiver Weise mit Vergänglichkeit konfrontiert, wie anhand seiner Biografie deutlich wird.

Der Vater heiratete kurz nach dem Tod von Nancy die Witwe Sarah Bush Johnston, die selbst bereits 3 Kinder hatte. Lincolns Stiefmutter spielte eine große Rolle in seinem Leben, da er durch sie zum ersten Mal das

Gefühl von Liebe, Zuneigung und Lebensmut erfuhr. Obwohl sie selbst Analphabetin war, bemerkte sie, dass Lincoln intelligent und lerneifrig war. Sie förderte ihn, indem sie ihm Bücher schenkte und zum Lesen anspornte. Durch seinen Eifer brachte sich Lincoln dann selbst das Lesen und Schreiben bei. Generell waren die Möglichkeiten zur Bildung in der damaligen Zeit begrenzt, sodass Lincoln im Alter zwischen 11 und 16 Jahren lediglich eine Schulausbildung von insgesamt einem Jahr erhielt.

Je älter der junge Lincoln wurde, desto mehr wurde er wie damals üblich vom Vater als unbezahlte Arbeitskraft eingesetzt. Lincoln verabscheute die körperliche Arbeit, wahrscheinlich vor allem da er seinen Vater verachtete: Er war für Lincoln das Negativbeispiel eines sinnhaften Lebens. Die Beziehung der beiden war so angespannt, dass Lincoln nicht einmal als Erwachsener seinen im Sterben liegenden Vater besuchte oder zur Beerdigung erschien. Er schämte sich für die mangelnde Bildung des Vaters, wohingegen Thomas seinen Sohn als faul und nichtsnutzig sah.

Als sich Lincoln mit 19 Jahren die Gelegenheit bot, dem Einfluss des Vaters zu entfliehen, nutzte er diese sofort und arbeitete als Transporteur und Verkäufer von Lebensmitteln auf einem Boot in New Orleans. Seine Erfahrungen aus der Zeit in New Orleans, einer multikulturellen Stadt mit über einem Drittel farbiger Bewohner – größtenteils Sklaven, mussten Lincoln bleibend beeinflusst haben. Höchstwahrscheinlich sah er hier zum ersten Mal mit eigenen Augen Sklavenauktionen und die grausame Behandlung der Sklaven. Nach Ablauf des Arbeitsauftrages in New Orleans kehrte er kurzzeitig zu seiner Familie zurück und zeigte erstes Interesse an Rechtsverhandlungen, die er 1830 zu besuchen begann. Wieder im Selbststudium hatte er sich politische Ansichten angeeignet, die der später gegründeten Whig-Partei entsprachen, und bekam im Alter von 21 Jahren das erste Mal die Gelegenheit, diese öffentlich zu vertreten.

Die politische Ära war zu dieser Zeit geprägt durch den amtierenden Demokraten Andrew Jackson und das neue Wahlrecht, das es jedem weißen erwachsenen Mann unabhängig von seinem Besitz erlaubte zu wählen. Somit potenzierten sich die Wahlbeteiligung und das politische Interesse. Politiker warben erstmals in dramatischen Reden um Wählerstimmen, denen kritisch gefolgt wurde. Diese neue Beteiligungsmöglichkeit, auch für untere Schichten, an politischen Diskussionen und der damit einhergehende Veränderungsgeist entfachten vermutlich auch Lincolns politisches Engagement. Als Volljähriger, im Alter von 22 Jahren, kehrte Lincoln seiner Familie endgültig den Rücken und begann einen einschneidenden neuen Lebensabschnitt in New Salem, Illinois.

5.2.2 Lincolns politischer Aufstieg bis zur Präsidentschaft

In New Salem führte Lincoln zunächst verschiedene Tätigkeiten in der Gemeinde (Kaufmannsgehilfe, Landvermesser, Posthalter) aus. Er wurde dort zunehmend bekannt als respektierter, hilfsbereiter und vor allem belesener Mann sowie gern gesehener Teilnehmer von Debattierklubs und literarischen Gesellschaften. Seine politische Karriere startete er als Abgeordneter des Repräsentantenhauses von Illinois, nachdem er Vertrauen in seine Redegewandtheit und Führungsqualitäten gewinnen konnte.

Er gehörte während seiner Zeit von 1834 bis 1842 im Repräsentantenhaus der Whigs-Partei an. Durch seine offene, ehrliche Art gewann er Vertrauen im Staatsparlament von Illinois, sodass er – bekannt als „honest Abe" – mit 27 Jahren sogar zum Parteiführer der oppositionellen Whigs gewählt wurde. Parallel zu dieser Amtszeit wurde Lincoln nach diszipliniertem Selbststudium Anwalt und eröffnete 1837 seine Anwaltskanzlei mit John Todd Stuart in Springfield.

Zur gleichen Zeit traf Lincoln ein weiterer Verlust: Seine Verlobte, Ann Rutledge, verstarb noch vor der geplanten Hochzeit an Typhus und ließ einen zutiefst bestürzten

Lincoln mit suizidalen Gedanken zurück. Der erneute Tod einer nahestehenden Person musste eine Depression (so wie seine damalige Symptomatik heute klassifiziert wird) in ihm ausgelöst haben, die ihn bis zu seinem eigenen Ableben immer wieder heimsuchte. Als er die erste depressive Episode überwunden hatte, stürzte er sich umso eifriger in seine politische und juristische Arbeit.

Im Jahr 1837, in dem er auch seine Kanzlei eröffnete, sprach sich Lincoln das erste Mal öffentlich gegen die Sklaverei aus. Er positionierte sich in einer Parlamentsdebatte, indem er betonte, dass die Institution der Sklaverei auf Ungerechtigkeit und schlechte Politik zurückzuführen sei. Diese Aussage traf in der damaligen Zeit nicht auf Zuspruch, im Gegenteil: Die Angst vor den Abolitionisten, einer nördlichen Vereinigung, die die sofortige Abschaffung der Sklaverei forderte und für gewalttätige und extreme Ausschreitungen im Kampf für diese Forderung verantwortlich war, stieg besonders in den Südstaaten an. So wurde eine Resolution gefordert, die die Abolitionistenbewegung verbieten und die Verfassungsmäßigkeit der Sklaverei untermauern sollte. Zudem schuf Großbritannien genau während dieser Zeit die Sklaverei in ihren Kolonien ab – ein weiterer Tropfen Öl im Feuer der Abolitionisten. Lincolns öffentliche Haltung zur Sklaverei war ablehnend, aber moderat. Er hätte sich selbst nie als Abolitionist bezeichnet, sondern verurteilte deren Handlungen teilweise. Er vertrat gegenüber den Südstaaten damals einen streng am geltenden Recht und Gesetz orientierten Standpunkt. Was er stets betonte war, dass Sklaverei gegen das freiheitliche Prinzip Amerikas stünde und dem Geist der Verfassung „all men are created equal" widerspreche.

1839 traf Lincoln in einer erneuten Legislaturperiode im Staatsparlament zum ersten Mal auf seinen späteren demokratischen Präsidentschaftskonkurrenten, Stephen Douglas. Lincoln bewunderte seinen Kontrahenten von Beginn an und nahm diesen sogar zum Vorbild. Dies verdeutlicht eine Fähigkeit Lincolns, die er sich in vielen Situationen seines Lebens zunutze machte, und zwar die des Lernens aus Misserfolgen und Konfrontationen. So verwendete er die Argumente von Douglas und seine brillante Eloquenz nach einer ersten Niederlage dann in einer Revanche gegen ihn (s. u.).

Zum Ende seines Amtes im Staatsparlament von Illinois plante Lincoln die Heirat mit Mary Todd, der Tochter einer reichen Familie aus Kentucky. Mary wird als politisch aktiv (wie es mittlerweile mehr und mehr auch für Frauen möglich war), äußerst gebildet, selbstbewusst sowie attraktiv beschrieben. Allerdings erlebte Lincoln 2 herbe politische Niederlagen, die mit finanziellen Verlusten verbunden waren, und er sah sich nicht imstande, die an einen gehobenen Standard gewöhnte Mary zu heiraten. Diese politischen Niederlagen, für die er sich bis zu seinem Tode wiederholt öffentlich schämte, und persönlichen Zweifel riefen eine Ungewissheit über seine Zukunft hervor und lösten erneut eine depressive Episode aus. Doch er erholte sich wieder, besonders durch die Unterstützung seines engsten Freundes, Joshua Speed, und heiratete Mary schließlich im Jahre 1842. Diese Heirat hatte für ihn und seine Zukunft große Bedeutung, da Mary ihren Mann durch ihren Ehrgeiz und ihr Streben nach Wohlstand und Prestige immer wieder in der Verfolgung und Erfüllung seiner politischen Ambitionen stärkte. Gemeinsam gründeten sie eine Familie. Lincoln war erneut mit der Vergänglichkeit des Lebens konfrontiert, als 2 ihrer 4 Söhne bereits im Alter von nur 4 und 12 Jahren starben. Für den liebevollen und herzlichen Vater, dem das Wohl seiner Söhne oberstes Gut war und der ihnen freie Entfaltungsmöglichkeiten bot, war dies ein schwerer Schlag.

Nach einer Zeit als Anwalt und 2-jährigen Legislaturperiode im US-Repräsentantenhaus auf bundespolitischer Ebene zog sich der baldige Präsident für 5 Jahre aus der Politik zurück. Im Jahr 1849 – vor dieser politischen Pause – wurde Lincoln als ehrlicher, fähiger, jedoch noch relativ selbstzentrierter „Small-Town-Politiker" beschrieben. Mit 40 Jahren sieht sich Lincoln selbst als politischen und juristischen

Versager, der es zu nichts in seinem Leben gebracht hat. Seinem neuen Kanzleipartner William Herndon gestand er:

» „How hard – Oh how hard it is to die and leave one's Country no better than if one had never lived for it." (zitiert nach Burlingame 1941, S. 5)

1854 kehrte dann ein politischer Analyst mit überragender Kraft, einer neuen Ernsthaftigkeit, Eindeutigkeit und Autorität zurück, der zu einem echten Staatsmann gereift war. Was war in diesen 5 Jahren geschehen, dass Lincoln so verändert hatte und ihm neuen Antrieb für die ehrgeizige und beharrliche Verfolgung seiner Ziele gab?

Überlieferungen zufolge befand sich Lincoln in dieser Zeit in einer Art Midlife-Crisis, die im Nachhinein auch als fruchtbarste Phase seines Lebens betitelt wird. Er widmete sich ausschließlich seiner persönlichen Entwicklung, schärfte seinen Charakter und Verstand, indem er den Sinn seines Lebens hinterfragte. Daraus erwuchsen der Wunsch, bleibende Spuren in der Welt zu hinterlassen, und das Gefühl, eine Verantwortung für die nachkommenden Generationen zu tragen.

Der Weg vom unbekannten lokalen Politiker zum Präsidentschaftskandidat der neuen Republikanischen Partei ist eng verwoben mit der damaligen Zuspitzung der Sklavenfrage[1]

---

1   Die wirtschaftlichen Interessen der Süd- und Nordstaaten klafften immer mehr auseinander, wobei sich langsam der wirtschaftliche Vorteil vom Süden in den Norden verschob. Im Süden forderten sie Autonomie der Einzelstaaten und das Recht, Sklaven halten zu können, wobei der Norden mit Lincolns Whigs-Partei (später Republikaner) für eine Zentralisierung und freie Arbeit standen. 1854 spitzte sich das Problem in der Sklavenfrage mit der Verabschiedung des Kansas-Nebraska-Acts zu, der in einem „Bürgerkrieg vor dem Bürgerkrieg" endete, in dem sich Sklavereibefürworter und -gegner offensiv bekämpften. Weitere Geschehnisse wie Aufstände radikaler Abolitionisten schürten den Konflikt weiter, sodass die Präsidentschaftswahlen 1860 maßgeblich durch die Sklavenfrage entschieden wurde.

und Lincolns Haltung zu dieser. Die Offensive der Südstaaten und die Forderung, die Sklaverei sogar noch auszuweiten, führten Lincoln zurück in die Politik.

Als er 1855 und 1858 für den Senat kandidierte, konnte er in seinen Rededuellen als brillanter Redner seinen Standpunkt zur Sklaverei deutlich machen. So wurde er zum attraktiven Kandidaten der Republikaner für die Präsidentschaftswahl 1860. Bis zur Wahl hatte Lincoln noch kein hohes Staatsamt bekleidet und doch konnte er sich – maßgeblich durch seine rhetorische Begabung – gegen seinen demokratischen Kontrahenten, Stephen Douglas, durchsetzen.

5.2.3 Lincolns Präsidentschaftsjahre und Ermordung

1861 begann Lincoln seine Amtsschaft als **Präsident der USA**. Er rief die Südstaaten dazu auf, Frieden und nationale Einheit zu wahren, und äußerte sich stets gemäßigt zur Sklavenfrage. Bei seiner Inauguration zum Präsidenten sagte er sogar:

» „I have no purpose, directly or indirectly, to interfere with the institution of slavery in the States where it exists. I believe I have no lawful right to do so, and I have no inclination to do so." (Lincoln 1861, S. 1)

Aber seine Bemühungen waren vergebens. Die Wahl eines, wenn auch moderaten, Gegners der Sklaverei zum amerikanischen Präsidenten hatte 11 Südstaaten dazu bewegt, aus der Union auszutreten, die Konföderierten Staaten von Amerika als eigenständigen Staatenbund zu gründen und den Amerikanischen Bürgerkrieg zu beginnen. Für Lincoln war die Bewahrung der Union sein höchstes Ziel, denn es war gleichzeitig die Bewahrung der Demokratie, für die die Gründer Amerikas und das amerikanische Volk in der Revolution hart gekämpft hatten. Mit Beschuss des Fort Sumter in der Bucht von

Charleston, South Carolina, sah sich Lincoln also gezwungen, in den Krieg einzutreten und die Rebellion niederzuschlagen.

Auch wenn die Erhaltung der Union zunächst offizielles Kriegsziel war, entwickelte sich der Konflikt für Lincoln schnell zu einem Kampf gegen die Sklaverei. Nach 2 Jahren mit kleineren und größeren Schlachten und großen Verlusten trat am 1. Januar 1863 die von Lincoln auf den Weg gebrachte **Emanzipationsproklamation** zur Abschaffung der Sklaverei in Kraft. Entscheidend war folgender Passus der Proklamation:

» „That on the first day of January in the year of our Lord, one thousand eight hundred and sixty-three, all persons held as slaves within any state, or designated part of a state, the people whereof shall then be in rebellion against the United States shall be then, thenceforward, and forever free." (zitiert nach Basler 1953c, S. 434)

Der Bürgerkrieg erhielt hierdurch eine neue Dimension: Im Falle des Sieges des Nordens war die Abschaffung der Sklaverei nun eindeutig vorgegeben.

In der Zeit bis zu seinem 2. Amtsantritt setzte sich Lincoln energisch für die Verabschiedung des 13. Zusatzartikels zur US-Verfassung ein, der die Sklaverei auf dem Territorium der USA ein für alle Mal verbieten sollte. Die Schlacht von Gettysburg, Pennsylvania, im Juli 1863 und die Wiederwahl Lincolns zum Präsidenten im November 1864 entschieden über den Ausgang des Krieges, der am 9. April 1865 mit der Kapitulation der Südstaatenarmee endete.

Lincoln hatte bereits einen verantwortungsvollen Plan für die Wiedereingliederung der Südstaaten in die Union entworfen, konnte diesen jedoch nie selbst umsetzen. Denn er wurde 5 Tage später während eines Theaterbesuchs in Washington von dem Schauspieler, John Wilkes Booth, einem fanatischen Anhänger der Südstaaten, für den Lincoln und seine Politik der Inbegriff des Bösen waren, erschossen.

5.3 Psychologische Theorien, Modelle und Konzepte

Wie wurde Lincoln zur Personifizierung eines „guten Amerikas"? Betrachtet man Lincolns Leben werden bestimmte Anlagen und Situationen deutlich, die sein Verhalten und seinen Charakter geformt haben (Lewin 1963). Diese werden im Folgenden aus psychologischer Sicht beleuchtet.

5.3.1 Lebenskrisen als Chancen: wie ein Phönix aus der Asche

Wie aus der Biografie deutlich wird, hatte Lincoln keine einfache Kindheit, sondern war schon früh mit Verlust, Tod, Strenge und erhielt wenig Zuwendung und Liebe konfrontiert. Er litt unter starken depressiven Episoden, in denen er suizidale Gedanken hatte und keinen Sinn in seinem Leben sah. Auch erlebte er einige Misserfolge in seiner frühen und späteren politischen und juristischen Laufbahn, die ihn teilweise stark bestürzten, wie kurz vor der geplanten Heirat mit Mary Todd. Es ist überliefert, dass er nach einer erneuten Niederlage während des Bürgerkrieges sagte: „he felt almost ready to hang himself" (zitiert nach Burlingmane 1994, S. 105). Doch münzte er das eigene schwere Leid und oftmalige Verlassenwerden in eine große Barmherzigkeit für andere Menschen um. So fühlte er tiefes Mitgefühl für die Hinterbliebenen der gefallenen Soldaten und konnte die Schuld an deren Tod kaum ertragen. Zudem pflegte er eine sehr liebevolle Beziehung zu seinen Söhnen, obwohl er diese Liebe von seinem Vater nie erfahren hatte.

Das Bemerkenswerte ist, dass Lincoln es schaffte, aus den immer wiederkehrenden kritischen Lebensereignissen mit neuem Antrieb, Mut und Tatendrang hervorzugehen. **Kritische Lebensereignisse** werden als Stadien im Leben eines Menschen definiert, in denen ein relatives Ungleichgewicht in dem bis dato aufgebauten Passungsgefüge zwischen Person und Umwelt besteht. Aus entwicklungspsychologischer Sicht sollte ein solches Ungleichgewicht in erster Linie dazu führen, dass die Person nach dem kritischen Ereignis nicht mehr so ist wie davor, sondern sich neu ausrichten muss. Dies kann nicht gelingen, negativ verlaufen oder auch in die positive Richtung und zu einem neuen, besseren Leben führen. Schaffen es die Betroffenen, die Krise konstruktiv zu überwinden, sollten sie daraus eher gestärkt und eventuell sogar weiser hervorgehen. Welche Richtung eingeschlagen wird, hängt maßgeblich davon ab, welche individuellen und sozialen Ressourcen die Betroffenen haben, z. B. das Gefühl von Selbstwirksamkeit oder Unterstützung durch Freunde, und welche Bewältigungsstrategien sie einsetzen (Filipp und Aymanns 2009).

Es scheint, dass Lincoln einen erfolgreichen Weg der Bewältigung gefunden hat. Das positive Meistern kritischer Lebensereignisse kann auch als hohe **Resilienz** bezeichnet werden, die genau eine solche psychische Widerstandskraft bezüglich belastender Umstände kennzeichnet. Die Entwicklung von Resilienz und damit die erfolgreiche Bewältigung von Belastungssituationen ist unter anderem abhängig von verfügbaren Ressourcen bzw. Schutz- und Risikofaktoren wie Kontaktfreudigkeit, Selbstbewusstsein, Problemlösefähigkeit und Unterstützung durch Bekannte (Frey 2016). Insbesondere erfuhr er durch seine Stiefmutter, Ehefrau und Freunde, die ihn während seiner Krisen begleiteten, soziale Unterstützung. Zudem war Lincoln bereits ein offener, selbstbewusster und zielstrebiger Junge und bewies oft, z. B. allein durch seine Berufswahl des Anwalts und Politikers, dass er, statt lediglich Probleme zu benennen, diese aktiv lösen wollte. Diese beiden Faktoren dürften wesentlich zu seiner hoch ausgeprägten Resilienz beigetragen haben.

5.3.2 Gerechtigkeitssinn und soziale Identität: Die Sklaverei ist unrecht!

An vielen Stellen seiner Biografie wird deutlich, dass Lincolns Charakter durch **Gesetzestreue** und **Gerechtigkeitssinn** gekennzeichnet ist. Sie nannten ihn „honest Abe", so ehrlich und rechtschaffen war er. Er selbst wählte für sich den Beruf des Juristen und hielt sich im gesamten Verlauf seiner Karriere sehr eng an das geschriebene Gesetz, jedoch auch an die Prinzipien moralischer Richtigkeit. Er wurde in einen eben erst auf demokratischen und freiheitlichen Prinzipien gegründeten Staat geboren. Die Wahrung der zugrunde liegenden Gesetze und Moral scheint Lincoln in seinem Kampf für die Einheit der Union und die Befreiung der Sklaven motiviert zu haben, wobei dies auch eine Erklärung dafür sein könnte, warum er das letztgenannte Ziel strategisch langsam verwirklichte. Wiederholt betonte er, dass nach den freiheitlichen Prinzipien der amerikanischen Revolution und dem Grundprinzip der Gleichheit, auf dem die amerikanische Republik gegründet wurde, Sklaverei eine Verletzung dessen und demnach nicht im Sinne der Konstitution sei. Jedoch war er sich auch bewusst, dass in der Konstitution Sklaverei als solche nicht wörtlich verboten wurde. Er vertrat daher, obwohl er Sklaverei ablehnte und sogar moralisch verabscheute (Burlingmane, 1994, S. 25), gegenüber den Südstaaten eine damals korrekt am geltenden Recht und Gesetz ausgerichtete Position:

» „I have no purpose, directly or indirectly, to interfere with the institution of slavery in the states where it exists. I believe I have no lawful right to do so, and I have no inclination to do so." (Lincoln 1861, S. 1)

Erst mit Ausbruch des Krieges, als die Süd-staaten eindeutig die konstitutionellen Prin-zipien brachen und Tausende der Sklaven nach Norden flohen, um die Truppen dort zu unterstützen, fühlte sich Lincoln in der Lage, die Sklavenbefreiung umzusetzen. Seine Ansicht der Ungerechtigkeit von Sklaverei wird 1854 in einer Rede deutlich:

> » „I hate it because of the monstrous injustice of slavery itself." (zitiert nach Burlingmane 1994, S. 31)

Die fundamentale Ungerechtigkeit der Skla-verei sieht er im institutionalisierten Raub der Früchte der Arbeit. Er empfand das Prin-zip, jemand erntet Mais in harter körperlicher Arbeit, ist jedoch nicht derjenige, der die Früchte dieser Arbeit auch genießen (essen) darf, als absolut falsch und ungerecht.

Gerechtigkeit stellt einen grundlegenden Wert von uns Menschen dar und ist Fundament jedes demokratischen Rechtssystems, so auch der damaligen amerikanischen Union. Die Ent-wicklung moralischen Denkens und Handelns und damit des Gerechtigkeitssinns findet nach modernen Ansätzen bereits früh statt und ist neben genetischer Veranlagung auch von äuße-ren Einflüssen abhängig (Frey 2016). Lincolns starker Sinn für Recht und Gerechtigkeit ent-wickelte sich möglicherweise durch die selbst erlebte Ungerechtigkeit in seiner Kindheit durch den eigenen Vater. Es finden sich Berichte, dass Thomas Lincoln seinen Sohn zu harter körper-licher Arbeit zwang, und zwar nicht nur auf der eigenen Farm, sondern auch bei Nachbarn. Den erarbeiteten Lohn durfte Lincoln jedoch nicht behalten, sondern musste jeden Dollar an den Vater abtreten. Lincoln fühlte sich unter-drückt, ausgebeutet und unfrei. Einer extremen Auslegung folgend, lässt sich die Ausbeutung durch den Vater mit der der Sklaven durch ihre Sklavenhalter gleichsetzen. Zudem wurden seine Versuche, sich Bildung anzueignen, ver-hindert, und er wurde gelegentlich geschlagen.

Nach der **Theorie der sozialen Identität** (Tajfel und Turner 1986) ist die soziale Identi-tät Teil des Selbstkonzeptes, das eine Person aus der wahrgenommenen Mitgliedschaft

in einer sozialen Gruppe gewinnt. Da jede Person nach einem positiven Selbstbild und damit nach einer positiven sozialen Identi-tät strebt, versucht sie, die Gruppe, der sie sich zugehörig fühlen, die sog. Ingroup, auf verschiedene Weise von anderen Gruppen (Outgroups) abzugrenzen und zu schützen. Es ist möglich, dass sich Lincoln durch die Erfahrungen mit seinem Vater sowie die eben-falls grausame Behandlung der Sklaven, die er auf seinen Bootsreisen nach New Orleans mit-ansehen musste, mit der Gruppe der Sklaven in gewissem Umfang identifizieren konnte. Er fühlte sich vielleicht ob der gemeinsamen (Gewalt-)Erfahrung verbunden und ihnen zugehörig. Dies könnte ein weiterer Grund sein, weshalb er sich so nachdrücklich für die Abschaffung der Sklaverei einsetzte.

5.3.3 Intelligente Führer: Weisheit vs. Grausamkeit

Lincoln war ohne Zweifel äußerst intelli-gent und belesen. Autodidaktisch hatte er sich Lesen und Schreiben beigebracht, und von da an konnte sein Wissensdurst kaum durch Bücher, Debattierrunden und auch das Besuchen von Gottesdiensten gestillt werden. Worin liegt jedoch der Unterschied zwischen ihm und anderen, ebenfalls sehr intelligenten, aber „bösen" Führern, die ihre Macht mit Kal-kül und Grausamkeit umsetzten?

Abraham Lincoln ging mit zunehmender politischer und persönlicher Erfahrung durch-aus strategisch kalkulierend vor. Er war in der Lage, den Inhalt und die Rhetorik an seine Gesprächspartner und das Publikum anzu-passen, um das bestmögliche Ergebnis für sein persönliches Weiterkommen zu erzielen, z. B. in Bezug auf die Sklavenfrage. Auch hielt er sich seine Feinde nah und besetzte sein Kabi-nett mit Republikanern, die eigentlich gegen ihn waren. Schließlich gab er während des Bürgerkrieges nicht vorzeitig auf, obwohl es der blutigste Konflikt in der amerikanischen Geschichte war, der über 600.000 Soldaten-leben forderte.

Was ihn dabei maßgeblich von Diktatoren wie Hitler unterschied, war seine Intention: Er verfolgte nachdrücklich das **Ziel des Gemeinwohls**. Lincoln strebt danach, das Wohl seiner Gemeinde, der Vereinigten Staaten und damit auch der Versklavten zu wahren und zu stärken. Er war somit nicht nur intelligent, sondern vielmehr weise.

Dem Psychologen Robert Sternberg (2004) zufolge zeichnet **Weisheit** genau dieser Aspekt aus. Eine Person kann sehr intelligent sein, diese Intelligenz jedoch lediglich für selbstsüchtige Ziele einsetzen. Weisheit bedeutet, dass jemand seine Intelligenz nicht nur für das eigene Wohl, sondern auch für das Gemeinwohl einsetzt. Weisheit kann verstanden werden als die Fähigkeit, richtige Urteile zu fällen. Sie basiert auf einem moralisch gefestigten Wertesystem und geht einher mit Wissen sowie der Fähigkeit, innere Qualitäten und Zusammenhänge zu reflektieren und zu erkennen. Darüber hinaus umfasst sie die emotional-spirituelle Fähigkeit, die benötigt wird, mit Lebensungewissheiten umzugehen und Barmherzigkeit für andere zu empfinden (Frey 2016; Sternberg 2004). Alle diese Aspekte können Lincoln zugeschrieben werden. Ausschlaggebend für die Entwicklung von Weisheit ist nach wissenschaftlichen Erkenntnissen nicht das biologische Alter, sondern die Reflexion des eigenen Lebens und das der anderen, die zu jedem Zeitpunkt stattfinden kann (Frey 2016; Sternberg 2004). Lincoln durchlief in seiner „Midlife-Crisis" eine solche Reflexion. So bestätigen Zeitzeugen, dass er nicht nur politisch stärker und voller Tatendrang aus dieser Zeit hervortrat, sondern mit bescheidener Selbstlosigkeit und Weisheit, die seine zukünftigen Handlungen bestimmen sollten. Später im Weißen Haus sagte er selbst:

» „I am very sure that if I do not go away from here a wiser man, I shall go away a better man, for having learned here what a very poor sort of man I am." (zitiert nach Burlingmane 1994, S. 13)

5.3.4 Prosoziales Handeln: Empathie, Normen und Altruismus ohne totale Selbstlosigkeit

Mittlerweile gilt es als erwiesen, dass der Mensch nicht im Kern böse und eigennützig ist, sondern grundlegend prosozial. Was **prosoziales Verhalten** meint, ist wissenschaftlich nicht einfach zu definieren. So schließt der Begriff auch hilfreiches Verhalten, **Altruismus** sowie moralisches und empathisches Verhalten mit ein (Bierhoff et al. 2011).

Einige Forscher sind überzeugt, dass die Entwicklung prosozialen Verhaltens eng mit **Empathie**, der Fähigkeit die innere Welt (Gefühle, Gedanken, Motive, Wünsche) anderer zu erkennen und richtig zu interpretieren, zusammenhängt. Das heißt, wir fühlen mit anderen, die Hilfe benötigen, mit und handeln entsprechend. Die Entwicklung prosozialen Verhaltens wird demnach vor allem gefördert durch das Erleben von Fürsorge, Zuwendung, Verlässlichkeit und das Eingehen auf die Wünsche und Bedürfnisse des Kindes (Bierhoff und Rohmann 2004; Cialdini et al. 1997; Frey 2016). Auf den ersten Blick mag es erstaunlich scheinen, dass Lincoln ein so einfühlsamer und hilfsbereiter Mann geworden ist, da er in seiner Kindheit nur wenig Wärme und ihm entgegengebrachte Empathie erlebt hat. Auch wenn Lincoln eine harte und unverstandene Beziehung zum Vater hatte, so hat ihm jedoch seine Stiefmutter, Sarah, besonders intensiv ein prosoziales Selbstkonzept vermittelt. So trat sie in sein Leben, als er besonders hilfsbedürftig war und sich verlassen fühlte, und nahm ihn wie einen eigenen Sohn auf. Sie umsorgte ihn und zeigte ihm, dass sie ihn verstand, indem sie seine Bedürfnisse nach Wissen und intellektueller Stimulation richtig erkannte und ihn darin unterstützte. Lincoln bewies seine Fähigkeit zur Empathie wiederholt vor allem im Umgang mit seinen Söhnen, aber auch in der strategischen Anpassung seiner Wortwahl und Haltung zu politischen Themen.

Neben der Empathie als Motivator für prosoziales Verhalten wird auch **normatives Handeln** als ein solcher betrachtet. So gehört zu jüdisch-christlichen und westlich demokratischen Gesellschaften die „Norm der sozialen Verantwortlichkeit", die besagt, dass sozial schwächer gestellten Personen wie Armen, Kranken etc. geholfen werden muss, und zwar besonders dann, wenn diese durch nicht zu kontrollierende Umwelteinflüsse in diese Notsituation gebracht wurden (Ostermann 2000). Erst zu Lincolns Geburt wurde der demokratische Staat Amerikas auf Prinzipien geschaffen, die genau diese Norm beinhalteten und Antreiber seines prosozialen Verhaltens sein könnten. Auch das frühe Lesen der Bibel, eines seiner ersten Bücher, und Besuche der Gottesdienste dürften ihn in Bezug auf die Nächstenliebe geprägt haben.

Altruistisches Verhalten ist nicht nur dann gut, wenn es absolut selbstlos, ohne Abwägung der Kosten und des Nutzens, für einen selbst stattfindet. Es verschafft nach dem Ansatz des **kompetitiven Altruismus** („competitive altruism hypothesis"; Hardy und Vugt 2006) dem Helfenden zudem direkte, langfristige Vorteile wie Prestigegewinn und höheren sozialen Status, indem dieser auf seine Ressourcen oder positiven Charaktereigenschaften hinweisen kann. Erinnern Sie sich, was Lincolns großes Ziel nach seiner „Midlife-Crisis" war: Ihm ging es darum, bleibende Spuren hinterlassen! Auch Lincoln, der sicherlich nicht als Egoist bezeichnet werden kann, handelte nicht absolut selbstlos, sondern verfolgte mit seinem Einsatz für die Sklavenbefreiung und Einigung der Union persönliche Ziele. Er wollte unbedingt etwas Beständiges hinterlassen. Aus psychologischer Sicht liegt dem das Phänomen der **Generativität** zugrunde, ein Begriff der vom Psychoanalytiker Erik H. Erikson als 7. Stufe seines 8-stufigen Modells der psychosozialen Entwicklung geprägt wurde. So ist laut Erikson (1963) Generativität als Verlangen, den kommenden Generationen etwas Bleibendes zu hinterlassen, zu verstehen und ein Entwicklungsstadium einer gesunden erwachsenen Persönlichkeit. Auch nach Frankl (1955) sowie Remus und Frey (2016) streben Menschen nach **Bedeutsamkeit und Sinn**. Nur wenige Menschen stellen sich die Frage nach dem Sinn des eigenen Lebens, solange ihr Leben in den gewünschten Bahnen verläuft. Kommt es jedoch zu Krisen, in denen Erfahrungen gemacht werden, die nicht mehr mit dem bisherigen Sinnkonzept vereinbar sind, z. B. neue Anforderungen, die man nicht bewältigen kann, oder Verluste, so kommen existenzielle Fragen auf, und wir beginnen, unseren bisherigen Lebenssinn zu reflektieren, um einen neuen Sinn zu finden. Diesen Prozess durchlief Lincoln in seiner Midlife-Crisis. Schlussendlich konnte er gestärkt aus der Krise hervorgehen, mit dem Ziel, einen guten Beitrag für die Nachwelt zu hinterlassen. Auch die wiederholte Konfrontation mit der Vergänglichkeit während seines Lebens und sein Alter von 40 Jahren (die damalige durchschnittliche Lebenserwartung für Männer lag bei 36 Jahren) mussten ihn zu diesem Zeitpunkt in seinem Wunsch bestärkt haben, „unsterblich" zu werden und eine Spur in der Welt zu hinterlassen.

Die Frage ist dann jedoch, ob sich Lincoln die natürliche Zuspitzung der Sklavenfrage kurz vor seiner Präsidentschaft lediglich zunutze machte und ihm bewusst war, dass er nur durch eine starke Positionierung gegen Douglas eine Chance hatte, die Kandidatur zu gewinnen. Betrachtet man die gesamte Lebensspanne Lincolns kann die These, er habe nur selbstsüchtige Ziele verfolgt, verworfen werden, auch wenn einige Kritiker der Meinung sind, er nutzte die Sklavenbefreiung als strategisches Mittel, um einen Bürgerkrieg zu rechtfertigen. Experten betonen heute die frühen Überlieferungen von Lincolns innerer Abscheu gegen die Sklaverei und seine grundlegende humanistische Haltung.

5.4 Bedeutung für die heutige Zeit

5.4.1 „Kleine" Lincolns braucht das Land

Experten sind davon überzeugt, dass, hätte Lincoln die wichtigen Aufgaben der Sklavenbefreiung und Wiedereingliederung der Südstaaten vollenden können, Bewegungen wie die von Martin Luther King (▶ Kap. 8) nicht mehr nötig gewesen wären (z. B. Holzer 2016). Allein diese Aussage verdeutlicht, wie fundamental Lincolns Taten nicht nur in der damaligen Zeitgeschichte waren, sondern es auch heute noch sind. In Amerika herrscht zwar keine Sklaverei mehr, jedoch besteht immer noch ein fortwährender Kampf für Gleichheit, Freiheit und Einigkeit. Lincoln brachte dies in einer Rede 1854 mit folgenden Worten eindrücklich zum Ausdruck:

> » „We were proclaiming ourselves political hypocrites before the world, by thus fostering Human Slavery and proclaiming ourselves, at the same time, the sole friends of Human Freedom." (zitiert nach Basler 1953a, S. 242)

Diese Heuchelei besteht leider weiter in der heutigen Welt, einer Zeit, in der durch die Globalisierung Konzepte wie Grenzen, Staaten und entsprechend Staatsbürger an Bedeutung verlieren. Dabei präsentiert sich Amerika der ganzen Welt als „Bewahrer von Demokratie und Menschenrechten", handelt jedoch nicht dementsprechend. In den USA sowie großen Teilen der Welt nehmen rassistische Ausschreitungen wieder zu, was zeigt, dass „kleine" Lincolns, d. h. Menschen, die eine Benachteiligung bestimmter Bevölkerungsgruppen ablehnen und sich klar gegen Rassismus positionieren, auch heute noch wichtig sind.

5.4.2 Durch Schicksalsschläge reifen

Selbst wenn man nicht in die besten Verhältnisse geboren wird, gesundheitliche Probleme hat und schlimmste Schicksalsschläge erleidet, sollte einen das nicht zurückhalten und klein machen, sondern groß werden lassen. Lincoln ist hierfür ein gutes Beispiel. Wichtig sind persönliche Ressourcen und Bewältigungsstrategien, die sowohl im Elternhaus wie auch den Bildungseinrichtungen aufgebaut werden können. Im Zentrum steht, Kindern und Jugendlichen dabei zu helfen, konstruktive Coping-Mechanismen zu entwickeln, statt Probleme zu vermeiden und einer Hilflosigkeit zu erliegen.

5.4.3 Vermittlung von Weisheit in Schulen

Nach Sternberg (2004) sollte die Vermittlung von Weisheit wichtiger Bestandteil unserer Schulkurrikula sein. Die Hauptaufgabe von Schulen ist es in erster Linie, Wissen zu vermitteln. Darüber hinaus sollte ihm zufolge eine weise Wissensanwendung gefördert werden. So kann Wissen für bessere oder schlechtere Zwecke dienen. Lediglich Ersteres, den Einsatz des Wissens, um ethisch-moralisch richtig zu handeln und das Gemeinwohl zu wahren bzw. zu fördern, würde man Sternberg (2004) zufolge unter weiser Wissensanwendung verstehen.

Schulen können Kinder maßgeblich dabei unterstützen, ihr Gelerntes für Gutes einzusetzen. Außerdem ist das Lehren von Weisheit bereits implizit in den Lehrplänen verankert, es wäre also keine absolute Neuheit. Schon heute lernen Kinder z. B. einschneidende Geschehnisse der Vergangenheit kennen, um aus den damaligen Fehlern Lehren zu ziehen und diese (hoffentlich) nicht zu wiederholen.

Sternberg (2004) ist also der Meinung, es sei ein angemessener Vorschlag, das bisher Implizite zukünftig auch explizit umzusetzen und so Schulen auch die Verantwortung einer weisen Erziehung zu übertragen.

5.5 Fazit

Betrachtet man die Biografie Abraham Lincolns aus dem psychologischen Blickwinkel werden Aspekte deutlich, die seine Entwicklung vom einfachen Bauernjungen zum einflussreichsten Mann Amerikas sowie wichtigen Wegbereiter bei der Abschaffung der Sklaverei erklären. So schaffte er es, Lebenskrisen als Chancen zu nutzen, und wuchs an diesen, wie man z. B. an seiner großen Barmherzigkeit und Sorge für andere erkennen kann, die er entwickelte, obwohl er selbst wenig Liebe und Mitgefühl erfahren hatte. Auch scheinen seine Anlagen und Lebenserfahrungen zu einem starken Sinn für Gerechtigkeit, Normen und Gemeinwohl geführt zu haben. Gemeinsam mit stetiger Selbstreflexion ließ ihn dies schon in jungen Jahren zu einem weisen Führenden werden. Alle diese Aspekte sind für unsere Gesellschaft auch heute noch aktuell, wenn wir statt egoistischer Unterdrücker, wohlwollende Unterstützer hervorbringen wollen.

Schicksalsschläge und Misserfolge, wie sie auch Lincoln erlebt hat, gehören zum Leben der Menschen. Manche mögen daran verzweifeln, sich als Versager sehen und aufgeben, wenn sie die schwere Last auf ihren Schultern fühlen. Doch gerade Beispiele wie das von Abraham Lincoln zeigen, dass es nie zu spät ist, das eigene Leben wieder in andere Bahnen zu lenken. Wichtig sind Unterstützer, die einen begleiten, und der Glaube an sich selbst, um ein sinnvolles, lebenswertes Leben zu führen.

Literatur

Basler, R. (1953a). *The collected works of Abraham Lincoln* (Bd. II). New Brunswick: Rutgers University Press.

Basler, R. (1953b). *The collected works of Abraham Lincoln* (Bd. III). New Brunswick: Rutgers University Press.

Basler, R. (1953c). *The collected works of Abraham Lincoln* (Bd. V). New Brunswick: Rutgers University Press.

Bierhoff, H. W., & Rohmann, E. (2004). Altruistic personality in the context of the empathy-altruism hypothesis. *European Journal of Personality, 18,* 351–365.

Bierhoff, H.-W., Rohmann, E., & Frey, D. (2011). Positive Psychologie: Glück, prosoziales Verhalten, Verzeihen, Solidarität, Bindung, Freundschaft. In D. Frey & H.-W. Bierhoff (Hrsg.), *Bachelorstudium Psychologie: Sozialpsychologie – Interaktion und Gruppe* (S. 81–105). Göttingen: Hogrefe.

Burlingame, M. (1941). *The inner world of Abraham Lincoln*. Urbana: University of Illinois Press.

Burlingame, M. (1994). *The inner world of Abraham Lincoln*. Urbana: University of Illinois Press.

Cialdini, R., Brown, S. L., Lewis, P. B., Luce, C., & Neuberg, S. (1997). Reinterpreting the empathy-altruism relationship: When one into one equals oneness. *Journal of Personality and Social Psychology, 73*(3), 481–494.

Erikson, E. H. (1963). *Childhood and society*. New York: Norton.

Filipp, S.-H., & Aymanns, P. (2009). *Kritische Lebensereignisse und Lebenskrisen. Vom Umgang mit den Schattenseiten des Lebens*. Kohlhammer: Stuttgart.

Frankl, V. E. (1955). *The doctor and the soul. From psychotherapy to logotherapy*. New York: Alfred A. Knopf.

Frey, D. (2016). *Psychologie der Werte*. Berlin Heidelberg: Springer.

Hardy, C. L., & Vugt, M. V. (2006). Nice guys finish first: The competitive altruism hypothesis. *Personality and Social Psychology Bulletin, 32*(10), 1402–1413.

Holzer, H. (2016). What if Abraham Lincoln had lived? CNN Politics. Artikel vom 07. Oktober 2016. ▶ https://edition.cnn.com/2016/10/06/politics/had-abraham-lincoln-lived-counterfactual/index.html. Zugegriffen: 23. Jan. 2019.

Lewin, K. (1963). *Feldtheorie in den Sozialwissenschaften*. Bern: Huber.

Lincoln, A. (1861). First inaugural address. March 4, 1861. The American Presidency Project. ▶ https://www.presidency.ucsb.edu/node/202167. Zugegriffen: 23. Jan. 2019.

Nagler, J. (2015). *Abraham Lincoln. Amerikas größter Präsident*. München: Beck.

Ostermann, Ä. (2000). *Empathie und prosoziales Verhalten in einer Ellenbogengesellschaft?*. Frankfurt a. M.: Hessische Stiftung Friedens- und Konfliktforschung (HSFK-Standpunkte, Heft 4).

Remus, J., & Frey, D. (2016). Der Wille zum Sinn: Die psychologische Bedeutung der Sinnfindung. In H.-W. Bierhoff & D. Frey (Hrsg.), *Enzyklopädie der Psychologie – Sozialpsychologie. Bd 1: Selbst und soziale Kognition* (S. 509–531). Göttingen: Hogrefe.

Sternberg, R. J. (2004). What is wisdom and how can we develop it? *The Annals of the American Academy of Political and Social Science, 591*(1), 164–174.

Tajfel, H., & Turner, J. C. (1986). The social identity theory of intergroup behavior. In S. Worchel & W. G. Austin (Hrsg.), *Psychology of intergroup relations* (S. 7–24). Chicago: Nelson-Hall.

von Montgelas, A. (1947). *Abraham Lincoln: Die schöpferische Kraft der Demokratie*. Olten: Walter.

Willy Brandt

Der andere Deutsche

Caroline Eckerth

© Springer-Verlag GmbH Deutschland, ein Teil von Springer Nature 2019
D. Frey (Hrsg.), *Psychologie des Guten und Bösen,* https://doi.org/10.1007/978-3-662-58742-3_6

6

6.1 Einleitung

„Mehr Demokratie wagen" und „zwei Staaten in Deutschland" – das waren die Leitsätze aus der ersten großen Regierungserklärung 1969, mit denen Willy Brandt in die Geschichte einging. Brandt war der erste sozialdemokratische Bundeskanzler Deutschlands und schuf mit den beiden Ausdrücken sprachliche Symbole, die in der Folgezeit mit seiner Kanzlerschaft verbunden wurden.

Brandt leitete mit seiner Politik eine neue Ära ein. Unter dem Motto „Wandel durch Annäherung" wurde Anfang der 1960er-Jahre ein neuer Kurs der Ostpolitik eingeschlagen. Zu Zeiten des Kalten Krieges sorgte seine Politik für eine Entspannung. Anders als die Kanzler vor ihm akzeptierte er die Bedingungen des damals geteilten Deutschlands, was nicht unumstritten war. Dennoch stellte er sich damit der Realität, dass Deutschland zum damaligen Zeitpunkt geteilt war, und sah darin die diplomatischste Lösung, um auf eine Wiedervereinigung hinzuarbeiten. Er fokussierte sein Streben auf die Verständigung der beiden Kriegsgegner, USA und UdSSR (Union der Sozialistischen Sowjetrepubliken), und stellte sich den Gräueltaten der Nationalsozialisten. Er musste selbst, anders als seine Kanzlervorgänger, während der nationalsozialistischen Diktatur vor den Nationalsozialisten fliehen, ging sogar gegen sie in den Widerstand. Mit seinem „Kniefall von Warschau" prägte er das Bild eines „anderen Deutschlands". Er symbolisierte damit den Willen zur „Wiedergutmachung" aus innerem Antrieb heraus, ohne den äußeren Druck anderer Regierungsvertreter.

Willy Brandt war ein bemerkenswerter Politiker, der sich für den Weltfrieden einsetzte und schließlich für seine neue Ostpolitik den Friedensnobelpreis erhielt. Auch nach seinem Rücktritt als Kanzler blieb er politisch aktiv. Daneben wird aber auch immer wieder sein Privatleben beleuchtet, das nach 3 Ehen, 4 Kindern aus 2 verschiedenen Ehen, mehreren Affären und Gerüchten um

ein Leiden an Depressionen und Alkoholsucht weniger vorzeigewürdig scheint.

Gerade wegen dieser Diskrepanzen und Widersprüche drängt sich die Frage auf, wer Willy Brandt tatsächlich war. Inwiefern unterschied sich der „öffentliche" vom „privaten" Willy Brandt? Was machte ihn zu dem, der er geworden ist? Wer waren seine Unterstützer und Vorbilder? Um diese Fragen zu klären, wird zunächst Brandts Lebenslauf mit den wichtigsten und richtungsweisenden Ereignissen umrissen und diese in einen zeitgeschichtlichen Zusammenhang gebracht. Danach wird auf Grundlage biografischer Lebensdaten auf psychologische Theorien verwiesen, die seine persönliche Entwicklung beeinflusst haben könnten.

6.2 Biografie

6.2.1 Kindheit und Jugend in Lübeck (1913–1933)

Am 18. Dezember 1913 kam Willy Brandt als Herbert Ernst Karl Frahm in Lübeck zur Welt. Den Namen Willy Brandt nahm er erst während seiner Zeit im norwegischen Exil 1933 an. Herbert Frahm wuchs als uneheliches Kind hauptsächlich bei seinem Stiefgroßvater Ludwig Frahm auf. Herberts Mutter Martha bekam ihren Sohn bereits mit 19 Jahren. Sie war Verkäuferin und hatte nur wenig Zeit, um sich um ihren Sohn zu kümmern. Herbert habe bei seiner Mutter nur wenig Geborgenheit gefunden, beschreibt der Biograf Torsten Körner (2013a).

Von Kindheitsbeinen an kam Brandt mit der sozialistischen Gewerkschaftsbewegung in Kontakt, da sein Stiefgroßvater aktives Mitglied der Sozialdemokratischen Partei Deutschlands (SPD) und auch seine Mutter Sozialistin war. Als Ludwig Frahm 1919 aus dem Krieg zurückkehrte, heiratete der nun Verwitwete wieder und nahm seinen Enkel Herbert bei sich auf. Mutter und Sohn sahen sich nur an Sonntagen. Den Namen seines leiblichen Vaters, John Möller, erfuhr Herbert Frahm erst 1947 in einem Brief seiner Mutter, verzichtete jedoch zeitlebens, den Vater kennenzulernen. Herbert nannte seinen Stiefgroßvater „Papa", der wohl die wichtigste Bezugsperson in der Kindheit Brandts darstellte (Körner 2013a). Der junge Herbert Frahm unterschied sich durch die damals noch unüblichen Familienverhältnisse von den anderen Kindern seines Alters. Es war zu der damaligen Zeit noch sehr schwer, sich als uneheliches Kind in der traditionellen und konservativen Welt im Übergang zwischen Kaiserreich und Weimarer Republik zu behaupten, da es als Makel galt (Stern 2002).

Herbert durchlief die „gewöhnliche" Karriere eines Kindes der sozialistischen Arbeiterbewegung und war Mitglied unterschiedlichster Vereine bis er schließlich mit 14 Jahren Mitglied bei den „Roten Falken", einem Jugendverband für Kinder aus sozialistisch geprägten Familien, wurde.

Als Herbert aufgrund sehr guter schulischer Leistungen das städtische Gymnasium besuchen durfte, erkannte er, dass ihn Herkunft und Interessen von seinen Schulkameraden trennten, da Brandts politische Leidenschaft nur wenige Gleichgesinnte in der Schule ansprach (Grebing 2008). Der inzwischen Jugendliche Herbert hatte wohl viele Freunde, jedoch niemanden, der ihm richtig nahestand (Stern 2002). Aber die Mitschüler und Lehrer, die ihn bereits „Politiker" nannten, begegneten ihm mit Respekt.

Die Schulzeit wurde für Herbert Nebensache, da sein Hauptfokus bei der Politik lag. Bereits als 15-Jähriger verfasste Herbert für die sozialdemokratische Tageszeitung *Lübecker Volksboten* erste Artikel. Nach der Roten-Falken-Gruppe trat er im Alter von 16 Jahren der Sozialistischen Arbeiterjugend (SAJ) bei.

Zu dieser Zeit wählte der Reichstag in Berlin den Sozialdemokraten Hermann Müller zum Kanzler einer Koalitionsregierung. Die Sozialdemokraten waren nun während der Weimarer Republik im Unterschied zum Kaiserreich an der Macht beteiligt. Allerdings lebten die Sozialdemokraten insbesondere in Lübeck, einer traditionsreich-bürgerlichen Hansestadt, die viele Jahre von Patriziern beherrscht wurde, am Rande der Gesellschaft.

Unter Gleichgesinnten war Herbert weniger zurückhaltend als in der Schule und konnte schon damals durch seine charismatischen Reden beeindrucken und wurde schnell Wortführer der politischen Gruppe (Stern 2002). Die sozialistische Jugendbewegung diente Herbert als eine Art Familienersatz (Körner 2013a) und stärkte seine Überzeugung und Gesinnung.

Die beiden Lübecker Sozialdemokraten Julius Leber und Jakob Walcher wurden zu Herberts politischen Mentoren und geistigen Vätern (Stern 2002). Leber wird als starke Persönlichkeit beschrieben, der sich durch seinen kämpferischen Charakter, seine Politikleidenschaft und mitreißende Rednergabe auszeichnete (Stern 2002). In Leber fand der damals Jugendliche Herbert ein Vorbild und Vaterersatz (Körner 2013a). Durch Zuspruch und Anerkennung seitens Lebers konnten Herberts Selbstzweifel zerstreut werden. Er behandelte Herbert auf Augenhöhe und betrachtete ihn als seinesgleichen. Leber wurde 1945 wegen seiner Widerstandsarbeit gegen die nationalsozialistische Diktatur hingerichtet. Inwiefern dies den späteren Willy Brandt beeinflusst hat, ist unbekannt. Jedoch ist zu vermuten, dass er seinen damaligen Mentor trotz gewisser parteiinterner Differenzen sehr geschätzt haben muss und ihn sein Tod nicht unberührt ließ.

Mit der Zahl der Industriebetriebe stieg auch die Zahl der SPD-Mitglieder. 1930, ein Jahr nach seinem Beitritt zur SAJ, trat Herbert Frahm der SPD bei. Aufgrund von Lohnkürzungen, zunehmender Arbeitslosigkeit und der zunehmenden Radikalisierung der Massen durch die beginnende Wirtschaftskrise wurde die Partei schon bald von schweren innerparteilichen Konflikten erschüttert. Bereits im Folgejahr wandte sich Herbert von Julius Leber und der SPD ab, enttäuscht von der Tolerierungspolitik gegenüber den Maßnahmen der rechtskonservativen Regierung des Reichskanzlers Heinrich Brüning, die durch

6

Notverordnungen gestützt regierte. Herbert warf der Partei Mutlosigkeit hinsichtlich gesellschaftlicher Veränderungen vor (Stern 2002) und schloss sich daraufhin gemeinsam mit anderen SAJ Mitgliedern der 1931 gegründeten Sozialistischen Arbeiterpartei (SAP) an. Diese kam allerdings nie über 25.000 Mitglieder hinaus und blieb eine Splittergruppe der SPD. Bei den Reichstagswahlen im Juli 1932 wurde die Nationalsozialistische Deutsche Arbeiterpartei (NSDAP) in Lübeck mit 41,2 % der Stimmen stärkste Partei. Im Laufe von nur 2 Jahren konnte sich deren Wählerschaft mehr als verdoppeln. Im selben Jahr absolvierte Herbert sein Abitur. Anschließend wurde er Volontär bei einer Lübecker Schiffsmaklerfirma.

Ende Januar 1933 ernannte der Reichspräsident von Hindenburg Adolf Hitler zum Reichskanzler (▶ Kap. 17). Infolgedessen wurden zahlreiche Gegner Hitlers, insbesondere Sozialisten und Kommunisten, verhaftet und in Konzentrationslager deportiert. Die Neubildung oder Weiterführung anderer Parteien neben der NSDAP wurde verboten. Paul Frölich, einer der führenden Männer der SAP, machte die Mitglieder der Lübecker SAP bereits kurz zuvor mit Techniken des politischen Widerstands vertraut. Nach der Machtergreifung Hitlers schrieb Herbert zusammen mit seinem Genossen Emil Peters erste Flugblätter gegen die politische Entwicklung im Land, was illegal war. Schon im Februar und März 1933 wurden Lübecker SAP-Mitglieder festgenommen. Neben der nun gefährlich gewordenen Parteimitgliedschaft in der SAP spitzte sich auch der Verdacht gegen Herbert Frahm als Verfasser illegaler Flugschriften zu. Herbert entschied sich schließlich, in der Nacht vom 1. April 1933 über die Ostsee und Dänemark ins Exil nach Norwegen zu gehen und vor den aufstrebenden Nationalsozialisten zu fliehen. Dort, in Oslo, sollte Herbert einen Stützpunkt der SAP-Partei aufbauen.

6.2.2 Widerstand und Leben im Exil (1933–1945)

In Norwegen angekommen, ging Herbert Frahm unter dem neuen Pseudonym Willy Brandt in den Widerstand gegen die nationalsozialistische Diktatur. Er ging einer umfangreichen publizistischen Tätigkeit nach, schrieb eine Vielzahl an Artikeln und sogar Bücher und Broschüren über die Lage in Deutschland, die nationalsozialistische Herrschaft, deren Kriegsvorbereitungen, den Spanischen Bürgerkrieg, die internationalen Aktivitäten der Sowjetunion und die immer aussichtslosere Lage der europäischen Arbeiterbewegung, sich gegen Hitler durchzusetzen.

Brandt war Mitglied der Exilgruppe der SAP und war ein einflussreicher Mitarbeiter ihrer Auslandsleitung (Grebing 2008). Gleichzeitig gehörte Brandt der norwegischen Arbeiterpartei an und arbeitete in der Jugendbewegung der Partei führend mit. Unter einem Decknamen reiste Brandt im September 1936 als Kurier nach Deutschland, um Kontakt zu SAP-Genossen im Untergrund aufzunehmen und den Widerstand vor Ort mit den Aktivitäten der SAP im Ausland abzustimmen.

Durch die Ausbürgerung verlor Brandt 1938 seine deutsche Staatsangehörigkeit, die er erst 1948 wiedererlangte. Bereits 1938, im Alter von 25 Jahren, hatte Willy Brandt eine 10-jährige aktive politische Tätigkeit hinter sich (Grebing 2008). 1940 musste der bis dahin staatenlose Brandt aufgrund der Invasion der Deutschen in Norwegen erneut flüchten. Brandt ging ins schwedische Exil und erhielt im selben Jahr die norwegische Staatsangehörigkeit. Ein Jahr darauf heiratete er die Norwegerin Carlota Thorkildsen, mit der er die gemeinsame Tochter Ninja bekam. Die Ehe wurde bereits 1948 wieder geschieden, zur Tochter blieb Brandt jedoch stets verbunden und schrieb ihr rührende

Briefe, wie Ninja Frahm in einem Interview mit der *Zeit* berichtete (Grefe 2013).

Nach Kriegsende kehrte Brandt 1945 nach Oslo zurück und wurde kurz darauf Berichterstatter für skandinavische Zeitungen aus Deutschland und berichtete u. a. von den Nürnberger Prozessen.

Im Gegensatz zu anderen Remigranten behielt Brandt auch nach Kriegsende und nach seiner Rückkehr nach Deutschland sein Pseudonym Willy Brandt bei, vermutlich weil er bis dahin unter diesem Namen bereits einiges veröffentlicht hatte. Stern (2002) deutet daraus zudem, dass Brandt mit dem neuen Pseudonym ein eigenes Leben beginnen und die Zeit als Herbert Frahm, die von schwierigen familiären Verhältnissen geprägt war, hinter sich lassen wollte. Es ist anzunehmen, dass das Exil und die Widerstandsarbeit während des „Dritten Reiches" Willy Brandt in seiner späteren politischen Haltung stark geprägt haben. Er wollte „mit allen Mitteln Hitler besiegen. Oder Deutschland befreien." (Seebacher 2004, S. 142).

6.2.3 Rückkehr nach Deutschland und politische Karriere (1948–1992)

Brandts politische Karriere begann 1948 im Nachkriegsdeutschland, als er nach seiner erfolgreichen Wiedereinbürgerung Vertreter des SPD-Parteivorstands in Berlin wurde. Er kehrte nach Deutschland zurück, da er im Grunde seines Herzens das Land nie richtig verlassen hatte (Körner 2013a). Im gleichen Jahr heiratete er seine 2. Frau Rut, mit der er 3 weitere Kinder, Peter, Lars und Matthias Brandt, hatte. Die Ehe wurde 1980 nach 32 Jahren geschieden.

1949 begann Brandts parlamentarische Tätigkeit. Er war von 1949 bis 1957 Berliner Abgeordneter im Deutschen Bundestag. In dem SPD-Politiker Ernst Reuter sah Brandt ein wichtiges politisches Vorbild. Reuter war 1948 Oberbürgermeister Berlins, zu Zeiten der Aufteilung in 4 Sektoren. Er setzte sich für die Gründung eines westdeutschen Staates ein und sorgte für eine enge Verbindung zwischen West-Berlin und der Bundesrepublik Deutschland (BRD).

Zwischen 1957 und 1966 war Brandt regierender Bürgermeister von Berlin. Während dieser Zeit kam es zu 3 internationalen Krisen, dem Ungarischen Volksaufstand 1956, der 2. Berlin-Krise 1958 und dem Mauerbau 1961. Brandt setzte sich nachdrücklich für die Interessen Berlins und seiner Bürger ein und erhielt durch sein entschlossenes Auftreten in diesen Konfliktsituationen nationales und internationales Ansehen.

Von 1964 bis 1987 war Brandt Parteivorsitzender der SPD.

Außenminister der Großen Koalition war er in den Jahren von 1966 bis 1969. Gemeinsam mit Egon Bahr, der während dieser Zeit Sonderbotschafter und Leiter des politischen Planungsstabes im Auswärtigen Amtes war, entwickelte Brandt wichtige außenpolitische Leitgedanken wie den „Wandel durch Annäherung" und die „Politik der kleinen Schritte", die Basis der späteren neuen Ostpolitik während des fortwährenden Kalten Krieges wurden. Auf friedlichem Weg wollte Brandt vor allem für die Menschen in der Deutschen Demokratischen Republik (DDR) Verbesserungen erreichen und das Zusammengehörigkeitsgefühl der Deutschen in Ost und West stärken.

1969 wurde Brandt zum Bundeskanzler der sozialliberalen Koalition gewählt, der er bis 1974 blieb.

Kennzeichnend für die Außenpolitik der sozialliberalen Koalition war die Entspannungspolitik im Ost-West-Konflikt, die sich u. a. durch den Moskauer Vertrag mit der Sowjetunion, den Warschauer Vertrag mit Polen und den Grundlagenvertrag mit der DDR 1972 zeigte. Der Moskauer Vertrag wurde am 12. August 1970 in Moskau unterzeichnet und war ein Abkommen, in dem sich die BRD und die Sowjetunion zu Gewaltverzicht und Zusammenarbeit verpflichteten. Dieses Abkommen legte den Grundstein für die neue Ostpolitik von Bundeskanzler Willy Brandt.

Innenpolitisch war das Abkommen zunächst umstritten, „führte aber zu einer Entspannung zwischen Ost und West und ebnete schließlich den Weg zur Deutschen Einheit" (bpb 2015, S. 1). Im selben Jahr legte der Warschauer Vertrag die Grundlagen für eine Normalisierung der gegenseitigen Beziehung zwischen Polen und der BRD. Der Kniefall Brandts am Mahnmal der Opfer des Aufstands im Warschauer Getto am 7. Dezember 1970 gilt als Symbol dieser Versöhnungspolitik. 1971 erhielt Brandt den Friedensnobelpreis für seine Ostpolitik.

Nach einem erfolglosen Misstrauensvotum der Christlich Demokratischen Union (CDU) und Christlich-Sozialen Union (CSU) gegen den Bundeskanzler Brandt im Jahr 1972 siegte die SPD im gleichen Jahr bei den Wahlen zum Deutschen Bundestag, und Brandt wurde wiedergewählt. Er trat jedoch im Mai 1974 von seinem Amt zurück.

Über seine Rücktrittsgründe wurde viel spekuliert. Als ein möglicher Grund wird die Enttarnung eines seiner engsten Mitarbeiter, Günter Guillaume, als DDR-Spion aufgeführt. Unter der Federführung Guillaumes soll eine Reihe von Frauen mit Brandt bekannt gemacht worden sein, um Brandt abzuhören. Ob es diese Affären tatsächlich gab, ist bis heute unklar. Mit der Enttarnung von Brandts Liebschaften wurde jedoch eine Erpressbarkeit des Kanzlers befürchtet.

Auch nach seinem Rücktritt blieb Brandt politisch aktiv, da er nach wie vor Parteivorsitzender der SPD war, der er bis 1987 blieb. Zwischen 1976 und 1992 war Brandt zudem Präsident der Sozialistischen Internationale (SI), einem weltweiten Zusammenschluss sozialdemokratischer und sozialistischer Parteien.

Schließlich heiratete Brandt 1983 kurz vor seinem 70. Geburtstag seine 3. Frau, die damals 37-jährige Journalistin und Historikerin Brigitte Seebacher. Bereits seit einigen Jahren hatte sie für Brandt gearbeitet und jahrelang eine Affäre mit ihm geführt.

Als am 10. November 1989 die Nachricht von der Öffnung der Berliner Mauer durchdrang, flog Brandt unverzüglich nach Berlin und nannte in seiner berühmten Rede den Satz:

» „Jetzt wächst zusammen, was zusammengehört."

Am 8. Oktober 1992 verstarb Willy Brandt im Alter von 78 Jahren.

Während der ereignisreichen politischen Karriere Brandts gab es immer wieder Gerüchte um angebliche Affären zu verschiedenen Frauen. Dabei gelten die teilweise langjährigen Affären zu Susanne Sievers, Heli Ihlefeld (Ahne 2013) und der späteren dritten Ehefrau Brigitte Seebacher als bestätigt. Dass Macht eine starke Anziehungskraft ausübt und eine gewisse Attraktivität ausstrahlt, lässt sich daran wohl gut erkennen. Doch die Tatsache, dass Brandt den verschiedenen weiblichen Versuchungen nicht widerstehen konnte, unterscheidet ihn nicht von anderen Politikern der damaligen und heutigen Zeit, die ebenfalls diverse Affären vorweisen können.

Bei der Recherche zu Willy Brandt wird klar, dass er viele Gesichter hatte. Zum einen galt er als sehr charismatischer Politiker – nachdenklich, teilweise melancholisch und dennoch den Menschen zugewandt (Grebing 2008).

» „Einer wie er fand vor Hunderttausenden die richtigen Worte und gab der Masse das Gefühl, ihr nahe zu sein, sie zu verstehen." (Körner 2013b, S. 1)

Er konnte seine Zuhörer mit seinen Reden in den Bann ziehen. Gleichzeitig wird jedoch berichtet, Willy Brandt sei es schwergefallen, Nähe zuzulassen und Halt und Geborgenheit in seiner Familie zu finden (Körner 2013b). Häufiger ist in diesem Zusammenhang auch die Rede von Depressionen und einer angeblichen Alkoholsucht. Bezüglich der Alkoholsucht gibt es keine gesicherten Quellen, da unklar ist, ob dies nicht Verunglimpfungen politischer Gegner waren. Bezüglich depressiver Phasen schrieb Brandts spätere Ehefrau Seebacher (2004), dass sich Brandt regelmäßig im Herbst und teilweise auch zu anderen Zeiten im Jahr tagelang zurückzog und nur für ausgewählte Personen zu sprechen war. Seebacher (2004, S. 166) verneint, dass es sich hierbei um Depressionen gehandelt habe, sondern betont, dass dies vielmehr Ausdruck „extremer Einsamkeit" gewesen sei. Brandt habe eine Distanziertheit gepflegt und sei unnahbar gewesen, so der Biograf Körner (2013a). Er deutet zudem an, dass Brandt durch die ersten 20 Jahre seines Lebens und die Flucht vor den Nationalsozialisten nach Norwegen ein Heimatloser geworden und im tiefsten Inneren immer geblieben sei. Brandt selbst berichtete, wie fremd ihm dieser Herbert Frahm geworden sei (Stern 2002).

6.3 Psychologische Theorien, Modelle und Konzepte

Inwiefern die biografischen und zeitgeschichtlichen Ereignisse zu Brandts persönlicher Entwicklung beigetragen und welche Rolle psychologische Konzepte dabei gespielt haben könnten, wird in den folgenden Abschnitten näher erläutert.

6.3.1 Selbstwirksamkeit

Bandura (1997) erklärte das Konzept der Selbstwirksamkeit zum zentralen Bestandteil seiner **sozial-kognitiven Lerntheorie** (1997), die ebenso in dem ► Kap. 13 zu Sophie Scholl Anklang findet. Dieser Theorie zufolge wird Verhalten durch das Beobachten von Vorbildern erlernt und nachgeahmt.

Unter **Selbstwirksamkeit** wird die eigene Überzeugung verstanden, in einer bestimmten Situation die angemessene Leistung erbringen zu können. Dieses Gefühl einer Person bezüglich ihrer Fähigkeit beeinflusst neben ihrer Wahrnehmung auch ihre Motivation und ihre Leistung. Wenn erwartet wird, dass ein Verhalten keine Wirkung nach sich zieht, wird dieses gehemmt. Beispielsweise werden Menschen und Situationen vermieden, wenn man das Gefühl hat, den Anforderungen nicht gewachsen zu sein. Das Selbstwirksamkeitsempfinden hängt laut Bandura (1997) von

unterschiedlichen Faktoren ab. So beeinflussen einerseits Beobachtungen und Leistungen anderer das Selbstwirksamkeitsempfinden, andererseits Überzeugungen, die von anderen übernommen oder selbst entwickelt wurden. Zuletzt spielt auch die Wahrnehmung eigener emotionaler Zustände, während man über eine Aufgabe nachdenkt oder sich an eine Aufgabe heranwagt, eine Rolle (Bandura 1977).

Im Fall von Willy Brandt ist auf Grundlage dieser Ausführungen davon auszugehen, dass er über ein hohes Selbstwirksamkeitsempfinden verfügte. Wie hätte er ansonsten die Kraft finden können, in einer scheinbar aussichtslosen Lage während seiner Zeit im Exil weiterhin Widerstand gegen die Nationalsozialisten zu leisten? Auch sein Vorgehen während des Kalten Krieges spricht dafür, indem er den Mut aufbrachte, eine neue Ostpolitik einzuleiten, von der anfangs nicht absehbar war, ob sie tatsächlich zu einer Entspannung der Lage führen würde.

Neben diesem Gefühl der Selbstwirksamkeit dürften jedoch noch weitere Persönlichkeitseigenschaften wie eine optimistische Grundhaltung und eine ausgeprägte Widerstandsfähigkeit gegenüber negativen Ereignissen Einfluss genommen und Willy Brandt zum Handeln angetrieben haben. Diese werden in den folgenden Abschnitten erläutert.

6.3.2 Optimismus

Es gibt Menschen, die von der Voraussetzung ausgehen, dass es keine unlösbaren Probleme gibt, dass sich früher oder später alles zum Guten wenden wird und dass das Leben mehr Grund zur Freude als zum Leid bietet. Solche Menschen werden als **Optimisten** bezeichnet. Carver und Scheier (2001) sehen im Optimismus eine wichtige Einflussgröße der Selbstregulation. Optimisten suchen sich anspruchsvollere Ziele und muten sich schwierigere Aufgaben zu als Pessimisten. Ähnlich wie die Selbstwirksamkeitserwartung steht auch der Optimismus in positivem Zusammenhang mit Lebenserfolg und Wohlbefinden.

War Willy Brandt ein optimistischer Mensch? Bei Betrachtung seines politischen Wirkens könnte dies durchaus zugetroffen haben. Willy Brandt scheint einen optimistischen Blick in die Zukunft gehabt zu haben, der es ihm ermöglichte, auch während seiner Zeit im Widerstand und im Verlauf seiner politischen Karriere an seinen Zielen und Überzeugungen festzuhalten und diese in seinem Wirken umzusetzen.

Andererseits finden sich bei Recherchen zu seiner Person immer wieder Hinweise auf „melancholische" (Grebing 2008) und zuweilen **depressiven Verstimmungen** (Seebacher 2004), die nicht für einen Optimisten sprechen. Grenzt man allerdings eine grundsätzlich optimistische Haltung von kurzweiligen depressiven Verstimmungen, die in bestimmten schweren Lebensphasen auftreten können, voneinander ab, bietet sich ein anderes Bild. In Anbetracht des Umstands, dass Brandt während seiner späteren Karriere als Kanzler und als wichtiger deutscher Politiker permanent unter Beobachtung der Öffentlichkeit stand, scheint es einleuchtend, dass auch eine von Natur aus optimistische Person unter dem Druck der Öffentlichkeit Versagensängste entwickeln kann, die zeitweise in melancholische oder depressive Zustände umschlagen können.

misstrauisch oder feindselig gegenüber anderen auftreten noch kriminell werden.

Ausschlaggebend für eine optimistische Grundhaltung sind zum einen die Gene und zum anderen die Erfahrungen, die man im Laufe seines Lebens sammelt. Bei Betrachtung der Resilienzentwicklung spielt zudem die erfahrene Bindung zu den Eltern eine wesentliche Rolle. Während der ersten Lebensjahre trägt die Bindung zu den Eltern zur Ausbildung einer eher positiv-vertrauensvollen oder skeptisch-misstrauischen Lebenssicht bei.

Im Fall von Willy Brandt lassen sich interessante Vermutungen anstellen. Zwar kann man aufgrund seiner Biografie kaum von einem intakten Familienleben sprechen, da er ohne Vater und mit nur seltenem Kontakt zur Mutter hauptsächlich bei seinem Stiefgroßvater aufwuchs. Jedoch musste dieser Großvater eine so starke Bezugsperson im Leben Brandts dargestellt haben, dass er die Abwesenheit des leiblichen Vaters und die Nähe zur Mutter kompensieren konnte. Noch plausibler scheint die Annahme, dass die verschiedenen politischen Vereinigungen, denen Brandt angehörte, insbesondere die SAP, für Brandt neben dem Stiefgroßvater zusätzlich eine Ersatzfamilie aus Gleichgesinnten bot (Körner 2013a).

6.3.3 Resilienz

Ein weiterer entscheidender Pfeiler in Willy Brandts Entwicklung scheint seine unerschütterliche Resilienz, also die Widerstandsfähigkeit gegenüber negativen Ereignissen, zu sein. Menschen verfügen über erstaunliche Fähigkeiten, die sie fast immun gegen Schwermut und Pessimismus machen, wie die Psychologin Emmy Werner (1995) feststellte: Dies ist beispielsweise der Fall, wenn Kinder unter schwierigsten Bedingungen aufwachsen und dennoch stabile Persönlichkeiten entwickeln. Oder wenn Menschen trotz Vernachlässigung, Streit und Gewalt in der Familie (mitunter sogar nach einem Missbrauch) kein pathologisches Trauma aufweisen und später weder besonders aggressiv,

6.3.4 Gerechtigkeitsmotiv und Moral

Das **Bedürfnis nach Gerechtigkeit** entsteht laut Lerner (1977) bereits im Kindesalter. Bestimmt hat jeder einmal die Erfahrung gemacht, dass Kinder heftig protestieren, wenn sie weniger bekommen als andere. Dies ist zum einen auf das früh entstehende Gerechtigkeitsempfinden der Kinder zurückzuführen. Zum anderen ist dies auch durch die schon früh zu beobachtende Bereitschaft, zu teilen und zu helfen, erkennbar. Lerner (1980) nimmt an, dass Menschen ein Grundbedürfnis nach Gerechtigkeit haben, weil Gerechtigkeit Sicherheit und Schutz vor Ausbeutung impliziert. Die Stärke des

Gerechtigkeitsmotivs variiert allerdings von Person zu Person. Werden Personen mit Ungerechtigkeit konfrontiert, wollen sie diese beseitigen, indem sie beispielsweise versuchen, dem Opfer zu helfen oder den Täter zu bestrafen.

Experimentell konnte das Bedürfnis nach Gerechtigkeit im sog. **Ultimatumspiel** (Güth et al. 1982) nachgewiesen werden. Zwei Personen (Spieler A und B), die sich nicht kennen, nehmen an dem Spiel teil. Spieler A bekommt Geld und hat die Aufgabe, diesen Betrag zwischen sich und Spieler B aufzuteilen. Spieler B kann seinerseits den angebotenen Betrag annehmen oder ablehnen. Wenn Spieler B annimmt, bekommt jeder Spielpartner den zugeteilten Betrag; lehnt er diesen ab, erhalten beide nichts. Bei hoch ausgeprägtem Gerechtigkeitsmotiv wird Spieler B eine ungleiche Aufteilung ablehnen. Die Ergebnisse einer Studie zeigten, dass der Spieler B im Durchschnitt eine Ungleichverteilung von bis zu 75:25 zu seinen Ungunsten in Kauf nimmt (Güth und Tietz 1990).

Dass Willy Brandt ein ausgeprägtes Bedürfnis nach Gerechtigkeit zu haben schien, wird bereits deutlich, wenn man betrachtet, wie früh und wie intensiv er sich politisch engagierte, da er die damaligen politischen Missstände nicht tatenlos hinnehmen wollte. Um die Ungerechtigkeit zu beseitigen, die Minderheiten politisch Andersdenkender und Millionen von Juden zuteilwurde, versuchte er im Widerstand, mit seinen Artikeln das Ausland zu mobilisieren. Ebenso zeigte sein Engagement im politischen Pulverfass Berlin, dass es ihm insbesondere um die Gerechtigkeit der Bewohner des zweigeteilten Berlins ging. Brandts stark ausgeprägtes Gerechtigkeitsmotiv können wir zudem aus den Ergebnissen seiner erfolgreichen Ostpolitik ableiten. Er wollte Deutschland wieder einen und erkannte, dass vorab eine Entspannung zwischen Ost und West einkehren musste.

Die berüchtigten Affären von Brandt stehen im Widerspruch zu seiner scheinbar intakten Vorstellung von Gerechtigkeit und Moral. Jeder Mensch durchläuft während seiner Entwicklung unterschiedliche **Stufen der Moral** (Kohlberg 1974). Dabei kann es immer wieder zu Konflikten zwischen den moralischen und den egoistischen Interessen kommen. Die moralische Identität eines Menschen hängt dann nicht nur davon ab, welchen individuellen Wertekatalog er entwickelt hat, sondern auch davon, wie sehr er sich an sein moralisches System gebunden fühlt.

Eine mögliche Erklärung dafür, warum Brandt viele Affären hatte, könnte die Suche nach (weiblicher) Bestätigung, Nähe und dem **Bedürfnis nach Zugehörigkeit** sein. Wie aus seiner Biografie hervorgeht, wuchs Brandt bei seinem Stiefgroßvater und seiner Mutter auf. In der damaligen Gesellschaft war es für ein unehelich geborenes Kind, wie Brandt eines war, nicht leicht, sich in die traditionsbewusste Gesellschaft einzugliedern. Brandts Suche nach Zugehörigkeit beschreibt auch der Biograf Körner (2013a), dessen Ansicht nach sich Brandt mehreren „Familien" zugehörig fühlte: der SPD als langjähriger politischer Wegbegleiter, seiner Familie mit Ehefrau Rut und den Kindern sowie dem Staat bzw. der Gesellschaft in der Zeit, als Brandt Außenminister und Bundeskanzler war. Den Ansprüchen aller gerecht zu werden, dürfte nicht leicht gewesen sein. Dies könnten Gründe für Brandts Rastlosigkeit sein, die sich vor allem auf sein Privatleben beschränkte.

6.3.5 Empathie und Mut als Erklärung für prosoziales Verhalten

Empathie wird als Fähigkeit bezeichnet, die Gefühle anderer Menschen wahrzunehmen und sie nachempfinden zu können (Schmitt und Altstötter-Gleich 2010). Es ist eine Persönlichkeitseigenschaft, die unser Verhalten konsistent und überdauernd über die Zeit beeinflusst. Menschen, die neben einer guten empathischen Kompetenz auch noch eine ausgeprägte Fähigkeit zur Perspektivenübernahme zeigen, können auf die Hilfsbedürftigkeit anderer mit „besonders passender Unterstützung"

(Schmitt und Altstötter-Gleich 2010, S. 161) reagieren. Nach Krevans und Gibbs (1996) beeinflusst Empathie die Bereitschaft, prosozial zu handeln auch dann, wenn keine äußeren Anreize dafür bestehen, sich für andere Menschen einzusetzen. Menschen, denen es an Empathie oder emotionaler Sensibilität fehlt, werden keine Notwendigkeit erkennen, anderen zu helfen.

Mut ist keine vererbbare, angeborene Eigenschaft, sondern muss erlernt werden (Meyer 2004). Damit Mut entwickelt werden kann, brauchen Kinder Vorbilder wie Eltern, Lehrer und andere Idole. Mut ist ein eher allgemeiner Begriff, der nicht zwingend ein moralisches Handeln voraussetzt. Um Mut zu haben, bedarf es auch des Gefühls der Selbstwirksamkeit, also der Zuversicht, mit dem eigenen Handeln etwas bewirken zu können (▶ Abschn. 6.3.1).

Willy Brandt wird von der Historikerin und Biografin Helga Grebing (2008, S. 13) als Mann und Politiker beschrieben, der konfliktscheu gewesen sei, „harten Konfrontationen zeitlebens aus dem Wege" ging, „nur wenn er mit dem Rücken zur Wand stand, konnte er wie kein anderer kämpfen".

Zweifelsohne bewies Brandt trotz seiner Konfliktscheue jedoch Mut (Grebing 2008), als er beispielsweise 1936 als Illegaler ins nationalsozialistische Deutschland reiste, um die Untergrundarbeit der SAP zu koordinieren, obwohl ihm klar gewesen sein dürfte, welcher Gefahr er sich dadurch aussetzte; er hätte ebenso gut im sicheren Exil im Ausland bleiben können. Auch in Anbetracht verschiedener Konfliktsituationen während seiner politischen Karriere, die in einer Eskalation hätten enden können, beispielsweise zu Beginn des Mauerbaus am 13. August 1961, bedurfte es sowohl eines hohen empathischen Gespürs für die brenzliche Situation als auch großen Mutes, sich den Konfliktsituationen zu stellen und besonnen zu reagieren. Während des Mauerbaus war Brandt regierender Bürgermeister Berlins und somit direkt am politischen Geschehen beteiligt.

Willy Brandt soll zudem „Mut zu perspektivischem Denken gegen den Mainstream" (Grebing 2008, S. 18) gehabt haben. Sein kollegialer Führungsstil als Bundeskanzler und als Parteiführer war ein Normbruch, den Kanzler und Parteivorsitzende vor ihm nicht gezeigt hatten. Er wollte Entscheidungen stets durch Überzeugungskraft und im Diskussionsprozess herbeiführen. Gegner, auch aus den eigenen Reihen, interpretierten diesen Führungsstil gerne als Führungsschwäche und Mangel an Durchsetzungsfähigkeit.

Der Kniefall von Warschau 1970 rundet das Bild eines mutigen, empathischen Willy Brandts ab. Er stellte sich damit öffentlich den Gräueltaten der Nationalsozialisten und bat um Vergebung.

Helga Grebing (2008) beschreibt Willy Brandt als einen Menschen mit einem außergewöhnlichen Gespür für Zeitströmungen und Abläufe gesellschaftlicher Prozesse. Er war jemand, der „weit tragende, langfristig angedachte, rational kontrollierte Vorstellungen zu entwickeln vermochte" (Grebing 2008, S. 13). Seine charismatische Art trug dazu bei, „dass er die Massen umarmen konnte" (Grebing 2008, S. 16); bei einzelnen Menschen habe er damit allerdings Schwierigkeiten gehabt.

6.4 Was können wir von Willy Brandt lernen?

Willy Brandt hatte durch seine Politik gegen den damaligen Mainstream Erfolg. Er lernte aus der Vergangenheit der Deutschen und hatte den Mut, sich den Gräueltaten der Nationalsozialisten öffentlich zu stellen und durch seinen Kniefall in Warschau um Vergebung zu bitten. Dadurch erlangten Brandt und die BRD internationale Anerkennung. Dennoch erfuhr Brandt nicht nur Bewunderung und Unterstützung für seine Politik. Er hatte viele Gegner, auch innerparteilich, die seine neue politische Ausrichtung nicht guthießen und seine Vorliebe für politische Diskussionen mehr als

Schwäche denn als Stärke des Kanzlers interpretierten. Brandts Stil, Entscheidungen nicht patriarchalisch zu fällen, sondern stattdessen andere mit einzubinden, war prägend für seine Politik und ließ immer wieder offene Zweifel zu. Nichtsdestotrotz gilt Willy Brandt heute noch als Ikone der SPD. Auch nach seiner Amtszeit als Bundeskanzler blieb er seiner Partei treu und beteiligte sich aktiv am politischen Geschehen.

Die Biografie Brandts steckt voller Widersprüchlichkeiten – auf der einen Seite von den Massen geliebt, gleichzeitig auch innerhalb der eigenen Partei heftig kritisiert; einerseits voller Optimismus und Zuversicht, andererseits von depressiven Phasen begleitet. Eben diese Kontraste lassen Willy Brandt menschlich werden und zeigen, dass auch scheinbar starke Persönlichkeiten von innerer Zerrissenheit geplagt werden können. In Brandts Fall wird diese Zerrissenheit immer wieder auf seine schwierige Kindheit, seine Zeit im Exil und verschiedene politische Konflikte zurückgeführt: Er galt als ewig Heimatloser.

Als Person des öffentlichen Lebens wurde über ihn Einiges bekannt, das nicht dem Bild eines vorbildlichen Politikers entsprach. Es mag zwar legitim sein, manche Handlungen Brandts auf politischer und privater Ebene fragwürdig zu finden, nichtsdestotrotz verdient seine Lebensleistung unseren Respekt. Durch Brandts „Unperfektheit" wird diese Lebensleistung nicht geschmälert, ganz im Gegenteil: Er wird durch sie menschlicher und nahbarer. Eine Stilisierung zum Helden ohne Makel würde Brandt nicht gerecht werden. Perfektion, wie sie heutzutage zunehmend inszeniert wird, bietet keinen Raum für die Einzigartigkeit und Komplexität eines Menschen.

Als Außenstehende, die Willy Brandt nicht persönlich kannte, ist es schwer zu beurteilen, ob sein politisches Engagement und das Einstehen für demokratische Grundwerte aus Nächstenliebe und allein aus Machtstreben geschahen. Anhand seiner Biografie wird allerdings deutlich, dass er ein Visionär gewesen sein muss, der von dem festen Glauben, eine bessere Welt schaffen zu können – wenn auch nicht sofort, geleitet war. Er agierte dabei vorausschauend und rational.

Willy Brandt stellt eine Persönlichkeit dar, die bewies, was es heißt, sich als Politiker für sein Volk und andere Völker verantwortlich zu fühlen. Durch seine rhetorischen Fähigkeiten konnte er die Massen für sich und seine politischen Ideen begeistern. Für Gerechtigkeit und Frieden einzustehen, scheinen nach wie vor die wichtigsten Pfeiler des Lebens in einer globalen Welt zu sein. Brauchen wir einen „neuen Brandt", damit Politik wieder gesellschaftsfähig und begeisternd wird? Meiner Meinung nach brauchen wir mehr politische Vorbilder wie Willy Brandt, die diese Grundgedanken repräsentieren.

6.5 Fazit

Dass Willy Brandt schwer zu fassen war, darüber sind sich viele Biografen einig. Er machte Vieles mit sich alleine aus, was selbst sein engster politischer Vertrauter, Egon Bahr, spürte (Körner 2013a).

» „Willy Brandt gehörte zur Generation der unnahbaren Väter, die von den Erfahrungen im Krieg und im Exil existenziell […] geprägt worden waren." (Körner 2013b, S. 1)

Es war seine Lebensaufgabe, im Spannungsfeld zwischen der Partei, seiner Familie und dem Staat den Ansprüchen aller gerecht zu werden. Insbesondere Brandts ausgeprägte Widerstandsfähigkeit gegenüber negativen Ereignissen und in schwierigen Lebensabschnitten, d. h. während seiner Kindheit, zu Kriegszeiten im Exil oder während seiner politischen Karriere, der starke Drang nach Gerechtigkeit sowie seine optimistische Grundhaltung dürften prägend für sein Verhalten gewesen sein und ihn immer wieder angetrieben haben.

Ob er nach heutiger Definition unter Depressionen litt, ist nicht eindeutig festzumachen; jedoch scheint dies der beschriebenen optimistischen Grundhaltung ein wenig zu widersprechen. Allerdings könnte gerade dies zeigen, dass auch bei einer starken Persönlichkeit wie Willy Brandt zeitweise Selbstzweifel aufkommen können und der Gedanke an das Scheitern nicht völlig ausgeblendet werden kann. Dies steht wiederum in Einklang mit Brandts Rationalität und genau das lässt ihn menschlich erscheinen. Am Ende aber bleibt das, was Brandt geschaffen hat: ein Stück Frieden in der Welt.

6   Literatur

Ahne, P. (2013). Heli Ihlefeld: Die liebe Freundin des Willy Brandt. Artikel vom, 03. Dezember 2013. Berliner Zeitung. ► https://www.berliner-zeitung.de/heli-ihlefeld–die-liebe-freundin-des-willy-brandt-3731294. Zugegriffen: 7. Jan. 2019.

Bandura, A. (1977). *Social learning theory*. Englewood Cliffs: Prentice Hall.

Bandura, A. (1997). *Self-efficacy: The exercise of control*. New York: Freeman.

Bundeszentrale für politische Bildung. (bpb). (2015). 12. August 1970: Unterzeichnung des Moskauer Vertrags. Erstellt am 10. August 2015. ► http://www.bpb.de/politik/hintergrund-aktuell/210710/moskauer-vertrag. Zugegriffen: 7. Jan. 2019.

Carver, C., & Scheier, M. (2001). Optimism, pessimism, and self-regulation. In E. C. Chang (Hrsg.), *Optimism & pessimism: Implications for theory, research, and practice* (S. 31–51). Washington: American Psychological Association.

Grebing, H. (2008). *Willy Brandt: Der andere Deutsche*. München: Wilhelm Fink.

Grefe, C. (2013). Brandt-Tochter Ninja Frahm – „Von meinem Vater habe ich mich nie verlassen gefühlt".

Die Zeit. Artikel vom 18. November 2013. ► http://www.zeit.de/wissen/geschichte/2013-11/willy-brandt-interview-ninja-frahm. Zugegriffen: 7. Jan. 2019.

Güth, W., & Tietz, R. (1990). Ultimatum bargaining behavior: A survey and comparison of experimental results. *Journal of Economic Psychology, 11,* 417–449.

Güth, W., Schmittberger, R., & Schwarze, B. (1982). An experimental analysis of ultimatum games. *Journal of Economic Behavior & Organization, 3,* 367–388.

Kohlberg, L. (1974). *Zur kognitiven Entwicklung des Kindes*. Frankfurt a. M.: Suhrkamp.

Körner, T. (2013a). *Die Familie Willy Brandt*. Frankfurt a. M.: S. Fischer.

Körner, T. (2013b). Willy Brandt und die Familie – Nie sahen ihn seine Söhne weinen. Der Tagesspiegel. Artikel vom 24. Juni 2013. ► http://www.tagesspiegel.de/politik/willy-brandt-und-die-familie-nie-sahen-ihn-seine-soehne-weinen/8358568.html. Zugegriffen: 7. Jan. 2019.

Krevans, J., & Gibbs, J. C. (1996). Parents' use of inductive discipline: Relations to children's empathy and prosocial behavior. *Child Development, 67,* 3263–3277.

Lerner, M. J. (1977). The justice motive in social behavior. Some hypotheses as to its origins and forms. *Journal of Personality, 45,* 1–52.

Lerner, M. J. (1980). *The belief in a just world. A fundamental delusion*. New York: Plenum Press.

Meyer, G. (2004). *Lebendige Demokratie: Zivilcourage und Mut im Alltag. Forschungsergebnisse und Praxisperspektiven*. Baden-Baden: Nomos.

Schmitt, M., & Altstötter-Gleich, C. (2010). *Differentielle Psychologie und Persönlichkeitspsychologie kompakt*. Weinheim: Beltz.

Seebacher, B. (2004). *Willy Brandt*. München: Piper.

Stern, C. (2002). *Willy Brandt*. Reinbek bei Hamburg: Rowohlt.

Werner, E. E. (1995). Resilience in development. *Current Directions in Psychological Science, 4*(3), 81–84.

Nelson Mandela

Einer der größten Freiheitskämpfer unserer Zeit

Clarissa Zwarg

© Springer-Verlag GmbH Deutschland, ein Teil von Springer Nature 2019
D. Frey (Hrsg.), *Psychologie des Guten und Bösen,* https://doi.org/10.1007/978-3-662-58742-3_7

7.1 Einleitung

> » „Das Gefängnis nimmt dir nicht nur die Freiheit. Es versucht, dir deine Identität zu rauben." (Mandela 2013, S. 48)

27 Jahre war Nelson Mandela als politischer Gefangener inhaftiert. Besonders in Gefängnissen findet häufig eine starke Radikalisierung statt, doch Nelson Mandela entwickelte sich zu einer moralischen Instanz. Er gilt als Lichtgestalt Afrikas und steht für die friedliche Ablösung des Apartheid-Regimes – das „Wunder vom Kap". Durch sein politisches Engagement und als erster frei gewählter Präsident Südafrikas verhalf er dem Land zu einer friedlichen Aussöhnung schwarzer und weißer Bürger. Damit bewegte er die ganze Welt und gilt neben Größen wie Mahatma Gandhi (► Kap. 9) oder Martin Luther King (► Kap. 8) als einer der größten Freiheitskämpfer unserer Zeit.

Wie war das möglich? Welche psychologischen Faktoren trugen dazu bei, dass Nelson Mandela zum Befreier und Sinnstifter einer ganzen Nation werden konnte? Besonders interessant ist die Entwicklung Mandelas zu dem Mann, der am 11. Februar 1990 ohne jede Bitterkeit das Gefängnis verließ und in der Geschichte seiner Nation vom Kolonialstaat über die Apartheid zur Demokratie eine Zeitenwende einläutete.

7.2 Biografie

Die biografischen Inhalte zu Nelson Mandela basieren auf seiner Autobiografie *Long Walk to Freedom (1994)* und einem Zusatzwerk von Richard Stengel (2011).

7.2.1 Kindheit und Jugend

Nelson Mandela wurde am 18. Juli 1918 in der Transkei im Osten Südafrikas geboren. Seine Familie gehörte einer Nebenlinie des Königshauses der Thembu an und pflegte die Traditionen der Xhosa. Sein Geburtsname war Rolihlahla, was wörtlich „der am Ast eines Baumes zieht" heißt und so viel wie „Unruhestifter" bedeutet. Um ihm eine formale Schuldbildung zu ermöglichen, bestand sein Vater darauf, seinen Sohn methodistisch zu taufen. In der Schule erhielt er später den englischen Namen Nelson.

Noch in Mandelas 1. Lebensjahr verlor sein Vater durch einen Streit mit der weißen Provinzregierung Titel und Vermögen. Daraufhin zog Nelsons Mutter mit ihm einige Dörfer weiter zu Verwandten, wo Nelson in einem liebevollen Umfeld aufwuchs.

Als er 9 Jahre alt war, starb sein Vater, woraufhin der kleine Nelson vom Stammesoberhaupt der Thembu, Jongintaba, adoptiert wurde. Zu Lebzeiten hatte Mandelas Vater, der Berater des Königshauses war, Jongintaba als Nachfolger für den Thron empfohlen.

In den nächsten Jahren wurde Nelson Mandela stark durch das Vorbild seines Adoptivvaters geprägt: Beispielsweise räumte dieser jedem ein, seine Anliegen in Beschlussversammlungen vorzutragen, während er als Oberhaupt aufmerksam zuhörte und sich anschließend um eine Konsensfindung bemühte. Sein Adoptivvater schickte Nelson Mandela auch auf die methodistische Missionsschule Healdtown Wesleyan College in Fort Beaufort. Hier herrschte eine viktorianische Atmosphäre, die ihm Disziplin, Fleiß und Pünktlichkeit lehrte – Prinzipien, die Mandela fürs Leben prägten.

7.2.2 Studium und Umzug nach Johannesburg

Mit 21 Jahren besuchte Mandela das University College von Fort Hare. Hier lernte er Afrika erstmals außerhalb der Stammesgrenzen kennen und freundete sich mit seinem langjährigen politischen Weggefährten Oliver Tambo an.

Als Student engagierte sich Mandela im Studentenrat und erfuhr zum ersten Mal die Konsequenzen für das Handeln entlang seiner Prinzipien, als er nach einer Protestaktion vom College verwiesen wurde. Sein Adoptivvater war empört und drohte mit einer bereits organisierten Zwangsheirat. Mandela floh daraufhin 1941 nach Johannesburg und lebte dort unter ärmlichen Bedingungen.

Er begann eine Ausbildung in einer Anwaltskanzlei und verdiente sich ein Zubrot als Schwergewichtsboxer. In Johannesburg lernte Mandela den Aktivisten Walter Sisulu kennen, der ihn politisch stark prägte und für ihn in den nächsten Jahren zu einem wichtigen Mentor werden sollte.

Später heiratete Mandela dessen Cousine und bekam mit ihr 2 Söhne und 1 Tochter.

Sisulu ermutigte ihn, ein Jurastudium an der Witwatersrand-Universität zu beginnen. 1949 musste er die Universität allerdings ohne Abschluss verlassen, da er die Prüfungen aufgrund seiner politischen Aktivitäten (▶ Abschn. 7.2.3) mehrmals nicht bestand. Über ein Fernstudienprogramm der Universität London legte er weitere Prüfungen ab, jedoch wurde sein erfolgreicher Abschluss bis in die 1970er-Jahre nicht von den Behörden in Südafrika anerkannt.

7.2.3 Politische Aktivitäten

Bereits zu Studentenzeiten engagierte Mandela sich in der politischen Opposition für gleiche politische, soziale und wirtschaftliche Rechte der schwarzen Mehrheit des Landes und trat 1944 dem African National Congress (ANC) unter Führung von Walter Sisulu bei. Nach dem Wahlsieg der Nationalen Partei 1948 und der offiziellen Einführung der Apartheid nahm Mandela an verschiedenen Protestaktionen teil. Die Ungerechtigkeiten und Gesetze zur Rassentrennung im Land verschärften sich zusehends: Mischehen wurden verboten, der Zugang zur Bildung und zur Wirtschaft eingeschränkt, Wohngebiete für Schwarze in sog. „Townships" ausgewiesen.

1952 leitete Nelson Mandela die landesweite Defiance Campaign des ANC – inspiriert von den Methoden des gewaltlosen Widerstands Mahatma Gandhis (▶ Kap. 9) – und gewann so zunehmend an Popularität.

Das Massaker von Sharpeville am 21. März 1960 ist ein Wendepunkt in der Geschichte Südafrikas und für Mandela. Ausgangspunkt waren gewaltfreie Demonstrationen gegen die diskriminierenden Passgesetze des Apartheidsystems. Vor einem Polizeirevier in Sharpeville wurde eine Demonstration von Tausenden Schwarzen per Schießbefehl beendet. Dabei wurden 69 Personen getötet und viele weitere verletzt.

Kurz danach wurden der ANC und seine Abspaltung, der Pan Africanist Congress (PAC), für illegal erklärt. Nach dem Verbot des ANC ging Mandela in den Untergrund und plante mit Weggefährten Sabotageakte gegen die Regierung – er wurde zum Befehlshaber des militärischen Armes des ANC.

7.2.4 Haftzeit

Am 12. Juni 1964 wurden Nelson Mandela und 7 Mitstreiter als Staatsfeinde Südafrikas zu lebenslanger Haft verurteilt.

Über 18 Jahre hatten die Gefangenen auf Robben Island kaum Verbindung zur Außenwelt, bevor sie in das Hochsicherheitsgefängnis Pollsmoor bei Kapstadt verlegt wurden. Trotzdem wurde Mandela als Gefangener zur Symbolfigur der Anti-Apartheid-Bewegung. Daran war nicht zuletzt auch seine 2. Ehefrau Nomzamo Winnifred „Winnie" Madikizela beteiligt, die er 1958 geheiratet hatte, nachdem seine 1. Ehe aufgrund seiner politischen Ambitionen gescheitert war. Winnie wurde während seiner Haftzeit zu einer politischen Anführerin gegen die weiße Minderheitsregierung. Ihren Mann durfte sie nur sehr selten besuchen, sodass sie die beiden gemeinsamen Töchter unter den Widrigkeiten des Alltags alleine großzog.

Im Pollsmoor-Gefängnis in Kapstadt wurde Mandela 1985 unter der Voraussetzung, dass der ANC auf den bewaffneten Kampf gegen die Regierung verzichtete, die Freilassung angeboten. Mandela lehnte ab, weil er sein Primat der Gleichberechtigung nicht erfüllt sah.

Als er schließlich in Einzelhaft war, erkannte er die Chance, Gespräche mit der Regierung aufzunehmen, um über die Zukunft des Landes zu verhandeln. Mandela riskierte mit dieser Entscheidung zum Außenseiter seiner eigenen Bewegung zu werden, da der ANC beschlossen hatte, vorerst nicht zu verhandeln. Doch nach 73 vergeblichen Jahren des Kampfes gegen die weiße Vorherrschaft sah Nelson Mandela Verhandlungen, wenn auch nicht als gleichberechtigter Partner, als einzige Möglichkeit.

Bis es tatsächlich zu Gesprächen mit der Regierung – dem Justizminister Coetsee und Staatspräsidenten Botha – kam, vergingen weitere 2 Jahre. Schließlich führten die historischen Verhandlungen zu Mandelas Freilassung und waren ein Meilenstein auf dem Weg Südafrikas zur Demokratie.

7.2.5 Politisches und privates Leben nach der Freilassung

Im Februar 1990 wurde Nelson Mandela unter Staatspräsident Frederik Willem de Klerk aus der Haft entlassen und setzte sich daraufhin für die Versöhnung seines Landes ein.

Im Jahr 1993 erhielten er und de Klerk für die **Politik der Versöhnung** den Friedensnobelpreis. Das Jahr war geprägt von extremer Anspannung in Südafrika: Während Nelson Mandela und die Regierung an einer neuen Verfassung arbeiteten und über den Termin für demokratische Wahlen verhandelten, wurden die Unruhen im Land immer spürbarer. So gab es auf der einen Seite rechtsextreme militante Gruppen, die eine Neuausrichtung verhindern wollten und mit Gewalt drohten; auf der anderen Seite den ANC, der Mandela teilweise stark kritisierte, weil er zu konservativ und vertrauensvoll mit der Regierung agierte.

Zu dieser Zeit war Chris Hani, Chef des militärischen ANC-Flügels, der zweitbeliebteste Politiker Südafrikas. Die beiden Männer hätten unterschiedlicher nicht sein können: Während Mandela für Vergebung und Versöhnung stand, wollte Hani nicht vergessen und sich rächen. In dieser Zeit wuchs

die Gefahr eines Bürgerkrieges zwischen Weiß und Schwarz. Der Albtraum drohte Realität zu werden, als Chris Hani von einem weißen Einwanderer ermordet wurde.

Mandelas bedachte Worte im landesweiten Fernsehen am 10. April 1993 trugen vermutlich maßgeblich dazu bei, die Situation zu entschärfen:

> » „Wir alle stehen jetzt an einem Scheideweg. Von unseren Entscheidungen und von unserem Tun wird es abhängen, ob wir unseren Schmerz, unsere Trauer und Empörung nutzen, um der einzigen dauerhaften Lösung für unser Land näher zu kommen: einer gewählten Regierung des Volkes, durch das Volk und für das Volk." (zitiert nach Stengel 2011, S. 59)

Nach dem Sieg des ANC bei den ersten demokratischen Wahlen wurde Nelson Mandela 1994 Staatspräsident Südafrikas und führte Afrika weg von der Apartheid und der Minderheitenherrschaft. Dabei überließ er das politische Tagesgeschäft engen Vertrauten und konzentrierte sich darauf, sein heterogenes und von Kämpfen gezeichnetes Land zu vereinen.

1996 wurden Winnie und Nelson Mandela, nach ihrer Trennung 4 Jahre zuvor, geschieden. Winnie hatte sich zunehmend radikalisiert, während ihr Mann für Versöhnung einstand.

1998 heiratete Mandela die Politikerin und Menschenrechtsaktivistin Graça Machel.

Auch nach seinem Rückzug aus der Politik im Jahr 1999 engagierte er sich mit seiner Stiftung und öffentlichen Reden. Nelson Mandela starb am 5. Dezember 2013 in Johannesburg.

7.3 Psychologische Theorien, Modelle und Konzepte

7.3.1 Persönliche Entwicklung

Viele Stationen in Mandelas Leben haben dazu beigetragen, dass er sich zur Führungspersönlichkeit der Freiheitsbewegung Südafrikas entwickelte. Die Welt braucht jetzt und in Zukunft Menschen, die wie Nelson

Mandela für die Freiheit, die Demokratie und die Gleichheit aller eintreten. Doch woher nahm Mandela den Mut? Wie lernte er seine enorme Selbstbeherrschung? Und wie entwickelte er seine Fähigkeit zur Vergebung? Anhand entscheidender psychologischer Faktoren wird Mandelas Entwicklung zum Freiheitskämpfer einer ganzen Nation erklärt.

7.3.1.1 Familiäres Umfeld als sichere Basis

Das soziale Umfeld einer Person hat großen Einfluss auf die Entwicklung der Persönlichkeit. Beginnen wir in Nelson Mandelas Kindheit. Er wuchs beim Stamm der Xhosa auf, deren Kultur mit einer Großfamilie verglichen werden kann. Man lernt, untereinander zu teilen, und ist selten allein. Mandela hatte also stets das Gefühl einer **sicheren Basis,** die ihn unterstützte – ihm aber gleichzeitig Freiraum für eigene Erfahrungen bot. Diese Balance von Sicherheit und Freiheit, die eigene Umwelt zu explorieren, spiegelt die Grundlage einer **sicheren Bindung** wider (Marvin et al. 2002).

Auf Grundlage dieses sicheren Umfelds konnte Nelson Mandela sein Selbstbewusstsein entwickeln, das möglicherweise auch ein Schlüssel seines späteren Erfolgs war. Besonders in Zeiten der Apartheid und Kolonialherrschaft war das sehr ungewöhnlich, da der Alltag der Schwarzen stark von Diskriminierungen geprägt war. In der Stammeswelt hingegen konnte der junge Nelson in einem geschützten Rahmen aufwachsen.

7.3.1.2 Vorbilder und Wegbegleiter

Verschiedene Menschen beeinflussten Nelson Mandela in besonderer Weise. Hierzu gehören seine Vorbilder sowie Wegbegleiter auf seinem späteren Weg als Freiheitskämpfer.

Insbesondere seine beiden Vaterfiguren wurden für Mandela zu Vorbildern. Nach Banduras **sozial-kognitiver Lerntheorie** lernen Menschen durch Beobachtung und übernehmen Verhaltensweisen (Bandura 1986). Dieses Muster ist auch bei Mandela wiederzuerkennen: So hatte sein leiblicher Vater einen

ausgeprägten Sinn für Fairness und den Willen, uneingeschränkt für diese einzutreten. Ebenso prägte sein Adoptivvater, der König der Thembu, Mandela. Stil und Auftreten des Königs spiegeln sich in Mandelas späterem Führungsverhalten wider: seine besondere Fähigkeit, aufmerksam zuzuhören und – wenn möglich – einen Konsens zu erzielen, sowie das afrikanische Führungsmodell, demzufolge ausschließlich uneigennützige Interaktionen das Beste einer Person zu fördern vermögen.

Zudem war Mandela stets in ein soziales Netz enger Wegbegleiter eingebunden. Das engere Umfeld einer Person prägt die soziale Identität, d. h. den Teil des Selbstkonzeptes, der sich auf den Wert und die soziale Bedeutung einer **Gruppenzugehörigkeit** bezieht (Tajfel 1978). Gruppen mit 2 oder mehreren Personen sind zum einen für den Menschen wichtig, weil sie das Bedürfnis nach Zugehörigkeit (Baumeister und Leary 1995) stillen, zum anderen geben sie Selbstsicherheit, weil in diesem Rahmen ähnliche Normen und Werte geteilt werden.

Auch Nelson Mandela wurde durch einen konstanten Austausch mit seinen engsten Begleitern, insbesondere Walter Sisulu und Oliver Tambo, stark beeinflusst. Sie kämpften für das gleiche Ziel, gründeten 1944 gemeinsam die ANC-Jugend und organisierten während der Apartheid Massendemonstrationen. Diese Verbundenheit gab Nelson Mandela während allen gemeinsamen Bewährungsproben Sicherheit.

7.3.1.3 Persönlichkeitsmerkmale

Gezeigtes Verhalten ist nach Lewin (1963) ein Zusammenspiel von Person und Umwelt. Einige Faktoren, die das Wirken und Reaktionen von Nelson Mandela erklären könnten, wurden bereits vorgestellt. Darüber hinaus ist es wichtig, Charakter- und Persönlichkeitsmerkmale in die Analyse seines Verhaltens einzubeziehen.

Zuerst fällt seine offene und herzliche Ausstrahlung auf, mit der er Mitstreiter für sich einnehmen und Gegner entwaffnen konnte. Mandela war sehr diszipliniert und bereitete sich akribisch auf jedes Treffen vor.

Er galt nicht als großer Kommunikator mit herausragenden rhetorischen Fähigkeiten: Er wollte die Menschen überzeugen – mit Logik und nachvollziehbaren Argumenten. Merkmal seiner Person und seines Verhandlungsstils war aber auch die Fähigkeit, seinem Gegenüber aufmerksam zuzuhören:

> » „Ich kenne keinen Menschen, der so still
>   sein kann wie Nelson Mandela. Wenn er
>   dasitzt und jemandem zuhört, tippt er
>   weder mit den Fingern, noch wippt er mit
>   dem Fuß, sondern er ist völlig regungslos."
>   (Stengel 2011, S. 15)

Ungewöhnlich an Nelson Mandela: Er war sehr zurückhaltend und konnte gleichzeitig die Aufmerksamkeit gekonnt und gezielt auf sich ziehen. Diese Kombination war auch Grundlage seines außergewöhnlichen Führungsstils.

Bei einer Beschreibung von Mandelas Persönlichkeit darf sein **Mut** nicht fehlen. Er definierte Mut nicht als Verhalten frei von Ängsten, sondern als Fähigkeit, Ängste zu überwinden und schwierige Situationen zu meistern. So zeigte Mandela eine extreme Widerstandsfähigkeit gegenüber belastenden Situationen, was auf eine hohe **Resilienz** schließen lässt. Zwar ist Resilienz nicht als Persönlichkeitseigenschaft definiert, sondern abhängig von den jeweiligen Stressoren der Situation (Rutter 1999), doch Nelson Mandela war sein Leben lang einer Vielzahl von Belastungssituationen ausgesetzt, die er bewältigte – einschließlich seiner langen Gefängniszeit – weswegen die Resilienz nicht unerwähnt bleiben sollte. Die Bewältigung von Belastungssituationen hängt sowohl von der Wahrnehmung der Situation als auch den verfügbaren Ressourcen ab (Henninger 2016). Ein fördernder Faktor war hier sicherlich auch das Eingebundensein von Mandela in soziale Gruppen, was die Resilienz einer Person steigern kann (Jones und Jetten 2011).

Auch wenn Mandela selbst von der Rassentrennung in Südafrika betroffen war, so kämpfte er letztlich für die Freiheit aller Menschen – der Unterdrücker und der Unterdrückten. Auf dem Weg zu seinem Ziel half ihm sein **empathisches Empfinden** und Verständnis für die Bedürfnisse seiner Mitmenschen. Die **Empathie-Altruismus-Hypothese** beschäftigt sich zwar mit dem Einfluss von Empathie auf Hilfeverhalten (Batson 1991), kann aber auch auf Mandelas unermüdlichen Kampf für die Freiheit seiner Nation übertragen werden. Demnach werden die folgenden beiden Handlungsmotive unterschieden: das altruistische Motiv einer Person, das Leiden der Opfer zu reduzieren, und das egoistische Motiv, zu helfen, um eigenes Unbehagen zu reduzieren. Auch wenn Mandelas Alltag durch die Apartheid schwer beeinträchtigt war, steht das in keinem Verhältnis zu den Opfern, die er für die Befreiung von Millionen von Menschen gebracht hat.

Die letzten Worte seiner 4-stündigen Aussage im Rivonia-Prozess in Pretoria am 20. April 1964 fassen die **altruistische Motivation** seiner Handlungen wohl am besten zusammen:

> » „Mein Leben lang habe ich mich
>   diesem Kampf des afrikanischen Volkes
>   verschrieben. Ich habe gegen die weiße
>   Vorherrschaft gekämpft, und ich habe
>   gegen die schwarze Vorherrschaft
>   gekämpft. Ich habe das Ideal der
>   Demokratie und der freien Gesellschaft
>   hochgehalten, in der alle Menschen
>   in Harmonie und Chancengleichheit
>   zusammenleben. Für dieses Ideal hoffe
>   ich zu leben, dieses Ideal hoffe ich zu
>   erreichen. Doch wenn es sein muss,
>   bin ich auch bereit, für dieses Ideal zu
>   sterben." (zitiert nach Stengel 2011, S. 70)

7.3.1.4 Prägende Ereignisse vor seiner Inhaftierung

Der wohl prägendste Abschnitt in Mandelas Leben war seine Zeit im Gefängnis. Deswegen wird dieser Zeit ein eigener Abschnitt gewidmet (▶ Abschn. 7.3.2).

In seinen jungen Jahren bekam Nelson Mandela besonders in Johannesburg die Folgen der eingeführten Apartheid zu spüren: Rassismus und Verachtung gegenüber Schwarzen waren alltäglich und nun gesetzlich festgelegt. Mandela strebte nach **Gerechtigkeit,** was diesem Alltag in jeder Hinsicht widersprach. Zwei Faktoren, die bewirkten, dass sich Mandela zunehmend politisch engagierte, waren zum einen die persönliche Betroffenheit der erlebten Diskriminierung und zum anderen das starke Ungerechtigkeitsempfinden in diesen Zeiten.

Persönliche Betroffenheit erhöht die Bereitschaft, Verhalten an Erfahrungen zu orientieren, also in diesem Fall dem Apartheidregime Widerstand zu leisten. Gleichzeitig erkannte Mandela durch die empfundene Ungerechtigkeit eine Handlungsnotwendigkeit. Diese Handlungsaktivierung bei bewusst erlebter oder beobachteter Ungerechtigkeit (Peter und Dalbert 2013) kann auf die **Gerechtigkeitsmotivtheorie** nach Lerner (1977) zurückgeführt werden. Darauf basiert auch die Überzeugung, dass ein reziproker und fairer Umgang untereinander Voraussetzung für eine erfolgreiche Zukunft jedes Einzelnen ist und deswegen zu gerechtem Verhalten verpflichtet (Dalbert 2010).

Das Massaker von Sharpeville verschärfte Mandelas Kampf gegen die Apartheid. **Kritische Ereignisse** sind häufig Ausgang für einen Wendepunkt und können das weitere Verhalten einer Person maßgeblich beeinflussen (Aymanns und Filipp 2009). Sharpeville kostete viele Menschen das Leben und war zu dieser Zeit wohl der Höhepunkt ausgeübter Gewalt gegen Schwarze.

So sah Nelson Mandela die Notwendigkeit, radikaler gegen die Regierung vorzugehen, und brachte dies in seiner Rede vor Gericht beim Rivonia-Prozess im Justizpalast von Pretoria am 20. April 1964 wie folgt zum Ausdruck:

» „Wir vom ANC haben uns immer für eine nicht-rassistische Demokratie eingesetzt. Wir schreckten vor jeder Aktion zurück, die einen noch tieferen Keil zwischen die Rassen trieb. Doch die Fakten lagen klar auf der Hand: Fünfzig Jahre Gewaltlosigkeit hatten den Afrikanern

nichts gebracht – außer einer immer repressiveren Gesetzgebung und immer weniger Rechten." (Mandela 2013, S. 24)

Die folgenden Sabotageakte des ANC unter Nelson Mandela sind allerdings nicht als Rachefeldzüge anzusehen, da das Ziel seiner Handlungen weiterhin darin bestand, die Freiheit und Gleichberechtigung aller, gleich welcher Hautfarbe, in Südafrika herzustellen.

7.3.2 Vom Leben im Gefängnis

Über 18 Jahre hinweg war Nelson Mandela unter menschenverachtenden Bedingungen mit seinen Mitstreitern auf Robben Island inhaftiert. Fast 10 weitere Jahre folgten in Kapstadt – am Ende in Einzelhaft –, bis er wieder ein freier Mann war. Bekannt ist, dass lange Gefängnisstrafen eine Radikalisierung und aggressive Verhaltenstendenzen befördern können (Neumann 2016). Welche Faktoren schützten Mandela vor einer solchen Entwicklung, sodass er einen versöhnlichen Weg in die Freiheit für Schwarze und Weiße in Südafrika einschlagen konnte?

7.3.2.1 Gruppenzusammenhalt und seine Führungsrolle

Eine bedeutende Rolle während der Gefängnisjahre spielten Mandelas Wegbegleiter, da der Zusammenhalt und die Unterstützung in der Gruppe sehr groß und geprägt von gegenseitiger Solidarität waren. Die soziale Unterstützung, die sich Nelson Mandela und seine Wegbegleiter entgegenbrachten, schützte sie vor einer möglichen Deprivation des evolutionär adaptiven **Zugehörigkeitsbedürfnisses** („need to belong"), wie es bei Gefängnisinsassen wahrscheinlich ist. Menschen haben das Bedürfnis nach häufigen, affektiv positiven Interaktionen mit anderen, die bestenfalls von gegenseitigem Interesse und Fürsorge gekennzeichnet sind. Eine Deprivation des Zugehörigkeitsbedürfnisses geht mit negativen Folgen wie Einsamkeit, Ängstlichkeit oder Gesundheitsproblemen einher (Baumeister und Leary 1995). Soziale

Unterstützung hingegen hilft, mit Stressoren besser umzugehen oder, wenn möglich, den Problemzustand zu verändern (Schwarzer 2000).

Der Gruppenzusammenhalt unterstützte Mandela nicht nur dabei, die Erfahrungen im Gefängnis zu bewältigen, sondern förderte gleichzeitig sein **Verantwortungsgefühl:** Er sah sich in der Pflicht, stets die Führungsrolle einzunehmen und keine Schwäche zu zeigen. Für diese tägliche Herausforderung musste er seine Führungsqualitäten weiter ausbauen, um Mithäftlingen stets als Vorbild vorangehen zu können. Er bewahrte sich seine Würde, achtete auf einen aufrechten Gang und ließ sich den Optimismus und die Hoffnung nicht nehmen:

> » „Es war Nelsons Ausstrahlung. Die Art, wie er ging, die Art, wie er sich hielt. Das richtete die anderen Gefangenen auf, es richtete mich auf. Einfach nur, ihn so selbstsicher gehen zu sehen." Eddie Daniels, Mithäftling Mandelas (zitiert nach Stengel 2011, S. 68)

Es gab nur wenige Ereignisse, die Mandela aus der Fassung brachten. Einer dieser Tage war, als er 1969 die Nachricht bekam, dass sein ältester Sohn aus 1. Ehe bei einem Autounfall ums Leben gekommen war. Doch schon die nächsten Tage signalisierte er Mitgefangenen und Wachleuten, dass er sich auch davon nicht unterkriegen lassen würde.

Trotz seiner Führungsrolle sah sich Mandela immer als gleichwertiges Mitglied der Gruppe und verzichtete auf Privilegien. So übernahm er die gleichen Aufgaben wie alle anderen, z. B. das Reinigen der Nachttöpfe von Wärtern oder Mithäftlingen. Darüber hinaus kümmerte er sich persönlich um Schwache und Kranke.

7.3.2.2 Umgang mit Gefängniswärtern

Mandelas Vorbildfunktion umfasste auch sein Auftreten gegenüber den Wachleuten. Dabei war es ihm wichtig, sich gegenüber den Gefängniswärtern zu behaupten und ihnen gleichzeitig mit Höflichkeit, Respekt und

Prinzipien zu begegnen. Schon bei der Ankunft auf Robben Island ging Mandela vorweg und stellte sich den herablassenden Blicken und Worten der Wachleute. So war bereits der erste Eindruck, den Mithäftlinge und Gefängniswärter von Mandela bekamen, geprägt von seiner außergewöhnlichen Haltung.

Die **soziale Wahrnehmung** einer Person beginnt beim spontanen Ersteindruck, der bestimmte Erwartungen weckt und die zukünftige Personenwahrnehmung färbt (Kelley 1950). Dazu zählt insbesondere das **nonverbale Verhalten** einer Person, auf das Nelson Mandela im Umgang mit anderen Personen stets achtete.

Darüber hinaus lernte Mandela in den ersten Gefängnisjahren Afrikaans, die Sprache der weißen Bevölkerung, und sprach fortan, wenn möglich, Afrikaans mit den Wachleuten. Die Interaktion mit den Gefängniswärtern lehrte Mandela den wohlwollenden Umgang mit Gegnern und stärkte seine Verhandlungskompetenz. Auch wenn er für seine **gutmütige Sicht** von Mithäftlingen teilweise kritisiert wurde, so reduzierte Mandela Menschen nicht auf böses Verhalten, sondern versuchte stets, das Gute in ihnen zu wecken.

Diese Einstellung sollte ihm auch später bei den Gesprächen und den Verhandlungen mit der Regierung und Vertretern des Apartheidregimes helfen.

7.3.2.3 Reifung der Persönlichkeit

Nelson Mandela war 27 Jahre im Gefängnis. Diese Zeit war geprägt von ständiger Kontrolle und fehlender Privatsphäre. Ausbrüche oder mangelnde Disziplin konnte man sich nicht erlauben. Doch die Umstände, besonders auf Robben Island, waren nur schwer auszuhalten: Knochenarbeit, kaum Briefkontakt und wenige Besucher, grausame und demütigende Behandlung durch Gefängniswärter. Trotzdem zeigte Mandela nur selten Schwäche – im Gegenteil, er gab seinen Kameraden und Mithäftlingen Kraft und entwickelte sich persönlich weiter.

Tatsächlich kann es infolge von Traumata bzw. extremen Belastungen wie den Gefängnisjahren auf Robben Island zu einer **psychischen**

Reifung kommen. Hierbei geht es nicht um die Belastung an sich, sondern um die Art und Weise, wie mit dem Ereignis umgegangen wird. Neben einer erfolgreichen Bewältigung sind vor allem positive Veränderungen infolge des schwerwiegenden Erlebnisses gemeint (Calhoun und Tedeschi 2004).

So dürften auch bei Mandela die Erfahrungen in Haft einen Reifungsprozess angestoßen haben. Er entwickelte eine enorme **Selbstkontrolle**, die seine Impulsivität aus jungen Jahren hemmte. So war ihm fortan wichtig, die Situation und verschiedene Möglichkeiten sorgfältig zu durchdenken, bevor er eine Entscheidung traf. Darüber hinaus zeigte Mandela in vielerlei Hinsicht außerordentliche **Disziplin**: Dazu gehörte die morgendliche Sporteinheit in seiner Gefängniszelle, das Lesen unzähliger Bücher, das Studieren von Afrikaans, aber auch sein tägliches Auftreten.

Gleichzeitig entwickelte er ein ausgeprägtes Mitgefühl für die Schwächen anderer und verurteilte niemanden, der an den grausamen Erfahrungen im Gefängnis zerbrach. Diese **empathische Fähigkeit** zeigte er gleichermaßen gegenüber Mitstreitern und Gegnern. Gerade im Umgang mit Vertretern des Apartheidsystems schien bei Mandela die sog. „kognitive Empathie" besonders ausgeprägt zu sein. Während bei der emotionalen Empathie das Mitfühlen mit dem Gegenüber im Vordergrund steht, geht es bei der kognitiven Empathie darum, die geistige Perspektive des Gegenübers einzunehmen und sich so in den anderen hineinzuversetzen (Batson 2009). Diese Komponente war später ein Grundstein von Mandelas erfolgreichem Verhandlungsstil.

7.3.3 Versöhnung anstelle von Rache

Nelson Mandela verfolgte eine Politik der Versöhnung, die nach seiner Haftzeit, dem Umgang des Regimes mit seiner Frau, dem unwürdigen Alltag der Schwarzen unter dem herzlosen Apartheidsystem auf den ersten Blick kaum nachvollziehbar scheint. Von vielen Anhängern des ANC wurde Mandela deshalb für das Wohlwollen gegenüber den Weißen kritisiert. Einige wollten Rache am System, Rache an den Weißen. Dies traf für Nelson Mandela nicht zu: Er wollte vergeben, keine Rache. Er wollte vereinen, nicht spalten.

Während es bei **Vergebung** vornehmlich darum geht, Beziehungen trotz vergangener Verletzungen zu erhalten, dient **Rache** an erster Stelle der Abschreckung (McCullough et al. 2013). Tatsächlich wirkt Vergebung nicht nur positiv und konstruktiv auf die Gesamtsituation, sondern kann gleichzeitig das Wohlbefinden des Vergebenden steigern (Toussaint und Friedman 2009). Allerdings kann auch Rache die Zufriedenheit positiv beeinflussen, vor allem dann, wenn der andere versteht, warum er leidet und die Rache als Bestrafung begreift (Gollwitzer et al. 2011). Grundsätzlich sind also beide Tendenzen nachvollziehbar, allerdings zeigt Rache einen destruktiven Einfluss auf die Gesamtsituation und fördert keine langfristige Lösung.

Nelson Mandela entschied sich nach seiner Freilassung für den friedlichen Weg der Vergebung und tat so einen wichtigen Schritt, um einen Bürgerkrieg zu vermeiden und Südafrika schließlich aus der Apartheid zu führen.

7.3.4 Führungsqualitäten

Nelson Mandela wäre ohne seine außergewöhnlichen Führungsqualitäten, die er im Laufe seines Lebens kontinuierlich ausbaute, nicht als erster demokratischer Präsident in die Geschichte Südafrikas eingegangen. Er konnte die Menschen vereinen, von seiner Vision überzeugen und vor allem vermochte er, ihre Herzen zu berühren – und das auf beiden Seiten. Durch seine Führungsrolle gelang eine friedliche Ablösung des Apartheidregimes.

7.3.4.1 Visionsvermittlung
Während seines gesamten Lebens wich Mandela nie von seiner Vision ab. Sein großes Ziel war es, dass alle Menschen – unabhängig von Ethnie, Schicht und Geschlecht – die gleichen

Rechte haben sollten. Dieses Prinzip stand für Mandela über allem und spiegelt sein ausgeprägtes Bedürfnis nach Gerechtigkeit wider.

Angesichts der vielen Rückschläge, die er im Laufe seines Lebens erfahren hat, zeigte Mandela enorme **Persistenz** bzw. großes Durchhaltevermögen dabei, sein Leben dem Kampf für die Freiheit aller und gegen Unterdrückung zu widmen. Hierbei veränderte sich die Art und Weise, mit der er sein Ziel verfolgte, durchaus: So wirkte sein Vorgehen vor dem Rivonia-Prozess deutlich radikaler und impulsiver, während er nach dem Gefängnis Entscheidungen sehr überlegt traf und entsprechend handelte.

Die Vermittlung seiner Vision und das bedingungslose Einstehen für diese waren wichtige Bestandteile seiner Führung. Das **Prinzipienmodell der Führung** nach Frey (1998) stellt verschiedene Grundsätze guter Führung vor. Dazu gehören auch die **Sinn- und Visionsvermittlung.** Indem Mandela stets an seiner Vision festhielt und für diese eintrat, schaffte er ein gemeinsames Ziel und gab seinen Anhängern eine klare Orientierung.

7.3.4.2 Führungsfähigkeit und -stil

Möchte man Nelson Mandelas Führungsverhalten genauer beschreiben, scheint die Führung durch seine **Vorbildfunktion** besonders zentral. Dieser Vorbildrolle war sich Mandela sehr bewusst und er achtete stets auf sein Auftreten und einen offenen, wertschätzenden Umgang allen gegenüber.

Hierbei handelt es sich auch um ein Prinzip guter Führung (Frey 1998), da Führung besonders dann wirkungsvoll ist und die intrinsische Motivation der Menschen fördert, wenn eine Führungskraft Visionen und Ziele nicht nur predigt, sondern mit gutem Beispiel vorangeht (Frey und Schmalzried 2013). Umso wichtiger war es, dass Mandela über all die Jahre im Gefängnis seine Führungsrolle nie ablegte und im Sinne einer Vorbildfunktion ausfüllte.

Als er sich nach Chris Hanis Ermordung im Fernsehen für eine langfristige Lösung anstelle von Rache aussprach, waren seine Worte authentisch und wirkungsvoll, da er selbst ohne jede Bitterkeit nach 27 Jahren das Gefängnis verlassen hatte und als Vorbild für Versöhnung voranging.

Als erster demokratisch gewählter Präsident erkannte Mandela, dass sein Verhalten besonders nachhaltig sein wird. Um lebenslange Amtszeiten zu verhindern, kündigte er bereits 1 Jahr nach Amtsantritt an, dass er kein 2. Mal zur Wahl antreten werde. So ging er auch mit der Fähigkeit, **Führung wieder abzugeben,** als Vorbild für zukünftige Präsidenten voran.

Mandela passte darüber hinaus sein Führungsverhalten der jeweiligen Situation und der Persönlichkeit sowie den Bedürfnissen des Gegenübers an. Diese Anpassung des Führungsverhaltens wird als **situative Führung** bezeichnet (Frey und Schmalzried 2013).

Im Zusammenhang mit situativer Führung steht auch der **androgyne Führungsstil,** der männliche und weibliche Führungsverhaltensweisen vereint. Mandela war bekannt dafür, auch ein klares „Nein" auszusprechen, um unnötige Diskussionen und Unklarheiten zu vermeiden. Zudem ergriff er als Führungskraft die Initiative, war bereit, Risiken einzugehen und die Verantwortung zu übernehmen, wenn es die Situation erforderte. Ein Beispiel hierfür sind Gespräche mit der Regierung, die er während seiner Einzelhaft ohne vorherige Zustimmung des ANC oder seiner Kameraden aufnahm. Diese Verhaltensweisen zählen eher zu **maskulinem Führungsverhalten.**

Gleichzeitig nahm sich Mandela in Gesprächen oft zurück und war ein sehr guter Zuhörer, der einzelne wichtige Fragen stellte und sich bemühte, die Sichtweise seines Gegenübers nachzuvollziehen. Hierbei handelt es sich eher um **feminines Führungsverhalten.**

Die Kombination aus situativer Führungsfähigkeit und androgynem Führungsstil stellt ein wichtiges Prinzip guter Führung dar (Frey 1998) und war sicherlich ein Erfolgsfaktor Mandelas als Führungsperson.

7.3.4.3 Einbindung der Mitstreiter

Zwar ergriff Mandela oft Eigeninitiative, dennoch war es ihm wichtig, seine Mitstreiter einzubinden. Hatte er eine Entscheidung alleine getroffen, bemühte er sich um eine zeitnahe und klare **Kommunikation.** So bat er nach ersten Gesprächen mit der Regierung um baldige Rücksprache mit seinen Kameraden. Das Prinzipienmodell der Führung (Frey 1998) verbindet Kommunikation mit Transparenz durch Information. Dabei ist es wichtig, dass Inhalte nicht einseitig kommuniziert werden, sondern im Dialog. Auch Mandela wünschte die Beteiligung anderer und beschäftigte sich mit den aufkommenden Fragen und Einwänden.

Innerhalb der Gruppe seiner engen Mitstreiter erkannte er, wie wichtig es war, andere an der Führung teilhaben zu lassen, und übertrug immer wieder bewusst Verantwortung. Mandela wusste um die Vorzüge von Teamarbeit und bestärkte auch andere darin, voranzugehen. So war er der Auffassung, dass Ideen weitergegeben werden, indem man andere Personen dafür begeistert und sie ermächtigt, diese weiterzutragen, ohne dies vorzuschreiben.

Es ist wichtig, Menschen die Möglichkeit zur **Partizipation** zu geben, um ihr Kontrollempfinden zu erhöhen. So zeigt die Erklärbarkeit von Ereignissen ohne eine Möglichkeit zur Einflussnahme keine positiven Effekte (Frey und Jonas 2002). Darüber hinaus kann Partizipation auch die Identifikation der Personen erhöhen (Antoni 1999).

Durch fehlende Partizipation hingegen könnte **Reaktanz** gefördert werden (Dickenberger et al. 1993). Reaktanz bei Mandelas Mitstreitern hätte dazu führen können, dass ihre Unterstützung ausbleibt oder sie sich sogar einer anderen – radikaleren – Bewegung anschließen.

Nelson Mandelas Erfolg am Ende seines langen Weges wurde maßgeblich durch die Loyalität und Solidarität seiner Kameraden beeinflusst. Grundlage dafür war sicherlich deren ständige Einbindung in den Prozess.

7.3.5 Hinwendung zur Gewalt

Zu Beginn seiner politischen Laufbahn war Mandela inspiriert vom gewaltlosen Widerstand Mahatma Gandhis (▶ Kap. 7), später wurde er Befehlshaber des militärischen ANC-Flügels. Warum entfernte sich Mandela von einem gewaltlosen Weg und entschied sich für eine Hinwendung zur Gewalt? In diesem Buch spielen das Gute und Böse eine zentrale Rolle, und in der Regel steht das Böse dabei im Zusammenhang mit Gewalt. Ist Gewalt daher grundsätzlich abzulehnen?

Mandela widmete sein Leben einem einzigen Ziel: der Freiheit mit gleichen Rechten für alle Menschen. Seit der Gründung des ANC im Jahr 1912 war die Gewaltlosigkeit nach Gandhi unantastbar. Doch Mandela und andere erkannten für sich, insbesondere nach dem Massaker von Sharpeville, dass, solange die Gewaltlosigkeit über allem stand, positive Veränderungen ausblieben. Im Gegenteil: Schärfere Gesetze wurden beschlossen, und es gab zunehmend Gewalt gegen friedliche Demonstranten.

Mandela lehnte Gewalt persönlich in jeder Form ab, doch das Prinzip der Gewaltlosigkeit nach Gandhi untergrub zu dieser Zeit sein Streben, Freiheit für alle Menschen zu ermöglichen. An diesem Ziel hielt er fest, auch unter Zuhilfenahme von Sabotageakten, und befreite letztlich am Ende eine ganze Nation auf versöhnlichem Weg. Sein Beispiel zeigt vor allem, dass Gewalt Versöhnung nicht ausschließen muss. Aber für diesen Weg braucht es den Glauben an das Gute im Menschen, den Mandela in sich trug, sowie den Mut, dafür mit allen Konsequenzen einzutreten.

7.4 Fazit

Es ist ein Zusammenspiel von Zeitgeschehnissen, persönlichen Erfahrungen und einer herausragenden Persönlichkeit, das einen der größten Freiheitskämpfer unserer Zeit hervorbrachte. Vermutlich ist nur wenigen Menschen eine Lebensaufgabe wie Mandelas Kampf für die Freiheit vorbestimmt. Nicht jeder kann ein Nelson Mandela sein. Doch auch wenn seine Lebensumstände aus heutiger Sicht (zu) weit von den unseren entfernt zu sein scheinen, verdeutlicht sein Vorbild, auf welche Werte es letztlich im täglichen Zusammenleben ankommt.

Mandelas Prinzipien und Werte sind zeitlos und heute relevanter denn je. Flüchtlingsbewegungen auf der ganzen Welt; Firmen, die in interkulturellen Teams zusammenarbeiten; Staatsgrenzen, die durch die Globalisierung immer mehr zu verschwimmen scheinen; die fortschreitende Digitalisierung, die wir als Gesellschaft zu unserem Wohl gestalten und regulieren möchten – in den verschiedensten Kontexten treffen unterschiedlichste Kulturen aufeinander. Dabei können Mandelas Werte und Prinzipien helfen, Brücken zu bauen und schwierige Zeiten zu meistern. Sein Glaube an das Gute im Menschen, seine Fähigkeit, zu vergeben, und nicht zuletzt sein Streben für ein gleichberechtigtes Miteinander können hierfür eine Richtschnur sein. Jeder von uns hat die Möglichkeit, den eigenen inneren Kompass daran auszurichten und so die Welt, zumindest im Kleinen, ein Stück besser zu machen.

Literatur

Antoni, C. (1999). Konzepte der Mitarbeiterbeteiligung: Delegation und Partizipation. In D. Frey & C. G. Hoyos (Hrsg.), *Arbeits- und Organisationspsychologie* (S. 569–583). Weinheim: Beltz.

Aymanns, P., & Filipp, S. H. (2009). *Kritische Lebensereignisse und Lebenskrisen: Vom Umgang mit den Schattenseiten des Lebens.* Stuttgart: Kohlhammer.

Bandura, A. (1986). *Social foundations of thought and action.* Engelwood Cliffs: Prentice Hall.

Batson, C. D. (1991). *The altruism question: Toward a social-psychological answer.* Hillsdale: Erlbaum.

Batson, C. D. (2009). These things called empathy: Eight related but distinct phenomena. In J. Decety & W. Ickes (Hrsg.), *The social neuroscience of empathy* (S. 85–98). London: Massachusetts Institute of Technology.

Baumeister, R. F., & Leary, M. R. (1995). The need to belong: Desire for interpersonal attachments as a fundamental human motivation. *Psychological Bulletin, 117*(3), 497–529.

Calhoun, L. G., & Tedeschi, R. G. (2004). The foundations of posttraumatic growth: New considerations. *Psychological Inquiry, 15*(1), 93–102.

Dalbert, C. (2010). Glaube in einer (un)gerechten Welt. In G. Grözinger & W. Matiaske (Hrsg.), *Ökonomie und Gesellschaft* (S. 111–128). Marburg: Metropolis.

Dickenberger, D., Gniech, G., & Grabitz, H.-J. (1993). Die Theorie der psychologischen Reaktanz. In D. Frey & M. Irle (Hrsg.), *Theorien der Sozialpsychologie. Bd. I. Kognitive Theorien* (S. 243–273). Bern: Huber.

Frey, D. (1998). Center of Excellence – Ein Weg zu Spitzenleistungen. In P. Weber (Hrsg.), *Leistungsorientiertes Management: Leistungen steigern statt Kosten senken* (S. 199–233). Frankfurt a. M.: Campus.

Frey, D., & Jonas, E. (2002). Die Theorie der kognizierten Kontrolle. In D. Frey & M. Irle (Hrsg.), *Theorien der Sozialpsychologie* (Bd. III, S. 13–50). Bern: Huber.

Frey, D., & Schmalzried, L. K. (2013). *Philosophie der Führung: Gute Führung lernen von Kant, Aristoteles, Popper & Co.* Berlin: Springer.

Gollwitzer, M., Meder, M., & Schmitt, M. (2011). What gives victims satisfaction when they seek revenge? *European Journal of Social Psychology, 41*(3), 364–374.

Henninger, M. (2016). Resilienz. In D. Frey (Hrsg.), *Psychologie der Werte* (S. 157–175). Berlin: Springer.

Jones, J. M., & Jetten, J. (2011). Recovering from strain and enduring pain: Multiple group memberships promote resilience in the face of physical challenges. *Social Psychological and Personality Science, 2*(3), 239–244.

Kelley, H. H. (1950). The warm-cold variable in first impressions of persons. *Journal of Personality, 18*(4), 431–439.

Lerner, M. J. (1977). The justice motive: Some hypotheses as to its origins and forms. *Journal of Personality, 45*(1), 1–52.

Lewin, K. (1963). *Feldtheorie in den Sozialwissenschaften.* Bern: Huber.

Mandela, N. (2013). *Meine Waffe ist das Wort: Mit einem Vorwort von Desmond Tutu.* München: Kösel.

Mandela, N. (1994). *Long walk to freedom: The autobiography of Nelson Mandela.* Boston: Little, Brown and Company.

Marvin, R., Cooper, G., Hoffman, K., & Powell, B. (2002). The Circle of security project: Attachment-based intervention with caregiver-pre-school child dyads. *Attachment & Human Development, 4*(1), 107–124.

McCullough, M. E., Kurzban, R., & Tabak, B. A. (2013). Putting revenge and forgiveness in an evolutionary context. *Behavioral and Brain Sciences, 36*(1), 41–58.

Neumann, P. R. (2016). *Der Terror ist unter uns: Dschihadismus, Radikalisierung und Terrorismus in Europa*. Berlin: Ullstein.

Peter, F., & Dalbert, C. (2013). Die Bedeutung der LehrerInnengerechtigkeit: Klimaerleben oder persönliches Erleben? In C. Dalbert (Hrsg.), *Gerechtigkeit in der Schule* (S. 33–53). Wiesbaden: Springer VS.

Rutter, M. (1999). Resilience concepts and findings: Implications for family therapy. *Journal of Family Therapy, 21*, 119–144.

Schwarzer, R. (2000). *Stress, Angst, Handlungsregulation* (4. Aufl.). Köln: Kohlhammer.

Stengel, R. (2011). *Mandelas Weg: Die Weisheit eines Lebens*. München: Goldmann.

Tajfel, H. (1978). Social categorization, social identity and social comparison. In H. Tajfel (Hrsg.), *Differentiation between social groups* (S. 61–76). London: Academic Press.

Toussaint, L., & Friedman, P. (2009). Forgiveness, gratitude, and well-being: The mediating role of affect and beliefs. *Journal of Happiness Studies, 10*(6), 635–654.

Martin Luther King Junior

Karolin Rehm

© Springer-Verlag GmbH Deutschland, ein Teil von Springer Nature 2019
D. Frey (Hrsg.), *Psychologie des Guten und Bösen,* https://doi.org/10.1007/978-3-662-58742-3_8

8.1 Einleitung

Martin Luther King war der bedeutendste Anführer der amerikanischen Bürgerrechtsbewegung. Er verfolgte stets das Ziel, trotz zahlreicher Provokationen und verspürten Ungerechtigkeiten, mithilfe friedlicher Mittel für eine gerechte Welt zu kämpfen (Amrehn 2014). Doch was machte King zu dem, was er war? Welche Motive lagen seiner eisernen Disziplin und seinem gewaltlosen Widerstand zugrunde? Was zeichnete ihn als Führungsperson aus? Und die entscheidende Frage: Was unterschied ihn von anderen Bürgerrechtlern und führte zu seinen großen Erfolgen?

Im Folgenden werden Einblicke in die Biografie von Martin Luther King sowie in seine Taten gewährt und mögliche psychologische Erklärungsansätze zur Beantwortung der aufgeworfenen Fragen besprochen.

8.1.1 Gesellschaftliches Wissen über Martin Luther King Junior

Martin Luther King Junior ist eine bekannte und hoch anerkannte Persönlichkeit, und auch Jahrzehnte nach seinem Tod greifen Politiker Elemente seiner Reden auf (z. B. Barack Obama im Jahr 2008; Wood 2008). Oftmals wird King auf seine berühmte Rede, die er mit den Worten „I have a dream" einleitete, reduziert, sodass andere herausragende sowie bewundernswerte Aspekte und Taten seiner Person in der Gesellschaft weitgehend unbekannt geblieben sind.

8.1.2 Zeitgeschichtliche Ereignisse

▪ **Sklaverei in Nordamerika**
Die Sklaverei in Nordamerika begann um 1620 mit dem Übersiedeln der ersten Europäer. Schwarze aus europäischen Kolonien in Afrika wurden unter unmenschlichen Bedingungen nach Nordamerika verschleppt, um dort im Besitz von Weißen zu arbeiten (Welker 2002).

Im Jahre 1776 wurde die Unabhängigkeitserklärung unterschrieben. Diese sah nicht nur die Unabhängigkeit der britischen Kolonien von England vor, sondern betonte auch gleiche Rechte für alle Menschen. Jedoch entsprach dies nicht der Realität. Schwarze waren weiterhin keine amerikanischen Staatsbürger und hatten demnach auch keine Rechte (Welker 2002).

Durch die Entstehung riesiger Baumwollplantagen in den Südstaaten um 1800 stieg der Bedarf an Arbeitskräften und verschlechterte die Lebenssituation der Schwarzen weiter. Der aufkommende Widerstand der Sklaven wurde brutal unterbunden. Allmählich setzten sich auch weiße Bürger für die menschenunwürdige Lebenssituation der Schwarzen ein. Doch erst 1863 unter Abraham Lincoln (▶ Kap. 5) wurde die Sklaverei abgeschafft. Trotz ihrer Niederlage im amerikanischen Bürgerkrieg (1861–1865) erkannten die Südstaaten die neuen Zusätze der Verfassung, laut denen Schwarze amerikanische Bürger waren, nicht an (Welker 2002).

▪ **Situation in den Südstaaten nach 1863**
In den Südstaaten waren Schwarze weiterhin durch Pacht- und Abgabensysteme von den Weißen abhängig. Sie wurden im alltäglichen Leben unterdrückt sowie durch den Ku-Klux-Klan terrorisiert. Es war ein unausgesprochenes Gesetz, das sich Weiße für Straftaten an Schwarzen vor Gericht nicht verantworten mussten (Welker 2002).

Der Oberste Gerichtshof legalisierte 1896 den Grundsatz „separate but equal" (getrennt, aber gleich). Offiziell sah das Gesetz für Schwarze und Weiße getrennt Leistungen von gleichem Umfang und in gleicher Qualität vor. Dies entsprach nicht der Realität, es gab keinerlei Überprüfungen, geschweige denn Strafen bei Nichteinhaltung des Grundsatzes. Das Gesetz der Segregation trennte Schwarze und Weiße von der Wiege bis zur Bahre. Weiße hatten durchweg Zugang zu besseren Einrichtungen und Angeboten sowie das vorrangige Recht. Schwarze hatten hingegen keine Chance, sich aus diesem Teufelskreislauf des institutionellen Rassismus zu befreien. In dieser Zeit war die Kirche für viele Schwarze ein Ort, an dem sie Geborgenheit und Gemeinschaft empfinden konnten (Amrehn 2014; Welker 2002).

8.2 Biografie

Die folgende Biografie sowie die biografischen Aspekte in den folgenden Abschnitten basieren auf 5 Werken über Martin Luther King: *Martin Luther King entdecken* (Welker 2002), *Martin Luther King: Leben, Werk und Vermächtnis* (Haspel 2008), *Martin Luther King: Traum und Tat* (Deats 2001), *Partisanen der Humanität* (Schultz 1984), *The Martin Luther King, Jr., Encyclopedia* (Carson 2008) und diversen Internetquellen.

8.2.1 Familie und Kindheit

Martin Luther King Junior wurde am 15. Januar 1929 unter dem Namen Michael King Junior in Atlanta, Georgia, USA, geboren. Er war das 2. von 3 Kindern einer schwarzen mittelständischen Familie. Seine Mutter war Lehrerin und sein Vater Pastor einer Baptistengemeinde; beide engagierten sich sehr in der Gemeinde.

Bereits in jungen Jahren bekam King den Rassismus zu spüren. Seine Eltern waren bemüht, ihm zu vermitteln, dass, auch wenn er in einem System der Rassentrennung aufwuchs, er genauso viel wie die Weißen wert war.

8.2.2 Akademischer und kirchlicher Werdegang

Bereits im Kindesalter war King motiviert seinen Wortschatz durch das Stöbern in Wörterbüchern zu erweitern. Zudem nahm er

erfolgreich an zahlreichen Redewettbewerben teil. Nachdem King in der Schule 2 Klassen übersprungen hatte, widmete er sich bereits im Alter von 15 Jahren der Soziologie am Morehouse College mit dem Traum, Arzt oder Rechtsanwalt zu werden.

Der Wunsch, ein Baptistenpastor zu werden, wurde erst später durch 2 Theologieprofessoren angeregt. Im Alter von 17 Jahren hielt King seine erste Predigt vor der Gemeinde seines Vaters. Anschließend wurde er 1948 ordiniert und war als Hilfspastor seines Vaters tätig. Daraufhin begann er sein Theologiestudium. Während seiner Studienzeit entwickelte King eine Faszination für Mahatma Gandhi (▶ Kap. 9) und seine Strategien des gewaltlosen Widerstands.

Aufgrund seines exzellenten Studienabschlusses erhielt King einen Preis, wodurch er an der Boston University promovieren konnte. Während dieser Zeit lernte er seine Frau Coretta Scott kennen, die ihn später stets bei seinem Kampf für Gerechtigkeit unterstützte. Nach seiner Promotion 1954 lehnte King Angebote, an der Universität zu bleiben, ab, um seinem Drang, im Süden zu helfen, nachzugehen. Er wurde 1954 mit 25 Jahren Pastor an der Dexter Avenue Baptist Church in Montgomery, Alabama.

8.2.3 Politischer Werdegang

8.2.3.1 Busboykott von Montgomery als Startschuss für Kings politische Laufbahn

Mitte der 1950er-Jahre kamen die ersten Proteste gegen die Rassentrennung auf. Am 1. Dezember 1955 weigerte sich Rosa Park, ihren Sitzplatz für einen weißen Fahrgast zu verlassen; sie wurde verhaftet und vor Gericht gestellt. Dieses Ereignis war der Startschuss für eine Solidarisierung der Schwarzen und des Busboykotts von Montgomery.

Zu dieser Zeit war Martin Luther King politisch noch unbekannt, doch dies änderte sich, als er zum Vorsitzenden des Montgomery Improvement Association gewählt wurde und die Leitung des Busboykotts übernahm. Nahezu 1 Jahr lang nutzen 42.000 Schwarze in Montgomery keine öffentlichen Verkehrsmittel. Ganz Amerika verfolgte den gewaltfreien Busboykott. Gerade als der Boykott zu kippen drohte, da sich die Front der Weißen verhärtete und u. a. zahlreiche Schwarze aufgrund angeblicher Vergehen verhaftet worden sind und gegen das sog. „carpooling", die Alternative der Schwarzen zu den öffentlichen Verkehrsmittel, rechtlich vorgegangen wurde, griff der Oberste Gerichtshof ein und bestätigte, dass die Rassentrennung verfassungswidrig und in Bussen aufzuheben sei.

8.2.3.2 King als Anführer der Bürgerrechtsbewegung

Die Erfolge des friedlichen Busboykotts führten zur Gründung zahlreicher schwarzer Organisationen, u. a. auch der Southern Christian Leadership Conference mit Martin Luther King als Präsidenten.

Um sich noch intensiver den Bürgerrechten widmen zu können, gab King seine Stelle in Montgomery auf und zog zurück nach Atlanta. Von dort aus reiste er durch das Land und organisierte Protestaktionen: Demonstrationen, Märsche, Sitzstreike und andere Formen des friedlichen zivilen Widerstands.

Kings charismatische Reden bewegten Hunderttausende. Die Schwarzen erkannten King als Anführer der Bürgerrechtsbewegungen im ganzen Land an. Sein Führungsstil und Handeln war stets geprägt von seinem tief verwurzelten Glauben in das Christentum und von seiner Faszination für Gandhi.

8.2.3.3 Prägende Erlebnisse in seiner politischer Laufbahn

Auch wenn King und seine Mitkämpfer stets den gewaltlosen Widerstand wählten, wurden sie Opfer zahlreicher Gewalttaten und Ungerechtigkeiten. Besonders gegenüber King

und seiner Familie nahmen diese ein immenses Ausmaß an. Neben zahlreichen Drohungen kam es zu Verhaftungen, Mordanschlägen sowie 3 Bombenanschlägen auf King, seine Familie und seinen Besitz. Zu Beginn hatte King Schwierigkeiten, mit dieser Bedrohung umzugehen. Doch er lernte u. a. durch Gottes Liebe, Mut zu fassen und die Untaten im Kampf für die Gerechtigkeit in Kauf zu nehmen.

8.2.3.4 Kritik am gewaltlosen Widerstand

Zwischen den verschiedenen Organisationen entwickelten sich Spannungen. Einige sahen den gewaltlosen Widerstand Kings nicht als adäquate Antwort auf die Brutalitäten der Weißen an. Doch Martin Luther King blieb seinen Prinzipien weiterhin treu und organisierte zahlreiche weitere friedliche Widerstandaktionen. Es wurde für ihn allerdings immer schwieriger, die Werte des gewaltfreien Widerstands zu vermitteln. Schließlich griff auch Kings Organisation bei Protesten in Albany zum Mittel der Gewalt. King war sehr bestürzt über diese Entwicklung und fügte sich dem daraufhin erteilten Verbot, weiteren Widerstand in dieser Region zu organisieren.

Von diesem Rückschlag ließ King sich nicht beirren. In Birmingham führte er den Kampf fort und intensivierte die Vermittlung des gewaltlosen Vorgehens. Nachdem King ein weiteres Mal verhaftet wurde, plante er mit seinen Mitstreitern einen Protest, bei dem Kinder einbezogen wurden. King war sich darüber bewusst, dass dieses Vorgehen auf Kritik stoßen würde, dennoch sah er diese drastische Maßnahme als notwendig an. Die Bilder des Protestes rüttelten die amerikanische Gesellschaft wach: Im Westen wurden die Forderungen der Schwarzen erfüllt.

8.2.3.5 Berühmte Unterstützer Kings

In Amerika erhielt King große Aufmerksamkeit von der Öffentlichkeit, beispielsweise galt seine Rede „I have a Dream" als wichtigste Ansprache, die im amerikanischen Fernsehen ausgestrahlt wurde. Doch auch außerhalb von Amerika war King angesehen. Er reiste während seiner Lebzeiten auf Einladung zahlreicher bekannter Persönlichkeiten, z. B. von Willy Brandt (▶ Kap. 6), nach Europa und Afrika.

Der bedeutendste Unterstützer Kings war **John F. Kennedy.** Das erste Mal bewahrte Kennedy King vor einer Haftstrafe in Form von Zwangsarbeit in einem Gefängnis. Die zugrunde liegende Motivation Kennedys ist unbekannt, jedoch gewann er wenige Tage später mit den Stimmen der Schwarzen die Wahl zum Präsidenten. Seither hatte King zu Kennedy eine gute Beziehung, die auch später noch sehr nützlich war. Zu nennen ist in diesem Zusammenhang Kennedys Eingreifen gegen die gewaltvollen Taten der Weißen, sein Engagement für eine Verbesserung der Bürgerrechte oder die Unterstützung bei der Organisation vom Marsch auf Washington. Daher traf der Tod Kennedys wenige Monate nach dem Erfolg des Marsches auf Washington die Bürgerrechtsbewegung schwer.

Doch auch von dem neuen Präsidenten **Lyndon B. Johnson** erhielt King weitestgehend Unterstützung. Er setzte die von Kennedy vorgeschlagenen Gesetzesvorlagen durch und deklarierte die Angelegenheiten der Schwarzen als Sache der Nation. In seiner Amtszeit erlangte die schwarze Bevölkerung durch den Civil Rights Act von 1964, den Voting Rights Act und den Civil Rights Act von 1968 vollständige verfassungsrechtliche Gleichberechtigung.

8.2.3.6 Höhepunkte seiner politischen Karriere

■ **Der Marsch auf Washington – „I have a Dream"**
Am 28. August 1963 nahmen 250.000 Menschen am Marsch auf Washington teil, darunter 60.000 Weiße. Der Marsch sollte die Interessen der Schwarzen und die Stärke des gewaltfreien Widerstands zum Ausdruck bringen. Höhepunkt dieser Protestaktion war Kings berühmte Rede – „I have a dream".

Vielen unbekannt ist, dass dieser Teil der Rede von King improvisiert wurde. Während Kings Ansprache kam es zu Zwischenrufen: „Erzähl ihnen von deinem Traum." King warf daraufhin die geplante Rede über den Haufen und begeisterte die Menge mit seinen Worten.

„Es ist ein Traum, der seine Wurzel tief im amerikanischen Traum hat, […], dass alle Menschen gleich geschaffen sind, […]. Ich habe einen Traum, dass eines Tages die Söhne von früheren Sklaven und die Söhne von früheren Sklavenbesitzern […] sich am Tisch der Bruderschaft gemeinsam niedersetzen können." Martin Luther King in seiner Rede beim Marsch auf Washington, 1963 (zitiert nach U.S. Diplomatic Mission to Germany 2010, S. 1)

Besonders auffällig sind die Querverweise zu Bibelversen, der Unabhängigkeitserklärung und der wiederholende Satzbeginn „Ich habe einen Traum".

Nach dem erfolgreichen Marsch auf Washington standen King und andere Bürgerrechtler im Fokus des Federal Bureau of Investigation (FBI). Sie beschuldigten King, in Kontakt mit Kommunisten zu stehen, was seinerzeit eine schwere Anklage war.

■ **Der jüngste Friedensnobelträger**
Für die gewaltfreie Leitung der Bürgerrechtsbewegung erhielt Martin Luther King am 10. Dezember 1964 im Alter von 35 Jahren den Friedensnobelpreis, den er u. a. mit folgenden Worten entgegennahm:

» „Nach reiflicher Überlegung komme ich zu dem Schluss, dass diese Auszeichnung, die ich im Namen dieser Bewegung entgegennehme, eine große Anerkennung der Tatsache ist, dass Gewaltlosigkeit die Antwort auf die zentralen politischen und moralischen Fragen unserer Zeit darstellt: die Notwendigkeit für die Menschheit, Unterdrückung und Gewalt zu überwinden, ohne auf Gewalt und Unterdrückung zurückzugreifen." (zitiert nach Bildungsserver D@dalos 2019, S. 1)

8.2.3.7 Weiteres politisches Engagement

Kings Ziel war nicht allein die Integration Schwarzer, sondern er wollte auch ihre wirtschaftliche Situation verbessern und so ihre große Armut bekämpfen. Im April 1968 organisierte King den Marsch der Armen nach Washington, um Amerikas Bewusstsein für die Armut der Schwarzen zu stärken.

Eng verknüpft mit seinen Bemühungen um einen friedlichen Widerstand war auch Kings Ablehnung gegenüber dem Vietnamkrieg. Einerseits war für ihn der Krieg ein schreckliches Unrecht, andererseits beanspruchte er das dringend benötigte Geld zur Bekämpfung der Armut in Amerika. Diese Ablehnung stieß nicht nur bei der Regierung, für die Kriegsgegner als Vaterlandsverräter galten, sondern auch bei der schwarzen Bevölkerung auf wenig Verständnis. Sie befürchteten, dass Kings Kritik zu weniger Unterstützung vonseiten der Regierung in Bezug auf ihre Integrationsbemühungen führte.

Erst als allmählich die Folgen des Vietnamkrieges sichtbar wurden, solidarisierten sich weite Teile der amerikanischen Bevölkerung mit King und er wurde als großer Vertreter der Friedensbewegung von Weißen und Schwarzen bewundert.

8.2.4 Der Tod einer großen Persönlichkeit

Am 4. April 1968 wurde Martin Luther King aufgrund seines Glaubens und seiner Träume Opfer eines tödlichen Attentats. Sein Tod war ein schwerer Schlag für die Bürgerrechtsbewegung. Es existieren nach wie vor Gerüchte, dass das FBI oder eine andere Organisation das Attentat beauftragt haben könnte.

King war bekannt, dass Gerüchte um ein Attentat auf ihn kursierten. Dennoch entschied er sich dazu, den Kampf für Gerechtigkeit fortzuführen, selbst wenn diese zu seinem Tod führen konnten. Seit seinem Tod gilt King bei vielen Amerikanern sowie Schwarzen auf der ganzen Welt als Märtyrer.

8.3 Psychologische Theorien, Modelle und Konzepte

Im Folgenden werden mögliche Erklärungsansätze für Kings Entwicklung und seine Taten diskutiert. Eine final gültige Erklärung ist dabei nicht möglich, da das menschliche Verhalten durch das Zusammenspiel der Person und der Umwelt bestimmt ist (Lewin 1963; ▶ Kap. 2). Des Weiteren leiten Werte, Bedürfnisse, Motive und auch Persönlichkeitseigenschaften das menschliche Denken und Handeln (Frey 2016).

8.3.1 Vorbilder

Die sozial-kognitive Lerntheorie von Bandura besagt, dass Menschen u. a. durch die Beobachtung anderer Menschen lernen können. Vertrautheit gegenüber dem Vorbild fördert dieses **Modelllernen** (Bandura 1986). Vorbilder, die Kings Entwicklung und Werdegang stark prägten, waren neben seinem Vater der christliche Glaube und auch Gandhi (▶ Kap. 9).

Kings Vater leistete Widerstand gegen die Rassentrennung und galt als Respektperson unter den Schwarzen. Er war sowohl innerhalb als auch außerhalb der Gemeinde Ansprechpartner in Notlagen und bei Schwierigkeiten. Bereits früh vermittelte er King die Bedeutung der Bürgerrechte und christliche Grundsätze.

Der **christliche Glaube** prägte Kings Leben stark. Gottesdienste und Gebete waren elementare Bestandteile seiner Protestaktionen. Sein Vorgehen war stets an die christlichen Werte angelehnt, der Glaube an Gott gab ihm Mut und seine innere Stimme: „Steh auf für die Gerechtigkeit! Stehe auf für die Wahrheit! Und Gott wird immer an deiner Seite sein!"

(Amrehn 2014, S. 1) motivierte ihn dazu durchzuhalten.

Während Kings Studienzeiten begann seine Faszination für **Mahatma Gandhi** und den gewaltlosen Widerstand (▶ Kap. 9). Für Martin Luther King war Gandhis Vorgehen der einzige Weg der Revolution und des zivilen Widerstands, der mit seiner christlichen Überzeugung im Einklang stand. Später in seinem Leben reiste King sogar nach Indien, um sich einen persönlichen Eindruck von den Gegebenheiten dort und dem Schaffen Gandhis zu verschaffen.

Er erweiterte die Strategie Gandhis um den christlichen Glaubensgrundsatz „Vor Gott sind alle Menschen gleich" und kämpfte daher nicht nur für Gerechtigkeit einer Rasse, sondern für das friedliche Zusammenleben aller ethnischen Rassen.

8.3.2 Wertesystem und moralische Entwicklung

Durch den christlichen Glauben, das Aufwachsen in der Gemeinde und die Erziehung seiner Eltern wurde King bereits früh ein stabiles und christlich geprägtes Wertesystem vermittelt. Laut Rokeach (1973) dienen **Werte als Orientierungshilfe** und bieten Verhaltensstandards, um bestimmte Verhaltensweisen auswählen zu können.

Der christliche Glaube ist geprägt durch die **Nächstenliebe,** in der Bibel beschrieben als „Du sollst deinen Nächsten lieben wie dich selbst" (Lev 19,18). King richtete sein Handeln nach diesem Wert aus, indem er z. B. nach dem ersten auf ihn verübten Bombenanschlag die aufgebrachte Menge mit folgenden Worten beruhigte:

 » „Ich möchte, dass ihr unsere Feinde liebt. Seid gut zu ihnen. […] Wir müssen Hass mit Liebe begegnen." (Wendt 2008, S. 35)

Die Entwicklung des Gerechtigkeitssinns ist Teil der **Entwicklung der menschlichen Moral.** Sie wird durch die genetische

Veranlagung sowie durch die psychosoziale und soziale Umwelt beeinflusst (Frey 2016; Tomasello und Vaish 2013). Kohlbergs Stufenmodell (1969) des moralischen Urteils sieht die Entwicklung von Moral als lebenslangen Prozess an. Als zentrale Entwicklungsdeterminante wird die Fähigkeit der sozialen Perspektivenübernahme angenommen. Diese entwickelt sich von einer egozentrischen über eine sozial-normative bis hin zu einer universellen ethischen Perspektive. Martin Luther King hatte einen ausgesprochenen Sinn für **Gerechtigkeit** und er verfügte bereits früh über universelle ethische Prinzipien. Dies äußerte sich in Kombination mit seinem großen **Respekt** vor jedem Menschen und in seiner Ansicht, dass jedes Menschenleben etwas wert sei. Diese Betrachtungsweise ist stark von seiner philosophischen und theologischen Ausbildung geprägt.

Kings **Glaube an eine gerechte Welt** war stark ausgeprägt, wie auch seine Worte zur Verleihung des Friedensnobelpreises verdeutlichen:

 » „Ich glaube daran, dass in Wirklichkeit unbewaffnete Wahrheit und bedingungslose Liebe das letzte Wort haben werden." Martin Luther King, 1964 (zitiert nach Bildungsserver D@dalos 2019, S. 1)

Dieser Glaube kann als elementarer Erklärungsansatz für Kings Entwicklung herangezogen werden. Laut Dalbert (1998) kann der stark ausgeprägte Glaube an eine gerechte Welt dazu führen, dass Stressoren (in diesem Fall tägliche Drohungen und Anschläge) weniger belastend und eher als Herausforderung wahrgenommen werden. Zudem kann es den Willen und das Durchhaltevermögen der Menschen steigern. Dies kann sich wiederum in der Investition in langfristige Ziele äußern. Ihr Handeln ist geleitet durch die Erwartung, dass sich die langfristige Investition früher oder später auszahlen wird. Des Weiteren kann der Glaube an eine gerechte Welt die Hartnäckigkeit und den

Umgang mit unerwünschten sozialen Folgen verbessern.

Diese positiven Aspekte des Glaubens an eine gerechte Welt lassen sich anhand von Kings Persönlichkeit sowie seiner Biografie gut nachvollziehen. Er war nicht nur sehr diszipliniert, sondern wies auch ein hohes Durchhaltevermögen auf und kämpfte stets treu seiner Prinzipien für eine gerechte Welt. Zudem wies King eine hohe Resilienz gegenüber Ungerechtigkeiten auf.

Es könnten verschiedene Faktoren zu hoch ausgeprägter **Resilienz** führen. Zum einen kann sich die Zugehörigkeit zu verschiedenen sozialen Gruppen positiv auf die Resilienz auswirken, da diese u. a. die adäquate sozioemotionale Unterstützung bereitstellen. Dies wiederum kann zu einer höheren Selbstwirksamkeitserwartung, d. h. der subjektiven Überzeugung von eigenen Bewältigungsstrategien, führen (Jones und Jetten 2011).

King war von klein auf Mitglied in verschiedenen sozialen Gruppen (Gemeinde, Familie etc.). Die Zuneigung seiner Eltern sowie der Gemeinde, die stetige Unterstützung durch seine Frau und der christliche Glaube könnten für ihn die adäquate sozioemotionale Unterstützung dargestellt haben. Dadurch wären seine hoch ausgeprägte Resilienz sowie seine hohe Selbstwirksamkeitserwartung erklärbar.

Empirische Evidenz zeigt, dass die **intrinsische Religiosität**, bei der der Glaube für sich genommen wichtig und haltgebend ist, zu emotionaler Stabilität sowie zu einer größeren Selbstwirksamkeitserwartung führen kann (Fischer et al. 2013). Personen mit stärker ausgeprägten intrinsischer Religiosität können darüber hinaus durch die verfügbaren Coping-Strategien besser mit Mortalitätssalienz umgehen (Fischer et al. 2013).

Dass für King der Kampf um Gerechtigkeit der Rettung seines eigenen Lebens vorzuziehen war, er also trotz eines drohenden Attentats in der Öffentlichkeit auftrat, kann durch seine hoch ausgeprägte intrinsische Religiosität erklärt werden. Des Weiteren sah er dies nicht nur als eine spirituelle Handlung, gegen das Böse vorzugehen, sondern auch als seine moralische Pflicht an.

8.3.3 Motivation für den gewaltlosen Kampf gegen die Segregation

Kings Motivation, friedlich gegen die Segregation anzukämpfen, war geprägt von seinem Sinn für Gerechtigkeit, seiner ausgeprägten christlichen Nächstenliebe und dem Vorbild Gandhis.

Gerechtigkeit hat eine zentrale Bedeutung für Menschen, da sie auf 3 grundlegenden Motiven des Menschen basiert: dem positiven Selbstbild, der korrekten Wahrnehmung und der wahrgenommenen Kontrolle. Unter diesen Motiven finden sich wiederum zentrale Bedürfnisse des Menschen, z. B. das Bedürfnis nach sozialer Zugehörigkeit (positives Selbstbild) und Sicherheit (wahrgenommene Kontrolle; Jodlbauer et al. 2012; Ryan und Deci 2000).

Zu Zeiten der Segregation waren diese 3 Motive und die zugrunde liegenden Bedürfnisse aufgrund der täglich erfahrenen Ungerechtigkeiten stark beeinträchtigt. Diese Deprivation kann zu erheblichen negativen Konsequenzen führen. Empirische Befunde zeigen, dass soziale Ausgrenzung, d. h. die Deprivation des sozialen Zugehörigkeitsbedürfnisses, eine ähnliche neuroanatomische Stimulation im Gehirn bewirken kann wie physischer Schmerz (Eisenberger et al. 2003). Daher ist es nachvollziehbar, dass die **Reaktion auf Ungerechtigkeit** die folgenden beiden Ziele beinhaltet (Miller 2001):

1. Die Wiederherstellung des Selbstwertes aufgrund des nicht befriedigten Motivs des positiven Selbstbildes
2. Die Belehrung des Verursachers

Übertragen auf King kann dies als Erklärungsansatz für seine unermüdliche Motivation im Kampf für Gerechtigkeit herangezogen werden. Auch King kannte

Rassismus bereits seit jungen Jahren, und so waren auch seine eigenen Motive und Bedürfnisse verletzt. Als besonders einschneidendes Erlebnis erwähnte er stets das Kontaktverbot zu seinem besten weißen Freund sowie die Rückreise von einem Redewettbewerb, bei der er 160 km in einem Bus stehen musste, da ein Weißer auf seinen Sitzplatz bestanden hatte, obwohl noch Sitzplätze im Bereich der Weißen verfügbar waren.

Doch was motivierte King dazu, stets gewaltfrei zu kämpfen? Zum einen motivierte ihn sicherlich das christliche Doppelgebot der Liebe (Nächstenliebe und Glaube an Jesus) bei seinem friedlichen Vorgehen, zum anderen Gandhis Strategie des zivilen Widerstands und seine damit verbundenen Erfolge.

Dies kann auch als Erklärungsansatz dafür dienen, weshalb King hauptsächlich das 1. Ziel der Reaktion auf Ungerechtigkeit verfolgte: Er wollte den **Selbstwert** der schwarzen Bevölkerung durch die Schaffung von Gerechtigkeit und Gleichberechtigung wiederherstellen. Das 2. Ziel, die **Belehrung der Verursacher,** war nur Mittel zum Zweck. King wollte die Unterdrücker nicht bestrafen, sondern sie friedlich davon überzeugen, dass die Gleichberechtigung aller ethnischen Rassen notwendig und ein friedliches Zusammen möglich ist.

8.3.3.1 Gute Führung und ihre Prinzipien

King wurde nicht nur von den Schwarzen als Anführer der Bürgerrechtsbewegung angesehen, sondern auch Weiße respektierten ihn als großen Vertreter der Friedensbewegung. Sein Glaube, dass alle Menschen vor Gott gleich waren, seine Erfahrungen als Pastor sowie die Kombination aus radikalen Gedanken, politischem Verstand und rhetorischer Brillanz verhalfen ihm zu großem Erfolg und zeichneten ihn auch als visionären Anführer aus.

Kommunikation prägt Führung in großem Ausmaß, 80 % aller Führungstätigkeiten sind gekennzeichnet durch verbale und nonverbale Kommunikation (Frey 2015). Unter diesem Aspekt scheint Martin Luther King aufgrund seiner herausragenden Sprachbegabung der „geborene" Anführer gewesen zu sein.

Zudem beinhaltete Kings Führungsstil die heute bekannten Führungsprinzipien und Theorien für **gute Führung**. Diese zeichnet sich durch folgenden Dreiklang aus: Kultur der Menschenwürde, Kultur der Exzellenz und Kultur der Ethikorientierung (Frey 2015).

- **Kultur der Menschenwürde**

Eine Kultur der Menschenwürde ist geprägt durch das Führen durch Fairness. Um die komplexe Aufgabe des Führens erfolgreich zu meistern und die intrinsische Motivation der Geführten zu erhöhen, ist es essenziell, das Prinzipienmodell der Führung einzuhalten. Die 10 zentralen Prinzipien basieren auf psychologischen Theorien in Bezug auf menschliche Sehnsüchte (Frey 2015). Die Führung Kings erfüllte diese Prinzipien in weiten Teilen, wie folgende Beispiele zeigen:

- **Prinzip der Sinn- und Visionsvermittlung:** King war es wichtig, seinen Mitkämpfern den Sinn und seine Vision des zivilen Widerstands zu erklären. Vor jeder Protestaktion vermittelte er seinen Mitkämpfern oftmals mehrere Stunden die Bedeutung des gewaltfreien Vorgehens für das übergeordnete Ziel der Bürgerrechtsbewegung.

» „Nur der gewaltfreie Widerstand kann den Unterdrückten in ihrem Kampf für Freiheit zu Erfolg verhelfen." (zitiert nach Welker 2002, S. 35)

- **Prinzip der positiven Wertschätzung:** King nahm seinen Friedensnobelpreis im Namen der Bürgerrechtsbewegung an und dankte mit dieser Geste seinen Mitkämpfern (▸ Abschn. 8.2.3).

- **Prinzip der Klarheit von Zielen und Erwartungen:** King betonte stets das übergeordnete Ziel seiner Bürgerrechtsbewegung, nämlich das friedliche Zusammenleben aller ethnischen Rassen.

> » „Gott ist interessiert am Friede der
> gesamten menschlichen Rasse." Martin
> Luther King, 1964 (zitiert nach U.S.
> Diplomatic Mission to Germany 2010, S. 1)

■ **Kultur der Exzellenz**

Diese ist geprägt durch das permanente Problemlösen. Essenziell für gute Führung ist ihr zufolge die ständige Reflexion, um so die Voraussetzung für hervorragende Leistung, Qualität und Innovation zu schaffen. Die Kultur der Exzellenz sieht u. a. eine Benchmark- und eine Fehlerkultur vor (Frey 2015), die sich auch bei King finden lassen.

Die **Benchmarkkultur** sieht vor, sich an den Besten auf dem Markt zu orientieren. Es geht darum, zu identifizieren, warum diese erfolgreich sind, und daraus zu lernen (Frey 2015). Übertragen auf King könnte dies die starke Orientierung an Gandhis gewaltlosem Widerstand sein. King orientierte sich daran und erweiterte dieses Vorgehen durch seinen christlichen Glauben.

Eine **Fehlerkultur** sieht einen offenen Umgang mit Fehlern vor. Fehler stellen ein Experimentieren dar, das schlussendlich zu einem guten Ergebnis führt. Zudem ist die Fehlerkultur erweiterbar durch die Beschwerdekultur. Kritik in Form von Beschwerden sollen als Chance zur Verbesserung und Weiterentwicklung angesehen werden (Frey 2015).

Diese Einstellung spiegelt sich auch in Kings Führungsstil wider. Er war in der Lage, sein Verhalten sowie das seiner Mitkämpfer zu reflektieren und daraus Verbesserungsstrategien abzuleiten. Zum Beispiel übernahm er die Verantwortung für die gewaltvollen Ausschreitungen seiner Organisation in Albany, gestand sich den Fehler ein, zu wenig Zeit vor dem Protest in die Vermittlung des gewaltlosen Vorgehens investiert zu haben, und leitete die Intensivierung dieser Vermittlung als Lösungsansatz ab.

■ **Kultur der ethikorientierten Führung**

Laut dieser wird eine gute und überzeugende Führungsperson als integer, glaubwürdig und berechenbar identifiziert, wenn die 3 ethikorientierten „V", Verantwortung, Verpflichtungen und Vorbild, erfüllt sind. Die ethikorientierte Führung führt zu Zufriedenheit und Bindung des Geführten gegenüber der Führungsperson (Frey 2015). Sie waren integraler Bestandteil von Kings Führungsstil.

Verantwortung beinhaltet, sich für das Ganze und sich selbst zuständig zu fühlen und Initiativen zu ergreifen, Entscheidungen zu treffen und Menschen mitzunehmen. Sie erfordert das permanente Erklären, Begründen und Begeistern für Visionen und Ziele (Frey 2015). Als Führungsperson übernahm King stets Verantwortung für seine Taten sowie die seiner Mitkämpfer, die sich auch in der Fehlerkultur ausdrückte (s. o.).

Verpflichtung einer Führungskraft ist es, klare Werte, Visionen und Ziele zu vermitteln und diese auch vorzuleben. Zudem bedeutet Verpflichtung, auch in schwierigen Situationen präsent zu sein und zu bleiben sowie den Geführten zu signalisieren, dass sie sich auf einen verlassen können (Frey 2015). King war sich seiner Verpflichtung als Anführer der Bürgerrechtsbewegung bewusst und erfüllte diese, indem er stets für seine Mitkämpfer da war, trotz der zahlreichen ihm gegenüber verübten Ungerechtigkeiten und Bedrohungen.

Vorbild zu sein bedarf Glaubwürdigkeit, Fähigkeit zum Perspektivenwechsel und Authentizität. Als Führungskraft muss man sich darüber bewusst sein, dass Geführte sich am eigenen Verhalten orientieren und dieses nachahmen (Frey 2015). King verhielt sich stets als Vorbild seiner Mitkämpfer. Er handelte sehr bedacht und zog sich vor Entscheidungen oftmals stundenlang zurück. Seinen Werten und Normen blieb er stets treu und lebte diese. Beispielsweise zeigte sich seine ausgeprägte Nächstenliebe, als er keine Anklage gegen die Täterin seines ersten Mordanschlages erhob, da die Frau ihm zufolge die Hilfe eines Therapeuten und keinen Richter bräuchte.

Was King zudem von den anderen Anführern der Bürgerrechtsbewegung unterschied, waren seine Bodenständigkeit und Ablehnung gegenüber Machtpositionen. Er lehnte ihm angebotene einflussreiche und gut bezahlte Positionen ab, um sich weiterhin seinem übergeordneten Ziel zu widmen.

In Anbetracht der in diesem Abschnitt besprochenen Aspekte ist es nachvollziehbar, warum King die Unterstützung von vielen Mitkämpfern, aber auch der breiten Öffentlichkeit sowie bekannter Persönlichkeiten erhielt. Alle diese Eigenschaften und Taten begünstigten seine Erfolge und grenzten ihn deutlich von anderen Bürgerrechtlern ab.

8.3.3.2 King unter kritischer Betrachtungsweise

Den bisherigen Schilderungen zufolge erscheint King als Idealbild eines guten Menschen. Doch gibt es einige Aspekte, die dem entgegenstehen und nicht außen vor bleiben sollten.

Nach den ersten Drohungen und Anschlägen auf King stattete sich dieser nicht nur mit einem Waffenschein, sondern auch mit bewaffneten Wächtern vor sein Haus aus. Dieses Vorgehen steht im Widerspruch zu seinem Glauben an die Nächstenliebe und an den zivilen Widerstand. Sein großes Vorbild Gandhi hätte diesen Schritt abgelehnt. Unter dem Aspekt, dass King jedoch nie Gewalt ausgeübt hat und dass das Bedürfnis nach Sicherheit Grundlage für die weitere Entwicklung des Menschen ist, lässt sich diese Kritik relativieren (Maslow 1954).

Auch Kings Entschluss, Kinder an den Protesten in Birmingham teilnehmen zu lassen, kann kritisch diskutiert werden. Zwar war ihm bewusst, dass dieses Vorgehen die Unversehrtheit der Kinder hätte gefährden können, jedoch sah er es als notwendig an, um die Integration der Schwarzen voranzutreiben. Dieses Vorgehen steht im Widerspruch zu seinen Werten (Nächstenliebe, Respekt vor Menschenleben etc.), jedoch im Einklang mit

der Strategie Gandhis, die Leiden als Form des gewaltfreien Widerstands einbezog.

Somit bleibt es der Bewertung eines jeden Einzelnen überlassen, ob King das Idealbild eines guten Menschen war oder seine kritikwürdigen Handlungen schwerer zu gewichten sind.

8.4 Bedeutung für die heutige Zeit

Auch 50 Jahre nach seinem Tod vermitteln Kings Worte nach wie vor eine wichtige Botschaft. Zahlreiche seiner Zitate erscheinen zeitlos und maßgeschneidert auf Problematiken unserer heutigen Zeit, die von Armut, Krieg und Rassismus geprägt ist, z. B.:

> » „Wenn wir nicht lernen, miteinander als Brüder zu leben, werden wir als Narren miteinander untergehen." (zitiert nach Amrehn 2014, S. 1)

Als erster schwarzer Amerikaner wurde King nach seinem Tod ein Nationalfeiertag gewidmet, um seine Person und seine Erfolge jedes Jahr erneut zu ehren. Seine Disziplin, auf gewaltvolle Taten mit friedlichem Widerstand zu antworten und so zu handeln, wie es der gewünschte Zielzustand erfordert, verlieh ihm den Spitznamen „Gandhi of America". Kings Erfolge bezüglich der Integration Schwarzer sind herausragend, wenn man bedenkt, dass Rassismus über Jahrhunderte entstanden ist. Offen bleibt jedoch, ob King sein eigenes Lebensziel erreicht hat.

8.5 Fazit

King erfüllt aufgrund zahlreicher Aspekte eine Vorbildfunktion, die auf unsere Gesellschaft übertragbar ist. Zu nennen sind hier der Respekt vor jedem Menschenleben oder seine herausragende Nächstenliebe sowie die Überzeugung, das ein friedliches Zusammenleben aller ethnischen Rassen auf der Welt möglich ist. Auch wenn die Umsetzung dieser Prinzipien global betrachtet, z. B. aufgrund der teils sehr instabilen politischen Lage in einigen Ländern, schwierig ist, kann jeder Einzelne im Kleinen seinen Teil dazu beitragen.

King sah den Kampf gegen Ungerechtigkeiten und das Unterstützen anderer Menschen als moralische Pflicht an. In unserer Gesellschaft sind Phänomene wie die pluralistische Ignoranz oder die Verantwortungsdiffusion in Notsituationen häufig zu beobachtende Phänomene.

Des Weiteren beschreibt folgendes Zitat von Martin Luther King eine nach wie vor weitverbreitete Haltung:

» „Wir neigen dazu, Erfolg eher nach der Höhe unserer Gehälter oder nach der Größe unserer Autos zu bestimmen als nach dem Grad unserer Hilfsbereitschaft und dem Maß unserer Menschlichkeit." (zitiert nach Lackner und Huber 2014, S. 38)

Als Führungsperson, Mentor, Elternteil oder Teil der Gesellschaft haben wir alle die Möglichkeit, den Grad an Hilfebereitschaft und das Maß unserer Menschlichkeit zu gestalten. Wünschenswert wäre es, unser alltägliches Handeln stärker an diesen grundlegenden Werten auszurichten.

King blieb seinen Werten, Normen und Prinzipien zeitlebens treu und hielt dem ausgeübten Druck der Mitkämpfer oder den Provokationen der weißen Opposition stand. Sich nicht aufgrund von Gruppendruck oder sozialer Erwünschtheit der Mehrheit zu fügen, ist eine Herausforderung. Auch Provokationen führen oftmals dazu, dass wir unsere Werte, Normen und Prinzipien über Bord werfen, um einem kurzfristigem Bedürfnis oder Ziel nachzukommen. Das große Stichwort beim Umgehen dieser Versuchung heißt Reflexion. King war eine sehr reflektierte Persönlichkeit, an der wir uns orientieren sollten. Denn nur durch Reflexion werden wir es schaffen, unsere übergeordneten Ziele nicht aus den Augen zu verlieren.

Literatur

Amrehn. (2014). Martin Luther King. Planet Wissen. Artikel vom 23. September 2014. ► https://www.planet-wissen.de/geschichte/persoenlichkeiten/martin_luther_king/index.html. Zugegriffen: 17. Jan. 2019.

Bandura, A. (1986). *Social foundations of thought and action*. Engelwood Cliffs: Prentice Hall.

Bildungsserver D@dalos. (2019). Dr. Martin Luther King Jr. Rede bei der Verleihung des Friedensnobelpreises. 10. Dezember 1964, Oslo, Norwegen. ► http://www.dadalos-d.org/deutsch/Vorbilder/Vorbilder/mlk/nobelpreis.htm. Zugegriffen: 17. Jan. 2019.

Carson, C. (2008). *The Martin Luther King, Jr., Encyclopedia*. Westport: Greenwood Press.

Dalbert, C. (1998). Belief in a just world, well-being and coping with an unjust fate. In L. Montada & M. J. Lerner (Hrsg.), *Responses to victimizations and belief in the just world* (S. 87–105). New York: Plenum.

Deats, R. (2001). *Martin Luther King. Traum und Tat. Ein Lebensbild*. München: Neue Stadt.

Eisenberger, N. I., Lieberman, M. D., & Williams, K. D. (2003). Does rejection hurt? An FMRI study of social exclusion. *Science, 302*(5643), 290–292.

Fischer, P., Asal, K., & Krueger, J. I. (2013). *Sozialpsychologie für Bachelor. Lesen, Hören, Lernen im Web*. Berlin: Springer.

Frey, D. (2015). *Ethische Grundlagen guter Führung. Warum gute Führung einfach und schwierig zugleich ist*. München: Roman-Herzog-Institut.

Frey, D. (Hrsg.). (2016). *Psychologie der Werte*. Berlin: Springer.

Haspel, M. (Hrsg.). (2008). *Martin Luther King. Leben, Werk und Vermächtnis*. Weimar: Wartburg.

Jodlbauer S., Streicher B. & Batinic, B. (2012). Voice oder Consistency? Der Einfluss von Power Distance auf die Wahrnehmung und Reaktion auf prozedurale Gerechtigkeit. Beitrag präsentiert auf der 10. Tagung der Österreichischen Gesellschaft für Psychologie (ÖGP), Graz.

Jones, J. M., & Jetten, J. (2011). Recovering from strain and enduring pain: Multiple group memberships promote resilience in the face of physical challenges. *Social Psychological and Personality Science, 2*(3), 239–244.

Kohlberg, L. (1969). Stage and sequence: The cognitive-developmental approach to socialization. In D. A. Goslin (Hrsg.), *Handbook of socialization theory and research* (S. 325–480). New York: Rand McNally.

Lackner, M., & Huber, M. E. (2014). *Angst vor Erfolg – Ein semi-analytischer Zugang. In Angst vor Erfolg?* Wiesbaden: Springer Gabler.

Lewin, K. (1963). *Feldtheorie in den Sozialwissenschaften. Ausgewählte theoretische Schriften*. Bern: Huber.

Maslow, A. H. (1954). *Motivation and personality*. New York: Harper & Row.

Miller, D. T. (2001). Disrespect and the experience of injustice. *Annual Review of Psychology, 52*, 527–553.

Rokeach, M. (1973). *The nature of human values*. New York: Free Press.

Ryan, M., & Deci, E. L. (2000). Self-determination theory and the faciliation of intrinsic motivation, social development, and well-being. *American Psychologist, 55*, 68–78.

Schultz, H. J. (1984). *Partisanen der Humanität. Albert Schweitzer, Erich Fromm, Reinhold Schneider, Dietrich Bonhoeffer, Martin Luther King*. Stuttgart: Kreuz.

Tomasello, M., & Vaish, A. (2013). Origins of human cooperation and morality. *Annual Review of Psychology, 64*, 231–255.

U.S. Diplomatic Mission to Germany. (2010). Ich habe einen Traum: Ansprache während des Marsches auf Washington für Arbeitsplätze und Freiheit. 28. August 1963, Washington, D.C. ► https://usa.usembassy.de/etexts/soc/traum.htm. Zugegriffen: 17. Jan. 2019.

Welker, U. (2002). *Martin Luther King entdecken*. Neukirchen-Vluyn: Neukirchener Verlagshaus.

Wendt, S. (2008). Martin Luther Kings Philosophie der Gewaltfreiheit – Prinzip oder Methode? In M. Haspel (Hrsg.), *Martin Luther King. Leben, Werk und Vermächtnis* (S. 35–54). Weimar: Wartburg.

Wood, J. (2008). Victory speech. The New Yorker. Artikel vom 17. November 2008. ► https://www.newyorker.com/magazine/2008/11/17/victory-speech. Zugegriffen: 17. Jan. 2019.

Mohandas Gandhi

Porträt eines Helden

Cara Charlotte Windfelder

© Springer-Verlag GmbH Deutschland, ein Teil von Springer Nature 2019
D. Frey (Hrsg.), *Psychologie des Guten und Bösen,* https://doi.org/10.1007/978-3-662-58742-3_9

9.1 Einleitung

» „Wenn die Menschheit sich
weiterentwickeln will, ist Gandhi
unvermeidbar. Sein Leben, Denken und
Handeln war inspiriert von der Vision
der Menschlichkeit, die eine Welt des
Friedens und der Harmonie hervorbringt
– wir können ihn nur auf eigene Gefahr
ignorieren." Martin Luther King (zitiert
nach Gandhi 2017, S. 200)

In seinem Buch *Wut ist ein Geschenk* berichtet Arun Gandhi aus dem Sevagram-Ashram, in dem er seinen Großvater Mohandas Gandhi gemeinsam mit seiner kleinen Schwester Ela besuchte. Das Essen in dem Ashram des Großvaters war fürchterlich – es gab ausschließlich ungesalzenen Kürbis zu jeder Mahlzeit. Ela und Arun beschwerten sich bei ihren Eltern und den Köchen, doch jeder behauptete, dies sei der Wunsch Gandhis. Niemand hatte den Mut, das Essen zu hinterfragen. Doch Aruns 6-jährige Schwester Ela war, so schreibt Arun, frei von solchen Bedenken, und so verkündete sie ihrem Großvater Gandhi unbefangen ihre Unzufriedenheit mit dem faden Essen. Gandhi, der nichts von dem Kürbis gewusst hatte, sprach daraufhin mit seinem Angestellten, der dachte, Gandhi wünschte es so.

Ela, so schreibt Arun Gandhi, war die Heldin des Tages – und nicht nur, weil das Essen plötzlich besser wurde. Bapuji [Gandhi] machte eine Lektion daraus, dass sie an ihn herangetreten war. Es sei unerlässlich, Probleme anzusprechen.

„Wie können wir die Welt verändern, wenn wir nicht zu benennen wagen, was falsch läuft?" Mohandas Gandhi (zitiert nach Gandhi 2017, S. 38).

Es sind Momente wie diese, in denen sich uns Mohandas Gandhis Lebensidee offenbart. Er selbst handelte nach seinen Idealen, war ein Vorbild für Millionen von Menschen und verlangte doch von niemandem, genauso zu sein wie er selbst. Seinen Idealen der Gewaltlosigkeit und des Friedens folgte er so unerbittlich, dass er ein ganzes Volk von der Vorherrschaft des British Raj befreite. Dieses Kapitel versucht Aufschluss darüber zu geben, was Mohandas Gandhi prägte und was ihn zu dem machte, was er war: ein Mensch voller Willen, voller Kraft und Hoffnung für das Gute.

9.2 Biografie

Die folgende Biografie sowie die weiteren autobiografischen Erzählungen basieren auf der Autobiografie Gandhis (2018), die erstmals im Jahr 1957 erschienen ist, und diversen Internetquellen.

9.2.1 Kindheit und Jugend

Der indische Freiheitskämpfer und Pazifist Mohandas Karamchand Gandhi, bekannt als Mahatma Gandhi or Bapu (Vater der Nation), wurde am 2. Oktober 1869 als Sohn von Karamchand Gandhi im indischen Gujarat geboren. Er wuchs mit 3 Brüdern auf. Die Familie Gandhis gehörte der Glaubensrichtung des Hinduismus an und war Teil der 3. von insgesamt 4 Kasten in Indien, der Bania-Kaste, die zur gesellschaftlichen und politischen Oberschicht zählte. Seine Mutter war tief religiös und übte einen starken Einfluss auf ihn aus. Sein Vater Karamchand war Richter am Fürstengericht und außerdem als Mediator tätig. Hier lernte Mohandas, Streit zu schlichten. Im Alter von 13 Jahren wurde Gandhi mit der gleichaltrigen Kasturba Nakanji verheiratet, eine arrangierte Ehe, die bereits beschlossen wurde, als er 7 Jahre alt war. Mit Kasturba bekam er später insgesamt 4 Söhne. In seiner Jugend galt Gandhi als schüchtern, ernst und angstvoll:

» „Ich war sehr schüchtern und vermied
jede Gesellschaft. Meine Bücher und
mein Unterricht waren meine einzigen

Gefährten. Aus der Schule nach Hause zu rennen, sobald sie zu Ende war, war meine tägliche Gewohnheit. Ich rannte wortwörtlich zurück, weil ich es nicht aushielt, mit jemandem zu reden, ich hatte Angst, jemand könnte sich über mich lustig machen." (Gandhi 2018, S. 58)

Auf den ersten Blick widersprüchlich wirkt, dass er in seiner Jugend einige Verbote brach: So besuchte er mit einem Freund ein Bordell, trank Wein und aß Fleisch, was einem starken Vergehen in der Vaishnav Sekte entsprach, der die Familie angehörte. Er rauchte gemeinsam mit einem Verwandten Zigaretten und stahl die nötigen Geldstücke dafür dem Diener des Hauses. Von Schuldgefühlen geplagt, gestand Mohandas seinem Vater sein Fehlverhalten schließlich schriftlich ein.

1885 starb Gandhis Vater an den Folgen eines Unfalles. Gandhi besuchte die Oberschule mit großem Erfolg und erwarb 1887 die Zulassung zur Universität.

9.2.2 Studium in England und Arbeit als Anwalt

Auf Wunsch seines verstorbenen Vaters entschied er sich, das Jurastudium in England aufzunehmen. Gandhi legte das Gelübde ab, während seines Aufenthaltes in England den Hinduismus weiter zu praktizieren, und versprach seiner Mutter, den westlichen Verlockungen zu widerstehen. Da bisher niemand aus der Bania-Kaste den Ozean überquert hatte und dies als verboten galt, wurde Gandhi die Kastenzugehörigkeit entzogen. Damit galt er als Kastenloser, was einem Ausschluss aus der Gesellschaft gleichkam. In England beschäftigte sich Gandhi mit gesellschaftlichen und politischen Strömungen und insbesondere auch mit den Weltreligionen. Er erhielt 1891 seine Zulassung zum Rechtsanwalt.

Zurück in Indien erfuhr Gandhi, dass seine Mutter mittlerweile verstorben war, was ihn sehr erschütterte. Gandhi hatte in Indien wenig Erfolg mit seiner Arbeit als Rechtsanwalt und konnte seine Familie kaum finanziell unterstützen, nicht zuletzt bereiteten ihm seine fehlende Erfahrung in der Rechtsprechung Indiens als auch seine Angst, vor fremden Leuten zu sprechen, Schwierigkeiten. Gandhis Bruder verhalf ihm schließlich zu einem Auftrag in Pretoria in Südafrika, den Gandhi 1892 annahm. Er beschrieb in seiner Autobiografie ein prägendes Erlebnis auf der Reise nach Pretoria:

> » „Ein Platz in einem Wagen der ersten Klasse war für mich bestellt worden. [...] Der Zug kam in Maritzburg, der Hauptstadt von Natal, gegen neun Uhr abends an. [...] Dann kam ein Reisender und schaute mich von oben bis unten an. Er sah, dass ich ein ‚Farbiger' war – das störte seinen Frieden. Also schoss er hinaus und kam gleich darauf mit einem oder zwei Beamten zurück. [...] ‚Kommen Sie mit, Sie müssen ins Gepäckwagenabteil!' [...] ‚Sie müssen hier raus, oder ich muss einen Schutzmann rufen, damit er Sie rauswirft.' ‚Ja, das können Sie', antwortete ich. ‚Ich weigere mich, freiwillig herauszugehen.' Der Schutzmann kam. Er nahm mich beim Arm und stieß mich hinaus." (Gandhi 2018, S. 208 f.)

9.2.3 Widerstandsaktionen in Südafrika

Ursprünglich wollte er nur 1 Jahr in Südafrika bleiben. Doch angesichts der Diskriminierungen durch die Rassentrennung, denen Inder dort ausgesetzt waren, blieb er, von Auslandsaufenthalten abgesehen, für insgesamt 21 weitere Jahre in Südafrika.

> » „Die Belästigungen, die ich persönlich hier zu dulden hatte, waren nur oberflächlicher Art. Sie waren nur ein Symptom der tiefer liegenden Krankheit des Rassenvorurteils.

Ich musste, wenn möglich, versuchen, diese Krankheit auszurotten und die Leiden auf mich zu nehmen, die daraus entstehen würden." (Gandhi 2018, S. 210)

Von Wut über die erfahrenen Ungerechtigkeiten getrieben, begann er, sich für die Rechte der indischen Minderheit in Südafrika (damals etwa 60.000 Menschen) einzusetzen. Dort gründete er 1894 den Natal Indian Congress und setzte sich als Anwalt für indische Vertragsarbeiter ein. Er erprobte nach und nach Theorie und Praxis einer der Wahrheit und Gewaltfreiheit verpflichteten Lebensweise und verfolgte das Ziel, dass die Inder als gleichberechtigte britische Bürger von der Gesellschaft angesehen und akzeptiert wurden.

Im Jahre 1904 gründete er die Zeitung *Indian Opinion,* die auf Englisch und Indisch veröffentlich wurde. Zudem vertrat Gandhi als Rechtsanwalt in Südafrika auch die Kulis – indische Vertragsarbeiter, die für jeweils 5 Jahre nach Südafrika geholt wurden. Gandhi erlangte auf diese Weise Beliebtheit bei den Kulis, die einen großen Teil der damaligen indischen Bevölkerung Südafrikas bildeten, sich eine Mitgliedschaft im Natal Indian Congress jedoch nicht leisten konnten.

1896 fuhr Gandhi für 6 Monate zurück nach Indien, um seine Frau und Kinder nachzuholen. Er hatte 2 Schriften angefertigt (u. a. das „Grüne Pamphlet"), die die Situation der Inder in Südafrika schilderten, diese wurden in mehreren Tageszeitungen veröffentlicht. Zurück in Südafrika wurde er von etwa 5000 weißen Menschen, empört über seine Schrift, umringt und niedergeschlagen. Gandhi verzichtete auf Erstattung einer Anzeige.

1906 legte er ein Keuschheitsgelübde ab. Er begann, mit seiner Nahrung zu experimentieren, die roh und ungewürzt sein sollte.

Im August 1908 verbrannten Tausende Inder, angeführt von Gandhi, auf einer Versammlung in Johannesburg ihre Meldescheine, die sie immer bei sich tragen sollten. Er selbst sowie 250 seiner Anhänger wurden zu 2 Monaten Haft und Zwangsarbeit ver-

urteilt. Im Dezember 1908 wurde Gandhi wieder freigelassen.

9.2.4 Rückkehr nach Indien

Im Jahr 1914 kehrte Gandhi schließlich langfristig ins britisch besetzte Indien zurück, wo er bereits „Mahatma" (große Seele) genannt wurde. Hier rief er erstmals zum gewaltlosen Widerstand auf. Anfang April 1919 initiierte der Indian National Congress (INC) Massenproteste gegen die britische Kolonialregierung, an denen sowohl Hindus wie auch die anderen Bevölkerungsgruppen teilnahmen. Es kam zu streikartigen Aktionen von Händlern und Geschäftsleuten. Arbeit und Handel lagen für einen Tag brach, die Beteiligten sollten nach Gandhis Vorstellung fasten und beten.

Gandhi entwickelte das Konzept der Nichtzusammenarbeit – indische Angestellte und Unterbeamte sollten nicht mehr für die Kolonialherrscher tätig sein und die Kooperation gewaltfrei verweigern. Gandhi forderte die indische Bevölkerung damit auf, Gesetze zu übertreten, indem sie die Arbeit niederlegen, den Staatsdienst verweigern und insbesondere britische Waren boykottieren sollte. Er übernahm 1921 die Führung des INC, der sich zur wichtigsten Institution der indischen Unabhängigkeitsbewegung entwickelt hatte. Gleichzeitig baute Gandhi sein eigenes Ashram auf, von wo aus er den Widerstand von 1918 bis 1930 lenkte. Er wurde zur bestimmenden Figur der indischen Unabhängigkeitsbewegung.

Die Jahre 1928 und 1929 waren bestimmt von Gewalttätigkeiten seitens radikaler Nationalisten. Die Mitglieder des INC forderten die sofortige vollständige Unabhängigkeit. Gandhi kündigte Maßnahmen gegen die Salzsteuer an, die es den Indern verbot, selbstständig Salz herzustellen und zu verkaufen. Salz war seit Langem ein entscheidender Wirtschaftsfaktor Indiens. Gandhis weitaus bekannteste Kampagne ist der „Salzmarsch", bei dem er sich im März 1930 mit 79 Mitstreitern und Mitstreiterinnen – sog. Satyagrahis – zu Fuß von Ahmedabad nach Dandi begab, um dort das Salzgesetz zu brechen. Dem Marsch schlossen sich Hunderte an. Die Briten stimmten schließlich dem Verkauf des indischen Salzes zu.

Am 4. Januar 1932 wurde Gandhi als gefährlicher Staatsfeind verhaftet. Nach seiner Entlassung 1934 widmete er sich der Arbeit für die Unberührbaren und zog sich zunächst aus der Parteipolitik zurück.

9.2.5 Unabhängigkeit und Teilung Indiens

Mit dem Ausbruch des Zweiten Weltkrieges begann die letzte entscheidende Phase des nationalen Kampfes in Indien. Verschiedenste Ereignisse trieben Gandhi dazu an, im Sommer 1942 einen sofortigen britischen Rückzug aus Indien einzufordern. Dies wurde bekannt als Quit India Movement. Gandhi, seine Frau und viele andere Parteianführer wurden inhaftiert. Insgesamt verbrachte Gandhi somit in Südafrika und Indien 8 Jahre in Gefangenschaft. Gandhis Frau Kasturba starb 1944 im Gefängnis, er selbst wurde kurz darauf entlassen.

Mit dem Gewinn der Labour Party in Großbritannien im Jahr 1945 setzen Verhandlungen zwischen Kongressanführern, der Muslim League und der Britischen Regierung ein. Diese gipfelten im Mountbattenplan am 3. Juni 1947 und damit in der Unabhängigkeit und der Teilung Indiens in die beiden Staaten Indien und Pakistan. Es war eine der größten Enttäuschungen seines Lebens für Gandhi, dass der indische Frieden ohne indische Einheit erreicht wurde. Im Anschluss bemühte er sich trotzdem, die bürgerkriegsähnlichen Unruhen nach der Teilung einzudämmen.

Am 30. Januar 1948 wurde Gandhi im Alter von 78 Jahren auf dem Weg zu seinem Abendgebet in Delhi von einem fanatischen Hindu erschossen.

9.3 Psychologische Theorien, Modelle und Konzepte

Als Gandhi auf der Reise nach Pretoria aus dem Zug geworfen wurde, wurde er auf die Unterdrückung der Inder in Südafrika aufmerksam. Er begann, sich für seine Ziele einzusetzen – die Gleichberechtigung der Inder in Südafrika und später die Unabhängigkeit Indiens – und dabei seinen Grundprinzipien der Wahrheit und der Gewaltlosigkeit nicht nur treu zu bleiben, sondern sie sogar als Mittel zum Frieden zu nutzen.

Wie erträgt ein Mensch jahrelange Gefängnisaufenthalte, Schmerzen und Niederlagen, ohne dabei sein Ziel aus den Augen zu verlieren? Seine dem zugrunde liegenden Motive und Beweggründe sollen in den folgenden Abschnitten aus psychologischer Perspektive dargelegt werden.

9.3.1 Grundprinzipien Gandhis: Wahrheit und Gewaltlosigkeit

Will man Mohandas Gandhi verstehen, ist es wichtig, seine Grundhaltungen kennenzulernen. Seine Bekenntnis zur **Gewaltlosigkeit** („Ahimsa") ist ein tragender Pfeiler seiner Ethik. Ahisma ist eines der wichtigsten Prinzipien im Hinduismus, Jainismus und Buddhismus. Es handelt sich um eine Verhaltensregel, die das Töten oder Verletzen von Lebewesen untersagt oder auf ein unumgängliches Minimum beschränkt. Gewaltlosigkeit geht Gandhis Verständnis zufolge über Gewaltlosigkeit im Tun, Sprechen und Denken hinaus. Vielmehr ist sie auch ein aktives Fördern des Wohles anderer Lebewesen, was das eigene Selbst-Erleiden beinhalten kann. Für Gandhi waren die Ursachen für die Probleme in der Welt die Unfähigkeit des Menschen, in die Schuhe eines anderen zu schlüpfen, die Enge des Herzens und die Trägheit, den Glauben in die Praxis umzusetzen. Gandhi glaubte, Gewaltlosigkeit könne auf lange Sicht zu einer

Welt ohne Hass, Krieg und Ausbeutung führen.

Ohne die Praxis der Gewaltlosigkeit könne, so Gandhi, die **Wahrheit** niemals realisiert werden. Nach ihm sind die Wahrheit und das hinduistische Prinzip des Ahimsa auf organische Weise miteinander verbunden und bilden daher das Fundament seiner Lebensphilosophie. Er verstand die Wahrheit als Gott und Gott als die Wahrheit (Jarosch 2008). In der indischen psychologischen Tradition ist die Suche nach einem wahren oder authentischen Selbst das primäre Ziel im Leben (Rao und Paranjpe 2016), es stellte auch Gandhis Lebenssinn dar. Er selbst behauptete nie, die eine Wahrheit gefunden zu haben, sondern einen Weg zu ihr. Sei der Suchende auf dem richtigen Weg, handle also nach dem Prinzip der Gewaltlosigkeit in einer Situation, so erlebe er ein Gefühl von Ausweitung, so lautete Gandhis Erfahrung. Diese Ausweitung bezieht sich auf das Wachsen des Gemeinschaftsgefühls, in dem Gandhi die Hoffnung für die Zukunft der Menschheitsfamilie sah.

Durch Gandhis gesamtes Leben zog sich zudem die Grundhaltung des „Satyagraha", ein von Gandhi entwickelter Begriff, der das Festhalten („graha") an der Wahrheit („satya") bedeutet und auch als politische Strategie verstanden wird. Im Kern beruht diese Haltung darauf, die Vernunft des Gegners anzusprechen. Beim Satyagraha geht es demnach darum, den Gegner zu überzeugen und ihn als Verbündeten für die eigene Sache zu gewinnen. Satyagraha kann die Form der Nichtkooperation, die Form des Fastens und die des zivilen Ungehorsams annehmen.

9.3.2 Selbstbeherrschung

Außergewöhnlich an Gandhis Lebenslauf ist die Transformation von einem Jungen voll von Schüchternheit, Selbstzweifeln und Ängsten zu einem Mann, der weltweit als der Befreier Indiens gefeiert wird.

Der Eindruck, den wir von Gandhis Selbsterfahrung in seiner Kindheit bekommen, ist ein allgegenwärtiges Gefühl der Zerbrechlichkeit. Als Kind musste ihn sein Kindermädchen nachts oft beruhigen; nach der Schule rannte er, aus Angst vor Gesprächen mit anderen, nach Hause (Muslin und Desai 1985). Begleitet wurde seine Schwäche von Unterwerfung gegenüber älteren, autoritativen Personen.

In seiner Jugend widersetzte er sich den Eltern und religiösen Pflichten, indem er etwa rauchte und Fleisch aß; das jedoch nicht aus eigenem Antrieb, sondern überredet von einem Freund. Ihm wurde erzählt, dass das Essen von Fleisch die westlichen Menschen stärker machte und wachsen ließ. Gandhi bewunderte die Physis seines Freundes und schrieb, damals nie an dessen Aufrichtigkeit gezweifelt zu haben. Sein Verhalten blieb damit trotz Auflehnung eher passiv. Er folgte einer anderen Person, so wie er zuvor in der Kindheit gegenüber seinen Eltern tat.

Indem er sich später mit diesen Vergehen in seiner Jugend beschäftigte, erreichte Gandhi schließlich den Pfad der **Selbstbeherrschung,** der ihn bis an sein Lebensende begleitete. Selbstbeherrschung ist dabei als eine selbsttransformative Aktivität zu verstehen; Gandhi beschreibt sie als Selbstumkehr und mentale Revolution. Eine selbstbeherrschte Person ist nicht länger Sklave ihrer Lust und Leidenschaften. Die Erfahrung der Selbstbeherrschung führe zu tiefer Selbstkenntnis, so Gandhi, und mache uns der eigenen Verantwortung anderen gegenüber bewusst, wecke also das soziale und politische Bewusstsein. 1906 legte Gandhi ein Keuschheitsgelübde ab, aß rohe und ungewürzte Speisen und verbot in seinem Ashram in Indien private Ersparnisse.

Auch in der Psychologie spielt das **Konzept der Selbstkontrolle** eine zentrale Rolle. Selbstkontrolle ist die menschliche Fähigkeit, innere Impulse zu unterdrücken oder zu steuern und damit das eigene Verhalten zu kontrollieren. Menschen, die sich selbst gut kontrollieren können, haben tendenziell eine bessere körperliche und psychische Gesundheit und mehr Erfolg (Stangl 2019). Auch Mechanismen, die am Planen von Handlungen beteiligt sind, sind

Teil der Selbstkontrolle: Sie helfen, einer sofortigen Befriedigung zu widerstehen, um dafür in Zukunft einen größeren Nutzen zu haben, ermöglichen also einen Bedürfnisaufschub (Stangl 2019). Seine Selbstkontrolle ermöglichte Gandhi vermutlich, zahllose Strapazen auf sich zu nehmen, um sein Ziel langfristig zu erreichen.

Die extreme Umkehr Gandhis zur Selbstkontrolle, insbesondere auch zur **sexuellen Enthaltsamkeit**, hängt vermutlich nicht zuletzt mit der Beschämung am Tag des Todes seines Vaters zusammen. So habe er jeden Tag am Bett seines Vaters gewacht, als dieser krank wurde, doch im entscheidenden Moment, als dieser im Krankenbett starb, mit seiner Frau Kasturba geschlafen. Er beschrieb die Scham in dieser Nacht als immens, sie ließ ihn auch in den folgenden Jahren nicht mehr los.

Der Ursprung seiner teilweise sehr extrem empfundenen **Scham** könnte die moralische Erziehung seiner Mutter gewesen sein. Er stellte diese moralischen Standards nie infrage und beschrieb seine Mutter als Heilige. In seiner Religiosität, Schüchternheit und Unterwerfung ähnelte er schon als Kind deutlich mehr seiner Mutter als seinem Vater, der ein furchtloser und großzügiger Mann mit explosivem Temperament war, zu dem Gandhi immer aufblickte und den er in seiner Stärke, Ehrlichkeit und Hingabe zur Familie bewunderte. Es ist dokumentiert, dass Gandhi ihn nahezu auf ein Podest stellte, dieser jedoch kaum Zeit für ihn hatte. Gandhis Mutter erzog ihm schon früh eine starke hinduistische Ethik an, mit Betonung auf Vegetarismus, religiöser Toleranz, einem einfachen Lebensstil und Gewaltlosigkeit (Hardiman 2019).

Doch auch Gandhis Selbstbeherrschung befreite ihn nicht gänzlich von seiner Schüchternheit – sogar der Titel „Mahatma" war ihm unangenehm (Muslin und Desai 1985).

> » „Oft erfüllte mich dieser Titel mit tiefstem Schmerz; und es gab nicht einen einzigen Moment, in dem er mich erfreute." (Gandhi 2018, S. 45)

9.3.3 Moralischer Mut

Gandhi stand für das ein, an das er glaubte, was ihn schließlich sogar das Leben kostete. Sein Mut und seine Zivilcourage schienen grenzenlos zu sein, immer dem Ziel folgend, Frieden, Freiheit und Gleichheit auf der Welt zu schaffen. Er ließ sich nie dazu hinreißen, Gewalt in seinen Protesten zu nutzen, auch wenn ihm selbst Gewalt zuteilwurde (Rao und Paranjpe 2016).

Die Fähigkeit, die eigenen Ängste zu überwinden und für die eigenen Kernwerte einzustehen, wird als moralischer Mut bezeichnet (Lachman 2007). Mut ist es auch, der Prinzipien in Handlungen verwandelt, so wie es Gandhi stets tat. Das Einstehen für die eigenen Werte ist mit Risiken behaftet, z. B. mit Zurückweisung, Demütigung oder Verlust des sozialen Status, manchmal auch mit körperlichem Leid wie auch bei Gandhi. Trotzdem kann dieses persönliche Opfer oft von einem Gefühl des Friedens begleitet sein, weil das Individuum für ein nicht verhandelbares Prinzip einsteht. Die Gefahr wird folglich akzeptiert (Lachman 2007). Gandhi selbst schreibt, es brauche mehr Mut, Leid zu ertragen, als es anderen anzutun.

9.3.4 Zugehörigkeit und soziale Bindung

Um persönliche Opfer bringen zu können, waren vor allem Gandhis Leidenschaft und Liebe für andere Menschen zentral (Rao und Paranjpe 2016): Durch die Überzeugung, die Gandhi im Laufe seines Lebens entwickelte, dass alle Menschen eins seien, nahm er sich selbst nicht mehr als getrennt von anderen wahr, sondern sah sich vielmehr selbst in anderen.

Dadurch entwickelte er eine große **Empathie** für Menschen, sogar für seine Feinde. Diese Grundannahme des Einsseins entspringt seinem religiösen Hintergrund und ist einer der Grundpfeiler für die tiefe Hingabe für seine Aufgabe.

Durch seine Ansicht, mit allen Menschen im Innersten verbunden zu sein, war sein **Bedürfnis nach Zugehörigkeit** – ein wesentliches Bedürfnis der Menschen – stets erfüllt, was Gandhi auch darin unterstützt haben könnte, trotz der Angst vor sozialem Ausschluss oder Bestrafung, seinen Zielen weiterzuverfolgen.

Dieses Zugehörigkeitsgefühl zu einer Gruppe von Menschen oder zu allen Menschen kann wiederum die Motivation steigern, sich für bestimmte Ziele einzusetzen (Walton et al. 2012). Insbesondere führt das Gemeinschaftsgefühl zu dem Eindruck, für mehr als nur für sich selbst einzustehen, nämlich in diesem Falle für alle Inder – und im weiteren Sinne schließlich für alle Menschen.

9.3.5 Selbstwirksamkeit

Der Begriff der Selbstwirksamkeit wurde von dem amerikanischen Psychologen Albert Bandura (1994) geprägt. Selbstwirksamkeit ist die Überzeugung einer Person, auch schwierige Situationen und Herausforderungen aus eigener Kraft erfolgreich bewältigen zu können. Ohne Selbstwirksamkeitsüberzeugung werden Herausforderungen häufig nicht angenommen.

Interessanterweise war Gandhis Selbstwirksamkeit als Kind und zu den Anfangszeiten seiner Anwaltskarriere nur gering ausgeprägt. Gandhi arbeitete 20 Jahre als Anwalt, zuerst kurz und wenig erfolgreich in Indien, später etwas erfolgreicher in Südafrika. Während dieser Zeit in Südafrika fand Gandhi seinen Fokus und darüber hinaus auch seine Stimme (DiSalvo 2013).

Hinter seiner Anwaltskarriere und seinem späteren Kampf für die Gleichheit und Freiheit der Inder standen derselbe innere Impuls nach **Gerechtigkeit**. Gandhi baute sich eine Identität auf, die Ungerechtigkeit mit Klarheit erkannte, und er wandte sich entschieden dagegen, indem er sich für die Inder in Südafrika und für die Unberührbaren einsetzte. Er schaffte es zudem, seine Arbeit mit seinen eigenen Ansichten und seiner Moral zu verknüpfen.

Seine spätere Überzeugung, dem Kampf um Freiheit und Unabhängigkeit der Inder sein ganzes Leben widmen zu wollen, und sein Annehmen von Herausforderungen wie zahllosen Hungerstreiks und mehreren Gefängnisaufenthalten – also das Wissen, mit allem umgehen zu können, was auch kommen möge – zeugen schließlich von der Entwicklung einer sehr großen Selbstwirksamkeit.

Bandura (1994) konnte zeigen, dass mit höherer wahrgenommener Selbstwirksamkeit die Leistung steigt, das Niveau der physiologischen Stressreaktionen abnimmt und die Motivation zunimmt. Zudem verringert Selbstwirksamkeit Resignation und Mutlosigkeit bei Misserfolgen, was zu Gandhis enormer Beharrlichkeit trotz aller Hindernisse beigetragen haben könnte.

Es ist möglich, dass Gandhi diese Selbstwirksamkeit zum einen aus seiner Arbeit als Anwalt und aus ersten Erfolgen in seinem Kampf gegen die Unterdrückung der Inder in Südafrika entwickelt hatte. Zum anderen scheint es aber auch sein unerschütterlicher Glaube an sein Ziel gewesen zu sein, der ihm keine andere Wahl ließ, als die Herausforderungen anzunehmen – weil das Grundprinzip der Wahrheitssuche (▶ Abschn. 9.3.1) dies erforderte und damit ein Aufgeben seinem Selbstverständnis entgegengestanden hätte.

9.3.6 Charismatische Führung und Popularität

In Gandhi trafen mehrere Begabungen zusammen, die bei politischen Führern selten gemeinsam auftreten (Anderson 2014).

Seine **charismatische Fähigkeit**, die Emotionen der Zuhörer zu mobilisieren, scheint dabei die wichtigste. Charismatische Führung kann bedeuten, dass ein Anführer als herausragend betrachtet wird oder ihm sogar übernatürliche oder zumindest besonders außergewöhnliche Kräfte oder Qualitäten zugeschrieben werden, die seine Anhänger anziehen und motivieren. Dies traf auf Gandhi zu, bestand sein Charisma doch aus seiner überaus magnetischen Persönlichkeit. Seine Hingabe, seine Überzeugung und seine Ausdauer schienen von außergewöhnlicher Natur. Er wurde von Menschenmengen empfangen wie ein Heiliger und zum sogenannten „Vater der Nation".

Zudem war er ein hervorragender **Organisator** und Spendeneintreiber, der sehr sorgfältig und effizient vorging, die Kongresspartei komplett umbaute und dafür sorgte, dass die Partei keine Geldsorgen hatte (Anderson 2014).

Und nicht zuletzt war Gandhi ein herausragender **Vermittler** zwischen verschiedenen Interessengruppen und ein gewandter Kommunikator, der in der einfachen Sprache des Volkes sprach.

Zu diesen politischen Talenten kamen seine Herzlichkeit, sein koboldhafter Humor und sein eiserner Wille, wie Anderson es in seinem Essay schreibt. Gandhi lebte das vor, was er sagte, er verkörperte seine Ideale selbst. Er führte als **Vorbild**, z. B. indem er ein einfaches Leben in seinem Ashram führte (▶ Abschn. 9.3.2). Diese Kombination machte Gandhi zu einem einzigartigen Anführer, der seinesgleichen sucht und ihn deutlich von anderen politischen Köpfen unterscheidet.

Um zu diesem Anführer der Massen werden zu können, benötigte Mohandas Gandhi zweifellos ein hohes Ausmaß an Aufmerksamkeit in der Bevölkerung. Ein zentrales Mittel für Gandhi, sich an die Öffentlichkeit zu wenden, war das Schreiben. Sein Debüt im politischen Journalismus war die Veröffentlichung des „Grünen Pamphlets" in Südafrika, das rasch populär wurde und ihn beinahe das Leben kostete (▶ Abschn. 9.2.3). Zudem gründete er in Südafrika die Zeitung *Indian Opinion,* die wöchentlich erschien. Die Zeitung wurde zu einem wichtigen Instrument der Unterrichtung: Gandhi schrieb darin über seine Ideale, über Selbstdisziplin und über seine Vorstellungen von einem guten Bürgerdasein. Der ehemalige Journalist Salien

Chatterjee berichtete, dass Gandhi den *Indian Opinion* sogar als die nützlichste Waffe in seinem Kampf in Südafrika beschrieb (Gupta 2001).

Dass Gandhi so bekannt wurde hing nicht zuletzt auch mit seiner starken politischen Aktivität zusammen. Er appellierte nicht nur an Politiker, sondern knüpfte Kontakte, nahm an Kongressen teil und arbeitete sich selbst bis an die Spitze hoch. Im August 1894 gründete er den Natal Indian Congress, später übernahm er die Führung des noch heute bestehenden NIC. Unter ihm wurde der NIC zu einer Massenorganisation, sie wurde das zentrale Sprachrohr des aufkommenden indischen Nationalismus (Betz 2007). Die Aufbruchsstimmung der Inder, bereit zur Unabhängigkeit, spiegelte sich in der unverwüstlichen Unterstützung für Gandhi wider.

9.4 Kritik an Gandhi

In den Medien wird Gandhi mehr und mehr kritisiert, sein Heldenbild scheint zu bröckeln. Neben Fragen, ob seine heutige Darstellung völlig überhöht ist und ob allein er der tatsächliche Auslöser für die Unabhängigkeit Indiens war, häufen sich die Diskurse über seinen Umgang mit den unterdrückten Schwarzen in Südafrika und um seinen hoffnungslosen Idealismus. So benutzte Gandhi in seiner Jugend unreflektiert das Wort „Kaffir", ein Wort, mit dem die europäischen Kolonialisten die südafrikanischen Schwarzen abwerteten. Ihm wird vorgeworfen, sich mehr für die Rechte der Inder in Südafrika eingesetzt zu haben als für die der Schwarzen. Zudem habe er sich nicht für eine Auflösung des Kastensystems eingesetzt. Daneben scheint außerdem die Frage berechtigt, ob Gandhi zu radikal in seinen Ansichten bezüglich der Gewaltlosigkeit war, die er zeitweilig in allen Situationen für die richtige Wahl hielt.

Das Heldenbild mag bröckeln, es ist jedoch nicht zu vergessen, dass Menschen dieses Bild eines Helden malten. Gandhi selbst sah sich nicht als Heiliger – alle, die wir heute verehren, seien es religiöse Vorbilder oder politische Würdenträger, haben als einfache Menschen mit ungebändigten Leidenschaften begonnen (Gandhi 2017). Es mag sein, dass er oft zu radikal und zu idealistisch war. Dass er den Unberührbaren zwar half, doch das Kastensystem selbst nicht infrage stellte. Und doch bezeichnete ihn Nelson Mandela als Inspiration und Vorbild der eigenen politischen Arbeit (▶ Kap. 7), während Martin Luther King seinem Beispiel der Gewaltlosigkeit folgte (▶ Kap. 8).

Wichtig für uns ist nicht, ob Gandhi vielleicht Versäumnisse und Fehler begangen hat, sondern was er uns hinterlässt. Wir alle sind eingebettet in einen geschichtlichen Hintergrund und in eine bestimmte Zeit (Gandhi 2017). Es ist wichtig, Gandhi nicht nur aus der Sicht von heute mit absoluten Maßstäben zu beurteilen, sondern ihn aus der damaligen Perspektive und aus dem damaligen Zeitgeist heraus zu betrachten. Gandhi gelang es, zum Teil über seinen Zeitrahmen hinauszublicken, indem er zukunftsweisend handelte und neue Ideale schaffte.

9.5 Bedeutung für die heutige Zeit

Mohandas Gandhis Widerstandskraft und sein unerbittliches Vertrauen in seine Überzeugungen machten ihn zu einem großen Freiheitskämpfer und Menschenrechtsaktivisten. Seine Wandlung vom schüchternen Jungen zu einem der größten Anführer der Geschichte scheint radikal. Möglicherweise waren es aber gerade die Schüchternheit, die Passivität in der Kindheit und der Ausbruch in der Jugend, die ihn zu dem machten, was er geworden ist – dem „Vater der indischen Nation". Geprägt von seiner religiösen Mutter und seinem ehrenhaften Vater, zu dem er stets aufsah, wurde moralisches Verhalten sein höchstes Ziel; die Suche nach der Wahrheit sein Lebenssinn.

Mohandas Gandhi verband bei seinem Widerstand die Passivität aus seinen jungen Jahren mit dem Militanten. Er stand auf gegen die Ungerechtigkeit, indem er selbst Leiden auf sich nahm. Er war ein kleiner Mann, seine körperliche Präsenz schwach, seine Stimme nicht die eines Anführers und doch hatte er eine Ausstrahlung, die Millionen von Menschen für sich einnahm.

Was aber bleibt von Gandhis Erbe? Die Welt ist bei Weitem nicht konfliktfreier, nicht weniger gewaltvoll als zu seiner Zeit; hätte Gandhi von den heutigen Kriegen und modernen Waffen gehört, wäre er sicher erschrocken. Auch in Indien vollzog sich eine Kehrtwende in der Nuklearpolitik, und das Land ist mittlerweile eine Atommacht.

Ist Gandhi also nur noch eine Symbolfigur? Gandhi hat viele Anhänger, doch kaum jemand lebt so, wie er es tat. Wo liegen die Grenzen seiner Ideale, wo offenbaren sich Möglichkeiten?

9.5.1 Grenzen der Gewaltlosigkeit

Der heutige Dalai Lama nennt gerne Mahatma Gandhi als Vorbild (Hanig und Bauer 2017). Doch dieser hatte mehr Möglichkeiten, gewaltlos Druck auszuüben und die Nichtkooperation durchzusetzen. Die Inder waren damals deutlich in der Überzahl, die britischen Kolonialherren machten Anfang des 20. Jahrhunderts weniger als 1 % der indischen Bevölkerung aus. In Tibet aber sind die Chinesen in den Städten bereits die Bevölkerungsmehrheit, sie sind nicht angewiesen auf die Zusammenarbeit mit den Tibetern (Hanig und Bauer 2017). George Orwell (1949) schrieb zudem, ohne eine freie Presse und das Recht auf Versammlungsfreiheit sei es unmöglich, einen Aufruf an die Öffentlichkeit zu starten, eine Massenbewegung voranzubringen oder den Gegner sein Vorhaben wissen zu lassen.

Obwohl Gandhi daran glaubte, hätte auch in der Zeit der Nationalsozialisten gewaltloser Widerstand der Juden wohl nicht geholfen, was ihn als Idealisten erscheinen lässt. Genauso kann der gewaltlose Widerstand auch im privaten Kontext an seine Grenzen stoßen, wenn Missbrauch, Überfälle oder anderes ins Spiel kommen. Und doch kann Gandhi auch hier wichtig für uns sein, wenn wir es verstehen, seinen Gedanken auf andere Situationen zu adaptieren, ihn zu transformieren. Gandhis Idee muss nicht eins zu eins übernommen werden, sondern kann und muss in anderen Kontexten übersetzt werden.

Gandhis Lehre ist zudem sehr viel mehr als nur eine idealistische Idee: Sie kann eine präventive Maßnahme für langfristige Veränderungen sein und die ursächlichen Probleme verändern, die uns in dem heutigen Zyklus der Gewalt gefangen halten (Allen 2008).

9.5.2 Gandhi für den Einzelnen

Gandhis Leben gibt uns unzählige Beispiele, seine Ideen im Kleinen, in unserem Alltag umzusetzen. Er zeigt, wie man durch Zuhören, durch den Dialog und durch die Bereitschaft, auch Leid in Kauf zu nehmen, und durch andere nichtgewaltsame Maßnahmen Situationen deeskalieren kann (Tandon und Singh 2013). Er kann uns ein Vorbild sein für ein hohes Maß an Empathie, er kann uns eine Erinnerung daran sein, was die Überzeugung eines Einzelnen bewegen kann. Gandhi sagte einmal:

» „Ich habe nicht den leisesten Zweifel, dass jeder Mensch erreichen kann, was ich erreicht habe, wenn er sich ebenso bemüht und dieselbe Hoffnung und dasselbe Vertrauen kultiviert." (zitiert nach Gandhi 2017, S. 158)

Gandhi wirkt in der heutigen Gesellschaft auch in Rosenbergs Modell (2012) fort, der Gandhis Idee in ein Kommunikationsmodell goss – das der **gewaltfreien Kommunikation**. Dieses Handlungskonzept soll es Menschen ermöglichen, so miteinander umzugehen, dass die Kommunikation zu mehr Vertrauen führt. Es geht darum, sich aufrichtig mitzuteilen und einander wirklich zuzuhören. Konflikte sollen gelöst werden, ohne dass es Gewinner und Verlierer gibt. Bewertungen, Kritik und Urteile sollen überwunden werden, stattdessen soll durch Beobachten, Gefühle, Bedürfnisse und Bitten kommuniziert werden. Heute gilt die gewaltfreie Kommunikation als einer der meistgenutzten Trainingsansätze – mindestens 1 Mio. Menschen in Deutschland sind mit dieser Art der empathischen Kommunikation vertraut (Leitner 2017).

Ganz besonders erinnert Gandhi an die **Gemeinschaft der Menschen**. Mit diesem Gedanken bleibt er gerade heute wichtig, im postindustriellen und digitalen Zeitalter, in dem viel über Einsamkeit diskutiert wird. Mohandas Gandhi zeigte, dass die größten Fortschritte dann geschehen, wenn wir unser Misstrauen aufgeben und Kraft aus einer positiven Einstellung, aus der Gemeinschaft und aus der Zivilcourage schöpfen (Frey et al. 2006; Gandhi 2017).

Dies setzt sich bis auf die individuelle Ebene fort: Eine bessere soziale Integration, Gewaltlosigkeit, Vertrauen und moralische Werte können einen signifikanten positiven Einfluss auf unsere psychische Gesundheit haben (Tandon und Singh 2013). Sich darin zu üben, anderen, selbst unseren Feinden, mit Wohlwollen und ohne Angst gegenüberzutreten, hilft also nicht nur unserer Gesellschaft als Ganzes, sondern auch jedem Einzelnen. All dies kann bedeuten, für den Nachbarn da zu sein, der einsam erscheint, einem Fremden in der Stadt Orientierungshilfe zu bieten oder nicht wegzusehen, wenn ein Obdachloser bei klirrender Kälte am Straßenrand sitzt.

9.6 Fazit

Gandhi versuchte stets, seine Prinzipien im täglichen Leben umzusetzen. Sein Handeln spiegelte ein hohes Maß an Disziplin und tiefstes Verständnis dafür wider, was der Erde und ihren Menschen guttut.

In unserer Welt gibt es, was staatliche, politische oder ökologische Konflikte und Probleme angeht, genügend Ansatzpunkte, bei denen Gandhis Gedanke helfen könnte. Würde jeder nach Gandhis Prinzipien handeln, stünden wir in einer weitaus besseren Position da, als wir es jetzt tun.

Auf Missstände aufmerksam zu machen und die Stimme zu erheben, sind dabei wichtige Komponenten, wie schon das Beispiel seiner Enkel Arun und Ela zeigt, indem sie die stets gleichen Mahlzeiten nicht akzeptierten (▶ Abschn. 9.1). Wir haben heute mit Facebook, Twitter und Co. andere Möglichkeiten, am Weltgeschehen teilzuhaben, als Gandhi sie damals hatte, aber seine Meinung zu den sozialen Medien wäre vermutlich diese gewesen: Ein Like, ein Post oder Kommentar verändern die Welt nicht; soziale Medien sind nur dann nützlich, wenn sie die Menschen zu tatsächlichem Handeln bewegen.

❯❯ „Wir alle wünschen uns in unserem Leben Glück. Manchmal meinen wir, es sei in Dingen zu finden, die wir auf Kosten anderer anhäufen. Doch Glück kommt aus einer viel tieferen Quelle: dem ununterbrochenen Einsatz für Frieden und Gerechtigkeit – für alle Menschen. [Gandhi] sah man es an, dieses innere Glück, von dem wir alle träumen. Er hat nicht jeden Kampf gewonnen. Und er konnte die Welt auch nicht in allem nach seinen Vorstellungen erneuern. Trotzdem hat er täglich mit vollem Einsatz an sich selbst und an der Welt gearbeitet. […] Ich glaube wirklich, dass, wenn wir seinem Beispiel folgen, jeder das größte auf Erden erlaubte Glück zu finden vermag." (Gandhi 2017, S. 220 f.)

Literatur

Allen, D. (Hrsg.). (2008). *The philosophy of Mahatma Gandhi for the twenty-first century.* Lanham: Lexington.

Anderson, P. (2014). *Die indische Ideologie, Essays.* Berlin: Berenberg.

Bandura, A. (1994). Self-efficacy. In V. S. Ramachandran (Hrsg.), *Encyclopedia of human behavior* (Bd. 4, S. 71–81). New York: Academic.

Betz, J. (2007). Epochen der indischen Geschichte bis 1947. Erstmals erschienen in bpb, 257, 1997. Beitrag vom 18. Januar 2007. ▶ https://www.bpb.de/internationales/asien/indien/44384/geschichte-bis-1947?p=all. Zugegriffen: 17. Jan. 2019.

DiSalvo, R. J. (2013). *M.K. Gandhi, attorney at law: The man before the Mahatma.* Los Angeles: University of California Press.

Frey, D., Peus, C., Brandstätter, V., Winkler, M., & Fischer, P. (2006). Zivilcourage. In H.-W. Bierhoff & D. Frey (Hrsg.), *Handbuch der Sozialpsychologie und Kommunikationspsychologie* (S. 180–186). Göttingen: Hogrefe.

Gandhi, A. (2017). *Wut ist ein Geschenk. Das Vermächtnis meines Großvaters Mahatma Gandhi.* New York: Simon & Schuster.

Gandhi, M. K. (2018). *An autobiography or the story of my experiments with truth. A critical edition.* New Haven: Yale University Press.

Gupta, V. S. (2001). Mahatma Gandhi and mass media. Employment news, Bd. XXVI. Stand: 29. September bis 05. Oktober 2001. ▶ https://www.mkgandhi.org/mass_media.htm. Zugegriffen: 17. Jan. 2019.

Hanig, F., & Bauer, M. (2017). Dalai Lama – Die Bilanz eines heiligen Lebens. *GEO, 3,* 28–47.

Hardiman, D. (2019). Gandhi: Reckless teenager to father of India. BBC. ▶ https://www.bbc.com/timelines/zpdqmp3. Zugegriffen: 17. Jan. 2019.

Jarosch, S. (2008). An der Wahrheit festhalten. Gandhis Kraftquellen. *Abenteuer Philosophie, 3.*

Lachman, V. D. (2007). Moral courage: A virtue in need of development? *Medsurg Nursing, 16*(2), 131–133.

Leitner, B. (2017). Eine Sprache des Herzens. Deutschlandfunk Kultur. Beitrag vom 27. Mai 2017. ▶ https://www.deutschlandfunkkultur.de/gewaltfreie-kommunikation-eine-sprache-des-herzens.1024.de.html?dram:article_id=385322. Zugegriffen: 17. Jan. 2019.

Muslin, H., & Desai, P. (1985). The Transformations in the self of Mahatma Gandhi. In C. B. Strozier & D. Offer (Hrsg.), *The leader* (S. 111–132). Boston: Springer.

Orwell, G. (1949). *Reflections on Gandhi.* London: Partisan Review.

Rao, K. R., & Paranjpe, A. C. (2016). *Psychology in the Indian tradition.* New York: Springer.

Rosenberg, M. B. (2012). *Gewaltfreie Kommunikation: Eine Sprache des Lebens*. Paderborn: Junfermann.

Stangl, W. (2019). Selbstkontrolle. Online Lexikon für Psychologie und Pädagogik. ► http://lexikon.stangl.eu/9813/selbstkontrolle/. Zugegriffen: 17. Jan. 2019.

Tandon, A., & Singh, V. K. (2013). Impact of Mahatma Gandhi's concepts on mental health: Reflections. *Indian Journal of Psychiatry, 55*(Suppl 2), 231–234.

Walton, G. M., Cohen, G. L., Cwir, D., & Spencer, S. J. (2012). Mere belonging: The power of social connections. *Journal of Personality and Social Psychology, 102*(3), 513–532.

Papst Franziskus (Jorge Mario Bergoglio)

Cintia Malnis

© Springer-Verlag GmbH Deutschland, ein Teil von Springer Nature 2019
D. Frey (Hrsg.), *Psychologie des Guten und Bösen*, https://doi.org/10.1007/978-3-662-58742-3_10

10.1 Einleitung

Papst Franziskus kniet auf dem Boden und gießt Wasser aus einem Messingkrug auf die Füße eines muslimischen Flüchtlings. Er wischt die Füße sauber und küsst sie. Er beschreibt ihn als „Kind desselben Gottes". Was für ein Papst ist das, der die Füße anderer Menschen wäscht?

Jorge Mario Bergoglio wurde am 13. März 2013 zum Bischof von Rom und damit zum Papst und Oberhaupt der römisch-katholischen Kirche und Souverän des Vatikanstaats gewählt. Bergoglio ist der erste lateinamerikanische Papst und der erste Papst, der dem Jesuitenorden angehört. „Vergiss die Armen nicht", sagte der brasilianische Kardinal Cláudio Hummes zu Bergoglio nach Ende der Wahl. Dieser nahm sich den Rat zu Herzen und gab sich als erster Papst den Namen Franziskus, nach Franz von Assisi, dem Begründer des Franziskanerordens. Er erklärte im Nachhinein, Franz von Assisi sei der Mann der Armut, des Friedens, der die Schöpfung zu lieben und zu bewahren gedachte. Bergoglio wolle eine arme Kirche für die Armen (Haupt 2013). Papst Franziskus gilt als ökologisch, bescheiden, volksnah und ist auch als „Kardinal der Armen" bekannt. Er setzt sich besonders stark für Flüchtlinge und Obdachlose ein, besucht Häftlinge und legt viel Wert auf den direkten Kontakt mit seinen Mitmenschen.

Beispiele hierfür gibt es viele: So wohnt er lieber im Gästehaus als in den päpstlichen Gemächern und nimmt in seinen freien Minuten auch gerne einmal Anrufe von Gläubigen entgegen, um persönlich mit ihnen zu sprechen. Im Jahre 2016 nahm der Papst 12 syrische Flüchtlinge muslimischen Glaubens aus Lesbos (Griechenland) mit in den Vatikan, um ihnen dort ein neues Zuhause zu bieten. Bei seinem Besuch in Chile im Januar 2018 traf er sich alleine mit Missbrauchsopfern der katholischen Kirche und betete und weinte mit ihnen. Die traditionelle Fußwaschung anderer Kardinäle durch den Papst an Ostern funktionierte er um – und wusch

in den darauffolgenden Jahren stattdessen die Füße von Flüchtlingen, Gefangenen und Menschen mit Behinderungen.

Im Vordergrund steht für ihn der einzelne Mensch. Auch wenn in seiner bisherigen Amtszeit die große „Reformation" der katholischen Kirche ausgeblieben ist, ist seine Einstellung bereits ein Schritt in die richtige Richtung. Es ist ein Zeichen dafür, dass sich der Fokus der katholischen Kirche verändern und bei der Unterstützung und Hilfe der Armen und Bedürftigen liegen soll. Im Gegensatz zu seinen Vorgängern erntet er durch genau diese Einstellung auch bei Nichtkatholiken viel Sympathie.

Doch sollte nicht eigentlich jeder Papst barmherzig und wohltätig sein, sich für die Armen und die Schwachen einsetzen und die Nähe zu den Mitmenschen suchen? Der Vergleich mit seinem Vorgänger zeigt, dass nicht jeder Papst so wahrgenommen wurde. Papst Benedikt XVI., sein direkter Vorgänger, galt vor und während seiner Amtszeit als eher konservativ und war bei Vertretern anderer Glaubensgemeinschaften wie Juden oder Muslimen eher unbeliebt. Bischöfe, die mit ihm zusammengearbeitet hatten, erklärten, er „könne nicht gut mit Menschen". Seine Pastoralreisen in den wenigen Jahren seines Pontifikats beschränkten sich größtenteils auf Europa und westliche Länder, er reiste mehrmals in sein Heimatland nach Deutschland (Gessler 2013).

Im Rahmen dieses Kapitels werden mögliche Einflussfaktoren erläutert, die zu Papst Franziskus' Entwicklung zu einer besonders wohltätigen Person beigetragen haben könnten. Dabei sollen sowohl sein christlicher Glaube als mögliche Grundlage als auch seine persönliche Geschichte berücksichtigt werden.

10.2 Biografie

Der Großteil der hier vorgestellten Informationen zum Leben und zur Familie von Papst Franziskus stammen aus einer Biografie, die die beiden argentinischen Journalisten, Sergio

Rubin und Francesca Ambrogetti, veröffentlicht haben (Rubin und Ambrogetti 2013). Diese führten in seiner Zeit als Kardinal mehrere Interviews mit ihm persönlich. Diese Biografie enthält sowohl Zusammenfassungen zu seinem Leben und seinem Werdegang als auch direkte Erzählungen Bergoglios. Die Ausführungen zu seinem kirchlichen Werdegang stammen aus der Biografie von Haupt (2013).

10.2.1 Familie und Kindheit

Jorge Mario Bergoglio wurde am 17. Dezember 1936 in Buenos Aires (Argentinien) als ältester Sohn einer italienischstämmigen Familie geboren. Bergoglios Vater, Mario José Bergoglio, hatte bereits 1929 gemeinsam mit seinen Eltern Italien verlassen und war auf einem Passagierboot nach Argentinien gereist.

Bereits 2 Jahre zuvor hatten Bergoglios Vater und dessen Eltern Fahrkarten für eine Bootsfahrt von Italien nach Argentinien gekauft, um zu ihren Verwandten nach Argentinien zu ziehen. Aufgrund fehlender Papiere konnten sie diese Reise jedoch nicht antreten. Im Nachhinein wurde bekannt, dass dieses Boot vor der Küste Brasiliens gesunken ist und unzählige Passagiere dabei ums Leben kamen. Dennoch wagte die Familie 2 Jahre später einen erneuten Versuch und ließ sich letztendlich in Buenos Aires nieder.

In Buenos Aires arbeitete Mario José Bergoglio als Buchhalter bei der Staatsbahn und lernte im Jahre 1934 Regina Maria Sivori bei einer katholischen Messe kennen. Ein Jahr später heirateten sie, und im Jahre 1936 kam dann ihr 1. Kind, Jorge Mario Bergoglio, zur Welt. Nach ihm folgten 4 weitere Kinder.

Bergoglio wuchs im Stadtteil Flores auf, einem Arbeiterviertel in Buenos Aires. Er wurde in seiner Kindheit oft von seiner strenggläubigen Großmutter Rosa betreut. Sie brachte ihm Italienisch bei und lehrte ihn das Beten und die Geschichten der Heiligen. Sie diente Bergoglio als Vorbild und Inspiration im Glauben und prägte ihn maßgeblich.

Bergoglio beschrieb seine Großmutter als „Ressource des Lebens" und bezeichnete sie als die inspirierendste Frau in seinem Leben.

10.2.2 Prägende Lebensereignisse

Jorge musste in seiner Kindheit mit vielen schwierigen Schicksalsschlägen zurechtkommen. Als seine Mutter das 5. Kind zur Welt brachte, litt sie aufgrund der Komplikationen bei der Geburt unter einer vorübergehenden Lähmung. Das führte dazu, dass sich Bergoglio und seine Geschwister stärker im Haushalt einbringen mussten. Um die Familie finanziell zu unterstützen, begann Bergoglio bereits im Alter von 13 Jahren, unmittelbar nach der Grundschule, zu arbeiten und besuchte nebenher eine Abendschule. Laut Bergoglio war das eine wichtige Erfahrung in seinem Leben, die ihn sehr geprägt habe und an die er immer noch gerne zurückdenke.

Ein weiteres einschneidendes Erlebnis, das Bergoglio in einem der Interviews für seine Biografie erwähnte, fand im Alter von 17 Jahren statt. Damals wollte er sich mit Freunden in der Stadt treffen und entschied sich auf dem Weg dorthin spontan, davor in seine Kirchengemeinde zu gehen. Dort traf er auf einen ihm unbekannten Priester, der ihm eine sehr starke Geistlichkeit übermittelte, weshalb er sich dazu entschied, eine Beichte abzulegen. Diese Begegnung und Beichte beschreibt Jorge als eine Gotteseingebung, in der er das Gefühl hatte, jemand hätte auf ihn gewartet und würde ihm sagen, dass er gebraucht werde. In diesem Moment traf ihn die Erkenntnis, sein Leben dem Glauben widmen und Priester werden zu wollen. Diese besondere Erfahrung und der intensive Wunsch, Priester zu werden, traten jedoch für einige Zeit in den Hintergrund, und Jorge entschied sich im Anschluss an seinen Schulabschluss auf einer technischen Schule zunächst für eine Ausbildung als Chemielaborant.

Im Alter von 21 Jahren erkrankte er an einer schweren Lungenentzündung. Da er schon zuvor mit Atemproblemen zu kämpfen hatte und außerdem mehrere Zysten in seiner Lunge entdeckt wurden, musste ein Großteil seines rechten Lungenflügels entfernt werden. Als er im Krankenbett lag, besuchte ihn eine Nonne und sagte ihm, er leide, wie auch Jesus am Kreuz gelitten hätte. Bergoglio selbst erklärt, diese Erfahrung habe ihn sehr stark geprägt und sei ausschlaggebend dafür gewesen, letztendlich doch eine Laufbahn als Priester anzustreben.

10.2.3 Kirchlicher Werdegang

Im Jahre 1958 begann er nach seiner Lungenentzündung letztendlich sein Noviziat in der katholischen Ordensgemeinschaft Gesellschaft Jesu (Jesuiten). Im Rahmen dieses 2-jährigen Noviziats sollen Novizen sich selbst und den Orden besser kennenlernen und herausfinden, ob das Priestertum und der Jesuitenorden von beiden Seiten als die richtige Entscheidung wahrgenommen wird.

Im Anschluss an das Noviziat begann Bergoglio seine akademische Ausbildung, die im Jesuitenorden in festgelegten Etappen durchlaufen wird (Jesuitas Provincia Argentino-Uruguaya 2014). Diese begann mit einem 1-jährigen Studium des Humanismus in Chile, gefolgt von einem 2-jährigen Studium der Philosophie am Kolleg San José in San Miguel (Argentinien). Dieses schloss er im Jahre 1963 ab.

Nach dem Noviziat sowie dem Humanismus- und dem Philosophiestudium sollen Mitglieder des Jesuitenordens anschließend mindestens 2 Jahre in einer Einrichtung des Ordens arbeiten, bevor sie den letzten und wichtigsten Teil ihrer akademischen Ausbildung beginnen. Im Rahmen dieser praktischen Tätigkeit arbeitete Bergoglio von 1964 bis 1966 als Professor für Literatur und Psychologie in Santa Fé und Buenos Aires.

1967 kehrte er dann zum Kolleg San José zurück und absolvierte dort den nächsten und wichtigsten Schritt seiner Ausbildung: das 3-jährige Theologiestudium. 1969 empfing er die Priesterweihe und ging anschließend für sein Terziat nach Alcalá de Henares (Spanien). Bei dem Terziat handelt es sich um die 3. und letzte „Überprüfung" eines Jesuiten, in der er (vergleichbar mit dem Noviziat) Zeit zum Nachdenken und zur Begegnung mit Gott erhält.

Im Jahr 1973 legte Bergoglio sein ewiges Gelübde ab und wurde schließlich zum Provinzial, d. h. dem Leiter, der Ordensprovinz Argentinien gewählt. Er wirkte als Provinzial der Jesuiten in ganz Argentinien bis 1979. Zwischen 1980 und 1986 arbeitete er dann als Rektor der theologischen Fakultät von San Miguel. Im Jahre 1986 reiste er nach Deutschland, um an der Philosophisch-Theologischen Hochschule Sankt Georgen seine Dissertation zu schreiben. Dieses Vorhaben musste er jedoch nach einigen Wochen abbrechen, da eine unerwartete Berufung des Ordens dazwischenkam (Haupt 2013). Er übernahm im selben Jahr das Priesteramt an der Jesuitenkirche in Córdoba (Argentinien).

Im Jahre 1992 wurde er von Papst Johannes Paul II. zum Weihbischof von Buenos Aires ernannt und nahm 1998 die Position des Erzbischofs von Buenos Aires ein. Aus seiner Zeit als Erzbischof stammen viele Geschichten, in denen Bergoglio seine Liebe und Aufopferung für die Schwachen und Armen zeigte. In dieser Zeit besuchte er regelmäßig Elendsviertel in Argentinien, obwohl diese bekannt für ihre hohe Kriminalitätsrate und Armut waren und nach wie vor sind und von den meisten Argentiniern gemieden werden. Aller möglichen Gefahren zum Trotz ging Bergoglio dorthin, um den Bewohnern die Füße zu waschen, sie zu segnen und zu trösten.

Im Jahr 2001 nahm ihn Papst Johannes Paul II. in das Kardinalskollegium mit auf. Bereits 2005 galt er als Favorit bei der Wahl zum Nachfolger des verstorbenen Papstes Johannes Paul II. Als sich die Kardinäle jedoch bei der Wahl nach einigen Wahlgängen nicht einigen konnten, trat der zweitplatzierte Jorge Mario Bergoglio freiwillig von der Wahl zurück und ließ damit Joseph Ratzinger den Vortritt (Haupt 2013). Nach Ratzingers

Emeritierung wurde Bergoglio von der Presse aufgrund seines Alters und seiner gesundheitlichen Einschränkungen beim Konklave 2013 nicht als Favorit gehandelt. Dann wurde er jedoch im 5. Wahlgang überraschenderweise zum 266. Bischof von Rom und damit zum Papst der katholischen Kirche gewählt. Genau wie bei seiner Ernennung zum Kardinal forderte Bergoglio die Argentinier auf, ihn nicht zu den Feierlichkeiten in Rom zu besuchen, sondern dieses Geld lieber den Armen zu spenden.

10.2.4 Öffentliche Kritik an Papst Franziskus

10.2.4.1 Militärdiktatur in Argentinien

Kritik wurde insbesondere zu Bergoglios Zeit während der Militärdiktatur in Argentinien zwischen 1976 und 1983 laut. Nach dem Sturz der Präsidentin Perón wurde das Land 7 Jahre lang durch das Militär regiert. Während der Herrschaft dieses diktatorischen Regimes wurde die Bevölkerung systematisch überwacht, und Gegner des Regimes, überwiegend linke Oppositionelle, wurden entführt und gefoltert sowie teilweise brutal ermordet (Haupt 2013).

In den Medien wurde immer wieder von Anschuldigungen gegen Jorge Mario Bergoglio während der Militärdiktatur berichtet. Demnach soll er bei der Entführung zweier Priester seines Ordens involviert gewesen sein. Die beiden Priester hatten unter seiner Aufsicht gearbeitet und in einem Armenviertel gewohnt, weshalb sie verdächtigt wurden, der Guerilla anzugehören, einer linksradikalen Gruppe dieser Zeit. Bergoglio habe sie den Anschuldigungen nach verraten und somit indirekt für ihre Entführung gesorgt. Die beiden Priester seien dann ins Gefängnis gekommen und 5 Monate lang befragt und gefoltert worden.

Bereits vor dem 1. Konklave im Jahre 2005 hatte ein Menschenrechtsanwalt in Argentinien Anzeige gegen ihn erstattet und somit öffentlich auf die Anschuldigungen aufmerksam gemacht. Es gibt jedoch keine eindeutigen Beweise für diese Anschuldigungen. Einer der Priester nahm sogar Stellung dazu und erklärte, er sei mit Bergoglio im Reinen. Er schloss dabei aus, dass ihre Festnahme auf Bergoglio zurückzuführen sei (Haupt 2013).

10.2.4.2 Kritische Äußerungen

Auch seine umgangssprachlichen und manchmal unbedachten Äußerungen sorgen für Kritik. Im Jahre 2015 äußerte er sich beispielsweise nach der Rückkehr seiner Asienreise zur Familienplanung und erklärte in Bezug auf das katholische Verbot von Verhütungsmitteln, dass sich „gute Katholiken" eben nicht „wie die Karnickel" fortpflanzen müssten (Spiegel Online 2015, S. 1). Zwei Jahre später verglich er Flüchtlingslager in Lesbos mit Konzentrationslagern und wurde dafür von vielen Seiten scharf kritisiert (Kleinjung 2017).

Diese Äußerungen und Metaphern können auf verschiedene Weise gedeutet werden und haben eindeutig Konfliktpotenzial. Ein Beispiel hierfür ist, dass der Vergleich der Katholiken mit Tieren als beleidigend wahrgenommen werden könnte. Es sollte dabei jedoch nicht vernachlässigt werden, dass er aus Lateinamerika stammt und kulturell anders geprägt ist als alle bisherigen Päpste. Er zeigt sich oft spontan, lebhaft, direkt und unkonventionell – auch in dem an sich protokollarisch eng gefassten Rahmen von Audienzen.

10.2.4.3 Kritik der Kardinäle

Durch die Medien sickerte immer wieder die Information durch, dass viele Kardinäle unzufrieden mit Papst Franziskus seien. Vor allem konservative Kardinäle und Dogmatiker seien mit den Ansichten und Taten des Papstes nicht einverstanden.

Franziskus versucht, in seiner Position den katholischen Glauben offener zu gestalten und den Menschen in den Mittelpunkt zu stellen (Schlamp 2017). Ein Beispiel hierfür ist die Aussage Franziskus' zur Kommunion für wiederverheiratete und zuvor geschiedene Personen. Demnach sollte auch dieser Personengruppe nach Prüfung des Einzelfalles die Möglichkeit gegeben werden, das heilige Sakrament zu empfangen.

Konservative Kardinäle sehen hierbei die Grundsätze in Gefahr, für die die katholische Kirche seit vielen Jahren steht. Die Kirche solle sich ihrer Meinung nach nicht den Gegebenheiten der heutigen Welt anpassen, sondern an ihren Prinzipien festhalten.

10.2.4.4 Missbrauchsskandale in der katholischen Kirche

Nach seiner Wahl zum Papst kündigte Franziskus an, gegen die Missbrauchsskandale vorzugehen. Es wird jedoch viel Kritik laut, dass seitdem nicht viel geschehen sei. Ein Beispiel hierfür ist die Kommission, die Vorschläge zum Schutz potenzieller Opfer erarbeiten sollte. Nach Angaben der Presse habe diese nach 4 Jahren kaum getagt und somit auch keine brauchbaren Vorschläge erarbeitet (Straub 2018). Es seien insgesamt viele Maßnahmen versprochen und teilweise sogar begonnen worden, aber keine davon sei bisher beendet worden oder habe konkrete Ergebnisse geliefert.

Franziskus wird darüber hinaus beschuldigt, Bischöfe und Kardinale unter ihm zu decken. Besonders kritisiert wird, dass Bischöfe und Kardinäle trotz Vorliegens eines begründeten Verdachts nicht suspendiert werden, solange ihre Schuld nicht gerichtlich geklärt ist, wie im Fall von Kardinal Ricardo Ezzati Andrello, Erzbischof von Santiago de Chile (Straub 2018).

Der Papst hat im August 2018 in einem Brief an alle Gläubigen zugegeben, dass die katholische Kirche in Bezug auf die Missbrauchsskandale viel zu lange nicht gehandelt habe. Er gab Scham und Reue zu und bekannte sich zu den Fehlern. Nichtsdestotrotz folgten auch nach dieser Entschuldigung keine weiteren Maßnahmen, die den Opfern oder potenziellen Opfern maßgeblich helfen könnten.

10.3 Psychologische Theorien, Modelle und Konzepte

Im Folgenden soll das Verhalten von Papst Franziskus anhand ausgewählter psychologischer Theorien erklärt werden. In der Psychologie geht man grundsätzlich davon aus, dass das Verhalten von Menschen von verschiedenen Einflussfaktoren bedingt wird. Dabei kann es sich sowohl um genetische Veranlagungen oder Persönlichkeitseigenschaften der Person handeln als auch um Umweltbedingungen oder bestimmte Ereignisse im Leben einer Person.

Deshalb werden im Rahmen dieses Kapitels Faktoren herausgearbeitet, die das wohltätige Verhalten und die Rolle der Barmherzigkeit im Leben des Papstes Franziskus begünstigt haben könnten. Dabei soll einerseits analysiert werden, welchen allgemeinen Zusammenhang es zwischen dem christlichen Glauben und wohltätigem Verhalten gibt. Hier geht es um Aspekte, die theoretisch auf alle Menschen christlichen Glaubens generalisiert werden können. Andererseits soll auch spezifischer darauf eingegangen werden, welche Faktoren aus dem persönlichen Leben Bergoglios einen Einfluss darauf gehabt haben könnten. Dabei soll außerdem herausgearbeitet werden, was Papst Franziskus von anderen Päpsten und anderen Menschen christlichen Glaubens unterscheiden könnte.

10.3.1 Zur Rolle des christlichen Glaubens

10.3.1.1 Moralentwicklung und ethische Prinzipien

Theorie der Moralentwicklung nach Kohlberg

In seinem Modell zur Entwicklung des moralischen Urteils stellt Kohlberg 6 verschiedene Stufen auf, die Menschen in der Entwicklung ihrer Moral durchlaufen. Diese Stufen können in 3 verschiedene Stadien zusammengefasst werden. Je höher dabei die Stufe der Moralentwicklung ist, desto eher ist eine Person imstande, die Perspektive einer anderen Person einzunehmen und diese bei Entscheidungen zu berücksichtigen (Lohaus und Vierhaus 2015). Dabei durchlaufen alle Menschen die Phasen in der gleichen Reihenfolge, wobei nur ein geringer Anteil aller Menschen die höchste Stufe erreicht.

Das 1. Stadium ist nach Kohlberg das **präkonventionelle Stadium.** Hier unterscheidet man die Stufen der Moral des Gehorsams und der Moral des instrumentellen Egoismus. Dieses 1. Stadium zeichnet sich dadurch aus, dass Personen durch ihr Verhalten entweder eine Belohnung erhalten, eine Strafe vermeiden oder eigene Bedürfnisse befriedigen wollen. Das Handeln ist egozentrisch und nach dem eigenen Vorteil ausgerichtet.

Auf dem nächsten, dem **konventionellen Stadium,** unterscheidet man wiederum die Moral der interpersonellen Übereinstimmung und die Moral von Gesetz und Ordnung. Hier richtet die Person ihr Handeln überwiegend an gesellschaftlichen Normen oder Gesetzen aus, also an den Erwartungen anderer Personen. In diesem Stadium wird bereits eine andere Perspektive eingenommen, die Perspektive der sozialen Gruppe.

Das **postkonventionelle Stadium** ist das höchste Stadium, und es besteht aus der Stufe der Moral der sozialen Vereinbarung und der Moral allgemeingültiger ethischer Prinzipien. Hier richtet sich die Person bei ihrer Entscheidung zwar immer noch nach sozialen und gesellschaftlichen Normen, es kommen jedoch noch andere Faktoren hinzu, die bei der Entscheidungsfindung eine Rolle spielen. Diese Faktoren sind etwa allgemeine Handlungsprinzipien oder Ideale, die die Person für sich selbst festgelegt hat oder als universelle ethische Prinzipien sieht (Lohaus und Vierhaus 2015).

In einem im Nachhinein veröffentlichten Text beschreibt Kohlberg den Zusammenhang der Moralentwicklung mit dem **religiösen Denken** (Kohlberg und Power 1981). Eine fortgeschrittene Moralentwicklung sei seiner Meinung nach eine Voraussetzung für religiöses Denken. Er stellte in dieser Abhandlung sogar die These auf, es gebe möglicherweise auch noch eine 7. Stufe der Moralentwicklung, auf der moralische Urteile transzendental begründet werden. Auf dieser Stufe könnten nach Kohlberg religiöse Persönlichkeiten wie Jesus, Buddha oder Gandhi (▶ Kap. 9) eingeordnet werden.

Ethische Prinzipien im christlichen Glauben

Der christliche Glaube gibt den Gläubigen ethischen Prinzipien vor, nach denen sie leben und handeln sollen. Dies wird vor allem im Neuen Testament in den Geschichten Jesus deutlich. In der Bibel wird im Neuen Testament beschrieben, wie Jesus von einem Schriftgelehrten gefragt wurde, welches der Gebote das wichtigste Gebot sei. Daraufhin antwortete Jesus mit folgender Aussage:

》 „Darum sollst du den Herrn, deinen Gott, lieben mit ganzem Herzen und ganzer Seele, mit deinem ganzen Denken und mit deiner ganzen Kraft. Als zweites kommt hinzu: Du sollst deinen Nächsten lieben wie dich selbst. Kein anderes Gebot ist größer als diese beiden." Die Bibel, Markus 12: 29–31 (Deutsche Bischofskonferenz et al. 2016)

Statt wie im Alten Testament eine sehr große Anzahl an Geboten beachten und befolgen zu müssen, könne man sich also auf die **Liebe zu Gott** und **zu seinen Nächsten** konzentrieren. Das Handeln der Gläubigen in konkreten Situationen soll sich also nach der Einhaltung dieser beiden Prinzipien ausrichten.

Doch nicht jeder Mensch befindet sich auf dieser hohen Stufe der Moralentwicklung und ist dazu in der Lage. Menschen gewöhnen sich verhältnismäßig schnell an Regeln, die aus diesen abstrakten Prinzipien abgeleitet werden; bis wieder eine Person kommt, die diese Regeln kritisch hinterfragt und auf übergeordnete Prinzipien hinweist. Beispiele hierfür gibt es in der Geschichte viele, z. B. Martin Luther oder auch Martin Luther King

(▶ Kap. 8). Beide hinterfragten Regeln, das Verhalten und festgelegte Vorgehensweisen und wiesen dabei auf übergeordnete Prinzipien hin.

Moralentwicklung bei Papst Franziskus

Überträgt man die beschriebenen Aspekte auf Papst Franziskus, wird folgendes deutlich: Die 6. Stufe der Moralentwicklung beschreibt eine Moral, die durch **universelle ethische Prinzipien** bestimmt ist. Und genau dieses Verhalten ist auch bei Papst Franziskus zu beobachten. Er verstößt gegen bisherige Verhaltensregeln und richtet sein Handeln stattdessen an den in der Bibel beschriebenen christlichen Prinzipien aus.

Bereits während seiner Zeit als Bischof in Buenos Aires ging er in Armenviertel und verbrachte dort Zeit mit den Menschen und wusch ihnen die Füße. Er weigerte sich dabei, sich von seinem Chauffeur fahren zu lassen und nutzte stattdessen öffentliche Verkehrsmittel, um mehr Kontakt mit den Menschen haben zu können.

Er spricht außerdem bisherige Tabuthemen der katholischen Kirche an. Er äußerte sich z. B. zu dem Umgang mit wiederverheirateten und zuvor geschiedenen Personen, wobei er betonte, dass keine Person diskriminiert oder auf ewig verurteilt werden dürfe. Mit dieser Forderung verfolgte Papst Franziskus keinen eigenen Vorteil. Er hielt sich damit auch nicht an die bisherigen Normen, die in der katholischen Kirche von vielen seiner Vorgänger befolgt wurden.

Dies zeigt, dass er seinen Einfluss und sein Handeln an den Prinzipien der Menschenwürde, Barmherzigkeit und Nächstenliebe ausrichtet. Wie „treffend" oder „richtig" seine Ideen und Ansichten letztendlich aus der Sicht jedes Einzelnen sind, spielt hier zunächst keine Rolle.

Papst Franziskus befindet sich also nicht auf einer hohen Stufe der Moralentwicklung, weil er der Papst oder ein Geistlicher ist. Nein, er geht den nächsten Schritt und verzichtet

darauf, den einfachen Weg zu wählen und sich den gegebenen Regeln zu beugen und unterzuordnen. Stattdessen setzt er sich für seine Prinzipien ein und nimmt dafür die Konsequenzen in Kauf.

10.3.1.2 Selbstdiskrepanz

Ein weiterer Ansatz, der das besonders wohltätige und empathische Verhalten Bergoglios beschreiben könnte, ist die Theorie der Selbstdiskrepanz. Diese Theorie besagt, dass bei Menschen verschiedene Selbstzustände unterschieden werden können. Diese sind das Aktual- bzw. Real-, das Ideal- und das Sollselbst. Wenn es Diskrepanzen zwischen diesen Selbstzuständen gibt, entsteht eine **wahrgenommene Selbstdiskrepanz** (Higgins 1987). Diese hat dann einen Einfluss auf die Selbstregulation. Dieser Effekt ist bei einer hohen Selbstaufmerksamkeit besonders hoch (Wicklund und Frey 1993). Die Selbstdiskrepanz wird dann meist als aversiv wahrgenommen und motiviert dazu, etwas an der aktuellen Situation zu ändern, um die Diskrepanz aufzuheben.

Für den christlichen Glauben dient Jesus und sein in der Bibel beispielhaft beschriebenes Verhalten als Vorbild und als Ideal für Gläubige. In der Bibel wird beschrieben, dass Jesus selbst die Jünger dazu aufforderte, seinem Verhalten zu folgen. Als Jesus das letzte Abendmahl mit seinen Jüngern feierte, begann er, ihnen die Füße zu waschen, und sagte ihnen Folgendes:

>> „Ihr sagt zu mir Meister und Herr und ihr nennt mich mit Recht so; denn ich bin es. Wenn nun ich, der Herr und Meister, euch die Füße gewaschen habe, dann müsst auch ihr einander die Füße waschen. Ich habe euch ein Beispiel gegeben, damit auch ihr so handelt, wie ich an euch gehandelt habe." Die Bibel, Johannes 13: 13–15 (Deutsche Bischofskonferenz et al. 2016)

Jesus beeinflusst dadurch das Idealselbst der gläubigen Person. Wenn ihr Aktualselbst jedoch nicht mit dieser Vorstellung übereinstimmt, entsteht eine Selbstdiskrepanz. Diese Selbstdiskrepanz kann dadurch aufgehoben werden, dass sich die Person bemüht, das Aktual- an das Ideal- und an das Sollselbst anzupassen.

Papst Franziskus hat bei mehreren Gelegenheiten Priester dazu aufgerufen, sich Jesus als Vorbild zu nehmen. Man kann daher davon ausgehen, dass auch er selbst Jesus als sein Ideal und Vorbild sieht. Nach der Theorie der Selbstdiskrepanz könnte man vermuten, dass Bergoglio daher tagtäglich versucht, sein Aktual- an sein Idealselbst (also Jesus) anzupassen. Hinzu kommt, dass er durch seine eigene Vorbildfunktion als Geistlicher (und jetzt Papst) stets darauf achten muss, auch vorbildlich zu handeln. Dies könnte die **Selbstaufmerksamkeit** des Papstes noch zusätzlich erhöhen und den Effekt weiter verstärken.

Diese kontinuierliche Überprüfung des eigenen Handelns und der Vergleich seines Handelns mit dem von Jesus könnten dazu beitragen, dass er die christlichen Prinzipien einhält und sein Leben danach ausrichtet, seinen Nächsten zu helfen und weniger auf sich selbst zu achten.

10.3.2 Persönliche Eigenschaften

Doch warum handeln dann nicht alle Menschen christlichen Glaubens nach diesen Prinzipien? Es ist davon auszugehen, dass neben diesen Erklärungen auch die Lebensgeschichte Bergoglios ursächlich für seine heutige Einstellung und sein heutiges Verhalten ist.

10.3.2.1 Resilienz

Das Konzept der Resilienz stammt ursprünglich aus der Entwicklungspsychologie, wird aber zunehmend auch in anderen Kontexten der Psychologie, Pädagogik und sozialen Arbeit angewendet. Resilienz kann man allgemein zusammenfassen als „dynamischen oder kompensatorischen Prozess positiver Anpassung angesichts bedeutender Belastungen" (Holtmann und Schmidt 2004,

S. 196). Die Grundidee der Resilienzforschung liegt darin, Schutzfaktoren zu identifizieren und diese aktiv auszubauen, statt nur Defizite oder Risikofaktoren festzustellen. Anhand dieser Definition wird außerdem deutlich, dass es sich bei der Resilienz nicht um einen statischen und angeborenen Faktor handelt, sondern um einen dynamischen Prozess. Die Resilienz entwickelt sich also aus einer Wechselwirkung zwischen der Person und ihrer Umwelt.

Jorge Mario Bergoglio hatte im Laufe seines Lebens mit vielen schwierigen Lebensereignissen und Hindernissen zu kämpfen. Beispiele hierfür sind sein Migrationshintergrund, die Krankheit seiner Mutter, die finanziellen Schwierigkeiten der Familie, die Armut im Land, seine frühe Berufstätigkeit und seine eigene schwere Erkrankung. Bergoglio hat dabei nicht aufgegeben, sondern sich den Herausforderungen gestellt. Jede Herausforderung schildert er in den Interviews zu seiner Biografie als „prägende" und „wertvolle" Erfahrung. Diese Erfahrungen, gepaart mit der sozialen Unterstützung durch seine Familie und durch seine Glaubensgemeinschaft, haben ihm geholfen, eine hohe Resilienz zu entwickeln.

Bei Papst Franziskus lässt sich rückwirkend eine besondere Konstellation von Ereignissen und Erfahrungen feststellen, die ihn von anderen Päpsten unterscheidet. Hinzu kommen seine – für einen Papst bisher einzigartigen – Wurzeln in Lateinamerika und dem Jesuitenorden.

Auch heute in seiner Rolle als Papst hat er mit viel Kritik, schwierigen Entscheidungen und Gegenwind vonseiten der Kardinäle zu kämpfen. Nichtsdestotrotz lässt er sich dadurch nicht beirren und folgt seinen Prinzipien ohne dabei den Blick für das Wichtigste zu verlieren – den Menschen.

10.3.2.2 Selbstwirksamkeitserwartung

Die Theorie der Selbstwirksamkeitserwartung von Albert Bandura (1977) definiert den Begriff als die Erwartung einer Person, auch schwierige Situationen und Aufgaben meistern zu können. Dabei unterscheidet Bandura 4 verschiedene Quellen, aus denen Selbstwirksamkeit geschöpft werden kann: eigene Erfolgserlebnisse, Beobachtung von Erfolgserlebnissen bei Vorbildern, verbale Ermutigung und emotionale Erregung. Die Untersuchungen Banduras gaben außerdem Hinweise darauf, dass Personen Handlungen nur dann aufnehmen oder beginnen, wenn sie über eine positive Selbstwirksamkeitserwartung verfügen (Bandura 1977).

In unserem Kontext ist diese Theorie relevant, da es einer hohen **Selbstwirksamkeit** bedarf, um seinen Mitmenschen zu helfen und sich für die Schwächeren einzusetzen. Es bedarf auch einer hohen Selbstwirksamkeit, sich als Oberhaupt der katholischen Kirche gegen bisherige von der Kirche aufgesetzte Normen auszusprechen und Verhaltensregeln zu brechen.

Bergoglio war bereits in Argentinien bekannt dafür, sich selbst aufzuopfern und anderen Menschen zu helfen. Er engagierte sich während seiner Zeit in Argentinien sehr stark in Armenvierteln, organisierte Veranstaltungen für Kinder und verbrachte sowohl mit Gläubigen als auch mit Nichtgläubigen Zeit.

Auch heute in seinem Amt als Papst hat er den **Mut,** Dinge anzusprechen, die seiner Meinung nach nicht richtig sind. So kritisiert er beispielsweise die großen Unterschiede zwischen Arm und Reich, den unmenschlichen Umgang mit Flüchtlingen, das scheinheilige Doppelleben vieler Katholiken und nicht zuletzt die Klimaschutzproblematik. Nicht alle Päpste sprachen kritische Themen so direkt an und nannten diese beim Namen. Beispielsweise war sein Vorgänger Benedikt XVI. dafür bekannt, alles Neue und Moderne zu kritisieren, bereits Bestehendes jedoch nicht oft zu hinterfragen.

Dieser Mut zur Kritik und der Mut mit eigenem Beispiel voranzugehen, sind Zeichen dafür, dass Bergoglio sehr proaktiv handelt und sich über den Einfluss und Effekt seiner Handlungen bewusst ist. Daher ist anzunehmen, dass Papst Franziskus über eine hohe Selbstwirksamkeitserwartung verfügt. Diese ermöglicht es ihm, viel umzusetzen und vielen Menschen zu helfen.

Im Leben und Werdegang Bergoglios finden sich mehrere Hinweise auf Faktoren, die seine Selbstwirksamkeitserwartung gestärkt haben könnten. Ein Beispiel hierfür könnte die vorher beschriebene **spirituelle Erfahrung** sein, die er im Alter von 17 Jahren erlebte. Hier bekam er das starke Gefühl übermittelt, er werde gebraucht und könne etwas bewirken. Auch Jesus als sein Vorbild und seine Modellperson brach oft Verhaltensregeln und setzte sich für Bedürftige ein. Dieses Verhalten wird bis heute von Gläubigen auf der ganzen Welt geschätzt und bewundert und könnte – wie oben erklärt – auch die Selbstwirksamkeit Bergoglios gestärkt haben.

Ein weiteres Beispiel könnten die vielen Situationen sein, in denen Jorge in seiner Kindheit und Jugend **Verantwortung** übernehmen musste: Er arbeitete bereits im Alter von 13 Jahren und besuchte gleichzeitig eine Abendschule – und meisterte dies mit viel Disziplin und Fleiß. Trotz vieler Schwierigkeiten zeigte er hohes Durchhaltevermögen.

Diese eigenen Erfolgserlebnisse können daher auch maßgeblich dafür gewesen sein, dass er eine starke Selbstwirksamkeit entwickelte.

10.4 Fazit

Es bleibt zu hoffen, dass Papst Franziskus durch sein Verhalten und seine Worte eine wirkliche Veränderung bewirkt. Diese soll sich nicht nur auf die katholische Kirche beschränken, sondern über deren Grenzen hinausgehen. Denn dieser Papst bringt sowohl die notwendige Energie als auch das notwendige Durchhaltevermögen und den Mut mit, um sich dieser Herausforderung zu stellen.

Die Analyse der relevanten Faktoren im Leben von Papst Franziskus gibt uns einige Hinweise darauf, was wir brauchen, um selbst bessere Menschen zu werden. Dabei handelt es sich um Eigenschaften, die notwendige Bedingungen dafür sind, dass wir uns z. B. wohltätig engagieren. Daraus soll keinesfalls geschlussfolgert werden, dass wir alle Priester werden oder den christlichen Glauben annehmen müssten. Es soll auch nicht bedeuten, dass Papst Franziskus „das Gute in Person" ist und wir allen seinen Worten und Taten unkritisch zustimmen sollten.

Anhand seines Vorbildes lässt sich auf abstrakterer Ebene Folgendes ableiten: Unsere Welt braucht mehr Menschen, die nicht nur aus eigenem egoistischem Interesse oder aufgrund festgelegter Gesetze und Gebote handeln, sondern Menschen, die ihr Handeln nach ethischen Prinzipien ausrichten und dabei die Würde des Menschen in den Vordergrund stellen. Diese Menschen müssen außerdem die Fähigkeit haben, Hindernisse auf ihrem Weg zu überwinden, und davon überzeugt sein, dass sie mit ihrem Handeln etwas bewirken können. Dabei müssen sie auch damit rechnen, mit ihrer Meinung scheinbar alleine dazustehen, und trotzdem den Mut haben, sich dafür einzusetzen und mit gutem Beispiel voranzugehen.

Vorbilder und Ideale können dabei helfen, das eigene Handeln immer wieder auf seine Richtigkeit zu überprüfen und nicht den Blick für das Wichtige zu verlieren. Dabei müssen weder die ethischen Prinzipien noch die Vorbilder und Ideale christlich oder religiös sein. Einzig wichtig ist dabei, dass sie dabei die Würde jedes Menschen berücksichtigen und dadurch die gegenseitige Hilfe und Unterstützung begünstigen.

Literatur

Bandura, A. (1977). Self-efficacy: Toward a unifying theory of behavioral change. *Psychological Review, 84*(2), 191–215.

Deutsche Bischofskonferenz, Österreichische Bischofskonferenz, Schweizer Bischofskonferenz, Erzbischöfe von Luxemburg, von Vaduz und von Straßburg, & Bischöfe von Bozen-Brixen und von Lüttich (Hrsg.). (2016). *Die Bibel: Einheitsübersetzung der Heiligen Schrift.* Stuttgart: Katholische Bibelanstalt.

Gessler, P. (2013). Rücktritt von Benedikt XVI.: Am Ende zeigt er doch noch Größe. Spiegel Online. Artikel vom 11. Februar 2013. ► http://www.spiegel.de/panorama/ruecktritt-von-papst-benedikt-xvi-bilanz-seines-pontifikats-a-882626.html. Zugegriffen: 18. Jan. 2019.

Haupt, H. (2013). *Franziskus: Der Papst der Armen – Die exklusive Biografie.* München: Riva.

Higgins, E. T. (1987). Self-discrepancy: A theory relating self and affect. *Psychological Review, 94*(3), 319–340.

Holtmann, M., & Schmidt, M. H. (2004). Resilienz im Kindes- und Jugendalter. *Kindheit und Entwicklung, 13*(4), 195–200.

Jesuitas Provincia Argentino-Uruguaya. (2014). Vocación. ► http://jesuitasaru.org/vocacion/. Zugegriffen: 18. Jan. 2019.

Kleinjung, T. (2017). Reaktionen auf KZ-Vergleich. Legitim oder daneben? Tagesschau. Bericht vom 23. Juli 2017. ► https://www.tagesschau.de/ausland/papst-fluechtlinge-111.html. Zugegriffen: 14. Febr. 2018.

Kohlberg, L., & Power, C. (1981). Moral development, religious thinking, and the question of a seventh stage. *Zygon: Journal of Religion and Science, 16*(3), 203–259.

Lohaus, A., & Vierhaus, M. (2015). *Entwicklungspsychologie des Kindes- und Jugendalters für Bachelor.* Berlin: Springer.

Rubin, S., & Ambrogetti, F. (2013). *Papst Franziskus – Mein Leben, mein Weg. El Jesuita: Die Gespräche mit Jorge Mario Bergoglio von Sergio Rubin und Francesca Ambrogetti.* Freiburg im Breisgau: Herder.

Schlamp, H.-J. (2017). Konflikt im Vatikan. Aufruhr der Dogmatiker. Spiegel Online. Artikel vom 30. Oktober 2017. ► http://www.spiegel.de/panorama/papst-franziskus-aufruhr-der-dogmatiker-a-1174409.html. Zugegriffen: 18. Jan. 2019.

Spiegel Online. (2015). Papst Franziskus: „Gute Katholiken müssen sich nicht wie die Karnickel vermehren". Artikel vom 20. Januar 2015. ► http://www.spiegel.de/panorama/gesellschaft/papst-katholiken-sollen-sich-nicht-wie-karnickel-vermehren-a-1013845.html. Zugegriffen: 18. Jan. 2019.

Straub, D. (2018). Tut der Vatikan genug, um Missbrauch aufzuklären? Der Tagesspiegel. 22. August 2018. ► https://www.tagesspiegel.de/politik/katholische-kirche-tut-der-vatikan-genug-um-missbrauch-aufzuklaeren/22936070.html. Zugegriffen: 18. Jan. 2019.

Wicklund, R. A., & Frey, D. (1993). Die Theorie der Selbstaufmerksamkeit. In D. Frey & M. Irle (Hrsg.), *Theorien der Sozialpsychologie: Bd. I. Kognitive Theorien* (S. 155–173). Bern: Huber.

Albert Schweitzer

Der Urwalddoktor aus dem Elsass

Doreen Schick

© Springer-Verlag GmbH Deutschland, ein Teil von Springer Nature 2019
D. Frey (Hrsg.), *Psychologie des Guten und Bösen*, https://doi.org/10.1007/978-3-662-58742-3_11

11.1 Einleitung

„Urwalddoktor", „Kulturphilosoph", „Theologe", „Friedensnobelpreisträger", „begnadeter Orgelspieler", „Bach-Biograf" – Albert Schweitzer bekam im Laufe der Jahre viele Bezeichnungen, die alle sein breites Interessenspektrum aufzeigen.

Albert Schweitzer, der Pfarrerssohn, stammte aus dem Elsass und ließ seine akademische Laufbahn und ein eigentlich bequemes Leben hinter sich, um in Lambarene, Gabun in Afrika, eine Klinik im Urwald aufzubauen, und setzte sich während des Kalten Krieges gegen die atomare Aufrüstung ein. Durch sein Handeln schuf er eine Identität zwischen seinem Leben und seiner selbst formulierten Ethik der Ehrfurcht vor dem Leben. Im Alter von 30 Jahren hatte Schweitzer bereits sowohl einen Doktortitel in Philosophie als auch in Theologie erhalten und auch seine Liebe zu Bachs Musik verfolgt. Trotzdem entschied er sich im selbigen Alter gegen eine theologische oder akademische Karriere und studierte Medizin mit dem Ziel, Missionsarzt in Afrika zu werden. Diesen Wunsch konnte er schließlich 1913 umsetzen und wurde dafür schon zu Lebzeiten weltweit bekannt und verehrt. So schrieb der *Spiegel* im Jahre 1960:

> » „Er sieht aus wie ein naher Verwandter des lieben Gottes. Und er benimmt sich so: Sein Herz ist gut, sein Denken erhaben, seine Kunst begnadet." (Der Spiegel 1960, S. 50)

Und in einer Sonderausgabe des amerikanischen Magazins *Life* wurde Schweitzer 1947 sogar als „The Greatest Man in the World" bezeichnet. Darüber hinaus bekam Albert Schweitzer eine ganze Reihe an Ehrendoktorwürden verliehen, unter anderem von Universitäten aus der Bundesrepublik Deutschland, Tschechien, den USA, England und der damaligen Deutschen Demokratischen Republik (DDR) – und im Jahre 1953 schließlich auch den Friedensnobelpreis. Albert Schweitzer war in dieser Zeit omnipräsent und sein Schaffen und seine Persönlichkeit wurden zum Vorbild auch für junge Leute. Eine Untersuchung der „Hochschule für Internationale Pädagogische Forschung" in Frankfurt im Jahr 1964 ermittelte ihn als das am häufigsten genannte Persönlichkeitsvorbild unter deutschen Schülern.

Aber wieso entschied sich der promovierte Philosoph und Theologe Albert Schweitzer mit 30 Jahren noch einmal Medizin zu studieren, um sein eigentlich bequemes Leben im Elsass aufzugeben und „Urwalddoktor" zu werden? Und warum war er mit seinem Vorhaben so erfolgreich? Diese Fragen sollen in diesem Kapitel beleuchtet werden. Klar sollte dabei jedoch sein, dass dieses Kapitel keine abschließende Bewertung der Fragen oder der Person Albert Schweitzers sein kann und soll. Jedoch werden einige psychologische Theorien und Modelle aufgezeigt, die zur Entwicklung Albert Schweitzers beigetragen haben könnten.

Zunächst wird aber in einer kurzen biografischen Darstellung Schweitzers Leben zusammengefasst.

11.2 Biografie

Alle Informationen in diesem Kapitel (auch in der Einleitung) zur Biografie, zur Ethik Albert Schweitzers und zur Kritik an ihm sowie die Einschätzungen über ihn beruhen – sofern nicht anders im Text angegeben – auf folgenden Quellen, wobei die erste als Hauptquelle verwendet wurde: *Albert Schweitzer: Eine Biographie* (Oermann 2009), *Aus meiner Kindheit und Jugendzeit* (Schweitzer 2015a), *Aus meinem Leben und Denken* (Schweitzer 2015b).

11.2.1 Kindheit und Jugend (1875–1893)

Albert Schweitzer selbst beschrieb seine Kindheit in seiner Autobiografie als glücklich. Er wurde am 14. Januar 1875 in Kaysersberg im

Oberelsass als 2. von 5 Kindern geboren. Sein Vater, Louis Schweitzer, war Pfarrer wie schon viele seiner Vorfahren und Vorfahren seiner Ehefrau, Adele Schweitzer, geb. Schillinger.

Noch im Jahr von Albert Schweitzers Geburt zog die ganze Familie nach Günsbach im Elsass, das seit dem Ende des Deutsch-Französischen Krieges 1871 Teil des Deutschen Kaiserreichs war. Im Laufe der Geschichte wechselte des Elsass 4-mal seine Nationalität zwischen Deutschland und Frankreich, während Schweitzers Lebenszeit 3-mal. Nach dem Ersten Weltkrieg wurde es wieder französisch, bevor es 1940 im Zweiten Weltkrieg von den Nationalsozialisten besetzt und 1944 wieder Teil Frankreichs wurde (Gorse 2014). Schweitzers Familie war eher frankophil, weshalb die Brüder seines Vaters in Paris lebten. Albert Schweitzer hatte zunächst aber einen deutschen Pass und deshalb sowohl Verbindungen nach Frankreich und Deutschland. Als er von Deutschland und Frankreich nach der Vergabe des Friedensnobelpreises als einer der ihren beansprucht wurde, da er nach dem Ersten Weltkrieg die französische Staatsbürgerschaft bekommen hatte, antwortete Schweitzer auf die Frage der Nationalität: „Homo sum" (Ich bin ein Mensch). Er fühlte sich aber als „Zufallsdeutscher" und orientierte sich politisch eher an Frankreich (Oermann 2009, S. 16).

Schweitzer war nach seiner Geburt zunächst untergewichtig und kränklich, erholte sich aber schnell wieder und konnte so von 1880 bis 1884 die Volksschule in Günsbach besuchen. Obwohl Schweitzer aus einem bürgerlichen Elternhaus stammte, war er stets bemüht, nicht als „Herrenbueble" (Der Spiegel 1960, S. 52) wahrgenommen zu werden, sondern passte sich an die anderen Kinder aus dem Dorf an. Deshalb weigerte er sich beispielsweise, Fingerhandschuhe oder Lederschuhe anstatt Fäustlingen oder Holzschuhen zu tragen, auch wenn er dafür eine Ohrfeige von seinem Vater erhielt.

Insgesamt wurde Albert Schweitzer jedoch eher liberal, dem Rationalismus verpflichtet, aber lutherisch-evangelisch erzogen. Schon sein Großvater war bereits ein Anhänger der Aufklärung, einer geistigen Strömung des 17. und vor allem des 18. Jahrhunderts, in der kritisches Denken und Zweifeln als Tugend angesehen wurden und so Akzeptanz für neues Wissen geschaffen werden sollte. Die wissenschaftliche Erkenntnis bekam so Vorrang vor dem Aberglauben und Vorurteilen (BBS I 2019; Duden 2019). So durfte auch Albert im Elternhaus mutig und kritisch nachfragen, selbst wenn es um religiöse Fragen ging.

Nach der Volksschule ging Schweitzer ein Jahr auf die Realschule im elsässischen Münster, bevor er 1885 auf das Gymnasium in Mühlhausen wechselte, wo er schließlich 1893 sein Abitur ablegte. Während seiner Zeit am Gymnasium lebte er bei dem Halbbruder seines Großvaters und dessen Frau, die ihn kostenlos bei sich wohnen ließen und ihm so den Besuch des Gymnasiums ermöglichten. Eine andere Unterbringung wäre für die Familie Schweitzer finanziell nicht möglich gewesen. Diese vielen Ortswechsel in der Jugend erforderten sicherlich eine gewisse Anpassungsleistung an das immer wieder neue Umfeld. Die Jahre in Mühlhausen waren zudem nicht immer leicht für Schweitzer. So hatte er beispielsweise Schwierigkeiten beim Lernen und zeigte daher meist nur mittelmäßige Schulleistungen. Er war nur dann gut vorbereitet und motiviert, wenn er sich für etwas begeisterte. Außerdem war Albert Schweitzer schon in seiner Kindheit und Jugend sehr tierlieb und naturverbunden. Häufige Aufenthalte in der Natur waren in Mühlhausen für ihn aber nicht immer möglich.

Albert Schweitzer hatte bereits im Alter von 5 Jahren Klavierunterricht und mit 8 Jahren Orgelunterricht bekommen. Später sollte er nicht nur ein Orgelinterpret werden, sondern sich auch sehr mit dem Orgelbau auseinandersetzen und ein Buch dazu schreiben. Durch diese Liebe zum Orgelbau engagierte er sich als Erwachsener überdies für den Erhalt alter Orgeln. Jedoch fiel ihm auch das Lernen sowohl an der Orgel als auch am Klavier zunächst nicht immer leicht.

11.2.2 Studienzeit (1893–1904)

Noch vor Beginn seines Studiums 1893 unternahm Schweitzer eine **kulturelle Bildungsreise** nach Paris. Er konnte dort bei den Brüdern seines Vaters bleiben, die ihn in das gesellschaftliche Leben in Paris einführten. Er bekam Orgelstunden bei Charles-Marie Widor, der es ihm ermöglichte, am Pariser Conservatoir seine bereits vorhandene Liebe zu Bach zu vertiefen. Im selben Jahr begann Schweitzer sein Studium der Evangelischen Theologie, Philosophie und Musiktheorie an der Kaiser-Wilhelm-Universität in Straßburg. Er galt dabei als zielstrebig, ehrgeizig und vielseitig begabt, arbeitete effizient und tat sich auch hier deutlich leichter mit Themen, die ihn interessierten. Themen, die ihm nicht lagen, konnte er aber durch sein „Bestreben, […] das [ihm] nicht Liegende zu bewältigen" (Schweitzer 2015b, S. 14), das er auch schon in seinen letzten Schuljahren entwickelt hatte, erarbeiten.

Von 1894 bis 1895 musste er sein Studium für ein Jahr **Wehrdienst** unterbrechen, den er beim Infanterieregiment in Straßburg absolvierte. Sein späteres Vorhaben, Missionsarzt zu werden, fand aber schon ein Jahr später (1896) seinen Anfang. Schweitzer fasste noch während seines Studiums den Entschluss, nach dem 30. Lebensjahr einen Beruf mit dem „unmittelbaren Dienst am Menschen" auszuüben. Bis dahin wollte er sich aber noch der Kunst und Wissenschaft zuwenden. Dies tat er auch tatkräftig: 1898 bestand Schweitzer das erste theologische Examen und verbrachte daraufhin einige Zeit in Paris, um dort erneut bei Charles-Marie Widor das Orgelspiel zu studieren und bei Isidore Philipp und Marie Jaëll Trautmann Klavierstunden zu nehmen. Gleichzeitig arbeitete er auch an seiner Doktorarbeit in Philosophie. Während eines darauffolgenden Aufenthalts in Berlin widmete er sich dann unter anderem bei Adolf von Harnack theologischen Studien. Sowohl in Paris als auch in Berlin konnte Schweitzer Bekanntschaften mit verschiedenen Personen der Wissenschaft und Gesellschaft machen und dadurch seinen Bekanntenkreis erweitern.

Schließlich promovierte Schweitzer 1899 in seinem Studienfach **Philosophie** mit einer Doktorarbeit zum Thema der Kritik an Kants Religionsphilosophie, in der er ihre historische Entstehungsgeschichte und Struktur untersuchte. Zurück in Straßburg wurde Schweitzer von 1899 bis 1900 Lehrvikar in der Kirche St. Nicolai in Straßburg, einer der liberalsten Gemeinden in Straßburg. Auch wenn er auch hier aufgrund seiner liberalen Ansichten umstritten war, konnte er 1900 dennoch sein 2. theologisches Examen ablegen und erhielt den Doktortitel in **Theologie**. Nachdem er 1902 schließlich auch in Theologie habilitierte, wurde er Privatdozent an der Theologischen Fakultät der Universität in Straßburg. Da er in seiner Habilitation akzeptierte kirchliche Lehrmeinungen infrage stellte, darunter auch die Lehrmeinung seines Lehrers Holtzmann, der ihn trotzdem unterstützte, war seine Habilitation zunächst nicht sicher.

Ab 1902 gab Schweitzer viele Orgelkonzerte und begann 1903 mit seiner Stelle als Direktor des Thomasstifts in Straßburg, die er bis 1906 ausübte. 1903 begann er zusätzlich seine Arbeit an der Bach-Biografie, die ihm später das Medizinstudium finanzieren sollte.

11.2.3 Medizinstudium (1905–1913)

1905 war ein Jahr mit vielen Umbrüchen für Schweitzer. Nachdem die französische Auflage seiner Bach-Biografie veröffentlicht wurde, entschloss er sich, dem angedachten Plan nachzugehen und ein Medizinstudium zu absolvieren, um Arzt in Äquatorialafrika zu werden.

Zunächst hatte Schweitzer versucht, seinen „Dienst am Menschen" mit der Aufnahme von Waisen bei sich zu realisieren. Jedoch legten ihm die Behörden bürokratische Hürden auf, da ihnen ein Junggeselle hierfür unpassend erschien. Im Jahr 1904 hatte Schweitzer schließlich im Thomasstift auf seinem Schreibtisch ein Heft der Pariser Missionsgesellschaft vorgefunden, in dem beschrieben wurde, „[w]as der Kongo-Mission not tut" (Der Spiegel 1960, S. 54). Dort wurde unter anderem erwähnt, dass Personal im Norden der französischen Kolonie in Gabun fehlte. Damit war Schweitzers Suche nach einer neuen Möglichkeit zu helfen beendet, und er beschloss als **Missionsarzt** tätig zu werden.

Da auch enge Freunde und Verwandte von einer kirchlichen Karriere ausgingen, war das Medizinstudium eine große Wende für Schweitzer. Dieser neue Weg war mit einigen Hürden verbunden: Da Schweitzer bereits Teil des Lehrkörpers war, war es ihm nicht erlaubt, Prüfungen zu absolvieren. Dies wurde ihm nur durch die Fürsprache anderer Professoren und einer Sondergenehmigung der Regierung ermöglicht. So teilte er im Oktober 1905 Eltern und Freunden seine Absicht mit, Medizin zu studieren und Urwaldarzt zu werden. Während des Studiums arbeitete Schweitzer weiterhin in der Kirche St. Nicolai und veröffentlichte mehrere Bücher. 1910 schloss er sein Medizinstudium mit der Note „sehr gut" ab. Von 1910 bis 1911 absolvierte er dann sein praktisches Jahr und sein medizinisches Staatsexamen.

Am 18. Juni 1912 heiratete Albert Schweitzer Helene Bresslau, Tochter des Straßburger Mediävisten Harry Bresslau, mit der er schon länger in Kontakt stand, obwohl er sich aufgrund seines Vorhabens, Missionsarzt zu werden, zunächst für untauglich für die Ehe hielt. Helene unterstützte ihn jedoch in seinem Wunsch, in Afrika zu wirken und wollte sogar ein Teil davon werden. Albert und Helene stimmten in ihrer religiösen und kulturphilosophischen Meinung überein und wollten beide ihren Nächsten dienen. So hatte Helene nach ihrem Studium zur Lehrerin für höhere Mädchenschulen und Kunstgeschichte schon als Waiseninspektorin in Straßburg gearbeitet und absolvierte danach zusätzlich eine Ausbildung zur Krankenschwester, um Albert

nach Afrika begleiten zu können. Beide hatten sich versprochen, die Visionen des jeweils anderen zu unterstützen. Jedoch waren weder Helenes noch Alberts Eltern mit ihrem Plan, nach Afrika zu gehen, einverstanden. Vor allem Schweitzers Mutter billigte noch bei der Abreise der beiden das Vorhaben nicht.

1912 erhielt Schweitzer seine **Approbation zum Arzt** und ihm wurde noch im selben Jahr formal ein Professorentitel verliehen, aber sein akademisches Wirken in Straßburg endete mit seiner baldigen Abreise nach Lambarene. Er promovierte 1913 zum Doktor der Medizin, nachdem er von 1912 bis 1913 eine tropenmedizinische Zusatzausbildung in Paris absolviert hatte.

11.2.4 Arbeit und Wirken in Lambarene (1913–1932)

Am 21. März 1913 reiste das Ehepaar Schweitzer tatsächlich mit dem Schiff nach Lambarene in Französisch-Äquatorialafrika, dem heutigen Gabun, und gründete dort ein Urwaldspital am Fluss Ogowe. Da die Missionsgesellschaft Angst hatte, Schweitzer könne die anderen Missionare durch seine liberalen Ansichten verwirren, wäre das Vorhaben beinahe gescheitert. Deshalb wurde das Ehepaar Schweitzer schließlich als unabhängige medizinische Helfer dorthin ausgesandt.

Während des ersten Aufenthalts bis 1917 arbeiteten die Schweitzers kostenlos und waren dort in dem schwierigen Klima auf sich alleine gestellt. Trotz der schwierigen Bedingungen vor Ort – das erste Behandlungszimmer mussten sie in einem ehemaligen Hühnerstall errichten – waren sie von der dortigen Natur begeistert.

Mithilfe des Geldes der Missionsgesellschaft konnte Albert Schweitzer nach einiger Zeit einen richtigen Behandlungsraum bauen und bekam durch den einheimischen, ehemaligen Patienten, Joseph – ein Koch, der Französisch beherrschte – bald einen Heilgehilfen. Durch Joseph bekam Schweitzer auch Einblicke in die dortige Kultur. So hatte

Schweitzer in Lambarene schnell Erfolg, und die Patienten vertrauten ihm.

Doch der Ausbruch des **Ersten Weltkrieges,** den Schweitzer schon bei seiner Ausreise nach Lambarene befürchtet hatte, blieb auch im Urwaldhospital nicht unbemerkt. Es kam zu Lieferproblemen, und die Eheleute Schweitzer wurde offiziell zu Kriegsgefangenen, da sie in der französischen Kolonie mit ihrem deutschen Pass lebten. Zunächst durften sie sich innerhalb des Hospitalgeländes noch frei bewegen, erkrankten aber aufgrund der schlechten Nahrungsmittelversorgung an Tropenanämie. In dieser Zeit begann Schweitzer, seine Weltanschauung der „Ehrfurcht vor dem Leben" festzuhalten (▶ Abschn. 11.2.7). Am 3. Juli 1916 musste Schweitzer ein weiteres Opfer des Krieges beklagen: Seine Mutter starb durch ein scheuendes Militärpferd in Günsbach.

1917 wurden die Schweitzers letztendlich doch aus der französischen Kolonie ausgewiesen und in Frankreich interniert, zunächst 3 Wochen in Bordeaux, danach in Garaison in den Pyrenäen und später in St. Rémy de Provence. Während der Internierung hatten sowohl Helene als auch Albert Schweitzer gesundheitliche Probleme. Trotzdem arbeitet Schweitzer weiter an seiner Ethik der Ehrfurcht vor dem Leben und als Lagerarzt. Darüber hinaus wurde Helene in St. Rémy ungeplant schwanger. Aufgrund ihres gesundheitlichen Zustandes wurde das Ehepaar Schweitzer letztlich doch entlassen, und sie kehrten im Juli 1918 nach Günsbach im Elsass zurück.

Um seine hohen Schulden bei der Missionsgesellschaft, die er während seines ersten Aufenthalts in Lambarene aufnehmen musste, abzubezahlen und seine Familie versorgen zu können, nahm Schweitzer 1918 wieder eine Stelle als Hilfsprediger in St. Nicolai an und arbeitete zusätzlich als Assistenzarzt in der Frauenabteilung der Dermatologie im Straßburger Krankenhaus. In dieser Zeit, in der es dem Ehepaar Schweitzer physisch und psychisch nicht gut ging – Schweitzer fühlte sich vergessen wie ein „unter ein Möbel gerollte[r] und dort verlorene[r] Groschen" (Schweitzer 2015b, S. 160) –, wurde am 14. Januar 1919 Tochter Rhena geboren, die das große Glück der Familie wurde.

1919 begann Schweitzer auch wieder Konzerte zu geben und kurz vor Weihnachten gab es einen Lichtblick für ihn in Form einer Einladung zu einer Gastvorlesung in Uppsala in Schweden. Auf diese Einladung folgten weitere Engagements in ganz Europa, vor allem in England war man an ihm interessiert. Durch diese Wende konnte er bis 1922 genug Geld verdienen, um alle seine Schulden zu bezahlen und darüber hinaus seiner Frau und seiner Tochter ein Haus in Königsfeld im Schwarzwald in der Nähe von Villingen-Schwenningen zu kaufen, wo sie leben sollten, wenn er zurück nach Afrika ging.

1924 brach er dann erneut nach Lambarene auf, jedoch ohne seine Frau und Tochter, da Helenes Gesundheitszustand einen weiteren Afrikaaufenthalt nicht zuließ. Während diesem 2. Aufenthalt musste er das Hospital mithilfe seiner in Europa erwirtschafteten Gelder neu ausbauen, da er es bei seiner Ankunft sehr heruntergekommen vorfand. Trotzdem liefen die Dinge in Lambarene gut: Schweitzer bekam immer mehr Unterstützung durch freiwillige Ärzte und konnte so ein neues Hospital flussaufwärts, näher am Dorf eröffnen, wo es auch heute noch steht. Während dieser Zeit, am 5. Mai 1925, starb Albert Schweitzers Vater in Günsbach. Als Schweitzer zurück in Europa war, bekam er 1928 in Frankfurt den Goethepreis verliehen.

Im Laufe seines Lebens sollten auf den 2. Aufenthalt in Lambarene noch insgesamt 12 weitere folgen, an denen seine Frau und Tochter aufgrund von Helenes Gesundheitszustand nur selten teilnehmen konnten. Finanziert hat Albert Schweitzer das Hospital dabei immer durch seine zahleichen wissenschaftlichen, aber auch populären Veröffentlichungen, durch Konzerte, Vorträge, Vorlesungen und Spenden.

11.2.5 Zeit des Nationalsozialismus (1933–1948)

Schon 1933 hatte Schweitzer pessimistische Ansichten hinsichtlich der Situation in Deutschland, nicht zuletzt auch, da er die Machtübernahme Hitlers 1933 hautnah in Berlin miterlebte. In den Jahren des Nationalsozialismus in Deutschland wurde Schweitzer mehrfach gedrängt, sich öffentlich gegen die nationalsozialistische Politik zu stellen. Schweitzer verachtete die rechten Parteien in Deutschland zwar schon 1930, aber er lehnte es dennoch ab, sich öffentlich gegen die nationalsozialistische Politik zu äußern. Trotzdem riet er Verwandten und Freunden, Deutschland zu verlassen. Eine Anekdote besagt, dass Schweitzer eine Kooperation mit den Nationalsozialisten, die ihn als Aushängeschild gewinnen wollten, mit den abschließenden Worten „Mit zentralafrikanischem Gruß" ablehnte; Hitlers Propagandaminister, Joseph Goebbels, hatte seinen Brief mit der Anfrage zuvor „Mit deutschem Gruß" beendet (Oermann 2009, S. 219).

Während Schweitzer 1934 seine Vorlesungen in Religionsphilosophie in Oxford und Edinburgh hielt, vermieden andere Deutsche in England den Kontakt mit ihm, da sie aufgrund seiner kritischen Haltung gegenüber dem Nationalsozialismus nicht mit ihm in Verbindung gebracht werden wollten. Daraufhin beschloss Schweitzer, deutschen Boden nicht mehr zu betreten, solange Hitler an der Macht war. Er verbrachte deshalb einige Zeit während des Nationalsozialismus in Lambarene. Sein längster Aufenthalt reichte von 1939 bis 1948.

Die Familie Schweitzer litt auch persönlich stark unter der politischen Situation und dem **Zweiten Weltkrieg**. Helene Schweitzer und ihre Tochter Rhena mussten fliehen, da Helene Jüdin war. Ihr Konto im Schwarzwald war bereits 1933 eingefroren worden. Helene lebte unter der ständigen Angst, ihren Ehemann nicht mehr wiedersehen zu können.

Sie konnte 1941 aber durch die Hilfe verschiedener Bekannter von Bordeaux, über Lissabon und Angola nach Lambarene zu ihrem Ehemann fliehen. Viele Verwandte und Bekannte der Schweitzers überlebten den Krieg und die Verfolgung hingegen nicht. Aber auch in Lambarene waren die Auswirkungen spürbar. Schweitzer verbarrikadierte z. B. das Hospital mit Wellblechplatten, um die Häuser vor verirrten Geschossen zu schützen.

Nach dem Ende des Zweiten Weltkrieges war er in Sorge, dass das Hospital aufgrund der Armut in Europa nicht mehr genug Spenden erhalten würde. Jedoch kam von 1942 bis 1943 viel finanzielle Unterstützung aus den USA, Großbritannien und Schweden. Dies war unter anderem deshalb möglich, weil Helene im Jahr 1937 zusammen mit Rhena die USA besucht hatte, um Vorträge über Lambarene zu halten sowie Kontakte zu pflegen und aufzubauen.

11.2.6 Der Kalte Krieg und Schweitzers Einsatz gegen die atomare Aufrüstung (1949–1965)

1949 trat Schweitzer seine erste und letzte Amerikareise an, um in Aspen (Colorado) eine Gedenkrede zum 200. Geburtstag Goethes zu halten. Die Reise wurde von der Presse begleitet und machte ihn auch in den USA sehr bekannt. Später konnte er mit den Erlösen dieser Reise ein Lepradorf in Lambarene finanzieren.

1951 erhielt er in Frankfurt den „Friedenspreis des deutschen Buchhandels". Es wurde von verschiedenen Seiten gefordert, dass sich Schweitzer gegen die Atomwaffen engagieren solle. Schweitzer hatte sich seit dem Kriegsende zwar mit dem Thema beschäftigt, wollte hierzu zunächst jedoch nicht öffentlich Stellung beziehen. Erst als ihm im Jahre 1953 rückwirkend für das Jahr 1952 der **Friedensnobelpreis** verliehen wurde, den Schweitzer am 4. November 1954 persönlich entgegennahm, änderte er seine Meinung.

Nach den Wasserstoffbombentests der Amerikaner im Jahr 1954 beschäftigte sich Schweitzer eingehender mit der Atomthematik und stand deshalb auch mit Albert Einstein in Kontakt. Dieser bat ihn, sich öffentlich zur Atomfrage zu äußern. Schweitzers erste Stellungnahme erschien schließlich in der Londoner Zeitung *The Daily Herald* im April 1954, und auch bei der Übergabe des Nobelpreises in Oslo sprach er sich in seiner Rede über „Das Problem des Friedens in der heutigen Welt" gegen die atomare Bewaffnung und für den Frieden aus. Schweitzer wurde so zum Gesicht der **Anti-Atom-Bewegung** und war nach der Nobelpreisverleihung fast omnipräsent in der Öffentlichkeit.

Nachdem er 1957 auch die Göttinger Erklärung unterschieb und so gegen die atomare Aufrüstung Stellung bezog, wurde im Radio Oslo am 23. April 1957 sein erster „Appell an die Menschheit" gegen die Atomaufrüstung ausgestrahlt. In diesem Appell bezeichnete Schweitzer die Atombomben als eine nicht zu unterschätzende Gefahr für die Menschheit und zeigte auch die fatalen medizinischen Auswirkungen von Atombomben auf. Bald darauf, am 1. Juni 1957, starb seine Frau Helene im Alter von 79 Jahren in Zürich im Krankenhaus. Schweitzer setzte sich weiterhin gegen die atomare Aufrüstung ein und unterzeichnete im Januar 1958 eine Petition gegen Atomversuche, die insgesamt 9235 Wissenschaftlern unterschrieben und an die Vereinten Nationen übergaben. Im Jahr 1958 strahlte Radio Oslo darüber hinaus 3 weitere Appelle Schweitzers gegen die atomare Aufrüstung aus. Sein Einsatz gegen Atomwaffen brachte Albert Schweitzer jedoch nicht nur Zustimmung ein. Vor allem westliche Regierungen begegneten ihm mit Argwohn, da sie in der Sowjetunion eine ständige Bedrohung sahen, die sie nur durch Abschreckung auf Abstand halten konnten

und Atomwaffen dabei als eines ihrer wichtigsten Mittel ansahen (van Wijnen 2012).

Am 9. Dezember 1959 trat er seine letzte Reise nach Lambarene an. In den letzten Jahren war auch seine Tochter Rhena vor Ort und arbeitete als Leiterin des pathologischen Labors in Lambarene mit. Sie wollte einiges verändern, traf bei ihrem Vater jedoch nicht immer auf Zustimmung. Um Spenden zu erwirken und für den Namen ihres Vaters und Lambarene zu werben, bereiste Rhena ebenfalls viele Länder.

Schweitzer erhielt auch von Lambarene aus weiterhin viele Kontakte zu Politikern und Persönlichkeiten aus der ganzen Welt aufrecht. Die Themen reichten dabei von der innerdeutschen Beziehung, über die Kubakrise und Atomwaffen bis hin zum Vietnamkrieg, zur Dekolonisation und zur Religion. Auch Eisenhower und John F. Kennedy gehörten zu den Kontakten, die er pflegte. Seine Kontakte mit Politikern der DDR führten jedoch zu Kritik aus der Bundesrepublik Deutschland (BRD). Obwohl die Grenzpolitik nicht mit seiner eigenen Ethik übereinstimmte, äußerte sich Schweitzer öffentlich ihr oder anderen Repressalien gegenüber nie kritisch, die ihm sehr wohl aus der DDR bekannt gewesen sein müssten. Schweitzer hatte aber auch mit Politikern aus Westdeutschland Kontakt, sodass er mit beiden Seiten des innerdeutschen Konflikts vertraut war. Bis auf seine Kontakte in die DDR und seine Stellungnahme in der Atomfrage war Schweitzer **politisch neutral** – er nahm Ehrendoktorwürden aus den USA und aus Ost-Berlin entgegen und war bedacht, sich von keiner Seite vereinnahmen zu lassen.

Nach seinem 90. Geburtstag am 14. Januar 1965 bezog Schweitzer noch ein letztes Mal politisch Stellung und rief im Juni 1965 zum sofortigen Waffenstillstand in Vietnam und der Einsetzung eines Schiedsgerichtes auf.

Albert Schweitzer starb am 4. September 1965 und wurde am folgenden Tag in Lambarene neben seiner Frau beerdigt.

11

11.2.7 Ethik der Ehrfurcht vor dem Leben

Schweitzers Ethik der Ehrfurcht vor dem Leben findet ihren Ausgangspunkt in Alltagserfahrungen, schließlich verstand sich Schweitzer als praktischer Philosoph. Er warf der abendländischen Philosophie ein Fehlen der Übereinstimmung von Denken und Tat, also eine Abkopplung von der menschlichen Erfahrung, und damit Weltfremdheit vor. Mit der Ehrfurcht vor dem Leben wollte er deshalb eine Weltanschauung für alle Menschen entwickeln. Es sollte eine universelle Ethik sein, die jeder anwenden kann und die so auch die Übereinstimmung zwischen Denken und Tat wiederherstellt.

Schweitzer überprüfte die vorhandenen Philosophien, Religionen und Kulturen nach einer allgemeingültigen Ethik. Als er diese nicht fand, formulierte er seine eigene – die **Ehrfurcht vor dem Leben** (Der Spiegel 1960). So ist seine Kulturphilosophie eine „Darstellung des Prozesses, welcher den Menschen bis hin zur Entfaltung einer ethischen Persönlichkeit führt" (Honsak 1998, S. 18).

Für Schweitzer ist die wesentliche Determinante des Menschen wie bei Nietzsche der **„Wille zum Leben"**. Dabei versucht sich der Mensch mithilfe von Denken und Wissen immer mit der Welt in ein Verhältnis zu setzen. Die unmittelbarste Tatsache des Bewusstseins ist laut Schweitzer dann die Erkenntnis:

» „Ich bin Leben, das leben will, inmitten von Leben, das leben will." (Schweitzer 2015b, S. 139)

Dem Bewusstsein über den eigenen Lebenswillen folgt also eine Identifikation mit dem Lebenswillen aller anderen Lebewesen, der als universaler Lebenswillen erlebt wird, als Ehrfurcht vor allem Leben. Diese Erkenntnis ist laut Schweitzer denknotwendig und nicht selbstverständlich (Honsak 1998). Aber auch ein intellektuelles Erkennen reicht nicht aus, um wahrhaftig zu erkennen, man muss es erleben (Honsak 1998), denn „die Logik ist nicht fähig, Sympathie zu erzeugen" (Honsak

1998, S. 30). Ein Erleben in ethischer Hinsicht bedeutet, ein Einheitsempfinden mit anderen Lebewesen zu erlangen (Honsak 1998).

Wie jeder Einzelne mit diesem Erleben des Willens zum Leben umgehen will, ist eine persönliche Entscheidung. Schweitzer sah es aber als natürlich an, diesen Willen zum Leben zu bejahen. Wird der Wille zum Leben bejaht und Ehrfurcht vor dem Leben empfunden, ergeben sich folgende absolute **Grundprinzipien des Ethischen**: Gut ist: „Leben erhalten, Leben fördern, entwickelbares Leben auf seinen höchsten Wert bringen", böse ist: „Leben vernichten, Leben schädigen, entwickelbares Leben niederhalten" (Schweitzer 2015b, S. 139 f.). Diese Prinzipien gelten für das Verhalten gegenüber allen Lebewesen – Menschen, Tieren und Pflanzen.

Schweitzer unterschied nicht zwischen höherem und niederem Leben. Er sah es sogar als Kardinalfehler seit Aristoteles an, dass das Verhalten gegenüber Tieren und Pflanzen nicht in das ethische menschliche Handeln miteinbezogen wurde. Dabei gestand er jedoch ein, dass dieses Prinzip nicht immer eingehalten werden könne. Oft wird das Dasein eines Lebewesens nur auf Kosten eines anderen ermöglicht. Die Entscheidung, gegen diese Prinzipien zu handeln, liegt wieder in der persönlichen Verantwortung eines jeden Einzelnen. Ein ethisch handelnder Mensch versucht jedoch, Leben nur zu schädigen, wenn dies unvermeidbar ist.

Durch diese Weltanschauung war Schweitzer der Auffassung, die Liebesethik Jesu Christi in eine universelle, lebensbejahende Ethik erweitert zu haben und so die Menschen durch Denken besser machen zu können (Der Spiegel 1960). Er wollte mit seiner Ethik Sittliches und Natürliches zusammenführen:

» „Ziel von Schweitzers Ethik war letztlich [auch] die Verwirklichung der Natur des Menschen als eines Individuums und nicht als Teil einer amorphen Masse, die Verwirklichung der ‚Idee des wahren Menschseins' und dessen Temperierung durch menschliche Vernunft, womit Schweitzer zu Kant zurückkehrte." (Oermann 2009, S. 162)

Für Schweitzer zählte Kant, mit dessen Philosophie er sich bereits in seiner Dissertation beschäftigt hatte, zusammen mit Sokrates und Nietzsche zu den 3 größten Philosophen.

11.3 Psychologische Theorien, Modelle und Konzepte

Der Lebenslauf von Albert Schweitzer ist beeindruckend. Trotz immer wieder auftretender Widerstände und Schwierigkeiten scheint Albert Schweitzer die Kraft gehabt zu haben, sein gefasstes Vorhaben „dem Dienen am Menschen" umzusetzen und so seine formulierte Ethik in seinem Handeln zu verwirklichen. Aber was hat dazu geführt, dass Schweitzer seinen Vorsatz so konsequent verfolgte? Was trieb sein Handeln an? Um dies zu erläutern, werden in diesem Abschnitt verschiedene psychologische Ansätze diskutiert.

11.3.1 Motivation zu Helfen

Albert Schweitzer fasste schon früh während seines Studiums den Entschluss zu helfen. Er selbst schrieb, dass er seine glückliche Kindheit und die guten Lebensumstände nicht als selbstverständlich sehe und sich deshalb dem Dienste an den Menschen verpflichten wolle. Aber was sind aus psychologischer Sicht mögliche Faktoren, die ihn dazu motivierten, anderen zu helfen und sich für sie einzusetzen?

11.3.1.1 Moralische Entwicklung

Albert Schweitzer formulierte eine Ethik, die er durch sein eigenes Handeln in der Praxis umsetzte und die auch als Vorlage für andere dienen sollte. Er wollte mit ihrer Hilfe eine allgemeingültige moralische Verhaltensweise finden. Deshalb ist davon auszugehen, dass Albert Schweitzer moralisch sehr weit entwickelt war.

In der Psychologie gibt es hierzu das **Stufenmodell von Kohlberg** zur moralischen Entwicklung. In diesem Serienmodell werden 3 Ebenen der Moralentwicklung mit jeweils 2 Stufen unterschieden. So ergeben sich insgesamt 6 Stufen, die sich durch qualitativ unterschiedliche Denkweisen unterscheiden (◘ Tab. 11.1; Heidbrink 2008). Die Stufen müssen nacheinander durchlaufen werden (Nummer-Winkler 2012), da jede Stufe eine Vorbereitung der nächsten darstellt (Heidbrink 2008). Jedoch durchlaufen einige Personen die

◘ **Tab. 11.1**   Kohlbergs Modell der Moralentwicklung. (nach Trudewind 2006)

Ebene	Stufe	Beschreibung der Stufe
Präkonventionell	1	In dieser Stufe orientieren sich Personen an Strafe und Gehorsam. Sie handeln, um Strafe zu vermeiden oder sich Autoritäten unterzuordnen.
	2	In dieser Stufe haben Personen eine instrumentell relativistische Orientierung. Richtiges Handeln wird durch die eigenen Bedürfnisse definiert.
Konventionell	3	In dieser Stufe orientieren sich Personen an Verpflichtungen gegenüber Primärgruppen und persönlich bekannten Personen. Richtiges Handeln wird durch deren Billigung bzw. Missbilligung definiert.
	4	In dieser Stufe orientieren sich Personen an den Normen und Gesetzen übergreifender Systeme. Diese zu erfüllen, ist das oberste Gebot
Postkonventionell	5	In dieser Stufe verstehen Personen die übergreifenden Systeme als Gesellschaftsvertrag. Dessen Normen und Gesetze können jedoch nach den Kriterien von Gerechtigkeit und Fairness verändert werden.
	6	In dieser Stufe orientieren sich Personen an allgemeingültigen ethischen Prinzipien. Beispiele für diese Prinzipien sind Kants kategorischer Imperativ, die Goldene Regel oder die Unverletzlichkeit der menschlichen Würde.

11

Stufen schneller, andere langsamer (Heidbrink 2008).

Die letzte, 6. Stufe, die der sog. postkonventionellen Ebene angehört, wird nur von wenigen Menschen erreicht (Nummer-Winkler 2012). Menschen, die diese Stufe der moralischen Entwicklung erreicht haben, folgen ihren selbst gewählten, universalen ethischen Prinzipien, die allen Personen die **gleichen Rechte** zusprechen und die **Würde jedes Einzelnen** achten (Heidbrink 2008; Kohlberg und Hersh 1977; Nummer-Winkler 2012). Albert Schweitzer schien diese Stufe erreicht zu haben. Er stand mit seiner Ehrfurcht vor dem Leben selbst Tieren und Pflanzen Würde und Rechte zu und zeigte durch sein Handeln, dass er dieser Ethik geradezu idealistisch verpflichtet war. So wurde er doch ab und an von seinen Patienten in Lambarene belächelt, wenn er vorsichtig über jede Blume hinweg trat (Der Spiegel 1960).

Diese hohe moralische Entwicklung war sicherlich ein großer Antrieb für seine Taten, da die Übereinstimmung zwischen dem moralischen Urteil und dem Handeln einer Person mit der Höhe der erreichten Entwicklungsstufe zunimmt (Kohlberg 2007; Nummer-Winkler 2012). Mit der Höhe der moralischen Stufe erhöht sich zugleich das Gefühl, verantwortlich zu sein und selbst eingreifen zu müssen (Kohlberg 2007). Dieses Verantwortlichkeitsgefühl ist auch bei Schweitzer zu erkennen, schließlich fühlte er sich verpflichtet, etwas von seinem Glück abgeben zu müssen und deshalb Gutes für andere zu erwirken.

Schon in der Kindheit schien Schweitzer in seiner moralischen Entwicklung sehr weit fortgeschritten gewesen zu sein. Er handelte bereits in jungen Jahren nach seinem eigenen Gewissen, auch gegen den Druck von anderen – er weigerte sich beispielsweise, einen Vogel mit einer Steinschleuder abzuschießen, obwohl ein Freund ihn dazu drängte. Trotzdem gestand er sich später ein, dass er nicht immer so mutig gehandelt hatte, reflektierte seine Fehler und versuchte, sein Verhalten mithilfe der erworbenen Erkenntnis zu verbessern. Dieses Zugeben von Fehlern

und die Reflexion darüber zeigt erneut, wie stark ausgeprägt Schweitzers Antrieb war, zu einem moralisch richtigen Verhalten zu gelangen.

Eines der am meisten verbreiteten Motive für Freiwilligenarbeit ist der Ausdruck von persönlichen Werten, inklusive der humanitären Sorge um das Wohlergehen anderer (Snyder et al. 2016) – dem Albert Schweitzer in seinem Bemühen und Wirken sehr deutlich Ausdruck verlieh.

11.3.1.2 Empathie-Altruismus-Hypothese

» „So lange ich zurückblicken kann, habe ich unter dem vielen Elend, das ich in der Welt sah, gelitten." (Schweitzer 2015a, S. 35)

Dieser Satz zeigt eine weitere wichtige Motivationsquelle auf, die Schweitzers Hilfeverhalten beeinflusst haben könnte – seine große Empathie für andere Lebewesen. Schon als Kind war er sehr sensibel gegenüber seinen Mitmenschen. Erfuhr er das Schicksal einiger Mitschüler, berührte ihn das sehr. Auch das Leid von Tieren bedrückte ihn schon sehr früh. Diese Empathie gegenüber allem Lebendigen drückt sich in seiner Ethik der Ehrfurcht vor dem Leben auch im Erwachsenenalter aus.

Laut der Empathie-Altruismus-Hypothese kann die Not eines anderen Menschen eine empathische Reaktion auslösen. Dieses empathische Gefühl motiviert dann wiederum zu altruistischem Verhalten (Werth und Mayer 2008). Dabei versteht man unter **Empathie** die Übernahme der Perspektive einer anderen Person zusammen mit dem Nachempfinden des emotionalen Zustandes dieser Person (Bierhoff 2006). **Altruismus** wird als motivationaler Zustand angesehen, dessen Ziel es ist, das Wohlergehen einer anderen Person zu fördern (Batson et al. 2016). Der Zusammenhang zwischen Empathie und Altruismus konnte in vielen empirischen Studien gezeigt werden (Batson et al. 2016).

So liegt auch bei Schweitzer die Vermutung nahe, dass sein ausgeprägtes

Empathieempfinden sein altruistisches Wirken positiv bedingt hat. Zumal Hilfe, die aufgrund von Empathie erfolgt, im Gegensatz zu anderweitig motiviertem Hilfeverhalten vermehrt gezeigt wird, sensibler gegenüber den Bedürfnissen der hilfsbedürftigen Person und beständiger ist (Batson et al. 2016). Betrachtet man Schweitzer, der sein Leben lang beständig dem Helfen widmete, scheinen diese Aspekte auch für ihn und sein Wirken zu gelten. Sein Hospital war bei der einheimischen Bevölkerung sehr beliebt, auch weil Schweitzer versuchte, es an die Bedürfnisse der Menschen vor Ort anzupassen. Zum Beispiel wurden die Verwandten der Patienten in die Pflege mit eingebunden und konnten im Hospital verweilen.

Empathisch motiviertes Hilfeverhalten kann jedoch auch zu **Paternalismus** führen, wenn hilfsbedürftige Personen nicht ermuntert werden, die Fähigkeit und das Selbstvertrauen auszubilden, um ihre Probleme selbst zu lösen (Batson et al. 2016). Solch ein paternalistisches Verhalten wurde auch Schweitzer vorgeworfen, weil er unter anderem in Lambarene keine einheimischen Ärzte ausbildete, sondern ehrenamtliche westliche Ärzte engagierte.

11.3.1.3 Glaube an eine gerechte Welt

Albert Schweitzer, der christlich erzogen wurde, zutiefst mystisch fromm war und lutherische Theologie studierte, verstand sich zeitlebens als Mitglied der evangelisch-lutherischen Kirche, auch wenn er kritische und kontroverse Thesen gegenüber einigen christlichen Lehrmeinungen vertrat. In Amerika wurde er sogar als moderner evangelischer Heiliger verehrt. Mit seiner Ethik der Ehrfurcht vor dem Leben wollte er die Lehre der Liebe Jesu Christi erweitern. So kann man davon ausgehen, dass Schweitzer, der auch noch in Lambarene Gottesdienste hielt, einen starken christlichen Glauben hatte.

Verschiedene Studien konnten zeigen, dass Religiosität positiv mit dem **Glauben an eine gerechte Welt** zusammenhängt (Hafer und Sutton 2016). Menschen, die an eine gerechte Welt glauben, vertreten die Meinung, dass „jeder bekommt, was er verdient, und verdient, was er bekommt" (Maes 1992, S. 2). Dieses Gerechtigkeitsmotiv ist wichtig für viele menschliche Interaktionen (Lerner 1977), so auch für das Hilfeverhalten – schließlich kann man durch das gute Wirken für andere auch selbst Gutes verdienen. Deshalb gibt es einen positiven Zusammenhang zwischen dem Glauben an eine gerechte Welt und Hilfeverhalten (Hafer und Sutton 2016).

Auch Schweitzer schien daran zu glauben, sein eigenes Glück durch die Hilfe für andere ausgleichen zu müssen. Bereits in seiner Kindheit hatte Schweitzer den Wunsch, anders zu sein und der Welt etwas Gutes tun zu müssen. Aufgrund seines Gefühls, dass er anderen für seine sorgenfreie Jugend etwas schuldig sei, ging er nach Afrika, um etwas von seinem scheinbar unverdienten Glück zurückzugeben. Letztlich kann man also davon ausgehen, dass auch der Glaube an eine gerechte Welt eine Motivation für sein Handeln war.

11.3.2 Von der Motivation zum Handeln

Es gab viele verschiedene Aspekte, die Schweitzer motivierten, anderen zu helfen und sich für andere einzusetzen. Aber wie schaffte er es, diese Motivation auch in Handeln umzusetzen und dabei so effizient und wirkungsvoll zu sein?

11.3.2.1 Theorie des geplanten Verhaltens

Die Theorie des geplanten Verhaltens, die auf die Psychologen Ajzen und Fishbein zurückgeht, gibt hierzu Aufschluss. Laut dieser Theorie wird ein Verhalten aus verschiedenen Handlungsmöglichkeiten gewählt, sofern genügend Zeit vorhanden ist und mehrere Handlungsoptionen zur Verfügung stehen.

Diese Handlungsentscheidung wird dann zur Handlungsintention, die wiederum tatsächliches Verhalten bestimmt, sofern das Verhalten kontrollierbar ist (Werth und Mayer 2008).

Die Verhaltensintention selbst wird von folgenden 3 Aspekten bestimmt: der eigenen Einstellung gegenüber dem spezifischen Verhalten – diese wird gebildet aus der Bewertung des Verhaltens und seinen Konsequenzen; der subjektiven Norm, also der Annahme darüber, wie andere das Verhalten bewerten würden; sowie der wahrgenommenen Handlungskontrolle, also die eigene Einschätzung, ob man zur Ausführung eines bestimmten Verhaltens befähigt ist und dieses somit kontrollieren kann. Fällt die Bewertung dieser 3 Aspekte für ein spezifisches Verhalten positiv aus, wird die Verhaltensintention gebildet (Werth und Mayer 2008).

Betrachtet man Albert Schweitzers Biografie, lässt sich davon ausgehen, dass er selbst seine Hilfe in Afrika und seinen Einsatz gegen die Atomwaffen positiv bewertet haben dürfte. Er hatte also sehr wahrscheinlich eine **positive Einstellung** gegenüber dem Verhalten, zumal Leben zu fördern und zu erhalten, Teil seiner eigenen Ethik war. Letztendlich war es auch sein eigener Entschluss, von einer akademischen Laufbahn abzusehen und dem Hilfeverhalten den Vorzug zu geben. Vermutlich hatte er Letzterem gegenüber eine positivere Einstellung.

Auch die **subjektiven Normen,** die er wahrnahm, standen eher zugunsten seines Vorhabens, in Afrika zu wirken. Vor allem seine Frau unterstütze ihn bei seinen Plänen und teilte seinen Wunsch, anderen zu helfen. Zwar waren die Eltern von Helene und Albert Schweitzer nicht begeistert davon, ihre Kinder nach Afrika ziehen zu lassen. Schweitzer wurde von seinen Eltern jedoch christlich erzogen. So ist anzunehmen, dass Schweitzer die subjektive Norm der Nächstenliebe von seinen Eltern vermittelt bekommen hat, die auch sein Verhalten unterstützte. Durch den immer größer werdenden Zuspruch in Form von Auszeichnungen, Spenden und durch die positiv berichtende Presse wurde die wahrgenommene subjektive Norm wahrscheinlich weiter unterstützt.

Aber auch der dritte Aspekt, der laut der Theorie des geplanten Verhaltens wichtig für die Ausbildung einer Verhaltensintention ist – die **wahrgenommene Handlungskontrolle** –, war bei Schweitzer vorhanden. Er hatte ein realistisches Gespür dafür, was er erreichen konnte und was nicht, konnte seine Fähigkeiten also gut abschätzen. Trotz häufig paralleler Beschäftigungen und mehrerer Studiengängen nebeneinander war er sich sicher, sein Arbeitspensum bewältigen zu können.

Diese subjektive Überzeugung einer Person, ein bestimmtes Verhalten erfolgreich ausführen zu können, wird auch **Selbstwirksamkeit** genannt (Jonas und Fichter 2006). Sie ist sehr wichtig für das Ausführen von Verhalten, denn nur wenn wir glauben, eine Aufgabe durch eigene Anstrengung lösen zu können, bemühen wir uns auch darum (Werth und Mayer 2008). Selbstwirksamkeit wirkt sich deshalb positiv auf die Leistung und die Leistungsmotivation aus (Bandura 1997). So wird auch Schweitzers Selbstwirksamkeitsgefühl wichtig bei seiner so wirkungsvollen Arbeit gewesen sein, denn vor allem Selbstwirksamkeit im Problemlösen und Empathie hängen positiv mit öffentlich gezeigtem Hilfeverhalten zusammen (De Caroli und Sagone 2013).

Dieses Selbstwirksamkeitsgefühl dürfte sich bei Schweitzer im Laufe der Zeit sogar noch gesteigert haben, da Bewältigungserfahrungen eine Quelle hierfür sind (Jonas und Fichter 2006). Durch das erfolgreiche Meistern verschiedener Aufgaben, seien es seine Promotionen in 3 Fächern oder das Überzeugen der Pariser Missionsgesellschaft, ihn trotz ihrer Bedenken aufgrund seiner liberalen theologischen Einstellung nach Gabun zu schicken, bewältigte er viele Herausforderungen.

11.3.2.2 Weitere psychologische Aspekte, die Schweitzers Handeln unterstützten

■ **Effizienz, Disziplin und Selbstregulation**

In seiner Kindheit war Schweitzer zunächst nicht sehr diszipliniert, vor allem bezüglich seiner schulischen Leistungen und des Übens von Klavier und Orgel. Dies sollte sich jedoch durch seinen Gymnasiallehrer, Dr. Wehmann, ändern. Dieser war stets sorgfältig vorbereitet und beeindruckte Schweitzer durch seine Selbstdisziplin – er wurde sogar sein Vorbild. So zeichnete sich Schweitzer schon während seiner Studienzeit durch seine **effiziente und disziplinierte Arbeitsweise** aus, bei der er sich seine Zeit für die vielen verschiedenen Tätigkeiten, die er ausübte, genau einteilte. Schließlich musste er nicht nur 3 Studiengänge gleichzeitig bewältigen, sondern nahm während seiner Arbeit an seiner Doktorarbeit in Philosophie gleichzeitig auch Klavier- und Orgelstunden bei 3 verschiedenen Lehrern oder ging während seines Medizinstudiums zudem seiner Arbeit in der Gemeinde in St. Nicolai nach. Gleichzeitig schrieb er an verschiedenen Veröffentlichungen. Um dieses Arbeitspensum zu bewältigen, arbeitete er manchmal Nächte durch, bekam wenig Schlaf und stellte, um wach zu bleiben, sogar seine Füße beim Studieren in kaltes Wasser (Der Spiegel 1960). So schien Schweitzers Fähigkeit der Selbstregulation und Disziplin fast unerschöpflich geworden zu sein.

Auch in Lambarene hielt er an ihr fest: Nach anstrengenden Arbeitstagen schaffte er es immer noch, abends seine Korrespondenzen zu pflegen, sich über wichtige politische und historische Themen zu informieren, Texte und Bücher zu verfassen, sich gegen Atomwaffen einzusetzen und gleichzeitig das Hospital zu verwalten. Hier zeigte sich seine Dizipliniertheit auch in **Sparsamkeit:** Er bestand darauf, Blechdosen und Verbandsmaterial zurückzubekommen, um so das Hospital möglichst sparsam führen

zu können, befand sich das Hospital doch bis in die 1950er-Jahre hinein permanent in Finanznot.

Die Fähigkeit der **Selbstregulation** gilt in der Psychologie als eine der wichtigsten Funktionen des Selbst (Fischer und Wiswede 2009) und wird benötigt, um selbst gesetzte Ziele zu erreichen (Werth und Mayer 2008). Sie ermöglicht es, anfängliche Verhaltenstendenzen zu stoppen und durch andere Reaktionen zu ersetzen, wenn diese den Zielen dienlicher sind (Fischer und Wiswede 2009). Schweitzer konnte so sehr diszipliniert auf seine Ziele hinarbeiten, auch im Persönlichen. Schon früh bemerkte er seinen ab und an aufkommenden Jähzorn und war sein Leben lang bemüht, diesen zu unterdrücken. Durch dieses große Ausmaß an Disziplin dürfte seine Selbstregulationsfähigkeit im Laufe der Zeit sogar noch gewachsen sein, denn sie lässt sich wie ein Muskel trainieren (Fischer und Wiswede 2009).

■ **Kritisches Denken und Mut**

Schweitzers kritisches Denken und sein Mut, dieses zu äußern, waren gewiss hilfreich für sein Wirken. Schon in der frühen Kindheit hinterfragte Schweitzer vieles. Als es tagelang im Elsass regnete, wunderte er sich, wieso nicht – wie in der Bibel beschrieben – eine Sintflut eintrat. Sein Vater ließ dieses kritische Denken zu und war bemüht, ihm Antworten zu geben und ihn in seinem Hinterfragen zu unterstützen. In seiner Jugend führte Schweitzer viele Diskussionen, motiviert durch sein Bedürfnis zu denken und seine Suche nach dem Wahren. Aber auch im Erwachsenenalter schreckte Schweitzer nicht vor kritischen Meinungen zurück, selbst wenn diese auf Widerstand trafen. Seine theologische Habilitation brachte ihm manche Kritik ein, und auch seine Stellungnahme im Kalten Krieg gegen die Atomwaffen wurde nicht nur positiv aufgenommen.

Schweitzer zeigte vor allem bei seinem Einsatz gegen die Atomwaffen **Zivilcourage.**

Diese unterscheidet sich vom normalen Hilfeverhalten vor allem durch die negativen sozialen Konsequenzen, die für die zivilcouragiert handelnde Person auftreten können (Fischer et al. 2004; Frey et al. 2001; Greitemeyer et al. 2006). Für Schweitzer waren diese negativen sozialen Konsequenzen in Form der von manchen Seiten geäußerten Kritik an seinem Einsatz spürbar. Seine erneuten Appelle gegen die Atombombe führten aber auch zu schwerwiegenderen Konsequenzen. Beispielsweise wurden 1957 4 Briefe Schweitzers an den Präsidenten des Nobelpreis-Komitees und an den Direktor von Radio Oslo durch die Central Intelligence Agency (CIA) unterschlagen und im Mai 1958 kam es zu einer Untersuchung gegen den amerikanischen Hilfsverein für Lambarene durch das FBI (van Wijnen 2012). Schweitzer, der sich trotzdem weiterhin gegen die Atombombe aussprach, zeigte aber auch hier seine Fähigkeit, Gruppendruck zu widerstehen und zivilen Ungehorsam zu zeigen, also Autoritäten kritisch zu hinterfragen und ihnen zu widersprechen. Diese Fähigkeiten sind Determinanten von Zivilcourage (Niesta Kayser et al. 2009).

▪ **Soziale Unterstützung**

Ein weiterer Faktor, der sicher förderlich für Albert Schweitzers Ziele war, ist die soziale Unterstützung, die er über sein ganzes Leben hinweg erfahren hat. Bereits als Kind ermöglichte der Halbbruder seines Großvaters Albert Schweitzer den Besuch des Gymnasiums. Auch Schweitzers Eltern ließen ihm viele Freiheiten. Dieser Unterstützung war sich Schweitzer sehr wohl bewusst und er war dankbar dafür. Später in Paris wurde er durch die Brüder seines Vaters unterstützt und sein Orgellehrer Widor ermutigte ihn, seiner Liebe zu Bach nachzugehen und die Bach-Biografie zu verfassen. Aber auch an der Universität selbst erfuhr Schweitzer das eine oder andere Mal Unterstützung. So bestand er durch den Zuspruch seines Lehrers Holzmann seine Habilitation, obwohl er

in dieser dessen theologische Lehrmeinung anzweifelte, und auch sein Medizinstudium war nur durch den Zuspruch anderer Professoren und eine darauf erteilte Sondergenehmigung möglich. Was Schweitzers Wirken in Lambarene angeht, ist vor allem seine Ehefrau Helene zu erwähnen. Sie entschied sich, ihn zu begleiten und mit ihm gemeinsam anderen zu helfen.

Schweitzer verstand es zudem sehr gut, **soziale Netzwerke** aufzubauen und zu pflegen. Schon in Paris und Berlin lernte er während seiner Studienzeit verschiedene Persönlichkeiten kennen und hielt mit einigen von ihnen regelmäßige Briefwechsel aufrecht. Diese Briefkontakte wurden mit zunehmender Bekanntheit immer umfangreicher und Schweitzer konnte sich dadurch Informationen und Unterstützung von verschiedenen Seiten sichern. Mit Einstein und Heisenberg tauschte er sich über Atomwaffen aus, mit John F. Kennedy und anderen amerikanischen Politikern über den Kalten Krieg und mit Politikern der BRD und DDR über den innerdeutschen Konflikt. Durch seine vielen Korrespondenzen erfuhr er nicht nur Zuspruch und bekam Informationen und hilfreiche Ratschläge, sondern konnte auch Geld- und Sachspenden von vielen Förderern für Lambarene erwirken.

Auch vor Ort in Lambarene erwies sich sein Talent, soziale Netzwerke aufzubauen, als äußerst hilfreich. Er besuchte bereits bei seinem ersten Aufenthalt die Dörfer vor Ort und knüpfte so Kontakte zu den Einheimischen, darunter auch Holzhändler, durch die er das Bauholz für sein Hospital zu einem günstigen Preis bekam.

Soziale Netzwerke und die dadurch erfahrene soziale Unterstützung sind aus psychologischer Sicht zum einen wichtig für das allgemeine Wohlbefinden und den Erhalt der psychischen Gesundheit (Laireiter 2006), zum anderen entsteht durch sie eine positive soziale Umwelt, durch die Belastungen als seltener, kontrollierbarer, weniger bedrohlich und leichter zu bewältigen wahrgenommen werden (Laireiter 2006). Durch **emotionale**

Unterstützung, wie sie Schweitzer z. B. von seiner Frau Helene erhielt, und durch **Selbstwertunterstützung,** die er z. B. durch den großen Zuspruch in der Presse erfuhr, können darüber hinaus der Selbstwert und die Motivation verbessert werden, wodurch höhere Bewältigungsbemühungen bei Aufgaben und Problemen gezeigt werden (Laireiter 2006). Die große soziale Unterstützung in Form von Zuspruch, Spenden, Informationen und vielem mehr war deshalb gewiss auch ein wichtiger Faktor, der es Schweitzer erlaubte, seine vielen Vorhaben in die Tat umzusetzen.

11.4 Kritik an Albert Schweitzer

Bereits zu Lebzeiten und auch heute stand bzw. steht Schweitzer in der Kritik. Diese bezieht sich vor allem auf folgende 3 Themenbereiche.

- **Paternalismus**

Wie bereits in ▶ Abschn. 11.3.1 erwähnt, wird Schweitzer immer wieder paternalistisches Verhalten gegenüber der einheimischen Bevölkerung in Afrika vorgeworfen, manchmal sogar Desinteresse ihnen gegenüber oder sogar Rassismus. Diese Kritik beruht auf verschiedenen Umständen. Zum einen hatte Schweitzer nie die in Lambarene gesprochene Sprache gelernt, zum anderen bildete Schweitzer keine einheimischen Ärzte aus (van Wijnen 2012) und soll Angestellte sogar ab und an geohrfeigt haben. Schweitzer bezeichnete die Afrikaner als seine „jüngeren Br[ü]der" (van Wijnen 2012, S. 4), während er sich selbst als den „älteren Bruder" (Oermann 2009, S. 202) sah, der diese anleiten musste. Damit begründete er auch sein teils autoritäres Verhalten gegenüber den Einheimischen. Prinzipiell hielt er die Kolonialisierung Afrikas für gut, sofern diese zur Unterstützung und zum Aufbau der afrikanischen Gesellschaft unternommen wurde. Die Unabhängigkeit Gabuns und die

Dekolonisation Afrikas betrachtete er jedoch kritisch und war der Meinung, dass diese zu früh stattfand (van Wijnen 2012).

Andere wiederum begründen Schweitzers paternalistisch anmutendes Verhalten mit Frustrationen während des Arbeitsalltags in Afrika und seiner großen Verantwortung, die ihn zu einem effizienten Handeln antrieb. Sie sehen Schweitzer als „Kind seiner Zeit" (van Wijnen 2012, S. 4), in der eine paternalistische Einstellung gegenüber den Afrikanern typisch war, der die Afrikaner aber nie ausbeutete oder ihre Würde infrage stellte und so eher liberal für diese Zeit war.

- **Schlechte medizinische Versorgung im Hospital**

Ein weiterer häufig angebrachter Kritikpunkt ist die angeblich schlechte medizinische Versorgung, die teilweise nicht den modernen Standards entsprochen haben soll, und eine mangelnde Hygiene in dem Hospital in Lambarene, das beispielsweise nicht gefliest, sondern aus Holz gebaut war. Außerdem wurde kritisiert, dass von Schweitzer zu wenig präventive Medizin praktiziert und zu viel Wert auf chirurgische Eingriffe in dem Hospital gelegt wurde. Demgegenüber wurde Schweitzers Hospital von anderen gerade wegen seiner Einfachheit gelobt, und auch unter den Einheimischen fand es größeren Anklang als das nahe liegende moderne Regierungskrankenhaus, auch wenn Schweitzer manchmal etwas später auf medizinische Neuerungen reagierte.

- **Selbstdarstellung**

Da ihm vorgeworfen wurde, dass das Hospital den Patienten keine gute medizinische Behandlung bot, waren manche der Ansicht, es würde nur Schweitzers eigenem Ego und seiner eigenen Eitelkeit dienen. Durch seine populären Veröffentlichungen, seine Auszeichnungen und der damit verbundenen Aufmerksamkeit durch die Presse wurde Schweitzer fast zum „Superstar". Deshalb wurde ihm vorgeworfen, sich zu sehr selbst darzustellen und zu eitel zu sein. Dem entstehenden Kult um seine Person schien er keinen Einhalt zu gebieten (Der Spiegel 1960). Er stand wiederholt Modell, wenn Künstler Büsten und Bilder von ihm anfertigen wollten, und ließ sich für Bildbände und Dokumentarfilme ablichten. Ihm wurde vorgeworfen, dass seine uneitle und anspruchslose Erscheinung nur inszeniert sei. Durch diese große Popularität konnte er jedoch auch Spenden für sein Hospital einwerben, die seine Arbeit ermöglichten. Schweitzer, der zur Zurückhaltung erzogen worden war, war selber der Meinung, dass wir „[vieles] Gutes […] versäumen, wenn wir uns sklavisch in die Zurückhaltung schließen lassen" (Schweitzer 2015a, S. 76). Deshalb ist „das Gesetz der Zurückhaltung […] bestimmt, durch das Recht der Herzlichkeit durchbrochen zu werden" (Schweitzer 2015a, S. 77). So gab er in Amerika ausdauernd Autogramme, da er der Meinung war, so einigen Menschen eine Freude zu bereiten.

11.5 Fazit

Trotz der immer wieder aufkommenden Kritik hat Schweitzer sehr viel Gutes hinterlassen. Seine Werke zu Bach, zur Leben-Jesu-Forschung und zum Orgelbau waren zu seiner Zeit neuartig und ein großer Erfolg, und auch seine Kulturphilosophie und die darin enthaltene Ethik der Ehrfurcht vor dem Leben trafen auf großes Interesse. Mit seinen populären Schriften wie seinen Autobiografien und Berichten aus Lambarene können wir darüber hinaus noch heute ein Einblick in sein Erleben und seinen Alltag nehmen. Sein Hospital in Lambarene existiert weiterhin, und sein Wirken wird auf diese Weise dort fortgesetzt. 2017 wurden in Lambarene mehr als 5000 Patienten stationär behandelt und fast 24.000 Patienten ambulant (Deutscher Hilfsverein für das Albert-Schweitzer-Spital in Lambarene e. V. 2019). Seine Ethik findet außerdem durch die „Albert Schweitzer Stiftung für unsere Mitwelt" (2019), die sich für den Umwelt- und Tierschutz einsetzt,

Anwendung. Aber was kann jeder Einzelne von Schweitzer lernen?

» „Die Macht des Ideals ist unberechenbar. Einem Wassertropfen sieht man keine Macht an. Wenn er aber in den Felsspalt gelangt und dort Eis wird, sprengt er den Fels; als Dampf treibt er den Kolben der mächtigen Maschine. Es ist dann etwas mit ihm vorgegangen, das die Macht, die in ihm ist, wirksam werden ließ. So auch mit dem Ideal, Ideale sind Gedanken. Solange sie nur gedachte Gedanken sind, bleibt die Macht, die in ihnen ist, unwirksam, auch wenn sie mit größter Begeisterung und festester Überzeugung gedacht werden. Wirksam wird ihre Macht erst, wenn mit ihnen dies vorgeht, dass das Wesen eines geläuterten Menschen sich mit ihnen verbindet. Die Reife, zu der wir uns entwickelt haben, ist die, dass wir an uns arbeiten müssen." (Schweitzer 2015a, S. 80)

Dieses Zitat vereint, was Schweitzer so besonders gemacht hat und was uns als Beispiel dienen kann. Sein starkes Pflichtbewusstsein, sein kritisches Denken und sein Idealismus.

Nur durch das stetig anhaltende disziplinierte Verfolgen seiner Ziele konnte Schweitzer diese auch so effizient umsetzen. Dies kann ein Vorbild für jeden sein, **Selbstdisziplin** zu üben und mit Pflichtbewusstsein und Verantwortung zu handeln, da jeder seine Selbstkontrolle durch Übung verbessern kann (Fischer und Wiswede 2009).

Auch wenn Schweitzer immer wieder Steine in den Weg gelegt wurden, hielt er zielgerichtet an seinem Vorhaben, anderen zu helfen, fest und ließ sich auch durch Kritik nicht beirren. Dabei half ihm vor allem auch sein **kritisches Denken.** Er war mutig genug, eine andere Meinung zu äußern und an dieser festzuhalten, auch wenn sie nicht von der Mehrheit geteilt wurde – so auch bei seinem zivilcouragierten Einsatz gegen die Atomwaffen. Auch wir sollten uns trauen, unsere Meinung zu äußern und für sie einzutreten, selbst wenn wir damit auf Widerstand stoßen, gerade in Zeiten, in denen Hilfe immer wieder unterlassen wird, obwohl sie offensichtlich gebraucht wird, und populistische Meinungen zunehmen. Wichtig war es Schweitzer dabei immer – seiner Ethik folgend –, Denken und Handeln zu verbinden. Er wollte „Menschen dazu inspirieren, ihr Denken zu ändern und ihr Handeln stärker ethisch zu reflektieren" (Oermann 2009, S. 312). Schweitzer sollte deshalb uns allen ein Vorbild sein, sich nicht an den anderen und deren Meinung auszurichten, sondern selbst zu reflektieren, was wir für richtig halten, und unsere eigenen ethischen Maßstäbe zu setzen. Gerade im Zeitalter sozialer Medien, die ein ständiges Vergleichen mit anderen ermöglichen, sollten wir uns dessen bewusst sein und kritisch hinterfragen, was wir wollen und was unser Handeln beeinflusst.

Schweitzers Aufforderung **idealistisch** zu bleiben: „Wachset in eure Ideale hinein, dass das Leben sie euch nicht nehmen kann" (Schweitzer 2015a, S. 82), scheint deshalb aktueller denn je. Jedoch sollten diese Ideale nicht nur gedacht, sondern ihnen folgend gehandelt werden. Schweitzer sah nicht nur die Gedankenlosigkeit als gefährlich an, vielmehr war er überzeugt, dass jeder Mensch Verantwortung für sein persönliches Handeln übernehmen müsse. Nach der Ethik Schweitzers wird man aus dieser Verantwortung auch nicht entlassen, wenn man im Auftrag einer Organisation oder eines Staates handelt. Stets sollten wir daher unser Handeln mit Verantwortung und Menschlichkeit ausführen, denn nur wir sind für unsere Taten verantwortlich. Dabei sollten wir uns Schweitzers empathische Handlungsmaxime der **Ehrfurcht vor allem Leben** zum Vorbild nehmen. Moralisch zu handeln, hieß für Schweitzer schließlich auch, Leben zu wahren und zu fördern. Dieses universelle Prinzip, das jeder anwenden kann, lässt sich auch in kleinen Handlungen verwirklichen – sei es durch eine Wegbeschreibung, wenn man in der Stadt danach gefragt wird, oder das Ausführen eines

Hundes aus dem Tierheim. Nicht immer sind nur große Taten vonnöten, um Gutes zu tun.

Letztendlich bleibt Albert Schweitzer trotz Kritik ein Vorbild für Disziplin, Mut und ethisches Handeln zugunsten anderer. Durch seine Schwächen zeigt er, dass niemand unfehlbar ist, und regt zum Nachdenken über die eigenen ethischen Prinzipien an.

Literatur

Albert Schweitzer Stiftung für unsere Mitwelt (2019). Leitbild. ► https://albert-schweitzer-stiftung.de/ueber-uns/leitbild. Zugegriffen: 29. Jan. 2019.

Bandura, A. (1997). *Self-efficacy: The exercise of control.* New York: W. H. Freeman.

Batson, C. D., Ahmad, N., & Stocks, E. L. (2016). Benefits and liabilities of empathy-induced altruism: A contemporary review. In A. G. Miller (Hrsg.), *The social psychology of good and evil* (S. 443–465). New York: Guilford.

Berufsbildende Schulen I (BBS I) des Landes Lüneburg. (2019). Die Epoche der Aufklärung. ► http://www.bbs1-lueneburg.de/images/files/deutsch/deutsch_homepage/aufklaerung_1.pdf. Zugegriffen: 29. Jan. 2019.

Bierhoff, H.-W. (2006). Empathie-Altruismus-Hypothese. In H.-W. Bierhoff & D. Frey (Hrsg.), *Handbuch der Sozialpsychologie und Kommunikationspsychologie* (S. 150–157). Göttingen: Hogrefe.

De Caroli, M. E., & Sagone, E. (2013). Self-efficacy and prosocial tendencies in Italian adolescents. *Procedia-Social and Behavioral Sciences, 92,* 239–245.

Der Spiegel. (1960). Albert Schweitzer – Mythos des 20. Jahrhunderts. Artikel vom 21. Dezember 1960. *Spiegel Magazin, 52,* 50–61. ► http://magazin.spiegel.de/EpubDelivery/spiegel/pdf/43067969. Zugegriffen: 29. Jan. 2019.

Deutscher Hilfsverein für das Albert-Schweitzer-Spital in Lambarene e. V. (2019). Was ist das Schweitzer-Spital in Lambarene? ► https://albert-schweitzer-heute.de/lambarene/. Zugegriffen: 29. Jan. 2019.

Duden. (2019). Aufklärung. ► https://www.duden.de/rechtschreibung/Aufklaerung. Zugegriffen: 29. Jan. 2019.

Fischer, L., & Wiswede, G. (2009). *Grundlagen der Sozialpsychologie* (3. Aufl.). München: Oldenbourg.

Fischer, P., Greitemeyer, T., Schulz-Hardt, S., Frey, D., Jonas, E., & Rudukha, T. (2004). Zivilcourage und Hilfeverhalten. *Zeitschrift für Sozialpsychologie, 35*(2), 61–66.

11

Frey, D., Neumann, R., & Schäfer, M. (2001). Determinanten von Zivilcourage und Hilfeverhalten. In H.-W. Bierhoff & D. Fetchenhauer (Hrsg.), *Solidarität* (S. 93–122). Wiesbaden: VS Verlag.

Gorse, C. (2014). Westeuropa: Elsass. Planet Wissen. Stand: 14.08.2014. ▶ https://www.planet-wissen.de/kultur/westeuropa/elsass/index.html. Zugegriffen: 29. Jan. 2019.

Greitemeyer, T., Fischer, P., Kastenmüller, A., & Frey, D. (2006). Civil courage and helping behavior: Differences and similarities. *European Psychologist, 11*(2), 90–98.

Hafer, C. L., & Sutton, R. (2016). Belief in a just world. In C. Sabbagh & M. Schmitt (Hrsg.), *Handbook of social justice theory and research* (S. 145–160). New York: Springer.

Heidbrink, H. (2008). *Einführung in die Moralpsychologie* (3. Aufl.). Weinheim: Beltz.

Honsak, T. (1998). *Die Ethik Albert Schweitzers: Eine Diskussion seines ethischen Konzepts.* Frankfurt a. M.: Lang.

Jonas, K., & Fichter, C. (2006). Soziales Lernen. In H.-W. Bierhoff & D. Frey (Hrsg.), *Handbuch der Sozialpsychologie und Kommunikationspsychologie* (S. 523–529). Göttingen: Hogrefe.

Kohlberg, L. (2007). *Die Psychologie der Lebensspanne.* Frankfurt a. M.: Suhrkamp.

Kohlberg, L., & Hersh, R. H. (1977). Moral development: A review of the theory. *Theory into Practice, 16*(2), 53–59.

Laireiter, A.-R. (2006). Soziale Unterstützung. In H.-W. Bierhoff & D. Frey (Hrsg.), *Handbuch der Sozialpsychologie und Kommunikationspsychologie* (S. 166–173). Göttingen: Hogrefe.

Lerner, M. J. (1977). The justice motive: Some hypotheses as to its origins and forms. *Journal of Personality, 45*(1), 1–52.

Maes, J. (1992). Konstruktion und Analyse eines mehrdimensionalen Gerechte-Welt-Fragebogens. ▶ http://psydok.psycharchives.de/jspui/bitstream/20.500.11780/317/1/beri064.pdf. Zugegriffen: 29. Jan. 2019.

Niesta Kayser, D., Greitemeyer, T., Fischer, P., & Frey, D. (2009). Why mood affects help-giving, but not moral courage: Comparing two types of prosocial behavior. *European Journal of Social Psychology, 40*(7), 1136–1157.

Nummer-Winkler, G. (2012). Moral. In W. Schneider & U. Lindenberger (Hrsg.), *Entwicklungspsychologie* (7. Aufl., S. 521–542). Weinheim: Beltz.

Oermann, N. O. (2009). *Albert Schweitzer: Eine Biographie.* München: Beck.

Schweitzer, A. (2015a). *Aus meiner Kindheit und Jugendzeit* (3. Aufl.). München: Beck.

Schweitzer, A. (2015b). *Aus meinem Leben und Denken* (9. Aufl.). Frankfurt a. M.: Fischer.

Snyder, M., Omoto, A. M., & Dwyer, P. C. (2016). Volunteerism: Multiple Perspectives on Benefits and Costs. In A. G. Miller (Hrsg.), *The social psychology of good and evil* (S. 443–465). New York: Guilford.

Trudewind, C. (2006). Soziale und moralische Kompetenz. In H.-W. Bierhoff & D. Frey (Hrsg.), *Handbuch der Sozialpsychologie und Kommunikationspsychologie* (S. 515–522). Göttingen: Hogrefe.

van Wijnen, A. (2012). Die Kritik an Albert Schweitzer in dem letzten Jahrzehnt seines Lebens. ▶ https://www.schweitzer.org/2012/images/bilder/PDF/kritik%20an%20albert%20schweitzer.pdf. Zugegriffen: 29. Jan. 2019.

Werth, L., & Mayer, J. (2008). *Sozialpsychologie.* Berlin: Springer.

Jeanne d'Arc

Franziska Brotzeller

© Springer-Verlag GmbH Deutschland, ein Teil von Springer Nature 2019
D. Frey (Hrsg.), *Psychologie des Guten und Bösen,* https://doi.org/10.1007/978-3-662-58742-3_12

12.1 Einleitung

Seit England 1066 vom normannischen Herzog Wilhelm I. und verbündeten französischen Adeligen erobert worden war, nahmen diese eine politische Doppelrolle ein: Sie waren einerseits die Herrscher Englands, andererseits besaßen viele von ihnen zudem einen Adelstitel in Frankreich und waren demnach als französische Grundbesitzer dem französischen König untergeordnet. Dadurch entstanden in den Folgejahren immer wieder diplomatische und bewaffnete Konflikte, die auf englischer Seite mit dem Verlust vieler der französischen Gebiete einhergingen. Diese Konflikte spitzten sich im 14. Jahrhundert zu, als der französische König Karl IV. starb und sowohl von englischer als auch von französischer Seite Ansprüche auf den Thron geltend gemacht wurden.

Im Jahr 1337 begann schließlich der 100-jährige Krieg, dessen Schlachten sich vom Ärmelkanal über weite Teile Frankreichs bis hin zu spanischen Gebieten erstreckten. Im Zentrum der Kriege stand der Konflikt um die französische Thronfolge. Zu Beginn des 15. Jahrhunderts hatten die Engländer die französischen Truppen weit zurückgedrängt und große Teile Frankreichs erobert (Müller 2002).

Die kriegerischen Auseinandersetzungen und das politische Klima des 100-jährigen Krieges prägten Jeanne d'Arcs Leben entscheidend. Um die französische Nationalheldin und ihr Wirken näher zu beleuchten wird zu Beginn dieses Kapitels ein Überblick über Jeanne d'Arcs Leben gegeben. Auf Basis der biografischen Informationen werden anschließend psychologische Theorien, Modelle und Konzepte diskutiert, die Einblicke in die Hintergründe ihres Erlebens und Verhaltens geben. Zuletzt wird Jeanne d'Arcs Bedeutung für die heutige Zeit erörtert und ein Fazit zur Frage gezogen, ob sie als „guter" Mensch gelten kann.

12.2 Biografie

Im Folgenden soll zunächst ein kurzer Überblick über Jeanne d'Arcs Biografie gegeben werden. Ein besonderer Fokus liegt dabei auf denjenigen Faktoren, die aus psychologischer Sicht für Jeannes Denken und Handeln entscheidend waren. Dabei ist es wichtig, im Kopf zu behalten, dass zeitlich weit zurückliegende Aspekte, besonders zu Jeannes Kindheit, nachträglich rekonstruiert wurden und teils spekulativen Charakter haben.

12.2.1 Geburt und Kindheit

Jeanne d'Arc wurde um 1412 im kleinen französischen Dorf Domrémy in eine Bauernfamilie geboren. Ihr Vater, Jaques d'Arc, nahm eine respektable Stellung im Dorf ein und hatte mit ihrer Mutter, Isabelle Romée, 4 weitere Kinder. Da Domrémy, das in der heutigen Region Grand Est liegt, eine Grenzregion zwischen den französischen und englischen Gebieten darstellte, bekamen die Dorfbewohner die kriegerischen Auseinandersetzungen des 100-jährigen Krieges immer wieder zu spüren (Tanz 1991).

Jeannes Kindheit verlief zu Beginn noch recht ruhig. Ihre Eltern erzogen sie zum christlichen Glauben: Sie war getauft, besuchte alle Messen und hielt sich an das Kirchenrecht. Jeanne wurde von ihren Eltern außerdem auf ihre spätere Rolle als Ehefrau, Mutter und Bäuerin vorbereitet. Sie half im Haus und auf dem Feld, lernte nähen und spinnen. Wie es zu dieser Zeit üblich war, erhielt sie keine Schulbildung, konnte weder Lesen noch Schreiben und sprach kein Latein, sodass sie letztendlich auch keinen Zugang zu höherer wissenschaftlicher Bildung hatte. Dennoch erweiterte sie selbstständig ihr Wissen zu den für sie interessanten Gebieten. Dies betraf besonders die Bereiche Religion und Frömmigkeit, weshalb sie Predigten besuchte

12

und von den Geistlichen im Verwandtenkreis lernte (Prietzel 2011).

Von Gleichaltrigen wurde sie später als Mädchen wie jedes andere beschrieben, das sich einzig durch ihre überdurchschnittliche Frömmigkeit von den anderen Kindern unterschied und deshalb manchmal gehänselt wurde (Steinbach 1973).

12.2.2 Erste Kriegserlebnisse und Beginn der Visionen

Zu Beginn ihrer Jugend wurde die frühere Idylle ihrer Kindheit zum ersten Mal durch kriegerische Handlungen unterbrochen, als das Dorf 1423 von bewaffneten Söldnern überfallen wurde und die Bewohner in einen Nachbarort flüchten mussten. Diese Flucht war allerdings nicht von Dauer und sie kehrten kurze Zeit später wieder nach Domrémy zurück.

Zu dieser Zeit suchten ihre Eltern, wie damals üblich, einen Ehemann für Jeanne aus und gaben ihm ein Eheversprechen. Jeanne allerdings verweigerte ihre Zustimmung, sodass der Mann sie beim zuständigen Bischof verklagte und sie zu einer Anhörung vorgeladen wurde. Jeanne erschien persönlich und erreichte durch geschickte Argumentation das Abweisen der Klage, weil sie selbst kein Eheversprechen gegeben hatte. Diese ungewöhnliche Weigerung Jeannes stellt die erste Abweichung von dem ihr vorgegebenen Lebensweg dar (Tanz 1991).

Im Alter von 13 Jahren hatte Jeanne ihre ersten Visionen von der heiligen Katharina, der heiligen Margarete und dem Erzengel Michael, die zu ihr sprachen und ihr zunächst auftrugen, sich gut zu verhalten, zur Kirche zu gehen und ihre Jungfräulichkeit zu bewahren. Später kam der Auftrag hinzu, zum französischen Thronfolger zu reisen und ihn zur Königsweihe nach Reims zu führen. Der Thronfolger war durch einen Pakt des englischen Königs mit der französischen Königin Großteils entmachtet und konnte nicht gekrönt werden, weil Reims von den Engländern besetzt war (Prietzel 2011).

12.2.3 Reise zum König und Zeit am Königshof in Chinon

Dem Auftrag aus ihren Visionen folgend verließ Jeanne 1428 ihr Elternhaus und schaffte es nach mehreren gescheiterten Audienzen bei einem benachbarten Burghauptmann, ein Geleit für ihre Reise nach Chinon zum französischen Hof zu erhalten.

Dort angekommen traf sie zum ersten Mal auf den französischen Thronfolger und berichtete ihm von ihren Visionen. Um den König davon zu überzeugen, dass sie von Gott gesandt sei, soll sie ihm ein Geheimnis verraten haben, dass allerdings bis heute unbekannt ist (Prietzel 2011). Auf Wunsch des Königs wurde sie anschließend durch eine Kommission von Gelehrten untersucht, um ihre Frömmigkeit zu prüfen. Die ihr gestellten Wissens- und Intelligenzfragen konnte sie korrekt beantworten. Da dies für ein Bauernmädchen ungewöhnlich war, wurde dies als Indiz für ihr Auserwähltsein durch Gott gedeutet. Auch ihre Jungfräulichkeit wurde geprüft, weil diese gemäß dem Glauben der damaligen Zeit vor der Beeinflussung durch den Teufel schützte. Als sie von den Gelehrten nach einem weiteren Zeichen für ihr Auserwähltsein gefragt wurde, erwiderte Jeanne, sie werde dieses Zeichen in Orléans geben. Zum damaligen Zeitpunkt war die Stadt von den Engländern belagerte und der französische Thronfolger plante einen Angriff, um die Belagerung aufzuheben. Da Jeanne von diesem Plan wusste, war die Stadt vermutlich eine nahe liegende Wahl für ihr göttliches Zeichen.

Das Urteil der Gelehrtenkommission zu Jeannes Auserwähltsein fiel positiv aus, und Jeanne, die der Überlieferung nach keinerlei aktive Kampferfahrung besaß, wurde dem Heer zugeordnet, das bald von Chinon nach Orléans ziehen sollte. Das Urteil der Gelehrtenkommission wurde zudem zu Propagandazwecken in Frankreich verbreitet, sodass Jeanne zu einer weithin bekannten Person wurde (Prietzel 2011).

12.2.4 Rückeroberung Orléans

Bevor sie gemeinsam mit dem königlichen Heer nach Orléans aufbrach, schickte Jeanne einen Brief mit einer 1. Abmahnung an die Engländer, in der sie von ihrem göttlichen Auftrag berichtete und die Engländer aufforderte, sich vor Beginn der Schlacht zu ergeben. Dieser Versuch blieb jedoch erfolglos.

Jeanne erhielt Männerkleidung, Rüstung und weitere Ausstattung für den Krieg und zog mit dem Heer nach Orléans. Dort umgingen die französischen Truppen zunächst die Belagerung und brachten Lebensmittel in die Stadt, wo Jeanne von der Bevölkerung mit Jubel empfangen wurde. Nachdem Jeanne erfolglos eine 2. Abmahnung an die Engländer geschrieben hatte, begann die mehrtägige Schlacht um Orléans, in deren Verlauf Jeanne ihre 3. Abmahnung schrieb. Obwohl sie in der Schlacht keinerlei Entscheidungsgewalt über das 500 Mann starke französische Heer hatte, wurde Jeanne von der Bevölkerung doch als Anführerin wahrgenommen (Prietzel 2011).

Zum Sieg der Franzosen über die Engländer trug Jeanne auf folgende Weise bei: Zum einen kämpfte sie aktiv in der Schlacht, zum anderen hatten ihr Mut und Durchhaltevermögen eine psychologische Wirkung auf die Soldaten. Diese zeigte sich beispielsweise, als Jeanne selbst nach einer Schulterverletzung durch einen Pfeil sofort wieder aufs Schlachtfeld zurückkehrte, um den Kämpfern Mut zu machen.

Nach der erfolgreichen Rückeroberung von Orléans eroberten die französischen Truppen auch die besetzten Städte rund um Orléans, und Jeanne machte sich mit dem Thronfolger auf den Weg nach Reims, damit dieser gekrönt werden konnte (Prietzel 2011).

12.2.5 Königsweihe in Reims

Die Relevanz der Königsweihe bestand darin, dass der Geweihte in den Augen des Volkes erst mit der Weihe in Reims als Ausdruck des Bündnisses mit Gott seine volle Legitimität erhielt.

Die Reise nach Reims erwies sich für das französische Heer als wenig problematisch, weil sich viele der von den Engländern besetzten Städte ergaben, bevor es zum Kampf kam. Als der französische Thronfolger im Juli 1429 mit Jeanne d'Arc an seiner Seite geweiht wurde, stellte dies den Höhepunkt ihrer Erfolge dar (Prietzel 2011).

12.2.6 Gescheiterte Rückeroberung von Paris und letzte Gefechte

Jeanne sah ihren Auftrag mit der Königsweihe jedoch noch nicht als vollendet an. Sie wollte direkt weiter nach Paris ziehen, um auch den Rest der französischen Gebiete von der Herrschaft der Engländer zu befreien. Der König gab zunächst nach und stellte ihr sein Heer zur Verfügung. Nach einem gescheiterten Versuch der Rückeroberung von Paris befahl er jedoch, zu Jeannes Ärger, den Rückzug seiner Truppen.

Als besänftigende Geste wurde Jeanne im Dezember 1429 mit ihrer Familie in den Adelsstand erhoben. Auf Bitte des Königs nahm sie von November 1429 bis Mai 1430 an einigen Feldzügen teil. Im Mai 1430 führte Jeanne ein kleines Heer bei einem Überraschungsangriff an, der allerdings misslang, sodass Jeanne von englischen Verbündeten gefangen genommen wurde (Prietzel 2011).

12.2.7 Der Ketzerprozess

Im November 1430 wurde Jeanne an die englischen Machthaber übergeben und in das von den Engländern besetzte Rouen gebracht, wo ihr der Prozess wegen Ketzerei gemacht werden sollte. Dieser Prozess stellte für die Engländer ein willkommenes Mittel dar, die als Bedrohung empfundene Jeanne zu diskreditieren und, wenn möglich, aus dem Weg zu schaffen. Hilfe vom französischen König war nicht zu erwarten: Einerseits hatte der König nicht genügend Geld zur Verfügung, um sie freizukaufen, andererseits war es gefährlich, sich für eine potenzielle Ketzerin einzusetzen.

Im 1. Teil des von den Engländern initiierten Prozesses wurden Informationen zu Jeanne gesammelt und Zeugenbefragungen durchgeführt, die Anhaltspunkte für eine Anklage wegen Ketzerei boten. Die Zeugen nannten dabei beispielsweise heidnische Praktiken, an denen Jeanne in ihrer Kindheit teilgenommen haben soll. Auch Jeanne wurde diesbezüglich befragt. Im 2. Teil des Prozesses wurde Jeanne mit den insgesamt 70 Anklagepunkten konfrontiert und nahm zu diesen Stellung. Obwohl die Richter ein weit höheres Bildungsniveau hatten, schaffte Jeanne es, sich in vielen Anklagepunkten gut zu verteidigen. Dennoch blieben am Ende 12 Anklagepunkte bestehen, die sie u. a. der Anbetung von Dämonen (in Bezug auf ihre Visionen) und des Mordes beschuldigten (da Frauen nicht im Krieg kämpfen durften, wurden alle von Jeanne umgebrachten gegnerischen Soldaten als Morde betrachtet). Problematisch war zudem die Aussage Jeannes, dass sie sich weder der Kirche noch dem Papst unterordne, sondern nur Gott.

Die Anklagepunkte wurden von der Universität Paris geprüft und für berechtigt befunden, sodass Jeanne, die sich weiterhin weigerte, sich der Kirche zu unterwerfen, zum Tod verurteilt wurde. Am 30. Mai 1431 wurde sie vor versammeltem Volk auf dem Scheiterhaufen verbrannt (Prietzel 2011).

12.2.8 Nachleben

Nach Jeannes Tod lebte ihre Erinnerung im Volk weiter. Aus militärischer Sicht brauchten die Franzosen Jeanne jedoch nicht mehr. 1444 schlossen sie einen Waffenstillstand mit England, 1475 den endgültigen Frieden.

Obwohl sich der französische König inzwischen in einer gefestigteren politischen Lage befand, blieb das Mitwirken einer verurteilten Ketzerin an seinen Erfolgen problematisch, sodass er einen Rehabilitierungsprozess

anstieß. In diesem wurde der alte Prozess um Jeanne wieder aufgerollt, wobei allerdings nicht ordnungsgemäß vorgegangen wurde – Zeugen wurden selektiv befragt und bestimmte Zeitabschnitte einfach ignoriert. Dennoch wurde das Urteil von 1431 in diesem Prozess vollständig revidiert und damit Jeannes guter Ruf wiederhergestellt.

Fast 500 Jahre später wurde sie 1909 schließlich selig- und 1920 heiliggesprochen (Prietzel 2011).

12.3 Psychologische Theorien, Modelle und Konzepte

Den beschriebenen biografischen Ereignissen lassen sich bereits einzelne Hinweise zu den verschiedenen Einflussfaktoren auf das Erleben und Verhalten Jeannes entnehmen. Im Folgenden werden psychologische Faktoren und Theorien erörtert, die Rückschlüsse auf weitere Faktoren geben. Dabei ist es wichtig, im Hinterkopf zu behalten, dass ein Verhalten immer aus der Interaktion der Situation mit der Person entsteht (Lewin 1963). Die in dieser Analyse genutzten Informationen über beide Aspekte basieren auf Überlieferungen und Rekonstruktionen der damaligen Ereignisse.

12.3.1 Persönlichkeit

Einen wichtigen Einflussfaktor auf das Handeln einer Person stellt ihre Persönlichkeit dar. Die Berichte von Zeitgenossen über Jeannes D'Arcs Charakter sind aufgrund der Legendenbildung um ihre Figur verzerrt und teilweise widersprüchlich, weshalb sie wenig zuverlässig sind. Auf Basis von Jeannes Entscheidungen und Handlungen lassen sich aber dennoch Rückschlüsse auf ihre Persönlichkeit ziehen.

Jeanne bezeichnete sich selbst als „Pucelle", was im Deutschen üblicherweise mit „Jungfrau" übersetzt wird. Eigentlich war Pucelle aber lediglich eine Bezeichnung für eine Frau in einem bestimmten Lebensalter zwischen Pubertät und Heirat – Jungfräulichkeit war also vorausgesetzt. Abgesehen davon war der Begriff mit einer Reihe von Eigenschaften und Verhaltensweisen assoziiert, u. a. mit Demut, Gehorsam, Frömmigkeit und Zurückhaltung in Bezug auf irdische Freuden. Einigen davon entsprach Jeanne, beispielsweise der **Frömmigkeit:** Jeanne zeichnete sich bereits in ihrer Kindheit gegenüber den anderen Kindern im Dorf durch eine überdurchschnittliche Gläubigkeit und Frömmigkeit aus. Sie besuchte die Messe, fastete und beichtete häufig. Auch später versuchte sie, ihre **Gläubigkeit** an ihre Mitmenschen weiterzugeben, indem sie die Soldaten ihres Heeres ermutigte, zu beichten und zum Gottesdienst zu gehen. Andere typische Charaktereigenschaften der Pucelle trafen jedoch nicht auf sie zu. So widersetzte sich Jeanne beispielsweise ihren Eltern, als es um das bereits gegebene Eheversprechen ging (Prietzel 2011).

Weitere Eigenschaften Jeannes, die sich schon sehr früh in ihrem Leben zeigten, waren ihre **Selbstständigkeit** und **Unabhängigkeit.** So verweigerte sie die von ihren Eltern arrangierte Ehe und kümmerte sich selbstständig um das Abweisen der Klage ihres potenziellen Ehemanns. Auch reiste sie ohne Wissen oder Einverständnis ihrer Eltern zum Königshaus, weil sie wusste, dass diese es ihr nicht erlauben würden. Darin zeigen sich auch ihre **Zielgerichtetheit** und **Beharrlichkeit.**

Ihre Zielgerichtetheit ging zudem mit **Ungeduld** einher; oft kam es zu Spannungen mit den Befehlshabern des Heers, da Jeanne teilweise die Initiative übernahm und Schlachten fortführte, ohne dass die Heeresführer dies gebilligt hatten (Steinbach 1973).

Auch war sie bekannt dafür, schnell wütend zu werden. Auf dem Schlachtfeld erwies sie sich zudem als energisch und selbstbewusst. Sie spendete den Soldaten Mut und kämpfte selbst in den Schlachten mit (Prietzel 2011).

12.3.2 Intelligenz

Nach Cattells 2-Faktoren-Modell der Intelligenz gibt es die folgenden beiden Intelligenzfaktoren: die kristalline und die fluide Intelligenz (Cattell 1943).

Die **kristalline Intelligenz** umfasst die Fähigkeiten und das Wissen, das im Laufe des Lebens erworben wird. Bei Jeanne war sie aufgrund ihrer sozialen Stellung vermutlich eher gering ausgeprägt. Da sie als Bauernmädchen keine Schulbildung erhalten hatte, blieb ihr auch der Zugang zu wissenschaftlicher Bildung verwehrt, und ihre Allgemeinbildung dürfte, bis auf religiöse Themen, recht niedrig gewesen sein.

Ihre **fluide Intelligenz,** die die Fähigkeit zum Problemlösen und zu logischem Denken bezeichnet, scheint hingegen überdurchschnittlich hoch gewesen zu sein. Obwohl sie aufgrund ihrer geringen Bildung gegenüber den Richtern im Nachteil war, schaffte sie es, eine Vielzahl der Anklagepunkte abzuwenden, indem sie Fangfragen der Richter durchschaute und wohlüberlegt antwortete.

12.3.3 Visionen

Eine der Fragen, mit der sich die Forschung zu Jeanne d'Arc seit jeher beschäftigt, ist die nach der Herkunft und Bedeutung ihrer göttlichen Visionen. Aus psychologischer Sicht ist es dabei zunächst wichtig, sich die Inhalte und Umstände der Visionen vor Augen zu führen, bevor mögliche Erklärungsansätze gefunden werden können.

Jeannes Visionen traten zum ersten Mal im Alter von 13 Jahren auf, zunächst 2–3 Mal pro Woche. Später – zu Zeiten der Schlacht um Orléans – machte Jeanne nichts mehr ohne Anweisung der Stimmen. Auch in der Gefangenschaft traten noch Visionen auf, die ihr Trost spendeten und sie ermutigten, trotz widriger Umstände durchzuhalten. Die

12

Visionen waren dabei Großteils akustischer Natur: Jeanne hörte die Stimmen von 3 Heiligen, die zu ihr sprachen. Oft waren die akustischen Visionen von großer Helligkeit und der körperlichen Erscheinung der Heiligen begleitet (Steinbach 1973).

Jeanne kommunizierte ihre Visionen von Anfang an immer wieder gegenüber verschiedenen Personen. Es ist allerdings anzunehmen, dass sie sich einige der detaillierteren Aussagen nachträglich eingebildet oder zu Zwecken der Glaubhaftigkeit im Prozess erfunden hat, weil diese Aussagen zum ersten Mal in den Prozessakten auftauchten.

Die Bedeutung der Heiligen, die Jeanne erschienen, wurde in der Forschung bereits umfassend untersucht. Der heilige Michael war als sog. „Seelenwäger" im jüngsten Gericht und als Widerstandssymbol gegen die Engländer bekannt. Auch die beiden weiblichen Stimmen, die Jeanne als die Stimmen der heiligen Katharina und der heiligen Margarete erkannte, standen in Bezug zu Jeannes Lebenslage: Beide waren Jungfrauen, die starben, weil sie ihre Jungfräulichkeit gegen die Begierden eines Mannes verteidigten (Tanz 1991).

Im Laufe der Jeanne d'Arc-Forschung wurden bereits viele Erklärungsansätze für das Zustandekommen der Visionen angeführt. Die vordergründige Frage, die sich im Rahmen dieser Erklärungsversuche stellt, ist diejenige nach der objektiven und subjektiven Realität der Visionen. Mit objektiver Realität ist dabei das tatsächliche Vorhandensein der Visionen gemeint, mit subjektiver Realität die Überzeugung Jeannes, dass die Visionen real waren.

12.3.3.1 Erklärung der Visionen aus heutiger Sicht

Aus heutiger Sicht würde man die objektive Realität der Visionen wohl anzweifeln. Es liegen jedoch keine hinreichenden Hinweise auf eine psychische oder Persönlichkeitsstörung (z. B. eine antisoziale Persönlichkeitsstörung) oder auf eine Beeinflussung Jeannes durch eine äußere Instanz vor, die eine bewusste Falschaussage Jeannes bezüglich ihrer Visionen rechtfertigen. Deshalb wird im Folgenden von der subjektiven Realität der Visionen ausgegangen.

In der Literatur wird eine Vielzahl von organischen und psychologischen Ursachen für die subjektive Realität der Visionen diskutiert. Die organischen Erklärungsansätze sind vielfältig, bieten aber keine zufriedenstellende Erklärung für die Gesamtheit der Symptome Jeannes.

Psychologisch gesehen kann bei den Visionen nach heutiger Vorstellung von **akustischen und optischen Halluzinationen,** also Wahrnehmungen ohne nachweisbare externe Reizgrundlage, gesprochen werden, die eine inhaltliche Denkstörung bedingten. Diese könnte sich in Form einer **überwertigen Idee,** also einem dauerhaft lebensbestimmenden Leitgedanken, äußern, der die Motivation, den Antrieb und die Volition beeinflusst und mit intensiver Emotionalität besetzt ist (Dorsch et al. 1994). Da Jeanne in ihren Visionen Aufträge erhielt, deren Erfüllung ihren ganzen Lebensinhalt darstellte, sind diese Kriterien erfüllt.

Wenn sich die betroffene Person dabei nicht mehr mit der Möglichkeit auseinandersetzen kann, eventuell eine fehlerhafte Vorstellung zu haben, spricht man sogar von einem **Wahn** (Dilling et al. 2015). Da Jeanne ihr Leben über auch gegenüber Kritikern für ihre Überzeugungen einstand und letztendlich sogar dafür starb, war diese Möglichkeit bei Jeanne vermutlich nicht gegeben. Aus heutiger Sicht würde man dementsprechend eher von einem Wahn als von einer überwertigen Idee ausgehen.

Ein Wahn kann isoliert als eigenes Störungsbild oder im Rahmen einer anderen psychischen Störung aufgetreten sein. Ein populäres Störungsbild, das auch in der Literatur häufig als Erklärung für Jeannes Visionen angeführt wird, ist die **Schizophrenie,** deren Entstehung durch Pubertätsmagersucht aufgrund des häufigen Fastens begünstigt worden sein könnte. Für diese Vermutung spricht das Vorliegen von inhaltlichen Denkstörungen und akustischen Halluzinationen

(Dilling et al. 2015). Allerdings kann zu vielen der Diagnosekriterien einer Schizophrenie aufgrund der knappen Informationslage zu Jeannes Zustand keine Aussage gemacht werden. Auch der typische schubweise Verlauf des Krankheitsbildes stimmt nicht mit dem von Jeanne selbst beschriebenen Verlauf ihrer Visionen überein.

Als Grundlage für diesen Erklärungsansatz wurden die heutigen Diagnosekriterien für Schizophrenie herangezogen. Psychische Störungen müssen jedoch immer im Rahmen des kulturellen Hintergrundes der jeweiligen Zeit interpretiert werden.

12.3.3.2 Erklärung der Visionen vor dem damaligen kulturellen Hintergrund

Im 15. Jahrhundert war es üblich, daran zu glauben, dass Gott einigen auserwählten Personen Botschaften überbrachte und ihnen Aufträge gab, was für die Auserwählten oft mit Begegnungen mit Engeln oder anderen Gottgesandten einherging. Jeannes Visionen können somit vor dem damaligen kulturellen Hintergrund nicht als krankhaft betrachtet werden. Vielmehr werden sie in der Literatur oft lediglich als Jeannes Art gesehen, die sie umgebende Realität zu reflektieren. Tatsächlich war Jeannes Heimatdorf in dem Jahr, in dem sie ihre ersten Visionen hatte, von einer bewaffneten Truppe überfallen worden. Möglicherweise sind Jeannes Visionen also tatsächlich nur ein der mittelalterlichen Mentalität entsprechender Ausdruck ihres Wunsches, dem König von Frankreich zu Hilfe zu eilen und den Krieg mit den Engländern zu beenden (Prietzel 2011).

Insgesamt kann im Nachhinein und ohne weitere Informationen kein abschließendes Urteil über die Ursache von Jeannes Visionen gefällt werden. Generell ist es bei der Suche nach psychologischen Ursachen besonders wichtig, den kulturellen Hintergrund der jeweiligen Zeit einzubeziehen. Zudem wurden in neueren psychologischen Studien auch Fälle vorgestellt, bei denen die Untersuchten

zwar Halluzinationen hatten, jedoch keine weiteren psychischen Störungen aufwiesen (Menon et al. 2003). Somit müssen auch in der heutigen Zeit nicht alle Halluzinationen als krankhaft gelten.

12.3.4 Soziale Rollen und Rollenkonflikte

Jeannes sozialer Stand eröffnet einen weiteren interessanten Einflussfaktor auf Jeannes Denken und Handeln: soziale Rollen und Rollenkonflikte.

Jeanne war aufgrund ihres **sozialen Standes** als Bauernmädchen mit bestimmten Rollenerwartungen konfrontiert, also gesellschaftliche Erwartungen an das Verhalten eines Menschen aufgrund seiner sozialen Rolle (Dorsch et al. 1994). Ihre Eltern bereiteten Jeanne dementsprechend seit ihrer Kindheit auf ihre spätere Rolle als Hausfrau und Mutter vor, indem sie sie in die nötigen Haushalts- und sonstigen Tätigkeiten einführten. Jeanne entschied sich jedoch aufgrund ihres göttlichen Auftrags, die für sie vorherbestimmte Rolle nicht einzunehmen und stattdessen an den Königshof zu reisen.

Obwohl sie damit die Rolle als Mutter und Hausfrau abwies, hatten die Adeligen am Hof und später die Soldaten sowie Heeresführer aufgrund ihres niederen Standes doch gewisse Rollenerwartungen an sie. Entgegen des im Volk vorherrschenden Glaubens war Jeanne keineswegs Heeresführerin und hatte damit auch keine Entscheidungsgewalt, sondern war lediglich als Begleitung mit dem Heer entsandt worden. Dennoch mischte sie sich oft in die Entscheidungen der Befehlshabenden ein und setzte sich sogar über bereits getroffene Entscheidungen hinweg. Dadurch löste sie **Rollenkonflikte** aus, weil ihre Handlungen zu diesen Zeitpunkten den Erwartungen der Personen um sie herum widersprachen.

Diesen Bruch mit den Erwartungen milderte Jeanne, indem sie ihren **Status als Gottgesandte** betonte, der ihr das Recht gab, sich über geltende Normen und Rollen-erwartungen hinwegzusetzen. Diese Betonung ihres Status ist beispielsweise in dem Namen zu erkennen, den Jeanne sich selbst gab: „la Pucelle" (▶ Abschn. 12.3.1). Es ist zu vermuten, dass ihr Status als Gottgesandte und ihre psychologische Wirkung auf das Volk und die Soldaten sie vor negativen Sanktionen aufgrund ihres Bruches mit ihrer eigentlichen sozialen Rolle schützten.

12.3.5 Selbstwirksamkeit und Resilienz durch den Glauben an Gott

Jeannes Glaube gab ihr in ihrem Leben Orientierung beim Treffen von Entscheidungen und stärkte ihren Glauben in sich selbst. Dieser Glaube in die eigenen Fähigkeiten der Problembewältigung und der Zielerreichung wird aus psychologischer Sicht als **Selbstwirksamkeitserwartung** bezeichnet (Bandura 1977). Diese ist entscheidend dafür, ob Personen herausfordernde Ziele zuversichtlich angehen oder resignieren.

Jeannes Selbstwirksamkeitserwartung scheint aufgrund ihres Glaubens und Vertrauens in Gott hoch ausgeprägt gewesen zu sein, sodass sie glaubte, die von Gott durch die Visionen gegebenen Aufträge erfolgreich ausführen zu können.

Zudem ist der Glaube als persönliche Ressource von Jeanne zu verstehen, die ihre **Resilienz,** also ihre psychische Widerstandsfähigkeit, erhöhte. Diese äußert sich in der Fähigkeit von Personen, Krisen zu bewältigen und daran zu wachsen (Aburn et al. 2016).

Jeannes Visionen stellten dabei vermutlich eine wichtige persönliche Ressource dar, die ihr dabei half, ihre negativen und teilweise traumatischen Kriegserlebnisse zu verarbeiten. Die große Bedeutung der Visionen für Jeanne lag dabei darin, dass sie für Jeanne ein Zeichen für ihre Verbundenheit mit Gott waren (▶ Abschn. 12.3.3). Die aus den Visionen entstandenen Aufträge vermittelten

Jeanne zudem ein Gefühl von Sinnhaftigkeit, das ihr half, trotz Herausforderungen an ihren Zielen festzuhalten. Auch während ihrer Gefangenschaft spendete ihr der Glaube Trost und die anhaltenden Visionen stärkten ihr Verbundenheitsgefühl zu Gott (Steinbach 1973).

12.4 Bedeutung für die heutige Zeit

12.4.1 Frankreichs große Nationalheldin

Jeanne d'Arc wurde nach dem Ende des 100-jährigen Krieges noch mehrere Jahrhunderte lang als Nationalheldin verehrt. Ihre Geschichte wurde in der Literatur, Musik sowie in Film und Fernsehen immer wieder aufgegriffen. Doch welchen Einfluss hatte sie tatsächlich auf den Ausgang des Krieges?

Zum Hintergrund der französischen Kriegserfolge zu Zeiten Jeanne d'Arcs ist zunächst zu sagen, dass sich England seit einiger Zeit übernommen hatte und in Geldnot geraten war. Die Franzosen hingegen konnten die Strukturen in ihrem zur damaligen Zeit recht kleinen Teil Frankreichs festigen und sich für den Krieg aufstellen. Zudem war durch erste französische Erfolge die Kampfmoral der Franzosen gestärkt, die der Engländer jedoch geschwächt. Die Franzosen hatten deshalb von vornherein gute Chancen, das Blatt zu wenden.

Jeanne d'Arcs Rolle im Krieg war großteils psychologisch. Zwar kämpfte sie aktiv in den Schlachten um Orléans und auf späteren Missionen für den König, ihre Kampfleistung an sich hätte aber wohl kaum einen Unterschied für den Kriegsausgang gemacht. Jedoch schaffte sie es mithilfe ihres Status als Gottgesandte, dem französischen Volk und den Soldaten durch ihre Energie und ihr Durchhaltevermögen auf dem Schlachtfeld Mut zu machen und dadurch die Kampfmoral weiter zu stärken. Jeanne d'Arc war somit wohl ein weiterer, psychologischer Faktor, der den Franzosen zum Sieg verhalf. Ob die Franzosen den Krieg auch ohne sie für sich hätten entscheiden können, ist ungewiss; die Chance bestand jedoch durchaus.

Doch wie wurde Jeanne d'Arc unter diesen Voraussetzungen zur Nationalheldin verklärt, und wieso hielt sich diese Vorstellung über Jahrhunderte hinweg in den Köpfen der Franzosen?

Ein wichtiger Faktor der Legendenbildung um Jeanne d'Arc war die Propaganda des französischen Hofes seit Jeannes Entsendung nach Orléans. Jeanne kam außerdem zugute, dass seit ihrem Auftauchen am Königshof eine Prophezeiung kursierte, nach der eine Jungfrau Frankreich retten würde (Prietzel 2011). Somit stand Jeanne schon zu Lebzeiten für den französischen Nationalstolz und den Sieg der Franzosen über die Engländer.

Eine so rasche Legendenbildung erinnert an andere religiöse Anführer der Geschichte, nicht zuletzt an Jesus Christus. Auch in seinem Fall ging bereits zu seinen Lebzeiten eine Vielzahl an Gerüchten zu seinen übernatürlichen Fähigkeiten herum, die ihn schnell zu einem Volkshelden machten. Durch seinen Märtyrertod wurden seine Bekanntheit und sein Ruhm nur noch gestärkt.

Auch Jeannes Bekanntheit stieg nach ihrem Tod weiter, weil sie durch verschiedene Bewegungen instrumentalisiert wurde, im Speziellen durch die Kirche und die Politik. So propagierte beispielsweise Ludwig XIV. Jeanne als das Palladium des Gottesgnadentums der französischen Monarchie. Selbst ihre Heiligsprechung im Mai 1920 wird von einigen als politischer Akt betrachtet, der die Einigkeit zwischen den konservativen Kreisen Frankreichs und dem Vatikan darstellen sollte. So sollte die Popularität Jeannes als Mittel gegen anwachsende antiklerikale Strömungen im französischen Volk genutzt werden (Tanz 1991).

Insgesamt wurde Jeanne d'Arc über die Jahrhunderte immer wieder von verschiedenen Strömungen genutzt, um deren Ideale und Werte zu propagieren, wobei Kirche und Politik hierbei oft stark ineinander verwoben waren. Dadurch, dass ihre Figur immer wieder aufgegriffen wurde, blieb sie über lange Zeit in den Köpfen der Menschen verankert und wurde über die Jahrhunderte zu einer der Heldinnen Frankreichs.

12.4.2 Was können wir aus den Geschehnissen um Jeanne d'Arc für heute lernen?

Jeanne d'Arcs Geschichte bietet einige Ansatzpunkte, aus denen jeder von uns heute noch etwas lernen kann.

Zunächst ist hier die **individuelle Leistung** Jeannes anzuführen. Obwohl Frauen in der damaligen Zeit wenige Rechte hatten, schaffte sie es, an den Königshof vorgelassen zu werden, sie trug Männerkleidung und kämpfte im Krieg – beides war Frauen der damaligen Zeit eigentlich verboten. Durch ihren starken Willen und ihre Durchsetzungsfähigkeit konnte sich Jeanne entgegen den geltenden Normen durchsetzen. Eine solche Einstellung wird auch heutzutage immer populärer. Mit fortschreitender Individualisierung legen die Menschen zunehmend Wert darauf, ihre Ziele ohne Rücksicht auf mögliche Normbrüche und trotz möglicher Risiken zu verwirklichen. Wie am Fall von Jeanne d'Arc deutlich wird, sind diese Normbrüche – in Jeannes Fall sogar Gesetzesbrüche – allerdings mit Konsequenzen verbunden, die der Einzelne zu tragen hat.

Weiterhin lassen sich aus den Geschehnissen um Jeanne d'Arc auch politische Lehren ableiten. Die **Gewalt als Mittel zur Zielerreichung** ist auch heute noch ein aktuelles Thema, beispielsweise, wenn sich Staaten mithilfe von Atombomben oder militärischer Aufrüstung gegenseitig bedrohen. Jedoch zeigt sich hier oft, dass diese Bedrohungen statt der gewünschten abschreckenden Wirkung auf die gegnerische Partei ein Aufschaukeln des Konflikts zur Folge haben. In Jeannes Fall wurde letztendlich sogar sie persönlich als Bedrohung für die Engländer wahrgenommen, sodass ein Ketzerprozess gegen sie begonnen wurde.

Ein weiteres interessantes Thema, in dem Jeannes Fall einen Bezug zur aktuellen Situation hat, ist die **Macht der Propaganda.** In Jeannes Fall wurde durch den französischen Hof die Nachricht von Jeanne als Retterin Frankreichs verbreitet und somit dem eigenen Volk Mut und den Feinden Angst gemacht. Auch heute spielt die Verbreitung von Informationen durch Medien eine wichtige politische, aber auch wirtschaftliche und soziale Rolle. Dabei sollte sich jeder Einzelne in Zeiten von Fake News und der Massenbeeinflussung durch die sozialen Medien über die Macht dieser schnellen Informationsverbreitung bewusst sein und entsprechende Konsequenzen bezüglich seiner Bewertung von Gelesenem und seines Medienkonsums ziehen.

12.5 Fazit

Jeanne d'Arcs fester Glaube an Gott, ihre Visionen und ihr persönlicher Einsatz gaben starke Impulse, die zur Beendigung des 100-jährigen Krieges beitrugen. Nichtsdestotrotz wandte sie letztendlich Gewalt an, um ihre Ziele zu erreichen. War Jeanne d'Arc also ein „guter" Mensch?

Auf der einen Seite erlaubten Jeannes Beharrlichkeit, Unabhängigkeit und religiöse Hingabe es ihr, ihre Ziele konsequent zu verfolgen. Dabei schreckte sie auch vor großen persönlichen Opfern nicht zurück – letztendlich nahm sie sogar ihren eigenen Tod in Kauf. Die Kombination dieser Eigenschaften mit dem Beitrag, den sie im 100-jährigen Krieg für ihr Land geleistet hat, stellen für viele Menschen wesentliche Faktoren dar, die für Jeanne als „guten" Menschen sprechen.

Auf der anderen Seite ist die Gewalt, die Jeanne an vielen Stellen zur Erreichung ihrer Ziele anwandte, aus heutiger Sicht schwierig mit dem Konzept des „guten Menschen" zu vereinbaren. Es ist allerdings zu vermuten, dass Jeanne die Gewalt aufgrund ihrer Kindheitserfahrungen und der Einstellung der Gesellschaft zum Krieg als übliche Lösung für politische Konflikte wahrnahm. Ihr Status als Gottgesandte dürfte für sie und ihr Umfeld außerdem eine zusätzliche Rechtfertigung dargestellt haben. Ob diese Faktoren ausreichen, um die angewandte Gewalt zu legitimieren, ist aus heutiger Sicht jedoch fraglich.

Letztendlich ist die Frage, ob Jeanne d'Arc ein „guter" Mensch war, aufgrund der zeitlich weit zurückliegenden Ereignisse und der begrenzten Anzahl an zuverlässigen Quellen über Jeannes Gefühls- und Gedankenwelt schwierig zu beantworten. Aus heutiger Sicht spricht die von ihr angewandte Gewalt in jedem Fall dagegen – mögen ihre Absichten und Erfolge noch so bemerkenswert sein.

So wie diese werden wohl auch viele andere Fragen zu Jeanne d'Arcs Leben offenbleiben, nicht zuletzt diejenige nach dem Hintergrund ihrer Visionen oder ihrer tatsächlichen Relevanz für den Ausgang des 100-jährigen Krieges.

Und trotz dieser ungeklärten Fragen behält die Geschichte von Jeanne d'Arc doch ihre Relevanz für die heutige Zeit: Viele der angesprochenen Themen sind auch heute noch auf die eine oder andere Weise aktuell – von politischer Gewalt über soziale Rollen bis hin zur Macht der Propaganda. Zudem ist Jeanne d'Arc nach wie vor ein eindrucksvolles Beispiel dafür, was eine einzelne Person mit genügend Entschlossenheit und Einsatz erreichen kann.

Literatur

Aburn, G., Gott, M., & Hoare, K. (2016). What is resilience? An integrative review of the empirical literature. *Journal of Advanced Nursing, 72*(5), 980–1000.

Bandura, A. (1977). Self-efficacy: Toward a unifying theory of behavioral change. *Psychological Review, 84*(2), 191–215.

Cattell, R. B. (1943). The measurement of adult intelligence. *Psychological Bulletin, 40*(3), 153–193.

Dilling, H., Mombour, W., & Schmidt, M. H. (Hrsg.). (2015). *Internationale Klassifikation psychischer Störungen. ICD-10 Kapitel V (F) klinisch-diagnostische Leitlinien* (10. Aufl.). Bern: Hogrefe.

Dorsch, F., Häcker, H., & Stapf, K. (1994). *Dorsch Psychologisches Wörterbuch* (12. Aufl.). Bern: Huber.

Lewin, K. (1963). *Feldtheorie in den Sozialwissen-schaften*. Bern: Huber.

Menon, G. J., Rahman, I., Menon, S. J., & Dutton, G. N. (2003). Complex visual hallucinations in the visually impaired: The Charles Bonnet Syndrome. *Survey of Ophthalmology, 48*(1), 58–72.

Müller, H. (2002). Frankreich im Spätmittelalter: Vom Königsstaat zur Königsnation (1270–1498). In E. Hinrichs (Hrsg.), *Kleine Geschichte Frankreichs* (S. 55–101). Stuttgart: Reclam.

Prietzel, M. (2011). *Jeanne d'Arc: Das Leben einer Legende*. Freiburg im Breisgau: Herder.

Steinbach, H. (1973). *Jeanne d'Arc: Wirklichkeit und Legende* (Bd. 78). Göttingen: Musterschmidt.

Tanz, S. (1991). *Jeanne d'Arc: Spätmittelalterliche Mentalität im Spiegel eines Weltbildes* (Bd. 33). Weimar: Böhlau.

12

Sophie Scholl

Bernadette Clarissa Simon

© Springer-Verlag GmbH Deutschland, ein Teil von Springer Nature 2019
D. Frey (Hrsg.), *Psychologie des Guten und Bösen,* https://doi.org/10.1007/978-3-662-58742-3_13

13.1 Einleitung

Am 18. Februar 1943 verteilte Sophie Scholl gemeinsam mit ihrem Bruder Hans während der Vorlesungszeit Flugblätter gegen den Nationalsozialismus in der Münchner Ludwig-Maximilians-Universität. Die Geschwister machten sich mit dem Verteilen dieser Flugblätter des Hochverrates schuldig, auf den die Todesstrafe stand. Nachdem sie alle Flugblätter in den Gängen verteilt und das Gebäude verlassen hatten, fiel den Geschwistern auf, dass noch Flugblätter übrig waren. Sie gingen zurück in das Gebäude und verteilten die restlichen Flugblätter, wobei Sophie den letzten Stapel über die Brüstung des 2. Stockes in den Innenhof herunterwarf (◘ Abb. 13.1). Das allerdings beobachtete der Hausmeister, hielt die beiden fest und übergab sie an die Gestapo. Zwei Tage später wurde Sophie Scholl im Alter von 21 Jahren zusammen mit ihrem Bruder und dem gemeinsamen Freund Christoph Probst enthauptet (Beuys 2010).

13.2 Biografie

13.2.1 Kindheit

■ **Biografische Ereignisse**
Sophia Magdalena Scholl wurde am 9. Mai 1921 in Forchtenberg geboren. Später nannte sie sich selbst Sophie. Ihr Vater, Robert Scholl, war Bürgermeister in Forchtenberg. Er hatte demokratische Ansichten und war ein Pazifist. Ihre Mutter, Lina Scholl, war vor der Hochzeit mit Robert Scholl Diakonissin und pflegte auch nach dem Austritt aus dem Verbund ihren Glauben. Sophie hatte 3 ältere

◘ **Abb. 13.1** Lichthof im Hauptgebäude der Ludwig-Maximilians-Universität

Geschwister (Inge, Hans und Elisabeth) und einen jüngeren Bruder (Werner).

Für die Eltern war Bildung sehr wichtig. So wurde in der Familie viel musiziert und gelesen. Auch versuchte Lina Scholl, den Kindern den christlichen Glauben zu vermitteln. Des Weiteren waren in der Familie alle Kinder, ob Mädchen oder Junge, gleichberechtigt.

1930 wurde der Vater nicht als Bürgermeister wiedergewählt, da sein fortschrittliches Denken auf Widerstand stieß. Die Familie musste daher nach Ulm umziehen, wo Robert Scholl eine Anstellung in einem Steuerbüro fand. In Ulm ging Sophie auf eine Mädchenschule, an der die Möglichkeit bestand, das Abitur zu machen (Beuys 2010).

- **Zeitgeschichtliche Ereignisse**

Sophie wuchs in der Zeit der Weimarer Republik (1918–1933) auf, der ersten deutschen Demokratie. Die Republik war von Anfang an durch Schwierigkeiten gekennzeichnet. So bekam Deutschland mit dem Versailler Vertrag die alleinige Kriegsschuld zugesprochen. Außerdem kursierte nach dem Krieg die Dolchstoßlegende, die besagte, dass die inneren deutschen Kräfte dazu geführt hätten, dass Deutschland den Krieg verlor. Dadurch verschlechterte sich die Stimmung in der Republik.

In den frühen Jahren versuchten linke und rechte Kräfte, die Demokratie zu zerstören. Zwischen 1923 und 1929 war die Republik relativ stabil. 1929 kam es jedoch im Zuge der Weltwirtschaftskrise zu einer hohen Arbeitslosigkeit in Deutschland, und die extremen Parteien erhielten verstärkten Zuspruch.

1930 kam keine mehrheitsfähige Regierung zustande, wodurch Heinrich Brüning zum Kanzler ernannt wurde, der in der Folge durch Notverordnungen regierte. Bei den Wahlen von 1932 hatte die Nationalsozialistische Deutsche Arbeiterpartei (NSDAP) die meisten Wählerstimmen. Am 30. Januar 1933 wurde Hitler vom Reichspräsidenten zum Reichskanzler ernannt (Müller 2003; vgl. ▶ Kap. 17).

13.2.2 Jugend

- **Biografische und zeitgeschichtliche Ereignisse**

Als Hitler an die Macht kam, herrschte eine begeisterte Aufbruchsstimmung im Land. Auch Sophies ältere Geschwister ließen sich von dieser Begeisterung anstecken. Schon bald wollten sie der Hitlerjugend beitreten (Beuys 2010).

Die Hitlerjugend war von der NSDAP dazu gedacht, der Jugend die nationalsozialistischen Überzeugungen zu vermitteln. Dazu wurden gemeinschaftliche Aktionen organisiert. Bis 1936 war der Beitritt zur Hitlerjugend freiwillig. Bereits Mitte 1933 hatte die Hitlerjugend jedoch 3,5 Mio. Mitglieder (Müller 2003).

Robert und Lina Scholl, die demokratisch eingestellt waren und den Nationalsozialismus ablehnten, missfiel der Wunsch ihrer Kinder, wodurch es zu familiären Konflikten kam. Trotz ihrer ablehnenden Haltung erlaubten die Eltern aber schließlich, dass Inge und Hans in die Hitlerjugend eintreten durften. Bald übernahmen beide Führungsfunktionen.

Auch Sophie trat 1934 dem Bund der Deutschen Mädchen bei und übernahm 1935 die Führung einer Gruppe von Mädchen. Sophie war begeistert von dem Ziel der Nationalsozialisten, eine Volksgemeinschaft aufzubauen, und genoss die Gemeinschaft in der Hitlerjugend (Beuys 2010).

1937 kam Sophies Bruder Hans 5 Wochen in Untersuchungshaft wegen „bündischer Umtriebe". Hans hatte Kontakt mit der Bündischen Jugendbewegung, die in der Weimarer Republik ein Vorreiter der Hitlerjugend war. Die Bewegung wurde von den Nationalsozialisten dazu genutzt, die Hitlerjugend aufzubauen. Anschließend wurde sie verboten, da die Hitlerjugend die alleinige Jugendorganisation darstellen sollte (Beuys 2010).

Sophie sagte später im Verhör aus, dass sie die Verhaftung ihres Bruders für „vollkommen ungerechtfertigt" hielt (Chaussy und

Ueberschär 2013, S. 220). 1938 verlor Sophie ihre Führungsfunktionen in der Hitlerjugend, jedoch aus, wie sie sagte, internen und nicht aus politischen Gründen. Seit 1937 pflegte Sophie eine Beziehung mit Fritz Hartnagel, einem Berufsoffizier (Beuys 2010).

13.2.3 Letzte Lebensjahre

1939 begann der Zweite Weltkrieg mit dem Angriff Deutschlands auf Polen. Sophie lehnte den Krieg von Anfang an ab, wie u. a. einem Brief an Fritz Hartnagel zu entnehmen ist:

» „Ich kann es nicht begreifen, dass nun dauernd Menschen in Lebensgefahr gebracht werden von anderen Menschen." (zitiert nach Hartnagel 2005, S. 102)

Sophie begann, den Nationalsozialismus kritischer zu sehen (vgl. Beuys 2013a). 1940 machte sie ihr Abitur. Danach versuchte Sophie, dem für alle Frauen verpflichtenden Reichsarbeitsdienst zu entgehen, indem sie eine Ausbildung zur Kindergärtnerin begann. Nach der Vollendung dieser Ausbildung musste Sophie jedoch trotzdem zum halbjährigen Reichsarbeitsdienst antreten. Anschließend musste sie ein weiteres halbes Jahr Kriegshilfsdienst ableisten. In dieser Zeit ging es Sophie, die die Freiheit liebte und studieren wollte, sehr schlecht. Sie las viele Bücher, die von den Nationalsozialisten verboten waren. Dabei setzte sie sich stark mit ihrem Glauben auseinander und fand schließlich eine Beziehung zu Gott, auch wenn viele Fragen für sie noch offen blieben (Beuys 2010).

1942 begann Sophie an der Münchner Ludwig-Maximilians-Universität Biologie und Philosophie zu studieren. Ihr Bruder Hans studierte dort seit 1939 Medizin. Sophie lernte die Freunde ihres Bruders kennen, die alle eine ablehnende Haltung gegenüber dem Nationalsozialismus hatten (Beuys 2010). Eine wichtige Bedeutung für die Freundesgruppe hatte der Besuch der Vorlesung des regimekritischen Philosophie-

professors Kurt Huber und der gemeinsame Austausch über weltanschauliche Themen (Schulz 2005). Weiterhin wurden Leseabende veranstaltet.

Im Sommer 1942 erschienen dann die ersten 4 Flugblätter mit dem Titel „Die Weiße Rose", an denen jedoch nur Hans Scholl und Alexander Schmorell beteiligt waren. Historiker gehen davon aus, dass Sophie von der Beteiligung ihres Bruders an den Flugblättern wusste.

In jenem Sommer musste der Freundeskreis um Hans Scholl an die Ostfront; Sophie musste einen Rüstungseinsatz ableisten. In dieser Zeit erhielt Sophie die Nachricht, dass ihr Vater aufgrund von „Heimtücke" für 4 Monate ins Gefängnis musste und dass ein gemeinsamer Freund der Geschwister an der Front gefallen war (Beuys 2010). Sophie soll daraufhin gesagt haben:

» „Schluss, jetzt werde ich etwas tun." (zitiert nach Beuys 2010, S. 370)

Nach dem Einsatz an der Ostfront wuchs die Überzeugung der Freunde, Widerstand leisten zu müssen. Im Dezember 1942 begannen Hans Scholl, Sophie Scholl, Alexander Schmorell, Willi Graf und Christoph Probst mit der Vervielfältigung eines 5. Flugblattes. Unterstützt wurden sie dabei von Kurt Hubert. Sophie besorgte Material wie Briefumschläge und war für die Kasse zuständig. Als erste der Gruppen fuhr sie in eine andere Stadt, um dort Flugblätter zu verteilen (Beuys 2010).

An der Ostfront versuchte die deutsche Armee, ab Sommer 1942 Stalingrad zu erobern. Dieser Versuch scheiterte jedoch, und die deutsche Armee wurde in der Stadt eingeschlossen. Hitler lehnte eine Kapitulation ab, wodurch sich die Soldaten trotz Eiseskälte und schlechter Verpflegung nicht aus dieser Schlacht zurückziehen konnten. Ende Januar/Anfang Februar kapitulierte die Armee schließlich (Müller 2003). Auch Fritz Hartnagel befand sich im Januar 1943 in Stalingrad, wodurch die Freundesgruppe von der dortigen

Lage erfuhr. Fritz Hartnagel konnte als einer der Letzten aus der Stadt entkommen.

Die Situation in Stalingrad führte zu der Entscheidung der Gruppe, ein weiteres Flugblatt zu verfassen. Als Hans und Sophie am 18. Februar 1943 am helllichten Tag das 6. Flugblatt in der Universität verteilten, wurden sie vom Hausmeister erwischt und an die Gestapo übergeben. Zu Beginn der Verhöre leugneten die Geschwister die Tat. Als die Gestapo jedoch Beweismaterial in der Wohnung der beiden fand, gestand Hans seine alleinige Schuld. Daraufhin gestand auch Sophie die Tat. Im weiteren Verlauf des Verhörs versuchten beide Geschwister, mögliche Mittäter auszuschließen, um ihre Freunde nicht in Gefahr zu bringen. Neben Hans und Sophie wurde auch Christoph Probst verhaftet, da Hans Scholl seinen Entwurf für ein Flugblatt bei der Verhaftung bei sich trug.

Am 22. Februar 1943 wurden Hans Scholl, Sophie Scholl und Christoph Probst vom Volksgerichtshof zum Tode verurteilt und noch am selben Tag enthauptet (Beuys 2010). Willi Graf, Alexander Schmorell und Kurt Hubert wurden bei einem 2. Prozess zum Tode verurteilt.

Die Freundesgruppe ging nach dem Zweiten Weltkrieg unter dem Namen „Die Weiße Rose" in die Geschichte ein (Weiße Rose Stiftung 2005).

13.3 Psychologische Theorien, Modelle und Konzepte

Im Folgenden werden psychologische Einflussfaktoren auf die Entwicklung Sophie Scholls von einer Anhängerin des Nationalsozialismus hin zu einer Kämpferin gegen das nationalsozialistische Regime vorgestellt. Dabei gilt es, zu bedenken, dass Verhalten immer sowohl von der Person wie auch von der Situation abhängig ist (Lewin 1963) und die Ursache von Verhalten immer ein Zusammenspiel mehrerer Faktoren ist.

13.3.1 Bindung

Entwicklungspsychologen messen der Qualität der Beziehung zwischen Kindern und ihren Eltern, d. h. der Bindung, eine große Bedeutung im Hinblick auf die Entwicklung des Kindes zu. Die **Bindungstheorie von Bowlby** besagt, dass Bezugspersonen Kindern durch ihre Anwesenheit eine sichere Basis geben, von der aus die Kinder explorieren können (Siegler et al. 2011). Wenn das Kind Probleme hat, sind die Bezugspersonen für das Kind da, bieten also einen sicheren Hafen.

Die frühkindliche Bindung führt zu der Entwicklung eines **inneren Arbeitsmodells,** das grundlegende Annahmen über sich selbst, andere Menschen und Beziehungen zu diesen beinhaltet.

Nach Ainsworth werden 3 verschiedene **Bindungsformen** unterschieden, die sichere, die unsicher-vermeidende und die unsicher-ambivalente Bindung (Siegler et al. 2011). In der späteren Forschung wurde noch eine 4. Variante, die desorganisiert-desorientierte Bindung, entdeckt. Die am häufigsten vorgefundene Kategorie ist die sichere Bindung, bei der Kinder und Eltern eine positive Beziehung zueinander haben und Kinder ihre Eltern als sichere Basis verstehen (Siegler et al. 2011). Die zeitliche Stabilität der Bindungssicherheit ist relativ hoch (Fraley 2002).

Es kann angenommen werden, dass Sophie Scholl sicher gebunden war. Sie wuchs sehr geborgen und behütet in Forchtenberg auf. Dabei gewährten die Eltern Sophie schon früh viele Freiheiten. So besaßen die Kinder einen eigenen Gartenteil zum Erkunden (vgl. Beuys 2010).

In der Adoleszenz entfernte sich Sophie ebenso wie ihre Geschwister von den Eltern. Die Geschwister wendeten sich gegen die politische Meinung des Vaters, wodurch es zu Spannungen in der Familie kam. Diese Abgrenzung von den Eltern entspricht jedoch einer normalen Entwicklung, da Jugendliche nach Autonomie streben. In diesem Alter werden Gleichaltrige bedeutsamer als die eigenen

Eltern (Howe 2015). Die Geschwister Scholl bekamen mit, dass Gleichaltrige in der Hitlerjugend waren und wollten vermutlich auch dazugehören. Die Eltern gewährten ihren Kindern die Möglichkeit, der Hitlerjugend beizutreten, auch wenn sie anderer Meinung waren. Der sichere Hafen der Eltern blieb jedoch bestehen. Beispielsweise schrieben die Eltern aufmunternde Briefe, als es Sophie während des Arbeitsdienstes schlecht ging (Beuys 2010).

Eine sichere Bindung im Erwachsenenalter hat eine Reihe von positiven Konsequenzen. Beispielsweise zeichnen sich sicher gebundene Erwachsene häufig durch eine starke **Widerstandsfähigkeit** (Resilienz) aus, was als die „erfolgreiche Handhabung von Herausforderungen und Risiken" (Howe 2015, S. 90) definiert werden kann. Weiterhin bilden sie **positive Beziehungen** mit Personen außerhalb der Familie (Howe 2015).

Sophie zeigte diese Verhaltensweisen: Ihre Widerstandsfähigkeit äußert sich vor allem in der Tatsache, dass sie sich der vorherrschenden politischen Meinung widersetzte und trotz der Gefahr gegen die Nationalsozialisten Widerstand leistete. Auch knüpfte Sophie sehr enge Freundschaften (vgl. Beuys 2010).

13.3.2 Wertevermittlung und -ausübung

Sophie wurde von ihrem Elternhaus ein **klares Wertesystem** vermittelt, das christlich geprägt war. Werte können als allgemeingültige Prinzipien einer Gesellschaft definiert werden (Frey 2016). Für Sophie Scholls Werdegang waren vor allem die Werte Autonomie, Verantwortung, Gerechtigkeit und Tapferkeit von Bedeutung.

Autonomie bezeichnet die selbstbestimmte Führung des eigenen Lebens. Der Mensch macht sich eigenständige Gedanken und trifft eigene, sein Wohlbefinden betreffende, Entscheidungen (Faust 2016). Robert Scholl sagte einmal zu seinen Kindern:

>> „Ich möchte nur, dass ihr gerad und frei durchs Leben geht, wenn es auch schwer ist." (zitiert nach Scholl 2016, S. 19)

Den Eltern war es wichtig, dass die Kinder das machten, was sie für richtig hielten. Dieses Streben nach einem selbstbestimmten Leben begleitete Sophie ihr Leben lang: In ihrer Kindheit in Forchtenberg genoss Sophie viele Freiheiten (Beuys 2010), und auch in ihrer Jugend nahm sie sich bestimmte Freiheiten, z. B. das Rauchen, auch wenn dies für Frauen nicht erlaubt war (Gebhardt 2017). Nach dem Abitur versuchte sie, dem für sie mit Unfreiheit verbundenen Arbeitsdienst zu entgehen, da sie unbedingt studieren wollte (vgl. Beuys 2010; Gebhardt 2017). Die Bedeutung, die Sophie der Autonomie zumaß, zeigte sich auch während ihres Verhöres. So begründete sie ihre abneigende Haltung gegenüber dem Nationalsozialismus damit, „dass die geistige Freiheit des Menschen in einer Weise eingeschränkt wird, die meinem inneren Wesen widerspricht" (zitiert nach Chaussy und Ueberschär 2013, S. 220). Auf die Rückseite der Anklageschrift schrieb Sophie vor ihrem Tod 2 Mal das Wort „Freiheit" (Beuys 2010), was verdeutlicht, wie zentral dieser Wert für Sophie war. Die Historikerin Gebhardt (2017, S. 20) ist der Auffassung, dass das Streben nach innerer Autonomie, „das von eigenen Werten geleitete Denken und Handeln", der Hauptgrund für das Handeln aller Mitglieder der Weißen Rose war.

Was Sophie in ihren letzten Lebensmonaten bewies, ist vor allem **Tapferkeit.** Tapfere Menschen lassen sich nicht davon abbringen, Gutes zu tun, auch wenn sie dabei Gefahren begegnen (Vollstedt 2016).

Laut Nietzsche kann man Tapferkeit in angreifende und ertragende Handlungen untergliedern (Zibis 2007). Sophie verhielt sich tapfer im Sinne von Angreifen, da sie beispielsweise als Erste der Widerstandsgruppe Fahrten in andere Städte unternahm und sich damit bewusst in Gefahr begab. Auch verhielt sich Sophie tapfer im Sinne des Ertragens, indem sie bereit war, für ihre Tat zu sterben. Sie hätte das Urteil verhindern können, da ihr Bruder die alleinige Schuld auf sich nahm. Doch Sophie gestand ihre Tat und versuchte sogar, ihren Bruder zu entlasten (Beuys 2010). Der Leiter des Verhörs erinnerte sich Jahre später an Sophie Scholls bemerkenswertes Verhalten (Scholl 2016). Vielleicht meinte ihr Vater genau diese konsequente Haltung mit den Worten „gerade sein" (s. o.).

Weiterhin gab der Vater den Kindern den Wert der **Verantwortung** mit auf den Weg. Eine Person zeigt verantwortungsvolles Verhalten, wenn sie sich vorab über die ethische Vertretbarkeit der Konsequenzen ihres Verhaltens Gedanken macht (Kaschner 2016). Robert Scholl schrieb Inge in ihr neues Tagebuch einen Satz von Schiller:

>> „Wisse, ein erhabner Sinn/Legt das Große in das Leben." (zitiert nach Beuys 2010, S. 64)

Das Zitat beinhaltet die Botschaft, dass jeder Mensch frei ist, und mit dieser Freiheit viel für die Gesellschaft erreichen kann (Beuys 2010). Robert Scholl wünschte sich also, dass seine Kinder etwas Großes mit ihrem Leben anfingen und Verantwortung für die Gesellschaft übernahmen. Diese Verantwortungsübernahme zeigte sich in ihren mutigen Widerstandshandlungen.

Außerdem kann angenommen werden, dass Sophie durch die elterliche Sozialisation einen starken Sinn für **Gerechtigkeit** entwickelt hat. So äußerte sich Sophie retrospektiv zu ihrem kindlichen Sinn für Gerechtigkeit:

>> „Ich hielt es immer für falsch, wenn ein Vater ganz auf Seiten seines Kindes stand […]." (zitiert nach Hartnagel 2005, S. 220)

Hier kann vermutet werden, dass Sophie diese strenge Idee von Gerechtigkeit durch Erfahrungen mit ihren eigenen Eltern entwickelte. Dass Sophie eine radikale Idee von Gerechtigkeit besaß, zeigte sich auch später in ihrem Leben. Beispielsweise sagte sie während des Krieges:

>> „Gerechtigkeit steht immer höher als jede andere, oft sentimentale Anhänglichkeit. Und es wäre doch schöner, die Menschen könnten sich bei einem Kampfe auf die Seite stellen, die sie für die gerechtfertigtere halten." (zitiert nach Hartnagel 2005, S. 220)

Sophies Ansicht nach musste Deutschland den Krieg verlieren, damit die Welt wieder gerecht werden würde. Bei einem Aufruf, um für die Versorgung der deutschen Soldaten in Russland zu sammeln, entschied sich die Familie gegen eine solche Spende (Beuys 2010).

13.3.3 Moralentwicklung

Sophie Scholl entwickelte im Laufe ihres Lebens eine bemerkenswert hohe moralische Urteilsfähigkeit, die sich in ihrem ausgeprägten Wertesystem widerspiegelte (▶ Abschn. 13.3.2). Dieses Moralverständnis war von zentraler Bedeutung für ihre Widerstandsarbeit.

Laut der **Theorie der Moralentwicklung** von Kohlberg (1996) erfolgt die Moralentwicklung stufenweise. Kohlberg unterscheidet 3 Niveaus mit jeweils 2 Stufen, wobei die Stufen nacheinander durchlaufen werden und qualitativ unterschiedliche moralische Sichtweisen beinhalten.

Sophie hat sich während ihres Engagements in der Hitlerjugend vermutlich auf dem 2. Niveau, dem **konventionellen Niveau,** befunden, wie auch Keller (2014) in seinen Ausführungen analysierte. Auf diesem Niveau fällen Menschen moralische Urteile auf Basis der Erwartungen anderer und des Gesetzes (Kohlberg 1996).

Hingegen kann angenommen werden, dass Sophie in ihren letzten Lebensjahren das höchste Niveau, das **postkonventionelle Niveau,** erreichte (Keller 2014). Auf diesem Niveau urteilen Menschen nach ihren eigenen moralischen Prinzipien (Kohlberg 1996).

Sophie plagten Ende 1942 Schuldgefühle, dass es anderen Personen unter dem nationalsozialistischen Regime schlechter ging als ihr. Sie versuchte, weiteren Schuldgefühlen zu entgehen, indem sie begann, aktiv Widerstand zu leisten (Beuys 2010). Durch ihren Widerstand handelte Sophie nicht nach dem herrschenden Gesetz, sondern nach ihren eigenen moralischen Überzeugungen.

13.3.4 Vorbilder und Gruppenzugehörigkeit

Laut der **sozial-kognitiven Lerntheorie** von Bandura (1979) lernen Menschen Verhaltensweisen u. a. durch das Beobachten des Verhaltens anderer Menschen und dessen Folgen. Auch Sophie Scholl hatte in ihrem Leben immer wieder Vorbilder, die ihr Handeln beeinflussten.

Durch das Verhalten der Eltern lernte sie wichtige Werte, die sie in ihrem späteren Handeln leiteten (▶ Abschn. 13.3.2). Auch lernte Sophie durch ihren politisch engagierten Vater, über Politik nachzudenken. So erlebte sie ihn in ihrer Kindheit als fortschrittlich denkenden Bürgermeister, der sich für ein demokratisches Deutschland einsetzte. Sie selbst sagte als Erwachsene, sie sei „politisch erzogen" worden (Hartnagel 2005, S. 160).

Aber nicht nur ihre Eltern, auch ihre älteren Geschwister stellten für Sophie wichtige Vorbilder dar. So traten Hans und Inge vor Sophie in die Hitlerjugend ein, übernahmen Führungsfunktionen, und Sophie erlebte die Begeisterung ihrer Geschwister für den Nationalsozialismus. Genauso bekam sie jedoch auch mit, dass ihr Bruder beispielsweise als Fähnleinführer abgesetzt wurde und sich nach seiner Verhaftung durch die Gestapo seinen Eltern wieder annäherte (Beuys 2010). Außerdem ist es möglich, dass Hans als Vorbild für die Widerstandsarbeit von Sophie fungierte, da er vor ihr in den Widerstand ging.

Weiterhin hatte Sophie auch Vorbilder außerhalb ihrer Familie. Es kann vermutet werden, dass Otl Aicher, ein Freund der Familie, der den Nationalsozialismus ablehnte und streng gläubiger Katholik war, die religiösen Ansichten Sophie Scholls beeinflusste (Beuys 2010). Die Geschwister Scholl machten außerdem die Bekanntschaft mit Carl Muth, einem katholischen Publizisten, und Theodor Haecker, einem katholischen Schriftsteller mit Schreibverbot, die Gegner des Nationalsozialismus waren. Laut Gebhardt (2017, S. 189) waren die katholischen Ansichten dieser älteren Freunde für den Freundeskreis der Weißen Rose wichtig, „um eine brauchbare Systematik in ihre innere Distanz zum Nationalsozialismus zu bringen".

Im Zusammenhang mit der Rolle von Vorbildern ist zudem der Aspekt wichtig, dass Sophie nicht alleine handelte, sondern Teil eines Freundeskreises war, dessen Mitglieder eine ablehnende Haltung gegenüber den Nationalsozialisten verband.

Laut der **Theorie der sozialen Identität** von Tajfel und Turner (1979) beeinflussen die Gruppen, denen man angehört, die eigene Identität. Bezeichnend für die Freundesgruppe war der Austausch über gelesene Literatur, der einen großen Einfluss auf die Entscheidung des Freundeskreises, Widerstand zu leisten, hatte (Gebhardt 2017). Die Theorie der sozialen Identität beinhaltet weiterhin die Annahme, dass sich Gruppen positiv von anderen Gruppen abgrenzen wollen (Tajfel und Turner 1979). Es kann die Hypothese aufgestellt werden, dass die Freundesgruppe ein gewisses elitäres Denken verband (Beuys 2010; Gebhardt 2017), wodurch sie sich von ihrer Umgebung abgrenzte. Beispielsweise waren die ersten 4 Flugblätter nur an Intellektuelle adressiert (Beuys 2010).

13.3.5 Einschneidende Ereignisse

Die Abwendung Sophie Scholls vom Nationalsozialismus vollzog sich nicht plötzlich, sondern wurde durch eine Vielzahl von Ereignissen begünstigt.

Laut Gebhardt (2017) sei es falsch, nach dem einen Erweckungsmoment zu suchen, durch den die jungen Leute zu Widerstandskämpfern wurden – ein Hauptaugenmerk der bisherigen Forschung zur Weißen Rose. Auch die Historikerin Beuys (2013a) ist der Meinung, dass die Abwendung vom Nationalsozialismus ein langsamer, schleichender Prozess war.

Ein wichtiges Ereignis stellte sicherlich die Verhaftung des Bruders dar, die Sophies Idee von Gerechtigkeit widersprach. Auch Sophies grundsätzliche Abneigung gegenüber dem Krieg hat vermutlich zu ihrer Abwendung vom Nationalsozialismus beigetragen. Dass dann auch ihr Vater ins Gefängnis musste und ein Bekannter an der Front gefallen war, soll schließlich zu Sophies endgültiger Entscheidung, Widerstand zu leisten, geführt haben (Beuys 2010).

Da Verhalten nicht allein situationsabhängig gezeigt wird (Lewin 1963; ► Abschn. 13.3), können diese Ereignisse nur im Zusammenspiel mit der Person Sophie Scholls die Widerstandsaktivitäten erklären – einen alleinigen Auslöser stellen sie nicht dar.

13.3.6 Bekanntheit von Sophie Scholl

Im Jahr 2005 erschien ein Film über die letzten Tage von Sophie Scholl, 2013 veröffentlichte das ZDF eine Dokumentation über Sophie Scholl im Rahmen der Reihe „Frauen, die Geschichte machten". Warum ist Sophie Scholl im Vergleich zu den anderen Mitgliedern der Weißen Rose so bekannt, obwohl sie bei den Flugblattaktionen selbst eine Nebenrolle einnahm? Über die Gründe können nur Mutmaßungen angestellt werden.

Zum einen war sie als einziges Mitglied der Gruppe eine Frau. Im Dritten Reich bestand die Aufgabe der Frau darin, eine gute Hausfrau und Mutter zu sein, und nicht darin, sich politisch zu engagieren (Wagner 2008). Gebhardt (2017, S. 17) bringt zum Ausdruck,

dass die Menschen von „der jungen Frau in der Männerwelt des Widerstands" berührt seien. Sophie Scholl war für die damalige Zeit eine emanzipierte Frau, was sich beispielsweise darin zeigte, dass sie sich nicht mit dem traditionellen Rollenbild zufriedengab und selbstbewusst ihre Meinung vertrat (Gebhardt 2017). Bei den inhaltlichen Diskussionen in der Widerstandsgruppe hatte sie dennoch wenig Mitsprache (Beuys 2010).

Zum anderen ist das Verhalten Sophies Scholl gegenüber dem Leiter des Verhörs sehr bemerkenswert, dessen Protokolle dokumentiert wurden und auch heute noch zugänglich sind (Chaussy und Ueberschär 2013). Ein Mensch nimmt den Tod in Kauf, obwohl er sich vielleicht selbst hätte retten können. Die Gefängnisaufseher berichteten später, wie tapfer Sophie in den Tod ging:

» „Sie ging, ohne mit der Wimper zu zucken. Wir konnten alle nicht begreifen, dass so etwas möglich ist." (zitiert nach Vinke 2014, S. 192)

13.4 Bedeutung für die heutige Zeit

Wie wirkt Sophie Scholl auch heute noch?

Sophie Scholl wurde 1943 hingerichtet. Die Aktionen der Widerstandsgruppe führten nicht dazu, dass das nationalsozialistische Regime gestürzt wurde, der Krieg dauerte noch weitere 2 Jahre an. Erst 1952 machte Inge Scholl durch ihr Buch über die Weiße Rose auf die Widerstandsbewegung aufmerksam. Für die junge BRD wurde die Weiße Rose ein wichtiges Symbol des Widerstands (Beuys 2013b). Noch heute sind Sophie Scholl und die Weiße Rose in aller Munde. So sind zahlreiche Straßen, Plätze und Schulen nach den Mitgliedern benannt. Auch gibt es den Geschwister-Scholl-Preis, einen jährlich vergebenen Buchpreis. Des Weiteren ist die Ludwig-Maximilians-Universität selbst ein Ort der Erinnerung. So findet jedes Jahr eine

◨ Abb. 13.2   Mahnmal vor dem Hauptgebäude der Ludwig-Maximilians-Universität

13

Gedächtnisvorlesung statt. Vor dem Hauptgebäude der Universität befindet sich ein Mahnmal auf dem Boden, das die Flugblätter darstellt (◨ Abb. 13.2). Im Gebäude selbst gibt es weitere Denkmäler und eine Dauerausstellung über die Weiße Rose („DenkStätte Weiße Rose").

Die Geschichten der Mitglieder der Weißen Rose rufen dazu auf, mutiges Verhalten zu zeigen, um die Einhaltung der Menschenrechte einzufordern. Sie alle beugten sich nicht der Mehrheitsmeinung, sondern handelten aufgrund ihrer eigenen Werte, trotz der Gefahr, die damit einherging. Damit zeigten sie laut Definition **zivilcouragiertes Handeln** (Wagner et al. 2002).

Zivilcourage beinhaltet sowohl das Handeln bei physischer als auch bei psychischer Gewalt. Die Situation und die Eigenschaften der Person bestimmen gemeinsam, ob jemand in einer Notsituation Zivilcourage zeigt. Dabei spielen die wahrgenommenen Handlungskompetenzen, d. h., inwieweit eine Person weiß, wie sie sich verhalten muss, eine besondere Rolle. Diese Kompetenzen können durch Zivilcouragetrainings gefördert werden (Frey et al. 2006).

Tuğçe Albayrak, die eingriff, als 2 Mädchen von jungen Männern belästigt wurde, ist ein Beispiel für Zivilcourage in der heutigen Zeit. Dabei hat Sophie vermutlich besonders für junge Menschen und Frauen einen Vorbildcharakter in Bezug auf zivilcouragiertes Verhalten.

Hier stellt sich die Frage, ob Sophie Scholl überhaupt als Vorbild fungieren kann oder ob der unglaubliche Mut, den sie bewies, eher dazu führt, dass wir uns nicht mit ihr identifizieren können. Der ehemalige Bundespräsident Joachim Gauck sprach 2013 in der Gedächtnisvorlesung an der Ludwigs-Maximilians-Universität darüber, dass sich viele Menschen fragten, ob sie damals diesen Mut gehabt hätten, und zu der Antwort kämen, dass sie ihn nicht gehabt hätten. Das könne dazu führen, dass man die Widerstandskämpfer nicht als Vorbild für das eigene Handeln betrachtet, da man sie als unerreichbar ansehen würde. Gauck (2013, S. 1) rief dazu auf, sich für die Gesellschaft zu engagieren:

» „Seid nicht lau! Es ist doch Euer Land, gestaltet es mit."

Damit spielte er auf das mangelnde Interesse vieler Menschen für Politik in unserer heutigen Zeit an. Die Verhältnisse heute seien zwar anders als früher, dennoch sei es auch heute noch wichtig, Haltung zu zeigen und für die Demokratie einzutreten.

Letztlich führt die Weiße Rose uns vor Augen, wie unterschiedlich die Einschätzung von Menschen als gut oder böse über die Zeit hinweg ist. Was heute als Heldentat angesehen wird, war damals „Hochverrat". Es lohnt sich also, Kants Idee folgend, sich seines eigenen Verstandes zu bedienen (Kopper 1961), statt darauf zu schauen, was die Mehrheit denkt.

13.5 Fazit

„Gewissen, Menschenwürde, Freiheit, Gerechtigkeit, Verantwortung" – diese Worte stehen auf den Wänden der DenkStätte Weißen Rose in der Ludwigs-Maximilians-Universität (◖ Abb. 13.3). Sie stehen dafür, was Sophie und die anderen Mitglieder der Weißen Rose zum Handeln bewegt hat.

Bei der Betrachtung der psychologischen Einflussfaktoren auf die Entwicklung von Sophie Scholl fällt auf, dass sowohl die elterliche Sozialisation als auch ihr größeres Umfeld maßgeblich zu dieser beigetragen haben. Weiterhin wird deutlich, dass Sophie Scholl nicht über Nacht von einer Befürworterin des Nationalsozialismus

◖ **Abb. 13.3** DenkStätte Weiße Rose im Hauptgebäude der Ludwig-Maximilians-Universität

zu einer Gegnerin wurde, sondern die Abwendung ein Prozess war und multifaktoriell zu erklären ist.

Sophie sagte bei ihrer Verurteilung:

» „Was wir sagten und schrieben, denken ja so viele. Nur wagen sie es nicht, es auszusprechen." (zitiert nach Scholl 2016, S. 61)

Wir sollten uns trauen, die Botschaft der Weißen Rose weiterzutragen!

Literatur

Bandura, A. (1979). *Sozial-kognitive Lerntheorie*. Stuttgart: Klett-Cotta.

Beuys, B. (2010). *Sophie Scholl*. München: Hanser.

Beuys, B. (2013a). Doku: Frauen, die Geschichte machten. Abkehr vom Nationalsozialismus. [Video]. Veröffentlicht am 17. Dezember 2013. ► https://www.zdf.de/dokumentation/frauen-die-geschichte-machten/abkehr-vom-nationalsozialismus-102.html. Zugegriffen: 14. Jan. 2019.

Beuys, B. (2013b). Doku: Frauen, die Geschichte machten. Was bleibt von Sophie Scholl. [Video]. Veröffentlicht am 17. Dezember 2013. ► https://www.zdf.de/dokumentation/frauen-die-geschichte-machten/was-bleibt-von-sophie-scholl-102.html. Zugegriffen: 14. Jan. 2019.

Chaussy, U., & Ueberschär, G. R. (2013). *„Es lebe die Freiheit!": Die Geschichte der Weißen Rose und ihrer Mitglieder in Dokumenten und Berichten*. Frankfurt a. M.: Fischer.

Faust, J. (2016). Autonomie. In D. Frey (Hrsg.), *Psychologie der Werte* (S. 25–35). Berlin: Springer.

Fraley, R. C. (2002). Attachment stability from infancy to adulthood: Meta-analysis and dynamic modeling of developmental mechanisms. *Personality and Social Psychology Review, 6*(2), 123–151.

Frey, D. (Hrsg.). (2016). *Psychologie der Werte*. Berlin: Springer.

Frey, D., Peus, C., Brandstätter, V., Winkler, M., & Fischer, P. (2006). Zivilcourage. In H.-W. Bierhoff & D. Frey (Hrsg.), *Handbuch der Sozialpsychologie und Kommunikationspsychologie* (S. 180–186). Göttingen: Hogrefe.

Gauck, J. (2013). Gedächtnisvorlesung zum 70. Jahrestag der Hinrichtung von Mitgliedern der studentischen Widerstandsgruppe „Weiße Rose". Gehalten am 30. Januar 2013. ► http://www.bundespraesident.de/SharedDocs/Reden/DE/Joachim-Gauck/Reden/2013/01/130130-Weisse-Rose.html. Zugegriffen: 14. Jan. 2019.

Gebhardt, M. (2017). *Die Weiße Rose. Wie aus ganz normalen Deutschen Widerstandskämpfer wurden*. München: DVA.

Hartnagel, T. (Hrsg.). (2005). *Sophie Scholl/Fritz Hartnagel: Damit wir uns nicht verlieren. Briefwechsel 1937–1943*. Frankfurt a. M.: Fischer.

Howe, D. (2015). *Bindung über die Lebensspanne*. Paderborn: Junfermann.

Kaschner, T. (2016). Verantwortung. In D. Frey (Hrsg.), *Psychologie der Werte* (S. 237–245). Berlin: Springer.

Keller, G. (2014). *Die Gewissensentwicklung der Geschwister Scholl. Eine moralpsychologische Betrachtung*. Herbolzheim: Centaurus Verlag & Media UG.

Kohlberg, L. (1996). *Die Psychologie der Moralentwicklung*. Frankfurt a. M.: Suhrkamp.

Kopper, J. (Hrsg.). (1961). *Immanuel Kant: Kritik der praktischen Vernunft*. Stuttgart: Reclam.

Lewin, K. (1963). *Feldtheorie in den Sozialwissenschaften: Ausgewählte theoretische Schriften*. Bern: Huber.

Müller, H. M. (2003). *Schlaglichter der deutschen Geschichte*. Bonn: Bundeszentrale für politische Bildung.

Scholl, I. (2016). *Die Weiße Rose* (16. Aufl.). Frankfurt a. M.: Fischer.

Schulz, K. (2005). Dossier: Sophie Scholl. Artikel vom 20. April 2005. ► http://www.bpb.de/geschichte/nationalsozialismus/weisse-rose/60955/sophie-scholl. Zugegriffen: 14. Jan. 2019.

Siegler, R., DeLoache, J., & Eisenberg, N. (2011). *Entwicklungspsychologie im Kindes- und Jugendalter* (3. Aufl.). Heidelberg: Spektrum Akademischer.

Tajfel, H., & Turner, J. C. (1979). An integrative theory of intergroup conflict. In W. G. Austin & S. Worchel (Hrsg.), *The social psychology of intergroup relations* (S. 33–47). Monterey: Brooks/Cole.

Vinke, H. (2014). *Das kurze Leben der Sophie Scholl*. Ravensburg: Ravensburger Buchverlag Otto Maier GmbH.

Vollstedt, A. (2016). Tapferkeit. In D. Frey (Hrsg.), *Psychologie der Werte* (S. 213–223). Berlin: Springer.

Wagner, L. (2008). Ein Ende mit Schrecken: Die Frauenbewegung wird „gleichgeschaltet". Artikel vom 08. September 2008. ► http://www.bpb.de/gesellschaft/gender/frauenbewegung/35269/frauen-im-nationalsozialismus?p=all. Zugegriffen: 14. Jan. 2019.

Wagner, U., Christ, O., & Kühnel, S. (2002). Diskriminierendes Verhalten. Es beginnt bei Abwertungen. In W. Heitmeyer (Hrsg.), *Deutsche Zustände. Folge 1* (S. 110–122). Frankfurt: Suhrkamp.

Weiße Rose Stiftung. (2005). *Die Weiße Rose. Ausstellungsbegleitende Broschüre*. München: Weiße Rose Stiftung e. V.

Zibis, A. M. (2007). *Die Tugend des Mutes: Nietzsches Lehre von der Tapferkeit*. Würzburg: Königshausen & Neumann.

13

Malala Yousafzai

Paulina Schmiedel

© Springer-Verlag GmbH Deutschland, ein Teil von Springer Nature 2019
D. Frey (Hrsg.), *Psychologie des Guten und Bösen,* https://doi.org/10.1007/978-3-662-58742-3_14

14.1 Einleitung

> » „Ich spreche – nicht für mich, sondern um für die zu sprechen, die keine Stimme haben." Malala Yousafzai (United Nations 2013; Übersetzung der Autorin)

Im Oktober 2012 versuchten die Taliban, ein 15-jähriges Mädchen durch ein Attentat zum Schweigen zu bringen. Dieses Ereignis schlug hohe Wellen der Empörung und des Mitgefühls in der ganzen Welt.

Das Mädchen, Malala Yousafzai, wuchs im Norden von Pakistan auf und ist das Gesicht einer Bewegung, die sich für die Bildung von Kindern einsetzt. Im Jahr 2007 besetzten die Taliban das Gebiet in dem Malala mit ihrer Familie lebte, was für sie eine drastische Veränderung ihrer Lebensumstände zur Folge hatte. Durch die Propaganda eines streng islamischen Glaubens und öffentliche Züchtigungen wurden die Menschen in Angst und Schrecken versetzt. Malala begann, unter dem Synonym „Gul Makai" in einem Online-Blog der BBC (British Broadcasting Corporation) über das Inkrafttreten eines Schulverbots für Mädchen zu berichten. Zudem engagierte sie sich verstärkt für die Bildung von Kindern, und ihr Bekanntheitsgrad stieg sowohl national als auch international.

So geriet sie im Jahr 2012 in das Visier der Taliban und wurde Opfer eines grausamen Attentats. Die Taliban drangen in ihren Schulbus ein und schossen ihr in Kopf, Hals und Schulter. Laut Bekennerschreiben geschah dies aufgrund ihres Einsatzes für die schulische Bildung der weiblichen Bevölkerung. Notoperationen in Pakistan und eine Verlagerung nach Birmingham in Großbritannien retteten ihr das Leben.

Im Jahr 2013 besuchte Malala dort zum ersten Mal wieder eine Schule. Im selben Jahr gründete sie zusammen mit ihrem Vater und mithilfe der UNESCO (United Nations Educational, Scientific and Cultural Organization) den Malala Fund, um weltweit das Recht von Kindern auf Bildung durchzusetzen.

Am 10. Oktober 2014 erhielt sie für ihr Engagement den Friedensnobelpreis und im April 2017 wurde sie zur Friedensbotschafterin der Vereinten Nationen erklärt. Malalas Schweigen, das die Taliban erzwingen wollten, wurde durch eine Stimme ersetzt, die lauter ist als zuvor.

14.2 Biografie

14.2.1 Kindheit

Malala Yousafzai wurde am 12. Juli 1997 im Swat Valley in Pakistan geboren. Zusammen mit ihren beiden jüngeren Brüdern Khushal und Atal wächst sie bei ihren Eltern Tor Pekai und Ziauddin in Mingora auf. Ein Jahr vor Malalas Geburt eröffnete ihr Vater dort die Kushal-Schule, und die Familie bewohnte in den ersten Jahren diese Räumlichkeiten. Malala besuchte früh den Unterricht der älteren Kinder und spielte in den Klassenzimmern. Malalas Kindheit war gezeichnet von einem liebevollen Umgang in ihrer Familie. Mit 5 Jahren lernte sie Lesen. Bereits in ihrer frühen Kindheit nahm sie die Ungleichbehandlung von Männern und Frauen wahr, und es machte sie traurig, dass ihre Mutter weder lesen noch schreiben konnte (Yousafzai und Lamb 2013).

Im Jahr 2005 kam es im Norden Pakistans zu einem verheerenden Erdbeben, das von vielen Nachbeben begleitet wurde und schlimmen Schaden in der Region um Mingora anrichtete. Militante Islamisten nutzten diese Naturkatastrophe, um via Radio einen streng islamischen Glauben zu propagieren: Die Katastrophe sei nur geschehen, weil die Menschen sich nicht ehrwürdig ihrem Gott gegenüber verhalten hätten. Konkret angepriesen wurde eine strenge Auslegung des Korans, die u. a. auch ein Verbot für die Bildung von Mädchen beinhalten würde. Menschen, die sich gegen die Gruppierung aussprachen, wurden im Radio namentlich genannt und als Sünder bezeichnet. Malala berichtet, dass sie und ihre Familie sich von

14

den Bekundungen des „Radio Mullah" distanzierten. Insbesondere ihr Vater engagierte sich zunehmend in sozialen Initiativen zur Aufklärung der Gesellschaft (Yousafzai und Lamb 2013).

Tatsächlich übernahmen im Jahr 2007 die Taliban die Herrschaft über das Swat Valley und etablierten eine parallele Regierung in der Region, um die radikale Auslegung der Scharia zu stärken. Ziauddin bekräftigte seine Tochter und die anderen Mädchen in Mingora trotz größer werdender Gefahren, weiterhin die Schule zu besuchen. Malala liebte den Unterricht und war sehr ehrgeizig, in jedem Jahr als Klassenbeste ausgezeichnet zu werden (Yousafzai und Lamb 2013).

Ziauddins kontinuierliches Engagement für eine Verbesserung der Zustände im Swat Valley verliehen ihm auch über die Stadtgrenzen hinaus einen gewissen Bekanntheitsgrad. Als er im September 2008 Malala mit zu einem lokalen Presseklub nach Peshawar nahm, sprach die damals 11-Jährige das erste Mal öffentlich vor Pressevertretern. Zu dieser Zeit hatten die Taliban nicht nur die Nutzung von Fernsehern und Musikanlagen verboten, sondern versetzten die Menschen durch die öffentliche Zurschaustellung von hingerichteten Polizisten und Zivilisten in permanente Angst (Peer 2012).

14.2.2 Öffentliche Präsenz

Im Jahr 2008 nahm ein BBC-Korrespondent Kontakt zu Ziauddin auf. Für einen Blog suchte der Journalist ein Mädchen, das bereit war, ihr Tagebuch online zu veröffentlichen und über die Umstände unter dem Regime der Taliban zu berichten. Besonderes Augenmerk sollte hierbei auf dem Schulverbot für Mädchen liegen, das ab dem 15. Januar 2009 gelten sollte.

Da die älteren Mädchen und deren Familien, trotz Anonymität bei einer Veröffentlichung, schlimme Konsequenzen befürchteten, erklärte Ziauddin, dass seine Tochter Malala diesen Blog schreiben könnte.

So kam es, dass Malala im Alter von 11 Jahren unter dem Synonym „Gul Makai" in 35 Blogeinträgen von ihren Schultagen vor dem Schulverbot und währenddessen berichtete:

> » „Ich hatte Angst, zur Schule zu gehen, weil die Taliban das Verbot ausgesprochen haben, das es allen Mädchen untersagt, zur Schule zu gehen. Nur 11 von 27 Schülerinnen kamen wegen dieses Verbots zum Unterricht." (Yousafzai 2009, Eintrag vom 03.01.2009; Übersetzung der Autorin)

Ihr 1. Eintrag erschien am 3. Januar 2009, der letzte am 12. März 2009 (Yousafzai 2009). Dank ihres Engagements für die BBC wurde ein Journalist der *New York Times* auf die Familie aufmerksam. An ihrem letzten Schultag und an einigen Tagen in den darauffolgenden Monaten wurde Malala von einem Kamerateam begleitet, das eine Dokumentation über die Geschehnisse produzierte (Yousafzai und Lamb 2013). All dies geschah unter größten Vorsichtsmaßnahmen und Verschwiegenheit – so reiste das Team beispielsweise schon nachts in vollkommener Dunkelheit an, um nicht entdeckt zu werden.

14.2.3 Flucht und Rückkehr

Als das pakistanische Militär im Jahr 2009 im Swat Valley eingriff, um die Taliban zu bekämpfen, mussten ca. 1 Mio. Menschen flüchten. Malala, ihre Brüder und die Mutter kamen bei Verwandten in einer Bergregion unter. Ihr Vater trennte sich von der Familie, um sich in Peshawar an weiterer Lobbyarbeit zu beteiligen. Zusammen mit Gleichgesinnten beriet er über das weitere Vorgehen im Kampf gegen den Terrorismus und arbeitete mit Regierungsvertretern an diesen Vorschlägen (Yousafzai und Lamb 2013).

Nach 3-monatiger Flucht war die gesamte Familie im Juli 2009 wieder vereint und kehrte nach Mingora zurück. Im selben Jahr wurde die Dokumentation der *New York Times* „A Schoolgirl's Odyssee" über sie und ihre

Familie online veröffentlicht (Ellick 2009). Malala zeigte sich inspiriert von der Aktivität ihres Vaters und sagte in der Dokumentation noch während ihrer Zeit auf der Flucht:

» „Ich möchte eine Politikerin werden, um dieses Land zu retten." Malala Yousafzai (zitiert nach Ellick 2009; Übersetzung der Autorin)

Nach ihrer Rückkehr konnte Malala wieder die Schule besuchen und setzte sich außerdem unermüdlich für die Schulbildung aller Mädchen in Pakistan ein. So trat sie in einer Fernsehshow auf, sprach mit verschiedenen Zeitungen und war Vorsitzende der District Child Assembly der Khpal Kor Foundation. In Zusammenarbeit mit der UNESCO bot die Initiative den Kindern und Jugendlichen im Swat Valley die Möglichkeit, über aktuelle Themen sowie ihre Bedenken bezüglich der Kinderrechte zu sprechen und zusammen lösungsorientiert zu arbeiten. Am 19. Dezember 2011 wurde Malala der erste pakistanische Friedenspreis der Jugend zugesprochen (Yousafzai und Lamb 2013).

14.2.4 Der Anschlag

Obwohl die Taliban im Jahr 2011 vom pakistanischen Militär aus dem Swat Valley vertrieben werden konnten, kam es immer wieder zu Übergriffen und es konnte keine vollständige Sicherheit gewährleistet werden. Malalas Engagement machte sie national und international bekannt, sodass sie in den Fokus der Taliban rückte und im Sommer 2012 sogar eine Todesdrohung erhielt (Yousafzai und Lamb 2013).

Als sich Malala am 9. Oktober 2012 auf dem Rückweg von der Schule befand, drangen mehrere bewaffnete Männer in ihren Schulbus ein und verübten ein Attentat auf sie. Schüsse in Kopf, Schulter und Hals verletzten sie lebensgefährlich. Ein Projektil traf sie oberhalb ihres linken Auges und zerstörte Teile des Schläfenbeins sowie des Ober- und Unterkiefers. Zwei Mitschülerinnen wurden

ebenfalls verletzt. Im Krankenhaus von Peshawar wurde Malala notoperiert. Zwei Ärzte von Hilfsorganisationen wurden zurate gezogen und sprachen sich für eine Verlegung ins Queen Elizabeth Hospital nach Birmingham in England aus, um eine bessere Versorgung zu gewährleisten. Das schnelle Handeln der Ärzte rettete Malala das Leben.

Anfang 2013 durfte Malala das Krankenhaus in Birmingham verlassen. In den folgenden Wochen musste sie sich noch weiterer Operationen zur plastischen Rekonstruktion des Schädels und eines Gesichtsnervs unterziehen. Ihre beiden Freundinnen überlebten das Attentat ebenfalls.

Der Mordversuch an Malala erschütterte die Menschen weltweit. Proteste in Pakistan, 2 Mio. Unterschriften für eine Petition für das Bildungsrecht in Pakistan, Sympathiebekundungen über die sozialen Medien und Briefe aus aller Welt an das tapfere Mädchen waren nur einige der Reaktionen, die das Ereignis unmittelbar nach sich zog.

Von dieser Resonanz bekam Malala anfangs nur wenig mit. Abgeschottet von der Außenwelt erholte sie sich im Krankenhaus von den Verletzungen. Dort fühlte sie sich sehr einsam und vermisste vor allem ihre Familie und ihre Heimat (Yousafzai und Lamb 2013).

14.2.5 Das zweite Leben

Zusammen mit ihrer Familie lebte Malala von nun an in Birmingham. Ihr Vater wurde Attaché für Bildung des Pakistanischen Konsulats in Birmingham. Bereits im Dezember 2012 wurde in Zusammenarbeit mit der UNESCO der Malala Fund gegründet, um weltweit das Grundrecht von Kindern auf Bildung zu unterstützen.

Im März 2013 durfte Malala zurück in die Schule. Auf die Frage, warum sie weitermache, antwortete Malala einem Journalisten:

» „Ich hätte aufhören können. Ich hatte das Schlimmste in meinem Leben gesehen, den Tod. An so einem Punkt musst du dich entscheiden, ob du aufgibst oder ob du weitermachst. Ich entschied: Ich bin stärker als der Hass. Ich mache weiter. Und ich bin sehr dankbar für die Unterstützung und die Liebe all der Menschen, die mir jeden Tag Mut geben." (zitiert nach Fritzsche 2015, S. 1)

Im Juli 2013, an ihrem 16. Geburtstag, sprach sie vor den Vereinten Nationen in New York im Rahmen des „Youth Takeover" und traf Generalsekretär Ban Ki Moon – es ist ihr erster öffentlicher Auftritt nach dem Attentat. In ihrer Rede versichert sie:

» „Nichts hat sich in meinem Leben geändert, nur dies: Schwäche, Angst und Hoffnungslosigkeit sind gestorben, Stärke, Kraft und Mut wurden geboren." (United Nations 2013; Übersetzung der Autorin)

Im Oktober 2013 veröffentlichte Malala ihre Biografie, die in Zusammenarbeit mit der englischen Journalistin Christina Lamb entstand. Für ihre Stiftung bereiste Malala verschiedene Länder wie Jordanien, Nigeria, Ruanda und Kenia und engagierte sich ununterbrochen für die Gleichbehandlung und das Recht auf Bildung für Mädchen (Malala Fund 2019). Die Unterstützung verschiedener Institutionen, beispielsweise ihres Managements, der renommierten Beratungsagentur Edelman, und des damaligen britischen Premierministers Gordon Brown, ermöglichen es ihr, die weltweite Aufmerksamkeit gezielt zu nutzen und ihr Engagement voranzutreiben (AFP 2013).

Am 10. Oktober 2014 wurde ihr gemeinsam mit Kailash Satyarthi, einem Friedensaktivisten aus Indien, der Friedensnobelpreis für ihre Bemühungen gegen die Unterdrückung von Kindern und Jugendlichen und für das Recht aller Kinder auf Bildung verliehen. Sie ist mit 17 Jahren die jüngste Preisträgerin in der Geschichte des Nobelpreises (Nobel Prize Committee 2014b). In Ihrer Dankesrede zur Verleihung sagte sie:

» „Dieser Award ist nicht für mich. Er ist für diese vergessenen Kinder, die Bildung möchten, für diese verängstigten Kinder, die sich nach Frieden sehnen. Er ist für diese stimmlosen Kinder, die Veränderung wollen." (Nobel Prize Committee 2014a, S. 1; Übersetzung der Autorin)

An ihrem 18. Geburtstag im Juli 2015 eröffnete Malala eine Schule für syrische Flüchtlinge im libanesischen Beeka Valley. Im September 2016 startete sie eine Kampagne, die in den sozialen Medien unter dem Hashtag „#YesAllGirls" verbreitet wurde, um die Menschen weltweit dazu aufzurufen in Bildung zu investieren. Auf ihrem „Girls Power Trip" Anfang 2017 bereiste Malala 7 Länder, um die Erlebnisse von direkt betroffenen Mädchen zu hören. Ihre Berichte zu Themen wie Bildung, Armut, Gewalt und Kinderehe überbrachte Malala bei Treffen mit Staatsministern und Präsidenten, um diese von Investitionen in die Bildung zu überzeugen. Am 10. April 2017 wurde sie zur Friedensbotschafterin der Vereinten Nationen erklärt.

Parallel zu ihrer Arbeit im Rahmen der Stiftung studiert Malala seit Oktober 2017 an der Lady Margaret Hall der University of Oxford Philosophie, Politik und Volkswirtschaftslehre (Malala Fund 2019).

14.3 Psychologische Theorien, Modelle und Konzepte

Die folgende Erläuterung einer Auswahl psychologischer Konzepten soll eine Annäherung daran liefern, wodurch „das Gute" im Menschen hervorgebracht werden kann und wie Malala zu dem Vorbild wurde, das sie für viele darstellt. Wie kommt es, dass Malala bereits in so jungem Alter ein solch bemerkenswertes Verhalten zeigte? Was hat sie angetrieben? Die Betrachtung ihrer Entwicklung aus psychologischer Sicht kann uns einen Einblick in wesentliche Faktoren liefern, die gutes Verhalten begünstigen und böses unterdrücken.

14.3.1 Bindung

Ein wichtiges Konzept der Entwicklungspsychologie ist die Bindung. Nach Bowlby (1988) handelt es sich hierbei um einen Primärtrieb der Menschen, der als prägungsähnlicher Prozess verstanden wird und die Qualität der Beziehung zur Bezugsperson darstellt. Die Bezugsperson ist beispielsweise ein Elternteil oder eine ältere Person, mit der das Kind in seinen ersten Lebensmonaten den intensivsten Kontakt hat und die ihm Schutz und Geborgenheit gewährt. Die Sicherheit, die die Bezugsperson vermittelt, ist eine Voraussetzung für das weitere Explorationsverhalten des Kindes.

Ainsworth (1979) nahm dabei eine Unterteilung in 4 Bindungstypen an: die sichere, die unsicher-vermeidende, die unsicherambivalente und die desorganisierte Bindung. Die sichere Bindung zeichnet sich durch eine große Zuversicht in die Verfügbarkeit der Bezugsperson aus, die für das Kind einen sicheren Hafen darstellt. Dieser bietet immer Schutz, wenn das Kind ihn bedarf.

In Hinblick auf Malalas Entwicklung kann davon ausgegangen werden, dass sie eine sichere Bindung zu ihren Eltern erlebt hat. Sie schreibt in ihrer Biografie, dass sie sich zu Hause immer sicher fühlen konnte – hier hatte sie insbesondere in ihrer Mutter eine starke Bezugsperson. Malala beschreibt sie als gutmütige, bescheidene und den Mitmenschen gegenüber großzügige Frau. Sowohl Mutter als auch Vater ermöglichten Malala durch die Gewährleistung eines sicheren Hafens die Exploration ihrer eigenen Welt.

Dies kommt nicht nur in der Kindheit zum Tragen, sondern auch unter dem Gesichtspunkt, dass das Bindungsverhalten als zeitlich relativ stabil betrachtet werden kann. Forschungsergebnisse zeigen, dass eine sichere Bindung in der Kindheit mit einer positiven Entwicklung in der Adoleszenz einhergeht (Grossmann und Grossmann 2003). Es wurden positive Befunde für das Selbstwertgefühl, die Offenheit und die Resilienz (▶ Abschn. 14.3.4) sowie eine Verringerung depressiver Symptome im Vergleich zu unsicher gebundenen Kindern gefunden.

In Bezug auf Malala zeigt sich deutlich, wie ihre Wissbegierde für wissenschaftliche und politische Themen sowie ihr öffentliches Engagement in Form der Kampagnen, des Online-Blogs und ihrer Arbeit im Rahmen des Malala Fund durch die aufgeführten Faktoren unterstützt werden. Die positiven Erfahrungen, die Malala schon früh in ihrer Kindheit machen konnte, werden ihr in späteren Situationen geholfen haben, „gut" zu handeln. Dabei konnte sie sich auf ihre Eltern verlassen, die ihr stets den nötigen Rückhalt boten.

14.3.2 Verhaltensvorbilder

Auf Basis der sozial-kognitiven Lerntheorie stellt Bandura et al. (1963) in seiner **Theorie des Beobachtungslernens** heraus, dass Kinder ihr Verhalten aus den Beobachtungen eines Modells ableiten. Das Modell kann in diesem Fall eine Person sein, zu der eine emotionale Beziehung besteht und die uns ähnlich ist, und/oder eine Person von gewissem sozialen Status.

In Malalas Biografie wird deutlich, dass ihr Vater eine wichtige Rolle in ihrem Leben spielt, indem sie betont, wie wichtig ihr das Lob des Vaters ist und, dass er ihr größtes Vorbild ist (Yousafzai und Lamb 2013).

Malala berichtet, dass sie fast täglich zusah und zuhörte, wie ihr Vater mit seinen Freunden über die Missstände der Region diskutierte. Zudem begleitete sie Ziauddin, wenn er auf Veranstaltungen sprach, und erlebte ihn bei seiner Arbeit als Schulleiter der Kushal-Schule.

Die Beobachtung des Verhaltens wird in der Forschung als **Aneignungsphase** (Akquisition) bezeichnet und stellt die 1. von 2 Phasen im Lernprozess dar. In dieser Phase findet das eigentliche Lernen statt. Die Aufmerksamkeit, die auf die Handlung des Vaters gerichtet ist, spielt hierbei eine zentrale Rolle. In der **Ausführungsphase** (Performanz), der 2. Phase, folgt die tatsächliche Ausführung des beobachteten Verhaltens.

Malalas Engagement für Bildung, ihre sozialen und politischen Handlungen orientieren sich sehr deutlich an dem Vorbild ihres Vaters. Ihre Begeisterung für Schulbildung und ihre Wissbegierde werden ihr vom Vater vorgelebt, sodass sie zu einem aufgeweckten, sehr ehrgeizigen und motivierten Schulkind aufwächst. Dies führt beispielsweise auch dazu, dass ihre Bildung es ihr ermöglicht, sich während des Erdbebens von einer proklamierten „göttlichen Bestrafung" zu distanzieren und die Naturkatastrophe wissenschaftlich zu begründen. Malala schreibt, dass diese Erkenntnis sie darin bestärkt hat, dass Bildung als Mittel zur Aufklärung genutzt werden muss, um Terrorismus zu besiegen (Yousafzai und Lamb 2013).

Es kann festgehalten werden, dass ihr Vater durch sein Verhaltensvorbild vermutlich zu einem großen Teil Malalas Entwicklung zu einer Kinderrechtsaktivistin geprägt hat.

14.3.3 Selbstwirksamkeitserwartung

Ein weiteres wichtiges Konzept stellt die Selbstwirksamkeitserwartung nach Bandura (1977) dar. Kinder lernen schon früh, dass ihr Verhalten Auswirkungen auf ihre Umwelt und andere Personen hat. Sie entwickeln so eine Kontrollüberzeugung, die ihnen zeigt, dass sie aktiv etwas bewirken können. In der Erziehung ist es deswegen wichtig, den Kindern die Möglichkeit zu geben, ihre Selbstwirksamkeit zu erfahren, um zu lernen, was man mit den eigenen Fähigkeiten erreichen kann.

Die frühe Verantwortungsübergabe durch den Vater und die positiven Erlebnisse als Folge ihrer Handlungen, z. B. die Anerkennung ihrer Bemühungen durch den Jugendfriedenspreis von Pakistan, ermöglichten es Malala, ihre Selbstwirksamkeit in der Welt zu erleben.

Zudem zeigt die Forschung, dass eine hohe Selbstwirksamkeitserwartung mit verschiedenen positiven Faktoren in Verbindung gebracht werden kann: Unter anderem fördert

sie gute schulische Leistungen, eine schnellere Bewältigung von kritischen Lebensereignissen, eine höhere Schmerztoleranz und dient als Schutzfaktor für die Entwicklung einer Angststörung oder Depression (Hohmann und Schwarzer 2009).

Die aufgeführten Faktoren spielten eine große Rolle für Malalas Entwicklung und begünstigen wohl ihr fortlaufendes Bestreben, sich für die Bildung von Kindern einzusetzen.

14.3.4 Resilienz

Malalas Kampagnen, insbesondere ihr Online-Blog der BBC und ihr Auftritt in der Dokumentation der *New York Times,* führten dazu, dass sie international in den Fokus der Öffentlichkeit und auch der Taliban rückte. Trotz der Gefahren zeigte sie sich sowohl vor als auch nach dem Attentat psychisch robust und beinahe unverwundbar.

Diese menschliche Widerstandskraft wird als **Resilienz** bezeichnet und häufig als Gegenteil zur Vulnerabilität, der Verletzbarkeit, genannt (Gabriel 2005). Die Ausprägung der Resilienz kann durch Erziehung, Bildung und soziale Netzwerke beeinflusst werden, und Resilienz ist erlernbar.

Malalas sichere, gutmütige und autonomiefördernde Kindheit sowie der Zugang zum Bildungssystem könnten die Aneignung der Resilienz begünstigt haben. Zudem erlebt sie am Vorbild des Vaters, was es heißt, psychisch robust auf belastende Umstände zu reagieren. Als dieser einen Freund durch die Taliban verlor, reagierte er tief betroffen. Jedoch orientierte er sich fast unmittelbar danach wieder am weiteren Vorgehen, um die missliche Lage der Region zu verbessern und solchen Verlusten entgegenzuwirken (Yousafzai und Lamb 2013).

Insbesondere nach dem Attentat spielt Malalas Widerstandsfähigkeit eine tragende Rolle. Laut Peres et al. (2007) geht eine hohe Resilienz mit einer psychisch und physisch gesunden Entwicklung einher. Sie kann als Schutzfaktor dienen und einer Entwicklung einer posttraumatischen Belastungsstörung entgegenwirken (Agaibi und Wilson 2005).

Verschiedene Faktoren charakterisieren diese Resilienz: Malala hat die Fähigkeit, mit Stress umzugehen; sie stellt sich ihrem Schicksal und setzt sich während ihrer Zeit im Krankenhaus und in der anschließenden Rehabilitation ausgiebig mit dem Thema auseinander. Auch ihr Glaube an Gott gibt ihr zu diesem Zeitpunkt Rückhalt:

» „Es ist nicht wichtig, ob ich richtig lächeln oder blinzeln kann. Ich bin immer noch ich, Malala. Wichtiger ist, dass Gott mir das Leben geschenkt hat." (Yousafzai und Lamb 2013, S. 340)

Des Weiteren erhält sie viel soziale Unterstützung und Anteilnahme durch die behandelnden Ärzte, ihre Familie sowie die Menschen weltweit.

Ein weiterer wichtiger Faktor der Resilienz ist es, nach einem traumatischen Erlebnis etwas Positives am Geschehen zu finden. Nach dem Attentat gibt Malala ihr Engagement in der Malala-Stiftung Kraft und Zuversicht, etwas Gutes auf der Welt bewirken zu können.

Natürlich vermisst Malala ihre Heimat, ihre Freundinnen, die Schule und fühlt sich insbesondere während ihrer Zeit im Krankenhaus sehr einsam. Dennoch zeigt sich, dass u. a. ihre Resilienz es ihr ermöglicht, das traumatische Erlebnis psychisch und physisch größtenteils unversehrt zu überstehen.

14.3.5 Positive Psychologie

Im Zentrum des wissenschaftlichen Interesses der positiven Psychologie stehen alle psychologischen Prozesse, die mit einer hohen Lebensqualität einhergehen. Der Fokus liegt hierbei auf den positiven menschlichen Potenzialen (Bierhoff et al. 2011). Diese können in bestimmten Charakterstärken des Menschen gefunden werden, die von Peterson und Seligmann (2004) auch als **Kerntugenden** bezeichnet werden. Die Wissenschaftler

unterscheiden diverse Facetten, u. a. Weisheit, Tapferkeit, Humanität, Gerechtigkeit und Mäßigung. Im Folgenden wird ein vertiefender Einblick in die menschlichen Potenziale der Gerechtigkeit und Tapferkeit gegeben.

14.3.5.1 Gerechtigkeit

Miller (2001) zeigte, dass der Gerechtigkeitssinn in jedem von uns tief verankert ist. Das Streben nach Gerechtigkeit stellt einen grundlegenden Wert für den Einzelnen sowie im Zusammenleben in der sozialen Gesellschaft dar.

Schon früh in ihrer Kindheit bemerkte Malala Ungerechtigkeiten in ihrem Umfeld. Ihre Mutter kann weder Lesen noch Schreiben, und ihre Verwandten in den Bergen verfechten ein klares Bild der Hausfrau, für die Bildung irrelevant ist. Einmal beobachtet sie Kinder auf dem Müllplatz, die nach Essen suchen und nicht zur Schule gehen können, weil sie ihre Eltern zu Hause unterstützen müssen. Die wahrscheinlich größte Ungerechtigkeit erfährt sie jedoch nach der Besetzung durch die Taliban, die Mädchen den Besuch der Schule verbieten.

Hier stellt sich die Frage, wieso ein junges Mädchen die Ungerechtigkeiten wahrnimmt und handelt, während andere zögern oder resignieren? Als entscheidender Einfluss kann die Beurteilung eines Ereignisses in Abhängigkeit von situativen Faktoren und den Eigenschaften der Person aufgeführt werden. Mikula (1994) unterscheidet als situativen Faktor die Rollen des Opfers, Täters und Beobachters. Je nach Rollenannahme wird das Geschehen unterschiedlich wahrgenommen, jeweils mit dem zentralen Ziel, den eigenen Selbstwert zu schützen.

Während der Besetzung durch die Taliban nimmt Malala also die Rolle des Opfers an. Durch das Schulverbot im Januar 2009 wird Malala ihr liebstes Gut genommen – ihre Bildung. Im Vergleich zu ihren Mitschülerinnen, die möglicherweise keine so enge Bindung zur Schule hatten oder keine weittragende Bedeutung in der Bildung sahen, stellte dieses Ereignis für Malala eine besondere

Ungerechtigkeit dar. Ihr aktiver Widerstand gegen das Schulverbot kann also als ein Akt der Wiederherstellung und Stärkung des Selbstkonzepts gedeutet werden. Malala sagte:

> » „Die Regierung muss eingreifen und uns helfen. Ich habe vor niemandem Angst. Ich werde weiter in die Schule gehen, auch wenn ich dort auf dem Boden sitzen muss. Ich lasse mich nicht aufhalten." (Yousafzai und McCormick 2014, S. 113)

Erst erscheint ihr diese Aussage selbst als sehr kühn, dann jedoch sagt sie zu sich selber:

> » „Du tust nicht Unrechtes, du setzt dich für den Frieden ein, für deine Rechte und für die Rechte aller Mädchen – das ist deine Pflicht." (Yousafzai und McCormick 2014, S. 113)

Diese Äußerung hebt ihren ausgeprägten Gerechtigkeitssinn hervor und verdeutlicht ihr unermüdliches Streben, eine Veränderung bewirken zu wollen.

14.3.5.2 Tapferkeit

> » „Tapferkeit ist das Vermögen und der überlegte Vorsatz, einem starken, aber ungerechten Gegner Widerstand zu tun." Immanuel Kant (zitiert nach Sauer 2018, S. 1)

Tapferkeit bzw. Mut ist durch Beständigkeit gekennzeichnet und kann als stabile Persönlichkeitseigenschaft angenommen werden. Tapferkeit stellt sicherlich eine der bedeutsamsten Eigenschaften von Malala dar. Ein tapferer Mensch wie sie erkennt die Furcht, lässt sich jedoch nicht zum Bösen zwingen, sondern versucht das Gute zu verwirklichen (Pieper 2004). Malalas Beständigkeit in ihren mutigen Handlungen für das Recht auf Bildung, sowohl vor dem Attentat als auch danach, kann durchweg als Tapferkeit beschrieben werden.

Die Unterscheidung der beiden Grundformen nach Nietzsche klassifiziert Malalas Tapferkeit als ein „Angreifen" – im Gegensatz

zu der eher passiven Form des „Ertragens" (Zibis 2007). Sie greift aktiv in das Geschehen ein und verteidigt ihr höchstes Anliegen gegenüber bestehenden und objektiv gefährlichen Machtstrukturen.

Doch wie entsteht diese Tapferkeit? Laut Peterson und Seligmann (2004) kann sie durch die Förderung einer hohen Selbstwirksamkeitserwartung und Lernen anhand positiver Vorbilder erreicht werden. Beide Dimensionen scheinen bei Malala die entscheidenden Faktoren ihrer Entwicklung zum Guten darzustellen, denn „die Tapferkeit aber erwächst aus natürlicher Anlage und richtiger Bildung der Seele" (Platon, zitiert nach Dick 2010, S. 13).

14.4 Bedeutung für die heutige Zeit

Zweifelsohne wäre die Geschichte um das Mädchen Malala vor 100 Jahren anders verlaufen. Ohne das Internet und die sozialen Medien wäre sie nicht zu der berühmten Persönlichkeit geworden, die sie heute ist. Die Informationsübertragung durch die weltweite Presse begünstigte die breite Resonanz und Empathie, die sie von den Menschen erhielt. Ihr Gesicht ging um die Welt, gewann vor allem nach dem Attentat an noch größerer Bedeutung und entwickelte infolgedessen einen eigenen Marktwert. Vergleicht man Malalas Engagement mit dem von anderen „guten" Menschen wie Sophie Scholl (▶ Kap. 13) oder Willy Brandt (▶ Kap. 6) zeigt sich, dass die Technologie im 21. Jahrhundert einen enormen Verstärker für ihre Berühmtheit darstellte.

Kritiker würden sagen, dass ihr späteres Engagement im Rahmen des Malala Fund durch die Medienpräsenz gefördert wurde. Nichtsdestotrotz stellen ihre Taten eine große Bedeutung für die heutige Gesellschaft dar.

Die Notlage in welcher sich Malala während ihrer Kindheit befand, weist für uns heute ein Extrem auf, das wir in Deutschland glücklicherweise selber nicht erleben müssen. Ihre Aufopferung für die Gesellschaft und das Einstehen für ihre Werte sind gerade deswegen bemerkenswert. Ihr Exempel eines „guten" Menschen verdeutlicht, dass trotz grausamer Bedingungen dennoch positive Handlungen gezeigt werden können und Mehrwert entstehen kann. So können wir von Malala lernen, dass es sich lohnt, Missstände wahrzunehmen und auch dann weiterzumachen, wenn man Schwierigkeiten begegnet.

Wir leben in einem westlichen demokratischen Land, in dem wir in Hinblick auf unsere Grundrechte vergleichsweise wenigen Ungerechtigkeiten begegnen. Dennoch können wir ihrem Beispiel folgen und uns für die Menschen einsetzen, denen es nicht so gut geht wie uns. Gerade in Zeiten der Flüchtlingskrise, einer größer werdenden Schere zwischen Arm und Reich und wachsender Vorbehalte gegen Fremdes ist die Hilfe des Einzelnen entscheidend.

Neben Malala gibt es selbstverständlich noch weitere Kinderrechtsaktivisten, dennoch stellen diese eher eine Seltenheit dar. Ein Beispiel ist die Initiative „Red Brigade Lucknow" in Indien. Diese wurde von jungen Frauen gegründet, die Opfer von sexuellen Übergriffen waren. Durch Aufklärungskampagnen in ihrer Heimat unterstützen sie andere junge Mädchen. Wie auch Malala erlebten sie schreckliche Taten und Ungerechtigkeiten – als Reaktion engagieren sie sich, um durch ihre Erfahrungen den Mitmenschen zu helfen.

„Habe Mut, dich deines eigenen Verstandes zu bedienen." Immanuel Kant (zitiert nach Gerlach 2011, S. 128).

Die Aussage von Kant lässt sich sehr gut auf Malala und die Kinderrechtsaktivisten weltweit übertragen und sollte auch uns als Leitfaden dienen, Handlungen in unserem Alltag zu durchdenken, uns etwaigen Ungerechtigkeiten entgegenzustellen und gute Taten zu vollbringen.

14.5 Fazit

Laut der Feldtheorie von Kurt Lewin (1963) ist das menschliche Verhalten durch eine wechselseitige Abhängigkeit der Person und ihrer Umwelt bestimmt (▶ Kap. 2). Anhand der aufgeführten psychologischen Erläuterungen kann festgehalten werden, dass eine Person, die tapfer oder resilient ist und eine erfüllende Entwicklung erlebt hat, z. B. durch sichere Bindung, vorbildhaftes Modelllernen und die Förderung einer hohen Selbstwirksamkeitserwartung, gute Voraussetzungen mitbringt, verschiedene schwierige Lebenslagen zu bewältigen.

Dies verdeutlicht, dass die Verantwortung für die Entstehung des Guten auch in unseren eigenen Händen liegt – durch unser Handeln können wir direkten Einfluss auf die Entwicklung der Kinder oder uns nahestehender Personen nehmen. Für diese Tragweite unseres eigenen Verhaltens sollte ein Bewusstsein in der Gesellschaft geschaffen werden.

Die Geschichte von Malala Yousafzai zeigt, dass die positiven psychologischen Faktoren und die zeitliche Komponente, die Fortschrittlichkeit des 21. Jahrhundert, die Beständigkeit und Reichweite ihrer Bemühungen in der Gesellschaft noch verstärkt haben. Auf tragische und beeindruckende Art und Weise verdeutlicht uns Malala, was es heißt, an den persönlichen, guten Werten festzuhalten und alles zu investieren, um die Welt zu einem besseren Ort zu machen.

Literatur

Agaibi, C. E., & Wilson, J. P. (2005). Trauma, PTSD, and resilience: A review of the literature. *Trauma, Violence, and Abuse, 6*, 195–216.
Agence France-Presse (AFP). (2013). Malala Inc: Global operations surrounds teenage activist. The Express Tribune. Artikel vom 11. Oktober 2013. ▶ https://tribune.com.pk/story/616632/malala-inc-global-operation-surrounds-teenage-activist/. Zugegriffen: 23. Jan. 2019.

Ainsworth, M. D. S. (1979). Infant–Mother attachment. *American Psychologist, 34,* 932–937.

Bandura, A. (1977). Self-efficacy: Toward a unifying theory of behavioral change. *Psychological Review, 84,* 191–215.

Bandura, A., Ross, D., & Ross, S. (1963). Imitation of film-mediated aggressive models. *Journal of Abnormal and Social Psychology, 66,* 3–11.

Bierhoff, H.-W., Rohmann, E., & Frey, D. (2011). Positive Psychologie: Glück, prosoziales Verhalten, Verzeihen, Solidarität, Bindung, Freundschaft. In D. Frey & H.-W. Bierhoff (Hrsg.), *Bachelorstudium Psychologie: Sozialpsychologie – Interaktion und Gruppe* (S. 81–105). Göttingen: Hogrefe.

Bowlby, J. (1988). *A secure base: Clinical applications of attachment theory.* London: Routledge.

Dick, A. (2010). *Mut – Über sich hinauswachsen.* Bern: Huber.

Ellick, A. B. (2009). A Schoolgirl's Odyssey.[Dokumentation]. The New York Times documentaries. Vom 11. Oktober 2009. ► https://www.nytimes.com/video/world/1247465107008/a-schoolgirls-odyssey.html. Zugegriffen: 23. Jan. 2019.

Fritzsche, L. (2015). Der Fluch der guten Tat. Süddeutsche Zeitung, Heft 40/2015. Artikel vom 06. Oktober 2015. ► https://sz-magazin.sueddeutsche.de/texte/anzeigen/43646/Der-Fluch-der-guten-Tat. Zugegriffen: 23. Jan. 2019.

Gabriel, T. (2005). Resilienz – Kritik und Perspektiven. *Zeitschrift für Pädagogik, 51,* 207–217.

Gerlach, S. (2011). *Immanuel Kant.* Tübingen: Francke.

Grossmann, K. E., & Grossmann, K. (2003). *Bindung und menschliche Entwicklung. John Bowlby, Mary Ainsworth und die Grundlagen der Bindungstheorie.* Stuttgart: Klett-Cotta.

Hohmann, C., & Schwarzer, K. (2009). Selbstwirksamkeitserwartung. In J. Bengel & M. Jerusalem (Hrsg.), *Handbuch der Gesundheitspsychologie und Medizinischen Psychologie* (S. 61–67). Göttingen: Hogrefe.

Lewin, K. (1963). *Feldtheorie in den Sozialwissenschaften.* Bern: Huber.

Malala Fund. (2019). Girls' education. ► https://www.malala.org/. Zugegriffen: 23. Jan. 2019.

Mikula, G. (1994). Perspective-related differences in interpretations of injustice by victims and vitimizers: A test with close relationships. In M. J. Lerner & G. Mikula (Hrsg.), *Entitlement and the affectional bond. Justice in close relationships* (S. 175–203). New York: Plenum.

Miller, D. T. (2001). Disrespect and the experience of injustice. *Annual Review of Psychology, 52,* 527–553.

Nobel Prize Committee. (2014a). Malala Yousafzai – Nobel Lecture. Oslo, 10. Dezember 2014. ► https://www.nobelprize.org/prizes/peace/2014/yousafzai/26074-malala-yousafzai-nobel-lecture-2014/. Zugegriffen: 23. Jan. 2019.

Nobel Prize Committee. (2014b). The Nobel Peace Prize 2014: Malala Yousafzai. Oslo, 10. Dezember 2014. ► https://www.nobelprize.org/prizes/peace/2014/summary/. Zugegriffen: 23. Jan. 2019.

Peer, B. (2012). The girl who wanted to go to school. The New Yorker. Artikel vom 10. Oktober 2012. ► https://www.newyorker.com/news/news-desk/the-girl-who-wanted-to-go-to-school. Zugegriffen: 23. Jan. 2019.

Peres, J. F. P., Moreira-Almeida, A., Nasello, A. G., & Koenig, H. G. (2007). Spirituality and resilience in trauma victims. *Journal of Religion and Health, 46*(3), 343–350.

Peterson, C., & Seligmann, M. E. P. (2004). *Character strength and virtues: A handbook of classifycation.* Washington: APA, Oxford University Press.

Pieper, J. (2004). *Über die Tugenden. Klugheit, Gerechtigkeit, Tapferkeit, Maß* (3. Aufl.). München: Kösel.

Sauer, H. (2018). Enzyklopädie der Wertevorstellungen: Tapferkeit. Letzte Bearbeitung am 27. April 2018. ► https://www.wertesysteme.de/tapferkeit/. Zugegriffen: 23. Jan. 2019.

United Nations. (2013). Malala Yousafzai addresses United Nations Youth Assembly. [Video]. Veröffentlicht am 12. Juli 2013. ► https://www.youtube.com/watch?v=3rNhZu3ttlU. Zugegriffen: 23. Jan. 2019.

Yousafzai, M. (2009). Diary of a Pakistani schoolgirl. BBC News. Artikel vom 19. Januar 2009. ► http://news.bbc.co.uk/2/hi/south_asia/7834402.stm#blqmain. Zugegriffen: 23. Jan. 2019.

Yousafzai, M., & Lamb, C. (2013). *Ich bin Malala: Das Mädchen, das die Taliban erschießen wollten, weil es für das Recht auf Bildung kämpft.* München: Droemer.

Yousafzai, M., & McCormick, P. (2014). *Malala. Meine Geschichte.* Frankfurt a. M.: Fischer.

Zibis, A. M. (2007). *Die Tugend des Mutes: Nietzsches Lehre von der Tapferkeit.* Würzburg: Königshausen & Neumann.

Philipp Lahm

Pia von Terzi

© Springer-Verlag GmbH Deutschland, ein Teil von Springer Nature 2019
D. Frey (Hrsg.), *Psychologie des Guten und Bösen,* https://doi.org/10.1007/978-3-662-58742-3_15

15.1 Einleitung

Einige der Leser werden sich vielleicht fragen, warum Philipp Lahm[1] – der ehemalige Kapitän der Deutschen Fußballnationalmannschaft und des FC Bayern München, Stifter und Unternehmer – Teil dieses Buches ist, das sich u. a. mit sehr berühmten „guten Menschen" und herausragenden Persönlichkeiten wie Gandhi (▶ Kap. 9) oder Sophie Scholl (▶ Kap. 13) beschäftigt.

Aus verschiedenen Gründen findet auch Philipp Lahm Eingang in dieses Buch. Erstens gibt es keine allgemeingültigen Richtlinien, ab wann jemand als „guter Mensch" bezeichnet werden kann. Ob jemand als „gut" oder „böse" gesehen wird, ist abhängig von der eigenen, subjektiven Meinung und der Interpretation der Begriffe. Zweitens geht es auch um die Beschäftigung mit der Frage, auf welche Art und Weise man gegenwärtig Gutes tun kann. In den sozialen Medien wie Instagram haben Fußballer in Deutschland eine sehr große Reichweite und somit eine gewisse Bedeutung bzw. Einfluss (Priebe 2018).

In Deutschland haben wir das Glück, dass die wirtschaftliche Lage gut ist und wir seit Jahren in Frieden und Demokratie leben. Was muss bzw. kann ein Mitglied unserer Gesellschaft also tun, um sich als „guter Mensch" hervorzutun? Im nachfolgenden Text wird dies am Beispiel von Philipp Lahm aufgezeigt, den sein soziales Engagement und seine Vorbildfunktion – nicht nur als Sportler – auszeichnen.

---

1   Die Autorin dieses Kapitels hatte keinen persönlichen Kontakt zu Herrn Lahm. Er wird hier so beschrieben, wie die Beitragsschreiberin Herrn Lahm in der Öffentlichkeit und in den Medien wahrgenommen hat. Die Charakterbeschreibung Lahms in diesem Kapitel basiert somit auf Presseberichten und der subjektiven Sicht der Autorin.

15.2 Biografie

Die Informationen zur Biografie von Philip Lahm stammen größtenteils aus seiner Autobiografie *Der feine Unterschied* (Lahm 2014).

15.2.1 Familienleben

Philipp Lahm wurde am 11. November 1983 in München geboren. Aufgewachsen ist er in einem Mehrgenerationenhaushalt. Im Stadtteil Gern wohnte er zusammen mit seinen Großeltern, den Eltern, seiner 2 Jahre älteren Schwester, Onkel, Tante und deren Kindern unter einem Dach. Als er 2003 für 2 Jahre an den VfB Stuttgart ausgeliehen wurde, zog er von zu Hause aus (Arnu 2009). Als Kind wollte Lahm erst Bäcker, dann Banker und später im jugendlichen Alter Fußballprofi werden. Seine fußballerische Karriere unterstützten die Eltern stets, jedoch war ihnen eine gute schulische Ausbildung ebenfalls sehr wichtig. Lahm schloss die Realschule mit der Mittleren Reife ab.

Was sein Privatleben betrifft, hielt und hält Philipp Lahm sich eher bedeckt. Sucht man nach Skandalmeldungen oder -fotos im Internet, wird man nicht fündig. Lahm war nicht nur auf, sondern auch neben dem Platz, immer ein Vorzeigeprofi – keine Affären, verrückte Frisuren oder auffälligen Tattoos.

Seinen Umgang mit den Medien kann man als überlegt und souverän bezeichnen. Ein gutes Beispiel hierfür ist die Hochzeit mit seiner langjährigen Freundin Claudia im Jahr 2010. Das Pärchen, das sich seit der Jugend kennt, wollte kein Medienspektakel aus der Hochzeit machen. Es sollte eine ruhige Feier im Kreise ihrer Familie und Freunde werden. Letztendlich wurde sie das auch, da Lahm einen Kompromiss mit der Presse schloss. Zu einem Teil der Feierlichkeiten hatte die Presse Zugang und somit die Möglichkeit, gute Fotos zu schießen, und von anderen Teilen, z. B. der kirchlichen Trauung, hielten sich die Reporter dafür fern. Dieses Beispiel zeigt, dass Philipp

Lahm weiß, wie mit der Presse umzugehen ist, in seinen Worten:

» „Wenn du als Prominenter wenigstens Teile deines Lebens wirklich privat leben möchtest, dann musst du dir die mit einem gewissen Maß an Öffentlichkeit erkaufen." (Lahm 2014, S. 253 f.)

Im Jahr 2012 wurden Claudia und Philipp Lahm Eltern eines Jungen namens Julian und freuten sich 5 Jahre später über weiteren Familienzuwachs, ihre Tochter Lenia. Lahm bezeichnet sich selbst als Familienmenschen. Familie steht für ihn klar über dem Fußball. So sagte er in einem Interview mit der *Bild* im Dezember 2014:

» „Die Geburt meines Sohnes war schöner als der WM-Sieg. Privates steht für mich immer über beruflichen Ereignissen." (zitiert nach Traemann 2014, S. 1)

Darüber hinaus bezeichnet der ehemalige Spitzen-Sportler seine Großeltern als seine Vorbilder (Brummer und Husmann 2013).

15.2.2 Fußballkarriere

Seine Fußballkarriere startete Lahm im Alter von 5 Jahren in seinem Heimatverein Freie Turnerschaft München-Gern (FT Gern). Bereits sein Großvater, sein Onkel und der Vater spielten für diesen Verein, und Lahms Mutter arbeitete ehrenamtlich als Jugendleiterin der FT Gern (DFB 2014).

Im Jahr 1995 spielte Lahm seine erste Partie für die Jugendmannschaft des FC Bayerns und ab 2001 dann für die FC Bayern Amateure in der Regionalliga Süd. Der Fußballprofi spielte neben dem FC Bayern nur 2 Jahre für einen anderen Verein. Von 2003 bis 2005 stand er beim VfB Stuttgart als Leihspieler unter Vertrag. Nach seiner Rückkehr zur Spielsaison 2005/2006 bestritt er im Dezember erstmals von Beginn an eine Bundesligapartie für den FC Bayern. Im Februar 2004 wurde Philipp Lahm in die deutsche Nationalmannschaft berufen und für die

Weltmeisterschaft (WM) 2010 als Ersatzkapitän für Michael Ballack ausgewählt. Während dieser WM, bei der Deutschland den 3. Platz belegte, war Lahm der jüngste Kapitän aller Zeiten. 2011 ernannte der Bundestrainer Joachim Löw ihn dann offiziell zum Kapitän der Nationalmannschaft und im selben Jahr übernahm Lahm auch die Kapitänsbinde im Verein. Im Juni 2016 beendete er seine Profifußballerkarriere nach 12 Jahren in der Bundesliga. Insgesamt absolvierte Lahm 385 Bundesligaspiele und 113 Länderspiele (Transfermarkt 2019).

Zusammen mit dem FC Bayern und der Nationalmannschaft feierte Philipp Lahm große Erfolge. Er wurde 6 Mal „Deutscher Pokalsieger" und 8 Mal „Deutscher Meister". Zu seinen größten Erfolgen zählen der Gewinn der Champions-League 2013 und der WM 2014. Außerdem erhielt Lahm zahlreiche Auszeichnungen wie das „Silberne Lorbeerblatt" (2006, 2010 und 2014), den „Silbernen Ball" (2013) oder „UEFA Team of the Year" (2006, 2008, 2012, 2013 und 2014). Zudem gewann er die Auszeichnung „Deutschlands Fußballer des Jahres 2017" und wurde zum Ehrenspielführer der deutschen Fußball-Nationalmannschaft ernannt.

Als seine Stammposition galt die des rechten Verteidigers. Lahm zählte zu den besten und fairsten Verteidigern der Welt. Er bekam in keinem Spiel – weder für seinen Verein noch für die Nationalmannschaft – eine Rote Karte.

15.2.3 Unternehmertum

Bereits als aktiver Profifußballer beschäftigte sich Lahm mit der Frage, was er nach seiner Sportlerkarriere machen möchte und arbeitete an einer Karriere als Unternehmer. Im Jahr 2015 gründet er die Philipp Lahm Holding GmbH.

Inzwischen ist er in verschiedenen Firmen, wie Die Brückenköpfe und Deutsche Sportlotterie als Gesellschafter und Markenbotschafter tätig. Im Jahr 2017 übernahm Lahm die Firma Sixtus – nachdem er 2015 bereits 50 % der

Firmenanteile erworben hatte. Auch gehört Lahm inzwischen die Mehrheit der Anteile an der Firma Schneekoppe (Böcking 2018).

Bei seinen Beteiligungen geht es ihm aber nicht um stille Teilhabe, sondern um den Erwerb von unternehmerischem Know-how und der Erschließung neuer Tätigkeitsfelder. Daher handelt er nicht ausschließlich als Investor, sondern sucht die aktive Zusammenarbeit, bei der er auch seine Erfahrungen aus dem Profisport einbringt. Für den ehemaligen Spitzensportler ist die Identifikation mit den jeweiligen unternehmerischen Werten und Zielen wesentlich (Ludwig 2016).

15.2.4 Soziales Engagement

» „Man muss sich gegenseitig helfen, das ist ein Naturgesetz." Jean de La Fontaine (1621–1695)

Lahm ist der Meinung, in seinem Leben viel Glück gehabt zu haben, und möchte deswegen der Gesellschaft etwas davon zurückgeben (DPA 2009). Er ist sich seiner Rolle als Vorbild bewusst und sieht in seiner Berühmtheit eine große Chance, auf gesellschaftliche Probleme und soziale Projekte aufmerksam machen zu können (Hegemann 2014).

15.2.4.1 Philipp-Lahm-Stiftung

» „Mit meiner Stiftung für Sport und Bildung möchte ich Kinder und Jugendliche unterstützen, die weniger Glück hatten als ich – in Afrika und in Deutschland." (Philipp-Lahm-Stiftung 2019, S. 1)

Die „Philipp Lahm-Stiftung für Sport und Bildung" (Philipp-Lahm-Stiftung 2019) ist das Kernstück seines Engagements. Den Ausschlag für die Gründung einer eigenen Stiftung im Jahr 2007 gab Lahms Südafrikabesuch im Sommer desselben Jahres. Der damalige Nationalspieler reiste nach Südafrika, um einen Eindruck von dem Land zu gewinnen, das 2010 Gastgeber der WM sein würde.

Das Leid und Elend, das er dort beobachtete, berührte ihn und weckte den Wunsch zu helfen (Hegemann 2014).

Lahm selbst ist in einer behüteten Umgebung aufgewachsen und wurde von seiner Familie stets darin unterstützt, eine Karriere als Profifußballer verfolgen zu können. Nun ist Lahm als Spitzenverdiener davon überzeugt, eine Vorbildfunktion und Verantwortung gegenüber der Gesellschaft zu haben (Bohnensteffen 2017). Er ist der Meinung, durch Sport junge Menschen beeinflussen und ihnen wichtige soziale Werte und Fertigkeiten vermitteln zu können. In einem Interview erklärte der ehemalige Spitzensportler:

» „Fußball verbindet, das kann man überall erleben. Zum Beispiel in den Townships, wo man nichts hat und jeden Tag auf Strom, Wasser und genügend zu essen und trinken hoffen muss. Aber wenn man ihnen einen Ball gibt oder irgendwas rundes, manchmal ist es ja noch nicht mal ein Ball, dann sieht man das Glänzen in den Augen. Das hat mich fasziniert." (zitiert nach Taufig 2009, S. 1)

Ziel der Stiftung ist es, sowohl in Deutschland als auch in Südafrika benachteiligte Kinder und Jugendliche in den Bereichen Sport und Bildung zu fördern. Die Stiftung finanziert aktuell 4 verschiedene Projekte, deren Schwerpunkte die Themen Bewegung, Ernährung und Persönlichkeitsentwicklung sind. Welche Projekte von der Stiftung gefördert werden, entscheidet Philipp Lahm (Taufig 2009), und da er persönlich die Verwaltungskosten übernimmt, gehen 100 % der gesammelten Spenden an die Projekte (Baden-Württembergische Bank 2019). Außerdem spielt Langfristigkeit für den ehemaligen Fußballprofi in Bezug auf sein Engagement eine große Rolle:

» „Den Kindern soll nicht nur heute geholfen werden. Eine Stiftung soll ein Leben lang und noch darüber hinaus Bestand haben. So ist es in der Stiftungssatzung verankert." (Taufig 2009, S. 1)

15

Nachfolgend werden die aktuellen Projekte der Philipp-Lahm-Stiftung aufgelistet (im Internet unter: ▶ http://www.philipp-lahm-stiftung.de/projekte/):

- **Shongi Soccer** (Krugersdorp, nahe Johannesburg, Südafrika, Gründung 2008): Im Rahmen dieses Projekts wurde ein Fußballplatz gebaut, auf dem ein tägliches Trainingsprogramm für die Kinder aus der Township angeboten wird.
- **Soccer in Philippi** (Philippi, nahe Kapstadt, Südafrika, Gründung 2009): Dieses Projekt unterstützt den Fußballverein iThemba Labantu FC des Gemeindezentrums iThemba Labantu („Hoffnung für die Menschen") in der Township Philippi. Der Bau des Fußballplatzes neben dem Gemeindezentrum erfolgte von 2017 bis zum Februar 2019.
- **Philipp Lahm Sommercamp** (Deutschland, Gründung 2009): Die Teilnahme an dem 1-wöchigen Camp ist für die Mädchen und Jungen im Alter von 9–12 Jahren kostenlos. Im Mittelpunkt des Programms steht die Entwicklung der Persönlichkeit, Ernährung und Bewegung. Das Sommercamp findet seit 2009 jährlich in Deutschland statt und wurde von der UNESCO als offizielles Projekt der UN-Dekade „Bildung für nachhaltige Entwicklung" (2005–2014) ausgezeichnet.
- **Philipp Lahm Schultour** (Deutschland, Gründung 2017): In Kooperation mit der AOK Bayern rief die Stiftung im Mai 2017 dieses Projekt ins Leben, das Fünftklässlern aus 46 Schulen in Bayern innerhalb von 2 Jahre Lust auf einen gesunden Lebensstil machen soll. Die thematischen Inhalte der Tour orientieren sich an denen des Sommercamps – Ernährung, Bewegung und Persönlichkeit.

Neben Lahm gehören sein ehemaliger Spielerberater und 3 weitere Personen dem Vorstand der Stiftung an. Der ehemalige Bundespräsident Prof. Dr. Roman Herzog war einer der 5 Gründungsmitglieder des Stiftungskuratoriums. Die Stiftungsprojekte werden durch Spenden und Sponsoren finanziert, die zum Teil mehrjährige Kooperationspartnerschaften mit Philipp Lahm eingehen.

15.2.4.2 Charity

Philipp Lahm engagiert sich – schon zu seiner aktiven Zeit als Fußballer – auch über die Stiftungsgrenzen hinaus vielseitig. So ist er seit 2007 Botschafter der SOS Kinderdörfer, erst in Österreich, später in Südafrika.

Außerdem agiert Philipp Lahm inzwischen seit 10 Jahren als Botschafter des „Welt-AIDS-Tages" und sieht in dieser Rolle eine gute Gelegenheit, Aufmerksamkeit auf dieses wichtige Thema zu lenken (Steffen 2009).

Darüber hinaus ist der ehemalige Profi-Sportler ein Unterstützer der Initiative „medienbewusst.de – kinder.medien.kompetenz." und der Stiftung „Bündnis für Kinder". Zudem ist Lahm seit 2012 Lesebotschafter der Stiftung „Lesen" (Börsenverein des Deutschen Buchhandels 2012).

15.2.4.3 Auszeichnungen

Für sein soziales Engagement hat der ehemalige Fußballprofi viele Auszeichnungen erhalten: den „Maneo-Tolerantia-Preis", den „Bayerischen Sportpreis 2009" in der Kategorie „Hochleistungssportler plus", die „Bayerische Staatsmedaille für Verdienste um die Gesundheit 2010", den „Engagementpreis 2012" der Stiftung Bündnis für Kinder, die „Bayerische Staatsmedaille für soziale Verdienste 2014", den „Persönlichen Preis des bayerischen Ministerpräsidenten des Bayerischen Sportpreises 2017", die „Bayerische Verfassungsmedaille in Gold 2017" und den „Bayerischen Stifterpreis 2017".

Der Bayerische Stifterpreis wird an Kandidaten verliehen, „die mit ihrer Stiftung oder ihrem gemeinnützigen Projekt ein wegweisendes Zeichen für gesellschaftliches Engagement gesetzt haben, insbesondere im Hinblick auf die Förderung der Gesundheit und der Lebensbedingungen nachfolgender Generationen" (Pro.movere 2019, S. 1).

15.2.4.4 **Kritik**

Lahms soziales Engagement kann und sollte aber auch kritisch hinterfragt werden. Wohltätigkeit, vor allem wenn sie von berühmten Persönlichkeiten ausgeübt wird, kann (vorrangig) egoistischen Zwecken wie Eigenwerbung dienen. Kritiker von Prominenten-Charity argumentieren, dass es den Prominenten nur um Aufmerksamkeit gehe, sie damit Selbstmarketing und eine PR-Strategie verfolgten und der gemeinnützige Zweck zweitrangig sei. Vor allem öffentliche Charity-Events werden in der heutigen Zeit oft kritisch gesehen. So heißt es z. B. in der *Zeit:*

» „Charity ist ein Geschäft, von dem jeder
   seinen Nutzen haben will – und bei dem
   sich ein Teil der Kosten ohne großen
   Aufwand auf den Staat abwälzen lässt."
   (Rohwetter 2006, S. 1)

Auch in der *Süddeutschen Zeitung* liest man, dass Charity missverstanden wird, da es heutzutage mehr um „Energieschübe für die eigene Karriere" gehe als um Philanthropie (Bernard 2006).

Eine negative Sicht der Öffentlichkeit auf die Wohltätigkeit von Prominenten wird durch Zeitungsartikel unterstützt, die von Steuervorteilen bzw. -begünstigungen aufgrund von Stiftungsgründungen berichten (Fischer 2010). Tatsache ist, dass mit Stiftungen Steuern gespart werden können. Hinzu kommt die vielfach bemängelte fehlende Transparenz vieler Stiftungen (Oberbayerisches Volksblatt 2017).

Jedoch muss die Wohltätigkeit Prominenter nicht automatisch als etwas Negatives angesehen werden, nur weil diese von ihrem sozialen Engagement ebenfalls auf verschiedene Weise (z. B. durch positive Imageeffekte, Steuerersparnis) profitieren können. Eigennutz und der Nutzen für andere (hilfsbedürftige) Personen müssen nicht in Widerspruch stehen.

Wohltätigkeit existiert nicht nur im gesellschaftlichen, sondern auch im wirtschaftlichen Kontext. **Corporate Social Responsibility** (CSR) bezeichnet die ökonomische, ökologische und soziale Verantwortung von Unternehmen gegenüber der Gesellschaft. Mithilfe von CSR als Teil der Unternehmenskultur soll ein Unternehmen wettbewerbsfähig und innovativ bleiben und bei (potenziellen) Kunden und Partnern ein positives Bild der Firma bzw. Marke kreiert werden. CSR als Marketingstrategie ist in der heutigen Zeit gängige Praxis von Unternehmen.

Lahm ist jetzt Unternehmer und agiert als solcher in der Öffentlichkeit. Somit kann davon ausgegangen werden, dass er – wie andere Unternehmer auch – bestimmte Strategien anwendet, um seine wirtschaftlichen Ziele zu erreichen. Ist das soziale Engagement des ehemaligen Fußballers also eine Marketingstrategie, um seine Position als Unternehmer zu festigen?

Die Philipp-Lahm-Stiftung wurde von der *Stiftung Warentest* als gut befunden. In einem Interview antwortete Philipp Lahm auf die Frage nach steuerlichen Begünstigungen aufgrund seiner Stiftungsgründung, dass diese Investition keinen Einfluss auf sein Privatvermögen hätte (Der Stern 2009). Der ehemalige Profisportler weist somit steuerliche Begünstigungen als ausschlaggebenden Grund für sein soziales Engagement im Rahmen seiner Stiftung von sich.

In Bezug auf die Imagepflege als Beweggrund für Wohltätigkeit berichtet Ronny Blaschke (2016) in seinem kritischen Buch zum Thema Profifußballer und ihr soziales Engagement von seinen Recherchen in den sozialen Medien, die nahelegen, dass der Effekte für das Image im Allgemeinen überschaubar ist.

Daneben unterstreicht Lahm sein Engagement mit Authentizität. Dadurch, dass alle seine Projekte einen persönlichen Bezug haben bzw. mit seinen Wertevorstellungen übereinstimmen müssen, hat man den Eindruck, dass Lahm nicht nur engagiert, sonder auch emotional involviert ist – es geht um die „Menschen" und nicht um die „Marke" Philipp Lahm.

15.3 Psychologische Theorien, Modelle und Konzepte

In diesem Abschnitt wird der psychologische Hintergrund von Philipp Lahms sozialem Engagement analysiert. Dabei werden 6 ausgewählte psychologische Theorien näher beschrieben und mit Lahms prosozialem Verhalten in Zusammenhang gebracht. Inwiefern diese tatsächlich ausschlaggebend für seine Entscheidungen und Handlungen waren, sei an dieser Stelle dahingestellt.

15.3.1 Lernen am Modell

Eine Möglichkeit, das soziale Engagement von Philipp Lahm zu erklären, ist die von Albert Bandura (1971) entwickelte **sozial-kognitive Lerntheorie**, die besagt, dass Menschen lernen, indem sie „Vorbilder" beobachten und deren Handeln nachahmen. Diese Theorie bezeichnete Bandura als Modelllernen. Der Lernende wird Beobachter und der Beobachtete Leitbild oder Modell genannt. Der Lernprozess wird u. a. unter der Voraussetzung, dass eine weitgehende Identifikation des Beobachters mit dem Modell stattfindet, begünstigt.

Lahm sieht in seinen Eltern und Großeltern Vorbilder (Steffen 2009), was sie zu geeigneten und wahrscheinlichen Leitbildern macht. Banduras Theorie zufolge „erlernte" der ehemalige Spitzensportler sein soziales Engagement durch das Beobachten des elterlichen und großelterlichen Verhaltens. Lahm erklärte in einem Interview, dass die soziale Einstellung seiner Eltern ihn in Hinsicht auf sein soziales Engagement geprägt habe (Arnu 2009).

Lahms Eltern und auch seine Jugendtrainer, die sich seit Jahrzehnten ehrenamtlich im FT Gern engagieren, erhielten im Rahmen der Ehrenpreisverleihung des Bayerischen Fußball-Verbands (BFV) im Jahr 2017 den „BVF-Sonderpreis für ehrenamtliches Engagement".

15.3.2 Bedürfnispyramide von Maslow

Die Bedürfnispyramide von Maslow (1943) stellt eine weitere Möglichkeit dar, soziales Engagement zu erklären. Die Bedürfnispyramide beschreibt und erklärt menschliche Bedürfnisse und Motivationen anhand von 5 Ebenen. Die 1. Ebene umfasst physiologische Bedürfnisse, z. B. Hunger, Luft oder Wärme. Die 2. Ebene bilden Sicherheitsbedürfnisse, gefolgt von den sozialen Bedürfnissen auf der 3. Ebene. Stärke, Unabhängigkeit, Anerkennung und Wertschätzung als Individualbedürfnisse ergeben die 4. Ebene. Diese 4 Ebenen bezeichnet Maslow als Defizitbedürfnisse. Die letzte Stufe der Pyramide, die 5. Ebene, bildet das Bedürfnis nach Selbstverwirklichung, das Maslow als Wachstumsbedürfnis versteht. Dieses kann nie vollständig erfüllt werden. Solange eines der Bedürfnisse (egal auf welcher Stufe) nicht befriedigt wird, beeinflusst bzw. dominiert es das menschliche Handeln.

Philipp Lahms „untere" Bedürfnisebenen, also seine Defizitbedürfnisse, sind im Großen und Ganzen seit einigen Jahren erfüllt, da er als ehemaliger Profifußballer über große finanzielle Mittel (Befriedigung seiner physiologischen Bedürfnisse und seines Sicherheitsbedürfnisses) verfügt und durch seine Familie und Freunde einen starken sozialen Rückhalt hat (Befriedigung der sozialen Bedürfnisse). Auch die 3. Bedürfnisebene – seine Individualbedürfnisse – dürfte aufgrund der Wertschätzung und Anerkennung, die er in seiner erfolgreichen Karriere als Fußballer sowie als Stifter erfahren hat bzw. erfährt, und aufgrund seiner Freiheit und Unabhängigkeit als Folge der sehr guten finanziellen Situation, befriedigt sein. Außerdem sind keine psychischen oder physischen Störungen bekannt, die laut Maslow Hinweise auf unbefriedigte Bedürfnisse geben könnten.

Lahms soziales Engagement und seine Stiftungsarbeit könnten im Rahmen der Maslow'schen Theorie als sein Weg zur

Selbstverwirklichung – der letzten bzw. obersten Bedürfnisebene – gesehen werden. Sein fortlaufendes Engagement, das nun schon über mehrere Jahre anhält, spricht für die Annahme von Maslow, dass das Bedürfnis der Selbstverwirklichung nie ganz befriedigt werden kann.

15.3.3 Empathie-Altruismus-Hypothese

Batson (1991) geht in der Empathie-Altruismus-Hypothese davon aus, dass das Beobachten einer Person in Not einen negativen Erregungszustand bei Menschen erzeugt. Diese negative affektive Erregung veranlasst den Betroffenen entweder zu prosozialem Verhalten oder Nichthandeln bzw. zur Flucht aus der Situation, wobei das Verhalten von situativen Gegebenheiten und der persönlichen Einstellung bzw. Motivation abhängig ist.

Im Hinblick auf die persönliche Einstellung unterscheidet Batson zwischen egoistischer und altruistischer Motivation. Im Gegensatz zur egoistisch motivierten Hilfe, die durch das Gefühl von persönlichem Unbehagen gekennzeichnet ist, liegt der Fokus der altruistisch motivierten Hilfe auf dem Erleben von Empathie für die Person in Not. Ob Hilfe geleistet wird, hängt zudem von der Situation ab. Altruistisch motivierte Personen handeln auch prosozial, wenn sie sich der Situation entziehen könnten, egoistisch motivierte jedoch nicht. Bei schwerer oder keiner Fluchtmöglichkeit motivieren Empathie sowie persönliches Unbehagen prosoziales Handeln.

Im Fall von Philipp Lahm können seine Erfahrungen in Südafrika als Auslöser eines negativen Erregungszustandes gesehen werden. Dort erlebte er das Leid der Kinder und Jugendlichen als Notsituation. Ein Rückzug aus dieser Situation wäre für Lahm leicht möglich gewesen, er entschied sich aber für prosoziales Handeln und gründete noch im selben Jahr seine Stiftung. Laut der Empathie-Altruismus-Hypothese weist Lahms prosoziales Handeln damit auf Empathie und Altruismus als Motivation hin.

15.3.4 Warm-Glow-Effekt

Laut Andreoni (1990) wird durch Geben und Spendentätigkeit ein positiver Zustand erreicht. Ihm zufolge existiert per se eine Freude am Geben. Der Warm-Glow-Effekt beschreibt eben diese Freude bzw. die Steigerung des persönlichen Wohlbefindens (Andreoni 1990).

Es ist möglich, dass das soziale Engagement auch bei Philipp Lahm dazu führt, dass der Warm-Glow-Effekt hervorgerufen und damit sein persönliches Wohlbefinden gesteigert wird. Dieser Effekt könnte auch herangezogen werden, um sein kontinuierliches Engagement zu begründen – es motiviert, sich gut zu fühlen.

15.3.5 Identitätstheorie

Eine zusätzliche Erklärungsalternative ist die Identitätstheorie von Sheldon Stryker (1980). Laut Stryker (1994) gestaltet die Gesellschaft das Selbst, und das Selbst gestaltet wiederum das soziale Verhalten. Jeder Mensch nimmt verschiedene soziale Rollen ein, die in der Summe das Selbst einer Person bilden. Aus den Rollen ergeben sich unterschiedliche Erwartungen an den Rollenträger, die wiederum das Verhalten bestimmen. Durch die freiwillige Ausführung eines rollentypischen Verhaltens verstärkt sich die Bedeutung dieser Identität für die Entstehung und Entwicklung des Selbst.

Lahms ehrenamtliches Engagement erfolgt freiwillig und kontinuierlich. So besteht die Philipp-Lahm-Stiftung, zu deren Gründung sich der ehemalige Fußballprofi 2007 ohne äußeren Zwang oder Anordnung und aus eigener Überzeugung entschieden hat, seit mehr als einem Jahrzehnt. Laut der Identitätstheorie stellt die Rolle des sozial engagierten Wohltäters eine von vielen Rollen, die gemeinsam das Selbst von Philipp Lahm bilden, dar. Durch das freiwillige und kontinuierliche rollenspezifische Verhalten als „Wohltäter" wird diese Rolle mit der Zeit zunehmend bedeutender für Lahms Selbst,

15

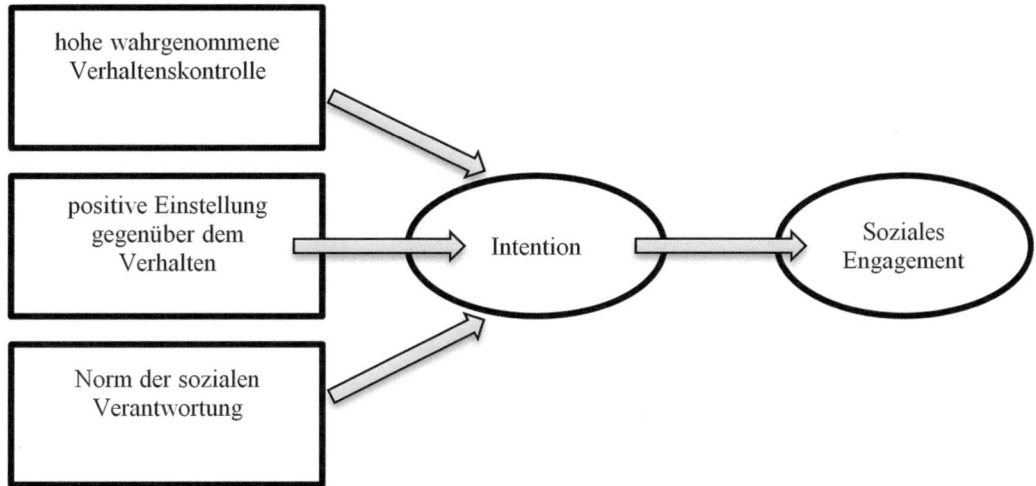

□ Abb. 15.1   Prozessdarstellung des geplanten Verhaltens bzw. sozialen Engagements von Philipp Lahm

was wiederum dazu führt, dass rollentypische Handlungen wie Spenden und die Arbeit im Rahmen seiner Stiftung einen wesentlichen Platz in seinem Leben einnehmen.

15.3.6 Theorie des geplanten Verhaltens

Eine weitere Möglichkeit, soziales Verhalten zu analysieren, bietet die Theorie des geplanten Verhaltens. Die von Icek Ajzen (1985, 1987) entworfene Theorie soll erklären, mit welcher Wahrscheinlichkeit ein bestimmtes Verhalten gezeigt wird und welche Faktoren darauf Einfluss haben. Soziale Normen bestimmen, neben der Einstellung gegenüber dem Verhalten und der wahrgenommenen Verhaltenskontrolle, die **Intention** für ein Verhalten und beeinflussen so das Verhalten von Menschen. Die Intention gilt in dieser Theorie als bester Prädiktor des Verhaltens. Die Einstellung gegenüber dem Verhalten richtet sich nach der Bewertung des Verhaltens durch „bedeutsame" Personen, also Menschen, die einem wichtig sind. Das Ausmaß der wahrgenommenen Verhaltenskontrolle ist abhängig von den Ressourcen und Verhaltensmöglichkeiten einer Person und beschreibt die erwartete Mühelosigkeit mit der ein geplantes Verhalten durchgeführt werden kann.

Wie eine Anwendung dieser Theorie auf Philipp Lahm aussieht, wird in □ Abb. 15.1 dargestellt und im Nachfolgenden beschrieben. Lahms Intention für das Verhalten (hier sein soziales Engagement) setzt sich aus seiner Einstellung gegenüber dem Verhalten, dem Einfluss von sozialen Normen und seiner wahrgenommenen Verhaltenskontrolle zusammen:

— Die **Einstellung** gegenüber dem Verhalten, dem sozialen Engagement, hängt von der Bewertung durch für Lahm bedeutende Personen ab wie seine Eltern, Großeltern, Ehefrau und enge Freunde. Da sich seine Eltern und Großeltern selber ehrenamtlich engagieren, dürften sie sein soziales Engagement äußerst positiv bewerten. Auch andere sehen ein derartiges Verhalten sicherlich positiv, da Wohltätigkeit gesellschaftlich wertgeschätzt und anerkannt wird.

— Eine soziale Norm, die in diesem Fall bzw. dieser Situation wichtig ist und

Anwendung findet, ist die **Norm der sozialen Verantwortung**. Diese besagt, dass man Personen helfen soll, wenn diese auf Hilfe angewiesen sind.

- Die **wahrgenommene Verhaltenskontrolle** von Lahm kann als sehr hoch eingeschätzt werden, da der ehemalige Fußballprofi über große materielle und soziale Ressourcen verfügt. Auch die Gestaltungsmöglichkeiten in Bezug auf sein prosoziales Handeln sind vielfältig, und er kann wählen, welche Projekte für ihn infrage kommen und zu ihm passen.

Die 3 aufgeführten Faktoren – Einstellung, Normen und Verhaltenskontrolle – führen dazu, dass die Intention für soziales Engagement bei Lahm hoch ausgeprägt sein dürfte und die Wahrscheinlichkeit, dass er tatsächlich soziales Engagement zeigt, damit ebenfalls hoch ist. Anhand der Theorie von Ajzen lässt somit gut illustrieren, wie Lahms Engagement begründet werden kann.

15.4 Was können wir von Philipp Lahm lernen?

Lernen können wir von Lahm, wie wichtig ehrenamtliches Engagement für Vereine oder Institutionen ist, da nur so deren weiteres Bestehen gewährleistet werden kann. Die positiven Auswirkungen von Mitgliedschaften im Verein sind vielseitig und vor allem für die Persönlichkeitsentwicklung von Kindern bedeutend.

Außerdem macht die Arbeit der Philipp-Lahm-Stiftung in Deutschland bewusst, dass es auch bei uns viele hilfsbedürftige und benachteiligte Kinder gibt, denen es an materiellen sowie sozialen Ressourcen fehlt. Diese Kinder sind vermutlich in jeder Stadt und in jedem Dorf zu finden, und es liegt auch an uns, für Gerechtigkeit, z. B. durch soziale oder finanzielle Unterstützung, zu sorgen. Jeder kann seinen Beitrag leisten – ob finanziell oder durch Zeit und Aufmerksamkeit.

15.5 Fazit

» „Gute Menschen sind die Navigationshilfen in unserer Gesellschaft." Franz Schmidberger (deutscher Publizist)

Die Stiftung und sein soziales Engagement stehen in enger Verbindung zu Philipp Lahm selbst und seinen Werten. Zudem war er weder auf noch neben dem Fußballplatz ein Selbstdarsteller, und das hat sich auch nach dem Ende seiner Fußballerkarriere nicht geändert. Daher erscheint sein Verhalten authentisch. Von einem objektiven Standpunkt aus betrachtet ist Lahm jemand, der sich engagiert, handelt und etwas verändern möchte. Damit hebt er sich von anderen ab, die ebenfalls wie er auf größere finanzielle Ressourcen zurückgreifen können.

In einem Lied von *OK Kid* heißt es:

» „Ich weiß nicht was ihr seht, ich seh' nur gute Menschen.
Alle lieben Kinder, alle gehen Blut spenden und das letzte was man hier noch vermisst,
ist die Antwort auf die Frage, warum alles bleibt wie's ist."

Die deutsche Popband spricht einen wichtigen Punkt an: „Gutmenschentum" allein bewirkt keine Veränderung. Philipp Lahm hingegen tut mehr. Ihm geht es um die langfristige Unterstützung und Förderung von (benachteiligten) Kindern. Damit zeigt er uns Möglichkeiten auf, wie soziales Engagement aussehen kann.

Literatur

Ajzen, I. (1985). From intentions to actions: A theory of planned behavior. In J. Kuhl & J. Beckman (Hrsg.), *Action-control: From cognition to behavior* (S. 11–39). Berlin: Springer.

Ajzen, I. (1987). Attitudes, traits, and actions: Dispositional prediction of behavior in personality and social psychology. *Advances in Experimental Social Psychology, 20*, 1–63.

Andreoni, J. (1990). Impure altruism and donations to public goods: A theory of warm-glow giving. *The Economic Journal, 100*(401), 464–477.

Arnu, T. (2009). Langweilig war mir nie. Süddeutsche Zeitung. Artikel vom 9. Oktober 2009. ▶ http://www.sueddeutsche.de/leben/meine-kindheit-philipp-lahm-langweilig-war-mir-nie-1.31947. Zugegriffen: 22. Jan. 2019.

Bandura, A. (1971). Vicarious and self-reinforcement processes. In R. Glaser (Hrsg.), *The nature of reinforcement* (S. 228–278). New York: Academic Press.

Batson, C. D. (1991). *The altruism question*. Hillsdale: Erlbaum.

Bernard, A. (2006). Charity. Süddeutsche Zeitung. Artikel vom 09. Mai 2006. ▶ http://sz-magazin.sueddeutsche.de/texte/anzeigen/392/. Zugegriffen: 22. Jan. 2019.

Blaschke, R. (2016). *Gesellschaftsspielchen*. Göttingen: Die Werkstatt GmbH.

Böcking, D. (2018). Philipp Lahm investiert in Müsli. Artikel vom 16. Januar 2018. ▶ http://www.spiegel.de/wirtschaft/unternehmen/philipp-lahm-uebernimmt-mehrheit-an-schneekoppe-a-1188245.html. Zugegriffen: 22. Jan. 2019.

Börsenverein des Deutschen Buchhandels. (2012). Auf einfache Weise viel Neues kennenzulernen. Börsenblatt. Artikel vom 9. Juli 2012. ▶ https://www.boersenblatt.net/artikel-lesefoerderung.541301.html. Zugegriffen: 22. Jan. 2019.

Bohnensteffen, M. (2017). Das kann nicht gerecht sein: Philipp Lahm im Interview über den Geld-Wahnsinn im Fußball. Business Insider Deutschland. Artikel vom 28. September 2017. ▶ http://www.businessinsider.de/philipp-lahm-ueber-moral-und-gerechtigkeit-von-top-verdienern-2017-9. Zugegriffen: 22. Jan. 2019.

Brummer, A., & Husmann, N. (2013). Viele Gaben, ein Geist. Chrismon, das evangelische Magazin. ▶ https://chrismon.evangelisch.de/artikel/2013/viele-gaben-ein-geist-19957. Zugegriffen: 22. Jan. 2019.

Baden-Württembergische Bank. (2019). Philipp Lahm-Stiftung. Baden-Württembergische Bank. ▶ https://stiftungen.bw-bank.de/de/stiftungen/stiftungsportal/stiftungen_im_detail/stiftungen_detail_1_32384.jsp. Zugegriffen: 22. Jan. 2019.

Der Stern. (2009). Klar verliere ich im Moment auch Geld. Interview vom 11. Januar 2009. ▶ https://www.stern.de/wirtschaft/geld/philipp-lahm–klar-verliere-ich-im-moment-auch-geld-3422738.html. Zugegriffen: 22. Jan. 2019.

Deutscher Fußball-Bund (DFB). (2014). Lahm: Mutter seit 17 Jahren Jugendleiterin im Heimatklub. Artikel vom 05. August 2014. ▶ https://www.dfb.de/news/detail/lahm-mutter-seit-17-jahren-jugendleiterin-im-heimatklub-102254/full/1/. Zugegriffen: 22. Jan. 2019.

Deutsche Presseagentur (DPA). (2009). Stiftungsjunior Philipp Lahm: Von Glück muss man abgeben können. tz München. Pressemitteilung vom 07. März 2009. ▶ https://www.tz.de/sport/fc-bayern/stiftungsjunior-philipp-lahm-von-glueck-muss-man-abgeben-koennen-94996.html. Zugegriffen: 22. Jan. 2019.

Fischer, K. (2010). Gutes tun und Steuern sparen. Süddeutsche Zeitung. Artikel vom 17. Mai 2010. ▶ http://www.sueddeutsche.de/geld/stiftungen-gutes-tun-und-steuern-sparen-1.184432. Zugegriffen: 22. Jan. 2019.

Hegemann, L. (2014). Ich habe die Aufmerksamkeit und die Plattform. Handelsblatt. Artikel vom 03. Januar 2014. ▶ http://www.handelsblatt.com/sport/fussball/philipp-lahm-im-interview-ich-habe-die-aufmerksamkeit-und-die-plattform/9229708.html. Zugegriffen: 22. Jan. 2019.

Lahm, P. (2014). *Der feine Unterschied*. München: Knaur.

Ludwig, C. (2016). Bayern-Profi Philipp Lahm über seine zweite Karriere als Unternehmer: „Mir geht es nicht um stille Teilhabe". Business Insider Deutschland. 14. März 2016. ▶ https://www.businessinsider.de/bayern-profi-philipp-lahm-ueber-seine-zweite-karriere-als-unternehmer-mir-geht-es-nicht-um-stille-teilhabe-2016-3. Zugegriffen: 22. Jan. 2019.

Maslow, A. H. (1943). A theory of human motivation. *Psychological Review, 50*(4), 370–396.

Oberbayerisches Volksblatt. (2017). Wie großherzig ist der Fußball. Oberbayerisches Volksblatt. 18. Februar 2017. ▶ https://www.ovb-online.de/sport/grossherzig-fussball-7413831.html. Zugegriffen: 22. Jan. 2019.

Philipp-Lahm-Stiftung. (2019). Philipp Lahm – Stiftung für Sport und Bildung. ▶ https://www.philipp-lahm-stiftung.de/. Zugegriffen: 22. Jan. 2019.

Priebe, A. (2018). Instagram Top 10: Das sind Deutschlands beliebteste Instagrammer. Online Marketing.de. Artikel vom 10. September 2018. ▶ https://onlinemarketing.de/news/instagram-top-10-deutschland-instagrammer. Zugegriffen: 22. Jan. 2019.

Pro.movere. (2019). Bayerischer Stifterpreis. ▶ https://pro-movere.org/?page_id=111. Zugegriffen: 22. Jan. 2019.

Rohwetter, M. (2006). Das Geschäft mit dem Guten. Zeit Online. Artikel vom 20. Dezember 2006. ▶ http://www.zeit.de/2006/52/charity-geschaeft. Zugegriffen: 22. Jan. 2019.

Steffen, T. (2009). Ist es schlecht wenn ich helfen will. Zeit Online. Artikel vom 01. Dezember 2009. ▶ https://www.zeit.de/sport/fussball/2009-11/philipp-lahm-aids-engagement. Zugegriffen: 22. Jan. 2019.

Stryker, S. (1980). *Symbolic interactionism: A social structural version*. San Francisco: Benjamin-Cummings Publishing Company.

Stryker, S. (1994). Identity theory: Its development, research base, and prospects. *Studies in Symbolic Interaction, 16,* 9–20.

Taufig, K. (2009). Lahm: „Den Kindern muss ich helfen". tz München. Artikel vom 13. Juli 2009. ► https://www.tz.de/sport/fc-bayern/philipp-lahm-fc-bayern-stiftung-401538.html. Zugegriffen: 22. Jan. 2019.

Traemann, K. (2014). Lahm: Uli Hoeneß fehlt mir. Die Bild. Artikel vom 04. Dezember 2014. ► https://www.bild.de/sport/fussball/philipp-lahm/uli-hoeness-fehlt-mir-38826782.bild.html. Zugegriffen: 22. Jan. 2019.

Transfermarkt. (2019). Philipp Lahm. ► https://www.transfermarkt.de/philipp-lahm/leistungsdaten/spieler/2219. Zugegriffen: 22. Jan. 2019.

15

Die Psychologie des Bösen

Inhaltsverzeichnis

Einführung zur Psychologie des Bösen

Marlene Gertz und Dieter Frey

© Springer-Verlag GmbH Deutschland, ein Teil von Springer Nature 2019
D. Frey (Hrsg.), *Psychologie des Guten und Bösen,* https://doi.org/10.1007/978-3-662-58742-3_16

16.1 Persönlichkeiten, die Negatives bewirken bzw. bewirkt haben

Nachdem das Gute bereits ausgiebig vorgestellt und diskutiert wurde (▶ Kap. 4), wird im Folgenden ein Blick auf das Böse geworfen. Näher vorgestellt werden 17 Personen bzw. Gruppierungen, und es werden Faktoren diskutiert, um ihr Verhalten und ihre Taten – zumindest teilweise – zu erklären. Die ausgewählten Personen sind nach unserem heutigen Verständnis von Recht und Unrecht Täter böser Verbrechen, die andere massiv schädigten. Einige von ihnen handelten vermutlich vorsätzlich, um anderen zu schaden. Andere waren Opfer extrem schlimmer Schicksalsschläge, die sie im weiteren Erleben und Verhalten so negativ beeinflusst haben, dass sie zu diesen Taten fähig waren. Einige empfinden Stolz für ihre Taten und wollten sich ein Denkmal setzen, andere empfinden Reue und Scham für das Leid, das sie anderen angetan haben.

Wichtig ist es an dieser Stelle, erneut zu betonen, dass „böse" eine moralische Kategorie ist (▶ Kap. 2). Bezeichnet man jemanden als böse, so generalisiert man seine Taten auf die ganze Person. Allerdings ist keine Person durchweg böse, sondern handelt teilweise böse, und in jeder Person stecken positive und negative Eigenschaften. In den folgenden Kapiteln wird allerdings ein Fokus auf das negative (böse) Verhalten der Porträtierten gelegt, wodurch teilweise der Eindruck entstehen kann, dass es sich hierbei um durchweg „böse" Personen handelt. Das ist jedoch nicht die Intention der Autoren.

Unter den Porträtierten sind die Herrscher und Diktatoren, **Adolf Hitler** (▶ Kap. 17), **Josef Stalin** (▶ Kap. 18), **Fidel Castro** (▶ Kap. 19), **Pol Pot** (▶ Kap. 20), der römische **Kaiser Nero** (▶ Kap. 21) und auch der russische Zar, **Iwan IV.**, auch bekannt als der Schreckliche (▶ Kap. 22). Diese 6 Personen wirkten zu unterschiedlichen Zeiten und an unterschiedlichen Orten, ähneln sich jedoch in ihrem Macht- und Kontrollbedürfnis. Sie alle waren davon überzeugt, das Richtige für ihr Land

oder ihre Familie zu tun, und wurden dabei zu Massenmördern. Es gelang ihnen, andere Personen für sich zu instrumentalisieren und in den Bann ihrer Ideologie zu ziehen. So wurden **Adolf Eichmann** und **Josef Mengele** im nationalsozialistischen Regime selbst zu Massenmördern (▶ Kap. 23).

Des Weiteren werden Attentäter porträtiert, die selbst getrieben durch eine Ideologie viele Menschen töteten. Dazu gehört die kleinere Gruppierung des Nationalsozialisten Untergrunds (NSU) mit **Beate Zschäpe, Uwe Böhnhardt** und **Uwe Mundlos** (▶ Kap. 24) oder auch der Einzeltäter **Anders Breivik** (▶ Kap. 25), der rassistisch motiviert sehr viele Kinder und Jugendliche erschoss. Aber auch die radikalen Anhänger des **Islamischen Staates** werden thematisiert (▶ Kap. 26). Diese Attentäter ähneln sich darin, dass sie das Gefühl hatten, Außenseiter der Gesellschaft zu sein, und einer eigenen Ideologie folgten.

Als weitere Kategorie böser Taten werden Wiederholungstäter und Serienmörder zusammengefasst. **Josef Fritzl** hielt Teile seiner Familie über 20 Jahre im Keller gefangen (▶ Kap. 27). Er vergewaltigte seine eigene Tochter und zeugte mit ihr weitere Kinder, die er wiederum zum Teil gefangen hielt. **Jack Unterweger** (▶ Kap. 28), **Ted Bundy** (▶ Kap. 29) sowie **Fritz Haarmann** (▶ Kap. 30) haben ihre Opfer sexuell missbraucht, teilweise vor und auch nach ihrem Tod. Unterweger und Bundy vergingen sich dabei an Frauen, Haarmann an jungen Männern. Ähnlich sind sie sich in der Fähigkeit, jahrelang ein Doppelleben führen zu können, wodurch ihre Taten für einen langen Zeitraum unerkannt (Josef Fritzl) blieben bzw. die Polizei die Mörder lange nicht ausfindig machen konnte (Ted Bundy, Fritz Haarmann). Auch **Charles Manson** ist für den Tod vieler Menschen verantwortlich (▶ Kap. 31). Ihm gelang es als Sektenführer, andere Personen zu Morden zu motivieren, ohne selbst eine Person zu töten.

Bonnie und Clyde waren getrieben von Liebe, Neid und Rachsucht an der Justiz. Sie wurden zu Bankräubern und mehrfachen Mördern (▶ Kap. 32). Auch **Pablo Escobar**, ein ehrgeiziger und machtbesessener Drogenhändler, fühlte sich ungerecht behandelt, als die Polizei seine Drogenfabrik zerstörte, und rächte sich in den folgenden Jahren an ehemaligen Weggefährten und wurde so zu einem gefürchteten Mörder (▶ Kap. 33).

Bevor in den folgenden Kapiteln näher auf jede der genannten Personen bzw. Gruppierungen eingegangen wird, werden zunächst einige relevante Begrifflichkeiten definiert. Zudem wird erneut auf das multifaktorielle Entwicklungsmodell Bezug genommen (▶ Kap. 3). Dieses Entwicklungsmodell wurde bereits in ▶ Kap. 4 zur Entstehung des Guten durch Schutzfaktoren und Resilienz ergänzt. In diesem Kapitel steht nun die Frage im Vordergrund, welche Faktoren dazu führen, dass Personen straffällig oder gefährlich werden. In diesem Kontext werden einige psychische Störungen vorgestellt, die häufig im Zusammenhang mit Strafffälligkeit stehen.

Anschließend soll mit einem Blick ins Strafgesetzbuch (StGB) der Frage der Schuldfähigkeit von Tätern nachgegangen werden. In diesem Zusammenhang wird auch auf mögliche psychische und organische Störungen eingegangen, die die Schuldfähigkeit und somit die Verantwortung eines Menschen für eine Tat einschränken oder gar aufheben.

16.2   Der Hintergrund zum Bösen

16.2.1   Dissoziales und delinquentes Verhalten als Ausdruck des Bösen

Dissozialität (lat. „dis-"=„un-" und „socialis"=„gemeinschaftlich") umfasst eine Vielzahl unterschiedlicher Verhaltensweisen und Einstellungen, die mit dem vorhandenen gesellschaftlichen Norm- und Wertesystem nicht vereinbar sind (Rauchfleisch 2013). Dabei kann Dissozialität in einem Ausmaß auftreten, in dem sie als „dissoziale Persönlichkeitsstörung" (F60.2, ICD-10 2015) diagnostiziert

wird. Früher war diese psychische Störung bekannt als Psychopathie. Im Zentrum der dissozialen Persönlichkeitsstörung steht die völlige Missachtung der Rechte anderer. Es kommt zu verantwortungslosem, antisozialem oder andere schädigendem Verhalten, ohne dass dabei Scham oder Reue empfunden werden. Häufig wird das eigene Verhalten rationalisiert und es werden andere beschuldigt, aufgrund derer der Patient in einen Konflikt mit der Gesellschaft geraten sei. Als weitere Merkmale können außerdem Impulsivität, Reizbarkeit und Aggressivität auftreten (ICD-10). Eine dissoziale Tendenz oder Störung ist häufig mit delinquenten Verhalten, d. h. einer Strafffälligkeit, verbunden.

Bei **Delinquenz** (lat. „delinquere"=„sich vergehen") kommt es zu einer rechtlichen Grenzüberschreitung. Die Ursache dafür kann eine psychische Störung sein, muss es aber nicht.

Doch wie kommt es dazu, dass einige Personen eine Neigung oder Störung entwickeln, die in Strafffälligkeit mündet? Wer ist schuld daran, dass ein Mensch zum Mörder wird? Die Eltern, die Lehrer oder doch die Gleichaltrigen? Oder gibt es ein angeborenes „Delinquenz-Gen"?

16.2.2   Risikofaktoren für das Auftreten von delinquentem Verhalten

Es sind verschiedene Bedingungen und Mechanismen bekannt, die die Entstehung von delinquentem Verhalten wahrscheinlicher machen. In der Psychologie spricht man von **internalen** und **externalen Risikofaktoren**. Die unterschiedlichen Bedingungen sind in allen Lebensbereichen und Altersstufen identifizierbar. In ◘ Abb. 16.1 sind dieselben Hauptfaktoren aufgeführt, die bereits in ▶ Kap. 2 erläutert wurden: biologische, psychologische und soziale Faktoren. Diese wurden um die Faktoren ergänzt, die das Risiko der Delinquenz erhöhen (Bliesener 2014; Krettenauer 2014).

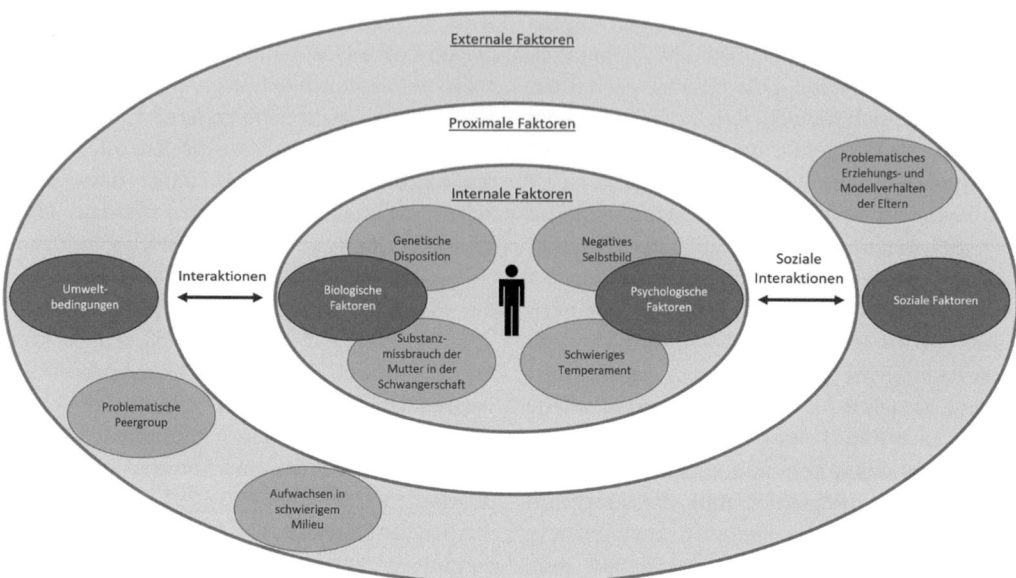

◘ Abb. 16.1 Multifaktorielles Risikomodell für die Entstehung von delinquentem Verhalten

Beispiel 1: Interaktion der biopsychosozialen Faktoren

Zwei Kinder haben Aufmerksamkeits-probleme und ein schwieriges Temperament. Das führt bei beiden dazu, dass sie Leistungs-schwierigkeiten haben und somit vermehrt Versagensängste auftreten. Das eine Kind kommt aus einer sehr harmonischen Familie und hat eine gute Bindung zu seinen Eltern; außerdem spielt es Fußball und erfährt dabei Erfolg und Anerkennung für sein Verhalten. Das 2. Kind hat eine schlechte Bindung zu seinen Eltern und einen geringen Selbst-wert, der sich darin äußert, dass es häufig das Gefühl hat, ein Versager zu sein. Aufgrund seiner Leistungsschwierigkeiten hat es die-ses Gefühl auch in der Schule. Auf der Suche nach einer positiven Identität schließt es sich einer Gruppe Gleichaltriger (Peergroup) an. Gemeinsam schwänzen sie häufig die Schule, wodurch die Leistung in der Schule weiter abnimmt und er sich noch mehr wie ein Ver-sager fühlt. Um Bestätigung zu erfahren, begeht es für seine Peergroup Diebstähle im Supermarkt.

Das Beispiel 1 soll illustrieren, dass das Auf-treten eines Risikofaktors allein noch keine hinreichende Bedingung für dissoziales Ver-halten ist. Entscheidend ist der proximale Faktor, d. h. die Interaktion verschiedener internaler und externaler Risiko- und Schutz-faktoren. Treten in der Entwicklung eines Individuums verschiedene Risikofaktoren in unterschiedlichen Lebensbereichen auf, kommt es zu einer Kumulation der Risikofaktoren. Ste-hen diesen Risikofaktoren keine ausreichenden Schutzfaktoren, z. B. die sichere Bindung zum Elternhaus oder der außerschulische Erfolg, gegenüber (▶ Kap. 4), steigt die Wahrschein-lichkeit für delinquentes Verhalten.

16.2.2.1 Biologische und genetische Risikofaktoren

Biologische und genetische Einflüsse sind internale Faktoren, die für Unterschiede des Temperaments und der kognitiven Funktionen bedeutsam sind und die die Ausbildung von dissozialem Verhalten begünstigen. Das heißt nicht, dass es ein bestimmtes Gen gibt, das unser Verhalten steuert, aber es gibt genetische

Ausprägungen, die eine Neigung zu aggressivem oder delinquentem Verhalten begünstigen (Bliesener 2014).

Ein **genetischer Faktor**, der mit delinquentem Verhalten im Zusammenhang steht, ist das Geschlecht. Bei Jungen und Männern ist die Prävalenz fast aller Formen dissozialen Verhaltens in allen Altersstufen höher als bei Mädchen und Frauen (Bliesener et al. 2014). Nur die rein verbale und verdeckte Form der Aggression, z. B. schlecht übereinander zu reden, tritt bei Mädchen und Frauen häufiger auf. Das soll nicht heißen, dass jeder Junge aggressiv ist und dem Risiko unterliegt, ein Straftäter zu werden. Statistisch gesehen ist jedoch die Wahrscheinlichkeit höher, dass Jungen und Männer Aggressivität, Dissozialität oder Delinquenz zeigen als Mädchen und Frauen. Dieser Umstand ist sowohl mit einer unterschiedlichen Sozialisation von Jungen und Mädchen zu begründen als auch mit neurophysiologischen Geschlechterunterschieden, z. B. Unterschiede des Testosteronspiegels (Maras et al. 2003).

Biologische Risikofaktoren sind Einflüsse, die Kinder bereits pränatal negativ in ihrer Entwicklung beeinflussen. Man spricht hier nicht von genetischen Faktoren, weil kein Gen diese Schädigungen verursacht. Vielmehr steht die biologische Versorgung des Kindes durch das Blut der Mutter im Vordergrund. So ist eine massive Fehl- oder Unterernährung sowie ein sehr hoher Alkohol- und Drogenkonsum von Müttern in der Schwangerschaft ausschlaggebend für die Entwicklung des Kindes (Guerri 1998). Ein sehr hoher mütterlicher Alkohol- und Drogenkonsum schädigt in der Regel die Entwicklung des Zentralnervensystems und führt zu anatomischen und physiologischen Schädigungen des Gehirns und Nervensystems. Das kann sich nach der Geburt in Organschäden und kognitiven Auffälligkeiten wie Intelligenzminderungen, Aufmerksamkeitsdefiziten oder bestimmten Temperamentsmerkmalen (siehe unten) äußern.

Die genannten genetischen und biologischen Risikofaktoren entfalten ihre Wirkung jedoch in intakten und wenig problembelasteten Familien kaum. So wird offensichtlich nicht jeder Junge in seinem späteren Leben kriminell. Auch die negative Wirkung von Alkohol oder Drogen in der Schwangerschaft ist nicht kausal anzunehmen. Mütter mit Alkohol- oder Drogenproblemen bewegen sich häufig in schwierigen sozialen Milieus oder neigen dazu, ihr Kind zu vernachlässigen. Verhaltensauffälligkeiten von Kindern sind dann häufig das Echo der Verhaltensstörung ihrer Eltern und nicht allein auf genetische oder biologische Defizite zurückzuführen. Die Entwicklung eines Kindes aufgrund genetischer oder biologischer Dispositionen ist also in erster Linie negativ beeinträchtigt, wenn diese Dispositionen mit sozialen Risikofaktoren zusammentreffen, z. B. mit einem ungünstigen Erziehungsverhalten der Eltern, problematischem Modellverhalten in der Familie oder in dem sozialen Umfeld.

16.2.2.2 Psychologische Faktoren auf individueller Ebene

Auf internaler Ebene gibt es Eigenschaften, die das Auftreten von delinquentem Verhalten erhöhen, dazu gehören der Umgang mit Emotionen, das Temperament und die Persönlichkeit von Personen (Bliesener 2014; Lohaus und Vierhaus 2013). Diese Merkmale werden durch genetische und biologische Dispositionen bedingt, aber auch durch externale Faktoren verstärkt oder abgeschwächt. Man muss also, wie so oft in der Psychologie, betonen, dass sowohl Faktoren innerhalb der Person als auch aus der Umwelt einen Einfluss auf das Temperament von Personen haben.

Ein Faktor auf internaler Ebene ist die **Emotionsregulation** einer Person, die den Umgang mit Ereignissen des Alltags, aber auch mit kritischen Lebensereignissen maßgeblich beeinflusst. Emotionsregulation ist definiert als ein Prozess, durch den Individuen das Erleben, die Intensität, die Dauer, den Zeitpunkt und den Ausdruck von aktivierten Emotionen beeinflussen (Gross 2002).

Konkret heißt das, dass positive und negative Emotionen durch kognitive und verhaltensbasierte Strategien verstärkt, aufrechterhalten oder abgeschwächt werden können. Das kann kontrolliert und bewusst, aber auch automatisch und unbewusst erfolgen (Brandstätter et al. 2018). Personen unterscheiden sich sehr hinsichtlich ihrer Emotionsregulation (vgl. Beispiel 2).

Beispiel 2: Emotionsregulation
Zwei Jugendliche streiten sich nach der Schule. Beide gehen sehr unterschiedlich mit der Situation und ihren Emotionen um. Der eine Junge ist enttäuscht und wütend. Er beschimpft den anderen, wird laut und tritt vor Wut heftig mit dem Fuß gegen eine Wand; nach der Auseinandersetzung spricht er mit niemandem darüber. Der andere Junge ist enttäuscht und wütend, nimmt seine Emotionen aber eher zurück; er verlässt die Szene und sucht am Nachmittag das Gespräch mit einem guten Freund.

Es wird unterschieden zwischen kognitiven und verhaltensbasierten Strategien (Brandstätter et al. 2018). Zu den **kognitiven Strategien** gehören das Nachdenken und Grübeln, die Suche nach Schuld, Akzeptanz sowie die Neubewertung der Relevanz und Bedrohung einer Situation. Der 2. Junge aus dem Beispiel 2 könnte durch das Gespräch mit seinem Freund beispielsweise erfahren, dass der andere Junge heute eine schlechte Noten in einer Arbeit hatte und dass er die Wut und Scham, die er dadurch empfunden hat, möglicherweise auf den Streit übertragen hat. Dadurch realisiert er, dass die ihm entgegengebrachte negative Haltung vermutlich nichts mit ihm persönlich zu tun hatte, und er kann den Streit durch diese Neubewertung schnell vergessen. Zu den **verhaltensbasierten Emotionsregulationen** gehören u. a. das Ausdrücken von Emotionen durch verbale Äußerungen, eine Veränderung der Stimmlage, Tonalität und Lautstärke und/oder Weinen, die aktive Suche nach Unterstützung, die Anwendung von Gewalt sowie Tabak-, Drogen- und Alkoholkonsum. Der

1. Junge aus dem Beispiel 2 hat eher durch Verhalten (Erheben der Stimme, Tritt gegen die Wand) seine Emotionen reguliert. Aber auch der Rückzug aus der Situation und die aktive Suche nach Unterstützung bei Dritten wie es der andere Junge zeigte, gehört zu den verhaltensbasierten Regulationen.

Unterschieden werden außerdem die **intrapsychische** (bei der die emotionale Regulation selbstständig von innen kommt) und **interpsychische Regulation** (bei der eine andere Person die Regulation unterstützt). Babys und Kleinkinder sind zunächst auf ihre Bezugspersonen angewiesen, um Emotionen zu regulieren. Aber mit zunehmendem Alter sind Kinder selbst in der Lage, ihre Emotionen zu kontrollieren und zu regulieren (intrapsychische Regulation). So können Kinder in der Regel vor dem Eintritt in die Schule emotionale Erregung wie Wut und Ärger selbst regulieren, ohne auf die Unterstützung anderer angewiesen zu sein (Lohaus und Vierhaus 2013).

Ein adäquater Umgang mit Emotionen ist wichtig für einen gesunden Umgang mit erfreulichen Ereignissen, aber auch mit Stressoren im Alltag und mit kritischen Lebensereignissen (Brandstätter et al. 2018; Lohaus und Vierhaus 2013). Dadurch werden langfristige negative Folgen emotionaler Zustände gering gehalten und die Bedürfnisse und Wünsche nicht blockiert. Personen mit Schwierigkeiten bei der Emotionsregulation fallen langfristig durch ständiges Grübeln, zwanghaftes Fokussieren auf Details, Defizite in der Problemlösefähigkeit, Vermeidung sowie Unfähigkeit, unveränderliche Zustände zu akzeptieren, oder defensive Abwehrmechanismen, aber auch durch Substanzmissbrauch oder impulsives und aggressives Verhalten auf. Hier spricht man von langfristig dysfunktionalen Strategien. Diese dysfunktionalen Strategien finden sich häufig auch bei Straftätern wieder.

Im Zusammenhang mit der Emotionsregulation steht zudem das **Temperament** eines Kindes. Das Temperament umfasst typische Verhaltens- und Emotionsreaktionsmuster.

16

Dabei stehen Dimensionen wie das Annäherungs- bzw. Vermeidungsverhalten eines Kindes, das Niveau seiner motorischen Aktivität, seine Intensität bei Gefühlsäußerungen, seine Stimmungslage, seine Anpassungsfähigkeit auf neue Situationen und die Regelmäßigkeit seines Verhaltens im Vordergrund (Lohaus und Vierhaus 2013). Einige dieser Temperamentsdimensionen bleiben über die Zeit relativ stabil, andere verändern sich mit zunehmendem Alter sehr stark.

Auf der Basis der Temperamentsdimensionen lassen sich Kinder 3 Temperamentstypen zuordnen: einfache Babys, schwierige Babys und langsam auftauende Babys. Kinder mit **einfachem Temperament** haben generell eine positive Stimmung, passen sich schnell an neue Erfahrungen an und entwickeln rasch Verhaltensroutinen (Lohaus und Vierhaus 2013). **Schwieriges Temperament** wird häufig beschrieben mit einer emotionalen Labilität, einer geringen Handlungs- und Impulskontrolle, einem hohen Aktivierungsgrad, einer geringen Rhythmizität der biologischen Funktionen wie Stoffwechsel und Schlaf-Wach-Rhythmus und/oder einer hohen Irritierbarkeit und leichten Ablenkbarkeit (Bliesener 2014). Kinder mit einem schwierigen Temperament neigen zu dissozialem Verhalten und fallen damit in der Schule z. B. durch Unruhigsein und aggressives und impulsives Verhalten auf. Im Alter kann aus dieser Temperamentsausprägung eine Neigung zur Dissozialität bis hin zur Delinquenz entstehen.

16.2.2.3 Soziale Risikofaktoren

Das **soziale Netzwerk** einer Person setzt sich zusammen aus den Eltern, den Geschwistern, der Großfamilie, aber auch Freunden und Bekannten. Innerhalb dieses Netzwerks kann sich das soziale Klima sehr unterscheiden. So gibt es beispielsweise Familien, in denen soziale Wärme und ein Gefühl von Harmonie, Liebe, Geborgenheit, Sicherheit und Berechenbarkeit im Vordergrund stehen. Genauso gibt es Familien mit einem kalten sozialen Klima, das von Rücksichtslosigkeit, Neid und Feindseligkeit geprägt ist (Lohaus und Vierhaus 2013). Das vorherrschende Klima kann als Schutz-, aber auch als Risikofaktor für Delinquenz dienen, da es das Erleben und Verhalten von Menschen beeinflusst.

Zu den sozialen Risikofaktoren gehören neben dem sozialen Klima innerhalb der Familie auch **familiäre Risiken** wie mangelhafte Konfliktbewältigung, Gewalttätigkeit und Aggression in der Familie. Diese ziehen ein problematisches Modellverhalten der Eltern und der Geschwister nach sich. Kinder lernen durch Beobachtung Verhaltensweisen von ihren Eltern – positive wie negative. So zeigen Kinder aus Risikofamilien häufig weder eine adäquate Emotionsregulation noch einen guten Umgang mit Konflikten, sondern verhalten sich wie ihre Eltern: Sie führen einen lauten Streit und/oder zeigen Aggressionen. Auch die physische und emotionale Vernachlässigung der Kinder durch ihre Bezugspersonen ist ein wichtiger sozialer Risikofaktor für die Entstehung von Delinquenz.

Aber auch die **Peergroup**, d. h. die Bezugsgruppe gleichalteriger Kinder oder Jugendlicher, kann ein sozialer Risikofaktor sein. Auch wenn das Erproben der vom Elternhaus oder von der Schule abweichenden Normen zunächst einmal gut und wichtig ist, sind Kinder oder Jugendliche, die von „falschen" bzw. problematischen Peergroups umgeben sind, eher gefährdet, dysfunktionales Verhalten zu entwickeln (Bliesener et al. 2014).

Problematische Peergroups lehnen häufig schulische oder berufliche Werte ab und fördern z. B. das Schulschwänzen. Dadurch machen sie schulische Leistungsprobleme bis hin zum Schulversagen wahrscheinlicher, weil ein Dazugehören zur Gruppe die Ablehnung der Schule förmlich einfordert. Außerdem hat in diesen Gruppen dissoziales Verhalten einen hohen Stellenwert, und es werden Argumentationsmuster für den Einsatz von Aggression und Gewalt geliefert. Die Beschäftigung mit gewalttätigen Medien sowie ein früher Alkohol- und Drogenkonsum sind in diesen Gruppen häufig anzutreffen; dies wiederum bekräftigt dissoziales und delinquentes Verhalten, weil Alkohol und Drogen Hemmungen abbauen.

16.2.3 Der Teufelskreis der Risikofaktoren

Probleme der Emotionsregulation, der Impulskontrolle sowie ein geringer Bildungsstand der Eltern, eine geringe Unterstützung schulisch-akademischer Werte durch die Familie oder Sprachprobleme der Familie durch z. B. Migrationshintergrund führen häufig zu schulischen Leistungsproblemen von Schülern (Bliesener et al. 2014). Das kann zu einem vermehrten Rückzug aus Leistungssituationen (Schulschwänzen) führen, wodurch sich die Leistungsprobleme erhöhen. Ein Schul- oder Ausbildungsabbruch ist oft die Folge. Diesen erleben Jugendliche häufig als Versagen, wodurch ihr Selbstwert sinkt. Außerdem schränken Jugendliche damit ihre Zukunftschance ein, erleben Ausgrenzung, Statusverlust und haben eine geringere Aussicht auf Teilhabe an der Gesellschaft. Um dieses Erleben zu kompensieren, schließen sie sich häufig devianten Peergroups an, die das Zeigen von dissozialem Verhalten bekräftigen.

Ist eine Person im Laufe ihrer Entwicklung mit mehreren der aufgeführten Risikofaktoren konfrontiert, steigt die Wahrscheinlichkeit, eine Neigung zur Delinquenz zu entwickeln, vor allem wenn dem weder ausreichende Schutzfaktoren noch eine innere Widerstandskraft (Resilienz) gegenübersteht (▶ Kap. 4). Anzumerken ist, dass es sich hierbei um Risikofaktoren handelt, die die Möglichkeit für dissoziales und delinquentes Verhalten erhöhen können, es aber nicht müssen. Kinder mit schwierigem Temperament oder einer problematischen Peergroup müssen im Erwachsenenalter keinesfalls verhaltensauffällig oder sogar straffällig werden.

Im Alltag ist es oft schwierig, diese Risikofaktoren als solche wahrzunehmen und aktiv dagegen anzusteuern, weil eben nicht jeder Junge mit schlechten Schulleistungen gleich

ein erhöhtes Risiko für dissoziales Verhalten hat. So denkt man sich im Nachhinein häufig, wenn Straftaten schon stattgefunden haben, warum keines dieser Frühwarnzeichen erkannt und aktiv entgegengewirkt wurde. Da aber viele biologische, psychologische und soziale Faktoren Einfluss nehmen, lässt sich das Verhalten einer Person in der Zukunft nur sehr schwer vorhersagen. Das was in der Retrospektive offensichtlich erscheint, nachdem das Ergebnis bekannt ist, bleibt vorab schlicht eine große Unbekannte.

16.3 Delinquenz gesunder und psychisch kranker Täter

Im Zusammenhang mit Straftaten steht häufig die Frage im Raum, ob ein Täter psychisch krank ist. Es wäre falsch anzunehmen, dass alle Straftäter psychisch krank sind. Es gibt auch Personen, die delinquent werden, ohne dass eine psychische Störung vorliegt. Das ist bei einem Serienmörder vielleicht schwer vorstellbar – bei Steuerhinterziehern, Dieben oder auch Fußballfans, die sich im Stadion einer Schlägerei anschließen, liegen jedoch selten psychische Störungen vor.

Aber wo ist die Grenze zwischen gesund und krank? Sind psychisch Kranke grundsätzlich gefährlicher als Gesunde, ist es also wahrscheinlicher, dass eine psychisch kranke Person eine Straftat begeht als eine gesunde?

Psychische Störungen sind definiert als krankheitswertige Erlebens- und Verhaltensmuster, die die Wahrnehmung, das Denken, das Fühlen und die Selbstwahrnehmung einer Person beeinflussen. Psychische Störungen gehen in der Regel mit einem persönlichen Leidensdruck und Beeinträchtigungen im privaten, schulischen und/oder beruflichen Kontext einher (Wittchen und Hoyer 2011).

Die Frage, ob psychisch Kranke grundsätzlich gefährlicher sind als Gesunde, lässt sich schwer beantworten. Zunächst gibt es sehr viele verschiedene Störungen, von denen einige das Risiko von Delinquenz erhöhen – andere jedoch überhaupt nicht. Häufiger kriminell werden Personen mit Psychosen, einer unbehandelten Schizophrenie, einer starken Persönlichkeitsstörung (z. B. einer Borderline-Persönlichkeitsstörung oder einer dissozialen Persönlichkeitsstörung) sowie einer Drogen- oder Alkoholabhängigkeit.

Symptome relevanter psychischer Störungen (nach ICD-10)
Schizophrenie:
- Psychose (Halluzination und Wahnvorstellungen)
- Ich-Störungen
- Denkstörung (Verzerrung des Denkens, Verlangsamung des Denkens und Handels)
- Emotionale Verflachung
- Rückzug aus sozialen Interaktionen
- Aktivitätsminderung

Manie:
- Überströmende Heiterkeit
- Starke Selbstüberschätzung
- Starker Bewegungs- und Betätigungsdrang
- Das Gegenteil einer Depression

Dissoziale Persönlichkeitsstörung:
- Verantwortungsloses, antisozialen Verhalten ohne dass dabei Scham oder Reue empfunden werden.

Emotional instabile Persönlichkeitsstörung – Borderline-Typ:
- Tiefgreifendes Muster von Instabilität im Selbstbild, in zwischenmenschlichen Beziehungen und den eigenen Gefühls- und Emotionszuständen
- Sehr impulsiv Verhalten
- Häufig selbstverletzendes Verhalten

Eine Studie in Schweden kam zu dem Ergebnis, dass eines von 20 Verbrechen jeglicher Art zwischen 1988 und 2000 von einer Person mit einer schweren psychischen Störung begangen wurde (Fazel 2006). In einer anderen Studie wurden Tötungsdelikte untersucht, mit dem Ergebnis, dass das Risiko, dass eine Person mit einer Schizophrenie oder Substanzmissbrauch ein Tötungsdelikt begeht, grundsätzlich klein ist, wobei die Wahrscheinlichkeit im Vergleich zur Normalbevölkerung etwas höher ausfällt (Fazel et al. 2009a).

Interessant sind in diesem Zusammenhang Studienergebnisse, die zeigen, dass nicht die Grunderkrankung als solche, hier Schizophrenie oder andere Psychosen, das Kriminalitätsrisiko erhöht, sondern durch den mit der Störung häufig einhergehenden Drogen- und Alkoholmissbrauch bedingt ist. Das heißt, dass Personen mit Psychosen nicht grundsätzlich gefährlicher und gewaltbereiter sind, sondern die Gefährdung vor allem dann ansteigt, wenn sie zusätzlich Drogen- oder Alkoholprobleme haben (Fazel et al. 2009a, b). Ähnliche Ergebnisse finden sich auch in Studien zum Gewaltrisiko von Personen mit Persönlichkeitsstörungen. So ist die Kriminalität einer Person mit Borderline-Persönlichkeitsstörung besser durch Komorbiditäten, d. h. gleichzeitig auftretende Störungen, erklärbar (González et al. 2016). Zu diesen häufig komorbid auftretenden Störungen gehören Drogen- und Alkoholmissbrauch, Angststörungen oder dissoziale Persönlichkeitsstörungen.

16.4 Schuld(un)fähigkeit und die Auswirkung auf die Strafe eines Täters

Nachdem nun diskutiert wurde, ob mehr Gefahr von psychisch kranken Personen ausgeht als von Gesunden, geht es im Weiteren darum, ob jemand, der eine schwere psychische Störung hat und straffällig wird, trotzdem schuldig und verantwortlich ist.

Beispiel 3a: Beurteilung der Schuldfähigkeit – Fallbeschreibungen

Ein Richter verhandelt über 2 sehr ähnliche Fälle. In beiden Fällen sind die Frauen angeklagt, weil sie ihre Ehemänner durch heftige Schläge mit einer Glasflasche so schwer am Kopf verletzt hatten, dass diese im Krankenhaus behandelt werden mussten.
Im 1. Fall war die Beziehung des Paares schon seit Monaten von massiven verbalen Streitigkeiten und Auseinandersetzungen geprägt. So kam es auch vor der Tat zu einer Auseinandersetzung, in der erstmalig auch physische Gewalt angewendet wurde. Die Frau hat sich mehrfach für ihre Tat entschuldigt und bereute sie zutiefst.
Im 2. Fall gab die Frau an, dass ihr Mann sie provoziert habe. Er hätte gesagt, dass er sie verachte, sie nichts wert sei und er sich wünsche, sie würde nicht mehr existieren. Der Mann bestritt dies und brachte zum Ausdruck, dass er glaube, seine Frau höre Stimmen, die sie beleidigten. Dadurch hätte sie sich in dem Moment so stark provoziert gefühlt, dass sie ihn geschlagen hat, ohne dass es dafür einen realen Anlass gab.

Um Fragen zur Schuldfähigkeit zu beantworten, muss zunächst ein Blick in das StGB geworfen werden. Das deutsche Strafrecht geht von folgendem Schuldgrundsatz aus: „nulla poena sine culpa" (keine Strafe ohne Schuld). Dieser besagt, dass eine Person nur bestraft werden kann, wenn sie schuldig ist, d. h., dem Täter die Tat persönlich vorzuwerfen ist. Nach juristischem Verständnis setzt diese Schuld Willens- und Entscheidungsfreiheit voraus, was bedeutet, dass eine Person vorsätzlich oder fahrlässig gehandelt hat und grundsätzlich die Möglichkeit bestand, anders zu handeln (StGB; Weigend 2018).

16.4.1 Eingangskriterien der Schuldunfähigkeit oder -minderung

Diese Willens- und Entscheidungsfreiheit wird bei Erwachsenen grundsätzlich angenommen, wodurch zunächst auch immer von einer Schuldfähigkeit gesprochen wird. Unter Umständen kommt ein Gericht jedoch zu der Bewertung, dass die Schuldfähigkeit während der Tatzeit nicht gegeben oder zumindest nur eingeschränkt gegeben war. Wichtig ist zu verstehen, dass es dabei um die Beurteilung des Täters während der Tatzeit geht, d. h., es wird geprüft, ob der Täter zu diesem Zeitpunkt kognitiv oder emotional eingeschränkt war. Im Bezug auf das Beispiel 3 bleibt also die Frage offen, ob die beiden Frauen jeweils vorsätzlich und bei vollem Bewusstsein gehandelt haben oder ob ihre Wahrnehmung und Willensfreiheit eingeschränkt waren. Die Entscheidung, ob ein Täter schuldfähig ist oder nicht, ist Aufgabe des Gerichts. Dieser wird in der Entscheidungsfindung jedoch meistens durch einen Sachverständigen (meist Psychiater oder Psychologen) beraten, der ein Gutachten über den Täter erstellt. Dieser Sonderfall der Schuldunfähigkeit oder -minderung wird in § 20 bzw. § 21 des StGB geregelt.

§ 20, StGB: Schuldunfähigkeit wegen seelischer Störung

Ohne Schuld handelt, wer bei Begehung der Tat wegen einer krankhaften seelischen Störung, wegen einer tiefgreifenden Bewusstseinsstörung oder wegen Schwachsinns oder einer schweren anderen seelischen Abartigkeit unfähig ist, das Unrecht der Tat einzusehen oder nach dieser Einsicht zu handeln.

§ 21, StGB: Verminderte Schuldfähigkeit

Ist die Fähigkeit des Täters, das Unrecht der Tat einzusehen oder nach dieser Einsicht zu handeln, aus einem der in § 20 bezeichneten Gründe bei Begehung der

Tat erheblich vermindert, so kann die Strafe nach § 49 Abs. 1 gemildert werden.

Hinter diesen juristischen Begrifflichkeiten stehen psychische Störungen mit organischer oder nichtorganischer Ursache und erheblichen Beeinträchtigungen des bewussten Realitätserlebens. Aufgrund der Historie des StGB werden im Kontext des Gerichts die Begriffe „krankhafte seelische Störung", „tiefgreifende Bewusstseinsstörung", „Schwachsinn" und „schwere andere seelische Abartigkeit" verwendet. Im klinischen Alltag würde ein Psychiater oder Psychologe diese Begriffe nicht verwenden, aber für die Beurteilung der Schulfähigkeit vor Gericht müssen sie sich des juristischen Vokabulars bedienen. Dafür muss die juristische Sprache in psychologisch-wissenschaftliche Sprache übersetzt werden (Kury und Obergfell-Fuchs 2012):

- **Krankhafte seelische Störung**

Unter dem juristischen Begriff der krankhaften seelischen Störung wird eine Reihe psychopathologischer Erkrankungen zusammengefasst, bei denen körperliche und kognitive Veränderungen vorliegen oder vermutet werden (Nedopil 2007). Dazu gehören die Schizophrenie, die Manie, aber auch die (wahnhafte) Depression, eine schwere Intoxikation (Vergiftung) und eine schwere organisch bedingte psychische Störung. Diese Störungen gehen häufig mit Psychosen, d. h. Wahnvorstellungen und Halluzinationen, einher.

- **Tiefgreifende Bewusstseinsstörung**

Die im StGB definierte tiefgreifende Bewusstseinsstörung ist gleichzusetzen mit einer Affekttat. Dabei handelt es sich um einen affektiven Ausnahmezustand, der allein keinen Krankheitswert besitzt, jedoch zur Tatzeit zu einer erheblichen Beeinträchtigung des bewussten Realitätserlebens geführt hat (Nedopil 2007). Dabei handelt es sich um einen eigentlich

normalen Erregungsstand, der begleitend zu Emotionen wie Wut, Hass, Eifersucht und Angst auftritt, allerdings erreicht dieser ein so starkes Ausmaß, dass der Person ein angemessenes Abwägen von Gründen und Gegengründen nicht mehr gelingt und man sich förmlich in der Tat verliert. Als Kurzschlusshandlung haben das die meisten Menschen schon einmal in geringerem Ausmaß erlebt, z. B. wenn man sich über jemanden ärgert und ihn anschreit, obwohl es eigentlich nur um eine Kleinigkeit ging.

Eine Affekttat beinhaltet also keine langfristige Planung der Tat, sondern entsteht aus einem akuten Konflikt heraus, in dem eine Person in höchstem Ausmaß erregt ist, z. B. ein sehr hohes Maß an Wut, Ärger oder Hass empfindet. Eine typische Affekttat ist die Tötung des Partners nach einer langen, von schweren Konflikten geprägten Beziehung oder das Gefühl der Überforderung in einer besonderen Belastungssituation, z. B. während einer Trennung (Nedopil 2007).

- **Schwachsinn**

Schwachsinn ist definiert als eine angeborene schwere Störung der intellektuellen Leistungsfähigkeit, d. h. eine sehr stark ausgeprägte Intelligenzminderung. Diese massive Intelligenzminderung kann auch dazu führen, dass Personen die sozialen und gesellschaftlichen Grenzen nicht verstehen und sozusagen nicht wissen, dass sie nicht stehlen dürfen oder ihnen zumindest das Ausmaß der Konsequenzen nicht hinreichend bewusst ist (Nedopil 2007).

- **Schwere andere seelische Abartigkeit**

Unter dem Begriff „schwere andere seelische Abartigkeit" werden verschiedene andere Störungsgruppen zusammengefasst. Dazu gehören schwere Persönlichkeitsstörungen wie die dissoziale Persönlichkeitsstörung und die Borderline-Störung sowie Süchte und Störungen des Sexualverhaltens.

16.4.2 Bedeutung der Eingangskriterien für die Schuldunfähigkeit oder -minderung

Liegt einer der beschrieben Sonderfälle (Eingangskriterien) vor, wird von Schuldunfähigkeit oder -minderung (§§20, 21, StGB, 2018) gesprochen. Ist ein Täter **schuldunfähig,** wird er bei kleineren Delikten und guter Kriminalprognose (d. h., es besteht ein geringes Risiko, dass die Person erneut straffällig wird) freigesprochen, bei schweren Delikten und einer schlechten Krankheits- und Kriminalprognose hingegen im Maßregelvollzug, einem psychiatrischen Krankenhaus, untergebracht (§§63, 64, StGB; Weigend 2018). Ziel des Maßregelvollzugs ist es, die Person zu heilen oder ihren psychischen Zustand zu verbessern, sodass sie nicht mehr gefährlich ist. Dabei erhalten die Betroffenen „die nötige Aufsicht, Betreuung und Pflege" (§ 136, Strafvollzugsgesetz, StVollzG).

Liegt eine **Schuldminderung** vor, ist ein Täter nicht im vollen Umfang für seine Tat verantwortlich. Seine Strafe wird entweder verkürzt oder es wird eine Unterbringung im Maßregelvollzug angeordnet.

Beispiel 3b: Beurteilung der Schuldfähigkeit – Fortsetzung

Die Frage, ob die beiden Frauen schuldfähig sind oder nicht, ist zunächst offen. Denkbar wäre, dass die 1. Frau im Affekt gehandelt hat, weil sich der Ärger und die Wut auf ihren Mann über die letzten Wochen stark angestaut hatten und sie zum Zeitpunkt der Tat die Kontrolle über ihre Emotionen und ihr Verhalten verlor. Gleichzeitig ist es aber auch möglich, dass die Frau die Tat vorher geplant hatte und ganz bewusst auf ihren Mann einschlug. Um diese Entscheidung zu treffen, ist eine genaue Aufklärung des Tathergangs und eine Begutachtung der Beteiligten unabdingbar, bei der auch das Verhalten der Person in der Vergangenheit für das Treffen einer Kriminalprognose mit zu berücksichtigen wäre.

In Bezug auf die 2. Frau ist es zunächst unklar, ob die Person an einer psychischen Störung litt oder leidet. Mittels Gutachten würde das Gericht in diesem Fall vermutlich untersuchen lassen, ob die Frau zur Tatzeit möglicherweise eine akute Psychose hatte oder ob sie grundsätzlich an einer Schizophrenie leidet. In diesem Fall wäre eine Feststellung der Schuldunfähigkeit mit anschließender Freilassung oder der Unterbringung im Maßregelvollzug denkbar.

So befanden die Gerichte aufgrund psychiatrischer Gutachten Josef Fritzl (▶ Kap. 27) und Beate Zschäpe (▶ Kap. 24) für schuldfähig. Sie wurden zu einer Haftstrafe verurteilt und befinden sich im Gefängnis.

Bei anderen Tätern kann hingegen eine Schuldunfähigkeit festgestellt werden und zudem eine Unterbringung im Maßregelvollzug erfolgen. Diese Personen sind zwar, weil sie an einer schweren Störung leiden und sich ihre Wahrnehmung und ihr Verhalten der eigenen Kontrolle entziehen, nicht schuldfähig, aber dennoch gefährlich für andere. Wird im Maßregelvollzug eine Besserung festgestellt und keine weitere Gefährdung für die Gesellschaft gesehen, werden die Personen je nach Strafmaß entlassen oder, im Sonderfall der Schuldmilderung, ins Gefängnis überführt.

16.5 Kriminalprognose zur Verhinderung von Straftaten

Es ist sehr schwierig, Kindern, Jugendlichen und jungen Erwachsenen eine Neigung zur Delinquenz anzusehen, die so stark ausgeprägt ist, dass diese eine unmittelbare Gefährdung für die Allgemeinheit darstellen (▶ Abschn. 16.2.2). Selbst wenn z. B. das Jugendamt eine Gefährdung erkennt, ist auch hier das Vorgehen streng an Gesetze gebunden, die es z. B. nicht erlauben, jeden, der potenziell gefährlich sein könnte, zur Sicherheit wegzusperren.

In den folgenden Kapiteln über das Böse wird bei Ihnen als Leser vermutlich vermehrt der Gedanke aufkommen, warum diese Straftaten nicht verhindert werden konnten. Andres Breivik war bereits als Kind extrem verhaltensauffällig und sollte zu seinem eigenen Schutz eigentlich von seiner Mutter getrennt werden (▶ Kap. 25). Uwe Böhnhardt, ein Mitglied des NSU, war schon vor seinem 20. Lebensjahr für ein halbes Jahr in Jugendhaft, und dennoch hat keiner die Gefahr, die von ihnen ausging, früh genug erkannt und ernst genommen, um aktiv dagegen vorzugehen (▶ Kap. 24). Auch Fritz Haarmann war der Polizei von Anfang an bekannt, war zwischenzeitlich immer wieder in psychiatrischen Einrichtungen und konnte trotzdem jahrelang schwere Verbrechen begehen (▶ Kap. 30).

Die Frage, ob und wie man das Schlimmste vielleicht hätte verhindern können, wird in den folgenden Kapiteln ebenfalls diskutiert. Behalten Sie dabei auch die in ▶ Kap. 4 genannten Faktoren im Hinterkopf, wie das Gute gestärkt werden kann.

16.6 Hinweis für die weiteren Kapitel

Für die Diagnose sämtlicher Krankheiten und Störungen gibt es verschiedene Diagnose- und Klassifikationssysteme. Das weltweit anerkannte und damit wichtigste Klassifikationssystem ist die Internationale statistische Klassifikation der Krankheiten und verwandter Gesundheitsprobleme, die aktuell in der 10. Revision vorliegt (ICD-10, 2015). Diese umfasst alle medizinischen Diagnosen und wird von der Weltgesundheitsorganisation (WHO) herausgegeben. In dem Kapitel V der ICD-10 sind alle psychischen und Verhaltensstörungen enthalten.

Ein weiteres Diagnose- und Klassifikationssystem, das sich auf die Definition und Diagnostik von psychischen Erkrankungen beschränkt, ist das Diagnostische und statistische Manual psychischer Störungen (DSM). Es wurde erstmals 1980 von der amerikanischen psychiatrischen Gesellschaft (APA) herausgegeben und liegt derweil in der 5. Auflage (DSM-5) vor (APA 2013). Sowohl in der internationalen Forschung als auch bei der Diagnostik von Störungen findet es viel Anwendung. Das offizielle psychiatrische Klassifikationssystem ist jedoch das Kapitel V des ICD-10 und nicht das DSM-5 – auch in den USA.

Da in der Psychologie, Psychiatrie und Forensik beide Klassifikationssysteme angewendet werden, wird in den folgenden Kapiteln ebenfalls auf Krankheiten aus beiden Klassifikationen eingegangen. Die Begrifflichkeiten und Definitionen sind in beiden Systemen ähnlich. So wird nach der ICD-10 der Begriff „dissoziale Persönlichkeitsstörung" verwendet, im DSM-5 die „antisoziale Persönlichkeitsstörung" – beide beschreiben damit aber sehr ähnliche Störungsbilder.

Literatur

Amercian Psychiatric Association (APA). (2013). *Diagnostic and statistical manual of mental disorders* (5. Aufl.). Washington: American Psychiatric Association.

Bliesener, T. (2014). Erklärungsmodelle dissozialen Verhaltens. In T. Bliesener, F. Lösel, & G. Köhnken (Hrsg.), *Lehrbuch der Rechtspsychologie* (S. 37–63). Bern: Hogrefe.

Bliesener, T., Lösel, F., & Köhnken, G. (Hrsg.). (2014). *Lehrbuch der Rechtspsychologie*. Bern: Hogrefe.

Brandstätter, V., Schüler, J., Puca, R. M., & Lozo, L. (2018). *Motivation und emotion. Allgemeine Psychologie für bachelor*. Berlin: Springer.

Dilling, H., Mombour, W., & Schmidt, M. H. (Hrsg.). (2015). *Internationale Klassifikation psychischer Störungen. ICD-10 Kapitel V (F) klinisch-diagnostische Leitlinien* (10. Aufl.). Bern: Hogrefe.

Fazel, S. (2006). The population impact of severe mental illness on violent crime. *American Journal of Psychiatry, 163*(8), 1397–1403.

Fazel, S., Gulati, G., Linsell, L., Geddes, J. R., & Grann, M. (2009a). Schizophrenia and violence. Systematic review and meta-analysis. *PLoS Medicine, 6*(8), e1000120.

Fazel, S., Långström, N., Hjern, A., Grann, M., & Lichtenstein, P. (2009b). Schizophrenia, substance abuse, and violent crime. *Journal of the American Medical Association, 301*(19), 2016–2023.

González, R. A., Igoumenou, A., Kallis, C., & Coid, J. W. (2016). Borderline personality disorder and violence in the UK population. Categorical and dimensional trait assessment. *BioMed Central Psychiatry* 16, 180.

Gross, J. J. (2002). Emotion regulation. Affective, cognitive, and social consequences. *Psychophysiology, 39,* 281–291.

Guerri, C. (1998). Neuroanatomical and neurophysiological mechanisms involved in central nervous system dysfunctions induced by prenatal alcohol exposure. *Alcoholism: Clinical and Experimental Research, 22,* 304–312.

Krettenauer, T. (2014). Der Entwicklungsbegriff in der Psychologie. In L. Ahnert (Hrsg.), *Theorien in der Entwicklungspsychologie* (S. 2–25). Berlin: Springer VS.

Kury, H., & Obergfell-Fuchs, J. (2012). *Rechtspsychologie. Forensische Grundlagen und Begutachtung. Ein Lehrbuch für Studium und Praxis.* Stuttgart: Kohlhammer.

Lohaus, A., & Vierhaus, M. (2013). *Entwicklungspsychologie des Kindes- und Jugendalters für Bachelor* (2. Aufl.). Berlin: Springer.

Maras, A., Laucht, M., Gerdes, D., Wilhelm, C., Lewicka, S., Haack, D., Schmidt, M. H., et al. (2003). Association of testosterone and dihydrotestosterone with externalizing behavior in adolescent boys and girls. *Psychoneuroendocrinology, 28*(7), 932–940.

Nedopil, N. (2007). *Forensische Psychiatrie. Klinik, Begutachtung und Behandlung zwischen Psychiatrie und Recht* (3. Aufl.). Stuttgart: Thieme.

Rauchfleisch, U. (2013). Dissozialität. In M. A. Wirtz (Hrsg.), *Dorsch. Lexikon der Psychologie* (16. Aufl., S. 414). Bern: Hogrefe.

Weigend, T. (Hrsg.). (2018). *Strafgesetzbuch. StGB* (56. Aufl.). München: Deutscher Taschenbuch Verlag.

Wittchen, H.-U., & Hoyer, J. (2011). Was ist Klinische Psychologie? Definitionen, Konzepte und Modelle. In H.-U. Wittchen & J. Hoyer (Hrsg.), *Klinische Psychologie & Psychotherapie* (2. Aufl., S. 3–25). Berlin: Springer.

16

Adolf Hitler

Aufstieg und Machtergreifung als verhängnisvolles Zusammenspiel biografischer und zeitgeschichtlicher Faktoren

Melissa Hehnen

© Springer-Verlag GmbH Deutschland, ein Teil von Springer Nature 2019
D. Frey (Hrsg.), *Psychologie des Guten und Bösen,* https://doi.org/10.1007/978-3-662-58742-3_17

17.1 Einleitung

Am Abend des 30. Januar 1933 marschierten 25.000 uniformierte Anhänger Hitlers durch das Brandenburger Tor und zerrissen die nächtliche Dunkelheit mit ihren Fackeln. Dass dieser Nacht einer der verheerendsten Kriege der Menschheitsgeschichte mit 60–70 Mio. Toten, darunter 6 Mio. europäische Juden, Flucht und Vertreibung von Millionen Menschen und die Zerstörung zahlreicher Städte folgen sollte, erkannten zu diesem Zeitpunkt vermutlich nur wenige. Hitler selbst war in jener Nacht hinter einem erleuchteten Fenster zu sehen, von Zeit zu Zeit die begeisterte Menge mit erhobenem Arm grüßend. Ein paar Stunden zuvor war er als „Führer" der stärksten Reichstagsfraktion von Reichspräsident Hindenburg zum neuen Reichskanzler ernannt worden. Ein gutes Jahr später sollte er alle wichtigen Ämter ohne Kontrollinstanzen auf sich vereinigt haben. Dass sich der Sohn eines österreichischen Zollamtsoberoffizials, der die Schule abbrach, einst in dieser Position wiederfinden sollte, schien zum Großteil seines Lebens unmöglich (Fest 2013).

Das folgende Kapitel beschreibt den Aufstieg Hitlers. Die sozialpsychologische Interpretation der Entwicklung bis hin zum Holocaust kann bei Frey und Rez (2002) nachgelesen werden. Die folgenden biografischen Inhalte beziehen sich, wenn nicht anders angegeben, auf die Biografie Hitlers von Joachim Fest (2013).

17.2 Biografie

17.2.1 Jugend

Adolf Hitler wurde am 20. April 1889 in Braunau am Inn (Oberösterreich) geboren. Er war Sohn des österreichischen Zollamtsoberoffizials Alois Hitler und seiner Frau Klara, geborene Pölzl. Sowohl die väterliche als auch die mütterliche Linie stammten aus einer abseits gelegenen Armengegend mit bäuerlicher Bevölkerung. Gerüchten zufolge war Adolf Hitlers Großvater jüdischer Abstammung, was jedoch nicht belegt werden konnte. Hitler selbst wusste Zeit seines Lebens nicht, wer sein Großvater war.

Hitlers Vater galt als streng und mitunter pedantisch. Sein Ehrgeiz spiegelte sich in seiner beruflichen Karriere wieder. Kennzeichnend für ihn war zudem sein unstetes Temperament mit einer auffälligen Neigung zu impulsiven Entschlüssen. Hitlers Mutter war die dritte Frau von Alois Hitler. Sie arbeitete zunächst als Magd bei ihrem späteren Ehemann und galt als gewissenhaft und zurückhaltend. Hitler war das 4. Kind der Ehe.

In der Schule zeichnete sich Hitler zunächst durch gute Leistungen aus. Nach dem Wechsel an eine Realschule in Linz verschlechterten sich seine Leistungen jedoch erheblich. Als Außenseiter unter Söhnen von Akademikern und Standespersonen wurde er 2 Mal nicht versetzt. Prägend für den jungen Hitler war neben der massiven Leistungsverschlechterung die nationalgesinnte Atmosphäre der Schule. Insbesondere der Geschichtslehrer, Dr. Leopold Pötsch, hinterließ dabei mit seinen „Bedrohungsängsten als Grenzlandbewohner", seiner Abneigung gegen das „Völker- und Rassengemisch" der Donaumonarchie (Fest 2013, S. 74) und seinem Antisemitismus einen richtungsweisenden Eindruck auf die Schüler. Zwei Jahre nach dem Tod des Vaters im Jahr 1903 verließ Hitler die Realschule ohne Abschluss und mit einem ausgeprägten Hass auf die Schule. Er stellte sein Versagen später als Trotzreaktion auf den Versuch des Vaters dar, ihn in eine Beamtenlaufbahn zu zwingen.

Nach Verlassen der Realschule blieb Hitler zunächst untätig und mit wenigen sozialen Kontakten in Linz. Er wollte Maler werden, zeichnete vornehmlich und ging seinen Launen nach. In seinen Gedanken entwickelte er die Vorstellung, ein verkanntes Genie zu sein und träumte von einem besseren Leben. Die Linzer Jahre bezeichnete er später als die glücklichsten in seinem Leben. Er hatte stets den Wunsch, einmal erfolgreich zurückzukehren und seine Träume in die Realität umzusetzen.

Um seinen Zukunftsplänen ein Stück näher zu kommen, zog er 1907 nach Wien, wo er sich vergeblich an der Kunstakademie bewarb. Dieser Misserfolg war ein Schlag für den jungen Hitler, der alle Zuversicht verlor. Ein alternatives Architekturstudium konnte er wegen des fehlenden Schulabschlusses nicht beginnen.

Erst kurz nach dem Tod der Mutter im Jahre 1907 kehrte Hitler nach Linz zurück. Der Arzt der Familie berichtete, er habe „nie einen jungen Menschen so schmerzgebrochen und leiderfüllt gesehen" (Fest 2013, S. 62). Hitler war von nun an ohne Zufluchtsmöglichkeiten sich selbst überlassen. Im Februar 1908 verließ er Linz endgültig und ging nach Wien. Die folgenden 5 Jahre beschrieb er als die „traurigste Zeit" seines Lebens (Fest 2013, S. 63, zitiert nach Hitler 1933, S. 20). Er führte ein planloses Leben und verlor sich immer wieder in seinen Fantasien. Auch waren plötzliche Wut- und Verzweiflungsanfälle charakteristisch für ihn. Die Ablehnung einer 2. Bewerbung bei der Kunstakademie im Jahre 1908 vertiefte die Verletzung Hitlers und seinen Hass auf das schulische System.

In der folgenden Zeit zog sich Hitler immer weiter von Menschen zurück, bis er sich schließlich in Männerheime und Obdachlosenasyle begab. Er litt unter der Ungewissheit seiner Zukunft und der stetigen Angst vor dem sozialen Abstieg. Letzteres führte dazu, dass sich Hitler durch eine sorgfältig gewählte Kleidung, Opern- und Theaterbesuche und eine gepflegte Sprache von der unteren Schicht abzugrenzen versuchte. Vom sozialen Abstieg bedroht übernahm er zudem die (antisemitischen) Vorurteile, Schlagworte und Ängste seiner Umgebung. Hitler selbst datierte seine Hinwendung zu der antisemitischen Ideologie auf den Zeitpunkt, an dem sein elterlicher Erbteil aufgebraucht und er mit einer umso größeren Existenzangst konfrontiert war. Seiner Aussage, er habe Wien als Antisemit verlassen, widersprechen jedoch seine zu dieser Zeit wenig politisch geleiteten Interessen. Welche Ursache Hitler letztendlich in seinen extremen Judenhass führte, kann vermutlich nicht mehr rekonstruiert werden.

Die Wiener Jahre und die Zeit im Männerheim beschrieb Hitler als „die schwerste, wenn auch gründlichste Schule" seines Lebens (Fest 2013, S. 101). Diese „Schule" konfrontierte ihn mit Leuten aus allen Schichten, er erlebte, wie Argumenten mit Gewalt begegnet wurde, und die Folgen mangelnder Solidarität. Diese Erfahrungen bildeten später vermutlich die Grundlagen seiner Kampfphilosophie. In den Wiener Jahren war Hitler noch politisch inaktiv, begann jedoch, sich bereits in dieser Zeit für die Organisation von Ideen, ihre Eignung zur Mobilisierung von Massen und die Möglichkeiten der psychologischen Beeinflussung zu interessieren.

Auch um dem Wehrdienst in der österreichisch-ungarischen Armee zu entgehen, zog Hitler am 24. Mai 1913 nach München. Hier verdiente er sein Geld als Postkartenkopist. Seine Haltung entsprach dem für diese Zeit typischen pessimistischen Lebensgefühl, das er mit einer für ihn charakteristischen Radikalität auslebte. Dennoch beschrieb er eine „innere Liebe", die ihn in der Stadt erfüllte (Fest 2013, S. 109). Da er davon ausging, dass ein Krieg kurz bevorstand, hatte sein beruflicher Werdegang für ihn keine große Bedeutung. Er sehnte sich vielmehr nach dem Krieg als „Erlösung aus den ärgerlichen Empfindungen der Jugend" (Fest 2013, S. 111). Nicht nur Hitler, auch breite Schichten der deutschen Bevölkerung wollten den Krieg. Viele hofften, dass der Krieg sie aus dem „Elend der Normalität" befreien würde (Fest 2013, S. 111). Entsprechend groß war die Begeisterung am Tag der Kriegsproklamation, der in Deutschland ein starkes Gemeinschaftsgefühl auslöste. Mit dem Krieg begann nach Hitlers Aussage „die unvergeßlichste und größte Zeit" seines Lebens (Fest 2013, S. 113, zitiert nach Hitler 1933, S. 179).

17.2.2 Die Zeit in der Armee

17.2.2.1 Erster Weltkrieg

Hitler bat den bayerischen König, trotz seiner österreichischen Staatsangehörigkeit als Freiwilliger in ein bayerisches Regiment aufgenommen zu werden. Die Aufnahme am 16. August 1914 veränderte sein Leben. Endlich hatte er ein Gefühl emotionaler Zugehörigkeit und eine Aufgabe.

Zunächst kam Hitler als Meldegänger an die Westfront und erlebte mit der Schlacht von Ypern eine der blutigsten Auseinandersetzungen des beginnenden Krieges. Aufgrund seines Einsatzes erhielt er das Eiserne Kreuz II. und I. Klasse. Von seinen Kameraden wurde er als zuverlässig und ernst veranlagt sowie als Sonderling beschrieben. Oft saß er „mit dem Helm auf dem Kopf in Gedanken versunken in der Ecke, und keiner war imstande, ihn aus seiner Apathie herauszubringen" (Fest 2013, S. 115). Gelegentliche Ausbrüche waren typisch für ihn, wobei er sich im Ganzen dennoch unpersönlich und distanziert gab. Aus dem Glauben, nur er alleine wisse, worum es geht, schöpfte er das Bewusstsein besonderer Erwähltheit.

Der Krieg gab Hitler nach eigenen Angaben Härte und das Bewusstsein des eigenen Wertes. Zudem lernte er am Vorbild der Feindpropaganda der Alliierten Prinzipien für eine erfolgreiche psychologische Beeinflussung kennen. Hitler lernte, dass eine erfolgreiche Propaganda volkstümlich und ihr Niveau an die geistige Aufnahmefähigkeit des Beschränktesten angepasst sein musste. Eine schlagwortartig vorgetragene Propaganda mit Fokus auf wenige plausible Ziele, die sich nur an das Gefühl und nicht an den Verstand wendet und aller Objektivität entsagt, waren ihm zufolge Erfolg versprechend. Kein Zweifel am eigenen Recht dürfe dabei aufkommen.

17.2.2.2 Kriegsende

Am 15. Oktober 1918 wurde Hitler Opfer eines schweren Gasangriffs, durch den er temporär erblindete, und er wurde in ein Lazarett in Pommern verlegt. Am 10. November wurde ihm dann die „entsetzlichste Gewissheit seines Lebens" zuteil (Fest 2013, S. 127): Er erfuhr, dass eine Revolution ausgebrochen, die Republik in Deutschland ausgerufen und der Krieg verloren war. Hitler war ratlos. Er hatte keine Ausbildung, kein Ziel und keine Bezugspersonen.

Auch gesellschaftlich hinterließ der verlorene Krieg düstere Spuren in Deutschland. Alles schien umsonst gewesen: alle Opfer, alle Entbehrungen, die Todesangst und der Tod. So empfand es die Mehrheit der Deutschen, als Ludendorff am 29. Oktober 1918 die Abgabe eines Waffenstillstandersuchens verlangte. Noch kurz zuvor hatte die deutsche Propaganda das Gefühl vermittelt, der Sieg stünde kurz bevor. Umso härter war der Entzauberungsschlag, der den Anstoß für die Politisierung des öffentlichen Bewusstseins in Deutschland gab. Es folgten die Revolution, die Ausrufung der Republik sowie hohe Kriegsschulden. Insbesondere die Versailler Friedensbestimmungen wurden als demütigende psychologische Belastung erlebt. München war dabei von den revolutionären Ereignissen und Widerständen der ersten Nachkriegswochen besonders hart betroffen.

Hitler meldete sich nach Kriegsende freiwillig zum Wachdienst in einem Kriegsgefangenenlager. Als das Lager aufgelöst wurde, kehrte er in ein Lager in München zurück. Aufgrund guter Leistungen, durfte Hitler an einem Aufklärungskurs für „staatsbürgerliches Denken" teilnehmen (Fest 2013, S. 137). Mit der Vorlesung wurde die Absicht verfolgt, ausgewählten Personen durch namhafte, national gesinnte Hochschullehrer historische, volkswirtschaftliche und politische Zusammenhänge nahezubringen. Für Hitler bot sich darüber hinaus die Möglichkeit, Kontakte zu knüpfen und im Rahmen von Diskussionen die Aufmerksamkeit eines gebildeten Publikums auf sich und seine rhetorischen Fähigkeiten zu ziehen.

Aufgrund dieser Fähigkeiten wurde Hitler beauftragt, eine Versammlung der von Anton Drexler gegründeten Deutschen Arbeiterpartei

(DAP) zu besuchen, von der sich Hitler zunächst unbeeindruckt zeigte. In einer Diskussion offenbarte er sein rhetorisches Talent jedoch in einer Weise, dass Drexler ihn bat, wiederzukommen und ihm die Broschüre „Mein politisches Erwachen" mitgab (Fest 2013, S. 185). In der Broschüre entdeckte Hitler Parallelen zwischen dem Lebenslauf Drexlers und seinem eigenen Werdegang, die sein Interesse weckten. Als er unaufgefordert eine Mitgliedskarte erhielt, entschied er sich, der Partei beizutreten, und wurde mit der Werbung und der Propaganda für die Partei beauftragt.

Einer der Gründe, weshalb sich Hitler dafür entschied, in die Politik zu gehen, war wohl, dass er den Beruf des Politikers nicht als Beruf wahrnahm. Vielmehr verband er damit die Möglichkeit, der Verbindlichkeit und Strenge der bürgerlichen Ordnung zu entkommen, wie er es bereits über die Kunst versucht hatte.

17.2.3 Anfänge in der Politik

Hitler begann, die Partei Drexlers in die Öffentlichkeit zu drängen. Als im Zuge dessen am 16. Oktober 1919 die 1. öffentliche Versammlung stattfand, trat Hitler als 2. Redner auf. Die Menschen schienen am Ende seiner Rede wie „elektrisiert" (Fest 2013, S. 188, zitiert nach Hitler 1933, S. 390 f.). Dieses Ereignis führte dazu, dass er vermehrt Reden hielt und seine rhetorische Gabe immer mehr zum Ausdruck kam. Nach und nach wandelte er die DAP in eine ernst zu nehmende Partei um. Mit der 1. Großveranstaltung am 24. Februar 1920, in der Hitler als Redner auftrat, fiel schließlich der Startschuss für die Entwicklung der DAP zur Massenpartei Hitlers.

Hitler schaffte sich einen wachsenden Ruf als Redner und festigte seine Stellung in der Partei. Charakteristisch für ihn war, in Extremen zu denken: „Alles oder Nichts", lautete das Motto, das sich durch sein Leben zog. Schon bald änderte die DAP ihren Namen zu Nationalsozialistische Deutsche Arbeiterpartei (NSDAP). Als Hitler am 1. April 1920

endgültig den Heeresdienst verließ und sich ganz der politischen Arbeit zuwandte, plante er, die Führung der NSDAP an sich zu reißen und die Partei nach seinen Vorstellungen zu gestalten. Zunächst blieb er zwar nur als lokaler Agitator aktiv, doch nicht zuletzt aufgrund seiner Fähigkeit, die Stimmung der Zeit zu artikulieren, seiner Zielstrebigkeit und seiner planvollen Kälte wuchs sein Ruf. Auch seine Bereitschaft, von Gegnern zu lernen, erwies sich im Zuge seines Vorhabens als förderlich.

Zunächst setzte Hitler alles darauf, der Namenlosigkeit zu entkommen. Mit seiner Skrupellosigkeit verschaffte er seinem Auftreten etwas Neuartiges und mit auffälligen Plakaten, Straßenumzügen und Terroraktionen lenkte er weitere Aufmerksamkeit auf sich. Gefördert durch private militärische Verbände und Privatpersonen wie Ernst Röhm und Dietrich Eckart sowie aufgrund des Fleißes Hitlers, der alle Konkurrenten übertraf, wuchs die Bedeutung der Partei stetig. Eine bevorzugte Behandlung der NSDAP durch die damalige bayerische Landesregierung und eine Veränderung der Machtverhältnisse, durch die Bayern noch mehr zum Sammelpunkt rechtsradikaler Gruppierungen wurde, unterstützten den Machtgewinn der Partei zusätzlich.

17.2.3.1 Politischer Aufstieg

Doch dann kam es zu einem Rückschlag. Nach Spannungen mit dem Parteiausschuss trat Hitler unter Protest aus der NSDAP aus und erklärte sich nur bei der Erfüllung zahlreicher Bedingungen zu einem Wiedereintritt bereit. Da die Verantwortlichen große Hoffnungen auf Hitler setzten, wurden seine Bedingungen erfüllt. Dies hatte zur Folge, dass Hitler am 29. Juli 1921 die Führung der NSDAP mit diktatorischer Vollmacht übernahm.

Durch Gründung der Sturmabteilung (SA) am 3. August fand die Partei weiteren Zulauf, da sie mit ihren militärischen Strukturen insbesondere Freikorps anwerben konnte. Es entsprach Hitlers Maxime, durch Demonstration uniformierter Entschlossenheit sowie Terror

Aufmerksamkeit und Interesse zu wecken. Mit der von Hitler entsprechend provozierten „Schlacht im Hofbräuhaus" am 2. November schuf sich die SA einen Mythos (Fest 2013, S. 224). Die Mitgliederzahlen der Partei schossen im Frühjahr 1922 in die Höhe. Dabei war Hitler eine geregelte Vergrößerung der Partei mit der Einsetzung persönlich überzeugender lokaler Führer besonders wichtig. Die NSDAP wurde so zunehmend zum stärksten Machtfaktor des süddeutschen Nationalismus und erhielt auch in Norddeutschland wachsenden Zulauf.

Hitler begann, sich aufgrund seines wachsenden Selbstbewusstseins immer mehr von Vorbildern zu lösen. Entsprechend unverändert blieb sein Weltbild. Nur methodisch und hinsichtlich seiner Taktik war er zu Anpassungen und einer Weiterentwicklung bereit. Gleichzeitig begann er, sich verstärkt unpersönlich und unnahbar zu geben.

Die äußere Kulisse dieser Entwicklungen schufen der schrittweise in Kraft tretende Versailler Vertrag, Reparationsforderungen der Alliierten und eine, sich seit Anfang des Jahres 1920 zunehmend verschärfende Inflation, die 1923 ihren Höhepunkt erreichte und verheerende Spuren im Alltag der Menschen hinterließ. Eine Massenverarmung breitete sich aus, die in starkem Kontrast zu vereinzelten „Kapitalistenkarrieren" stand und das Gefühl sozialer Verhöhnung in der Bevölkerung sowie eine stark antikapitalistische Stimmung auslöste. Viele Menschen hatten das Gefühl, der Staat habe mit der Inflation einen Bankrott an seinen Bürgern ausgeübt und verloren das Vertrauen in ihn. Weite Teile der Bevölkerung suchten nach einer Stimme, an die sie stattdessen glauben konnten und die einen Sinn für ihr Leiden und einen Schuldigen benannte. Hitler hatte eine ähnliche Lebensphase der Ungewissheit und Angst bereits hinter sich gebracht. Er hatte sich seine Gründe und Vorwände bereits konstruiert und konnte vermeintlich Schuldige benennen. Dies verschaffte ihm weiteres Ansehen in der Bevölkerung.

17.2.3.2 Der Putsch

Mit dem wachsenden Erfolg der Partei verbreiteten sich Putschgerüchte und Umsturzpläne. Hitler drängte immer mehr zur Aktion und verstärkte die Vorbereitungen für einen Putsch in Form eines Marsches gegen Berlin. Versuche der Regierung, Veranstaltungen zu verbieten, konnten nur begrenzt umgesetzt werden. Mit verstreichender Zeit erschöpften sich die finanziellen Ressourcen der Partei jedoch zunehmend, und die Sorge Hitlers, die Kampfbundeinheit könnte zerfallen und der revolutionäre Unmut zum Erliegen kommen, drängten ihn zu raschem Handeln.

Nicht zuletzt aufgrund von Hitlers mangelndem Realitätssinn, der ihn die Gefahr des Scheiterns zu gering einschätzen ließ, wagte er – ohne Einwilligung seiner Partner – den Versuch einer Revolution. Er verwarf eigenmächtig das vereinbarte Vorgehen und beschloss, früher als geplant zu handeln. So stürmte er am 8. November 1923 den Münchner Bürgerbräukeller und rief die nationale Revolution aus. Doch so wie Hitler seine Partner übergangen hatte, hintergingen sie ihn, und der Putsch schien gescheitert. Nach einem für ihn typischen Verzweiflungsausbruch entschied er, am kommenden Tag einen Demonstrationszug unter dem Motto: „Geht's durch, ist's gut; geht's nicht durch, hängen wir uns auf" (Fest 2013, S. 282) abzuhalten. Der Putsch wurde am 9. November 1923 mit einem Feuerwechsel beendet, und Hitler floh, mit dem Willen sich umzubringen, wovon ihn Bekannte jedoch abhalten konnten. Erst durch die Zusicherung eines ordentlichen Gerichtsverfahrens gewann er wieder Zuversicht, da er die Chance erkannte, sein Ansehen durch die sich bietende Bühne des Gerichts retten zu können. In dem Verfahren wegen Hochverrats, das im Frühjahr 1924 in München stattfand, bekannte er sich zu seinen Absichten, die er als notwendig und anerkennungswürdig darstellte, und verteidigte in selbstverherrlichendem Tonfall sein Verhalten als vaterländische und historische Pflicht. Hitler schaffte es damit nicht nur, sich in den Mittelpunkt des Prozesses zu stellen, sondern es gelang ihm auch, seine Rolle als Angeklagter in die Rolle des Klägers umzuwandeln. Durch die Übernahme der alleinigen Verantwortung drängte er sich darüber hinaus in die Führerrolle der völkischen Bewegung. Am Ende lobte selbst der 1. Staatsanwalt seine Rednergabe, und nur mit Mühe konnte der Laienrichter einen Schuldspruch unter der Zusicherung einer vorzeitigen Begnadigung durchsetzen. Sicherlich trug auch die rechte Gesinnung der bayerischen Justiz zu dem milden Urteil bei. Der Putschversuch war zwar gescheitert, doch hatte er Hitler den Durchbruch in die breite Öffentlichkeit ermöglicht.

17.2.4 Das Warten auf den Vorstoß in die große Politik

Während seiner Haftzeit hielt Hitler unbeirrt an seinen Absichten fest. Der gesellschaftliche Ausschluss verschaffte ihm die Möglichkeit, den unmittelbaren Konsequenzen, die der 9. November für die Partei hatte, zu entgehen, und er hatte Zeit für eine Bestandsaufnahme, für das Lernen aus begangenen Fehlern und zum Lesen. Auch nutzte Hitler die Haftzeit, um das Buch *Mein Kampf* zu verfassen, dessen ersten Teil er nach 3,5 Monaten abschloss. Hitlers Ziel war es, mithilfe des Buches seinen Führungsanspruch intellektuell zu untermauern. Bei dem Werk handelt es sich um eine Mischung aus seiner persönlichen Biografie und einer Beschreibung ideologischer Ansichten und taktischer Aktionslehren. Ordnet man die wirren Gedanken des Buches, ergibt sich ein konsistentes Ideengebäude, in dem der Raumwille, Antimarxismus, Antisemitismus und eine darwinistische Kampfideologie die Konstanten bilden. Hitler verknüpfte in dem Werk verschiedenste Theorien und entwickelte nur wenige eigene Gedanken. Kennzeichnend für das Werk sind die Extreme, in denen Hitler dachte: Das Grundgefühl der Angst erweiterte er zu einer großen Weltkrise, die das Schicksal der Menschheit infrage stelle. Das „Naturgesetz"

sei dabei Ausgangspunkt dieser Krise (Fest 2013, S. 315). Das allgegenwärtig geltende Gesetz fordere den Sieg des Stärkeren und die Unterwerfung oder Vernichtung des Schwächeren. Der Wille der Natur begründe daher die Existenz und Über- und Unterordnung der Völker und schaffe so eine Grundordnung. Diese Grundordnung sei durch das drohende Ende des „höheren Menschentums" bedroht (Fest 2013, S. 317). Krieg und Vernichtung seien notwendig, um die bedrohte Ordnung wiederherzustellen. Die Humanität der Menschen sei daher nur „die Dienerin seiner Schwäche und damit in Wahrheit die grausamste Vernichterin seiner Existenz" (Fest 2013, S. 315). Als Sündenbock der Krise diente ihm die Figur des Juden. Mit diesem Ideengebäude gab er der Vernichtung und dem Massenmord an Juden eine moralische Basis, die er mit den Naturgesetzen begründete. Zudem war er überzeugt, nur er allein begreife das Wesen der Krise und könne sie lösen. Neben den pessimistischen Ansichten vermittelte er auch einen Optimismus, indem er betonte, der „Rassenverfall" sei nicht unvermeidlich (Fest 2013, S. 320). Er ging davon aus, die Geschichte stehe am Anfang eines neuen Zeitalters. Die Chancen würden neu verteilt und der höherwertigen arischen Rasse böte sich die Möglichkeit, nicht erneut zu kurz zu kommen. Deutschland könne jedoch mit seiner militärisch, politisch und geografisch bedrohten Lage nur überleben, „wenn es rücksichtslose Machtpolitik in den Vordergrund" stelle (Fest 2013, S. 324).

Am 20. Dezember 1924 wurde Hitler vorzeitig entlassen. Trotz seines Rufes als gescheiterter, bereits halb vergessener Politiker, dem Verbot der NSDAP und dem Rückzug unterstützender Kräfte hielt er an seinen Zielen fest. Der Zerfall der Partei kam Hitler sogar in gewissem Maße zugute, da er seinen Führungsanspruch als „Retter" der Partei umso nachhaltiger begründen konnte. Es ist nicht auszuschließen, dass er den Parteizerfall aus diesem Grund sogar förderte.

Nach dem gescheiterten Putschversuch wandelte sich Hitlers taktische Vorgehensweise, und er verfolgte ein striktes Legalitätsprinzip. Er war überzeugt, dass eine Machtergreifung nur auf Basis der Verfassung erfolgreich sein könne. Daher strebte er auch nicht mehr die Niederlage, sondern die Kooperation des Staates an. Als ersten Schritt bemühte er sich daher um den Frieden mit der Staatsgewalt und schaffte es mit seinem taktischen Geschick, das Verbot der NSDAP und ihrer Zeitung aufzuheben.

Am 27. Februar 1925 wurde die NSDAP neu gegründet. Am Tag der Neugründung trat Hitler mit einer lange geplanten öffentlichen Rede auf. Als er schließlich an das Rednerpult trat, beschwor er, alle Feindschaften aufzugeben, und verlangte die bedingungslose Unterwerfung seiner Anhängerschaft oder eine Trennung. Der Applaus am Ende der Rede bestätigte den neuen autoritäreren Zuschnitt der ausschließlich von ihm geführten Partei. Von diesem Tag an galt Hitler unbestritten als ihr „Führer". Er erklärte das Parteiprogramm für unabänderlich, verbot jeden Ideenstreit und versuchte, programmatische Meinungsverschiedenheiten zu verhindern.

Der legale Weg erwies sich längerfristig jedoch als schwierig und war von Rückschlägen geprägt. Von den 55.000 Mitgliedern Ende 1923 hatte die NSDAP Ende 1925 erst knapp die Hälfte zurückgewonnen. Während dieser Stagnation stand Hitler aufgrund seines nur mäßig erfolgreichen legalen Kurses, seines geringschätzigen Umgangs mit Parteigenossen und seiner nachlässigen Geschäftsführung in Kritik. Hitler selbst hielt sich während dieser Zeit im Hintergrund. Er hoffte auf eine erneute Radikalisierung der Bevölkerung als Basis für den Durchbruch der NSDAP zur Massenpartei. Denn die Krisenhaftigkeit der Zeit legte sich allmählich und der Alltag kehrte ein. Die Währung stabilisierte sich, die Staatsgewalt gewann an Festigkeit und Autorität, die Verständigungspolitik Stresemanns sorgte für internationale Entspannung und die Hassgefühle und Ressentiments der Kriegszeit klangen ab. Diese Stabilisierung fand auch Ausdruck in den Wahlergebnissen im Dezember 1924, in denen die radikalen Kräfte Verluste hinnehmen mussten.

17.2.5 Aufstieg an die Macht

17.2.5.1 Die neue Krise

Den Auftakt zu einer neuen Krise bildete eine im Sommer 1929 ausbrechende Auseinandersetzung über die Reparationszahlungen Deutschlands. Der von Gustav Stresemann durchgesetzte Young-Plan stieß auf viel Kritik, da er als unrealistisch und hart galt. Diese Kritik nutzte die radikale Rechte und setzte sich unter Führung von Alfred Hugenberg für ein Volksbegehren gegen den Plan ein. Hugenberg strebte ein Bündnis mit Hitler an, der sich nur unter Gewährung zahlreicher Zugeständnisse von diesem überzeugen ließ. Dieses Bündnis war für Hitler der endgültige Durchbruch in die große Politik: Er hatte von nun an einen bekannten Namen, konnte sich als die zielbewusste Energie in der richtungslosen und zerstrittenen Rechten durchsetzen und erlangte gleichzeitig Verbindungen zur Wirtschaft.

Bei den Wahlen von 1929 konnte die NSDAP erstmals nennenswerte Erfolge verzeichnen. Mit seinem neu gewonnenen politischen Selbstbewusstsein brach Hitler daraufhin demonstrativ mit den konservativen Partnern um Hugenberg und setzte die Kampagne gegen die Republik auf eigene Faust fort. Mit neuartigen Methoden der politischen Werbung versuchte er innerhalb bestimmter gesellschaftlicher Gruppen Fuß zu fassen. Frei von der Beschränkung auf einzelne Klassen sprach die NSDAP dabei auch die entlegensten Gruppen an.

Am 25. Oktober 1929 erreichte die Krise ihren Höhepunkt. Der Schwarze Freitag und die darauffolgende Weltwirtschaftskrise hatten zur Folge, dass ausländische Anleihen, die den wirtschaftlichen Aufschwung Deutschlands ermöglicht hatten, abgezogen wurden. Die Konsequenzen waren eine dramatisch steigende Anzahl an Arbeitslosen, Betriebsstilllegungen, Pfändungen und Zwangsversteigerungen. Besonders bezeichnend war jedoch die einsetzende Bewusstseinskrise. Die Menschen verloren ihr Vertrauen in die bestehende Ordnung der Welt. Sie erlebten

17

eine vollkommene Entmutigung und Sinnlosigkeit. Dies zeigte sich in einer dramatischen Selbstmordwelle, bei der nicht selten ganze Familien gemeinsam in den Tod gingen. Eine Endzeitstimmung breitete sich aus und weckte Sehnsüchte nach einer radikalen Veränderung. Hitler erfasste diese Bedürfnisse: Er verband sein Konzept mit den Themen der Zeit und konnte damit den Wünschen der Menschen einen politischen Anstrich geben. Dabei zeigte er sich entgegen den Führern der anderen Parteien optimistisch und gab den Menschen, was sie brauchten: überpersönliche Ziele, eine Führerpersönlichkeit und eine sinnstiftende Deutung der aktuellen Notstände. Und wieder halfen ihm dabei die Parallelen zu seinem eigenen Lebensschicksal.

Nicht zuletzt aufgrund der krisenhaften Verhältnisse schaffte die NSDAP schließlich den Durchbruch zur Massenpartei. Eine bemerkenswerte Anhängerschaft hatte die Partei dabei im Kreise der Jugend, die von der Krise besonders hart getroffen war. Bei der politisch bewussten Arbeiterschaft hatte die NSDAP hingegen nur wenig Erfolg. Parteiintern entließ Hitler nach und nach Parteigenossen und übernahm deren Ämter. Am Ende gab es keine Amtsmacht und keine Autorität mehr, die nicht von Hitler angeleitet war. Dieser Menschenverschleiß und diese Menschenverachtung waren wichtige Voraussetzungen für seinen Erfolg.

Der Erfolg der Partei spiegelte sich in den Ergebnissen der Reichstagswahl vom 14. September 1930 wider. Die NSDAP wurde nach der SPD die zweitstärkste Partei. Das Interesse und die Neugier der Öffentlichkeit wandten sich infolgedessen immer mehr der Partei zu, und es galt als modern, der NSDAP anzugehören. Aufgrund dieses Durchbruchs hatte die Republik nicht mehr die Kraft, einen energischen Gegenkurs gegen die Partei zu starten, ohne Gefahr zu laufen, bürgerkriegsähnliche Zustände auszulösen. Die Nationalsozialisten hatten nun die Macht, das gesamte Parlament lahmzulegen, was sie auch ausnutzten. Allerdings war das Parlament schon lange nicht mehr der Ort politischer Entscheidungen.

Aufgrund der zerstrittenen Parteien und ihrer Flucht vor politischer Verantwortung regierte Brüning schon seit einiger Zeit halbdiktatorisch mithilfe des Notverordnungsrechts. Eine Verschärfung der Wirtschaftskrise in Deutschland hatte zur Folge, dass sich wie in der Wirklichkeit nun auch in der Theorie eine immer stärkere Abkehr vom demokratischen Mehrparteiensystem vollzog und alternative Verfassungsprojekte erörtert wurden.

Hitler spielte dabei ein doppeltes Spiel. Die Ungewissheit seiner Absichten in Kombination mit seinem selbstbewussten und gefestigten Auftreten beruhigte die Menschen, ohne ihnen ganz das Gefühl der Unruhe zu nehmen. Gegenüber politischen Partnern waren Bündnisangebote stets mit einer Warnung verbunden. Ein doppeltes Spiel spielte auch die SA, indem sie aktiv Unruhe stiftete und gleichzeitig für die Wiederherstellung der Ordnung sorgte.

In dem Bewusstsein, nur gestützt auf den Erfolg bei den Massen nie die Regierungsgewalt erlangen zu können, versuchte Hitler, das Vertrauen und die Unterstützung einflussreicher Kräfte zu gewinnen. Insbesondere der Wille des Präsidenten war hierbei ausschlaggebend. Gleichzeitig bemühte er sich darum, die Zurückhaltung der Unternehmer zu überwinden. Diese zeigten zwar offenes Interesse an der Kanzlerschaft Hitlers, doch wirtschaftlich motivierte Vorbehalte hielten die meisten von einer finanziellen Unterstützung ab.

17.2.5.2 Am Ziel

Trotzdem stieg die NSDAP weiter auf, was eine um sich greifende Lähmung und den Zerfall der Weimarer Republik zur Folge hatte. Nur wenige glaubten noch, die Republik könne überdauern. Dennoch gewann in den folgenden Wahlen der amtierende Reichspräsident Hindenburg deutlich, verfehlte jedoch die absolute Mehrheit. Es fand eine Wiederholung der Wahl statt. Hitler intensivierte daraufhin seine Propagandaaktivitäten. Hindenburg konnte zwar in der 2. Wahl knapp die absolute Mehrheit erreichen, doch auch Hitler erzielte durch seine rastlose Tatkraft einen Stimmenzuwachs.

Das Jahr 1932 war die Zeit der größten rednerischen Triumphe Hitlers. Seine Reden waren charakterisiert durch den Kontrast aus Rausch und Rationalität. Trotz ihrer Intensität und Vehemenz kontrollierte Hitler dabei immer seine Emotionen. Und obwohl sie streng geplant waren, entstanden die Reden stets im Austausch mit den Massen. Die SA machte hierfür alle Widerstände mundtot. Die Reden thematisierten vage allgemeine Inhalte. Dies veranschaulicht, dass der Nationalsozialismus vor allem eine charismatische und weniger eine ideologische Bewegung war. Aus der Vieldeutigkeit von Hitlers Worten konnte jeder das entnehmen, was er hören wollte. Dennoch gelang es ihm nicht, dem Zentrum, der Sozialdemokratischen oder der Kommunistischen Partei Stimmenanteile abzugewinnen.

In den folgenden Monaten ebneten entscheidende politische Hintergrundaktivitäten den Weg Hitlers, der sich dennoch wiederholten Rückschlägen stellen musste. Ein Beispiel war die Wahl im November 1932. Die Erfolgstendenz der NSDAP war inzwischen rückläufig und damit auch ihre Anziehungskraft. Zudem hatte die Partei große finanzielle Schwierigkeiten. Entsprechend verloren die Nationalsozialisten bei der Wahl 2 Mio. Stimmen. Aber die Hintergrundaktivitäten zeigten ihre Wirkung. Am 4. Januar 1933 schlug der ehemalige Reichskanzler, Franz von Papen, bei einem gemeinsamen Treffen eine Koalition zwischen den Deutschnationalen und der NSDAP vor. Diese Zusammenkunft wird auch als die „Geburtsstunde des Dritten Reiches" bezeichnet (Fest 2013, S. 518, zitiert nach Bracher 1955, S. 691). Hitler beanspruchte bei diesem Treffen die Kanzlerschaft und überzeugte schließlich den Sohn des Präsidenten in einer persönlichen Unterredung von sich. Als sich Franz von Papen auch noch mit der Vizekanzlerschaft zufriedengab und Hindenburg fast allen Forderungen Hitlers zustimmte, stand dem angehenden Diktator nicht mehr viel im Wege. Die konservativen Partner Hitlers waren überzeugt, dass nichts passieren könne, da Hindenburg Reichspräsident und Oberbefehlshaber der Reichswehr blieb, von Papen Vizekanzler war und auch der Wirtschaftssektor außerhalb der Entscheidungsbefugnis Hitlers lag.

Am 30. Januar 1933 fand schließlich die von Hitler geforderte Neuwahl statt, und er wurde als Reichskanzler bestätigt. Hitlers Leistung in den vorangegangenen Wochen hatte sich vor allem darauf beschränkt, trotz aller Ungeduld zu warten, die Gefolgschaft zu bändigen und selbst im letzten Augenblick alles auf eine Karte zu setzen. In dem Kabinett wurden aus der NSDAP noch Wilhelm Frick als Innenminister und Hermann Göring als Minister ohne Geschäftsbereich und Reichskommissar für Inneres in Preußen eingesetzt – beides hilfreiche Positionen für den späteren schrittweisen Abbau der demokratischen Ordnung.

17.3 Psychologische Theorien, Modelle und Konzepte

Im Folgenden werden ausgewählte biografische und gesellschaftliche Ereignisse aus sozialpsychologischer Sicht interpretiert, die für den Weg und den Aufstieg Adolf Hitlers entscheidend waren.

17.3.1 Schulisches Versagen

Erlebnisse, die Hitler schon früh prägten, waren seine extreme schulische Leistungsverschlechterung und die wiederholte Ablehnung an der Kunstakademie. Die Versuche Hitlers, sowohl sein Versagen an der Realschule als auch das Scheitern an der Akademie über externe Ursachen zu rechtfertigen, veranschaulichen, welche Relevanz sie für den jungen Hitler hatten.

Dieses Bemühen lässt sich sozialpsychologisch mithilfe der **Selbstwertschutztheorie** erklären (Dauenheimer et al. 2002). Diese Theorie besagt, dass Menschen stets nach dem Schutz bzw. der Erhöhung des eigenen Selbstwertes streben, da ein hoher Selbstwert essenziell für das Wohlbefinden und die seelische Gesundheit von Menschen ist (Taylor und Brown 1988). Dabei können verschiedene Strategien angewandt werden.

Eine Möglichkeit ist die der **selbstwertdienlichen Attribution** („self-serving bias"). Hierbei werden eigene Erfolge internal und Misserfolge external attribuiert (Weiner et al. 1978). Hitlers Empörung darüber, dass nur seine fehlenden Zeugnisse, nicht aber die Tatsache, dass er „mehr gelernt hatte, als Zehntausende Intellektuelle", bei der Kunstakademie Beachtung fanden, sowie die Rechtfertigung, er sei, „nicht das Kind vermögender Eltern" und „nicht auf Universitäten vorgebildet" gewesen, veranschaulichen seine externale Attribution (Fest 2013, S. 66, zitiert nach Heiden 1934, S. 30).

17.3.2 Zeit in Wien

Auch die Wiener Jahre und die Zeit in Männerheimen und Obdachlosenasylen prägten Hitler. Hier festigte er seine Vorurteile und Ressentiments. Dies kann u. a. mit der **Hypothesentheorie der Wahrnehmung** erklärt werden (Frey und Draschil 2015). Laut dieser Theorie stehen am Anfang der Wahrnehmung eine oder mehrere Wahrnehmungs-Erwartungs-Hypothesen, die die Richtung der Aufmerksamkeit beeinflussen und damit die Wahrnehmung verzerren. Diese Hypothesen stammen u. a. aus gespeicherten früheren Wahrnehmungen oder werden durch neue Erfahrungen erlernt.

Die antisemitischen Hypothesen Hitlers bildeten sich bereits durch das antisemitische Umfeld seiner Schulzeit. Die antisemitische Umgebung in Wien förderte diese Anschauungen. Besonders deutlich wird Hitlers verzerrte Wahrnehmung in einem Zitat aus den Wiener Jahren:

» „Seit ich […] auf den Juden erst einmal aufmerksam wurde, erschien mir Wien in einem anderen Lichte als vorher. Wo immer ich ging, sah ich nun Juden, und je mehr ich sah, umso schärfer sonderten sie sich für das Auge von anderen Menschen ab." (Fest 2013, S. 75, zitiert nach Hitler 1933, S. 59 ff.)

Es ist davon auszugehen, dass sich die antisemitischen Einstellungen positiv auf das Selbstwertgefühl Hitlers auswirkten, da eine wesentliche Quelle des menschlichen Selbstwertes in sozialen Vergleichsprozessen liegt. Die Abwertung einer Vergleichsperson kann sich dabei selbstwertförderlich auswirken (Berkowitz und Holmes 1960). Da Hitler in Wien stets mit Abstiegsängsten und der eigenen Selbstunsicherheit konfrontiert war, ist davon auszugehen, dass er nach Möglichkeiten der Selbstwertstabilisierung suchte und diese entsprechend nutzte.

17.3.3 Erster Weltkrieg

Der Erste Weltkrieg war wie eine Erlösung für Hitler und den Großteil der deutschen Bevölkerung. Das Gemeinschaftsgefühl, das sich in der Bevölkerung durch den Kriegsbeginn ausbreitete und den Nationalismus der Gesellschaft förderte, lässt sich mit den **Theorien der sozialen Identifikation** und **Selbstkategorisierung** erklären (Turner et al. 1979). Menschen haben das Bedürfnis, ihre soziale Umwelt auf Basis bestimmter Merkmale und Werte in sozialen Kategorien zu ordnen, da dies dem Individuum eine soziale Identität gibt. Es kann also davon ausgegangen werden, dass die Identifikation der Menschen als „Deutsche" und ihre Kriegsteilnahme zur Verteidigung ihrer Nation der Bevölkerung eine soziale Identität gaben. Weiterhin kann der starke Zusammenhalt durch die antagonistische Beziehung Deutschlands zu anderen Staaten erklärt werden, was nach der **Theorie des realistischen Gruppenkonflikts** zu einer höheren Solidarität und zu der Bevorzugung der eigenen Gruppe führen kann (Sherif und Sherif 1969).

Auch vermittelte der Krieg Hitler und vielen Deutschen einen **übergeordneten Sinn.**

Damit eine Handlung als sinnvoll erlebt wird, müssen folgende Voraussetzungen erfüllt sein:

1. Zum einen sollte das Handeln einer bestimmten Absicht dienen. Der Weltkrieg bot vielen Deutschen diese Möglichkeit, indem sich die Bevölkerung für den Kriegsgewinn einsetzte oder ihr Leiden im Sinne dieses übergeordneten Ziels aushalten konnte.
2. Zum anderen sollten Handlungen rechtfertigbar sein. Für eine Rechtfertigung sind Kriterien notwendig, die festlegen, wann ein Verhalten „richtig" oder „falsch" ist. Die deutsche Kriegspropaganda stellte entsprechende Kriterien bereit.
3. Weiterhin ist es wichtig, dass Menschen Selbstwirksamkeit bei ihren Handlungen erleben, ihre Handlungen kontrollieren können und autonom in ihrem Tun sind. Diese Bedingung war im Rahmen des Krieges nicht gegeben.
4. Dagegen war die letzte Bedingung für das Erleben von Sinnhaftigkeit, die Wahrung des eigenen Selbstwertes, durch die soziale Identität unter den Deutschen und den durch die deutsche Propaganda postulierten erfolgreichen Krieg erfüllt.

Entsprechend groß war die empfundene Sinnlosigkeit am Ende des verlorenen Krieges, die im Gegensatz zu dem allgemeinen Streben des Menschen nach Sinn stand (Schulz-Hardt und Frey 1997). Der unerwartete und derart niederschmetternde Ausgang des Krieges erzeugte dementsprechend das lähmende Gefühl der Sinnlosigkeit in der Bevölkerung, einen Zusammenbruch der sozialen Identität und ein umso stärkeres Streben nach einem neuen Sinn.

17.3.4 Mein Kampf – zur Entstehung des Werkes

Mit dem Verfassen des Werkes *Mein Kampf* wollte Hitler seinen Führungsanspruch intellektuell untermauern. Die Fertigstellung erfüllte diesen Zweck zwar nicht, doch veranschaulichen die Inhalte die Radikalität, mit der Hitler seine Vorurteile bereits zu diesem Zeitpunkt vertrat.

Die Bildung derartiger Vorurteile und feindseliger Ansichten gegenüber einer Outgroup wird nach der **Theorie des realistischen Gruppenkonflikts** vor allem durch einen Interessenskonflikt und inkompatible Ziele zwischen den Gruppen verursacht (Sherif und Sherif 1969). Die dramatische wirtschaftliche Lage Deutschlands nach dem Ersten Weltkrieg führte nahezu in der gesamten deutschen Bevölkerung zu einem Ressourcenkonflikt, der sich laut Hitler in einem Konflikt zwischen „Rassen" als abgegrenzte Gruppen ausdrückte. Anzumerken ist, dass für die Eigengruppenfavorisierung und die Fremdgruppendiskriminierung kein realer Konflikt vorliegen muss. Bereits eine einfache Kategorisierung in 2 Gruppen kann zur Diskriminierung der jeweils anderen Gruppe führen („minimal group paradigma"; Tajfel et al. 1971).

17.3.5 Inflation

Die Inflation und ihre einschneidenden Folgen waren entscheidend für Hitlers politischen Erfolg. Die Menschen verloren aufgrund der dramatischen wirtschaftlichen Lage ihr Vertrauen in die bestehende Ordnung der Welt und erlebten eine vollkommene Entmutigung und Sinnlosigkeit. Hitler gab den Menschen, was sie brauchten: überpersönliche Ziele und eine sinnstiftende Deutung der aktuellen Notstände. Da Menschen umso mehr nach Sinn suchen, je negativer, einschneidender und unerwarteter ein Sachverhalt ist, war die Inflation förderlich für Hitlers Vorgehen (Frey und Schulz-Hardt 2015).

Positiv für sein Bestreben war darüber hinaus, dass das Erleben von Sinnhaftigkeit dazu führt, dass Menschen bereit sind, offensichtlich verlustreiche oder schädliche Handlungen auszuführen, um den Sinn weiter aufrechtzuerhalten (Staw und Ross 1987).

17

Zudem zeigen Menschen mehr Engagement in den als sinnhaft erlebten Bereichen (Hackman und Oldham 1975) und mehr Ausdauer bei sinnhaften Aufgaben (Grant 2007). Je umfassender der Sinn ist, desto stärker sind die Auswirkungen (Frey und Schulz-Hardt 2015).

17.3.6 Grenzenloses Streben nach Macht

Ein Element begleitete den Aufstieg Hitlers und seiner Partei von Anfang an und war für den enormen Einfluss, den die Partei am Ende besaß, entscheidend: das grenzenloses Streben nach Macht.

Dieses lässt sich gut mithilfe der **Extensionstheorie** nach Frey und Schulz-Hardt (2015) erläutern. Die Grundannahme der Theorie besagt, dass soziale Systeme einen ständigen Drang besitzen, ihren Macht- und Kontrollbereich auszuweiten. Ein Grund dafür ist, dass eine Erweiterung den Akteuren des Systems eine bessere Befriedigung der eigenen Bedürfnisse und vermehrte Kontrolle ermöglicht. Damit es zu einer Ausdehnung kommt, müssen die relevanten Akteure des Systems ein Extensionsmotiv besitzen. Nicht nur Hitler, auch einflussreiche Parteigenossen besaßen dieses Motiv. Besonders anschaulich wird dies in den maßlosen Expansionsplanungen Hitlers.

Des Weiteren gibt es eine Reihe von Bedingungen, die für die Aktualisierung des Motivs entscheidend sind. Die Akteure müssen einen **Nutzen des Ausdehnungsobjektes** wahrnehmen. Das bedeutet, dass sie eine ausreichend große Möglichkeit einer Machterweiterung sehen. Dies war im Rahmen der Machtausdehnung der NSDAP gegeben. Hitler strebte von Anfang an die Größe einer Massenpartei und die diktatorische Herrschaft an und hielt fortwährend an diesen zeitweise sehr unrealistisch wirkenden Zielen fest.

Die Erwartung des **Ausbleibens von Vergeltungsmaßnahmen** fördert ebenfalls eine Ausdehnung des Motivs. Objektiv betrachtet war diese Bedingung insbesondere in der Phase vor dem Putsch nicht gegeben, doch es ist davon auszugehen, dass Hitler die Möglichkeiten gravierender Vergeltungsmaßnahmen geringer einschätzte, als sie tatsächlich waren.

Auch die **antizipierte Bedrohung** durch Kontrolleinengung bzw. -verlust fördert die Umsetzung des Extensionsmotivs. Betrachtet man die Inhalte des Buches *Mein Kampf,* lässt sich daraus ableiten, dass Hitler eine enorme Bedrohung der eigenen „Rasse" wahrnahm. Die weiterhin notwendige wahrgenommene **Rechtfertigkarkeit** des Handlungsziels und der Vorgehensweise wird ebenfalls in dem Buch deutlich.

Der Theorie zufolge fördert auch die **Anonymität** der Akteure das Machterweiterungsmotiv, da diese die moralischen Schranken für die Achtung des Kontrollbereichs anderer senkt. Diese letzte Bedingung war nicht gegeben. Eventuell senkten die Skrupellosigkeit Hitlers sowie die durch ihn wahrgenommene Dringlichkeit und Notwendigkeit seines Vorgehens bereits die Schranken ausreichend. Dabei ist zu berücksichtigen, dass die Extensionstheorie noch nicht empirisch getestet wurde und eher als Diskussionsgrundlage und Anregung für die Forschung dienen soll (Frey und Schulz-Hardt 2015). An dieser Stelle könnte man die Theorie dahingehend adaptieren, dass die Anonymität der Akteure vergleichsweise weniger entscheidend für die Umsetzung des Extensionsmotivs war.

17.4 Fazit

War Hitler also lediglich eine Marionette seiner Zeit, eine Person, die die Bedürfnisse und Nöte einer Epoche auf sich zu ziehen vermochte und sie in die Tat umsetzte? In diesem Kapitel wurde der Fokus bewusst auf die Phase der Machtergreifung gelegt, um zu verdeutlichen, wie ein derart grausamer Mensch an die Spitze eines Staates kommen konnte. In Hinblick auf die Grundstimmung der Epoche ist anzunehmen, dass ein Großteil der deutschen Bevölkerung und auch der anderer Nationalitäten ähnliche Anschauungen vertraten wie er. Sicher ist, dass die Krisen der Zeit notwendige Katalysatoren für den Erfolg der NSDAP waren. Denn insbesondere, wenn Menschen mit Existenzängsten konfrontiert sind, neigen sie zu Vorurteilen und der Abwertungen anderer (Berkowitz und Holmes 1960). Doch nur das Denken alleine reicht nicht. Entscheidend waren die Intensität, Bedingungslosigkeit, Standhaftigkeit und Überzeugungskraft, mit der Hitler seine Ansichten vertrat, sowie die Skrupellosigkeit, mit der er ihre Umsetzung entgegen aller Moral bis zur letzten Sekunde vorantrieb. Wären diese Bedingungen nicht gegeben gewesen, wäre es nicht zu dem Mord an Millionen von Menschen gekommen. Neben zahlreichen Unterstützern kam eine Gegenseite hinzu, die die meiste Zeit zwar stärker, in sich jedoch zerstritten war und die Gefahr, die von Hitler ausging, deutlich unterschätzte. Es war somit das verhängnisvolle Zusammenspiel biografischer und zeitgeschichtlicher Faktoren, die den Aufstieg Hitlers und deren katastrophale Folgen ermöglichte.

An dieser Stelle soll angemerkt werden, dass in dem Kapitel lediglich eine von vielen Perspektiven auf Hitler dargestellt wurde und zahlreiche offene Fragen bestehen bleiben. Folgende seien beispielhaft genannt: Wie kam Hitler zum Antisemitismus? Welche Rolle spielte seine Sexualität? Kritische Stimmen halten jegliche Erklärungsversuche von Hitlers Verhalten für gefährlich oder sogar verwerflich, da das Stellen bestimmter Fragen die Gefahr birgt, Hitler zu verharmlosen oder seine Verantwortung zu schmälern (Rosenbaum 1999). Daher soll betont werden, dass die Betrachtung von Faktoren und Ursachen seines Aufstiegs, die in der Umwelt liegen, keinesfalls die Verantwortung von der Person nehmen soll.

Was kann man aus einem der düstersten Kapitel unserer Geschichte lernen? Der Aufstieg Hitlers zum Reichskanzler verdeutlicht, wie wichtig es ist, menschenverachtenden Äußerungen und Anschauungen immer entgegenzuwirken. Hier liegt die Verantwortung bei der Gesellschaft, konkret ihren Institutionen wie Schulen, Universitäten oder der Kirche, die bereits früh der Entwicklung entsprechender Ansichten vorbeugen können. Selbstverständlich muss aber auch jeder Einzelne verantwortungsvoll handeln. In der konkreten Situation ergibt sich oft die Frage, was eine Einzelperson denn ausrichten kann. Doch jeder Widerspruch ist notwendig, damit sich Menschen nicht unangefochten eine stereotype Brille aufsetzen und diese problemlos an andere weitergegeben können. Damit am Ende eben keine Grundstimmung entsteht, die den Aufstieg menschenverachtender Meinungen und Handlungen viel zu einfach macht.

Literatur

Berkowitz, L., & Holmes, D. S. (1960). A further investigation of hostility generalization to disliked objects. *Journal of Personality, 28*(4), 427–442.

Bracher, K. D. (1955). *Auflösung der Weimarer Republik.* Stuttgart: Ring-Verlag.

Dauenheimer, D., Stahlberg, D., Frey, D., & Petersen, L.-E. (2002). Die Theorie des Selbstwertschutzes und der Selbstwerterhöhung. In D. Frey & M. Irle (Hrsg.), *Theorien der Sozialpsychologie. Bd. 3: Motivations-, Selbst- und Informationsverarbeitungstheorien* (S. 159–190). Bern: Huber.

Fest, J. (2013). *Hitler: Eine Biographie* (12. Aufl.). Berlin: Ullstein.

Frey, D., & Draschil, S. (2015). Hypothesentheorie der sozialen Wahrnehmung. In M. Galliker & U. Wolfradt (Hrsg.), *Kompendium Sozialpsychologischer Theorien* (S. 197–200). Berlin: Suhrkamp.

Frey, D., & Rez, H. (2002). Population and predators: Preconditions for the Holocaust from the control-theoretical perspective. In L. S. Newman & R. Erber (Hrsg.), *Understanding genocide: The social psychology of the Holocaust* (S. 188–221). New York: Oxford.

Frey, D., & Schulz-Hardt, S. (2015). Modell der Extension. In M. Galliker & U. Wolfradt (Hrsg.), *Kompendium sozialpsychologischer Theorien* (S. 302–305). Berlin: Suhrkamp.

Grant, A. M. (2007). Relational job design and the motivation to make a prosocial difference. *Academy of Management Review, 32*(2), 393–417.

Hackman, J. R., & Oldham, G. R. (1975). Development of the job diagnostic survey. *Journal of Applied Psychology, 60*(2), 159–170.

17

Heiden, K. (1934). *Geburt des dritten Reiches. Die Geschichte des Nationalsozialismus bis Herbst 1933.* Zürich: Europa Verlag.

Hitler, A. (1933). *Mein Kampf.* München: Franz-Eher-Verlag.

Rosenbaum, R. (1999). *Die Hitler-Debatte: Auf der Suche nach dem Ursprung des Bösen.* Wien: Europa Verlag GmbH.

Sherif, M., & Sherif, C. W. (1969). *Social psychology.* New York: Harper & Row.

Schulz-Hardt, S., & Frey, D. (1997). Das Sinnprinzip: Ein Standbein des homo psychologicus. In H. Mandl (Hrsg.), *Bericht über den 40. Kongress der Deutschen Gesellschaft für Psychologie in München 1996* (S. 870–876). Göttingen: Hogrefe.

Staw, B. M., & Ross, J. (1987). Behavior in escalation situations: Antecedents, prototypes, and solutions. In L. L. Cummings & B. M. Staw (Hrsg.), *Research in organizational behavior* (Bd. 9, S. 39–78). Greenwich: JAI Press.

Tajfel, H., Billig, M. G., Bundy, R. P., & Flament, C. (1971). Social categorization and intergroup behaviour. *European Journal of Social Psychology, 1*(2), 149–178.

Taylor, S. E., & Brown, J. D. (1988). Illusion and well-being: A social psychological perspective on mental health. *Psychological Bulletin, 103*(2), 193–210.

Turner, J. C., Brown, R. J., & Tajfel, H. (1979). Social comparison and group interest in ingroup favouritism. *European Journal of Social Psychology, 9*(2), 187–204.

Weiner, B., Russell, D., & Lerman, D. (1978). Affective consequences of causal ascriptions. *New Directions in Attribution Research, 2,* 59–90.

Josef Stalin

Der gefeierte Massenmörder

Daniel Abraham

© Springer-Verlag GmbH Deutschland, ein Teil von Springer Nature 2019
D. Frey (Hrsg.), *Psychologie des Guten und Bösen,* https://doi.org/10.1007/978-3-662-58742-3_18

» „Der Tod löst alle Probleme. Kein Mensch,
kein Problem." – Josef Stalin (bpb 2014,
S. 38)

18.1 Einleitung

» „Hundegebell. ‚In Fünferreihen,
in Fünferreihen! Durch das Tor!'
kommandieren die Wachen und
stoßen die Zusammenbrechenden
vor sich her. […] halb erfroren und
zusammengepfercht wie Vieh auf dem
Weg zum Schlachthof. […] Stacheldraht,
in regelmäßigen Abständen Wachtürme,
ein knarrendes Tor, das gierig nach
uns zu schnappen scheint. Reihen
niedriger, mit schadhafter Dachpappe
gedeckter Baracken. Eine lang gestreckte
Gemeinschaftslatrine mit Bergen von
versteinertem Kot. […] Diejenigen, die
sich noch auf den Beinen halten können,
versorgen die Kranken mit dem gelben,
stinkenden Wasser aus den Fässern."
(Ginsburg, zitiert nach Gaede 2009,
S. 134 ff.)

Es sind die Schilderungen einer Frau, die
8 Jahre Haft in verschiedenen Konzentrationslagern überlebte. Menschen, die dem
herrschenden Regime als „Volksfeinde"
(Wolkogonow 1989, S. 452) galten, wurden
häufig in Güterwagons in die Lager deportiert
und dort als entmenschlichte Arbeitsmittel
eingesetzt. Im sogenannten Gulag, dem
größten System von Internierungslagern des
20. Jahrhunderts, waren zwischen 1930 und
1953 schätzungsweise 20 Mio. Menschen
inhaftiert, rund 2 Mio. davon ließen dort ihr
Leben – zu Tode gearbeitet, verhungert oder
erschossen (Gaede 2009).

Die Schilderungen wirken auf traurige
Weise bekannt. Die Parallelen zur nationalsozialistischen Praxis – dem eigentlich ideologischen Gegenstück der Sowjetunion – sind
erschreckend. Die fast 30-jährige Herrschaft
Stalins war von beispielloser Gewalt und
einem Terror gegen die eigene Bevölkerung

geprägt, dem Schätzungen zufolge 20–30 Mio.
Menschen zum Opfer fielen (bpb 2014). Dieses Kapitel schildert nicht nur die Geschehnisse der stalinistischen Epoche, sondern
versucht auch, Aufschluss darüber zu geben,
wie sich das „Böse" hinter Stalins Herrschaft
erklären lässt.

18.2 Biografie

18.2.1 Vom Kind zum Revolutionär (1878–1917)

Der 1878 in der georgischen Kleinstadt Gori
geborene Iossif Wissarionowitsch Dschugaschwili wuchs als Einzelkind in ärmlichen
und gewalttätigen Verhältnissen auf. Iossif
und seine Mutter wurden regelmäßig von
seinem Vater Bessarion körperlich misshandelt. Doch auch außerhalb der Familie
waren Prügeleien für Iossif gang und gäbe –
trotz einer Verkrüppelung seines linken
Armes infolge eines angeblichen Schlittenunfalls. Zwar galt Iossif als aufmerksamer und
begabter Schüler, doch zählten gute Noten
in der „archaischen Welt", in der der Junge
groß wurde, nur wenig (Gaede 2009, S. 23).
Körperliche Auseinandersetzungen in seinem sozialen Umfeld waren nicht nur alltäglich, sie wurden sogar zelebriert. So wurden
an Festtagen in Gori öffentliche Faustkämpfe
veranstaltet, bei denen auch Kinder gegeneinander antraten (Gaede 2009).

Auch politisch war die Zeit, in der Iossif aufwuchs, von Gewalt und obrigkeitlicher Willkür
geprägt. Georgien war seit Mitte des 19. Jahrhunderts vollständig unter der Kontrolle des
russischen Kaiserreichs, in dem noch immer
feudalistische Strukturen herrschten. Der Großteil der Bevölkerung des rückständigen Vielvölkerreichs lebte in ärmlichen Verhältnissen
und war faktisch schutzlos der Willkür der
Obrigkeit ausgeliefert. Forderungen nach Reformen beantwortete der Zar mit gewaltsamen
Repressalien, Zensur und Überwachung, was
zur Folge hatte, dass sich zunehmend revolutionäre Kräfte im Untergrund bildeten, denen sich

18

schließlich auch Iossif als 19-Jähriger anschloss (bpb 2014; Gaede 2009).

Seit seinem 15. Lebensjahr hatte Iossif auf Wunsch seiner Mutter das Priesterseminar in Tiflis besucht, um Geistlicher zu werden. Der Tagesablauf dort war autoritär geregelt und der Unterricht sehr konservativ. Das Leben der Schüler wurde akribisch von den Mönchen kontrolliert, die sogar Seminarschüler anwarben, um ihre Mitschüler auszuspionieren. Obwohl – vielleicht auch gerade weil – Regelverstöße streng geahndet wurden, verhielt sich Iossif den Aufsehern gegenüber dennoch aufsässig und las häufig verbotene Literatur. Am stärksten prägten ihn die Werke von Karl Marx, heißt es, die seiner Abneigung gegenüber Autoritäten eine ideologische Legitimation lieferten (Gaede 2009).

Als Mitglied einer Gruppe Tifliser Marxisten führte Iossif, seitdem er 19 Jahre alt war, schließlich ein Leben als Revolutionär. Er hielt Reden in Fabriken, organisierte Demonstrationen und ermutigte Arbeiter zu Streiks. So gelang es ihm schnell, innerhalb der kommunistischen Bewegung aufzusteigen, wodurch er zunehmend ins Visier der zaristischen Geheimpolizei geriet. Wie schon während seiner Zeit im Priesterseminar bestimmten auch in diesem Lebensabschnitt Vorsicht und Misstrauen Iossifs Leben, der als „militanter Radikaler" galt und skrupellos Menschenleben einsetzte, um seine Ziele zu erreichen (Gaede 2009, S. 26). So soll er sich sogar darüber gefreut haben, als bei einer Demonstration in Batum mehrere Menschen erschossen wurden, in der Hoffnung, dass die bereits angespannte Lage dadurch weiter eskalieren würde.

In seinen Jahren im Untergrund entwickelte sich Iossif, dem es gelang, ein Netzwerk aus revolutionären Gefolgsleuten um sich herum zu bilden, zu einem erfolgreichen Bandenführer, der sich besonders durch sein Organisationstalent auszeichnete. Durch gut geplante Überfälle, Schutzgelderpressungen und Entführungen beschaffte Iossif erfolgreich Gelder für die Bolschewiki, eine radikale Fraktion der Sozialdemokratischen Arbeiterpartei Russlands, und erwarb so die Aufmerksamkeit und schließlich auch das Vertrauen Lenins. Zwischen 1908 und 1917 war Iossif Dschugaschwilis Leben durch einen sich mehrmals wiederholenden Zyklus aus Verhaftung, Verbannung und Flucht gekennzeichnet. Zeitgleich stieg er als Protegé Lenins bis ins Zentralkomitee der Bolschewiki auf und änderte seinen Namen in „Stalin", was übersetzt in etwa „der Stählerne" bedeutet (Kranz 2000).

18.2.2 Oktoberrevolution und Bürgerkrieg (1917–1924)

Anfang 1917 spitzte sich die politische Lage im Russischen Reich zu. Der Massenprotest von Petrograder Arbeitern im Februar des Jahres führte schließlich zu einer Revolution und der Abdankung von Zar Nikolaus II. Während das bestehende Parlament offiziell die Regierung übernahm, bildeten sich zeitgleich Arbeiter- und Soldatenräte (sog. „Sowjets"). Aufgrund von Uneinigkeit innerhalb der revolutionären Bewegung kam es in der Folge zu einem Putsch der Bolschewiki gegen die Revolutionsregierung, der später als „Oktoberrevolution" in die Geschichte einging. Auf politischer Ebene gelang es den Bolschewiki zwar innerhalb kurzer Zeit, eine Einparteienherrschaft zu etablieren, doch die tatsächliche Kontrolle über Russland mussten sie sich erst erkämpfen. Als Reaktion auf die Machtergreifung der „Roten" unter Lenin formierten sich verschiedene kontrarevolutionäre Kräfte – die „Weißen" – zum Gegenschlag. Es kam zu einem Bürgerkrieg, der durch extreme Brutalität der beteiligten Parteien – sowohl gegeneinander als auch gegen die Bevölkerung – gekennzeichnet war (bpb 2014).

Obwohl er zum engsten Kreis um Lenin gehörte, spielte der außerhalb der Partei so gut wie unbekannte Stalin nur eine Nebenrolle im Bürgerkrieg. Lenin schätzte zwar Stalins „Arbeitseifer, seine Loyalität – und seine Skrupellosigkeit" (Gaede 2009, S. 51). Dennoch wurde ihm im Bürgerkrieg lediglich die

Sicherung der Lebensmittelversorgung der an der Wolga gelegenen Stadt Zarizyn übertragen. Dort angekommen nahm Stalin eine „Säuberung" der Stadt vor. Eigenmächtig übernahm er die Führung der örtlichen Einheiten der Roten Armee und veranlasste die Verhaftung angeblich illoyaler Offiziere, denen er eine Verschwörung unterstellte. Als selbsternannter Kommandeur befehligte Stalin die Truppen der Roten Armee erbarmungslos und ohne Rücksicht auf Verluste. Doch er führte nicht nur Krieg gegen feindliche Truppen der „Weißen". Hinter jeder Verzögerung und jedem Fehlschlag witterte Stalin Verschwörungen und Illoyalität. Auf seinen Befehl hin sollte die Geheimpolizei durch Überwachung, Verhaftungen und Folter vermeintliche Verschwörer in den eigenen Reihen entlarven. Lenin ließ er wissen:

» „Sei versichert, dass meine Hand nicht zittern wird." (bpb, 2014, S. 38)

In Zarizyn – dem später nach ihm benannten Stalingrad – zeigte sich, dass für Stalin „staatlicher Terror ein selbstverständliches Mittel im Kampf um die Macht" darstellte (Gaede 2009, S. 51). Mit seinem Auftrag, die Lebensmittelversorgung der Stadt sicherzustellen, scheiterte er trotz aller Gewalt dennoch (bpb 2014).

Mit dem Ende des Bürgerkrieges hatten die „Roten" ihre Herrschaft über Russland weitgehend gefestigt und Millionen Menschen dabei ihr Leben verloren. Aus dem Russischen Reich wurde 1922 die Union der Sozialistischen Sowjetrepubliken (UdSSR). Für seine Treue gegenüber Lenin wurde Stalin mit der Ernennung zum Generalsekretär der Kommunistischen Partei der Sowjetunion (KPdSU) belohnt (bpb 2014). Die daraus resultierenden Folgen erkannte Lenin allerdings zu spät. In seinem politischen Testament warnte der Führer der Bolschewiki letztlich vor dem Mann, den er jahrelang wegen seiner Entschlossenheit und Skrupellosigkeit geschätzt hatte:

» „Genosse Stalin hat, nachdem er Generalsekretär geworden ist, eine unermeßliche Macht in seinen Händen

konzentriert, und ich bin nicht überzeugt, daß er es immer verstehen wird, von dieser Macht vorsichtig genug Gebrauch zu machen. […] Stalin ist zu grob […]. Deshalb schlage ich den Genossen vor, sich zu überlegen, wie man Stalin ablösen könnte." (bpb 2014, S. 34)

18.2.3 Der Große Umbruch (1924–1936)

18.2.3.1 Machtergreifung

Die Ernennung Stalins zum Generalsekretär im Jahr 1922 legte den Grundstein für seine Machtergreifung. Schlüsselelement war dabei die Verantwortung des Generalsekretärs für Personalentscheidungen in den regionalen Parteiinstitutionen. Wie alle politischen Ämter war auch das des Generalsekretärs nicht zeitlich beschränkt, was Stalin weitreichenden Einfluss verschaffte. Denn somit konnten innerhalb der Partei nur noch diejenigen Karriere machen, die Stalins Gunst genossen. Dadurch konnte sich Stalin innerhalb der Partei ein Netzwerk loyaler Gefolgsleute aufbauen, deren Stellungen von ihm abhängig waren. Da ein Amtsinhaber nur von der Partei abgesetzt werden konnte, förderte das von Stalin geschaffene Personenverbandsystem nicht nur den Ausbau seiner Macht, sondern sicherte zugleich seine Stellung.

Ein sicherlich begünstigender Faktor für diese Entwicklung war, dass die anderen Altbolschewiki Stalin zunächst unterschätzten. Obwohl Stalin ebenfalls zur alten Garde zählte, spielte er weder während der Revolution noch während des Bürgerkrieges eine entscheidende Rolle. Als Lenin starb, hielten ihn viele für einen einfachen Bürokraten und „nützlichen Gehilfen, aber eine politische Null" (Kranz 2000, S. 243). Wohl auch aus diesem Grund verzichteten die Genossen – trotz Lenins Warnung in seinem Testament – darauf, Stalin zugunsten des als ambitioniert geltenden Leo Trotzki zu entmachten (bpb 2014).

18

Lenins vernichtendem Urteil ihm gegenüber ungeachtet, instrumentalisierte Stalin seine ehemals vertraute Beziehung zu dem verstorbenen Bolschewiki-Führer sogar als Legitimation seiner Macht. So inszenierte er sich selbst als treuen Anhänger Lenins und Verfechter der Parteiideale und instrumentalisierte zugleich das von Lenin eingeführte innerparteiliche Oppositionsverbot (bpb 2014). Auf diese Weise gelang es ihm, das Vorgehen gegen seine innerparteilichen Konkurrenten als ein Vorgehen gegen Abweichler von der Parteilinie zu rechtfertigen:

» „Wer nicht für ihn und die Parteilinie war, war gegen ihn und wurde als Feind behandelt." (bpb 2014, S. 36)

Nacheinander entmachtete Stalin so seine Konkurrenten, die er dabei gegeneinander ausspielte: erst seinen Hauptkonkurrenten Trotzki, dann die angeblich „linke Opposition" und schließlich im selben Stil die angeblich „rechte Opposition". So war Stalin 1930 von den 7 Mitgliedern, die nach Lenins Tod im Jahr 1924 das Politbüro – das höchste Gremium der UdSSR – bildeten, der Einzige, der seine Stellung nicht verloren hatte (bpb 2014).

Im Gegenteil gelang es Stalin, seine Position als Generalsekretär auch formal auszubauen und sein Amt an den Vorsitz des Politbüros zu koppeln. Wie er es schon als Revolutionär im Untergrund getan hatte, schuf er eine gänzlich auf ihn ausgerichtete Struktur im Führungskreis der Partei. Ab 1930 bestand das Politbüro ausschließlich aus loyalen Gefolgsmännern Stalins. Nichtsdestotrotz begann der Generalsekretär, auch das Politbüro im Laufe der 1930er-Jahre zu marginalisieren und die Macht vollständig in seinen Händen zu konzentrieren. Nachdem er dafür gesorgt hatte, dass alle wichtigen Entscheidungen alleine vom Politbüro getroffen wurden, grenzte er den Einfluss der anderen Politbüromitglieder immer weiter ein, indem er schlichtweg die Anzahl an Sitzungen zunehmend reduzierte und Treffen in seine private Datscha verlegte. Er erreichte damit, dass die politischen Entscheidungen des Landes nicht mehr in den offiziellen Sitzungen der Gremien, sondern während informeller Treffen in seinen Privaträumen getroffen wurden. Eingeladen wurde selbstverständlich nur, wer Stalin bedingungslos unterstütze. Spätestens ab Mitte der 1930er-Jahre war die Sowjetunion damit zu einer Diktatur des Generalsekretärs geworden (bpb 2014).

Stalin war kein „Verführer der Massen", weder war er ein großer Redner, noch trat er häufig – auch aus Angst vor Attentaten – öffentlich auf. Da die Bolschewiki ihre Herrschaft bereits unter Lenin weitestgehend gesichert und ein Einparteiensystem errichtet hatten, bestand dazu auch keine Notwendigkeit. Der Machtkampf nach Lenins Tod war ein Wettstreit darüber, wer das Erbe Lenins als Kopf der Partei antrat. Und wer die Macht über die Partei, die alle Organe des totalitären „sozialistischen" Systems kontrollierte, innehatte, hatte zugleich die Macht über die gesamte Sowjetunion inne. Anders als bei z. B. Hitler (▶ Kap. 17) fand Stalins Machtergreifung hinter verschlossenen Türen, rein auf Parteiebene statt (bpb 2014).

18.2.3.2 Kulturrevolution

Bereits vor 1930 begann ein von Stalin initiierter, als „Kulturrevolution" bezeichneter gesellschaftlicher Umbruch. Den Auftakt bildeten Missernten in den Jahren 1927/28, die eine Radikalisierung der Agrarpolitik nach sich zogen. Wie schon während des Bürgerkrieges forcierte die Propaganda nun wieder das Bild des Bauern als „Klassenfeind", der aus Eigensinn den Kommunismus boykottieren wolle. In der Folge kam es nicht nur zu Zwangskollektivierung und Massenenteignungen von 5–6 Mio. Bauern, sondern auch zu einem regelrechten Krieg gegen die Landbevölkerung. Stalin erklärte 1929 die „Liquidierung der Kulaken" – wie wohlhabende Bauern bezeichnet wurden – zum politischen Ziel (bpb 2014, S. 41). Bauern wurden willkürlich als „Desorganisatoren des Marktes" verhaftet, in Randregionen der UdSSR deportiert, in Gefängnissen oder Konzentrationslager interniert oder erschossen (bpb 2014, S. 41). Das brutale Vorgehen, das

Stalin gegenüber den Bauern forderte, zog wiederum eine verheerende Hungersnot nach sich, der Schätzungen zufolge bis zu 10 Mio. weitere Menschen zum Opfer fielen. Der Generalsekretär selbst sah die Situation pragmatisch und sprach davon, die „Waffe des Hungers" gezielt gegen den „Feind" einzusetzen (bpb 2014, S. 44). Alleine in der Ukraine, wo bis heute vom sog. Holdomor – einem gezielten Genozid – die Rede ist, starben rund 5 Mio. Menschen (bpb 2014).

Die Kulturrevolution umfasste daneben auch die schnellstmögliche Industrialisierung des Landes. Stalin forderte, der Rückstand von 300 Jahren in Russland müsse binnen 10 Jahren aufgeholt werden. Doch der von der Propaganda als „heroisch" inszenierte Kampf des Arbeiters gegen die Natur hatte wenig mit der Wirklichkeit gemein. Tausende dieser „Helden" ließen für die Pläne des Generalsekretärs ihr Leben. Parallel dazu kam es ab 1928 zu einer ersten sog. „Säuberung" der wirtschaftlichen Elite des Landes, im Zuge derer einige technische Experten aus der Zarenzeit als kapitalistische „Spione" verurteilt wurden.

In den „goldenen Jahren" von 1934 bis 1936 schien die Zeit der Gewalt schließlich vorüber zu sein. Stalin ließ 1936 sogar eine Verfassung erarbeiten, die jedem Bürger gleiche Grundrechte zusicherte. Die Zeichen deuteten somit auf eine friedliche Entwicklung hin (bpb 2014).

18.2.4 Der Große Terror und seine Folgen (1936–1939)

Anstelle der in der Verfassung von 1936 versprochenen Menschenrechte folgte in den beiden nächsten Jahren eine Welle der Verfolgung. Der Prolog des „Großen Terrors" von 1937/38 begann bereits 1934 mit der Ermordung des Parteiführers von Leningrad, der ein Vertrauter Stalins war. Der Generalsekretär propagierte daraufhin eine weitreichende Verschwörung von „Trotzkisten" (bpb 2014, S. 62). Zwischen 1936 und 1938 wurde zusammen mit bedeutenden

Wirtschaftskadern des Landes auch die alte Garde der Bolschewiki, die Stalin in den 1920er-Jahren bereits entmachtet hatte, in 3 öffentlichen Prozessen angeklagt. Den ehemaligen Parteiführern wurde vorgeworfen, im Auftrag Trotzkis und ausländischer Geheimdienste die Ermordung Stalins und der anderen Politbüromitglieder geplant zu haben. Stalins Staatsanwalt plädierte dafür, die Angeklagten „wie räudige Hunde" zu erschießen (Wolkogonow 1989, S. 390). Die Todesurteile standen jedoch schon lange vor Prozessbeginn fest. Die Moskauer Prozesse waren bis ins Detail inszeniert, zum Teil von Stalin persönlich heißt es. Sie dienten nicht nur der endgültigen Beseitigung der ehemaligen Konkurrenten Stalins, sondern auch der Verbreitung von allgemeiner Unsicherheit und Misstrauen innerhalb der Bevölkerung (bpb 2014).

Darauf aufbauend erschuf die Propaganda das Szenario, die UdSSR sei von Agenten, Attentätern und Saboteuren durchsetzt. Diese „Volksfeinde" hätten das Land infiltriert, um den Sozialismus von innen heraus zu zerschlagen. Stalins Ansicht nach war diese „Bedrohung" nicht zuletzt auf die Fehler führender Genossen zurückzuführen. Stalin gelang so die „Verbreitung einer Hysterie" und die Ausweitung des Terrors auf die gesamte Sowjetunion (bpb 2014, S. 58). Als Mittel des ideologischen „Überlebenskampfes" der UdSSR inszeniert, initiierte Stalin eine beispiellose politische Säuberung des Landes, die nicht nur die Führungskader in Partei, Verwaltung, Wirtschaft und der Roten Armee erfasste, sondern auch weite Teile der Bevölkerung. Das zentrale Organ für die Verwirklichung von Stalins Terror war dabei die Geheimpolizei des Volkskommissariat des Innern („Narodny Komissariat Wnutrennich Del", kurz: NKWD). Durch den Befehl Nr. 00447, der es dem NKWD erlaubte, praktisch jeden Sowjetbürger zu verhaften, erschuf Stalin ein System der Willkür, in dem sich niemand mehr in Sicherheit wägen konnte. In der Hoffnung, dem Regime zu gefallen, sich selbst zu entlasten, aber oft auch, um die eigene Karriere voranzutreiben und Konkurrenten auszuschalten, entwickelte sich ein Klima gegenseitiger Anschuldigungen und Denunziationen innerhalb der Bevölkerung. Je nach Schweregrad der vorgeworfenen Verbrechen lautete das Urteil der als Troikas bezeichneten Schnellgerichte entweder Internierung in einem Konzentrationslager oder sofortige Erschießung. War ein angeblicher „Volksfeind" verurteilt, wurde auch dessen Familie verfolgt. Der Begriff „Volksfeind" war dabei eine „universelle Formel", dessen Festlegung willkürlich erfolgte (Wolkogonow 1989, S. 377). Stalin ging sogar dazu über, Quoten bestimmen zu lassen, wie viele Menschen in welcher Region verhaftet, wie viele in Konzentrationslager deportiert und wie viele erschossen werden sollten (Wolkogonow 1989).

Stalins Säuberungen waren mancherorts so gravierend, dass es zu Problemen in der Verwaltung und zu Produktionsrückgängen kam. Als Schuldige machte man die verbliebenen Zuständigen aus, die die entstandenen Ausfälle nicht kompensieren konnten und als Saboteure angeklagt wurden. Als 1938 schließlich die Funktionalität des Landes gefährdet war, propagierte Stalin eine neue Verschwörung. So kam es, dass der NKWD, Stalins Werkzeug für den Terror, selbst zum Ziel des Terrors wurde. Stalin ließ NKWD-Chef Jeschow zusammen mit zahlreichen weiteren Geheimdienstfunktionären, die Stalin treu ergeben waren und in seinem Auftrag Hunderttausende Menschen „liquidiert" hatten, hinrichten.

Nach dem „Großen Terror" war die Sowjetunion Ende 1939 politisch, wirtschaftlich und militärisch dezimiert. Alleine in den Jahren 1937/38 wurden mehr als 3 Mio. Menschen verhaftet und schätzungsweise 700.000 erschossen. Am Ende waren weder Stalins engste Vertraute noch seine eigene Familie vor dem Terror des Diktators sicher (Wolkogonow 1989).

18.2.5 Stalin und Hitler (1939–1945)

Im August 1939 schloss der Mann, der seine eigene Bevölkerung u. a. wegen des Vorwurfs der Kollaboration mit dem Deutschen Reich verfolgen ließ, einen Vertrag mit seinem ideologischen Erzfeind. Tatsächlich soll Stalin Hitler sogar für seine Entschlossenheit und Härte bewundert und nach dem Röhm-Putsch gesagt haben:

» „Das ist schon ein ganzer Kerl! Großartig! Der kann etwas!" (Gaede 2009, S. 120)

Doch der Pakt der Diktatoren währte nicht lange. Als die Wehrmacht 1941 die Sowjetunion überfiel, traf sie die Rote Armee unvorbereitet – trotz detaillierter Kenntnisse der deutschen Angriffspläne. Die Informationen des sowjetischen Geheimdienstes hatte Stalin als gezielte „Desinformation" von Verschwörern bezeichnet (Gaede 2009, S. 125). Unter Androhung der Todesstrafe hatte er seinen Generälen die Mobilmachung der Truppen untersagt. Hinzu kam, dass Stalins Säuberungen Ende der 1930er-Jahre die Rote Armee praktisch führungslos zurückgelassen hatten (bpb 2014).

Auf den schnellen Vorstoß der Wehrmacht und das Versagen der Roten Armee reagierte Stalin in gewohnter Weise: Er ließ alle Kommandeure an der Front erschießen. Um das Land zu „mobilisieren", setzte Stalin abermals auf Terror in den eigenen Reihen. Häftlinge aus den Konzentrationslagern wurden zwangsrekrutiert, zurückweichenden Einheiten drohte die Erschießung, gefangen genommene Rotarmisten galten als Verräter, deren Familien in Sippenhaft genommen wurden und Fehler bei der Arbeit oder das Verlassen des Arbeitsplatzes wurde als Sabotage gewertet. So wurden allein 1941 fast 1,5 Mio. Menschen wegen „Bummelei" bei der Arbeit inhaftiert (bpb 2014, S. 66). An der Front führte Stalin den Krieg gegen Hitler, im

Inneren einen Krieg gegen angebliche „Miesmacher", „Feiglinge" und „Panikmacher" (bpb 2014, S. 67). Trotz aller Maßnahmen stand die Wehrmacht bereits im Dezember 1941 vor Moskau, wo der deutsche Vormarsch jedoch zum Erliegen kam. Die Wende im „Großen Vaterländischen Krieg" brachte 1943 die Schlacht von Stalingrad. So wie er es während des Bürgerkrieges in eben dieser Stadt auch getan hatte, erkaufte sich Stalin den Sieg über Hitler mit einem hohen Blutzoll. Mit ca. 25–30 Mio. Kriegstoten litt kein anderes Land unter größeren Verlusten während des Zweiten Weltkrieges.

Aufgrund von Stalins Säuberung der Roten Armee 1937/38, des Mobilisierungsverbots und des schonungslosen Einsatzes von Menschenleben im Zweiten Weltkrieg trägt Stalin eine Mitschuld am Ausmaß der Verluste. Nichtdestotrotz ließ sich Stalin am Ende des Krieges als genialen „Generalissimus" feiern (bpb 2014, S. 66).

18.2.6 Spätstalinismus (1945–1953)

Auch nach dem Krieg setzte Stalins Regime den Terror im Inneren fort. Neben den Säuberungen der nach dem Krieg von der UdSSR besetzten Gebiete und der Inhaftierung Tausender heimkehrender Kriegsgefangener wegen „Verrats" kam es 1946/47 zu einer weiteren Welle der Bauernverfolgung und kurze Zeit später im Zuge der „Leningrader Affäre" zu einer erneuten politischen Säuberung der Parteispitze (bpb 2014).

Im weiterhin propagierten Bild, die UdSSR sei von Spionen und „Schädlingen" zersetzt, wurde vor dem Hintergrund des Kalten Krieges lediglich das Feindbild ausgetauscht. An die Stelle der „deutsch-japanisch-trotzkistischen" (Wolkogonow 1989, S. 378) trat eine „jüdisch-amerikanische" Verschwörung (Gaede 2009, S. 160). Der sich in der Sowjetunion ausweitende Antisemitismus gipfelte 1953 im „Ärztekomplott", der womöglich der

Auftakt zu einer landesweiten Verfolgung von Juden gewesen wäre. Doch am 5. März 1953 starb der „geliebte Vater" der Sowjetunion (Wolkogonow 1989, S. 710) infolge eines Herzinfarkts.

Trotz des anhaltenden Terrors des Diktators war der Personenkult um den „weisen Stalin" seit dem Sieg über Hitler und dem Aufstieg der Sowjetunion zur 2. Supermacht neben den USA ungebrochen (Rancour-Laferriere 1988, S. 17). Als Tausende trauernde Menschen ihrem „großen Führer" nach dessen Tod die letzte Ehre erwiesen, kam es zu einer Massenpanik, bei der Hunderte Menschen zu Tode getreten wurden. Sie waren die letzten Opfer des Sowjetdiktators (bpb 2014).

18.3 Psychologische Theorien, Modelle und Konzepte

Stalins Behauptung, die UdSSR sei von Agenten und Spionen durchsetzt, sollte sich letztlich bewahrheiten; doch arbeiteten diese nicht für ausländische Geheimdienste, sondern für ihn selbst. Stalins Herrschaft war und ist unzertrennlich mit dem stalinistischen Terror verbunden, für dessen Umsetzung die Geheimpolizei das zentrale Werkzeug bildete. Angesichts der gewaltigen Opferzahlen drängt sich die Frage auf, wie es so weit kommen konnte. Um dieser Frage nachzugehen, soll der Fokus der Analyse jedoch nicht auf Mechanismen des Gehorsams und der Umsetzung des Terrors (s. hierzu ► Kap. 23), sondern auf Stalin als Initiator des Terrors liegen. Stalins Taten schlichtweg damit zu begründen, dass er ein „böser Mensch" war, mag der Wahrheit entsprechen, bietet jedoch wenig Erklärungswert (► Kap. 2). Um den stalinistischen Terror ergründen zu können, wird im Folgenden darauf eingegangen, welche Bedeutung er für Stalin hatte und welche Rolle Stalins Person sowie bestimme Umweltfaktoren dabei spielten.

Es ist wichtig, zu betonen, dass das Ziel dieses Kapitels nicht die Stellung einer retrospektiven Ferndiagnose ist, da solche Diagnosen, die alleine auf Informationen Dritter beruhen, nicht nur unzuverlässig, sondern auch ethisch zweifelhaft sind. Um Stalins Verhaltensmuster psychologisch einordnen zu können, gilt es dennoch, sich an wissenschaftlich fundierten Richtlinien zu orientieren. Für die folgenden Ausführungen wurden daher als Anhaltspunkte die im DSM-5 (APA 2013; ▶ Abschn. 16.6) festgelegten Verhaltenskriterien herangezogen. Da wie erwähnt keine Diagnose psychischer Störungen vorgenommen werden kann und soll, werden die Kriterien nicht im Einzelnen diskutiert. Die im Folgenden dargelegten Erklärungsansätze sollen zum Verständnis beitragen, wie es zum stalinistischen Terror kommen konnte. Weder sind sie als Rechtfertigung für Stalins Taten zu verstehen noch implizieren sie eine Minderung seiner Verantwortung.

18.3.1 Stalins Terror als Kontrollausbau

Stalins Biografie verdeutlicht an mehreren Stellen, dass der Diktator nicht zögerte, brutal und skrupellos gegen seine Kontrahenten vorzugehen. Die Frage nach dem Warum erscheint dabei trivial. Denn während Stalin die Säuberungen damit rechtfertigte, die Sowjetunion von ihren Feinden befreien zu wollen, dienten sie doch der Befreiung Stalins von seinen persönlichen „Feinden".

In der **Theorie der kognizierten Kontrolle** wird postuliert, dass Menschen danach streben, sich selbst und ihre Umwelt zu kontrollieren (Frey und Jonas 2002). Durch den Versuch, ihre Kontrolle zu sichern bzw. auszuweiten, reagieren sie dabei nicht nur auf einen tatsächlichen, sondern auch auf einen antizipierten Kontrollverlust.

Tatsächlich konnte Stalin Anfang der 1930er-Jahre berechtigterweise mit Widerstand auf politischer Ebene und von Teilen der Bevölkerung rechnen. So war die KPdSU schon vor Lenins Tod von internen Machtkämpfen und Intrigen geprägt. Zudem

genossen die Bolschewiki vor allem innerhalb der Landbevölkerung keinen vollständigen Rückhalt. So kann Stalins Terror, der zweifelsohne dazu beigetrug, seine Macht auszubauen und zu sichern, als Ausdruck eines Bedürfnisses nach Kontrolle verstanden werden.

18.3.2 Paranoia

Was Stalins Leben wohl am meisten prägte, war sein zwanghaft erscheinendes **Misstrauen** und sein **Argwohn** selbst engen Vertrauten gegenüber. Überall witterte Stalin Verrat und Feinde, die angeblich nach seinem Leben trachteten. Doch wie in ▶ Abschn. 18.3.1 angesprochen zeugt die Ausschaltung vermeintlicher Kontrahenten nicht automatisch von krankhaftem Misstrauen, sondern kann auch als Ausdruck des Bedürfnisses nach Kontrolle verstanden werden. Es scheint naheliegend, dass sich hinter Stalins paranoid erscheinendem Verhalten lediglich das Kalkül eines Realpolitikers verbarg, der seine Macht sichern wollte. Doch erklärt das auch das ungeheure Ausmaß des stalinistischen Terrors?

Robins und Post (2002) stellen die These auf, dass ein Mindestmaß an **paranoidem Verhalten** erfolgsentscheidend in der Politik ist. Skepsis und Vorsicht sind ihrer Ansicht nach essenziell dafür, potenzielle Unterstützer und Gegner auszumachen, was wiederum grundlegend für das Vorankommen in der Politik ist. Führende Politiker sind laut der Autoren dadurch immer in gewissem Maße paranoid, ohne dass dies krankhaft sein muss. Erst wenn diese an und für sich funktionale Eigenschaft in krankhafter Form vorliegt, hat das verheerende Folgen.

In der Tat war Stalins Verhalten gekennzeichnet von einem ständigen und tief greifenden Misstrauen und Argwohn gegenüber anderen Menschen, deren Motive er häufig als böswillig auslegte. Ohne hinreichende Gründe verdächtigte er andere, der Sowjetunion, der Partei und ihm schaden zu wollen. Es heißt, Stalin ließ sich von seinen Ärzten stets zusammen mit einer Reihe ihm ähnlich sehender Männer untersuchen, damit die Ärzte nie sicher sein konnten, welcher von ihnen der Generalsekretär war (De Jonge, zitiert nach Rancour-Laferriere 1988). Da er selbst gegen die Loyalität seiner engsten Vertrauten Zweifel hegte, ließ er von jedem ein nahestehendes Familienmitglied als „Faustpfand" inhaftieren (Wolkogonow 1989). Besonders auffällig ist, dass Stalin oftmals in harmlose Ereignisse negative Absichten hineininterpretierte und Verhaltensweisen anderer häufig als Angriff gegen seine Person wahrnahm. So interpretierte er unbeabsichtigte Fehler häufig als Verrat (bpb 2014). Dabei galt Stalin als nachtragender, sogar rachsüchtiger Mensch, der sich noch lange Zeit später an Menschen, die ihn einmal enttäuscht hatten, erinnern konnte (Rancour-Laferriere 1988).

Es ist auch bezeichnend, dass Stalins Terror erst mit seinem Tod im Jahr 1953 endete, hatte der Diktator doch spätestens nach dem Großen Terror 1939 jegliche Opposition gegen sich zerschlagen. Der „Ärztekomplott", die letzte von ihm initiierte Verfolgungswelle, konnte kaum Ausdruck machtpolitischer Überlegungen sein, sondern war getrieben von seinem Antisemitismus und seiner übersteigerten Angst vor Mordanschlägen.

Es deutet also einiges darauf hin, dass Stalin auch unabhängig vom machtpolitischen Nutzen ständig Verrat, Sabotage und Verschwörungen witterte. In Kombination mit der Theorie der kognizierten Kontrolle lässt sich der Schluss ziehen, dass die Säuberungen ein Mittel für Stalin waren, den vermeintlichen Verschwörern vorzugreifen und seine Kontrolle zu sichern. So soll Stalin während des Überfalls der Wehrmacht eine Reihe hochrangiger Offiziere der Roten Armee „vorbeugend" erschießen haben lassen, da er der Ansicht war, es wäre aus ihrer Sicht sinnvoll, zum Feind überzulaufen (Robins und Post 2002). Stalins Paranoia bedeutet folglich keinesfalls, dass er mit seinen Säuberungen nicht auch machtpolitische Ziele verfolgt haben kann, vielmehr scheint es so zu sein,

dass die Paranoia sein Streben nach absoluter Macht und Kontrolle erheblich verstärkte und seine Säuberungen dadurch über den rein machtpolitischen Nutzen hinaus ausarteten. So interpretiert, scheint das Ausmaß von Stalins Terrors Ausdruck seines paranoiden Wesens gewesen sein.

18.3.3 Antisoziale Tendenzen

Während Stalins paranoide Züge als Ursache seiner nicht endenden Säuberungen gesehen werden können, liefern sie nicht unbedingt eine Erklärung für seine Skrupellosigkeit, seine offensichtliche Gleichgültigkeit gegenüber menschlichem Leid und seine sogar sadistischen Züge. Stalins Verhalten zeugte nicht nur von fehlender Empathie, es heißt sogar, Stalin habe die Erniedrigung und das Leid anderer Menschen amüsiert (bpb 2014). Stalin schien nicht nur Gefallen daran gefunden zu haben, durch einen Wechsel aus Beschwichtigungen und Drohungen mit der Angst von Menschen zu spielen, sondern er soll sogar persönliche Vorschläge für Foltermethoden ausgearbeitet haben (Robins und Post 2002; Wolkogonow 1989).

Sein Nachfolger Chruschtschow beschrieb Stalin in seinen Memoiren aufgrund seiner Taten als „Psychopathen" (Robins und Post, S. 354). Der Begriff „Psychopath" wird oft als Synonym für das „personifizierte Böse" gebraucht, und in Anbetracht der historischen Tatsachen würden die meisten Menschen Chruschtschow wohl zustimmen.

Nach aktuellen wissenschaftlichen Standards stellt Psychopathie jedoch keine ordnungsgemäße Diagnose dar, sondern ist eher als die extreme Ausprägung einer **antisozialen Persönlichkeitsstörung** zu verstehen (APA 2013). Ob Stalin dieser Diagnose gerecht wurde, lässt sich retrospektiv nicht ergründen. Klar ist nur, dass Stalins Verhalten eindeutig dafürspricht, dass er ein Mensch war, der kaum Skrupel und Erbarmen kannte und der menschlichem Leid gegenüber offensichtlich Gleichgültigkeit walten ließ. Seinen eigenen

Worten zufolge sei mit dem Tod seiner 1. Ehefrau „das letzte warme Gefühl für die Menschen in ihm gestorben" (Gaede 2009, S. 30). Neben seinem paranoiden Wesen haben sicherlich die antisozialen Wesenszüge Stalins dazu beigetragen, dass der stalinistische Terror ein derart menschenverachtendes Ausmaß erreichte.

18.3.4 Narzissmus

Um ein adäquates Profil Stalins wiederzugeben, ist es unabdingbar, an dieser Stelle auch auf sein **Selbstbild** einzugehen. Als einziges das Säuglingsalter überlebende Kind der Familie von seiner Mutter verehrt entwickelte Stalin „früh ein gebieterisches Selbstbewusstsein" (Gaede 2009, S. 23). Vieles deutet darauf hin, dass der „geniale Führer" auch in seinem späteren Leben ein übersteigertes Selbstwertgefühl hatte, das von der Wahrnehmung eigener Großartigkeit, Genialität und Einzigartigkeit geprägt war (Rancour-Laferriere 1988). So hatte Stalin ein übersteigertes Gefühl der eigenen Bedeutung sowie seiner Leistungen und Talente. Unter anderem sah er sich selbst als „Generalissimus" – als genialen Feldherren –, obwohl er sowohl während des Bürgerkrieges als auch während des Zweiten Weltkrieges verheerende militärische Entscheidungen traf (bpb 2014). Die sowjetische Propaganda feierte Stalin gar als „fernen Gott" (Robins und Post 2002, S. 366). Stalin erwartete nicht nur, dass seine Mitmenschen stets seinen Erwartungen und Forderungen gerecht wurden, sondern zeigte sich auch ausbeuterisch und opportunistisch in zwischenmenschlichen Beziehungen, was sich beispielsweise darin äußerte, dass er loyalen Gefolgsmännern wie NKWD-Chef Jeschow ohne zu zögern in den Rücken fiel, wenn es für ihn von Vorteil war.

Wenngleich Narzissmus per se nicht zu „bösem" Verhalten führt, so geht das Gefühl der eigenen Großartigkeit doch mit Unbeirrbarkeit einher. Der Glaube an die eigene Genialität und Unfehlbarkeit bestärkt Narzissten in ihrem Handeln und ihren Überzeugungen und vermittelt ihnen das Gefühl, stets im Recht zu sein. Misserfolge lagen Stalins Meinung nach an der Unfähigkeit anderer, dem Treiben von Verschwörern oder beidem, nie aber an ihm. Diese als **selbstwertdienliche Attribution** bezeichnete kognitive Verzerrung erlaubte es Stalin nicht nur, einen hohen Selbstwert zu bewahren (Miller und Ross 1975), sondern dürfte ihn in seinem harten Kurs gegen diese „Verschwörer" sogar noch bestärkt haben.

18.3.5 Modelllernen am Vater

Zweifellos waren die Beziehungen zu seiner Mutter und seinem Vater ebenfalls prägend für Stalin. Während Stalin von seiner Mutter große Zuneigung erfuhr, misshandelte der als aufbrausender Trinker beschriebene Vater seinen Sohn regelmäßig. Ein Kindheitsfreund Stalins berichtete, „[u]nverdiente, grausame Züchtigungen machten den Jungen genauso hart und herzlos wie der Vater war" (Robins und Post 2002, S. 357). Selbst in dem allgemein von Gewalt geprägten sozialen Umfeld, in dem Stalin aufwuchs, war die häusliche Gewalt seines Vaters auffallend brutal. Die Misshandlungen endeten erst, als der Vater auf der Suche nach Arbeit nach Tiflis ging, wo er 2 Jahre später bei einer Wirtshausschlägerei erstochen wurde (Gaede, 2009).

Als der Vater die Familie verließ, war Stalin 9 Jahre alt und hatte bis dahin unter der Gewaltsamkeit seines Vaters gelitten. **Körperlicher Missbrauch** im Kindesalter stellt einen bedeutenden Risikofaktor für die Entwicklung eines Kindes dar (Cicchetti und Banny 2014). Häufig weisen misshandelte Kinder mangelnde Fähigkeiten der Emotionsregulation und negative Erwartungen bezüglich der Zuverlässigkeit anderer auf. Zudem zeigen sie selbst eine erhöhte Bereitschaft zu Aggressionen und Schikane anderer. Das wiederholte Erleben von Misshandlungen führt dazu, dass Aggression als angemessenes Verhalten verstanden wird. Die Folge des als **Modelllernen** bezeichneten Prozesses ist, dass erlebtes Verhalten in sozialen Situationen, in denen dieses Verhalten von Vorteil ist, reproduziert wird (Bandura 1977). Das heißt, ein Kind, das vom Vater Gewalt erfährt, damit es gehorsam ist, lernt, dass Gewalt ein Mittel ist, sich Gehorsam zu verschaffen.

Über die Gründe der Misshandlungen lässt sich in Stalins Fall nur spekulieren. Die Gewalt und Brutalität, die später von Stalin ausgingen, deuten jedoch darauf hin, dass Stalin die Verhaltensmuster seines Vaters übernommen haben könnte. So verhielt er sich schon in der Schule herrisch und gewaltsam gegenüber Mitschülern (Rancour-Laferriere 1988). Darüber hinaus stehen körperliche Misshandlungen in der Kindheit auch im Zusammenhang mit dem Auftreten paranoider und antisozialer Verhaltensmuster (Cicchetti und Banny 2014).

18.3.6 Sozialisation

Wie beschrieben war Gewalt auch außerhalb der Familie im sozialen Umfeld Stalins nichts Ungewöhnliches. Wie die meisten seiner Altersgenossen war Stalin schon als Kind häufig in Schlägereien verwickelt, u. a. als Mittel, um sich Respekt zu verschaffen. Stalin wurde in eine Gesellschaft geboren, in der Gewalt nicht nur ein Mittel war, um alltägliche Auseinandersetzungen zu lösen, sondern auch ein gebräuchliches Mittel der Politik. Das Hineinwachsen eines Menschen in eine Gesellschaft mit ihrem Normsystem wird als **Sozialisation** bezeichnet (Hurrelmann und Ulich 1991). Darunter ist ein Entwicklungs- und Lernprozess zu verstehen, der die Auseinandersetzung mit gesellschaftlichen Erwartungen und die Anpassung an soziale Normen und Rollen mit sich bringt.

Das Ergebnis dieses Prozesses ist unseren Standards nach ein mündiger und rechtschaffender Mensch mit demokratischen Grundwerten. Doch wir müssen uns vor Augen halten, dass wir im heutigen Deutschland unter privilegierten Umständen in einem freien, demokratischen und wohlhabenden Land leben. Die archaische Welt, in der Stalin aufwuchs, sah vollkommen anders aus. In einem solchen Umfeld sind gesellschaftliche Werte weniger durch moralische Grundsätze als vielmehr durch Pragmatismus geprägt. In vielen Bereichen des Lebens galt das „**Gesetz des Stärkeren**", und Gewalt und Tod waren für die Menschen wesentlich alltäglicher und normaler, als dies für uns heute der Fall ist.

Eine Geschichte aus Stalins Zeit in der Verbannung verdeutlicht das sinnbildlich: Eine Gruppe Männer war zum Holzholen ausgerückt. Als sie zurück ins Lager kamen, fehlte jedoch einer der Männer. Es stellte sich heraus, dass er im Fluss ertrunken war. Auf Rückfragen der im Lager Verbliebenen erwiderten die anderen Männer, die mit ihm Holzholen gewesen waren: „Warum sollten wir sie bedauern, die Menschen? Menschen können wir immer wieder machen. Aber das Lastpferd... Probier mal, ein Pferd zu machen." (Wolkogonow 1989, S. 399).

In Bezug auf die Brutalität des später stattfindenden Russischen Bürgerkrieges ist sogar von einer „Verrohung der Menschen" die Rede (bpb 2014, S. 17). Ohne diese Aussage anzweifeln zu wollen, sollte man sich bewusst machen, dass diese Brutalität das Werk von Menschen war, die in einer bereits „rohen" Gesellschaft aufwuchsen und lebten. Die Bedeutung sozialer Umstände wird auch dadurch deutlich, dass Stalin nur einer von vielen brutalen und skrupellosen Männern seiner Zeit in Russland war.

18.4 Fazit

Wenngleich sich der stalinistische Terror durch sein unvergleichbares Ausmaß hervorhob, so war Stalin doch mit seiner Skrupellosigkeit und Gewaltsamkeit seiner Zeit kein Einzelfall. Nicht nur im zaristischen Russland wurde die Bevölkerung gewaltsam unterdrückt, auch unter Lenin gab es den „Roten Terror", und auch in den Reihen der „Weißen" ging man nicht minder brutal gegen

Feinde und die eigene Bevölkerung vor. Es stellt sich also die Frage, ob ein Terror in dieser Form theoretisch nicht auch unter einem anderen Mann an der Spitze der UdSSR *möglich* gewesen wäre. Dies muss klar bejaht werden. Denn Stalins Terror baute auf den bereits bestehenden, auf Unterdrückung und Überwachung ausgelegten Herrschaftsstrukturen der Bolschewiki auf, auf die sich schon Lenin zur Sicherung seiner Macht stützte. Kranz (2000, S. 279) formulierte hierzu treffend:

» „Nicht Stalin hat das kommunistische System geschaffen, sondern umgekehrt."

Die 2. Frage lautet also, ob ein Terror in dieser Form auch ohne Stalin *wahrscheinlich* gewesen wäre. Dies dürfte sich eher verneinen lassen. Zwar waren die entsprechenden Rahmenbedingungen und Strukturen gegeben und Stalin nicht der erste Machthaber in Russland, der staatlichen Terror gegen die Bevölkerung als Instrument seiner Politik einsetzte. Jedoch kam es weder vor Stalin noch jemals danach zu einem Terror in vergleichbarem Ausmaß. Entscheidend scheint dabei gewesen zu sein, dass Stalins Terror nicht allein auf machtpolitische Motive zurückzuführen war. Erst die Kombination der damals gegebenen Rahmenbedingungen und Stalins Persönlichkeit, allen voran seiner Paranoia, mündete in jene verhängnisvolle stalinistische Ära, die Millionen Menschenleben forderte und erst mit Stalins Tod endete. Auch Robins und Post (2002) argumentieren, dass krankhafte Paranoiker in führenden Positionen als Ursache für die Entstehung von Terror jenseits eines rein machtpolitischen Nutzens anzusehen sind. Das zeige sich ihrer Ansicht nach nicht nur bei Stalin, sondern ebenso bei Hitler (▶ Kap. 17).

Tatsächlich wiesen die Herrschaftsstrukturen beider Diktatoren große Ähnlichkeiten auf. Hierzu gehören das ein Einparteiensystem mit einem totalitären Machtanspruch, der durch Unterdrückung, Zensur und Überwachung verwirklicht werden sollte, die Gleichschaltung der Gesellschaft, ein durch die Geheimpolizei verbreiteter Terror im Inneren, sowie die Ausschaltung von „Volksfeinden" durch Hinrichtung oder Konzentrationslager. Die politische Ideologie, ob Kommunismus oder Faschismus, links- oder rechtsextrem, scheint in der Machtpraxis von Diktatoren eine geringe Rolle zu spielen. Eine weitere Parallele zwischen Hitler und Stalin verdient besondere Aufmerksamkeit: Beide wurden vor ihrer Machtergreifung von ihren Konkurrenten unterschätzt. Die verheerenden Folgen der Diktaturen dieser beiden Männer sollten mahnen, „wahnhaft" oder exzentrisch wirkende Politiker nicht zu belächeln, sondern gerade ihnen gegenüber besondere Vorsicht walten zu lassen.

Die 3. und wohl wichtigste Frage aber bleibt: Könnten Menschen wie Stalin auch heute noch einen derartigen Terror verwirklichen? Während die Umstände im damaligen Russland einen geeigneten Nährboden für die Umsetzung des stalinistischen Terrors bildeten, scheint es unwahrscheinlich, dass so etwas auch in der heutigen Zeit und gerade in einer Demokratie möglich wäre. Auch Robins und Post (2002) postulieren, dass Stalin in einem Land mit einer demokratischen Verfassungsform wohl keinen Erfolg gehabt hätte.

Allein die tiefen Narben, die der Stalinismus in Russland hinterlassen hat, sollten – so könnte man meinen – als Abschreckung und Prävention wirken. Eine in Russland durchgeführte Umfrage aus dem Jahr 2016 lässt daran jedoch bedenkliche Zweifel aufkommen (Levada-Center 2016). Den Ergebnissen zufolge bewerten 54 % der russischen Bevölkerung Stalins Rolle für Russland als wahrscheinlich oder definitiv positiv. Trotz des Schreckens, des Leides und der Gewalt, die Stalin entfachte, bleibt er selbst in der heutigen Zeit ein gefeierter „Vater der Völker", dem zu Ehren in den vergangenen Jahren sogar wieder Denkmäler in Russland errichtet wurden (Reitschuster 2015).

Literatur

American Psychiatric Association (APA). (2013). *Diagnostic and statistical manual of mental disorders* (5. Aufl.). Arlington: APA publishing.

Bandura, A. (1977). *Social learning theory*. Englewood Cliffs: Prentice-Hall.

Bundeszentrale für politische Bildung (bpb). (Hrsg.). (2014). Sowjetunion I: 1917–1953. *Informationen zur politischen Bildung* 322(2).

Cicchetti, D., & Banny, A. (2014). A developmental psychopathology perspective on child maltreatment. In M. Lewis & K. D. Rudolph (Hrsg.), *Handbook of developmental psychopathology* (S. 723–741). New York: Springer.

Frey, D., & Jonas, E. (2002). Die Theorie der kognizierten Kontrolle. In D. Frey & M. Irle (Hrsg.), *Theorien der Sozialpsychologie: Band III. Motivations-, Selbst- und Informationsverarbeitungstheorien* (S. 13–50). Bern: Huber.

Gaede, P.-M. (Hrsg.). (2009). Stalin. *Geo-Epoche 38*.

Hurrelmann, K., & Ulich, D. (1991). *Neues Handbuch der Sozialisationsforschung*. Weinheim: Beltz.

Kranz, G. (2000). *Acht Despoten*. St. Ottilien: EOS.

Levada-Center. (2016). Stalin. ▶ https://www.levada.ru/en/2016/06/10/stalin-2/. Zugegriffen: 19. Jan. 2019.

Miller, D. T., & Ross, M. (1975). Self-serving biases in the attribution of causality: Fact or fiction? *Psychological Bulletin, 82*(2), 213–225.

Rancour-Laferriere, D. (1988). *The mind of stalin: A psychoanalytic study*. Ann Arbor: Ardis.

Reitschuster, B. (2015). Stalin-Denkmäler hoch im Kurs: Russland huldigt einem Massenmörder. *Focus Online*. Artikel vom 02. Mai 2015. ▶ https://www.focus.de/politik/ausland/diktatoren-renaissance-stalin-denkmaeler-hoch-im-kurs-russland-huldigt-einem-massenmoerder_id_4653374.html. Zugegriffen: 19. Jan. 2019.

Robins, R. S., & Post, J. M. (2002). *Die Psychologie des Terrors: Vom Verschwörungsdenken zum politischen Wahn*. München: Droemer.

Wolkogonow, D. (1989). *Stalin: Triumph und Tragödie*. Düsseldorf: Claassen.

Fidel Castro

Katharina Ritschel

19.1   Einleitung

Wenn es um Diktatoren oder Despoten geht, ist man sich in der Regel schnell einig: Das müssen „böse" Menschen sein, ohne jede Moral und ohne Werte oder zumindest mit einer ausgeprägten psychischen Störung. Kommt man jedoch auf den ehemaligen kubanischen Regierungschef zu sprechen, scheiden sich die Geister: Fidel Castro wird von den einen gehasst und von den anderen verherrlicht; das zeigt auch der gegenwärtige Kult um seine Person, der sich nicht nur auf die lateinamerikanischen Ländern beschränkt.

Wer war dieser Mann, der zahlreiche Menschenleben auf dem Gewissen hat und zu dessen Tod der Papst trotzdem kondolierte? Über sein Privatleben war lange Zeit nur wenig bekannt, bis in Fidel Castros Todesjahr der Enthüllungsroman eines ehemaligen Leibwächters wieder neue Informationen ans Licht brachte und die Spekulationen befeuerte.

Im Folgenden werden ein kurzer Überblick über Fidel Castros Biografie gegeben, interessante Theorien und Konstrukte aus der Psychologie vorgestellt und anhand dieser ausgewählte Aspekte aus seinem Leben analysiert. Abschließend werden diejenigen Taten zusammengetragen, die man üblicherweise als „gut" oder „böse" klassifizieren würde. Da es sich hierbei um eine moralische Fragestellung handelt, berührt der ▶ Abschn. 19.4 auch das Gebiet der normativen Ethik als Teildisziplin der Philosophie. Dieser soll Gelegenheit für Denkanstöße bieten und vielleicht das ein oder andere Urteil revidieren, das Sie bereits über Fidel Castro gefällt hatten.

19.2   Biografie

19.2.1   Familiärer Hintergrund

Fidel Alejandro Castro Ruz wurde am 13. August 1926 im Osten der Karibikinsel Kuba als uneheliches Kind eines Plantagenbesitzers und Unternehmers galizischer Abstammung und dessen Köchin, die kanarische Wurzeln hatte, geboren. Obwohl die Familienverhältnisse für die damalige Zeit nicht unkompliziert waren – er hatte mehrere Geschwister sowie Halbgeschwister aus 1. Ehe und anderen Verbindungen des Vaters –, genoss er vor allem durch seine Mutter eine tief katholische Erziehung und profitierte vom Wohlstand des Vaters. Er wurde auf eine jesuitische Schule geschickt, in deren erzkatholischem Umfeld seine heiklen Familienverhältnisse vermutlich eher von Nachteil waren; seine Eltern schlossen erst 1943 nach vollzogener Scheidung des Vaters den Bund der Ehe, Fidel war da bereits 17 Jahre alt. Zwei Jahre später nahm er ein Jurastudium in Havanna auf, was ohne die finanziellen Privilegien wohl nicht möglich gewesen wäre. Später promovierte er und führte kurzzeitig eine eigene Rechtsanwaltskanzlei in Havanna.

19.2.2   Der junge Castro – politische Gratwanderung und Gewaltbereitschaft

Als junger Student begann er, sich für Politik nicht nur zu interessieren, sondern engagierte sich in studentischen Kreisen, trat einer Partei bei, die gegen die Regierung ausgerichtet war, und hegte schließlich sogar Pläne, die kubanische Regierung zu stürzen. Er zeigte sich dabei im Sinne seiner politischen Überzeugungen auch gewaltbereit und waghalsig: Fidel Castro beteiligte sich 1947 freiwillig an einer militanten Aktion mehrerer Tausend Kubaner, die den Diktator der Dominikanischen Republik militärisch stürzen wollten. Kuba unterband dieses Vorhaben ebenfalls mit militärischen Kräften.

Trotz der nicht ungefährlichen Gratwanderung des jungen politischen Aktivisten heiratete er im folgenden Jahr und gründete eine eigene Familie. Seine Frau stammte wie er aus sehr wohlhabenden Verhältnissen, selbst der spätere Diktator Batista gratulierte zur Hochzeit. Fidel Castro profitierte vom gesellschaftlichen Einfluss, dennoch ließ er sich 1955 nach nur 6 Jahren Ehe scheiden; seine Rechtsanwaltskanzlei betrieb er lediglich bis 1953.

19.2.3 Überzeugungen

Fidel Castro negierte als junger Mann den katholischen Glauben, ohne aber jemals aus der Kirche auszutreten. Er wurde überzeugter Kommunist, ohne einer entsprechenden Partei beizutreten, stützte sein politisches Engagement aber weitgehend auf dieses ideologische Fundament.

Ein Motor seiner politischen Aktivitäten war vermutlich die schwierige Lage Kubas in jener Zeit: Fidel Castro und andere prangerten die ungerechten Lebensverhältnisse auf der Insel an, die sich angesichts der Bestechlichkeit der Regierung und der Kollaboration mit ausländischen Kräften, die in Kuba Geld verdienen wollten, noch zu verschärfen drohten. Insbesondere die US-amerikanische Mafia, für die es in den USA in diesen Jahren immer enger wurde, sah in Kuba ihre Rettung und drängte darauf, große Casinos und Bordelle zu bauen, in denen sie Devisen gewinnen und waschen konnte. Die arme Landbevölkerung arbeitete im Touristenparadies der Amerikaner für niedrige Löhne und hatte im Gegensatz zu den Machthabern nichts von dem vielen Geld, das die Touristen auf die Insel brachten.

19.2.4 Machtergreifung

1952 war Fidel Castro 26 Jahre alt und stand als Kandidat der Oppositionspartei „Ortodoxos" für seine Überzeugungen ein. Das ambitionierte Vorhaben, die Regierung durch demokratische Wahlen abzulösen, scheiterte, da General Batista zuvor mit einem Staatsstreich die bisherige Regierung abgesetzt hatte. Nachdem es Fidel Castro nicht gelang, mit legalen Mitteln Neuwahlen herbeizuführen, scharte er eine Widerstandsgruppe um sich, mit der er 1953 die Moncada-Kaserne angriff. Im Gegensatz zu Batistas Militärputsch scheiterte dieser Versuch, und die Strafen für die Beteiligten waren fürchterlich, sofern sie den Angriff nicht ohnehin mit dem Leben bezahlten. Fidel Castro jedoch

kam mit dem Leben davon, und durch das öffentliche Engagement des Erzbischofs von Santiago, einem Freund der Castro-Familie, wurden Lynchaktionen verhindert, als er von einer Militärpatrouille aufgespürt wurde. Er verbüßte nur einen Bruchteil der Strafe, noch dazu unter relativ humanen Bedingungen, was er wiederum seinen Beziehungen verdankte: Sein Schwager Rafael Díaz-Balart war derzeit stellvertretender Innenminister.

Anschließend gab er seine Umsturzbemühungen nicht etwa auf, sondern gründete die „Bewegung des 26. Juli", deren Strategie der bewaffnete Kampf durch kleine, über das ganze Land verstreute und geheime Zellen war. Um die notwendigen militärischen Fertigkeiten zu erlangen, ließen sich die Rebellen im mexikanischen Exil von einem ehemaligen spanischen Offizier ausbilden. Dort lernte Castro auch seinen späteren Mitstreiter, den Argentinier Che Guevara, kennen, der seine kleine Rebellenarmee zurück nach Kuba begleitete. Die Guerilleros plünderten und raubten nicht, sondern verbündeten sich mit den Einheimischen. Das war ihre Erfolgsstrategie. Die Bewegung wuchs, selbst Frauen traten bei, darunter seine neue Lebensgefährtin Célia Sanchez.

Nach über 2 Jahren Guerillakampf mit Stützpunkt in der Sierra Maestra, einem Gebirgszug im Osten Kubas, verweigerten die USA Batista die Unterstützung. Und obwohl dieser militärisch stark in der Überlegenheit war, musste er nicht zuletzt aufgrund des sich verändernden gesellschaftlichen Klimas aufgeben. Im Jahr 1959 trat er die Flucht an, die Revolution unter der Führung Fidel Castros war siegreich.

19.2.5 An der Macht

Als neuer Machthaber ließ sich Fidel Castro nicht wählen, sondern ernannte sich selbst zum Ministerpräsidenten, die Regierung bildeten treue kommunistische Weggefährten, sein Bruder Raúl wurde Armeechef. Mit Batistas Gefolgsleuten ging er gnadenlos um und begegnete ihnen ohne Gerichtsverfahren mit

Hinrichtungen, Arbeitslager und Gefängnis. Zehntausende waren von juristischer Willkür betroffen, auch all jene, die sich aus Sicht der neuen Machthaber zwar politisch nichts haben zuschulden kommen lassen, aber dafür sozial nicht ins Menschenbild passten, z. B. Homosexuelle. Die Zahl der Exilkubaner wuchs infolgedessen.

Fidel Castro verstaatlichte im Sinne der sozialistischen Ideologie die Besitztümer der Mafia und amerikanischer Firmen, woraufhin die USA ein Wirtschaftsembargo verhängte. Zeit seines Lebens war das Verhältnis zwischen Kuba und den USA erschüttert, seit dem Schulterschluss mit der Sowjetunion folgte ein Tiefpunkt dem nächsten.

19.2.6 Soziales Wirken

Angesichts der drückenden wirtschaftlichen Lage des Landes gewährte er erst nach dem Ende des Kalten Krieges Reformen nach westlichem Vorbild, und dies auch nur, um einen drohenden Staatsbankrott zu verhindern. Die politische Annäherung an die USA gelang erst unter dem amerikanischen Präsidenten Barack Obama, sowohl für seinen Amtsvorgänger George W. Bush wie auch für seinen Nachfolger Donald Trump gehört Kuba nach wie vor zu den „Schurkenstaaten".

Fidel Castro zugute zu halten waren seine Anstrengungen, die Lebensverhältnisse für Arme zu verbessern. Unter seiner Herrschaft wurde das Sozialsystem ausgebaut, man verbesserte den Zugang zur gesundheitlichen Versorgung und betrieb sozialen Wohnungsbau. In verbündete Staaten entsendete er Arbeitskräfte, z. B. Lehrer, und er erhielt dafür andere Leistungen. Auf diese Weise und dank der Sowjets hielt sich Kuba trotz des großen politischen Drucks durch den mächtigen Gegner USA. Obwohl es ihm nur wenige zutrauten, überdauerte Fidel Castro auch den Zusammenbruch der UdSSR und erklärte in der von massiver Mangelwirtschaft geprägten „Spezialperiode in

Friedenzeiten", er werde sich allein verteidigen, umgeben von einem „Ozean des Kapitalismus".

Über das Privatleben Fidel Castros ist nur wenig bekannt. Vermutlich hatte er viele Frauen, obwohl er mit seiner Lebensgefährtin bis zu deren Tod liiert war. Er konnte nicht tanzen, rauchte jahrzehntelang Zigarren und baute durch die Medien einen Kult um seine Person auf. Möglicherweise dazu beigetragen haben auch die zahlreichen Mordversuche inländischer und ausländischer Kräfte, die er allesamt überstand.

19.2.7 Politisches Erbe

Fidel Castro beendete am 19. Februar 2008 seine politische Karriere und trat die Führung Kubas nach fast 50 Jahren an seinen jüngeren Bruder Raúl ab, verzichtete also wie in totalitären oder absolutistischen Staaten üblich auf eine demokratische Wahl.

Am 25. November 2016 starb er im Alter von 90 Jahren in der kubanischen Hauptstadt Havanna. Für Deutschland nahm der Altkanzler Gerhard Schröder an der Trauerfeier teil, kein amtierendes Mitglied der Bundesregierung wurde entsandt.

Ob sich Kuba in Zukunft weiter öffnen wird, bleibt abzuwarten. Die junge Generation steht sicherlich jetzt schon anderen Länder nah, sozialen Medien sei Dank.

19.3 Psychologische Theorien, Modelle und Konzepte

Im Folgenden sollen die Person Fidel Castros und die historischen Geschehnisse, die mit ihm in direkter Verbindung stehen, aus einer psychologischen Perspektive näher beleuchtet werden. Da von einer psychologischen Ferndiagnostik im Allgemeinen abzuraten ist, verstehen sich die angeführten Konstrukte und Theorien als Denkanstöße, vermittelt am historischen Beispiel.

19

19.3.1 Persönlichkeit

19.3.1.1 Intelligenz

Schon in der Schule schrieb Fidel Castro gute Noten und war bei den Lehrern beliebt. Er besuchte die Jesuitenschule Belén, die beste des Landes. Im Jahrbuch der Absolventen von 1945 steht über ihn:

» „Fidel zeichnete sich stets in allen Fächern aus, deren Gegenstand die Literatur war. Ein hervorragender Schüler und Mitglied der Kongregation, war er außerdem ein ausgezeichneter Sportler, der die Farben seiner Schule stets mutig und stolz vertrat. Er hat sich die Bewunderung und Zuneigung aller erworben. Wir sind sicher, dass er sich nach seinem Jurastudium einen glänzenden Namen machen wird. Fidel hat das Zeug dazu und wird etwas aus seinem Leben machen." (Bourne; zitiert nach Heufelder 2004, S. 23)

Er war dafür bekannt, nicht nur ein fotografisches Gedächtnis, sondern auch ein sehr gutes Personen- und Zahlengedächtnis zu besitzen, selbst jenseits der 70 Jahre. So wird beispielsweise eine junge Kubanerin, die zu ihm als Geldbotin ins mexikanische Exil geschickt wurde, von ihm 3 Jahre später in einer Menschengruppe nach dem Triumph der Revolution wiedererkannt. Mit Zahlen und Daten konnte er beeindruckend jonglieren. Wenn er auch nie einen IQ-Test absolviert hat, ist doch davon auszugehen, dass Fidel Castro über eine sehr hohe Intelligenz verfügte. Sie kam ihm beim Verfassen seiner berühmten und überzeugenden Reden zugute (Heufelder 2004).

19.3.1.2 Soziale Kompetenz

In früher Kindheit sagte man Fidel Castro einen starken Durchsetzungswillen und den damit verbundenen Hang zu Alleingängen nach. Wegen der räumlichen Distanz zwischen Schule und Elternhaus war er während des Schulbesuchs in Gastfamilien untergebracht. Dort kam es des Öfteren zu Schwierigkeiten im Zusammenleben, wenn es ihm widerstrebte, sich mit geltenden Regeln und Vorschriften zu arrangieren (Gratius 2005).

In späteren Zeiten ließen ihn sein Selbstbewusstsein und Mut, auch einmal anzuecken, auf das weibliche Geschlecht sehr attraktiv wirken, sodass es ihm an Verehrerinnen nicht mangelte. Im Laufe der Geschichte standen stets loyale Weggefährten an seiner Seite und hielten ihm den Rücken frei, wenn es militärisch oder politisch darauf ankam. Was ihm als Kind womöglich noch als Ungehorsam ausgelegt wurde, konnte er als Erwachsener geschickt einsetzen, um Menschen für sich zu mobilisieren.

19.3.1.3 Rebellischer Charakter

Nicht zwangsläufig gehen die genannten Eigenschaften mit demselben Revolutionswillen und extravertierten Auftreten einher wie bei Fidel Castro. Führten bestimmte Bedingungen zur Herausbildung seines rebellischen Charakters oder zeichnete sich dieser bereits in der Kindheit ab?

Einmal erwiderte er die Ohrfeige eines Lehrers, woraufhin er von der Schule flog. Anschließend erwirkte er bei seiner Mutter, ihn wieder auf die Schule zu schicken. Dies gelang ihm, indem er den Eltern drohte, ihren Hof anzustecken, wenn sie es nicht täten. Ein anderes Mal organisierte er einen Streik der väterlichen Landarbeiter und las ihnen Zeitungsreportagen über den spanischen Bürgerkrieg vor. In der Schule wettete er um 5 US-Dollar, dass er mit einem Fahrrad den Korridor entlangrasen und ungebremst gegen die Wand fahren würde, nur um zu beweisen, dass er Dinge tun könne, die andere niemals wagen würden. Er gewann die Wette und lag wegen einer Kopfverletzung mehrere Tage auf der Krankenstation. Auch war er des Öfteren in Prügeleien mit Mitschülern verwickelt. Von vielen wurde er „el loco", der Spinner, genannt. Von der Dolores-Schule in Santiago flog er, weil er im Speisesaal aus Protest gegen die kleinen Essensrationen einen Aufstand angezettelt hatte.

Unabhängig von seinen guten Schulleistungen trat er also häufig als Unruhestifter in Erscheinung, sodass man davon ausgehen kann, dass sein rebellischer Charakter bereits früh angelegt war (Lichterbeck und Skierka 2016).

19.3.1.4 Psychopathologie

Anders als zahlreichen anderen Diktatoren und Staatsoberhäuptern in der Geschichte wurde Fidel Castro keine psychische Erkrankung bzw. Persönlichkeitsstörung attestiert oder zugeschrieben. Natürlich könnte man darüber mutmaßen, jedoch gibt es keine klaren Anzeichen für eine eindeutige klinische Diagnose.

Dieser Umstand ist insofern relevant, als ca. 2 % der Bevölkerung als Psychopathen gelten, ihr Anteil unter Managern aber in etwa 3,5-mal so hoch liegt (Hare, zitiert nach Kottmann und Smit 2014). Dieser Wert kann als Annäherung an den Anteil bei Staatschefs angenommen werden, da sie mit mehr oder weniger ähnlichen Aufgabenanforderungen konfrontiert sind. Auf der sog. „Checkliste zur Psychopathie" (Hare 1991) erreichen Psychopathen überdurchschnittlich hohe Werte für ein grandioses Selbstwertgefühl, Überzeugungskraft, oberflächlichen Charme, mangelnde Empathie, die Kunst, Menschen zu manipulieren, Impulsivität, Disziplinlosigkeit und fehlendes Verantwortungsbewusstsein. Bei einer Leistungsbewertung durch ihre Mitarbeiter werden die betreffenden Führungskräfte jedoch keineswegs als Sonderlinge eingestuft. Sie gelten stattdessen häufig als charmante und eloquente „Macher", die sich durch starke Überzeugungskraft hervortun. Vermutlich sind sie also darüber hinaus noch perfekte Täuscher (Kottmann und Smit 2014). An dieser Stelle ist hinzuzufügen, dass eine solche Symptomatik in offiziellen diagnostischen Manualen heutzutage nicht mehr als Psychopathie, sondern als dissoziale Persönlichkeitsstörung bezeichnet wird (ICD-10: F60.2; Dilling et al. 2011).

Ob man Fidel Castro dazu zählen möchte, soll jeder selbst entscheiden, jedoch besteht eine gewisse Wahrscheinlichkeit, dass die oben genannten Merkmale auch auf ihn zutrafen.

Es heißt des Weiteren, dass es Psychopathen gleichgültig ist, was andere, die nicht von unmittelbarem Nutzen für sie sind, von ihnen denken, und dass sie weder Furcht noch Trauer kennen. Obwohl Castro gleich mehrere Male sein Leben riskierte, können wir nicht mit absoluter Sicherheit wissen, ob er dabei vollkommen furchtlos war. Auch bei der Verhaftung oder Hinrichtung von ehemaligen Bekannten und Weggefährten bleibt uns verborgen, ob ihn dabei ein Gefühl von Traurigkeit erfüllte. Allerdings ist bekannt, dass er bei der Hinrichtung dissidierender Offiziere schon einmal die kaltblütige Frage stellte:

> » „Warum zwingst du mich, dich zu erschießen?" (McKenna und Gagnon 2007; Übersetzung der Autorin)

19.3.2 Umweltfaktoren

Im Rahmen der Anlage-Umwelt-Debatte versuchte man in der psychologischen Forschung des letzten Jahrhunderts, die Beeinflussung durch Gene sowie durch Lernerfahrungen bei der Entstehung von Persönlichkeitsmerkmalen, Fähigkeiten und Intelligenz zu differenzieren und näher zu bestimmen. Heutzutage geht man davon aus, dass das Denken und Verhalten von Menschen auf komplexe Interaktionsmechanismen zwischen neurophysiologischen Prozessen und dem kulturellen Lernen beruht (Sasaki und Kim 2017).

Welche persönlichen Umstände und historischen Ereignisse könnten dazu beigetragen haben, dass sich Fidel Castro zu einem der bekanntesten Revolutionäre der Geschichte entwickelt hat?

19.3.2.1 Kindheit und Werte

Fidel Castros Eltern waren einfache Landarbeiter, die durch Fleiß und Geschick großen Wohlstand erarbeitet hatten, der es ihrem Sohn ermöglichte, die besten Schulen des Landes zu besuchen.

Der Schulträger, damals die katholische Kirche, vermittelte ihm in insgesamt 12 Unterrichtsjahren die Bibelinhalte und christlichen

Wertvorstellungen, z. B. die Gleichheit der Menschen vor Gott und das Streben nach sozialer Gerechtigkeit. Diese Werte dürfte Fidel Castro verinnerlicht haben, selbst wenn er sich im späteren Leben als Atheist bezeichnete.

Kritisch beobachtete er die Rassendiskriminierung und die Ungleichheit der sozialen Schichten, beispielsweise als er in den Schulferien auf dem väterlichen Betrieb aushalf. Dort spielte er mit den Kindern der Arbeiter, die – anders als er – keine teuren Privatinternate besuchten, sondern gar keine Schulbildung erhielten (Gratius 2005).

19.3.2.2 Theorie der kognizierten Kontrolle

Laut dieser Theorie sind Menschen bestrebt, Ereignisse innerhalb und außerhalb ihrer selbst zu erklären, vorherzusagen und zu beeinflussen. Ist dies nicht möglich, kommt es zu einem Mangel an kognizierter Kontrolle, d. h. zu einem subjektiv wahrgenommenen **Kontrollverlust**. Da sich Menschen aber Kontrolle wünschen, um angenehme Zustände herbeizuführen und aversive Zustände zu vermeiden bzw. zu reduzieren, lässt sich so teils ungewöhnliches Verhalten erklären, das eigentlich darauf abzielt, das subjektive Kontrollgefühl wiederherzustellen und auszuweiten (Frey und Jonas 2009).

Im Kuba der 1940er- und 1950er-Jahre herrschte große Instabilität, was bei vielen Bürgern das Gefühl eines Kontrollverlusts hervorrief: Die Politiker waren korrupt, und auf den Straßen gab es Schießereien. Die Schulbildung und die medizinische Versorgung waren den Reichen vorbehalten, während die Arbeiter, meistens Analphabeten, wie Sklaven auf den Zuckerrohrfeldern US-amerikanischer Firmen schufteten. Nach außen wirkte Kuba wie eine friedliche Urlaubsinsel, tatsächlich aber etablierte sich hier nach dem Zweiten Weltkrieg eine Art Mafiastaat. Bereits Al Capone hielt Kuba für die ideale Zwischenstation für den Alkoholschmuggel in die USA. Mit Meyer Lansky, Lucky Luciano und Santo Traficante an der Spitze betrieb die Mafia

Drogenhandel, organisiertes Glücksspiel und Prostitution.

In Fidel Castros jungen Jahren wurde bereits der letzte Schritt unternommen, um die Geschäfte der US-Mafiosi auf Kuba zu legalisieren. Aus Sicht der armen Arbeiterbevölkerung kam dies einem totalen Kontrollverlust gleich, der 1952 im Militärputsch von Fulgencio Batista kulminierte. Batista wurde dabei von Gangstern aus der Glücksspiel- und Prostitutionsszene in Havanna unterstützt, ließ Gegner auf offener Straße niederschießen und wurde zu allem Übel von den USA offiziell als Kubas neuer Regierungschef anerkannt.

Obwohl sich Fidel Castro ursprünglich zu den offiziellen Parlamentswahlen hatte aufstellen lassen wollen, kam er letztlich zu dem Schluss:

» „Batista hat die Macht gewaltsam an sich gerissen, sie muss ihm also auch gewaltsam wieder entrissen werden." (McKenna und Gagnon 2007; Übersetzung der Autorin)

Anschließend plante er die Entfachung eines landesweiten Aufstands durch den 1953 von ihm angeführten Angriff auf die Militärkaserne Moncada in Santiago de Cuba. Während er zuerst freie, demokratische und unabhängige Wahlen gefordert hatte, sollte seine Revolution schließlich ohne Wahl die Ordnung nach sozialistischem Vorbild wiederherstellen (Gratius 2005). Diese Sehnsucht nach gesellschaftlicher Ordnung könnte man als Versuch werten, dem zuvor stark empfundenen Kontrollverlust entgegenzuwirken.

19.3.3 Familie und Beziehungen

Seit Fidels Eintritt in die Politik ist sein Privatleben ein gut gehütetes Geheimnis, selbst sein Geburtsjahr, 1926 oder 1927, ist umstritten. Wie andere Diktatoren und Regierungschefs wechselte er oft seinen Wohnsitz, war nachts unterwegs und verbrachte die meiste

Zeit mehr mit der Arbeit als mit Privatem. In der Öffentlichkeit zeigte er sich überwiegend allein (Gratius 2005). Dies ist weder verwunderlich noch verwerflich, da private Details in den Händen politischer Gegner natürlich gegen ihn hätten verwendet werden können. Seiner Meinung nach sollte das Privatleben „kein Instrument der Werbung, der Politik oder Ähnlichem sein wie in dieser kapitalistischen Welt, die [er] so sehr verachte" (Borge, zitiert nach Gratius 2005, S. 11).

Aufgrund einiger Hinweise könnte man Vermutungen über die Ausprägung des sog. Intimitätsmotivs (McAdams 1982) anstellen. Dieses ist nicht zu verwechseln mit der Fähigkeit zur Einfühlung, der **affektiven Empathie**, oder der Fähigkeit zur Perspektivübernahme, der **kognitiven Empathie** (Bierhoff 2006). Über beides scheint Fidel Castro nach außen hin zu verfügen, denn beides ist die Voraussetzung dafür, dass Menschen, die ihm begegneten, fast ausnahmslos begeistert und eingenommen von seinem Charisma und seiner Persönlichkeit waren. Der „Comandante" gab ihnen das Gefühl, etwas Besonderes zu sein. Gleichzeitig sagte ihm sein politischer Instinkt stets, auf welche Weggefährten er sich in welcher Situation verlassen konnte. Die interessante Frage hierbei ist, inwiefern man empathisches Verhalten auch konzeptionell lernen und entsprechend vortäuschen kann.

Beim **Intimitätsmotiv** hingegen geht es um das Bestreben und die Fähigkeit, einen Zustand in engen Beziehungen zu erleben, der u. a. durch folgende Facetten umschrieben wird (Heckhausen 2010): Freude und gegenseitiges Entzücken, hin- und hergehender Dialog, Sorge um das Wohlergehen des anderen, Verzicht auf jede manipulative Kontrolle und auf Überlegenheitswünsche und die Begegnung mit eng vertrauten Personen als in sich selbst genügendem Wert.

Unter einem **Motiv** versteht man in der Psychologie ein überdauerndes Persönlichkeitsmerkmal, das die Motivation beeinflusst, bestimmte Anreizbereiche wie Leistung, Anschluss, Intimität oder Macht aufzusuchen (Krug und Kuhl 2006).

Es spricht viel dafür, dass das Intimitätsmotiv sowie die damit einhergehenden engen und vertrauensvollen Bindungen bei Fidel Castro wie auch bei vielen anderen Diktatoren eher wenig stark ausgeprägt waren. So gestand er in einem Interview, dass sein Leben als Revolutionär immer über dem Familienleben gestanden habe und Letzteres daher das Nachsehen hatte (McKenna und Gagnon 2007). Bei genauerer Betrachtung seiner Beziehungen zur Herkunftsfamilie, zu verschiedenen Frauen und zu Weggefährten findet sich nur äußerst wenig, was eine andere Schlussfolgerung zuließe.

19.3.3.1 Beziehung zur Herkunftsfamilie

Nach eigenen Angaben hatte Fidel Castro eine gesunde Bindung zur Mutter und nannte seinen Vater einen netten und großzügigen Mann. Allerdings konnte das Verhältnis zu seinen Eltern und Geschwistern auf Dauer nicht sehr eng gewesen sein, da er ab seinem 7. Lebensjahr für den Schulbesuch entweder in Gastfamilien oder im Internat lebte und nur in den Ferien zum Arbeiten auf den Gutshof der Eltern kam. Er war also eher auf sich allein gestellt; nur zu seinem jüngeren Bruder Raúl, der ihm immer treu zur Seite stand, pflegte er ein vertrauensvolles Verhältnis.

Mit Fidel an der Macht genoss seine Familie – anders als es manch anderer Diktator gehandhabt hätte – keine Sonderprivilegien. Im Gegenteil: Zu den ersten enteigneten Ländereien seiner Agrarreform von 1958 zählte ausgerechnet der Hof der Familie, wahrscheinlich um ein Exempel zu statuieren. Auf die Frage seiner zornigen Mutter, was er da mache, antwortete er nur:

» „Wir wollen den Menschen von Dogmen befreien. […] Das Problem ist, dass man uns nur die Wahl lässt zwischen einem Kapitalismus, unter dem die Menschen Hungers sterben, und dem Kommunismus, der zwar das wirtschaftliche Problem löst, aber den Menschen ihre wertvolle Freiheit nimmt." (de Villa und Neubauer 2006, S. 127)

19

Die jüngere Schwester Juana unterstütze ihn zuerst während seiner Kampagne gegen Batista, floh allerdings später unzufrieden und enttäuscht vor Fidels Regime in die USA und arbeitete sogar für die CIA gegen ihren Bruder.

19.3.3.2 Beziehungen zu Frauen

Vier Frauen spielten in Fidel Castros Leben eine bedeutende Rolle: seine 1. Ehefrau Mirta Díaz-Balart, mit der er den gemeinsamen Sohn Fidelito zeugte, der im Februar 2018 Suizid beging, seine bürgerliche Geliebte Naty Revuelta, mit der er seine Tochter Alina zeugte, die mittlerweile in die USA emigriert ist, seine langjährige Weggefährtin und Revolutionärin Célia Sánchez, die 1980 an Krebs starb, und Dalia Soto del Valle, die ihn bis zum Ende als seine 2. Ehefrau begleitete und Fidel Castro 5 Söhne schenkte. Neben den 7 anerkannten Kindern werden ihm noch 6 weitere aus flüchtigen Beziehungen nachgesagt, z. B. Jorge Àngel oder Micaela Cardoso.

Es ranken sich zahlreiche Geschichten um den Frauenhelden, der Castro in jungen Jahren war. Im Laufe der Jahrzehnte gab es immer wieder Berichte über weitere uneheliche Kinder inner- und außerhalb Kubas. Es möge jeder selbst urteilen, ob sein promiskuitives Verhalten auf ein ausgeprägtes Machtmotiv oder den Wunsch nach Selbstwertbestätigung schließen lässt, Fidel Castro selbst jedenfalls gestand mit 71 Jahren offen:

» „Ich bin ein ewiger Liebhaber des weiblichen Geschlechts. Ich verliebe mich mit Leichtigkeit, aber heute auf eher platonische Art […] ich fand es immer schöner, mich in jemanden zu verlieben, als geliebt zu werden." (Prensa Latina, zitiert nach Heufelder 2004, S. 33)

Umgekehrt scheinen sich viele Frauen zu Männern mit Einfluss und Macht, wie sie Fidel Castro innehatte, hingezogen zu fühlen.

Der Zwist mit der Familie seiner 1. Ehefrau währte bis zum Schluss: Castros Schwager Rafael Díaz-Balart lebte in den USA und war einer seiner schärfsten Gegner. Als republikanischer Kongressabgeordneter setzte er sich beispielsweise

für die Verschärfung des US-Embargos und die Helms-Burton-Gesetze ein, die normale Wirtschaftsbeziehungen zwischen Kuba und anderen Staaten maßgeblich behinderten (Gratius 2005).

19.3.3.3 Beziehung zu Weggefährten

Auch die Pflege enger Freundschaften war für den kubanischen Staatschef nicht mit der staatsmännischen Verantwortung zu vereinbaren:

» „Meine Freunde in Kuba sind meine revolutionären Weggefährten." (Heufelder 2004, S. 27)

Diese sogenannten Freunde wurden allerdings ohne Zögern kaltgestellt, sobald sie anfingen, Fidel Castro oder die Revolution anzuzweifeln. So wurde der Saufkumpan Raúls und hoch dekorierte General Arnaldo Ochoa, der bei seinen Einsätzen in Afrika an Popularität gewonnen hatte, 1989 zusammen mit 3 weiteren Offizieren wegen angeblicher Korruption in einem öffentlichen Schauprozess verurteilt und wenig später hingerichtet. Er soll Kritik am Regime geäußert und sich für die Perestroika und eine Liberalisierung Kubas ausgesprochen haben.

Einige weitere ehemalige Kameraden, die die Revolution mitgetragen und maßgeblich zu ihrem Erfolg beigetragen hatten, verschwanden nach und nach von der Bildfläche. Camilo Cienfuegos starb 1959 bei einem nie aufgeklärten Flugzeugabsturz, Che Guevara beim revolutionären Abenteuer in Bolivien durch die CIA, während ihm das kubanische Militär nicht zu Hilfe kam, und Huber Matos wurde als Verräter gefoltert und für 20 Jahre inhaftiert (Gratius 2005).

19.3.4 Führung und Macht

Wie Verehrer Fidel Castros zuweilen vergessen, konnte er mit eiserner Hand herrschen und ging dabei, wenn nötig, auch über Leichen. Was ihn von anderen Gewaltherrschern oder Diktatoren abhebt, ist seine lange Amtszeit. Mit 48 Regierungsjahren wird er unter den bekannten ungekrönten Herrschern der letzten Jahrhunderte nur noch von Iwan dem Schrecklichen (► Kap. 22), der insgesamt 51 Amtsjahre regierte, übertroffen (Heufelder 2004). Auch die Tatsache, dass er neben „Revolutionsführer" auch „comandante en jefe" (Oberbefehlshaber) oder „máximo líder" (größter Führer) genannt wurde, lässt darauf schließen, dass ein weiteres psychologisches Motiv eine wichtige Rolle spielte: **Macht.**

Nach McClelland (1975) darf Machtmotivation nicht ausschließlich als aggressive Durchsetzung eigener Interessen aufgefasst werden. Er unterscheidet verschiedene Stadien, die sich nacheinander entwickeln und dann gleichzeitig auftreten können bzw. je nach Situationsangemessenheit variieren:

1. Beim **anlehnenden Machtmotiv** wird Stärke aus der Anlehnung an mächtige Personen und Organisationen gezogen.
2. Beim **selbstbezogenen Machtmotiv** hingegen stehen die Selbstbeherrschung und das Überwinden eigener Grenzen im Vordergrund.
3. Beim **eigennützigen, personalisierten Machtmotiv** ist es das Ziel, Macht über andere zu erlangen und diese in ihrem Fühlen, Denken und Handeln zu beeinflussen. Durch die erfolgreiche Durchsetzung der eigenen Person in der direkten Konfrontation mit anderen gelangt man zu Reichtum, Ruhm und Ehre.
4. Beim **gemeinschaftsdienlichen Machtmotiv** geht es darum, anderen zu Größe und Stärke zu verhelfen. Der Einsatz von Machtmitteln dient höheren Werten und das Gefühl von Macht und Stärke wird an die Untergebenen weitervermittelt.

Bei Fidel Castro findet sich allen voran das 3. Machtmotiv, das eigennutzdienliche Machtstreben. Solche Führungskräfte scheinen von allen Machtmotivierten am schnellsten Erfolg erzielen zu können. Sie haben das Geschick, ihre Mitarbeiter zu begeistern und zu Höchstleistungen anzustacheln. Dazu bedienen sie

sich z. B. symbol- und prestigeträchtiger Gesten und Ereignisse. Die Angestellten werden immer wieder auf die Führungskraft eingeschworen, indem Loyalität stärker belohnt wird als Leistung. Gezielt betreiben die Führenden Networking, um ihre Machtposition auszubauen und zu erhalten (Krug und Kuhl 2006). McClelland (1975) gab diesem Motivprofil den Namen „**Konquistadoren-Profil**". Denn wie die Eroberer der Neuen Welt sind durch Eigennutz motivierte Personen gebieterisch, impulsiv und haben kein Interesse, sich irgendwelchen Regeln zu verpflichten. Ihre Selbsterhöhung erfolgt in mehrerlei Hinsicht auf Kosten des Unternehmens. Sie bauen keine Nachfolger auf und dulden niemanden neben sich. Außerdem wird von den Mitarbeitern der Konformitätsdruck als relativ hoch, die Organisationsklarheit jedoch als niedrig eingestuft.

Alles das scheint auf Fidel Castro sehr gut zuzutreffen, obwohl er vor der Revolution immer behauptet hatte, er wolle überhaupt keine Macht. Einen Personenkult lehnte er konsequent ab, weshalb z. B. weder Denkmäler errichtet noch Straßen nach ihm benannt werden sollten. Trotzdem war er bis zu seinem Rücktritt ständig in den Medien präsent und wurde bereits zu Lebzeiten von vielen kultisch verehrt. Bei der Trauerfeier schrieben sich die Menschen „Viva Fidel" auf ihre Wangen und riefen „Soy Fidel" – „Ich bin Fidel" (McKenna und Gagnon 2007). Maßnahmen zur Unterdrückung verschärfte er immer dann, wenn Oppositionelle an Einfluss gewannen und er seinen absoluten Herrschaftsanspruch gefährdet sah. Es sind also fast alle Eigenschaften der eigennützigen Machtmotivation bei Fidel Castro anzutreffen.

Auch die Tatsache, dass er sich als Revolutionsführer tendenziell für unersetzbar hielt, ist ein Indiz dafür:

>> „Ich sage dir [Tomás Borge] ganz offen, dass ich mir wünschte, jemand anderes könnte meine Aufgaben übernehmen. Ich

erfülle meine Aufgaben nicht zu meiner persönlichen Befriedigung, sondern als eine Pflicht, die ich gerne erfülle." (Gratius 2005, S. 88)

Über den Aufbau eines geeigneten Nachfolgers lässt sich streiten; Raúl wurde praktisch sein ganzes Leben lang an Fidels Seite „vorbereitet". Nach diesem soll Vizepräsident Miguel Díaz-Canel die Regierung im Sinne der Revolution weiterführen. Ob ihm das gelingen wird, wird die Zukunft zeigen, hatte Fidel Castro die Kubaner doch vor allem mit seinem Charisma über manche Wirtschaftskrisen hinweggetröstet.

Er leitete seine Unverzichtbarkeit, wie es viele Diktatoren zu Propagandazwecken tun, aus dem Dienst an der Sache ab, in seinem Fall der Etablierung des Sozialismus in Kuba – selbstredend zum Wohle der Allgemeinheit. Gemäß der Definition des 4. Machtmotivs verfolgte er nach eigenen Angaben also keine persönlichen Ziele (Letztere höchstens, um eigennützig motivierte Gegner abzuwehren, da er sonst seine Position nicht so lange hätte halten können). Entgegen der Definition gemeinschaftsdienlicher Machtmotivation war er jedoch selten bereit, anderen die Verantwortung zu überlassen, und handelte meist auf eigene Faust.

Zusammengefasst sind hoch machtmotivierte Personen (vor allem eigennützig oder gemeinschaftsdienlich motivierte) mit gleichzeitig mittelstarkem bis hohem Leistungsmotiv und niedrigem Anschluss- bzw. Freundschaftsmotiv in der Wirtschaft und der Politik besonders häufig in wichtigen Positionen zu finden. Darüber hinaus gehört zu einer erfolgreichen Führungspersönlichkeit noch Charisma, d. h. die Fertigkeit, auch Gefolgsleute und Bürger an dem Gefühl von Macht, Effizienz und Kontrolle teilhaben zu lassen (Heckhausen 2010). Mit großer Wahrscheinlichkeit verfügte Fidel Castro über die genannten Motive und Eigenschaften. Er war also zu einem Verhalten und zu Taten bereit, die ihm den Erfolg als Staatsoberhaupt und Anführer sehr lange sichern sollten.

19.4 Bedeutung für die heutige Zeit

19.4.1 Das Gute

Unter Kubanern gab es überwiegend Zustimmung zu ihrem charismatischen Führer, und auch in Mittel- und Südamerika hatte er Millionen Fans und Anhänger. Schon während seiner ersten Berufsjahre als freischaffender Anwalt verteidigte Fidel Castro arme Bauern und Arbeiter und verzichtete dabei nicht selten in wohltätiger Manier auf die Bezahlung, obwohl er zu dieser Zeit selbst nur gemeinsam mit seiner Frau und seinem Sohn in einer winzigen Wohnung lebte.

Zu seinen großen Errungenschaften zählt, dass er Kuba von der Mafia unter Batista befreite und vehement gegen die vorherrschende Armut in der Bevölkerung vorging. So konnten vor seiner Alphabetisierungskampagne ca. 40 % der Kubaner weder Lesen noch Schreiben; danach nahezu jeder, auch ältere Menschen (Gratius 2005). Die Ermöglichung kostenloser Schulbildung für alle Kinder trug maßgeblich dazu bei, dass der kubanische Nachwuchs in vielen Bereichen besser ausgebildet ist als die Bürger umliegender Karibikstaaten.

International gelobt wird außerdem das von Fidel Castro aufgebaute und steuerfinanzierte Gesundheitssystem mit Unfall-, Kranken-, Pflege- und Arbeitslosenversicherungen für jedermann. Weltweit stellt Kuba mehr hoch ausgebildete Ärzte zur Verfügung als die WHO. Laut Staatschef Raúl Castro seien 2014 mehr als 4000 Helfer in 32 afrikanischen Ländern tätig gewesen, und seit der Revolution von 1959 seien insgesamt 76.000 Helfer in diese Regionen geschickt worden (3sat 2014).

Man muss Fidel Castro außerdem zugutehalten, dass er seiner eigenen Herkunftsfamilie bei der konsequenten Implementierung seiner Ideologie keinen Vorteil verschaffte. Seine private Lebensführung vor allem der letzten Jahrzehnte ist in Bezug auf Sonderprivilegien hingegen stark umstritten.

19.4.2 Das Böse

Wie Juan Reinaldo Sánchez, 17 Jahre lang einer der wichtigsten Leibwächter Fidel Castros, erst kürzlich aus der sicheren Distanz des US-Exils enthüllte, verzichtete der „Comandante" im Gegensatz zu dem, was er immer forderte, selbst nie auf kapitalistischen Komfort. Während die Kubaner Anfang der 1990er-Jahre hungerten, habe er mit seiner Familie in der Residenz á la carte gegessen. Er habe um die 20 Häuser auf Kuba besessen, u. a. auf der Privatinsel Cayo Piedra, die er mit der Luxusjacht „Aquarama II" aufsuchte, und wo er z. B. der Unterwasserjagd von Muränen, Haifischen und Pfeilhechten nachging (Sánchez 2016). Vor dem Hintergrund, dass Sánchez nach seinem Rücktrittsgesuch mit Gefängnis und Folter bestraft worden war, mag eine subjektiv verzerrte Schilderung nicht ausgeschlossen sein; darüber hinaus gibt es wohl kaum einen Staatschef – egal welcher Staatsform – der ein „normales" Privatleben führen kann, ohne auf gut abgeschirmte Transportmittel und Rückzugsorte zurückgreifen zu müssen.

Während die unterstellte Doppelmoral des nach außen vom Sozialismus überzeugten Castro eher einen faden Beigeschmack hinterlässt, sind die unzähligen, früher von ihm initiierten und später zumindest geduldeten Menschenrechtsverletzungen auf das Schärfste zu verurteilen. Sein machiavellistisches Handeln lässt sich ethisch in keiner Weise rechtfertigen: Zur Erfüllung eines selbstgesetzten Ziels, der Durchsetzung eines sozialistischen Staates, war ihm jedes Mittel recht. So schätzt man, dass nach den Exekutionen der Batista-Anhänger einige Tausend politische Gegner, Kritiker oder Dissidenten in neu errichtete Arbeitslager geschickt, unter erbärmlichen Bedingungen inhaftiert oder hingerichtet wurden. Später wurden auch „soziale Abweichler", z. B. Homosexuelle und mit HIV Infizierte, eingesperrt, um „konterrevolutionäre" Einflüsse auszumerzen.

Dass bereits ein offizielles Rücktrittsgesuch wie das des revolutionären Batista-Bekämpfers

Huber Matos ausreichte, um Folter und Gefängnis zu rechtfertigen, verdeutlichte der Leitspruch: „Innerhalb der Revolution alles, gegen die Revolution nichts" (Castro Ruz 1961), der wörtlich zu nehmen war.

19.5 Fazit

Aufgrund seiner sozialen Kompetenz war Fidel Castro bei den meisten Mitmenschen sehr beliebt. Dem standen auch sein rebellischer Charakter oder das fehlende Bedürfnis bzw. das fehlende Motiv, auf tiefer gehender Ebene persönliche Zweierbeziehungen einzugehen, nicht entgegen. Oberflächlicher Charme und Überzeugungskraft, wie sie auch Psychopathen zugeschrieben wird, sowie eine ausgeprägte Machtmotivation verhalfen ihm zum langfristigen Erhalt seiner Führungsposition.

Wie Pol Pot (▶ Kap. 20) stammte Fidel Castro aus wohlhabenden Verhältnissen. Wie Pol Pot und Stalin (▶ Kap. 18) verfügte er über eine hohe Intelligenz und eine ausgeprägte Machtmotivation, war politisch engagiert und sehr geschickt im Umgang mit seinen Mitmenschen. Wie Hitler (▶ Kap. 17) galt er als ausgesprochenes rhetorisches Talent und überzeugte im Wesentlichen mit seinem Charisma. Doch durch die Hand oder auf den Befehl aller dieser Männer mussten zahlreiche Menschen ihr Leben lassen. Selbst wenn die Absicht hinter dem Handeln Fidel Castros, ein unabhängiges und sozial gerechtes Kuba zu schaffen, für sich genommen gutzuheißen ist, rechtfertigen die verwendeten Mittel nicht den Zweck: Jeder der genannten Diktatoren, auch Fidel Castro, hatte (Massen-) Morde zu verantworten. Eventuell veranlasste Fidel Castro politische Säuberungen nicht ganz so systematisch wie andere, dennoch entledigte er sich intuitiv oder bewusst in den entscheidenden Momenten einzelner Personen. Nach Kants kategorischem Imperativ ist dies ein Verhalten, von dem man nicht wollen kann, dass es ein allgemeingültiges Gesetz wird (Frey und Schmalzried 2013), und es ist daher unmoralisch bzw. „böse".

19

Darüber, ob kommunistische Diktatoren und Despoten über psychopathologische Persönlichkeitszüge verfügen, kann man nur spekulieren. Letztlich sind auch diese – wie fast alle Persönlichkeitsmerkmale in der Psychologie – ein Kontinuum. Zudem teilte Fidel Castro eine bestimmte Konstellation von Umweltfaktoren mit Pol Pot, ungeachtet der verschiedenen Kulturräume, aus denen sie stammten: Vor der Machtübernahme herrschten bereits instabile politische Verhältnisse im Land, die zum größten Teil verarmte Bevölkerung war unzufrieden, und man fühlte sich durch die globale Übermacht des US-amerikanischen Imperialismus und Kapitalismus bedroht. Möglicherweise waren die Diktatoren den USA insgeheim dankbar für die offenen Feindseligkeiten, da sie in deren Folge radikale Maßnahmen leicht rechtfertigen konnten. Vielleicht hätten andere Staatschefs ähnlich gehandelt – als bloße Reaktanz des Postkolonialismus auf politische und wirtschaftliche Bevormundung und Benachteiligung. Das 20. Jahrhundert war, den historischen Umständen geschuldet, ein Jahrhundert kommunistischer „Feldstudien", die ohne Ethikkommission durchgeführt wurden und dessen Zeitgeist Diktatoren wie Fidel Castro den Weg ebnete.

Literatur

3sat (2014). Medizin für alle. Das kubanische Gesundheitssystem. Bericht vom 21. November 2014. ▶ http://www.3sat.de/page/?source=/boerse/magazin/179497/index.html. Zugegriffen: 31. Jan. 2019.

Bierhoff, H.-W. (2006). Empathie-Altruismus-Hypothese. In H.-W. Bierhoff & D. Frey (Hrsg.), *Handbuch der Sozialpsychologie und Kommunikationspsychologie* (S. 150–158). Göttingen: Hogrefe.

Castro Ruz, F. (1961). Palabras a los intelectuales. Biblioteca Nacional de Cuba José Martí. ▶ http://www.uneac.org.cu/sites/default/files/pdf/publicaciones/boletin_se_dice_cubano_no.9.pdf. Zugegriffen: 31. Jan. 2019.

De Villa, J., & Neubauer, J. (2006). *Máximo Líder*. Berlin: Econ.

Dilling, H., Mombour, W., & Schmidt, M. H. (Hrsg.). (2011). *Internationale Klassifikation psychischer Störungen: ICD-10, Kapitel V (F) – Klinisch-diagnostische Leitlinien* (8. Aufl.). Bern: Huber.

Frey, D., & Jonas, E. (2009). Die Theorie der kognizierten Kontrolle. In D. Frey & M. Irle (Hrsg.), *Theorien der Sozialpsychologie* (Bd. III, S. 13–50). Bern: Huber.

Frey, D., & Schmalzried, L. K. (2013). *Philosophie der Führung: Gute Führung lernen von Kant, Aristoteles, Popper & Co.* Berlin: Springer.

Gratius, S. (2005). *Fidel Castro*. München: Hugendubel.

Hare, R. D. (1991). *The psychopathy checklist – Revised*. Toronto, ON: Multi-Health Systems.

Heckhausen, J., & Heckhausen, H. (2010). *Motivation und Handeln* (4. Aufl.). Berlin: Springer.

Heufelder, J. E. (2004). *Fidel. Ein privater Blick auf den Maximo Lider*. Frankfurt a. M.: Eichborn.

Kottmann, T., & Smit, K. (2014). *Führungsethik: Erkenntnisse aus der Soziobiologie, Neurobiologie und Psychologie für werteorientiertes Führen*. Berlin: Springer.

Krug, J. S., & Kuhl, U. (2006). *Macht, Leistung, Freundschaft: Motive als Erfolgsfaktoren in Wirtschaft, Politik und Spitzensport*. Stuttgart: Kohlhammer.

Lichterbeck, P., & Skierka, V. (2016). Fidel Castro. Verehrt und gehasst. Der Tagesspiegel. Artikel vom 26. November 2016. ▶ https://www.tagesspiegel.de/politik/fidel-castro-verehrt-und-gehasst/14897856.html. Zugegriffen: 31. Jan. 2019.

McAdams, D. P. (1982). Intimacy motivation. In A. J. Stewart (Hrsg.), *Motivation and society* (S. 133–171). San Francisco: Jossey-Bass.

McClelland, D. C. (1975). *Power: The inner experience*. New York: Irvington.

McKenna, T., & Gagnon, M. (Produzenten). (2007). Fidel Castro: A life of revolution. CBC Documentary Unit. ▶ https://www.youtube.com/watch?v=CWtwPrsQxp8. Zugegriffen: 31. Jan. 2019.

Sánchez, J. R., & Gyldén, A. (2016). *Das verborgene Leben des Fidel Castro*. Köln: Bastei Lübbe.

Sasaki, J. Y., & Kim, H. S. (2017). Nature, nurture, and their interplay: A review of cultural neuroscience. *Journal of Cross-Cultural Psychology, 48*(1), 4–22.

Pol Pot

Der Genozid in Kambodscha

Hannah Lehmann

© Springer-Verlag GmbH Deutschland, ein Teil von Springer Nature 2019
D. Frey (Hrsg.), *Psychologie des Guten und Bösen*, https://doi.org/10.1007/978-3-662-58742-3_20

20.1 Einleitung

> » „Wir glauben, dass Verbrechen in diesem Ausmaß alle Menschen der Welt betreffen." Die kambodschanische Regierung in einem Brief an die Organisation der Vereinten Nationen (zitiert nach Goeb 2007, S. 127)

Kambodscha ist ein wunderschönes Land voller spannender Tempel, paradiesischer Stände und freundlicher Menschen, das als Reiseziel immer beliebter wird. Doch es ist nicht einmal 40 Jahre her, dass fast ein Viertel der kambodschanischen Bevölkerung von damals 8 Mio. Menschen ausgelöscht wurde, gestorben unter dem Regime der Roten Khmer. Die Roten Khmer hatten sich das Ziel gesetzt, einen radikal-kommunistischen Bauernstaat zu erschaffen. Unter ihrem Terrorregime, das 3 Jahre, 8 Monate und 20 Tage andauerte, erfolgten Taten, die als brutalste Staatsverbrechen des 20. Jahrhunderts gelten. In dieser Zeit fanden 1,6–2,2 Mio. Menschen durch Hunger, Erschöpfung, Krankheit oder durch Ermordung in Foltergefängnissen oder auf den sog. „Killing Fields" den Tod.

Anführer dieses Regimes war Pol Pot. Er war von 1975 bis 1979 Machthaber in Kambodscha. Bis er im Jahr 1998 starb, konnte er für seine Taten nicht zur Verantwortung gezogen werden. Dabei dürfte er die größte Verantwortung für den Genozid in seinem eigenen Land tragen.

Nachdem Vietnam die Herrschaft der Roten Khmer 1979 beendete, lag das Land in Trümmern. Bald darauf gingen Bilder um die Welt – von gefolterten Leichen und von Babys, die an einem Baum zerschmettert worden waren. Dieser Baum auf den Killing Fields bei Phnom Penh ist zum Sinnbild des Schreckens geworden und durch ihn erklärt sich leicht, warum in einem Buch über das Böse auch die Person Pol Pot nicht fehlen darf.

In diesem Kapitel soll den Fragen nachgegangen werden, wer Pol Pot war, der Mann, der stets im Hintergrund blieb und doch alle Fäden in der Hand hielt, und wie es zum Genozid in Kambodscha kommen konnte. Dabei werden sowohl die Person Pol Pots wie auch die Zeitgeschichte einbezogen. Einige ausgewählte psychologische Aspekte sollen im Anschluss diskutiert werden, um einer Erklärung für die Ereignisse, die nun geschildert werden, näherzukommen.

20.2 Biografie

Durch die Verwobenheit mit dem Vietnamkrieg und einen über 20 Jahre andauernden Bürgerkrieg nehmen viele Faktoren Einfluss, die wichtig sind, um die politischen Entwicklungen nachvollziehen zu können. Dabei können nicht alle Aspekte eingehend beleuchtet werden, da die Geschichte Kambodschas und die Pol Pots zu umfangreich wären und es viele Wissenslücken zu den Roten Khmer gibt.

Folgende biografische und zeitgeschichtliche Angaben sind verschiedenen Literaturquellen entnommen (Bultmann 2017; Chandler 1999; Goeb 2007; Kiernan 1996).

20.2.1 Kindheit und Jugend

> » „Der verachtenswerte Pot war ein reizendes Kind." Loth Suong, älterer Bruder Pol Pots (zitiert nach Chandler 1999, S. 9; Übersetzung der Autorin)

Pol Pot wurde vermutlich im Jahr 1925 unter dem Namen Saloth Sar geboren. Pol Pot war sein revolutionärer Name, den er verkündete, da er seine Identität geheim halten wollte. Er wurde als eines von 9 Kindern in einem kambodschanischen Dorf geboren, sein Vater war Bauer. Laut Aussagen von Verwandten hatte Pol Pot ein gutes Verhältnis zu seinen Eltern. Als er 9 Jahre alt war schickten sie ihn in die Hauptstadt Phnom Penh. Er lebte dort bei seinem Bruder, der am Königshaus arbeitete, und besuchte eine Schule sowie danach ein College. Seine Mitschüler aus dieser Zeit beschrieben ihn als höflich, ruhig und unauffällig.

Das Königreich Kambodscha war zu dieser Zeit ein französisches Protektorat und Teil von Französisch-Indochina, das die französischen Kolonialherrschaftsgebiete in Kambodscha, Vietnam und Laos zusammenfasste. In Vietnam gab es zu dieser Zeit bereits Widerstand gegen die Franzosen, in Kambodscha entwickelte er sich erst ab 1945. Unter dem Einfluss der Franzosen entwickelte sich die Infrastruktur des Landes, jedoch blieben die alten Strukturen erhalten. Die armen Bauern standen dem vornehmeren Leben in der Hauptstadt gegenüber.

1948 erhielt Pol Pot ein Stipendium und die Möglichkeit, zum Studium nach Paris zu gehen. Warum er dieses erhielt, ist unklar, da er keine besonderen Leistungen erbracht hatte. In Paris aber begann die Geschichte der Roten Khmer – mit einigen kambodschanischen Studenten, die sich dem Kommunismus zuwandten.

20.2.2 Aufenthalt in Paris und Zuwendung zum Kommunismus

» „Ich kam, um der Revolution beizutreten, nicht, um die Menschen Kambodschas zu töten." Pol Pot, 1997 (zitiert nach Thayer 2011, S. 1; Übersetzung der Autorin)

Im September 1949 kam Pol Pot in Paris an. Er war 3 Jahre dort, da er aber keine Prüfungen belegte, verlor er bald sein Stipendium. Während seiner Zeit in Frankreich wurde er Mitglied in der Parti communiste français (Kommunistische Partei Frankreichs) und schloss mit weiteren kambodschanischen Studenten Freundschaft, die größtenteils radikal eingestellt waren. Die Gruppe traf sich regelmäßig unter dem Dach der Kommunistischen Partei. In Pol Pots Denken festigten sich in dieser Zeit kommunistische Ideen. Seine Gedanken wurden stark durch die Parteizeitschriften geprägt, zudem las er viel von Stalin (▶ Kap. 18).

Während der Zeit in Paris verfolgte Pol Pot stets die politischen Geschehnisse in Kambodscha und den Nachbarländern. Aus dem vietnamesischen Widerstandskampf gegen die Franzosen war schon 1930 die kommunistische Partei Indochina (KPI) entstanden. Als Pol Pot nach Kambodscha zurückkehrte, trat er der KPI bei, da es noch keine autonome kommunistische Partei in Kambodscha gab. Schnell wurde er Teil des Widerstands. 1953 reiste er in den Osten Kambodschas, um dort in einem Hauptquartier der Partei zu arbeiten. Er diente an der Grenze zu Vietnam in der Kommandostelle und wurde später Teil des Stabs für Propaganda.

20.2.3 Der Weg zur Gründung der Kommunistischen Partei Kambodschas

» „Pol Pot hinterlässt einen starken Eindruck bei denen, die ihm zum ersten Mal zuhören. Danach wollen sie wiederkommen." Überläufer der Roten Khmer (zitiert nach Chandler 1999, S. 177; Übersetzung der Autorin)

1954 fand in Genf die Indochinakonferenz statt, die darin resultierte, dass Frankreich ganz Indochina räumte und Kambodscha in die Unabhängigkeit entließ. Vietnam wurde in Nord- und Südvietnam unterteilt, was zum Bürgerkrieg in Südvietnam und damit zum Beginn des Vietnamkrieges führen sollte. Für die Bauern Kambodschas, die 85 % der Bevölkerung ausmachten, machte die Unabhängigkeit des Landes keinen Unterschied. Ihre Lage war schlecht und die Wut auf die reiche politische Elite groß.

Da Kambodscha freie Wahlen in Aussicht gestellt worden waren, kehrte Pol Pot in die Hauptstadt zurück, um seine Arbeit für die KPI dort fortzusetzen. 1955 fanden die Wahlen statt. Der König Kambodschas, Sihanouk, hatte allerdings zuvor entschieden, selbst eine Partei zu gründen, um seine Macht auszubauen. Er dankte ab, wodurch es ihm möglich war, offiziell die Führung der Partei einzunehmen. Sein Vater übernahm das Amt des Königs. Bei der Wahl erreichte Sihanouks Partei 80 % der Stimmen, wofür vorherige Drohungen und Gewalt gesorgt hatten.

Pol Pot sah sich nach den Wahlen und dem Misserfolg der KPI zunächst seiner politischen Aufgabe beraubt. Er heiratete und wurde Lehrer. In den folgenden Jahren konnte er sich ein hohes Ansehen schaffen, arbeitete jedoch weiterhin verdeckt für die KPI und gehörte bald zur Führungsriege. Die Partei fokussierte sich in diesen Jahren darauf, Netzwerke zu bilden und einen Kader für zukünftige revolutionäre Handlungen zu schaffen.

1960 starb der amtierende König Kambodschas, Sihanouks Vater. Sihanouk sah darin seine Chance, sich endgültig zum alleinigen Staatsoberhaupt aufzuschwingen. Um mögliche Bedrohungen seiner Macht zu beseitigen, ging er auch gegen die KPI vor. Er wollte jeglichen Einfluss der Kommunisten verhindern und die Partei unterdrücken. Diese agierte von da an im Verborgenen. Pol Pot gründete dennoch oder gerade deshalb im Jahr 1960 gemeinsam mit anderen Mitgliedern der KPI die Kommunistische Partei Kambodschas (KPK), die 1. eigenständige kommunistische Partei des Landes. Auf einem geheimen Parteitag wurde er kurz darauf zum 1. Parteisekretär bestimmt.

20.2.4 Beginn der Roten Khmer

» „Wenn wir aus dem Dschungel auftauchten, waren wir so voller Wut, dass wir niemanden verschonen wollten." Ein Guerillakämpfer der Roten Khmer (zitiert nach Robins und Post 1997, S. 328)

1963 erstellte Sihanouk, bedacht auf die Sicherung seiner Macht, eine Liste von Personen, die beseitigt werden sollten. Auf dieser stand auch Pol Pot, der daraufhin in ein vietnamesisches Militärcamp floh. Ab diesem Zeitpunkt nutzte er seinen Geburtsnamen nicht mehr und war die folgenden 7 Jahre auf der Flucht.

Die meiste Zeit war er von den Geschehnissen in Phnom Penh und der Welt abgeschnitten. Er kam ausschließlich mit Menschen in Kontakt, die seine Ansichten teilten. So verfestigten sich diese über die Jahre. Die Mitglieder der KPK unterstützen sich in ihren Utopien. Zu ihren Leitbildern gehörte der Marxismus. Sie wollten ein Land schaffen, in dem die Bauern die Macht hatten und es keine feudalen Strukturen gab. Für Pol Pot war zudem Mao ein großes Vorbild. 1965 reiste er nach China, wo gerade die Kulturrevolution stattfand, eine von Mao organisierte Massenbewegung. Pol Pot war von dieser sehr beeindruckt und übernahm viele Ansichten und Methoden Maos. Von Mao wurde Pol Pot im Jahr der Machtergreifung der Roten Khmer dann auch finanzielle Unterstützung zugesichert.

In den Jahren auf der Flucht entstand der Begriff „Rote Khmer" für die Gruppe um Pol Pot, erstmals verwendet von ihm selbst. Die Bezeichnung der größten ethnischen Gruppe Kambodschas wurde kombiniert mit der Farbe Rot – die weltweit mit dem Kommunismus verknüpft ist.

Großen Einfluss auf die Geschichte der Roten Khmer hatte der Vietnamkrieg. Die Nationale Front für die Befreiung Südvietnams (NLF), unterstützt vom kommunistischen Nordvietnam, wollte das antikommunistische Regime Südvietnams stürzen. Südvietnam wurde militärisch von den USA unterstützt. 1965 entschied Sihanouk, der NLF zu erlauben, in Kambodscha auf dem Sihanouk-Pfad zu operieren, der nun den Ho-Chi-Minh-Pfad Vietnams ergänzte – beides strategische Versorgungsrouten. In der kambodschanischen Bevölkerung kam dadurch großes Unbehagen auf, denn man fürchtete, in den Krieg hineingezogen zu werden. Die Jugend beschäftigte zudem das Problem der großen Arbeitslosigkeit. Immer mehr junge Kambodschaner ließen sich in dieser unsicheren Zeit von radikalen Lehrern inspirieren. Der Umstand, dass Sihanouk gegen Regierungsgegner hart durchgreifen ließ, verschärfte die Unzufriedenheit noch. Bis 1969 hatten Hunderte Studenten die

Städte verlassen und sich in den Untergrund begeben.

Zwischen 1965 und 1966 eskalierte der Vietnamkrieg. Die USA flog Angriffe auf die Versorgungspfade in Kambodscha, und in der Umgebung lebende Kambodschaner mussten fliehen. Viele flohen in die Hauptstadt, andere schlossen sich jedoch den Roten Khmer an. Die Verwüstung des Landes durch die amerikanischen Bomben und die zahlreichen Toten halfen den Roten Khmer, die Zahl ihrer Kämpfer in kürzester Zeit zu erhöhen.

Sihanouk, überfordert mit seinen Versuchen, Kambodscha aus dem Krieg herauszuhalten, überließ den politischen Alltag immer mehr dem neuen Premierminister Lon Nol, der strikt antikommunistisch eingestellt war. Dieser versuchte, Kontrolle über die Situation zu gewinnen, und verlangte von Nordvietnam den Truppenabzug aus Kambodscha. Kurz darauf startete er Angriffe auf die kommunistischen Stellungen entlang der Grenze. Infolge dieses Konflikts kämpften bald darauf die NLF und die Roten Khmer gemeinsam gegen die kambodschanische Regierung.

20.2.5 Kambodschanischer Bürgerkrieg

» „Feind ist, wer sich widersetzt."
Propagandaspruch der Roten Khmer
(zitiert nach Bultmann 2017, S. 82)

1970 wurde Sihanouk von Lon Nol seines Amtes enthoben, während er sich im Ausland befand. Er plante jedoch seine Rückkehr und fand Unterstützung in der Landbevölkerung sowie in Nordvietnam, das ihn sowie Pol Pot und seine KPK überzeugte, ein Bündnis im Kampf gegen das Lon-Nol-Regime einzugehen. Sihanouk rief die Front Uni National du Kampuchéa (FUNK) aus, und Pol Pot wurde Oberkommandierender. In der Landbevölkerung wurden Truppen rekrutiert und Kämpfer ausgebildet. Bis Ende 1971 konnte die FUNK die Regierungstruppen Lon Nols weit zurückschlagen. Ab Januar 1973 kämpfte

sie ohne nordvietnamesische Beteiligung weiter und kontrollierte bis Ende des Jahres das ganze Land, mit Ausnahme der Städte. In den kontrollierten Gebieten setzten die Roten Khmer erste Erziehungsprogramme um, unterbanden religiöse und kulturelle Traditionen und schlossen die Bevölkerung in Kooperativen zusammen. Zudem begannen Zwangsumsiedelungen und die Kollektivierung der Landwirtschaft. Immer mehr Menschen flohen vom Land nach Phnom Penh.

Bald wollte die FUNK auch Phnom Penh einnehmen. Inzwischen hoffte angesichts des unter Lon Nol ausgebrochenen Chaos sogar ein Teil der Stadtbevölkerung auf einen Sieg der FUNK und die Rückkehr von Sihanouk. Die Roten Khmer planten währenddessen bereits die Evakuierung der Stadt und die Deportation der Bevölkerung. Aus ihrer Sicht waren die Stadtbewohner Feinde der Revolution und die zahlreichen Flüchtlinge Verräter. Am 1. April 1975 floh Lon Nol ins Ausland. Am 17. April marschierte die FUNK in Phnom Penh ein. Neben erwachsenen Kambodschanern, die sich den Roten Khmer angeschlossen hatten, bestanden die Truppen der Kämpfer zu einem großen Teil aus Kindersoldaten.

20.2.6 Machtübernahme der Roten Khmer

» „Die Umformung des Volkes in eine sozialistische Ordnungsfantasie wurde nirgends so radikal umgesetzt wie unter Pol Pot." (Bultmann 2017, S. 11)

Pol Pots Ziel war es, alle Kambodschaner in eine strikt kollektivistische Produktionstätigkeit ohne Privatbesitz einzubinden. Noch am Tag der Machtergreifung legte er einen Plan mit den Schritten vor, die den Weg zum Kambodscha seiner Vision ebnen sollten. Der Plan beinhaltete die Evakuierung aller Städte, die Abschaffung aller Märkte und der Währung, das Verbot des Buddhismus, die Errichtung von Kooperativen, die

Vertreibung der Vietnamesen und die Exekution aller Anführer des Lon-Nol-Regimes. Die Umsetzung der Pläne begann umgehend. Zwar war Sihanouk zu diesem Zeitpunkt Staatsoberhaupt, die Macht hatten aber die Roten Khmer, deren wichtigster Machthaber Pol Pot war. Als Erstes folgte die Deportation der Stadtbevölkerung, wie sie Pol Pot in China kennengelernt hatte. Aus allen Städten wurde die gesamte Bevölkerung deportiert und zur Zwangsarbeit auf das Land gebracht. Zudem wurden alle Krankenhäuser geräumt. Pol Pot nahm bei der Deportation auch auf Verwandte keine Rücksicht, und ließ seinen Bruder ebenfalls verschleppen. Bei den Umsiedelungen starben Tausende.

Die treibende revolutionäre Kraft lag in den Augen der Roten Khmer bei den Bauern. Als ihre Feinde betrachteten sie dagegen alle Anhänger des alten Regimes, die obere Wirtschafts- und Bildungsklasse sowie Künstler. Schon das kleinste Fehlverhalten konnte für Mitglieder dieser Gruppen den Tod bedeuten. Am härtesten traf es aber die Ausländer im Land, da die Roten Khmer das Volk vor Verunreinigung durch andere rassische Elemente bewahren wollten. Jeder Hinweis auf eine Verbindung ins Ausland konnte nun zum Verhängnis werden, und sei es nur die Benutzung von Fremdwörtern oder der Besitz einer Brille oder einer Uhr.

Die Roten Khmer begannen mit dem Aufbau einer Verwaltung, und schließlich wurde 1976 das Demokratische Kampuchea ausgerufen und Pol Pot zum Premierminister gewählt. Er fürchtete sich in den nächsten Jahren sehr vor Attentaten und Umsturzversuchen und agierte daher im Verborgenen und stets streng bewacht. Seine Politik hatte 2 Anker: den Vierteljahresplan und die politische Säuberung des Landes. Der Vierjahresplan sollte auf strikt kollektivistischem Wege zu einem gut versorgten, glücklichen Volk führen. Ziel war vor allem, die Reisexporte zu erhöhen, um den Import von Gütern für den Aufbau einer eigenen Industrie zu finanzieren. Das Regime legte Normen fest, wie viel Reis vom Volk zu produzieren sei. Dabei waren die Vorgaben utopisch hoch. Um die Quoten zu erfüllen, wurde Reis bald ausschließlich eingelagert und nicht an die Bevölkerung weitergegeben. Zehntausende starben in den folgenden beiden Jahren an Hunger und Unterversorgung.

Der Vierjahresplan beinhaltete auch die Bildung von Kooperativen. Die Bevölkerung wurde nach Alter und Geschlecht getrennt, wodurch die Familienverbände aufgelöst wurden. Von morgens bis nachts arbeitete man nun in diesen Kooperativen. Das Leben in der kollektivistischen Ordnung, die Arbeit auf den Feldern sowie regelmäßige Indoktrinationsstunden sollten langfristig zu einer Umformung der Gedanken aller Kambodschaner führen. Dabei wachten Parteimitglieder und Soldaten der Roten Khmer streng über das Verhalten der Bevölkerung. Besonderen Wert wurde auf die Indoktrination von Kindern gelegt, da diese für die Roten Khmer am besten zu ihren Zwecken formbar waren.

20.2.7 Von Foltergefängnissen und Massengräbern

» „Massenmord gehörte zu [Adolph Hitlers] Ideologie. […] Joseph Stalin konnte sich zwei- bis viermal so vieler Opfer rühmen und führt damit die Liste aller bekannten Massenmörder an. […] Doch selbst diese beiden sehen blass aus, vergleicht man sie mit der Gewalt und dem Elend, das Pol Pot allein über Kambodscha brachte." (Robins und Post 1997, S. 328 f.)

Währenddessen wurden stetig Revolutionsgegner verfolgt. Die politische Säuberung führte zur Einrichtung von Foltergefängnissen und den Killing Fields, Feldern mit Massengräbern. Die Massenmorde dort sind dank schriftlich festgehaltener „Geständnisse" der gefolterten Menschen gut dokumentiert. Begründung für Folter und Morde waren stets Verschwörungen, an denen die Gefangenen angeblich teilnahmen. Über das Land verteilt ließ Pol Pot 196 „Sicherheits- und

Umerziehungszentren" errichten. Auffällige Kambodschaner wurden zunächst in diese Zentren gebracht, wo sie gefoltert und befragt wurden. Ein großer Teil der Insassen starb dabei. Wer dort eingeliefert wurde, galt längst als schuldig. Man erwartete vom Personal nicht, Schuld zu ermitteln, sondern es ging ausschließlich darum, die genaue Art des Verrats aufzudecken. Wenn Häftlinge „gestanden" hatten, wurde sie zu den Killing Fields gebracht, mit Stock- oder Axtschlägen getötet und in die Massengräber geworfen. Auch Babys, die mit den Eltern eingeliefert wurden, wurden getötet. Sie wurden gegen Bäume geschlagen, bis sie starben. Pol Pot wollte sie nicht am Leben lassen, aus Angst, sie könnten eines Tages ihre Eltern rächen.

Politische Säuberung wurde nicht nur in der einfachen Bevölkerung, sondern ab 1976 auch in der Partei ausgeübt. Mit der Zeit waren immer mehr Kambodschaner Teil der Partei geworden, und die Parteiführung war unsicher bezüglich ihrer politischen Einstellung. Im Speziellen Pol Pot sah überall Feinde und Verräter. Immer mehr eigene Kader der Partei wurden in die Gefängnisse gebracht. Pol Pots Verfolgungsängste wurden mit der Zeit immer ausgeprägter, denn mit jeder „Verschwörung", die in den Foltergefängnissen aufgedeckt wurde, weitete sich das Netzwerk an realen sowie imaginären Feinden weiter aus. Er konzentrierte sich bald nur noch auf die politischen Säuberungen.

20.2.8　Das Ende des Regimes

» „Wer überlebte, hatte den Horror erlebt. Jeder einzelne traumatisiert." (Mayer 2009, S. 2)

Vom Tag der Machtergreifung an war es zu bewaffneten Auseinandersetzungen mit Vietnam gekommen. Am 25. Dezember 1978 startete Vietnam dann eine Offensive gegen Kambodscha. Die vietnamesischen Divisionen wurden dabei von 15.000 vor den Roten Khmer geflohenen Kambodschanern unterstützt. Kurz

bevor die Truppen am 7. Januar 1979 in Phnom Penh einrückten, floh Pol Pot mit seinen engsten Vertrauten nach Thailand.

Im selben Jahr fand ein Prozess gegen Pol Pot statt, und er wurde zum Tod verurteilt. Thailand verweigerte jedoch seine Auslieferung. Er führte in den nächsten Jahren einen Guerillakrieg gegen das vom Vietnam kontrollierte Kambodscha. Die Roten Khmer wurden dabei noch lange von China, Thailand, aber auch einigen westlichen Staaten unterstützt. 1989 zogen die Vietnamesen ab, und der Bürgerkrieg wurde durch den Pariser Friedensvertrag beendet. Pol Pot lebte wieder auf kambodschanischem Territorium. Nachdem es dort aber erneut zu Kollektivierung kam, wandten sich immer mehr Anhänger aus Angst vor erneuter Armut und Krieg von ihm ab. Angeblich beabsichtigte die übrige Führung der Roten Khmer seine Auslieferung, wovon er am 15. April 1998 erfuhr. Am selben Tag wurde er tot in seinem Bett aufgefunden.

20.3　Psychologische Theorien, Modelle und Konzepte

Die Person Pol Pots ist schwer zu verstehen. Die Geschehnisse unter seiner Herrschaft übersteigen teils unser Fassungsvermögen. Dabei drängt sich die Frage auf, wie ein Mensch zu so etwas fähig sein kann. Was für ein Mensch war Pol Pot, und was können Ursachen für sein Handeln gewesen sein?

20.3.1　Die Entwicklung einer Vision

» „Unsere Politik war, den Menschen ein reiches Leben zu ermöglichen." Pol Pot, 1979 (zitiert nach Whymant 2013, S. 1; Übersetzung der Autorin)

Ganz klar war Pol Pots mächtige Vision die wichtigste Grundlage für sein Handeln. Bevor psychologische Erklärungen gesucht werden, ist es daher wichtig, diese zu verstehen.

Die wichtigsten Elemente in Pol Pots politischen Vorstellungen waren Nationalismus und Kommunismus.

Pol Pots Nationalismus entwickelte sich durch sein Misstrauen gegenüber ausländischen Einflüssen. Allgemein herrschte in Kambodscha eine leicht erklärbare Abneigung gegen Ausländer. Schon sehr lange Zeit gab es ein Muster in der Geschichte des Landes: Auf erlangte Souveränität folgte ein Bürgerkrieg, dann die Unterwerfung durch ein anderes Volk (Thai, Vietnamesen, Franzosen), dann erneute Souveränität usw. Vom 15. Jahrhundert bis zur französischen Kolonialregierung, in der Pol Pots Geschichte beginnt, ist das kambodschanische Gebiet deutlich kleiner geworden. Der Bevölkerung waren diese Verluste an Land und Macht bewusst. Dadurch herrschte eine schwere Krise des nationalen Identitätsgefühls (Chandler 1999). Staatliche Unabhängigkeit war für Pol Pot deshalb zentral.

Der Kommunismus war eine Bewegung, die in dieser Zeit um die Welt ging. Pol Pot war fasziniert von dem, was er in Paris hörte. Wie viele seiner Generation entwickelte er eine Vorstellung von einer idealen Gesellschaft, in der es weder Geld noch Privatbesitz gab.

20.3.2 Einflüsse aus dem Ausland und Modelllernen

Pol Pots Ideen wurden sehr durch ausländischen Einfluss geformt. In Frankreich setzte er sich erstmals mit Fragen zu Demokratie, Imperialismus, Revolution und Kommunismus auseinander. Er kam mit marxistischen und leninistischen Ideen in Kontakt und entwickelte eine radikale Auslegung dieser Grundgedanken. Zudem war er fasziniert von den Schriften Stalins (▶ Kap. 18). Diese Ideen und Personen wurden für Pol Pot zur Quelle seiner Inspiration.

Ganz besonders stark war die Beeinflussung durch Mao Zedong. Das kommunistische China hinterließ einen ausgeprägten Eindruck bei Pol Pot (Chandler 1999). Auffällig ist, dass Aspekte des Regimes von Pol Pot fast 1:1 Aspekten des Regimes von Mao gleichen. Auch unter Mao

wurde Bildung regelrecht abgeschafft, und es wurden Universitäten und Schulen stillgelegt. Kulturelle Traditionen wurden verbannt, Literatur und Kunst vernichtet. Hinzu kam die Deportation der Stadtbevölkerung.

Eventuell hat Pol Pot sein Modell für Kambodschas Zukunft teilweise aus Maos Ideen entwickelt. In diesem Fall wäre hier die **Theorie des Modelllernens** anwendbar. Modelllernen meint, dass Handlungen eines anderen beobachtet, gelernt und imitiert werden (Koch 2002). Als Modell wird dabei meist jemand genutzt, der dem Beobachter ähnlich ist, z. B. bezüglich Interessen, und der potenziell mächtig ist. Beides würde auf Mao zutreffen.

20.3.3 Rechtfertigung und der Einfluss von Dissonanz

» „Wir hatten keine Wahl. Wir mussten uns verteidigen." Pol Pot, 1997 (zitiert nach Thayer 2011, S. 1; Übersetzung der Autorin)

Aus den Berichten über Pol Pot sowie den wenigen Interviews geht eines klar hervor: Pol Pot war von der Richtigkeit seiner Visionen vollständig überzeugt. Er wollte Kambodscha in eine bessere Zukunft führen. Diese Vision war die Rechtfertigung für alle seine Taten. Aus seiner Sicht waren seine Taten kein Verbrechen gegen die Menschlichkeit, es war der Kampf gegen die Feinde der Vision und des Landes – und damit einzig der Rettung Kambodschas geschuldet. Er rechtfertigte Morde und Folter durch dieses übergeordnete Ziel. Dabei schien er seine Handlungen nicht nur vor anderen, sondern auch vor sich selbst rechtfertigen zu können.

Dies lässt sich mit der **Theorie der kognitiven Dissonanz** erklären, der zufolge Menschen nach interner Konsistenz streben. Sie wollen also Verhalten zeigen, das in Einklang mit ihren Einstellungen ist, da Widersprüche einen aversiven Spannungszustand erzeugen würden (Frey und Gaska 1993). Ein solcher wäre bei Pol Pot aufgetreten, hätte er keine Rechtfertigung für seine Taten, denn dann könnte er diese nicht mit einem positiven Selbstbild zusammenführen. Rechtfertigung ist sein Weg, Dissonanz zu vermeiden.

20.3.4 Moralentwicklung

Es wäre einfach zu sagen, dass Pol Pot ein unmoralischer Mensch war, um darüber seine Taten zu erklären. Doch ist dies gerechtfertigt?

Betrachten wir Kohlbergs **Stufenlehre zur Moralentwicklung**, ist die oberste Stufe die der universalen ethischen Prinzipien. Menschen in dieser Stufe haben moralische Urteile entwickelt, die auf universalen menschlichen Rechten aufbauen. Wenn ein Dilemma zwischen Gesetz und Gewissen entsteht, dann folgen sie ihrem persönlichen, individualisierten Gewissen (Santrock 2008).

Betrachten wir diese Definition, wird klar, wie breit moralisches Handeln ausgelegt werden kann, da jeder ein individuelles Gewissen hat. Pol Pot handelte aus eigener Sicht vermutlich moralisch, denn laut seinen Aussagen folgte er seinem Gewissen. Natürlich könnten die Wenigsten seine Taten mit ihrem Gewissen vereinbaren. Doch die Erklärung für sein Handeln ist nicht in einem Fehlen von Moral zu finden, sondern in Pol Pots ganz eigener Definition von „richtigem" Handeln.

20.3.5 Wahn und Paranoia

» „Was Sie wissen müssen, ist, dass die vietnamesischen Agenten wirklich da waren. Es gab Reis, aber sie haben den Reis nicht an das Volk weitergegeben." Pol Pot, 1997 (zitiert nach Thayer 2011, S. 1; Übersetzung der Autorin)

Pol Pot war misstrauisch und selbstbezogen. Mehr noch war er eine Person voller Angst. Die übersteigerte Angst vor inneren und äußeren Feinden ist eine der Eigenschaften, die ihn am stärksten auszeichnete. Die Paranoia ging so weit, dass er aus Furcht, ermordet zu werden, ständig den Aufenthaltsort wechselte. Seine chronischen Magenbeschwerden führte er auf Versuche der Vergiftung zurück. Er ließ Säuglinge töten aus Angst, sie könnten eines Tages ihre Eltern rächen.

Dies lässt vermuten, dass Pol Pot eine **paranoide Persönlichkeitsstörung** aufwies. Die Charakteristika einer solchen Störung treffen zu: Eine paranoide Person ist sehr misstrauisch und permanent besorgt, von anderen geschädigt oder betrogen zu werden. Sie vertraut niemandem und sucht die Schuld für Negatives stets bei anderen, selbst wenn Fehler bei ihr selbst liegen. Sie zweifelt häufig unberechtigt an der Loyalität anderer. Sie sieht vieles als bedrohlich für sich an, das es eigentlich nicht ist (Davison et al. 2007).

Pol Pots Paranoia konnte das ganze Land beeinflussen, da sein Regime durch keine demokratische Verfassung eingeschränkt war. Jede Form tatsächlicher oder eingebildeter Opposition schaltete er aus. Robins und Post (1997) veranschaulichten anhand des Beispiels von Kambodscha den Verlauf einer **politischen Paranoia**:

1. Ein Bürgerkrieg führt zu einer Revolution.
2. Ein Führer gibt dem Volk eine Erklärung für die elende Lage des Landes. Für die Verbesserung der Lage verlangt er nach der Vernichtung einer verteufelten Gruppe.
3. Entsprechende Maßnahmen werden ergriffen, verschlechtern die Lage aber nur weiter.
4. Der Führer nimmt als Grund eine Verschwörung an, die zerschlagen werden muss.
5. In der Gesellschaft entstehen Wut und Argwohn.
6. Das Regime wird gestürzt.

Im Fall von Pol Pot waren der Hass auf alles nicht ethisch rein Kambodschanische sowie die Idealisierung eines radikalen Kommunismus die Grundlagen seiner Taten. Als seine Ideen versagten, musste eine Erklärung her. Er kam aber nicht auf die Idee, an der Ideologie zu zweifeln, sondern glaubte an eine Verschwörung. Pol Pots Plan für die Wirtschaft hatte keinen Erfolg, da es unmöglich war, seine Vorgaben zu erfüllen. Er selbst hielt aber Sabotage für die Ursache. Die folgenden politischen Säuberungen führten zu einer teuflischen Spirale aus Misserfolgen und wachsender Paranoia.

20.3.6 Sozialer Einfluss

Ein weiterer wichtiger Aspekt ist der Einfluss von Gruppen. Sozialer Einfluss war für Pol Pot sicherlich entscheidend. Er war immer Teil von Gruppen, die ihn beeinflussten und bestätigten. In Paris hatte er eine Gruppe gefunden, die die gleichen Vorstellungen teilte. Noch intensiver wurde seine Eingebundenheit dann in der Partei, vor allem auf seiner Flucht. Gruppen können die Meinungsbildung und Entscheidungen beeinflussen. Dabei sind im Fall der Roten Khmer verschiedene Theorien anwendbar.

Zum einen kam möglicherweise der **Effekt des gemeinsamen Wissens** zum Tragen. Dieser besagt, dass sich der interne Austausch in einer Gruppe vor allem auf die Informationen konzentriert, die allen Mitgliedern bekannt sind. Dies führt dazu, dass die Qualität von Gruppenentscheidungen oft nicht so hoch ist, wie sie durch das potenziell vorhandene Gesamtwissen eigentlich sein könnte. Dies könnte auch bei den oft fragwürdigen Entscheidungen der Roten Khmer der Fall gewesen sein (Werth und Mayer 2008).

Spannend ist außerdem das Phänomen der **Gruppenpolarisierung**. Dieses beschäftigt sich damit, dass sich in Gruppen die Position der Einzelmitglieder extremisiert. Bei den Roten Khmer finden wir sehr extreme Gruppenpositionen, die durch Gruppenpolarisierung entstanden sein könnten. Als Gründe für Gruppenpolarisierung werden normative und informative Einflüsse angenommen. Der normative Einfluss umfasst den Effekt sozialer Erwünschtheit; man vertritt extreme Meinungen, da dies von der Gruppe positiv bewertet wird. Informativer Einfluss bezieht sich auf den Informationsaustausch innerhalb der Gruppe; durch diesen setzen sich die Mitglieder mit neuen, radikaleren Argumenten auseinander, was ihre ursprüngliche Meinung weiter ins Extreme verschiebt (Werth und Mayer 2008).

Mithilfe der **Theorie des Gruppendenkens** (Janis 1972) können Gruppenprozesse identifiziert werden, die nachteilige Entscheidungen nach sich ziehen können. Wichtige Faktoren, die ein Gruppendenken begünstigen, treffen auf die Roten Khmer zu: Sie waren eine Gruppe von Gleichgesinnten mit hoher Kohäsion (starkem Zusammenhalt). Sie hatten in Pol Pot einen Anführer, der klar einen bestimmten Weg favorisierte. Zudem war die Gruppe von alternativen Informationsquellen isoliert. Die Führung der Roten Khmer lebte auf der Flucht lange abgeschnitten von der Außenwelt und erlebte keinerlei korrigierende Einflüsse von außen.

20.3.7 Persönlichkeit

Aussagen zur Persönlichkeit Pol Pots zu treffen, gestaltet sich äußerst schwierig, da so wenig über ihn bekannt ist. Er gehörte nicht zu den Führern, die Aufmerksamkeit suchten oder einen Personenkult um sich erschaffen wollten. Stattdessen blieb er im Verborgenen. Er versuchte, seine Identität geheim zu halten (möglicherweise zunächst aus Selbstschutz, ▶ Abschn. 20.2.4) und erzählte nie von seiner Familie oder Kindheit. Es scheint, als wollte er sich von seiner früheren Identität loslösen, um nur für seine Ideologien zu existieren.

Aus Berichten über Pol Pot lässt sich schließen, dass ihn **Zurückhaltung** und **Beharrlichkeit** auszeichneten und er sehr überzeugend sein konnte. Bekannt ist auch, dass er sehr viel arbeitete. Ob dies ein Hinweis ist, wie groß seine Arbeitsbereitschaft war, oder ob es ein Zeichen von Überforderung sein könnte, darüber können wir nur spekulieren.

Eine weitere Frage, die sich nicht abschließend beantworten lässt, ist, ob **Grausamkeit** ein Persönlichkeitszug Pol Pots war. Er wusste von den Foltergefängnissen und Killing Fields.

Er gab aller Wahrscheinlichkeit nach den Auftrag für die Tötung von Säuglingen und Kindern. Er ließ seine eigene Familie deportieren. Nahm er selbst dies als grausam wahr?

Man könnte Elemente einer **dissozialen Persönlichkeitsstörung** in Pol Pots Verhalten sehen: Herzlosigkeit, Verantwortungslosigkeit und Missachtung von Normen, Unfähigkeit, sich schuldig zu fühlen, sowie die Beschuldigung anderer bei Konflikten (Davison et al. 2007). Ob die weiteren Charakteristika einer dissozialen Persönlichkeitsstörung zutreffen, ist aufgrund der mangelnden Informationen über Pol Pots persönliche Beziehungen schwer zu beurteilen. Diese Charakteristika wären die Unfähigkeit, Beziehungen länger beizubehalten, eine geringe Frustrationstoleranz und eine niedrige Aggressionsschwelle (Davison et al. 2007). Pol Pot war verheiratet und hatte Kinder, doch über die emotionale Qualität dieser Beziehung ist nichts bekannt. Über aggressives Verhalten liegen ebenfalls keine Berichte vor. Es sind also Hinweise auf eine dissoziale Störung gegeben, die allerdings nicht ausreichen, um von einer solchen ausgehen zu können.

20.4 Historische Bewertung der Person Pol Pots

20.4.1 Ein Mann mit zwei Gesichtern

» „Schauen Sie mich jetzt an. Bin ich eine grausame Person? Nein!" Pol Pot, 1997 (zitiert nach Thayer 2011, S. 1; Übersetzung der Autorin)

Lange wusste man nichts über Pol Pot. Dazu trug bei, dass er sich stets im Verborgenen hielt und lange nicht einmal seine Identität bekannt war. Bis zur Machtergreifung wussten selbst die Kambodschaner kaum etwas über die Roten Khmer und niemand kannte Pol Pot.

Und auch heute sind noch viele Fragen offen. Das, was wir wissen, zeichnet ein sehr paradoxes Bild. Wir hören Geschichten von Millionen gefolterter und getöteter Menschen

und sehen einen grausamen, gnadenlosen Mann vor uns.

Zeitzeugen beschrieben seinen Charakter hingegen als sympathisch (Chandler 1999). Seine Familie beschrieb Pol Pot als gutmütig und ausgeglichen, seine Mitschüler als angenehm. Als Lehrer wurde er als ruhig, selbstsicher und ehrlich erinnert. Sogar Personen, die unter seinem Regime Angehörige verloren, beschrieben Pol Pots Persönlichkeit oft als angenehm.

All dies scheint im krassen Widerspruch zum geschehenen Genozid zu stehen. Dabei ist es aufgrund mangelnder Aufzeichnungen fast unmöglich, hinter Pol Pots Fassade zu dringen. Der Gegensatz zwischen der beschriebenen Persönlichkeit und der von Pot Pol veranlassten politischen Säuberungen mit der unermesslich hohen Todesrate bleibt mysteriös.

20.4.2 Die Frage nach der Verantwortung

» „Alles was ich tat, tat ich für mein Land." Pol Pot, 1997 (zitiert nach Thayer 2011, S. 1; Übersetzung der Autorin)

Im Jahr 1997 gab Pol Pot sein 1. Interview seit dem Ende des Regimes der Roten Khmer. Dabei wurde vor allem deutlich, dass er zwar Fehler einräumte, sein Handeln aber als richtig betrachtete. Er betonte, ohne den Kampf der Roten Khmer hätte Vietnam Kambodscha verschluckt. Seine Bewegung habe das Land gerettet (Mydans 1997). Eine persönliche Schuld an den Massenmorden wies er von sich. Er behauptete sogar, er habe nach dem Einmarsch der Vietnamesen im Radio zum ersten Mal von den Foltergefängnissen gehört und zuvor nichts von diesen gewusst (Thayer 2011).

Auch konfrontiert mit der Beschreibung der wissenschaftlichen Belege lenkte Pol Pot nicht ein. Dabei war die Beweislast erdrückend. Ein Film, den die vietnamesischen Truppen drehten, zeigte nackte Leichen, an die Bettgestelle gefesselt, die als Folterbank dienten (Mayer 2009). An Leichen und Knochen auf den Killing Fields konnte man die Todesursachen feststellen. Zudem sorgte die genaue Dokumentation der Partei selbst für ausreichende Beweise. Bei ihrer Flucht ließen die Roten Khmer viele Dokumente zurück, in denen „Geständnisse" und Folterarten dokumentiert wurden. Zudem beweisen sie, dass es einen ständigen Kontakt zwischen den Gefängnissen und der Roten-Khmer-Führung gab.

In einem Punkt sind sich die Historiker daher heute einig: Pol Pot wusste mit Sicherheit von den Vorgängen in den Foltergefängnissen und auf den Killing Fields. Auch die Zustände auf dem Land dürften ihm bekannt gewesen sein.

20.5 Fazit

> „Versöhnung ja, Toleranz ja, aber die Erinnerung muss ein Bollwerk gegen die Wiederkehr der Unmenschlichkeit sein."
> Proeung Chhieng, überlebender Tänzer
> (zitiert nach Goeb 2007, S. 11)

Auch wenn viele Fragen offengeblieben sind, wird deutlich, wie mächtig eine Vision sein kann und wie viel jemand, der an eine Vision glaubt, vor sich selbst rechtfertigen kann. Auch zeigt die Geschichte einmal mehr, wie sehr Persönlichkeitszüge eines Machthabers ein Land beeinflussen, wenn es keine Strukturen gibt, die eine solche Einflussnahme verhindern. Sie lehrt uns, wie stark die gesellschaftliche Situation den Weg zu einem Terrorregime ebnen kann.

Wäre es ohne den Vietnamkrieg zum Genozid gekommen? Vermutlich nicht. Der Aufstieg der Roten Khmer wurde zudem durch politische Unterdrückung gefördert, die zu Unzufriedenheit und radikalen Einstellungen führte. Die Krise des Nationalitätsgefühls, Arbeitslosigkeit und die Angst vor dem Krieg waren Faktoren, ohne die sich die Geschehnisse vermutlich anders entwickelt hätten. Vielleicht hätte auch eine größere Aufmerksamkeit der westlichen Welt auf Kambodscha den Genozid dieses Ausmaßes verhindert. Kambodscha ging jedoch neben dem Vietnamkrieg regelrecht unter.

Die Frage, ob es auch ohne Pol Pot zu solchen Ereignissen gekommen wäre, muss zumindest zum Teil bejaht werden. Kommunistische und nationalistische Einstellungen machten nicht nur Pol Pots Denken aus. Viele hatten ähnliche Visionen. Die Unruhe und Angst, die in Kambodscha vorherrschten, hätten auch ohne ihn zu einer Revolution geführt. Dennoch wäre die Geschichte ohne Pol Pot vielleicht anders verlaufen. Seine Paranoia führte zu einer extremen Eskalation der politischen Säuberungen, die es so vielleicht sonst nicht gegeben hätte.

In der heutigen Zeit scheint es schwer vorstellbar, dass dergleichen erneut passiert. Im heutigen Deutschland wäre dies nicht möglich. Jedoch könnten vergleichbare gesellschaftliche Situationen in instabilen Ländern zu ähnlichen schrecklichen Ereignissen führen. Die beste Prävention bleibt die Kenntnis der Geschichte.

Literatur

Bultmann, D. (2017). *Kambodscha unter den Roten Khmer. Die Erschaffung des perfekten Sozialisten.* Paderborn: Ferdinand Schöningh.

Chandler, D. P. (1999). *Brother number one. A political biography of Pol Pot.* Boulder: Westview Press.

Davison, G. C., Neale, J. M., & Hautzinger, M. (2007). *Klinische Psychologie* (7. Aufl.). Weinheim: Beltz.

Frey, D., & Gaska, A. (1993). Die Theorie der kognitiven Dissonanz. In D. Frey & M. Irle (Hrsg.), *Kognitive Theorien der Sozialpsychologie* (2. Aufl., S. 81–121). Bern: Huber.

Goeb, A. (2007). *Kambodscha – Reisen in einem traumatisierten Land. Von den Roten Khmer zum Tribunal der späten Sühne.* Frankfurt a. M.: Brandes & Apsel.

Janis, I. L. (1972). *Victims of groupthink: A psychological study of foreign-policy decisions and fiascoes.* Oxford: Houghton Mifflin.

Kiernan, B. (1996). *The Pol Pot Regime.* New Haven: Yale University Press.

Koch, I. (2002). Konditionieren und implizites Lernen. In J. Müsseler & W. Prinz (Hrsg.), *Allgemeine Psychologie* (S. 387–431). Heidelberg: Spektrum Akademischer Verlag.

Mayer, S. (2009). Das Grauen der Roten Khmer wird öffentlich. Zeit Online. Artikel vom 01. April 2009. ▶ https://www.zeit.de/online/2009/14/rote-khmer-prozesse-kommentar. Zugegriffen: 23. Jan. 2019.

Mydans, S. (1997). In an interview, Pol Pot declares his conscience is clear. The New York Times. Artikel vom 23. Oktober 1997. ▶ https://www.nytimes.com/1997/10/23/world/in-an-interview-pol-pot-declares-his-conscience-is-clear.html. Zugegriffen: 23. Jan. 2019.

Robins, R. S., & Post, J. M. (1997). *Die Psychologie des Terrors. Vom Verschwörungsdenken zum politischen Wahn*. München: Droemer.

Santrock, J. (2008). *Educational psychology*. New York: McGraw-Hill.

Thayer, N. (2011). Pol Pot: Unrepentant. An exclusive interview by Nate Thayer. Nate Thayer Blog. Eintrag vom 12. November 2011. ▶ http://natethayer.typepad.com/blog/2011/11/pol-pot-unrepentant-an-exclusive-interview-by-nate-thayer.html. Zugegriffen: 23. Jan. 2019.

Werth, L., & Mayer, J. (2008). *Sozialpsychologie*. Berlin: Springer.

Whymant, R. (2013). From the archive, 11 December 1979: Deposed Pol Pot gives interview in the jungle. *The Guardian*. Artikel vom 11. Dezember 2013. ▶ https://www.theguardian.com/theguardian/2013/dec/11/pol-pot-khmer-rouge-interview. Zugegriffen: 23. Jan. 2019.

Nero

Römischer Kaiser und geborener Tyrann?

Melina Dengler

© Springer-Verlag GmbH Deutschland, ein Teil von Springer Nature 2019
D. Frey (Hrsg.), *Psychologie des Guten und Bösen,* https://doi.org/10.1007/978-3-662-58742-3_21

21

21.1 Einleitung

Brand von Rom, Christenverfolgung, Muttermord und Wahnsinn – viele Geschichten ranken sich um den römischen Kaiser, und obwohl schon vor knapp 2000 Jahren verstorben, gilt Nero auch in der heutigen Zeit noch als **das** Sinnbild eines verrückten Tyrannen und bösartigen Narzissten. Seine Grausamkeiten verhalfen ihm zu zweifelhaftem Ruhm, und in diversen Filmen, Büchern und Artikeln wurde die Faszination für seine „dunkle" Persönlichkeit aufgegriffen, weiter ausgestaltet und somit der Mythos des verrückten, grausamen Herrschers Nero geprägt.

21.2 Biografie

Bei der Auseinandersetzung mit Neros Biografie ist zu beachten, dass vorhandene Informationen über den Kaiser kritisch zu betrachten sind: Einerseits sind die Primärquellen fast 2000 Jahre alt, andererseits lebte von den 3 Autoren Sueton (Martinet 1997), Cassius Dio (Veh 2007) und Tacitus (Hoffmann 1954) lediglich Letzterer zu Zeiten Neros. Darüber hinaus entstammten alle 3 Biografen senatorennahen Kreisen, die dem Kaiser grundsätzlich sehr ablehnend gegenüberstanden, sodass besagte Quellen ein sehr einseitiges und negatives Bild von Nero zeichnen. Erschwerend kommt hinzu, dass von Nero selbst keine Niederschriften hinterlassen wurden (Sonnabend 2016).

Da es auf Basis der modernen geschichtswissenschaftlichen Auseinandersetzung mit den antiken Quellen jedoch möglich ist, Rückschlüsse auf den Wahrheitsgehalt einzelner Schilderungen zu ziehen, hielt ich es trotz der kritischen Quellenlage für möglich und bereichernd, über die Person des Kaisers Nero zu schreiben.

Die Darstellung der Biografie des Kaisers Nero folgt den Quelleninterpretationen der Historiker Holger Sonnabend (2016) und Jürgen Malitz (2016).

21.2.1 Kindheit und Jugend

Lucius Domitius Ahenobarbus, wie Neros Geburtsname lautete, wurde am 15. Dezember 37 n. Chr. im südlich von Rom gelegenen Antium geboren (Krüger 2012). Sein Vater, der Konsul Gnaeus Domitius Ahenobarbus, wurde in den antiken Quellen als jähzornig und brutal beschrieben. Neros Mutter Iulia Agrippina, eine Urenkelin des früheren Kaiser Augustus, gehörte zum inneren Verwandtschaftskreis der julisch-claudischen Herrscherfamilie. Bereits 3 Jahre nach Neros Geburt verstarb der Vater an einer Krankheit und hinterließ bis auf eine „prophetische" Bemerkung über seinen Sohn keine weiteren Spuren:

» „Ein Kind von mir und Agrippina könne nichts anderes als ein Unglück für das Gemeinwesen sein." (Merten 2016, S. 23)

Agrippina indes wurde aufgrund (angeblichen) Ehebruchs ins Exil verbannt, und der kleine Nero wurde in die Obhut seiner Tante Domitia Lepida gegeben. Dieser Aufenthalt war allerdings nur von kurzer Dauer, da der damalige Kaiser Caligula ca. ein Jahr später einem Attentat zum Opfer fiel und Claudius, ein Onkel Agrippinas, zu seinem Nachfolger ernannt wurde. Neros Mutter durfte nach Rom zurückkehren und erhielt ihren Sohn zurück.

Von diesem Zeitpunkt an versuchte die machthungrige Agrippina zu ihrem Onkel eine gute Beziehung aufzubauen, was dessen Frau Messalina mit Argwohn beobachtete – wähnte sie doch die Thronfolge ihres Sohnes Britannicus in Gefahr. Agrippina sollte aus diesem Machtkampf letztendlich als Siegerin hervorgehen. Nachdem Messalina des Ehebruchs bezichtigt worden war, ließ man sie hinrichten und Claudius vermählte sich wenig später (49 n. Chr.) mit seiner Nichte Agrippina (Merten 2016).

Durch diese Heirat hatte Neros Mutter eine äußerst mächtige Stellung am Hofe erlangt, die sie in den Folgejahren skrupellos dazu nutzen sollte, ihrem Sohn Schritt für Schritt die Herrschaft zu ermöglichen. Besonderen Weitblick zeigte sie hinsichtlich ihrer Entscheidung, die Ausbildung ihres damals 13-jährigen Sohnes keinem üblichen Fachlehrer, sondern dem bekanntesten Intellektuellen Roms anzuvertrauen – Seneca. Der Philosoph sollte Nero zu einem versierten Rhetoriker und Thronfolger erziehen.

Zwei weitere entscheidende Schritte auf das Ziel hin, Nachfolger des Kaisers zu werden, waren Neros Verlobung (49 n. Chr.) mit Claudius' 8-jähriger Tochter Octavia sowie die Adoption durch den Kaiser (50 n. Chr.). Nero war nun sowohl zum Stief-, Adoptiv- als auch (zukünftigen) Schwiegersohn des Kaisers geworden. Der leibliche Sohn des Kaisers, Britannicus, wurde in dem Testament des Kaisers als Thronfolger aber wohl auch weiterhin berücksichtigt (Sonnabend 2016).

21.2.2 Thronbesteigung und die ersten Jahre als Kaiser

Als im Oktober 54 n. Chr. Kaiser Claudius verstarb, wurde der 17-jährige Nero zum neuen Kaiser gewählt. Wieso erhielt er letztendlich den Vorzug vor seinem Stiefbruder? Einerseits war Britannicus mit 13 Jahren deutlich zu jung, um Kaiser zu werden. Andererseits berichtet Tacitus (Hoffmann 1954, S. 579), dass Claudius' Testament auf Agrippinas Anweisung hin nicht öffentlich verlesen wurde. Ob dies geschah, um zu verbergen, dass Britannicus der eigentliche Thronfolger war, bleibt ungeklärt.

Einig sind sich die Originalquellen hingegen hinsichtlich der Tatsache, Agrippina habe Claudius mit einem Pilzgericht vergiftet (Hoffmann 1954, S. 577; Veh 2007, S. 21). Doch muss diese Vermutung mit Vorsicht betrachtet werden, da sie rein hypothetischer Natur ist und der Tod des Kaisers nicht mit Sicherheit auf das Mutter-Sohn-Gespann zurückgeführt werden kann.

Anders sieht es in Bezug auf den Tod von Britannicus aus, der nach Erlangen seiner Volljährigkeit und laut der Meinung der antiken Autoren Tacitus und Dio auf Neros Befehl hin vergiftet wurde (Hoffmann 1954, S. 597; Veh 2007, S. 32). DaAgrippina und ihr Sohn seit seiner Thronbesteigung immer häufiger stritten, drohte sie diesem offenbar damit, Britannicus als neuen Kaiser einzusetzen, sodass Nero in Eigenregie entschied, seinen Konkurrenten zu beseitigen. Da sich die Tat aber in der Anfangsphase von Neros Herrschaft ereignete, als er noch unter starkem Einfluss seiner Mutter stand, ist ihr Mitwirken nicht gänzlich auszuschließen (Sonnabend 2016). Britannicus sollte nicht der einzige Verwandte Neros bleiben, der ermordet wurde, um seine Position als Kaiser zu sichern. Viele weitere, beispielsweise der Konsul Marcus Silanus, sollten in den folgenden Jahren noch getötet werden, sodass kein einziger Blutsverwandter Neros mehr am Leben war, als dieser selbst verstarb (Malitz 2016).

Neben der einflussreichen Mutter zählten sowohl Neros Lehrer Seneca als auch der Befehlshaber der Leibgarde, Sextus Afranius Burrus, zu seinem engsten Beraterstab. Verantwortungsbewusst übernahmen Neros Vertraute die Regierungsgeschäfte, sodass es wohl weitestgehend ihnen zu verdanken ist, dass die ersten 5 Herrschaftsjahre von späteren Generationen als ein vorbildlicher Abschnitt der römischen Geschichte – „Quinquennium Neronis" – bezeichnet wurden. Sowohl der Senat als auch das „einfache" Volk zeigten sich zufrieden mit ihrem neuen Kaiser.

Der junge Kaiser, der laut Cassius Dio (Veh 2007, S. 33 f.) kein Freund der Arbeit war, widmete sich ohnehin lieber seinen Vergnügungen mit Frauen und Lustknaben sowie nächtlichen Trinkgelagen. Im Jahr 58 n. Chr. begann Nero – obwohl noch mit Octavia verheiratet – ein Verhältnis mit der schönen Poppaea Sabina und ließ deren Ehemann als Stadthalter ins weit entfernte Lusitanien versetzen, um seine Geliebte ganz für sich zu haben (Sonnabend 2016).

21

21.2.3 Muttermord

Agrippina missbilligte die Verbindung zu Poppaea Sabina, wodurch sich das inzwischen sehr angespannte Verhältnis des Kaisers zu seiner Mutter noch weiter verschlechterte. Agrippina soll die Rolle der Kaisermutter nicht genug gewesen sein, sie strebte nach unmittelbarer Machtteilhabe, was Nero sehr missfiel. Dies und eine Art Emanzipationsprozess des Sohnes führten dazu, dass Nero Agrippinas Einfluss nach und nach eindämmte und schließlich sogar – angeblich angestachelt durch Poppaea Sabina – beschloss, seine Mutter ermorden zu lassen (Sonnabend 2016).

Im Jahr 59 n. Chr. wurde Agrippina schließlich unter dem Vorwand der Versöhnung nach Neapel eingeladen, wo ihr Schiff dergestalt manipuliert wurde, dass es zusammenbrach, als die Kaisermutter für ihre Rückreise wieder an Bord ging. Allerdings überlebte Agrippina dieses Attentat und schaffte es, an Land zu schwimmen. Bereits wenig später wurde jedoch ein 2. Mordanschlag auf sie verübt, bei dem sie schließlich von einem Bediensteten Neros erschlagen wurde (Veh 2007, S. 40)

Offiziell wurde der Tod Agrippinas, die ohne jegliche Ehrerweisung bestattet wurde, als Selbstmord deklariert. Die römische Bevölkerung glaubte jedoch nicht an Neros Unschuld, beschimpfte ihn als grausamen Muttermörder und bezeichnete dies als seine schrecklichste Tat (Merten 2016).

21.2.4 Zeit des Umbruchs

Nach dem Tod seiner Mutter begann Nero, seine Leidenschaft für die Kunst ungenierter auszuleben. Sein Berater Burrus beobachtete dies mit Argwohn, vermochte es jedoch bis zu seinem Tod im Jahr 62 n. Chr. nicht, dem entgegenzuwirken.

Im Bewusstsein darüber, ebenfalls keinen Einfluss mehr auf Nero zu haben, entschied sich Seneca kurz nach Burrus Tod dazu, den Kaiserhof zu verlassen und sich seinen philosophischen Studien zu widmen. Seneca, der zu Beginn noch motiviert dazu war, seinen Schützling zu einem verantwortungsvollen Kaiser zu erziehen, sollte bald erkennen, dass sich dieser lediglich für sich selbst interessierte. Da er durch den Kaiser zu großem Reichtum gekommen war, sollte der Philosoph trotz seines inneren Widerstands dennoch viele Jahre am Kaiserhof ausharren und erst spät feststellen, „dass er nur ein dekoratives Element [Neros] Herrschaft war" (Sonnabend 2016, S. 98).

Nicht nur im politischen, auch im privaten Bereich sollte sich im Leben des Kaisers einiges verändern. Nero, der seine Ehefrau so schlecht behandelte, dass er angeblich sogar von seinen Freunden dafür kritisiert wurde, ließ sich im Jahre 62 n. Chr. von Octavia scheiden und verbannte sie auf eine entlegene Insel, wo sie wenig später starb. Ob sie einem Mordkomplott Neros zum Opfer fiel, kann aufgrund der unsicheren Quellenlage nicht abschließend geklärt werden.

Kurz nach der Scheidung (62 n. Chr.) heiratete Nero in 2. Ehe seine Geliebte Poppaea Sabina, die im darauffolgenden Jahr eine Tochter namens Claudia zur Welt brachte. Äußerst erfreut über die Geburt war der Kaiser umso betrübter, als Claudia noch im Säuglingsalter starb. Sein 1. Kind sollte auch sein einziges bleiben, da Poppaea Sabina 2 Jahre später während einer erneuten Schwangerschaft verstarb – angeblich, da Nero seiner Frau aus einem Wutanfall heraus in den Bauch getreten hatte – wobei laut der Originalquellen Uneinigkeit darüber bestand, ob dies mit oder ohne Absicht geschah (Hoffmann 1954, S. 817; Martinet 1997, S. 626 ff.; Veh 2007, S. 74). Es wurde jedoch betont, dass Nero Poppaea Sabina aufrichtig geliebt und ihr ein gebührendes Grabmal bereitet haben soll (Sonnabend 2016).

21.2.5 Brand von Rom und Christenverfolgung

Im 10. Regierungsjahr Neros – in einer Sommernacht des Jahres 64 n. Chr. – brach auf einem römischen Marktplatz ein Großbrand aus, der innerhalb von 6 Tagen weite Teile der Stadt zerstören und Neros zweifelhaften Ruf als grausamer Brandstifter prägen sollte. Demnach soll er das Legen des Feuers initiiert haben, um Platz für neue, prunkvolle Bauten zu schaffen (Hoffmann 1954, S. 771; Veh 2007, S. 63 ff.).

Ein eindeutiger Beweis existiert zwar nicht, doch geht man heutzutage von Neros Unschuld aus: einerseits, da der Kaiser wusste, dass er mit einem Brand vor allem das einfache Volk treffen würde – jene Menschen, deren Sympathie ihm am wichtigsten war, und andererseits, da es in Rom wegen fehlender Brandschutzmaßnahmen fast täglich zu (kleineren) Bränden kam. Durch ungünstige Winde konnte das Feuer in der Unglücksnacht schließlich ein derartig verheerendes Ausmaß annehmen.

Der Mythos, Nero habe mit Blick in Richtung des brennenden Roms gesungen, stimmt hingegen wohl. Der Kaiser hielt sich während des Feuers in seinem Landhaus auf und als das Ausmaß der Katastrophe noch nicht abzuschätzen war, stimmte er mit Blick auf Rom ein Lied über den Untergang Trojas an. Als die Flammen schließlich auch seinen Palast bedrohten, begab er sich zurück nach Rom, wo er sich als pragmatischer Krisenmanager bewies.

Dennoch wurden die Stimmen lauter, die sich über seine späte Rückkehr erzürnten und in ihm den Brandstifter sahen. Nero, der sich in die Enge getrieben sah, suchte nach einem geeigneten Sündenbock, und seine Wahl fiel auf eine junge Religionsgemeinschaft, die dem Volk aufgrund ihrer Andersartigkeit bereits seit geraumer Zeit missfiel – der christlichen Gemeinde Roms. Ihre Anhänger wurden verfolgt und auf brutalste Weise in Form eines öffentlichen Spektakels umgebracht, sodass es unter Neros Herrschaft zu einer der ersten Christenverfolgungen im Römischen Reich kommen sollte (Malitz 2016).

21.2.6 Künstlerische Ambitionen

Neben den Gerüchten, Nero sei der Brandstifter des großen römischen Feuers, führten u. a. vor allem seine künstlerischen Ambitionen zu einer vermehrten Unzufriedenheit in der römischen Bevölkerung.

Nero sah sich zeitlebens dazu berufen, Künstler zu sein, ergriff jede Gelegenheit, sich und seine Macht zu inszenieren, und nahm nahezu verbissen Gesangsunterricht (Sonnabend 2016, S. 130 ff.). Seinen 1. öffentlichen Auftritt als Sänger hatte der Kaiser im Todesjahr seiner Mutter, und in den nächsten Jahren sollten noch viele weitere Aufführungen folgen. Sich als Adeliger, gar als Kaiser, in derartiger Form künstlerisch zu betätigen, galt in der damaligen Gesellschaft jedoch als äußerst unsittlich und wurde von den konservativen Eliten mit Argwohn betrachtet. Manch standesbewusster Senator ging sogar so weit, dies als fast ebenso verwerflich wie den Muttermord zu beschreiben (Malitz 2016).

21.2.7 Machtverlust und Tod

>> „Ich hasste dich. Und doch war keiner deiner Soldaten dir treuer, solange du geliebt zu werden verdientest. Zu hassen aber begann ich dich, nachdem du zum Mörder deiner Mutter und Gattin, zum Wagenlenker, Schauspieler und Brandstifter wurdest." (Sonnabend 2016, S. 208)

Die Worte eines verdienten Militärtribuns verdeutlichen, dass sich nicht nur im Senat die Unzufriedenheit mit dem Kaiser immer weiter ausbreitete. So scharte sich um den Adeligen Gaius Calpurnius Piso eine Gruppe von Senatoren und Rittern, die den Plan fassten, Nero im Jahre 65 n. Chr., am Tage des Ceres-Festes, zu erdolchen und Piso als dessen Nachfolger auszurufen. Aufgrund der Unvorsichtigkeit eines der Beteiligten wurde das Attentat jedoch vereitelt, und es kam infolgedessen zu einer Welle von Verhaftungen und Hinrichtungen (Sonnabend 2016). Obwohl nachweislich nicht an der Pisonischen Verschwörung beteiligt, wurde auch Seneca als angeblich Mitwirkender zum Selbstmord gezwungen. Mutmaßlich wollte sich Nero auf diese Weise an seinem früheren Berater dafür rächen, dass dieser den Kaiserhof gegen seinen Willen verlassen hatte.

Im Jahr nach der Pisonischen Verschwörung heiratete Nero wenige Monate nach Poppaea Sabinas Tod Statilia Messalina und brach einige Wochen später zu seiner 1. Auslandsreise nach Griechenland auf. Dort trat der Kaiser als Sänger und Schauspieler auf und nahm an diversen Wettkämpfen teil (Sonnabend 2016). Sein Vertreter Helius sorgte indes in Rom „mit einschüchternden Verhaftungen und Hinrichtungen Unschuldiger für Ruhe" (Malitz 2016, S. 98). Als sich die Lage aufgrund leerer Staatskassen zu destabilisieren begann, musste Nero seine Reise abbrechen und kehrte nach 15 Monaten zurück nach Rom.

Der Unmut über die öffentlichen Inszenierungen des Kaisers mit ihrer hohen Finanzierungslast hatte inzwischen auch die Provinzen erreicht. Im Jahr 68 n. Chr. erhob sich der Statthalter von Gallien gegen den Kaiser, und weitere Aufstände in anderen Provinzen folgten. Neros Ende war schließlich besiegelt, als Nymphidius, der Befehlshaber der kaiserlichen Garde, dem Kaiser das Vertrauen entzog und den Senat dazu brachte, diesen zum Staatsfeind zu erklären. Noch bevor Nero fliehen konnte, wurde er am 9. oder 11. Juni im Jahr 68 n. Chr. von Soldaten in seinem Haus festgenommen. Nero sah keinen anderen Ausweg und nahm sich nach fast 14 Regierungsjahren – angeblich mit den Worten: „Welch ein Künstler stirbt mit mir!" – mit einem Dolch das Leben (Veh 2007, S. 104).

21.2.8 Bilanz und historische Einordnung

Nero war der 5. und letzte Kaiser der julisch-claudischen Dynastie, die 64 Jahre zuvor durch Augustus begründet worden war und auf die Zeit der Römischen Republik folgte.

Seine ersten Herrschaftsjahre, die durch den Einfluss der Mutter und Berater geprägt waren, wurden als zufriedenstellend beschrieben. Zum Missfallen des Volkes widmete sich der Kaiser mit zunehmendem Alter aber immer mehr seinen Leidenschaften. Anzunehmen ist allerdings, dass es weniger Nero war, der sich mit der Zeit änderte, sondern sich vielmehr die wirtschaftliche Lage sowie die Einstellung des Volkes zu seinem Herrschaftsstil veränderten.

Nero war von Beginn an ein Meister der Inszenierung, der den Beifall der Massen brauchte. Trotz dessen kümmerte sich der Kaiser stets um das alltägliche Regierungsgeschäft und zeigte sich geschickt darin, wichtige Posten mit fähigen Männern zu besetzen. Zusammenfassend lässt sich aber konstatieren, dass Nero politisch wenig bewirkte, sodass allem voran sowohl sein Faible für die Kunst als auch seine vielen Untaten wie die Ermordung unzähliger Verwandter und Widersacher sowie die grausame Verfolgung und Hinrichtung der Christen in Erinnerung blieben (Sonnabend 2016).

21.3 Psychologische Theorien, Modelle und Konzepte

Auf Basis psychologischer Erklärungsansätze soll der Versuch unternommen werden, die Person Neros sowie die vermeintlichen Ursachen seiner grausamen Handlungen näher zu ergründen. Es gilt jedoch zu betonen, dass es sich hierbei aufgrund der Quellenlage und des Umstands, dass es sich bei Nero um eine historische Figur handelt, nur um Annahmen und nicht um gesicherte Sachverhalte handelt.

21.3.1 Persönlichkeit

Anhand der Schilderungen, die sich über die verschiedenen antiken Schriften hinweg zu decken und somit einen größeren Wahrheitsgehalt zu besitzen scheinen, können Vermutungen über die Persönlichkeit von Nero angestellt werden.

So kann man festhalten, dass sich dieser vermutlich insbesondere durch seine selbstbewusste, aggressive und durchsetzungsstarke Art auszeichnete und zur ständigen Provokation neigte. Skrupellos schien er keinerlei Rücksicht auf andere Menschen zu nehmen, wird zugleich aber als ängstlich und nahezu abhängig von der Sympathie des Volkes beschrieben. Sein Selbstverständnis, ein begnadeter Künstler zu sein, prägte ihn in besonderer Weise (Sonnabend 2016).

In der Literatur und im Film wurde neben dem Bild eines verrückten „Künstlerkaisers" vor allem das eines selbstverliebten Narzissten aufgegriffen. Ob sich diese Vermutung bestätigen lässt, soll im Folgenden diskutiert werden.

Damit von einer **narzisstischen Persönlichkeitsstörung** gesprochen werden kann, müssen gemäß der WHO (Dilling et al. 2015) mindestens 5 der aufgeführten 9 Kriterien erfüllt sein:
1. Größengefühl
2. Fantasien über unbegrenzten Erfolg, Macht, Schönheit oder ideale Liebe
3. Gefühl der Einmaligkeit
4. Bedürfnis nach übermäßiger Bewunderung
5. Unbegründete Anspruchshaltung
6. Ausnutzen von zwischenmenschlichen Beziehungen
7. Mangel an Empathie
8. Neidgefühle oder Überzeugung, beneidet zu werden
9. Arrogantes, hochmütiges Verhalten

Basierend auf den Originalquellen lässt sich schlussfolgern, dass Nero wahrscheinlich die ersten 4 sowie das 8. der genannten Merkmale erfüllte. So schrieb sich der Kaiser selbst ein überdurchschnittlich großes künstlerisches Talent zu. Nero mag passable Fähigkeiten in diesem Bereich aufgewiesen haben, doch reichten sie bei Weitem nicht aus, um ein derartiges „Größengefühl" zu rechtfertigen. Darüber hinaus beschäftigte er sich eingehend mit Fantasien über grenzenlosen Erfolg und sah sich selbst als etwas Einmaliges an. Bei Betrachtung von Neros Person kann eine besonders starke Ausprägung hinsichtlich des 4. Kriteriums gefunden werden. So war der Kaiser nahezu gierig nach Beachtung und dem Beifall der Massen. Wenn Nero sang, durfte folglich niemand den Raum verlassen, ehe er sein Lied nicht beendet und ausreichend Anerkennung erhalten hatte. Auch Neidgefühle spielten in seinem Leben wohl des Öfteren eine Rolle. Als Beispiel sei die Ermordung seines Bruders zu nennen, den er angeblich nicht nur aus machttaktischen Gründen, sondern auch aus Neid auf dessen schöne Singstimme töten ließ (Sonnabend 2016). Ob Nero tatsächlich eine narzisstische Persönlichkeitsstörung oder lediglich einen narzisstischen Persönlichkeitsstil – eine leichte, aber nicht pathologische Ausprägung der relevanten Charakteristika – aufwies, kann aufgrund der unsicheren Quellenlage letztendlich nicht mit Sicherheit beantwortet werden.

Es kann jedoch festgehalten werden, dass Nero neben narzisstischen Tendenzen wohl auch vereinzelte Merkmale einer **paranoiden Persönlichkeitsstörung** aufwies. So zeigte der Kaiser eine übertriebene Empfindlichkeit bei Rückschlägen und Zurücksetzung. Beispielsweise zwang er Seneca im Rahmen der Pisonischen Verschwörung trotz dessen Unschuld zum Selbstmord – wohl aus verletztem Stolz heraus, da der ehemalige Berater den Kaiserhof gegen Neros Willen verlassen hatte. Darüber hinaus wurde der ohnehin ängstliche Kaiser seit der Pisonischen Verschwörung als übertrieben misstrauisch beschrieben, stets

21

geplagt von der Sorge, einem erneuten Attentat zum Opfer zu fallen.

Zuletzt könnte Nero eine Tendenz zu stark überhöhtem Selbstwertgefühl kombiniert mit ständiger Selbstbezogenheit attestiert werden (Fiedler 2007). Laut den Originalquellen war die eine Sache, für die sich Nero am meisten in seinem Leben zu interessieren schien – allein er selbst (Sonnabend 2016).

21.3.2 Modelllernen

Im Sozialisationsprozess eines Menschen stellt das Modelllernen nach Bandura einen bedeutenden Mechanismus dar. Hiermit sind Lernsituationen gemeint, in denen der Lernende eine Handlung aufmerksam beobachtet und später imitiert (Gluck et al. 2010). Das komplexe Repertoire an Verhaltensweisen, das Mitglieder einer Gesellschaft zeigen, wird demzufolge größtenteils durch die reine Beobachtung von Handlungsmustern anderer Personen erlernt (Bandura 1969).

Einen bedeutenden Faktor des Modelllernens stellt u. a. das Ausmaß der Motivation dar, eine beobachtete Handlung nachahmen zu wollen (Koch und Stahl 2017). Diese kann über den Status des Vorbildes vermittelt werden, sodass mit höherer Wahrscheinlichkeit die Handlung von jemandem imitiert wird, den man bewundert (Gluck et al. 2010). Für Kinder kommen demzufolge insbesondere ihre **Eltern als Vorbilder** infrage, wie es auch bei Nero der Fall war. Seine Mutter spielte eine besonders dominante Rolle in seinem Leben und auch Neros Vater konnte ihn – trotz seines baldigen Ablebens – in einer frühen Entwicklungsphase prägen.

Eine Studie von Bandura, Ross und Ross (1961) zeigt, dass Kinder aggressive Verhaltensweisen erlernen, indem sie die Handlungen von Erwachsenen beobachten. So ist es denkbar, dass auch Nero manche aggressive Verhaltensweisen seines brutalen Vaters übernahm. Vor allem aber wurde der Kaiser durch das (negative) Vorbild seiner Mutter geprägt. Die machtbesessene Agrippina lebte ihrem Sohn Zeit ihres Lebens vor, die eigenen Interessen mit Kalkül und notfalls auch auf Kosten anderer zu verfolgen. Nero lernte an ihrem Beispiel, dass skrupelloses Verhalten oftmals zum Ziel führt und belohnt wird. Dies könnte bewirkt haben, dass Nero die grausamen Methoden seiner Mutter imitierte und dazu nutzte, seine Macht zu sichern (Gluck et al. 2010).

Neben seinen Eltern wurde Nero selbstverständlich auch durch die damalige Gesellschaft geprägt. So galt es im Rom der damaligen Zeit als nahezu normal, seine eigenen Interessen vor das Wohl anderer zu stellen und sich mithilfe von Intrigen oder sogar Ermordungen gegen Widersacher durchzusetzen. Als Kind dieser Zeit lernte Nero somit schnell, stets Misstrauen zu hegen und sich bei Bedarf skrupelloser Mittel zu bedienen.

21.3.3 Theorie der psychologischen Reaktanz

Nero war ganz unter dem Einfluss seiner ehrgeizigen Mutter herangewachsen. Sie bediente sich eines sehr autoritären Erziehungsstiles, und auch als Nero bereits zum Kaiser gekrönt war, behielt Agrippina ihre dominante Position anfangs noch bei. Dies erstreckte sich von Neros Regierungsgeschäften über seine privaten Interessen bis hin zu seinen Liebesaffären (Malitz 2016). Der Kaiser fühlte sich zunehmend durch sowohl seine Mutter als auch seine Berater in seinem Handlungsspielraum eingeschränkt, was schließlich dazu führte, dass sich Nero zu wehren begann und Reaktanzverhalten zeigte.

Nach der Theorie der psychologischen Reaktanz tritt dies auf, wenn eine Person eine Bedrohung eines ihr wichtigen Freiheitsspielraumes wahrnimmt. Auf diese Einengung wird mit Widerstand reagiert, um diesen Spielraum wiederherzustellen. **Psychologische Reaktanz** kann somit als die Motivation zur Herstellung einer eliminierten oder bedrohten Freiheit definiert werden. Die Stärke der psychologischen Reaktanz wird im

Wesentlichen durch den Umfang des (subjektiven) Freiheitsverlustes, die Stärke der Einengung sowie die Wichtigkeit der betroffenen Freiheit bestimmt (Dickenberger et al. 2009).

Nach Brehm und Brehm (1981) kann es hierbei zu verschiedenen Arten von Reaktanzeffekten, beispielsweise im Falle Neros **Aggression** oder einer **direkten Wiederherstellung der Freiheit,** kommen. Letztere bedeutet, dass das jeweilige Verhalten trotz Verbot ausgeführt wird. Diese Alternative kann gewählt werden, wenn keine ausreichende Sanktionsmacht (mehr) vorhanden ist. So wagte es der Kaiser mit zunehmendem Bewusstsein über seine mächtige Position allmählich, sich den Forderungen Agripinas sowie anderer Personen, die versuchten, Einfluss auf ihn zu nehmen, zu widersetzen. In besonders hohem Maße hatte Nero stets eine Einschränkung bezüglich seiner Leidenschaft für die Kunst erfahren.

Im Laufe der Zeit begann er sich schließlich – fast wie ein trotziges Kind – demonstrativ allen Widerständen zu widersetzen und lebte diese Vorliebe immer provokanter aus. Neros „Emanzipationsprozess" von Agrippina ging indes sogar so weit, dass der Kaiser ihren Einfluss minimierte und sie zwang, aus dem Palast auszuziehen. Manch einer mag sogar Agrippinas Ermordung in einer Reihe mit diesen Ereignissen sehen. Allein durch die Theorie der psychologischen Reaktanz lassen sich die Gründe hinter dieser Tat wohl aber nicht umfassend erklären.

21.3.4 Die vier Wurzeln des Bösen

Was führt dazu, dass manche Personen „bösartiges" Verhalten an den Tag legen? Als Antwort auf diese Frage postuliert Baumeister (1997) folgende Faktoren für gewaltvolle Handlungen:
1. Das Böse als Mittel zum Zweck
2. Bedrohter Egotismus
3. Ideologie
4. Sadismus

Im Falle Neros könnten basierend auf den Originalquellen die ersten beiden Faktoren als potenzielle Ursachen seiner grausamen Taten gesehen werden.

Im Rahmen des 1. Faktors wird das „Böse" dadurch erklärt, dass gewaltvolle Verhaltensweisen als **Mittel zum Zweck** im Sinne einer Zielerreichung bzw. Interessendurchsetzung verwendet werden. Mit Blick auf die Gräueltaten, die Nero angelastet werden müssen, kann dieser Faktor als eine der entscheidenden Ursachen für sein Verhalten identifiziert werden. So gab der Kaiser viele Morde in Auftrag, um potenzielle Konkurrenten zu beseitigen. Als Beispiele hierfür können die Morde an seinem Stiefbruder Britannicus und an diversen weiteren entfernten Verwandten genannt werden (Malitz 2016). Am Ende sollte kein einziger Blutsverwandter Nero überleben, und auch seine ehrgeizige Mutter, die wichtige Verbündete im Militär hatte und durch ihr Machtstreben eine gewisse Gefahr darstellte, wurde wohl u. a. ebenfalls aus machtpolitischen Gründen getötet.

Neben der Machtsicherung können noch weitere Ziele hinter Neros grausamen Taten benannt werden. So ließ er seine geschiedene Frau Octavia verbannen und mutmaßlich auch umbringen, um seine Geliebte Poppaea Sabina heiraten zu können, wohingegen die Christenverfolgung initiiert wurde, um dem Volk einen Schuldigen für den Brand von Rom präsentieren zu können.

Als 2. Ursache hinter Gewalttaten sieht Baumeister (1997) den sog. **bedrohten Egotismus.** Der Begriff des **Egotismus** bezeichnet die (übertriebene) Neigung, sich selbst und seine Vorzüge in den Vordergrund zu stellen und ist vom **Egoismus** – dem Streben nach der Erlangung von Vorteilen ohne Rücksicht auf andere – abzugrenzen (Duden 2019). Nach Baumeister (1997) sollen insbesondere Menschen mit einem instabilen Selbstbewusstsein zu aggressiven Verhaltensweisen neigen, sobald dieses durch Kritik anderer infrage gestellt und ihr Stolz bzw. Selbstbild verletzt wird.

In einer Untersuchung von Bushman und Baumeister (1998) konnte des Weiteren ein Zusammenhang mit Narzissmus gefunden werden. So waren die aggressivsten Personen diejenigen, die narzisstische Tendenzen aufwiesen und deren übertrieben positives Selbstbild durch andere infrage gestellt wurde.

Auch im Falle Neros könnte dies bei einigen Taten zum Tragen gekommen sein. So ließ der Kaiser seinen Stiefbruder wohl u. a. deswegen ermorden, da er sich in seinem künstlerischen Selbstverständnis durch Britannicus schöne Singstimme bedroht sah. Darüber hinaus hatte er Antonia, die Tochter des Claudius, töten lassen, da sich diese geweigert hatte, ihn nach dem Tod seiner Frau Poppaea zu heiraten (Sonnabend 2016).

21.3.5 Cäsarenwahn

Der Ausdruck „Cäsarenwahn" entstammt der historischen und belletristischen Literatur des 19. Jahrhunderts und basiert auf Berichten des Tacitus. Dieser Begriff, der später auch von Psychiatern aufgegriffen wurde, stellt keine anerkannte psychische Störung, doch gemäß einiger Experten ein „durchaus reales psychopathologisches Phänomen von oft enormer gesellschaftlicher und politischer Bedeutung" dar (Zerssen 2011, S. 159). Der Begriff des Cäsarenwahns diente dazu, den hemmungslosen und übersteigerten Machtmissbrauch und -anspruch antiker Herrscher wie Nero und Caligula zu beschreiben, und wird auch heute noch des Öfteren zur Charakterisierung moderner Regenten aufgegriffen.

Cäsarenwahn wird anhand folgender Elemente definiert:

- Glaube an die eigene Göttlichkeit
- Verschwendungssucht
- Theatralischer Schein
- Heißhunger nach militärischen Triumphen
- Neigung zum Verfolgungswahn

Es kann festgehalten werden, dass Nero wohl bis auf „Heißhunger nach militärischen Triumphen", der auf Basis der Originalquellen nicht in hohem Maße feststellbar war, alle Elemente dieses Phänomens aufwies.

Der Begriff des Cäsarenwahns wird analog zu Neros Person für viele weitere Diktatoren wie Hitler (▸ Kap. 17) oder Stalin (▸ Kap. 18) verwendet und zeigt somit auf, dass dieser als despotischer Herrscher kein Einzelfall war. So kann die Vermutung angestellt werden, dass Neros Gräueltaten vermutlich nicht nur durch dessen Persönlichkeitseigenschaften sowie die bereits genannten psychologischen Theorien erklärt werden können, sondern u. a. auch auf das gegebene System zurückzuführen sind. Hätte Nero diese Verfügungsgewalt und gewisse Freiheiten nicht gehabt, sondern wäre durch bestimmte Instanzen stärker reguliert worden, hätte er vermutlich auch einige seiner Taten nicht durchgeführt bzw. hätte diese nicht durchführen können (Zerssen 2011).

21.4 Fazit

War Nero Kaiser, Künstler und zugleich Tyrann? Von einigen der Grausamkeiten, die über Jahrhunderte hinweg mit seiner Person in Verbindung gebracht wurden und seinen zweifelhaften Ruf prägten, beispielsweise der Brand von Rom, konnte der römische Kaiser in der modernen Geschichtsforschung freigesprochen werden. Subjektiv gefärbte Angaben antiker Autoren hatten hautsächlich dazu geführt, dass diese anfänglichen Gerüchte zu vermeintlichen Tatsachen werden konnten.

In späteren Darstellungen, Filmen und Büchern über den Kaiser Nero wurden diese Erzählungen aufgegriffen und weiter ausgeschmückt. Einem selbstsüchtigen Herrscher, dessen wahre Taten doch ohnehin schon grausam genug waren, wurden noch weitere Schrecklichkeiten angedichtet und somit ein Mythos des Bösen geschaffen. Dieser Mythos hat bis zum heutigen Tag Bestand und zeigt, dass die Faszination für das Böse tief in uns Menschen verwurzelt zu sein scheint.

Dennoch muss festgehalten werden, dass viele andere Erzählungen über Nero der

Wahrheit entsprechen – von der Ermordung seiner Mutter über das Auslöschen aller seiner übrigen Blutsverwandten bis hin zur Verfolgung der Christen. Diese und noch viele weitere Grausamkeiten zeichnen das Bild eines letztlich doch sehr skrupellosen und machtbesessenen Kaisers, der von früher Jugend an gelernt hatte, Mord als Instrument zu nutzen. Allerdings wäre es zu einfach, diese Taten Neros rein in seiner Persönlichkeit begründet zu sehen. Vielmehr muss dies auch vor dem Kontext der Gesellschaft und des politischen Systems gesehen werden, wodurch ein derartiger Machtmissbrauch erst ermöglicht und begünstigt wurde.

Für unsere heutige Gesellschaft ist dies insofern von Bedeutung, da Nero nicht als Einzelfall, sondern vielmehr als ein Beispiel vieler weiterer historischer sowie moderner, möglicherweise sogar zukünftiger Despoten gesehen werden kann, die erst durch die Möglichkeiten, die ihnen gegeben wurden, ihre „bösen" Seiten ausleben konnten und können. Jedes einzelne Mitglied einer Gesellschaft ist daher dazu aufgefordert, die eigene Verantwortung zur Reflexion gegebener Normen und Zustände zu übernehmen und gegen potenzielle Missstände proaktiv vorzugehen.

Literatur

Bandura, A. (1969). Social-learning theory of identificatory processes. In D. A. Goslin (Hrsg.), *Handbook of socialization theory and research* (S. 213–262). Chicago: Rand McNally & Co.

Bandura, A., Ross, D., & Ross, S. (1961). Transmission of aggression through imitation of aggressive models. *Journal of Abnormal and Social Psychology, 63*(3), 575–582.

Baumeister, R. F. (1997). *Evil: Inside human violence and cruelty*. New York: W.H. Freeman.

Brehm, S. S., & Brehm, J. W. (1981). *Psychological reactance: A theory of freedom and control*. New York: Academic Press.

Bushman, B. J., & Baumeister, R. F. (1998). Threatened egotism, narcissism, self-esteem, and direct and displaced aggression: Does self-love or self-hate lead to violence? *Journal of Personality and Social Psychology, 75*(1), 219–229.

Dickenberger, D., Gniech, G., & Grabitz, H. J. (2009). Die Theorie der psychologischen Reaktanz. In D. Frey & M. Irle (Hrsg.), *Theorien der Sozialpsychologie: Bd. I. Kognitive Theorien* (S. 243–273). Bern: Huber.

Dilling, H., Mombour, W., & Schmidt, M. H. (Hrsg.). (2015). *Internationale Klassifikation psychischer Störungen. ICD-10 Kapitel V (F) klinisch-diagnostische Leitlinien* (10. Aufl.). Bern: Hogrefe.

Duden. (2019). Egotismus. ▶ https://www.duden.de/rechtschreibung/Egotismus. Zugegriffen: 1. Febr. 2019.

Fiedler, P. (2007). *Persönlichkeitsstörungen*. Basel: Beltz.

Gluck, M. A., Mercado, E., & Myers, C. E. (2010). *Lernen und Gedächtnis. Vom Gehirn zum Verhalten*. Heidelberg: Spektrum Akademischer.

Hoffmann, C. (Hrsg.). (1954). *Tacitus: Annalen*. München: Heimeran.

Koch, I., & Stahl, C. (2017). Lernen – Assoziationsbildung, Konditionierung und implizites Lernen. In J. Müsseler & M. Rieger (Hrsg.), *Allgemeine Psychologie* (S. 319–352). Berlin: Springer.

Krüger, J. (2012). *Nero. Der römische Kaiser und seine Zeit*. Köln: Böhlau.

Malitz, J. (2016). *Nero*. München: Beck.

Martinet, H. (Hrsg.). (1997). *Sueton: Die Kaiserviten. De vita Caesarum*. Düsseldorf: Artemis & Winkler.

Merten, J. (Hrsg.). (2016). *Nero. Kaiser, Künstler und Tyrann*. Darmstadt: Konrad Theiss.

Sonnabend, H. (2016). *Nero. Inszenierung der Macht*. Darmstadt: Philipp von Zabern.

Veh, O. (Hrsg.). (2007). *Cassius Dio: Römische Geschichte* (Bd. 5). Zürich: Artemis & Winkler.

Zerssen, D. V. (2011). Der „Cäsarenwahnsinn"–Wahrheit oder Legende? *Fortschritte der Neurologie · Psychiatrie, 79*(3), 152–160.

Iwan IV.

Der wohl schrecklichste Zar Russlands

Andrea Maier

© Springer-Verlag GmbH Deutschland, ein Teil von Springer Nature 2019
D. Frey (Hrsg.), *Psychologie des Guten und Bösen*, https://doi.org/10.1007/978-3-662-58742-3_22

22

22.1 Einleitung

Schon vor mehr als 5000 Jahren wurde das Gebiet im heutigen Westrussland von Halbnomaden besiedelt. Später ließen sich dann sesshafte Stämme in dem Bereich nieder. Im 9. Jahrhundert war allerdings nicht Moskau der Hauptort der Stämme, sondern Kiew. Aus diesem Grund wurden die ersten Siedler, die aus dem slawischen und schwedischen Gebiet stammten, auch „Kiewer Rus" (griech. „ros" = „Quellen") genannt. Im 12. Jahrhundert zerfiel der damals größte Flächenstaat Europas in mehrere Einzelreiche, womit die Vormacht Kiews in dem Reich endete (Länder-Lexikon 2017).

Dschingis Khan nutzte die unsichere Lage der Einzelreiche und eroberte das Gebiet in der ersten Hälfte des 13. Jahrhunderts und zerstörte Kiew während seines Feldzuges vollständig (Länder-Lexikon 2017).

Nach dem Ende der Mongolenherrschaft 1480 war aus den einstmals verfeindeten russischen Fürstentümern ein zentral von einem neuen Dienstadel regierter Einheitsstaat entstanden. Nun wurde Moskau zum Zentrum der Macht, und mit der Krönung Iwans IV. im Jahr 1547 zum ersten Zaren der geeinten Rus endete die Zersplitterung des Reiches. Von Moskau aus begann die Eroberung Sibiriens. Iwan IV. eroberte zudem die gesamte Wolgaregion bis zum Kaspischen Meer, seine Versuche, sich auch Richtung Westen auszudehnen, wurden allerdings von Schweden, Dänemark, Polen und Litauen abgewehrt (Länder-Lexikon 2017).

Russland hat sich trotz seiner Zugehörigkeit zum europäischen Kontinent sehr verschieden zum Rest Europas entwickelt. Die **Autokratie,** also die zentrale und als unantastbar geltende Macht der Regierung, stellt einen zentralen Unterschied zum westlichen Europa dar und ist auch heute noch zu spüren.

Die Formierung des russischen Staates nach 1300 war eine eigenständige Neubildung. Das Byzantinische Reich hat das Russische Reich weder ideologisch noch politisch geformt. Die Dauerhaftigkeit des russischen Staates konnte nur durch die Einführung der Primogenitur erreicht werden. So war die Geburt Grundvoraussetzung für die Legitimität der Herrschaft und damit gottgegeben. Auch die Zentralisierung der Macht war die einzige Möglichkeit, das riesige Reich effizient zu regieren (Simon 1995). Der russisch-orthodoxe Glaube und die unzureichende Bildung der Bevölkerung trugen dazu bei, dass die Zaren und Kaiser Russlands so herrschen konnten, wie sie es im späten Mittelalter und in der frühen Neuzeit taten. Die russisch-orthodoxe Kirche, die sich im 15. Jahrhundert von Konstantinopel abspaltete, ist gekennzeichnet von stundenlangen Gottesdiensten und strengen Regeln. Die Bevölkerung zur Zeit Iwans war streng gläubig und sahen ihre Herrscher als gottgegeben an, wonach sie auch das Recht hatten, willkürlich zu herrschen. Die Taten ihrer Herrscher wurden nicht hinterfragt, und auch aus Angst vor dem Zorn Gottes wagte es die Bevölkerung nicht, sich gegen ihren Herrscher aufzulehnen (Troyat 1987).

22.2 Biografie

Die folgenden Ausführungen zur Biografie stammen aus den Werken von Troyat (1987) und Carr (1990).

22.2.1 Eltern

Iwan kam als Kind des Moskauer Großherzogs Wassilijs und Helena Glinskij am 25. August 1530 auf die Welt. Allerdings starb der Großherzog Wassilijs an einer Entzündung, als Iwan 3 Jahre alt war. Daraufhin wurde Iwan zum Nachfolger seines Vaters erklärt, konnte die Regentschaft allerdings erst mit 15 Jahren antreten. Bis dahin herrschte seine Mutter Helena an Iwans Stelle mithilfe eines Regentschaftsrates.

Bereits kurz nach Wassilijs Tod brach ein Kampf zwischen den Bojaren, den entmachteten Adligen Russlands, und Helena aus, da diese ihre alten Privilegien wiedererlangen wollten. Helena war eine sehr ehrgeizige Regentin, die aus Angst vor einer Machtübernahme die Brüder ihres verstorbenen Mannes sowie ihren eigenen Onkel, der sie für eine Liebschaft gemaßregelt hatte, einsperren ließ.

Ihre Regentschaft fand jedoch ein jähes Ende, als sie am 3. April 1538 plötzlich starb. Nachfolgend wurden Mutmaßungen angestellt, dass sie von ihren Widersachern, den Bojaren, vergiftet worden sei.

22.2.2 Kindheit und Jugend

Iwan hatte eine Kindheit, die von Zurückweisung und Einsamkeit geprägt war. Seine Mutter widmete sich ganz ihrer Regentschaft und kümmerte sich nur wenig um ihren einzigen Sohn. Die Amme Agrafina war Iwans einzige enge Bezugsperson in der frühen Kindheit. Diese wird jedoch nach dem Tod der Mutter Iwans von den Bojaren in ein Kloster verbannt, da sie die Schwester von Helenas Geliebtem war. Somit war Iwan mit nur 8 Jahren völlig auf sich allein gestellt. Keine weiteren Verwandten waren verfügbar, die sich um ihn hätten kümmern können. Allein sein 2 Jahre jüngerer Bruder Jurij blieb bei ihm.

Da die Bojaren immer mehr ihrer Widersacher aus dem Weg räumten, musste Iwan in ständiger Angst leben, auch einem Anschlag oder dergleichen zum Opfer zu fallen. Da sie Iwan jedoch nicht als unmittelbare Bedrohung sahen, trachteten sie ihm nicht nach dem Leben. Jedoch musste Iwan in einer Umgebung aufwachsen, die von Hass und Intrigen geprägt war, und so lernte er, dass nur die Starken überleben. Zudem kümmerten sich die Bojaren kaum um die beiden Brüder, sodass diese oft hungern und frieren mussten.

Iwan entwickelte zunehmend Verhaltensauffälligkeiten und begann, Menschenfolterungen, die er immer wieder als Kind miterleben musste, an Tieren zu imitieren.

Ab 1542 übernimmt der Metropolit von Moskau (Vorsteher der russisch-orthodoxen Kirche) namens Makarij die Erziehung von Iwan. Dieser festigte ihn in seinem konservativen Glauben an die russisch-orthodoxe Kirche und brachte ihm Lesen und Schreiben bei. Iwan erhielt eine sehr gute Bildung und erwies sich als wissbegierig und intelligent.

Als Iwan größer und einflussreicher wurde, sorgten die Bojaren dafür, dass er sich mit Söhnen der Bojaren umgab, und sie vertrieben sich die Zeit mit wilden Spielen im Kreml und mit Jagden im Wald. Hin und wieder ließen sie auch Tiere auf die hohen Türme schaffen, um sie hinabzuwerfen, und beobachteten, wie diese am Boden auftrafen. Zudem machte Iwan in der Runde seine ersten Erfahrungen mit Trinkgelagen und Vergewaltigungen. Die erwachsenen Bojaren fühlten sich vom jungen Iwan jedoch immer stärker bedroht und demütigten ihn zu vielen Gelegenheiten. Daraufhin entschloss sich der 13-jährige Iwan, es ihnen zu gegebener Zeit heimzuzahlen.

Er befahl bereits in diesem Alter, dass der derzeitige Machtinhaber von Jagdhunden in Stücke gerissen werden sollte. Da Iwan der Großfürst von Gottes Gnaden war, traute sich niemand, ihm dies zu verweigern oder ihn dafür zu bestrafen.

22.2.3 Zarenkrönung

Die Bojaren erkannten die gottgegebene Macht Iwans nicht einfach an. Sie sahen sich von gleichem Adelsrang wie Iwan. Aufgrund dessen standen sie ihm sehr kritisch gegenüber. Da er aber durch Erbrecht der Großfürst von Moskau war, mussten sie ihm Gefolgschaft leisten.

Mit 17 Jahren fasste Iwan den Entschluss, zu heiraten. Daher ließ er sich nach altem Brauch alle heiratsfähigen Mädchen (von Adel) einladen. Von ihnen wollte er sich die Schönste aussuchen. Dabei verliebte er sich auf der Stelle in die schöne und kluge Anastasia Romanowna. Diese stammte aus einer alten Adelsfamilie, die vor einigen Jahrzehnten aus Preußen geflohen war.

Vor seiner Hochzeit wollte sich Iwan jedoch noch als Zar krönen lassen, da er sich

22

auf einer Stufe mit den römischen und byzantinischen Kaisern stehen sah. Er betrachtete Moskau als 3. Rom, das auf ewig bestehen würde. Zu diesem Zweck wurde auch ein Stammbaum kreiert, der ihn als direkten Nachfolger des Kaiser Augustus darstellte. Die Bojaren stimmten diesem Vorhaben zu, da es für sie keinen Unterschied machte, ob er Zar oder Großfürst war. So wurde Iwan IV. am 16. Januar 1547 zum 1. Zar Russlands gesalbt.

22.2.4 Erste Reformen

Anastasias Frömmigkeit war im Gegensatz zu Iwan von Mildtätigkeit und großer Geduld geprägt. Iwan dagegen fehlte es trotz seiner Gläubigkeit an jeglicher Menschenliebe. Für Iwan stand er selbst auf einer Stufe mit Gott.

Zu Beginn seiner Regentschaft vernachlässigte er seine Herrscheraufgaben und vergnügte sich lieber mit Jagden und Trinkgelagen. Er genoss es außerdem, sein Umfeld mit seinen wechselnden Launen zu verwirren, und verteilte z. B. ungerechtfertigte Strafen und gleichzeitig unverdienten Lohn. Alles in allem schien Iwan Herrschaft mit Allmacht zu verwechseln. Die Herrschaftsangelegenheiten leitete an seiner statt das Adelsgeschlecht Glinskij, das sich grausam am Volk bereicherte. Iwan störte dieser Umstand allerdings nur wenig. Als ein großer Brand in Moskau ausbrach und Gerüchte die Glinskijs dafür verantwortlich machten, wurden diese von einem Mob auf der Straße gejagt, woraufhin Iwan auf sein Volk schießen ließ, um sie zu verteidigen. Dem einfachen Priester Sylvester gelang es allerdings, Iwan davon zu überzeugen, dass dieses Feuer eine Gottesstrafe für die Taten der Glinskijs und sein Desinteresse an der Regierung darstellte.

Dies brachte Iwan zum Umdenken und er ließ einen Regentschaftsrat einberufen, der aus Adligen, dem Klerus und dem Priester Sylvester bestand. Es wurden in der Folge einige Reformen in seinem Land beschlossen. Zunächst zentralisierte er die Herrschaft und führte eine dreistufige Gerichtsbarkeit, die dieselben Gesetze in dem gesamten Herrschaftsgebiet

anwendete, ein. Außerdem führte er den Buchdruck in Russland ein, da er leidenschaftlich gerne las und wollte, dass sein Umfeld gebildeter wurde. Zudem gründete er zu diesem Zweck Priesterschulen. Des Weiteren schränkte er die maßlose Bereicherung der Kirche ein. Er verfestigte allerdings auch das Klassensystem in Russland, indem er den Bojaren Land zusprach, das sie verwalten konnten. Dadurch wurden die Bauern zur Leibeigenschaft gezwungen.

In Kasan erlangte Iwan seinen ersten großen kriegerischen Erfolg, indem er die von Krimtartaren besetzte Stadt eroberte und unter russische Regentschaft stellte.

22.2.5 Schicksalsschläge und Eroberungen

Am 31. Mai 1557 wurde Iwans 1. Sohn, Zarewitsch Dimitrij, geboren. Parallel dazu brach in Teilen seines Landes die Pest aus, und in Kasan kam es zu ersten blutigen Aufständen. Kurz darauf wurde Iwan sehr krank (vermutlich eine Lungenentzündung) und er glaubte, dass er sterben müsse. Daraufhin wollte er seinen erst wenige Wochen alten Sohn als Thronfolger einsetzen. Die Bojaren sahen dies als Chance, endlich die Macht ergreifen zu können, und wendeten sich von ihm ab, da sie glaubten, sein Tod stünde kurz bevor. Auch seine engsten Vertrauten bekannten sich nicht klar zu seinem Sohn, und so schwor Iwan insgeheim Rache, würde er die Krankheit überleben. Kurze Zeit später stellte sich tatsächlich eine Besserung seines Gesundheitszustandes ein, und er erholte sich wieder vollständig. Später eroberte er die Stadt Kasan zurück und sicherte so den Zugang zum Schwarzen Meer. Zur gleichen Zeit kamen Handelstreibende im Auftrag von Maria Tudor, die Iwan sehr bewunderte, aus England und schlossen mit Iwan IV. lukrative Handelsabkommen ab.

Dank seiner mildtätigen Frau und seiner geschickten Berater hatte Iwan das Land 13 Jahre besonnen regiert. Er hegte zwar weiterhin Rachegelüste gegen diejenigen, die während seiner Krankheit nicht zu ihm gestanden hatten, allerdings konnte er diese Gefühle gut mäßigen. Mit dem Tod seiner geliebten Anastasia fand diese Zurückhaltung jedoch ein jähes Ende, und sein voller Zorn kam zum Vorschein. Gläubiger denn je sah Iwan Gott – in seinen Augen ein charakterliches Ebenbild – als rachsüchtig und unberechenbar an. Einige Stimmen flüsterten ihm außerdem zu, dass seine Berater schuld an Anastasias Tod seien, und so ließ Iwan diese ohne Beweise einkerkern. Auch deren Angehörige (Frauen und Kinder) wurden mit ins Gefängnis geworfen.

Wochen nach Anastasias Tod trank Iwan sehr viel und fand immer mehr Gefallen am Töten und Foltern. Iwan suchte zudem schnell eine neue Frau, da er sich nicht in Enthaltsamkeit üben wollte. Lieben und Töten waren seine Ausdrucksform von Männlichkeit. Er hielt um die Hand der Schwester von Sigismund August, König von Litauen und Wahlkönig von Polen, an. Dieser stimmte dem Antrag nicht sofort zu, und so fühlte sich Iwan in seiner Ehre verletzt und erklärte Polen den Krieg.

Iwan heiratete daraufhin am 21. August 1561 die Tochter eines Tscherkessenfürsten (kaukasisches Volk), die auf den Namen Maria getauft wurde. Diese besaß jedoch ein sehr viel wilderes Wesen als Anastasia, und so ermutigt sie ihn in seiner Grausamkeit, anstatt ihm Einhalt zu gebieten.

Nach seiner Hochzeit fiel er mit 200.000 Mann in Litauen ein. Dem standen nur etwa 40.000 litauische Soldaten gegenüber, wodurch Iwan ein leichtes Spiel hatte und die Handelsstadt Polzk (heutiges Weißrussland) in seine Gewalt brachte.

Nach diesem Sieg kehrte Iwan wieder nach Moskau zurück, um zu erfahren, dass sein letztgeborener Sohn und sein Bruder Jurij verstorben waren. Zudem starb auch sein geliebter Lehrer und Erzieher Metropolit Makarij. Daraufhin ließ er viele seiner angeblichen Widersacher (hauptsächlich Bojaren und ehemalige Berater) grausam foltern und hinrichten. Nach jeder grausamen Tat ging er in die Kirche, um zu beichten und – ohne

seine Taten wirklich zu bereuen – wieder genauso wie vorher weiterzumachen. Aus Angst, auch in Ungnade bei Iwan zu fallen, flohen viele Bojaren nach Litauen.

Iwan fühlte sich als Herrscher verlassen, zog sich zurück und verließ Moskau mitsamt seinem Gefolge, um ein Quartier in Alexandrowskaja Sloboda zu beziehen. Sein Volk erhielt 30 Tage lang keine Nachricht von ihm, erst dann schrieb er einen Brief an den Metropoliten von Moskau, in dem er sich über die mangelnde Zarentreue und den Verrat an ihm während seiner Krankheit beschwerte. Einen 2. Brief richtete er an das Volk und sicherte ihnen sein Wohlwollen zu.

Da Iwan Herrscher von Gottes Gnaden war, machte sich eine Abordnung von Fürsten und Klerikern auf, um das Haupt vor Iwan zu beugen. Iwans Plan, seine Macht zu stärken, ging auf. Der Zar wollte sein Amt allerdings nur unter der Bedingung wieder aufnehmen, dass die Kirche seine Taten nicht mehr verurteilte. Durch diesen genialen Schachzug erreichte Iwan seine allmächtige Herrschaft im gesamten Reich – und nicht einmal die Kirche durfte sich maßregelnd zu Iwans Taten äußern.

22.2.6 Ausdehnung der Macht

Mit dem gesamten Gefolge kehrte Iwan nach Moskau zurück. Dort angekommen, verkündete er seine nächste weitreichende Reform: Er teilte das Land in Opritschnina, d. h. in einen Staat im Staat, der nur ihm unterstellt war, und in Semtschina, die das restliche Territorium umfassten. Die Semtschina durften die Bojaren und alten Beamten behalten, allerdings unterlagen sie immer noch der Herrschaft Iwans.

So wurden 12.000 Aristokratenfamilien in weit entfernte, unfruchtbare Gebiete zwangsumgesiedelt. Diese verloren sowohl ihren Einfluss als auch ihr Vermögen. Dadurch bildete sich ein neuer Adel aus bezahlten Dienern: die Opritschniki, die die Opritschnina verwalten. Diese wüteten rücksichtslos und grausam durch das Land der Semtschina. Iwan gefiel dieses Vorgehen sehr.

Die Hinrichtungen seiner angeblichen Widersacher gingen gnadenlos und ohne Widerspruch der Bojaren und des Klerus weiter. Iwan befand sich dabei in einem blutrünstigen Teufelskreis: Je größer seine Unterdrückung wurde, desto mehr Hass zog er auf sich, sodass er immer mehr von denjenigen entlarven wollte, die sich ihm widersetzten und ihm angeblich nach dem Leben trachteten.

22.2.7 Nowgorod

Iwan reichte es nun nicht mehr, sich an einzelnen Personen zu rächen, und so fasste er den Entschluss, ganze Städte für angeblichen Verrat büßen zu lassen. Die Städte Nowgorod erzürnte Iwan schon länger, da ihre Bewohner durch die späte Angliederung an das Moskauer Großfürstentum vor wenigen Jahrzehnten an vielen Privilegien festhielten. Iwan begann damit, Familien als Zeichen seiner Macht aus Nowgorod nach Moskau zu deportieren.

Dann ergab sich eine Gelegenheit für Iwan, härter vorzugehen: Ein ehemaliger Häftling aus Nowgorod wollte sich an der Bevölkerung rächen und gaukelte Iwan eine Verschwörung der Stadt mit Litauen vor. Im Dezember 1569 brach Iwan mit seinem 15-jährigen Sohn nach Nowgorod auf, um sich an der Bevölkerung zu rächen. Sein Sohn Iwan war ihm zu dieser Zeit sehr ähnlich und teilte die Blutrünstigkeit seines Vaters. Dort angekommen ließ er alle Mönche, die ihre auferlegte Strafe nicht zahlen konnten, gnadenlos hinrichten. Nun rächte sich Iwan auch an der Normalbevölkerung. Jeden Tag wurden 1000 Männer, Frauen und Kinder vor Iwan geführt und gefoltert. Einige wurden sogar zur Folter gebraten.

Dieses systematische Massaker erstreckte sich über 5 Wochen, in denen Iwan in einen regelrechten Blutrausch verfiel. Am Ende dieses Martyriums begnadigte er jeweils einen Überlebenden aus jeder Straße und

betrachtete dies noch als Akt der Gnade an. Durch die darauffolgende verängstigte Fügsamkeit seines Volkes sah sich Iwan in seinem Tun bestärkt.

Iwan selbst war durch seinen ausschweifenden Lebensstil gezeichnet: Sein Haar war ergraut, und er war stark übergewichtig. In seinem Reich breitete sich eine Hungersnot aus, und die Pest wütete, was Iwan aber nicht sonderlich kümmerte.

22.2.8 Tod seines ältesten Sohnes

Nach 7 Jahren entließ er die Opritschnina wieder, um das Volk zu erlösen und seinen Ruf im Ausland zu verbessern.

Ihm blieben über die Jahre nur 2 Söhne aus seiner 1. Ehe mit Anastasia. Der erstgeborene Sohn Iwan war stark und mit 27 Jahren kräftig gebaut, der jüngere Fjodr dagegen war schwächlich und verträumt und wurde deswegen wenig vom Hof und von Iwan beachtet.

Zu seinem Erstgeborenen pflegte er allerdings ein sehr enges Verhältnis, beide ähnelten sich in ihrer Persönlichkeit. Der Sohn Iwan hatte seine ersten beiden Ehefrauen in den Kerker sperren lassen, nur seine 3. Frau genoss dagegen seine Zuneigung. Als er seinen Vater dazu aufforderte, gegen Polen vorzugehen, fühlte sich dieser angegriffen und er vermutete, dass sein Sohn ihn entmachten wollte. Als er kurz darauf seine schwangere Schwiegertochter für seine Augen zu leicht bekleidet antraf, schlug er diese so fest, dass sie eine Fehlgeburt erlitt. Als sein Sohn Iwan ihn daraufhin zur Rede stellen wollte, erschlug Iwan IV. in seiner Paranoia, dass dieser den Vater entmachten wollte, mit einem Eisenstab. Als Iwan die Konsequenz seines Handelns bewusst wurde, bereute er die Tat sofort und verfiel in tiefe Trauer. Er weilte mehrere Tage neben dem Leichnam seines Sohnes und weigerte sich, zu essen oder zu trinken. Aus dieser Trauer wurde schleichend Wahnsinn, und er wanderte nachts auf der Suche nach seinem Sohn durch den Palast.

Nichtsdestotrotz eroberten mutige Truppen in seinem Namen Sibirien. Über diesen Erfolg konnte er sich jedoch nicht mehr freuen. Er erholte sich von dem Vorfall mit seinem Sohn nie wieder und war von da an ein gebrochener alter Mann.

22.2.9 Die letzten Tage

In seinen letzten Tagen begann Iwan damit, über seine grausamen Handlungen Buch zu führen. Er vollzog so eine Rückschau auf sein Leben und seine Taten. Er schickte Listen mit von ihm getöteten Menschen an Klöster und legte hohe Geldsummen bei, damit die Mönche für das Seelenheil der Verstorbenen beteten.

Er sprach allerdings auch in seinen letzten Tagen nicht von Reue, sondern versuchte, seine Taten zu rechtfertigen, denn er wog sie mit seinen Verdiensten für Russland auf. Für die Ermordung seines Sohnes empfand er durchaus Reue, fand aber auch dafür eine Art Rechtfertigung: In seinen Augen hatte auch Gott seinen Sohn Jesus für das Volk sterben lassen, so wie er selbst.

Allgemein verschlechterte sich Iwans Gesundheitszustand rapide und er litt unter starken Wassereinlagerungen am ganzen Körper. Zudem wurde er immer verwirrter und gab in seinem Wahn den Bojaren erneut die Schuld an allen seinen Taten. Sie hätten ihn gezwungen, so zu handeln, wie er gehandelt hatte.

Kurz bevor er starb, begünstigte er seinen Sohn Fjodr in seinem Testament. Am 18. März 1584 starb Iwan.

22.3 Psychologische Theorien, Modelle und Konzepte

Grundsätzlich muss bei der Interpretation von Iwans Verhalten beachtet werden, dass heutige Maßstäbe von Brutalität nicht auf die Zeit des 16. Jahrhunderts angewendet werden können. Öffentliche Hinrichtungen und Folterungen waren in diesen Zeiten an der Tagesordnung.

Jedoch war Iwans Verhalten selbst für diese Zeit sehr brutal, und auch die Art und Weise, wie er Entscheidungen traf, war allein von Willkür bestimmt. Vor allem die Vorkommnisse in Nowgorod waren an Brutalität selbst in jener Zeit kaum zu übertreffen. Seine Selbstgefälligkeit und Willkür ließen ihn als „Iwan den Schrecklichen" in die Geschichte eingehen – ein Name, den er bereits damals erhielt.

22.3.1 Unsichere Bindung

Iwan litt während seiner gesamten Kindheit an Vernachlässigung und erlebte immer wieder Zurückweisungen und Traumata. Er selbst rechtfertigte seine Fehler sogar immer wieder mit der fehlenden Erziehung im frühen Kindesalter. Dies kann keinesfalls eine wirkliche Ausrede darstellen, da viele weitere Personen an Vernachlässigung in der Kindheit gelitten haben und trotzdem nicht zu Mördern und Vergewaltigern wurden.

Heutzutage liegen viele Forschungsergebnisse zu komplexen Traumata in der Kindheit vor. Durch Vernachlässigung bzw. indifferentes Erzieherverhalten können Kinder keine sichere Bindung aufbauen (Ainsworth et al. 2015). Neure Studien weisen sogar darauf hin, dass eine unsichere Bindung in den ersten Lebensmonaten eine veränderte Entwicklung neuronaler Korrelate der Emotionsregulation mit sich bringt (Moutsiana et al. 2014). Auch Veränderungen der Amygdala (Moutsiana et al. 2015), die mit der Angstverarbeitung in Verbindung gebracht wird, können durch eine unsichere Bindung in der frühen Kindheit entstehen. Hier erkennt man, welche weitreichenden Folgen eine unsichere Bindung, die vermutlich auch für Iwan IV. zutraf, haben kann.

Des Weiteren wird davon ausgegangen, dass unsichere Bindung und häusliche Gewalt ein erhöhtes Risiko mit sich bringt, an einer antisozialen und/oder Borderline-Persönlichkeitsstörung zu erkranken (Herrenkohl et al. 2008). Diese erstgenannte Persönlichkeitsstörung soll im Folgenden genauer erläutert werden.

22

22.3.2 Antisoziale Persönlichkeitsstörung

Nach ICD-10 liegen bei einer antisozialen Persönlichkeitsstörung oder dissozialen Persönlichkeitsstörung Auffälligkeiten des Charakters vor (▶ Abschn. 16.6). Hierzu gehören Egozentrik, mangelndes Einfühlungsvermögen und eine mangelnde Gewissensbildung. Kriminelle Handlungen können vorkommen, sind aber für die Diagnose nicht zwingend erforderlich. Es müssen mindestens 3 der folgenden Merkmale erfüllt sein (Pro Psychotherapie e. V. 2019).

Die Betroffenen haben ein **mangelndes Einfühlungsvermögen** und zeigen Gefühlskälte gegenüber anderen. Iwan erfüllt dieses Merkmal, da er kein Mitgefühl gegenüber seinen Opfern spürt. Er empfindet empfand selbst bei Folterungen keinerlei Mitleid mit den Betroffenen.

Außerdem **missachten** Menschen mit einer dissozialen Persönlichkeitsstörung wiederholt **soziale Normen.** Iwan missachtete trotz seiner stark konservativen russisch-orthodoxen Glaubensausrichtung die Normen dieser Kirche, obwohl er z. B. stundenlang Gottesdienste besuchte. So übte er sich nicht in Nächstenliebe und heiratete wiederholt, obwohl zu jener Zeit galt, dass nicht häufiger als 2-mal geheiratet werden sollte.

Zudem haben Personen mit einer dissozialen Persönlichkeitsstörung typischerweise eine Schwäche, Beziehungen und Bindungen zu anderen aufzubauen. Iwan hatte außer zu seiner 1. Frau nur wenige überdauernde **soziale Bindungen.** Selbst seinen erstgeborenen Sohn und Thronfolger bringt er eigenhändig um.

Als weiteres Merkmal zeigt sich eine geringe Frustrationstoleranz und **impulsives und/oder aggressives Verhalten.** Dies trifft in hohem Maß auf Iwan zu. Er traf viele seiner Entscheidungen sehr impulsiv, vor allem wenn er sich von anderen bedroht fühlte. So warf er auch engste Berater ins Gefängnis und erschlug seinen eigenen Sohn. Letzteres verdeutlicht auch die aggressive Komponente seines Verhaltens mehr als deutlich.

Personen mit antisozialer Persönlichkeitsstörung empfinden nur geringe oder **keine Schuldgefühle** und sind unfähig zu sozialem Lernen. Iwan empfand laut seiner eigenen Aufzeichnungen selbst in seinen letzten Tagen keine Schuldgefühle, sondern war nur um sein eigenes Seelenheil besorgt. Selbst für die Ermordung des eigenen Sohnes fand er fadenscheinige Ausreden, denn auch Gott hatte den eigenen Sohn geopfert.

Ein weiteres Merkmal dieser Persönlichkeitsstörung ist das Geben von **vordergründigen Erklärungen** für das eigene Verhalten und die Neigung, andere unberechtigt zu beschuldigen. In Iwans Fall kann man beispielsweise die Erklärung für das Massaker in Nowgorod als Erfüllung dieses Merkmals ansehen. Er behauptete, die Bürger der Stadt würden eine Verschwörung planen und deshalb sei es für ihn gerechtfertigt, einen Großteil der Bewohner umzubringen.

Letztlich sind Betroffene anhaltend **reizbar.** Dies trifft definitiv auch für Iwan zu. Selbst Kleinigkeiten, z. B. die für ihn zu leicht bekleidete Schwiegertochter, lassen ihn gewalttätig werden.

22.3.3 Emotional instabile Persönlichkeitsstörung

Auch die emotional instabile Persönlichkeitsstörung kann als eine mögliche Erklärung für das Verhalten Iwans herangezogen werden. Diese gehört zu den spezifischen Persönlichkeitsstörungen und ist von der Tendenz, Impulse ohne Berücksichtigung von Konsequenzen auszuagieren, gekennzeichnet. Emotionale Ausbrüche und mangelnde Impulskontrolle kennzeichnen hierbei den impulsiven Typus der emotional instabilen Persönlichkeitsstörung (DIMDI 2019). Ausbrüche von gewalttätigem und bedrohlichem Verhalten werden dabei vor allem durch Kritik von anderen ausgelöst (Dilling et al. 2015).

Auch hier können wieder einige Stationen aus Iwans Leben als Merkmale dieser Persönlichkeitsstörung angegeben werden. Zum Beispiel ist die Tötung des Sohnes als Situation, die von mangelnder Impulskontrolle zeugt, anzuführen. Iwan wurde für das Schlagen seiner Schwiegertochter kritisiert, woraufhin Iwan mit brutalem und gewalttätigem Verhalten reagierte und seinen eigenen Sohn erschlug. Auch die Zurückweisung Sigismund Augusts, bei dem Iwan um die Hand seiner Schwester anhielt, veranlasste ihn brutal und impulsgetrieben einen Krieg gegen dieses Land voranzutreiben. Dies sind nur 2 Beispiele vieler Situationen, in denen Iwan ohne Rücksicht auf Konsequenzen seinen emotionalen Impulsen nachgab.

22.3.4 Selbstwirksamkeitserwartung

Iwan zeichnete durch eine hohe Selbstwirksamkeitserwartung (engl. „perceived self-efficacy") aus. Dieses Konzept wurde von dem Psychologen Albert Bandura in den 1970er-Jahren entwickelt.

Selbstwirksamkeitserwartung bezeichnet die Erwartung einer Person, aufgrund eigener Kompetenzen schwierige Handlungen erfolgreich selbst ausführen zu können. Ein Mensch, der daran glaubt, selbst etwas bewirken und auch in schwierigen Situationen selbstständig handeln zu können, hat demnach eine hohe Selbstwirksamkeitserwartung (Bandura 1977).

Eine Komponente der Selbstwirksamkeitserwartung ist die Annahme, man könne als Person gezielt Einfluss auf die Dinge und die Welt nehmen, statt äußere Umstände, andere Personen, Zufall, Glück und andere unkontrollierbare Faktoren als ursächlich anzusehen. Diese Komponente wird in Fachkreisen als auch **internale Kontrollüberzeugung** bezeichnet. Für das andere Ende dieses Kontinuums wird der Begriff **externale Kontrollüberzeugung** verwendet (Rotter 1966).

Iwan glaubte, dass er durch seine tyrannische Herrschaft seinen Widersachern Einhalt gebieten und so seine Macht Stärken konnte. Er hatte die große Idee, Russland unter seiner Herrschaft zu neuer Macht und weiterer Expansion zu verhelfen, was ihm im Laufe seiner langen Regentschaft auch gelang. Um dieses hoch gesteckte Ziel zu verfolgen, ging er jedoch rücksichts- und skrupellos vor. Er hatte den festen Glauben, dass alle seine Taten als von Gott Gesandter legitim waren. Außerdem ging er davon aus, dass Gott ihm seine Taten verzeihen würde, da sie ja einem höheren Zweck dienten. Somit sah er seine Kontrollüberzeugung als von Gott gegeben an.

Eine hohe Selbstwirksamkeitserwartung ist eine essenzielle Eigenschaft großer Herrscher, wenn auch zumeist von absolutistischen Diktatoren, um die eigenen Machtbestrebungen vorantreiben zu können.

▪ **Zusammenfassung der psychologischen Aspekte**

Alles in allem lassen sich Iwans Verhalten und seine Entscheidungen nicht durch Psychopathologien entschuldigen. Er schien voll zurechnungsfähig gewesen zu sein, da er durchaus fähig war, während seiner Regentschaft komplexe strategische Entscheidungen zu treffen.

Viele Menschen erfahren ebenso traumatische Erlebnisse wie er (Verlust der Eltern, der Ehefrau) und werden trotzdem nicht zu Serienmördern oder brutalen Herrschern. Allerdings bringen derart gehäufte Schicksalsschläge eine gewisse Disposition für Grausamkeit mit sich, wie die Beispiele weiterer grausamer Herrscher, z. B. Hitler (▶ Kap. 17) und Stalin (▶ Kap. 18), sowie Serienmörder mit ähnlich tragischen Schicksalen zeigen.

22.4 Bedeutung für die heutige Zeit

22.4.1 Iwan der Schreckliche als Vorbild Stalins

Stalin sah in Iwan ein Vorbild für seine Herrschaft. In Stalins Augen war Iwan ein mächtiger Herrscher, der, genau wie er selbst, sein Land mit strenger Hand führte (▶ Kap. 18).

22

In den ersten Jahren seiner Regentschaft war Iwan tatsächlich ein guter Herrscher, der zwar diktatorisch herrschte, jedoch Reformen einführte, von denen das Russische Reich profitieren konnte. Er hatte einen engen Beraterkreis, und so herrschte er nicht vollkommen willkürlich. Zudem ließ er Priesterschulen bauen und führte den Buchdruck in Russland ein. Auch verhalf er dem Russischen Reich zu weiterer Ausdehnung und legte damit den Grundstein für die heutigen Ausmaße Russlands. Diese glückliche Regentschaft fand jedoch ein jähes Ende, als Iwans 1. Frau verstarb. Von da an herrschte Iwan mit Terror und Willkür.

Für Stalin war Iwan jedoch ein großer und weiser Herrscher. Stalin ließ sogar den 2. Teil eines Filmes von Sergej Eisenstein, „Iwan Grosnyj", verbieten, da dieser Iwan als paranoid und voller Selbstzweifel darstellte.

22.4.2 Interpretation geschichtlicher Ereignisse

Bis heute herrscht Uneinigkeit darüber, wie mit der Interpretation der Geschichte Iwans verfahren werden soll (Kappeier 1992). Dieses Vorgehen, Herrscher rückblickend positiver zu sehen zu sehen als sie eigentlich waren, kommt oft in der Geschichte vor. Auch Stalin hat Millionen Menschen auf dem Gewissen und wird trotzdem von der russischen Bevölkerung heutzutage nicht verteufelt (Jacobsen 2015). Tatsächlich hat Iwan Großes für Russland geleistet, allerdings läuft die russische Bevölkerung Gefahr, die Gräueltaten von Iwan in Vergessenheit geraten zu lassen.

22.5 Möglichkeiten der Verhinderung und Implikationen für die Gegenwart

Die Frage, ob Iwan hätte gestoppt werden können, kann im Nachhinein nicht mehr mit Sicherheit beantwortet werden. Allerdings gab es Gelegenheiten, z. B. bei der Entmachtung

des alten russischen Adels. An dieser Stelle hätten sich die Bojaren gegen ihn und seine Willkür auflehnen können, zumal sie über die nötigen finanziellen Mittel verfügten und zahlenmäßig überlegen waren. Allerdings hat vermutlich die Angst des Adels überwogen.

Natürlich hätte sich auch die Allgemeinbevölkerung gegen Iwan auflehnen können. Wie die Französische Revolution ca. 200 Jahre später zeigte, können auch die Bürger eines Landes große Veränderungen bewirken. Ob dies allerdings schon zu dieser Zeit möglich gewesen wäre, bleibt fraglich: Die mangelnde Bildung war sicherlich ein großes Hindernis. Größtenteils hatte die Bevölkerung nie eine Schule besucht, und der Analphabetismus war weitverbreitet. Zudem war Russland schon damals ein unvorstellbar großes Land, wodurch Kommunikationswege sehr lang und träge waren. Somit war auch nicht die nötige Infrastruktur gegeben, um sich zu vernetzen. Dies alles erschwerte einen Bürgeraufstand erheblich.

Zudem hatte Iwan sehr einflussreiche Unterstützer. Zum einen hatte er die russisch-orthodoxe Kirche als moralische Instanz hinter sich; die Kirche sah Iwan als Herrscher von Gottes Gnaden, dessen Herrschaftsanrecht gottgegeben und damit determiniert war. Zum anderen nutzten die Opritschniki auch physische Gewalt und schüchterten sowohl die Bevölkerung als auch die Bojaren gezielt ein.

Die mangelnde Bildung und die blinde Gottesfürchtigkeit trugen sicherlich dazu bei, dass vieles ertragen worden ist, was in heutiger Zeit undenkbar wäre.

22.6 Fazit

Die russische Geschichte unter der Herrschaft von Iwan dem Schrecklichen zeigt, dass es wichtig ist Dinge zu hinterfragen und nicht als gottgegeben hinzunehmen. Die Führung eines Volkes sollte nicht in die Hände eines Menschen gelegt werden, der nur durch seinen Geburtsstand dazu befähigt wurde, sondern es sollten diese Ämter immer nach Leistung und

Fähigkeiten vergeben werden. Bequemlichkeit, Lethargie und eine externe Kontrollüberzeugung der Bevölkerung führen dazu, dass Menschen die Herrschaft eines Landes als gegeben ansehen und diese nicht weiter hinterfragen.

Außerdem trug auch die Kirche dazu bei, da sie die Angst vor dem Zorn Gottes schürte, sofern die Bevölkerung die gottgegebene Herrschaftsordnung infrage stellte. Nicht ohne Grund gilt in den meisten demokratischen Staaten eine Trennung von Staat und Kirche, die verschieden stark ausgeprägt sein kann.

Auch die Menschen in der Gegenwart sind aufgefordert, eine Regierung nicht einfach hinzunehmen, sondern diese zu hinterfragen, bei Ungerechtigkeiten die Stimme erheben sowie Ungerechtigkeiten und Unzufriedenheit zur Sprache zu bringen – frei nach Kants Leitspruch zur Aufklärung:

» „Habe Mut, dich deines eigenen
  Verstandes zu bedienen!" (Kant 1784,
  S. 481)

Literatur

Ainsworth, M. D. S., Blehar, M. C., Waters, E., & Wall, S. N. (2015). *Patterns of attachment. A psychological study of the strange situation*. New York: Psychology Press.

Bandura, A. (1977). Self-efficacy. Toward a unifying theory of behavioral change. *Psychological Review, 84*(2), 191–215.

Carr, F. (1990). *Iwan der Schreckliche. Der erste Zar*. München: Heyne.

Deutschen Institut für Medizinische Dokumentation und Information. (DIMDI). (2019). ICD-10-GM, Version 2019. F60.3 – Emotional instabile Persönlichkeitsstörung. ► http://www.icd-code.de/icd/code/F60.3-.html. Zugegriffen: 19. Jan. 2019.

Dilling, H., Mombour, W., & Schmidt, M. H. (Hrsg.). (2015). *Internationale Klassifikation psychischer Störungen. ICD-10 Kapitel V (F) klinisch-diagnostische Leitlinien* (10. Aufl.). Bern: Hogrefe.

Herrenkohl, T. I., Sousa, C., Tajima, E. A., Herrenkohl, R. C., & Moylan, C. A. (2008). Intersection of child abuse and children's exposure to domestic violence. *Trauma, Violence, & Abuse, 9*(2), 84–99.

Jacobsen, K. (2015). Russland berauscht sich an seinem größten Mörder. Die Welt. Artikel vom 21. Dezember 2015. ► https://www.welt.de/geschichte/article150183411/Russland-berauscht-sich-an-seinem-groessten-Moerder.html. Zugegriffen: 19. Jan. 2019.

Kant, I. (1784). Beantwortung der Frage: Was ist Aufklärung? *Berlinische Monatsschrift, 12*(1), 481–494.

Kappeier, A. (1992). Ruslan G. Skrynnikows Biographie des schrecklichen Zaren Iwan IV.: Stalin sah in ihm ein Vorbild. Die Zeit. Artikel vom 02. Oktober 1992. ► http://www.zeit.de/1992/41/stalin-sah-in-ihm-ein-vorbild. Zugegriffen: 19. Jan. 2019.

Länder-Lexikon. (2017). Russland Geschichte. Eintrag vom 25. September 2017. ► https://www.laender-lexikon.de/Russland_Geschichte. Zugegriffen: 19. Jan. 2019.

Moutsiana, C., Fearon, P., Murray, L., Cooper, P., Goodyer, I., Johnstone, T. et al. (2014). Making an effort to feel positive. Insecure attachment in infancy predicts the neural underpinnings of emotion regulation in adulthood. *Journal of Child Psychology and Psychiatry, 55*(9), 999–1008.

Moutsiana, C., Johnstone, T., Murray, L., Fearon, P., Cooper, P. J., Pliatsikas, C., et al. (2015). Insecure attachment during infancy predicts greater amygdala volumes in early adulthood. *Journal of Child Psychology and Psychiatry, 56*(5), 540–548.

Pro Psychotherapie e. V. (2019). Antisoziale Persönlichkeitsstörung. ► https://www.therapie.de/psyche/info/index/diagnose/persoenlichkeitsstoerungen/antisozial/. Zugegriffen: 19. Jan. 2019.

Rotter, J. B. (1966). Generalized expectancies for internal versus external control of reinforcement. *Psychological Monographs: General and Applied, 80*(1), 1–28.

Simon, G. (1995). Zukunft aus der Vergangenheit. Elemente der politischen Kultur in Russland. *Osteuropa, 45*, 455–482.

Troyat, H. (1987). *Iwan der Schreckliche*. München: Knaur.

Adolf Eichmann und Josef Mengele

Die Banalität des Bösen? Zwischen Durchschnittsbürger und Massenmörder

Nadja Mirjam Born

© Springer-Verlag GmbH Deutschland, ein Teil von Springer Nature 2019
D. Frey (Hrsg.), *Psychologie des Guten und Bösen*, https://doi.org/10.1007/978-3-662-58742-3_23

23

23.1 Einleitung

» „Wenn Menschen, die eine gleiche
Erziehung genossen haben wie ich, die
gleichen Worte sprechen wie ich und
gleiche Bücher, gleiche Musik, gleiche
Gemälde lieben wie ich – wenn diese
Menschen keineswegs gesichert sind
vor der Möglichkeit, Unmenschen zu
werden und Dinge zu tun, die wir den
Menschen unsrer Zeit, ausgenommen
die pathologischen Einzelfälle, vorher
nicht hätten zutrauen können, woher
nehme ich die Zuversicht, dass ich davor
gesichert sei?" Max Frisch (1950, S. 326 f.).

Adolf Eichmann, der „Manager des Völker-
mordes" (Cesarani 2004, S. 169), und Josef
Mengele, der „Todesengel von Auschwitz"
(Lifton 1988, S. 414), werden häufig als die
Prototypen des nationalsozialistischen Bösen
angesehen. So sehr sich Eichmann und Mengele in ihrer Ausgangspersönlichkeit und
ihrem Werdegang auch unterscheiden, lassen
sich doch auch Parallelen der beiden nationalsozialistischen Täter finden, weshalb sie in
diesem Kapitel gemeinsam behandelt werden.

Adolf Eichmann beteuerte, selbst nie
getötet zu haben, war jedoch für die „Endlösung der Judenfrage" und damit für die
Ermordung von über 6 Mio. Juden zuständig.
Der „Nazijäger" Simon Wiesenthal beschrieb
Eichmann als eine „völlig spießbürgerli-
che, völlig normale und eigentlich sozial
angepasste Person" (Blass 2002, S. 97). Hannah Arendts Begriff von der „Banalität des
Bösen" ging in die Geschichte ein und prägte
Jahrzehnte der Forschung zum Holocaust.

Auch Josef Mengele, der Arzt in dem
Konzentrationslager (KZ) Auschwitz war,
erlangte durch seine abscheulichen Menschenversuche, die im eklatanten Widerspruch zum
Hippokratischen Eid standen, eine zweifelhafte
Berühmtheit. Die psychischen Störungen (u. a.
antisoziale Persönlichkeitsstörung, Psychopathie, Sadismus), die Mengele teilweise unterstellt wurden, sollen allerdings nicht Teil der
vorliegenden Analyse werden, da sie nie durch

ein psychiatrisches Gutachten bestätigt wurden. Sein Verhalten vor und außerhalb des KZ
Auschwitz deutete auch nicht notwendiger-
weise auf eine psychische Störung hin. Er
war von seinen ehemaligen Kommilitonen
noch als „lebenslustig, beliebt und freundlich" beschrieben worden und schien damals
„ein intelligenter, ganz gewöhnlicher junger
Mann" gewesen zu sein (Lifton 1988, S. 395).
Selbst viele seiner Opfer in Auschwitz hatten
kein ausschließlich negatives, sondern ein sehr
widersprüchliches Bild vom „Todesengel", der
im Gegensatz zum „Todessatan", Heinz Thilo,
in dem KZ Auschwitz noch etwas Gefühl
zeigte (Lifton 1988, S. 414).

Wie konnte es also dazu kommen, dass
mutmaßlich durchschnittliche und „normale"
Bürger im Dritten Reich zu Massenmördern
wurden? Ist das Böse wirklich banal? Kann es
tatsächlich an dem blinden Gehorsam gegenüber Hitler bzw. der nationalsozialistischen
Ideologie gelegen haben? Wären Adolf Eichmann und Josef Mengele zu einer anderen
Zeit und unter anderen Umständen nicht zu
Massenmördern geworden? Und die wohl
brennendste Frage ist: Wie hätten wir uns
zu jener Zeit verhalten? Sind wir heutzutage
davor gefeit, solche grausamen Taten zuzulassen oder sogar selbst zu begehen?

Gerne würden wir nationalsozialistische
Täter als außergewöhnlich böse Kreaturen
oder als „Monster" sehen und ihre Taten an
ihrer Persönlichkeit festmachen. Und auch
wenn ihre individuellen Persönlichkeitseigenschaften bedeutend dazu beigetragen haben
dürften, da sich Verhalten meist aus einer
Interaktion von Disposition und Situation
ergibt, würde uns eine rein dispositionale
Betrachtungsweise jedoch der Möglichkeit
berauben, aus der Vergangenheit zu lernen.
Eine sozialpsychologische Perspektive eignet sich besser, um Erkenntnisse darüber zu
gewinnen, welche Situationen und Mechanismen identifiziert werden können, in denen
das „Böse" in Menschen hervortritt.

In den folgenden Ausführungen soll weder
eine retrospektive psychologische Fernanalyse beider Personen erfolgen, die nach den

psychologischen Ethikrichtlinien auch gar nicht zulässig wäre, noch soll eine Erklärung oder gar Entschuldigung für die grausamen Taten des Holocaust geliefert werden. Stattdessen sollen einige psychologische Theorien vorgestellt werden, die in Anbetracht dieser Taten relevant erscheinen.

23.2 Biografien

23.2.1 Adolf Eichmann

23.2.1.1 Kindheit, Jugend und die Jahre bis zum Parteieintritt (1906–1932)

Otto Adolf Eichmann wurde am 19. März 1906 in Solingen als Sohn des Buchhalters Adolf Karl Eichmann und der Hausfrau Maria Eichmann geboren.

Entgegen vieler Gerüchte, denen zufolge Eichmann eine schwierige Kindheit hatte, nach dem frühen Tod seiner Mutter von verschiedenen Tanten aufgezogen und in der Schule gehänselt und geschlagen worden sei, scheint Eichmann seinen persönlichen Dokumenten, autobiografischen Schriften und Äußerungen zufolge eine recht normale, bürgerliche Kindheit gehabt zu haben (Cesarani 2004).

Eichmann wuchs in einem protestantisch, deutschnationalen Milieu auf und wurde „in einer Umwelt sozialisiert und politisiert, in der man Juden wie selbstverständlich verunglimpft[e]" (Cesarani 2004, S. 49). Auch wenn Eichmann seinen Vater als strengen Patriarchen charakterisierte, der hohen Wert auf Gehorsam legte, sprach er voller Zuneigung von ihm.

1914 zog die Familie Eichmann nach Linz, wo Eichmann bis 1921 die Kaiser-Franz-Joseph-Staats-Oberrealschule besuchte, bis ihn sein Vater auf eine Fachhochschule schickte, die er 1923 ohne förmlichen Bildungsabschluss verließ (Cesarani 2004).

Er fand 1925 eine Anstellung als Reisevertreter bei der Vacuum Oil Company in Wien, die einen „erstklassige Beamten" gesucht hatte (Knopp 2000, S. 30), wo er bis 1933 arbeitete.

1932, nachdem die NSDAP in Österreich einen immensen Zuwachs an Wählern verzeichnet hatte, trat Eichmann der Partei bei. Laut Cesarani (2004) erfolgte seine Entwicklung nach rechts allerdings schrittweise, da er die Voreingenommenheit seiner Kirche und seiner gesellschaftlichen Kreise zuerst überwinden musste. Die meisten Biografen sind sich darüber hinaus einig, dass Eichmann nicht aus Antisemitismus in die NSDAP eintrat, sondern, wie er selbst darlegte, aus einer Ablehnung des Versailler Vertrages. Zudem unterhielt er zu dieser Zeit noch private und geschäftliche Beziehungen zu Juden. Die NSDAP schien einen anderen Reiz auf ihn auszuüben, wie eine von Eichmann selbst erinnerte Episode mit seiner ehemaligen Verlobten verdeutlicht. Auf ihr abfälliges: „Diese Idioten!", beim Anblick eines Trupps Braunhemden soll Eichmann entgegnet haben: „Sie haben aber Ordnung und Disziplin – und sie marschieren aber gut!" (Cesarani 2004, S. 46)

23.2.1.2 Karriere und Aufstieg zum „Manager des Völkermordes" (1933–1945)

Bereits 7 Monate nach Eintritt in die NSDAP wurde Eichmann in die Schutzstaffel (SS) aufgenommen, um 1933 schließlich nach Deutschland zu gehen. Dort absolvierte er eine 14-monatige militärische und ideologische Ausbildung durch die SS und ging schließlich zum Sicherheitsdienst (SD) in Berlin, wo er zunächst als Wache und später als Hilfskraft in der Abteilung „Freimaurer" arbeitete und Karteikarten abtippte.

1934 wechselte er in die Abteilung „Gegnerforschung" des SD-Hauptamtes in Berlin und erhielt den Auftrag, eine „Judenkartei" zu erstellen und mit jüdischen Organisationen zusammenzuarbeiten, um die zionistische

Emigration voranzutreiben (Cesarani 2004). Bald galt er als Spezialist für die „Judenfrage" und um ihn rankten sich schon zu Lebzeiten Mythen, z. B. dass er fließend hebräisch spreche und selbst in der deutschen Templerkolonie Sarona in Palästina geboren sei (Stangneth 2011). Tatsächlich erwarb er lediglich oberflächliche Kenntnisse des Hebräischen und Jiddischen.

Nach dem „Anschluss" Österreichs im Jahr 1938 ging er mit Heydrichs „Einsatzkommando der Sicherheitspolizei und des SD" nach Wien. Noch im gleichen Jahr wurde er zum Leiter der „Zentralstelle für jüdische Auswanderung" befördert und war damit für die Durchführung von Razzien, Inhaftierungen, Verhören, Internierungen und der Vertreibung von Juden zuständig (Wojak 2001). Einzig diese „Zentralstelle für jüdische Auswanderung" war ermächtigt, Ausreisegenehmigungen für österreichische Juden zu vergeben, und so verließen unter Eichmanns Leitung der Zentralstelle ca. 128.000 Juden zwangsweise das Land. Da Eichmann in dieser Funktion so erfolgreich war, holte ihn Heydrich sogar nach Prag, um auch dort die Zwangsauswanderung der jüdischen Gemeinde zu organisieren.

1939 wurde Eichmann zum Hauptsturmführer und trat noch im gleichen Jahr in die Gestapo ein, stieg zum Sonderreferenten des Reichssicherheitshauptamtes auf und wurde damit Leiter des berüchtigten „Judenreferats" in Berlin. In dieser Position wurde er zum Hauptorganisator der Deportation mehrerer Millionen Juden in Gettos und KZs.

Nach seiner Beförderung zum SS-Obersturmbannführer im Jahr 1941 reiste Eichmann das erste Mal selbst in das KZ Auschwitz. Auf der Wannseekonferenz am 20. Januar 1942 führte Eichmann Protokoll und organisierte 1944 als Führer eines Sonderkommandos die Deportation und die damit verbundenen „Todesmärsche" Hunderttausender ungarischer Juden nach Auschwitz (Cesarani 2004).

23.2.1.3 Leben auf der Flucht bis zum Todesurteil in Jerusalem (1945–1962)

Bei Kriegsende kam Eichmann zwar in amerikanische Internierungshaft, schaffte es jedoch, unerkannt zu bleiben und Anfang 1946 sogar zu fliehen.

Bis 1950 lebte er mit gefälschten Dokumenten in der Lüneburger Heide und arbeitete u. a. als Holzarbeiter und Hühnerzüchter, um schließlich über Italien mit einem Pass des Internationalen Komitees des Roten Kreuzes und der Hilfe katholischer Geistlicher nach Argentinien zu emigrieren.

In Buenos Aires, wohin ihm seine Familie wenig später folgte, lebte er unter dem Namen Ricardo Klement. In die Zeit in Argentinien fallen auch die Interviews, die er mit dem nationalsozialistischen Journalisten Willem Sassen führte. Eichmann war damit auch in Argentinien weiter eng in nationalsozialistische Kreise integriert (Stangneth 2011) und durch Freunde des damaligen argentinischen Präsidenten Perón geschützt (Wojak 2001). In den Interviews mit Sassen stellte er sich als fanatischer Antisemit dar, der weiterhin daran glaubte, Juden müssten zum Wohl der Menschheit ausgelöscht werden. Viele seiner Aussagen gegenüber Sassen standen vollkommen im Widerspruch zu seinen späteren Aussagen vor Gericht. Jahrelang blieb er offiziell unentdeckt, obwohl in den deutschen Kreisen in Buenos Aires sehr wohl bekannt war, um wen es sich bei Ricardo Klement handelte (Stangneth 2011).

Letztlich spürte der israelische Geheimdienst Eichmann auf und nahm ihn nach monatelanger Beobachtung am 11. Mai 1960 fest. Wenige Tage später wurde er nach Israel entführt und 1961 in Jerusalem vor Gericht gestellt. Er plädierte auf „nicht schuldig im Sinne der Anklage" und entzog sich jeglicher Verantwortung durch das Berufen auf reine Befehlsbefolgung. Nachdem Eichmann in 1. und 2. Instanz zum Tode verurteilt worden war, wurde das Todesurteil in der Nacht zum 1. Juni 1962 vollstreckt (Cesarani 2004).

23.2.2 Josef Mengele

23.2.2.1 Kindheit, Jugend und Studium (1911–1937)

Josef Mengele wurde am 16. März 1911 als Sohn des Maschinenbauingenieurs und Fabrikbesitzers Karl Mengele und der Hausfrau Walburga Mengele in Günzburg geboren. Seine Kindheit scheint „nicht besonders bemerkenswert" und frei von schweren Schicksalsschlägen gewesen zu sein (Lifton 1988, S. 395). So wuchs er in einem nationalkonservativen, streng katholischen Milieu in einer begüterten, eher neureichen Industriellenfamilie auf, die ihn auch bis kurz vor seinem Tod in Brasilien finanziell unterstützte.

1930 begann er sein Medizinstudium an der Ludwig-Maximilians-Universität München und kurz darauf sein Studium der Anthropologie. Es folgten Studienaufenthalte in Bonn und Wien (Keller 2003). Abgesehen von seinem außerordentlichen Ehrgeiz, konnten sich seine ehemaligen Kommilitonen an nichts erinnern, was auf seine spätere Entwicklung hätte hindeuten können (Lifton 1988).

Im Alter von 20 Jahren war er 1931 der Jugendorganisation des „Stahlhelm – Bund der Frontsoldaten" beigetreten. Nach der Überführung der Stahlhelmmitglieder in die SA im Jahr 1934 wurde Mengele Mitglied der „Parteiarmee", die er allerdings unter Nennung gesundheitlicher Probleme im gleichen Jahr wieder verließ.

In der Zwischenzeit hatte er sich auf theoretische Medizin, insbesondere auf Genetik und Anthropologie, spezialisiert und promovierte 1935 über die „Rassenmorphologische Untersuchung des vorderen Unterkieferabschnitts bei vier rassischen Gruppen". 1936 legte Mengele die 1. medizinische Staatsprüfung ab und absolvierte zunächst sein medizinisches Praktikum an der Kinderklinik der Universität Leipzig.

Im Jahr 1937 wurde er Assistent am Institut für Erbbiologie und Rassenhygiene in Frankfurt am Main unter der Leitung seines späteren Mentors Otmar Freiherr von Verschuer (Keller 2003). Dieses Institut sollte mit der Führung einer nationalen Kartei über individuelle genetische Eigenschaften den Aufbau einer „biologisierten" Gesellschaft unterstützen (Lifton 1988). Am Institut soll er wegen seiner menschlichen Güte „Vater Mengele" genannt worden sein (Lifton 1988, S. 396).

23.2.2.2 Parteieintritt, Karriere und Krieg (1937–1943)

1937 erfolgte Mengeles Eintritt in die NSDAP und seine Übernahme als Assistenzarzt am Institut für Erbbiologie und Rassenhygiene in Frankfurt am Main, wo er im darauffolgenden Jahr seine medizinische Dissertation über „Sippenuntersuchungen bei Lippen-Kiefer-Gaumenspalte" abgab (Lifton 1988). In dieser Dissertation wies er bereits auf den vermeintlichen Stellenwert der Zwillingsforschung hin und zeigte Interesse an seinen später im KZ Auschwitz realisierten Forschungsgebieten. Alle seine Forschungsarbeiten folgten der nationalsozialistischen Ideologie und der von ihr geförderten Vererbungslehre. Es scheint allerdings so, als ob er zu diesem Zeitpunkt vorzugsweise eine Universitätskarriere anstrebte (Lifton 1988).

Seine 1. Ehefrau Irene hatte Mengele in Leipzig kennengelernt. Die beiden heirateten 1939 und bekamen einen Sohn, Rolf Mengele, für den sein Vater sein Leben lang jedoch ein fast Fremder bleiben sollte.

Nach seinem Eintritt in die SS leistete Mengele von Oktober 1938 bis Januar 1939 seinen Wehrdienst ab und wurde schließlich 1940 zur Wehrmacht in das Sanitäts-Ersatz-Bataillon 9 einberufen, das er kurz darauf wieder verließ, da er sich freiwillig für die Waffen-SS meldete.

Im darauffolgenden Jahr wurde Mengele zum Bataillonsarzt der SS-Division „Wiking" und nahm von Beginn an am Krieg gegen die Sowjetunion teil, wobei er jedoch 1942 so schwer verletzt wurde, dass er daraufhin als frontuntauglich erklärt und letztlich zum SS-Ersatz-Bataillon Ost in Berlin versetzt wurde (Keller 2003). Für seine „besondere Tapferkeit vor dem Feind" erhielt

23

er das Eiserne Kreuz I. und II. Klasse sowie als „besonders tüchtige[r] Truppenarzt" eine Beförderung zum Hauptsturmführer (Keller 2003, S. 23).

In Berlin arbeitete er in seiner Freizeit für das inzwischen von seinem Mentor von Verschuer geleitete Kaiser-Wilhelm-Institut für Anthropologie, menschliche Erblehre und Eugenik.

23.2.2.3 Zeit als KZ-Arzt in Auschwitz (1943–1945)

Wahrscheinlich aufgrund der erhofften vielfältigen Forschungsmöglichkeiten bat Mengele um eine Versetzung in das KZ Auschwitz und wurde dort Ende Mai 1943 Lagerarzt (Lifton 1988). Gemeinsam mit den rund 30 weiteren SS-Ärzten in Auschwitz war Mengele für die Überwachung der Vergasungen, Hinrichtungen und Prügelstrafen sowie für die Selektionen der Neuankömmlinge an der Rampe und der Insassen im Lager und die Tötung durch Phenolinjektionen ins Herz zuständig. Seine Aufgaben als Lagerarzt soll er „ohne erkennbare Skrupel und mit großer Pedanterie" erfüllt haben (Keller 2003, S. 34).

1944 wurde Mengele zum leitenden Arzt in Auschwitz-Birkenau und übernahm die Organisation und Selektion der Häftlinge, in deren Verlauf er über 3000 Menschen vergasen und über 1400 arbeitsfähige Insassen in das KZ Buchenwald deportieren ließ.

In Auschwitz führte er auch bis 1945 seine berüchtigten grausamen medizinischen und anthropologischen Untersuchungen durch. Sein Interesse galt vor allem der Zwillingsforschung, der Erforschung körperlicher Abnormitäten (u. a. Missbildungen und Kleinwüchsigkeit) und der Untersuchung, ob die Augenfarbe durch Injektion oder Einträufelung chemischer Substanzen veränderbar sei. Zu seinen meist tödlichen Experimenten zählten u. a. Operationen ohne Narkose, Injektionen von Krankheitserregern und Fremdstoffen, Bluttransfusionen zwischen Zwillingen und Sektionen an eigens für diesen Zweck getöteten Opfern (Keller 2003).

23.2.2.4 Leben auf der Flucht bis zum Tod (1945–1979)

Mengele floh 10 Tage vor der Befreiung durch die Rote Armee aus Auschwitz, im Gepäck seine Forschungsberichte und -notizen, um sich bald darauf einem Wehrmachtslazarett anzuschließen, mit dem er in amerikanische Kriegsgefangenschaft geriet. Er schaffte es jedoch, unerkannt zu bleiben, u. a. da er sich – wohl aus Eitelkeit – bei seinem Eintritt in die SS der typischen Blutgruppentätowierung verweigert hatte, und wurde schließlich unter dem Namen „Fritz Hollmann" entlassen.

Nach einigen Wochen in Günzburg lebte und arbeitete Mengele bis 1949 unter falschem Namen als Knecht auf einem Hof in der Nähe von Rosenheim und schaffte es letztlich mit einem auf den Namen „Helmut Gregor" ausgestellten Pass des Internationalen Komitees des Roten Kreuzes, ähnlich wie Adolf Eichmann, über Italien nach Buenos Aires zu fliehen.

Dort lebte er weitestgehend unbehelligt bis 1959 mithilfe der finanziellen Unterstützung seiner Familie und wie Eichmann in Kontakt mit dem nationalsozialistischen Kreis rund um Willem Sassen. Nachdem er sich 1954 unter seinem echten Namen von seiner 1. Ehefrau Irene hatte scheiden lassen, wagte er es 1956 sogar, mit der Witwe seines Bruders, Martha Mengele, seinem Sohn und seinem Neffen einen Skiurlaub in der Schweiz zu verbringen. Er beantragte auch ohne Komplikationen einen neuen deutschen Pass, ausgestellt auf seinen echten Namen, und heiratete Martha 1958 in Uruguay.

Im gleichen Jahr erstattete allerdings der Schriftsteller Ernst Schnabel Strafanzeige gegen Mengele, sodass 1959 der 1. Haftbefehl gegen ihn erteilt wurde. Nachdem international nach ihm gefahndet wurde, musste Mengele nach Paraguay fliehen, das zu diesem Zeitpunkt kein Auslieferungsabkommen mit Deutschland hatte, und er nahm die paraguayische Staatsbürgerschaft an.

Nach der Entführung Adolf Eichmanns durch den israelischen Geheimdienst fühlte sich Mengele in Paraguay nicht mehr sicher und tauchte letztlich in der Umgebung von São Paulo unter, wo er sich bis 1975 auf verschiedenen abgelegenen Farmen versteckte und außer zu seinen jeweiligen Gastgebern kaum Kontakt zur Außenwelt pflegte. Im Gegensatz zu Eichmann wurde Mengele nie aufgespürt und vor Gericht gestellt.

Schließlich zog er in ein Armenviertel in São Paulo und starb 1979 nach einem Schlaganfall beim Schwimmen (Keller 2003).

23.3 Psychologische Theorien, Modelle und Konzepte

23.3.1 Die Wurzeln des Bösen nach Baumeister

Baumeister (1997) sieht in Idealismus, bedrohtem Geltungsbedürfnis, Instrumentalismus und Sadismus die 4 Ursachen von Gewalt und des Bösen und überträgt diese auf den Holocaust (Baumeister 2002). Dabei geht er davon aus, dass Idealismus und ein bedrohtes Geltungsbedürfnis eine größere Rolle spielen als Instrumentalismus und Sadismus (Baumeister 2002). Diese beiden Faktoren sollen im Folgenden kurz dargestellt und kritisch hinterfragt werden.

23.3.1.1 Idealismus

» „Ich war kein normaler Befehlsempfänger, dann wäre ich ein Trottel gewesen, sondern ich habe mitgedacht, ich war ein Idealist gewesen [sic!]." Adolf Eichmann (zitiert nach Wojak 2001, S. 191)

» „Vielen deiner Söhne machst du es sehr schwer, heiliges Vaterland. Aber wir sollen dich nicht lassen und immer, immer lieben." Josef Mengele (zitiert nach Knopp 2000, S. 307)

Als erste und wahrscheinlich wichtigste Ursache von Gewalt und dem Bösen im Holocaust führt Baumeister Idealismus an. Von außen betrachtet werden Nationalsozialisten meist als „Symbol des Bösen" gesehen, sie selbst sahen sich jedoch eher als **idealistische Patrioten,** die taten, was nötig war, um ihren Traum von einem Großdeutschen Reich mit Lebensraum im Osten zu verwirklichen. Viele mögen geglaubt haben, dass sie mit ihren schrecklichen Taten ein nobles Endziel verfolgten und damit dem von ihnen erträumten faschistischen Paradies näherkamen, so wohl auch Adolf Eichmann und Josef Mengele.

Nationalsozialisten hatten eine **Vision einer idealen Gesellschaft,** in der die „richtigen" Deutschen in Frieden und Harmonie zusammenlebten. Einige ihrer Ideale würden auch heute noch als positiv bewertet werden. So betonten sie familiäre Werte und propagierten die Unterstützung kleiner Unternehmen, Recht und Ordnung und ökonomische Stabilität, die zu Wohlstand führen sollte (Baumeister 2002).

Darüber hinaus wollten sie den **Stolz einer Nation** wiederherstellen, die ihrer Meinung nach durch den Ersten Weltkrieg zutiefst gedemütigt worden war, und den wissenschaftlichen Fortschritt vorantreiben. Auch wurden **hohe Ehrvorstellungen** propagiert, und es wurde erwartet, dass ehrenwerte Individuen altruistische Opfer für das größere Wohl aller bringen würden (Baumeister 2002).

Um diese Ideale und ihre Utopie eines rein arischen Deutschlands zu erreichen, zwangen sie Juden zuerst zur Emigration, deportierten sie, als sich die meisten anderen Länder weigerten, weitere Juden aufzunehmen, und begannen letztlich mit der Vernichtung von in ihren Augen „unpassenden" Menschen. Hierfür zieht Baumeister (2002) die Gartenmetapher von Bauman (1991) heran, der zufolge die Nationalsozialisten eine Gärtnermentalität besaßen: Um den nach ihren Vorstellungen idealen Garten zu erreichen, müssten sie das Unkraut entfernen. Manche Gärtner mögen das Unkraut hassen, manche fänden es hinderlich, manche seien ihm gleichgültig gegenüber eingestellt und wiederum andere hätten Mitleid mit dem Unkraut. Doch letztlich seien sich alle darüber einig, dass es entfernt werden müsste (Bauman 1991).

23

Demzufolge wäre ein tatsächlicher Judenhass nicht zwingend notwendig, um sich an der Vernichtung der Juden beteiligt zu haben.

Viele Nationalsozialisten schienen die Ansicht vertreten zu haben, dass der Zweck die Mittel heiligte, und es daher richtig war, höheren Autoritäten zu folgen, selbst wenn spezifische Anordnungen fragwürdig erschienen, und Ungehorsam unmoralisch sei (Baumeister 2002). Ein wichtiger Bestandteil von Faschismus ist die **Erhöhung des Kollektivs** über das Individuum, und so sollte jeder Einzelne seiner Pflicht nachkommen, ohne dies zu hinterfragen.

Eichmann sah sich im Dienste der Erschaffung einer besseren Welt und da „der Feind" dieser Utopie im Wege stand, war es in seinen Augen seine Pflicht, seinen Anteil zu der Lösung der „Judenfrage" beizutragen.

Für Mengele schien die Misshandlung und Tötung seiner Opfer einem übergeordneten Forschungszweck zu dienen. Er sah sein Leben im Dienst einer höheren wissenschaftlichen Mission, und diese galt als Rechtfertigung für seine meist menschenverachtenden Experimente. Eines seiner Ziele soll nach Angaben ehemaliger Auschwitzhäftlinge z. B. die Aufklärung der Ursache von Mehrlingsschwangerschaften gewesen sein, um Deutschland, das große Verluste erlitten hatte, wieder zu bevölkern. Dr. Miklos Nyiszli, der Pathologe in Auschwitz, der eng mit Mengele zusammengearbeitet hatte, erklärte: „Auf der Suche nach dem Geheimnis der Multiplizierung der überlegenen, zur Herrschaft bestimmten Rasse einen Schritt weiterzukommen, war für ihn ein ‚erhabenes Ziel'." (zitiert nach Lifton 1988, S. 418)

23.3.1.2 Bedrohtes Geltungsbedürfnis

» „Eichmann hatte Minderwertigkeitskomplexe. Er wollte unbedingt zeigen, ich bin kein Akademiker, aber ich kann das auch, ich werd' euch das beweisen. Und das

verfolgte ihn sein ganzes Leben." Wilhelm Höttl, SS-Sturmbannführer (zitiert nach Knopp 2000, S. 24)

» „Es gibt zwei begabte Völker auf der Welt: Deutsche und Juden. Eines dieser beiden Völker muss die Welt beherrschen." Josef Mengele (zitiert nach Knopp 2000, S. 307)

Die 2. Ursache von Gewalt und dem Bösem stellt nach Baumeister ein bedrohtes Geltungsbedürfnis, also ein positives Selbstbild, das von anderen infrage gestellt oder widerlegt wird, dar. Somit wäre Aggression eine Reaktion auf einen wahrgenommenen Angriff auf das positive Selbstbild.

In diesem Sinne muss laut Baumeister (2002) auch auf **Narzissmus** hingewiesen werden, der oft mit einem hohen, aber instabilen Selbstbewusstsein in Verbindung gebracht wird. Auch wenn eine rückwirkende Fernanalyse kritisch zu betrachten ist, sieht Baumeister (2002) einige Kriterien von Narzissmus bei vielen Nationalsozialisten erfüllt. Narzissmus wird u. a. mit einem grandiosen Gefühl der eigenen Wichtigkeit, einem hohen Anspruchsdenken, ausbeuterischem Verhalten und mangelnder Empathie in Zusammenhang gebracht.

Ein grandioses **Gefühl der eigenen Wichtigkeit** sowie eine rassistisch begründete Überzeugung der nationalen Überlegenheit Deutschlands gegenüber anderen mag in der Hinsicht gegeben gewesen sein, als sich deutsche Nationalsozialisten als „Herrenrasse" sahen und ihr angestrebtes „Tausendjähriges Reich" und weltliche Dominanz als erreichbare Ziele ansahen.

Auch ein hohes **Anspruchs- bzw. Berechtigungsdenken** kann festgestellt werden. So gingen die Nationalsozialisten bei ihrer Invasion in Polen davon aus, dass diese durchaus rechtens und gerechtfertigt sei, da sie Anspruch auf diese Territorien hätten. Es war somit in ihren Augen legitim, die einheimischen Bewohner zu vertreiben, um Platz für Deutsche zu schaffen.

Darüber hinaus kann den Nationalsozialisten auch **ausbeuterisches Verhalten** attestiert werden, da sie ihre Opfer nicht nur ihres Vermögens und Eigentums beraubten, sondern sie letztlich zu Zwangsarbeitern und im Fall Mengeles zu medizinischen Versuchsobjekten in KZs degradierten.

Im Umgang mit ihren Opfern kann man auch eine **mangelnde Empathie** feststellen. Wenige Täter im Dritten Reich versuchten, sich in ihre Opfer hineinzuversetzen, und wären sie empathisch gewesen, wäre die Entmenschlichung der Opfer und die oft beiläufigen Grausamkeiten unvorstellbar gewesen (Baumeister 2002).

Einer ganzen Nation Narzissmus zu unterstellen, würde natürlich zu weit gehen, doch die nationalsozialistische Zeit unter diesem Gesichtspunkt zu betrachten, offenbart möglicherweise neue interessante Aspekte. Damit aus einem hohen und instabilen Selbstbewusstsein bzw. Narzissmus Aggression resultiert, muss laut Baumeister (2002) das Geltungsbedürfnis infrage gestellt werden. Dies kann im Falle der Deutschen durch den verlorenen Ersten Weltkrieg, die Reputationszahlungen und die Wirtschaftskrise erklärt werden.

Die wahrgenommene Kontrolle über unsere Umwelt, d. h. das Gefühl, äußere Zustände und Ereignisse beeinflussen und vorhersagen zu können, stellt wie die Erhaltung eines positiven Selbstbildes ein menschliches Grundbedürfnis dar. Werden diese Grundbedürfnisse nicht erfüllt, entstehen aversive Zustände. So könnte man analog zu der Hypothese eines wahrgenommenen **Kontrollverlustes** während der Zeit der Weimarer Republik (Frey und Rez 2002) auf einen wahrgenommen **Narzissmusverlust** bzw. einen Verlust des Geltungsbedürfnisses als ehemals große und bedeutende Nation schließen. In dieser Zeit des bedrohten Geltungsbedürfnisses wuchsen Eichmann und Mengele auf und könnten so den Wunsch entwickelt haben, „ihrem" Deutschland wieder zu alter Größe zu verhelfen.

23.3.2 Gehorsam – die Banalität des Bösen?

» „Meine Schuld ist mein Gehorsam." Adolf Eichmann (zitiert nach Knopp 2000, S. 23)

» „Ich hatte nur Befehle auszuführen, sonst hätte man mich in Auschwitz zu den anderen gesteckt." Josef Mengele (zitiert nach Knopp 2000, S. 307)

Inspiriert durch den Eichmann-Prozess untersuchte Stanley Milgram 1963 in einem der wohl bekanntesten Experimente der Psychologie den **Gehorsam gegenüber Autoritäten.**

In dem **Milgram-Experiment,** das vorgeblich den Effekt von Bestrafung auf die Lernfähigkeit untersuchte, wurden Versuchspersonen angewiesen, in der Rolle des Lehrers einer anderen Versuchsperson – die in Wirklichkeit ein Schauspieler war – Wortpaare beizubringen und jede falsche Antwort mit einem Elektroschock zu bestrafen. Für jeden weiteren Fehler musste der Lehrer höhere Elektroschocks, die von 15 V (beschriftet mit „leichter Schock") bis 450 V (beschriftet mit ominösen „XXX") reichten, geben. Der Versuchsteilnehmer konnte den Schauspieler nicht sehen und nur seine Schmerzensschreie und sein Flehen, das Experiment doch bitte zu beenden, aus dem anderen Raum hören. Dabei zeigten die meisten Versuchsteilnehmer deutliche Stressanzeichen und fragten, ob sie den Versuch abbrechen oder die Rolle des Schülers einnehmen könnten. Doch der Versuchsleiter, der die ganze Zeit neben dem Versuchsteilnehmer stand, gab nur immer weiter die Anweisung, mit dem Experiment fortzufahren. Erschreckenderweise gehorchten alle Versuchsteilnehmer den Anweisungen des Versuchsleiters bis zu einer Voltzahl von 210, und 65 % erreichten sogar eine vermeintlich tödliche Voltzahl von 450 (Milgram 1974).

Diese Ergebnisse konnten in vielen Ländern repliziert werden, und es wurde häufig geschlussfolgert, dass die meisten Menschen dazu gebracht werden können, anderen

23

Menschen aufgrund der Befehle einer Autoritätsperson zu schaden (Miller 2004).

In den folgenden Jahren erfuhr die Verknüpfung der Gehorsamkeitsforschung mit dem Holocaust allerdings viel Kritik, u. a., da sie Tätern vermeintlich eine Entschuldigung liefere, den freien Willen negiere und die Versuche als ethisch fragwürdig angesehen wurden (Miller 2016). Dabei gilt es, an dieser Stelle zu betonen, dass Gehorsam zwar ein Faktor für das Verhalten von Tätern im nationalsozialistischen Regime gewesen sein mag, jedoch sicher nicht der einzige. Weitere Mechanismen, z. B. Dehumanisierung, müssen stets mit in Betracht gezogen werden.

Adolf Eichmann galt lange als Musterbeispiel des obrigkeitshörigen Bürokraten (Arendt 2015) und stellte sich selbst während seines Prozesses in Jerusalem als „kleines Rädchen im Getriebe" (Smith 2000, S. 295) dar, das gehorsam funktionierte, allerdings auch beliebig austauschbar gewesen wäre. Gehorsam stellte jedoch auch eine bequeme Rechtfertigung dar, die schon viele andere Angeklagte während der Nürnberger Prozesse verwendet hatten. Wie sich auch durch Eichmanns lange im Voraus geplante Flucht und strategische Vorbereitung einer Verteidigung seiner Taten während seiner Zeit in Argentinien zeigt, schien er nach Möglichkeiten gesucht zu haben, seine eigene Schuld herunterzuspielen. So hatte er seine Taten und seine Verantwortung in den Sassen-Interviews noch in einem vollkommen anderen Licht dargestellt (Stangneth 2011).

Eichmanns Taten scheinen aus heutiger wissenschaftlicher Sicht nicht allein mit blindem Gehorsam erklärbar. Schon 1965 wies Robinson darauf hin, dass Eichmann der Organisation der „Endlösung" mit ausgesprochen großer Tatkraft, Ausdauer und großem Enthusiasmus nachging, die weit über reine Pflichterfüllung hinausging (Blass 2002). Auch war der nationalsozialistische Vernichtungsapparat wohl nicht so einheitlich und gut organisiert, wie häufig angenommen, sondern von Rivalitäten zwischen den Abteilungen und unklaren Entscheidungsprozessen geprägt (Cesarani 2004).

Wenn den Versuchsteilnehmern in Milgrams Experiment die Möglichkeit gegeben wurde, die Elektroschocks nicht zu verteilen, nutzten viele diese Chance (Fenigstein 2015). Hingegen sind keine Versetzungsgesuche oder Widersetzungsversuche Eichmanns bekannt, zu denen er durchaus die Möglichkeit gehabt hätte (Cesarani 2004).

So geschah auch Mengeles Versetzung nach Auschwitz auf seinen ausdrücklichen Wunsch hin, und auch bei ihm würde eine reine Erklärung seines Handelns durch Gehorsam zu kurz greifen. Im KZ Auschwitz hatte er einen viel zu großen Handlungsspielraum. Zudem waren meist gar keine Befehle notwendig, damit er seine Gräueltaten ausführte, da er genug Motivation aus seinem Forscherehrgeiz und seiner Ideologie zu ziehen schien. Darüber hinaus fanden gerade die schrecklichen Menschenversuche überwiegend in Mengeles Freizeit statt (Lifton 1988).

23.3.3 Moralische Loslösung – die Moralität des Bösen?

» „[Mit] Reue ist nichts gemacht, Reue hat gar keinen Zweck, Reue ist etwas für kleine Kinder." Adolf Eichmann (zitiert nach Cesarani 2004, S. 334)

» „Es gibt keinen Richter, nur Rächer." Josef Mengele (zitiert nach Knopp 2000, S. 307)

Moralische Loslösung („moral disengagement"; Bandura 1999) ist ein psychologischer Mechanismus, der es den Tätern ermöglicht, sich von den moralischen Bedenken für ihre Opfer zurückzuziehen, und es ihnen damit erlaubt, zu agieren, ohne von Schuld oder Empathie zurückgehalten zu werden (Haslam und Loughnan 2016).

Um den Widerspruch zwischen (Tötungs-) Handlungen und den eigenen moralischen Überzeugungen und die daraus resultierende **kognitive Dissonanz,** d. h. den unangenehmen Spannungszustand durch unvereinbare Kognitionen, zu neutralisieren, können verschiedene Strategien wirksam werden. So können

Autorisierungsprozesse normale Moralvorstellungen außer Kraft setzen, Routine kann die Wahrscheinlichkeit, dass überhaupt moralische Überlegungen angestellt werden, herabsetzen, und eine Dehumanisierung der Opfer kann letztlich den Gewaltakt erleichtern (Kelman 1973).

23.3.3.1 Trennung von Person und Handlung

» „Ich, der ich im Gegensatz zu meinen ehemaligen Kameraden, noch sprechen kann und jetzt sprechen muss, schreie es in die Welt hinaus: auch wir Deutschen taten nur unsere Pflicht und sind nicht schuldig." Adolf Eichmann (zitiert nach Stangneth 2011, S. 297)

» „[…] er verfügte über all die sentimentalen Regungen, all die menschlichen Gefühle, Mitleid und so weiter. Aber da war in seiner Psyche eine hermetisch geschlossene Zelle […], undurchdringlich, unzerstörbar, nämlich das Befolgen eines Befehls. Er könnte ins Wasser springen und einen Zigeuner retten, ihn mit Medikamenten versorgen wollen … und sobald sie aus dem Wasser sind, schickt er ihn zum LKW und in die Gaskammer." Alexander O. über Josef Mengele (zitiert nach Lifton 1988, S. 438)

Wie die meisten nationalsozialistischen Täter wurde Eichmann als psychisch gesund eingestuft, und so hieß es sogar, er habe „höchst vorbildlich[e]" persönliche Ansichten (Arendt 2015, S. 99). Der für das gerichtliche Gutachten Eichmanns zuständige Psychologe Shlomo Kulscár soll gesagt haben, Eichmann sei „normal –, normaler jedenfalls, als ich es bin, nachdem ich ihn untersucht habe" (Smith 2000, S. 22). Seine Taten lassen sich also nicht einfach mit einer mangelnden Moralentwicklung erklären. Viele der Täter und auch Eichmann berichteten, dass sie teilweise durchaus persönliche Hemmungen gehabt hätten, die ihnen aufgetragenen Gräueltaten zu begehen (Stangneth 2011). Wie war es dann

für Menschen mit „normal" ausgebildeten Moralkonzepten möglich, zu Tätern mit meist reinem Gewissen zu werden?

In diesem Kontext kann auf eine Trennung von Person und (Gräuel-)Taten hingewiesen werden, die durch das **nationalsozialistische Moralkonzept** ermöglicht wurde (Zue 2009). Die Wurzeln der nationalsozialistischen Moral wurden bereits in der 2. Hälfte des 19. Jahrhunderts mit der Betonung von Ehre, Volk und Nation gelegt. Durch die Etablierung neuer gesellschaftlicher Normen, die laut Welzer (2016, S. 31) nur durch die Vorstellung einer „absoluten Ungleichheit der Menschen" möglich war, wurde es den einzelnen Tätern erleichtert, ein positives Selbstbild von sich, das in Einklang mit ihren Moralvorstellungen stand, aufrechtzuerhalten und gleichzeitig zu foltern und zu morden.

Die nationalsozialistische Moral kann auch mit dem von Baumeister (2002) angeführten Idealismus der damaligen Zeit in Verbindung gebracht werden. Um die angestrebte idealisierte Zukunft zu erreichen, sollte jeder Einzelne seine persönlichen Bedürfnisse zurückstellen. Damit wurde moralisch gutes Handeln mit „einer Extremvorstellung von Pflichterfüllung" (Zue 2009, S. 263) gleichgesetzt. Pflichtverletzung galt dahingegen als unmoralisch und unehrenhaft.

Durch diese Einschränkung der eigenen Verantwortungsübernahme und des freien Willens lieferte die damalige Moralvorstellung die Grundlage für eine Trennung von Person und Handlung. Die Illusion eines reinen Gewissens konnte geschaffen und Mord problemlos in das Selbst- und Lebenskonzept der Täter integriert werden (Zue 2009).

In diesem Zusammenhang kann auf das psychologische Phänomen des **(fundamentalen) Attributionsfehlers,** im Speziellen der **selbstwertdienlichen Verzerrung,** hingewiesen werden. Hierbei wird eigenes Fehlverhalten auf situative anstelle dispositionaler Faktoren zurückgeführt, wohingegen fremdes Fehlverhalten eher mit Persönlichkeitseigenschaften als mit situativen Faktoren erklärt wird.

So rechtfertigten viele der Täter, u. a. auch Eichmann und Mengele, ihr Verhalten mit dem Kriegszustand und beriefen sich auf Befehle, die nicht verweigert werden konnten. Durch die Erklärung des Massenmordes mit situativen Faktoren konnten die Täter ihre eigene Person von der Handlung trennen und sich jeglicher Verantwortung entziehen, so wie es auch Adolf Eichmann während seines Prozesses in Jerusalem tat (Arendt 2015).

23.3.3.2 Dehumanisierung und moralische Exklusion der Opfer

» „Hundert Tote sind eine Katastrophe, eine Million sind eine Statistik." Adolf Eichmann (zitiert nach Knopp 2000, S. 23)

» „Ich glaube er, hat uns richtig gehasst, behandelte Juden wie Labortiere – eben nicht als Menschen, denn in seinen Augen waren wir tatsächlich biologisch minderwertig." Die jüdische Häftlingsärztin Dr. Magda V. über Josef Mengele (zitiert nach Lifton 1988, S. 442)

Als weiterer psychologischer Mechanismus, der die systematische Tötung der Opfer während des Nationalsozialismus erleichtert haben mag, kann **Dehumanisierung** angeführt werden. Um die als universell angesehene Tötungshemmung zu verringern, wird das Opfer im Prozess der Dehumanisierung nicht mehr oder nur noch eingeschränkt als menschlich angesehen (Kühl und Gruber 2015). Wenn anderen ihr Status als Mensch aberkannt wird, sie als minderwertig und als „Untermenschen" wahrgenommen werden, scheint einerseits der Nährboden für Gewalt geschaffen, andererseits sowohl die Ausführung der Gewalt gegenüber den Opfern während der Tat erleichtert als auch eine Möglichkeit zur nachträglichen Rationalisierung und Rechtfertigung der Tat geliefert zu werden (Haslam und Loughnan 2016). Dehumanisierte Individuen oder Gruppen können so auch als sich außerhalb der Grenzen von moralischen Werten, Regeln und Fairnessüberlegungen befindend wahrgenommen werden (Opotow 1990). Diese **moralische Exklusion** mag auch auf die Opfer des Dritten Reiches zutreffen. Juden, Sozialisten, Sinti und Roma, Homosexuelle und Menschen mit Behinderung waren jahrelang als minderwertig dargestellt worden und so für die Täter aus dem Kreis derjenigen ausgeschlossen worden, für deren Behandlung moralische Grundsätze gelten.

Eine relevante Rolle für den Prozess der Dehumanisierung scheint u. a. die **Ideologie der Täter** zu spielen (Haslam und Loughnan 2014). Die nationalistische Haltung Eichmanns und seine Überzeugung, Deutsche wären anderen Völkern überlegen, mag ihm die Dehumanisierung seiner Opfer erleichtert haben. Darüber hinaus stellen **wahrgenommene Bedrohung** durch und **Distanz zur Opfergruppe** Faktoren dar, die zu Dehumanisierung führen können (Haslam und Loughnan 2016). So wurden Juden im Dritten Reich als Bedrohung dargestellt, und auch Eichmann glaubte an eine große jüdische Verschwörung, die bekämpft werden müsse (Stangneth 2011). Daneben wahrte er als Schreibtischtäter, für den Millionen von Toten nur eine Statistik waren, auch eine deutliche Distanz zu seinen Opfern.

Auch bei Josef Mengele lassen sich Anzeichen für eine Dehumanisierung seiner Opfer erkennen. So berichtete eine Häftlingsärztin, dass Mengele die Häftlinge wie „Mäuse[…] und Kaninchen" behandelte und gottgleich über ihre Schicksale entschied (Lifton 1988, S. 428).

Die Tendenz, andere zu dehumanisieren, scheint zudem mit Psychopathie, Narzissmus und sozialer Dominanzorientierung in Verbindung zu stehen, d. h. Eigenschaften, die wiederum mit aggressivem und unempathischem Verhalten assoziiert sind (Haslam und Loughnan 2016) und allesamt Mengele unterstellt werden (Lifton 1988).

Falls Mengele tatsächlich psychopathische Persönlichkeitszüge hatte, könnte dies mit einer Distanzierung von seinen Opfern einhergegangen sein. Ein Häftlingsarzt berichtete, dass „er […] keine Probleme, nicht mit seinem Gewissen, nicht mit den Menschen um ihn herum, einfach mit nichts" hatte, und eine KZ-Insassin verglich ihn mit „ein[em] Automat[en], ein[em] Gentleman, der eine unwichtige Sache erledigt" (Lifton 1988, S. 401).

Als weiterer verstärkender Faktor von Dehumanisierungstendenzen gilt eine hohe **Ekelneigung** (Hodson und Costello 2007). Lagerinsassen berichteten, dass Mengele äußersten Wert auf Sauberkeit legte, „üblen Gerüchen gegenüber sehr empfindlich" war und als „Selektions-Ästhet" galt, der Menschen mit Hautunreinheiten, Geschwüren oder Narben direkt in die Gaskammern schickte (Lifton 1988, S. 402).

Außerdem kann auch für Mengele als Faktor für Dehumanisierung die **wahrgenommene Bedrohung** durch eine seiner Opfergruppen angeführt werden. Wie ein Freund Mengeles betonte, war er extremer Antisemit, hielt Juden für hochbegabt und im andauernden Kampf um Leben und Tod mit den arischen Deutschen stehend und war „voll überzeugt, dass die Vernichtung der Juden eine Voraussetzung für die Gesundung der Welt ist" (Lifton 1988, S. 441 f.).

Zudem mag sich der Dehumanisierungsprozess in Auschwitz selbst verstärkt haben, da die KZ-Insassen zutiefst menschenunwürdig behandelt wurden, was wiederum die Wahrnehmung der Opfer als nichtmenschlich bestätigte (Kühl und Gruber 2015).

23.4   Fazit

» „Das ‚Eichmannproblem' ist kein gestriges; wir alle sind ebenfalls Eichmannsöhne, mindestens Söhne der Eichmannwelt. Es ist die Welt der Vernichtungsmaschinen, deren Wirkungen unsere Vorstellungskraft übersteigen. Damit ist die Gefahr gegeben, dass wir darin widerstandslos und gewissenlos wie Rädchen funktionieren, dass unsere moralische Kraft dem Apparat nicht gewachsen bleibt

und jedermann ein Eichmann werden kann." Günther Anders (zitiert nach Knopp 2000, S. 24)

Um zu der eingangs gestellten Frage zurückzukehren: Wie würden wir selbst heute handeln? Cesarani (2004, S. 28) zieht das Fazit, dass wir Eichmann gern „als psychotischen Menschen sähen, also als jemanden, der sich von uns unterscheidet – er [es aber] nicht war." Wie können wir uns also sicher sein, dass wir in seiner Situation anders gehandelt hätten?

Die Nachkriegsgenerationen hatten das Glück, in Frieden aufzuwachsen. Damit erscheinen die schrecklichen Taten des Holocaust immer unvorstellbarer, und es werden Stimmen lauter, die die Meinung vertreten, Deutschland solle mit seiner nationalsozialistischen Geschichte abschließen.

Doch gerade angesichts der aktuellen nationalistischen und rechtspopulistischen Tendenzen überall auf der Welt und dem Aussterben der Zeitzeugen des Holocaust ist eine Auseinandersetzung mit der nationalsozialistischen Vergangenheit unabdingbar, um aus der Geschichte zu lernen und ein Bewusstsein dafür zu schaffen, dass die meisten von uns nicht automatisch vor psychologischen Phänomenen wie Gehorsam, Idealismus und moralischer Loslösung gefeit sind, sondern wir uns zu jeder Zeit aktiv dagegen entscheiden müssen.

Durch die Virtualisierung von Gewalt und beispielsweise durch den Einsatz militärischer Drohnen wird den Ausführenden heutzutage eine Distanz zu ihren Opfern suggeriert, die sie zu einer neuen Art der Schreibtischtäter machen könnte. Umso wichtiger ist es, die nationalsozialistische Vergangenheit als Appell aufzufassen, demokratiegefährdende Tendenzen genau zu beobachten und gegebenenfalls einzugreifen, um die Werte einer offenen und demokratischen Gesellschaft leben und weitergeben zu können.

Dies sollte sich u. a. in **Erziehungs- und Führungsleitlinien** widerspiegeln. So können die Prinzipien von Autonomie, Partizipation, Transparenz, Empathie, Offenheit, des guten

23

Vorbildes der Führungskraft, Gerechtigkeit und Verantwortungsübernahme der ethikorientierten Führung nach Frey (Frey und Schmalzried 2013) als besonders relevant angesehen werden, um mündige Bürger einer fairen und demokratischen Gesellschaft zu unterstützen und zu verhindern, dass sich ein Nährboden für nationalistische und diskriminierende Tendenzen bildet. Eltern, Lehrer und Führungskräfte sollten sich ihrer Vorbildfunktion bewusst sein, mit gutem Beispiel vorangehen und ihre Kinder, Schüler oder Mitarbeiter ermuntern, selbst ein Zeichen zu setzen.

Zudem kann auch die **Wahrung einer Berufsehre** einen moralischen Rahmen bieten. Beispielsweise wären die Taten von nationalsozialistischen Ärzten wie Josef Mengele nicht möglich gewesen, hätten sie sich an den Hippokratischen Eid und den Grundsatz gehalten, dass kein Patient ohne seine Zustimmung behandelt werden darf (Snyder 2017).

Auch der allgemeine Sprachgebrauch bedarf unserer erhöhten Aufmerksamkeit, um erste Zeichen einer Dehumanisierung wahrzunehmen. So sollten wir alarmiert aufhorchen, wenn Begriffe wie „Volksverräter", „Überfremdung" und „Parasiten" verwendet werden oder „Notstände" und „Ausnahmesituationen" propagiert werden, ohne dass diese in irgendeiner Form, z. B. durch akute Katastrophen, gerechtfertigt wären.

Im Sinne des kritischen Rationalismus nach Popper sollten wir den kritisch rationalen Dialog suchen, eine offene Kultur und hierarchiefreie Kommunikation pflegen und den aktuellen Zustand ständig in Zweifel ziehen, um die Dinge um uns herum und damit letztlich in der Folge auch die Welt zu verbessern (Frey und Schmalzried 2013). Denn wir alle müssen Verantwortung dafür übernehmen, wie unsere zukünftige Welt aussehen soll, und achtsam bleiben, damit sich die unermesslichen Gräueltaten des Dritten Reiches niemals wiederholen.

Literatur

Arendt, H. (2015). *Eichmann in Jerusalem. Ein Bericht von der Banalität des Bösen* (11. Aufl.). München: Piper.

Bandura, A. (1999). Moral disengagement in the perpetration of inhumanities. *Personality and Social Psychology Review, 3*(3), 193–209.

Bauman, Z. (1991). *Modernity and the Holocaust*. Ithaca: Cornell University Press.

Baumeister, R. F. (1997). *Evil: Inside human violence and cruelty*. New York: Freeman.

Baumeister, R. F. (2002). The Holocaust and the four roots of evil. In L. S. Newman & R. Erber (Hrsg.), *Understanding genocide: The social psychology of the Holocaust* (S. 241–258). New York: Oxford University Press.

Blass, T. (2002). Perpetrator behavior as destructive obedience. In L. S. Newman & R. Erber (Hrsg.), *Understanding genocide: The social psychology of the Holocaust* (S. 91–110). New York: Oxford University Press.

Cesarani, D. (2004). *Adolf Eichmann. Bürokrat und Massenmörder*. Berlin: Propyläen.

Fenigstein, A. (2015). Milgram's shock experiments and the Nazi perpetrators: A contrarian perspective on the role of obedience pressures during the Holocaust. *Theory & Psychology, 25*(5), 581–598.

Frey, D., & Rez, H. (2002). Population and predators: Preconditions for the Holocaust from a control-theoretical perspective. In L. S. Newman & R. Erber (Hrsg.), *Understanding genocide: The social psychology of the Holocaust* (S. 188–221). New York: Oxford University Press.

Frey, D., & Schmalzried, L. (2013). *Philosophie der Führung. Gute Führung lernen von Kant, Aristoteles, Popper & Co.* Berlin: Springer.

Frisch, M. (1950). *Tagebuch 1946–1949*. Frankfurt a. M.: Suhrkamp.

Haslam, N., & Loughnan, S. (2014). Dehumanization and Infrahumanization. *Annual Review of Psychology, 65*(1), 399–423.

Haslam, N., & Loughnan, S. (2016). How dehumanization promotes harm. In A. G. Miller (Hrsg.), *The social psychology of good and evil* (2. Aufl., S. 140–158). New York: The Guilford Press.

Hodson, G., & Costello, K. (2007). Interpersonal disgust, ideological orientations, and dehumanization as predictors of intergroup attitudes. *Psychological Science, 18*(8), 691–698.

Keller, S. (2003). *Günzburg und der Fall Josef Mengele*. München: Oldenbourg.

Kelman, H. C. (1973). Violence without moral restraint: Reflections on the dehumanization of victims and victimizers. *Journal of Social Issues, 29*(4), 25–61.

Knopp, G. (2000). *Hitlers Helfer*. München: C. Bertelsmann.

Kühl, S., & Gruber, A. (2015). *Soziologische Analysen des Holocaust*. Wiesbaden: Springer Fachmedien.

Lifton, R. J. (1988). *Ärzte im Dritten Reich*. Stuttgart: Klett-Cotta.

Milgram, S. (1974). *Obedience to authority: An experimental view*. New York: Harper & Row.

Miller, A. G. (2004). What can the Milgram obedience experiments tell us about the Holocaust? Generalizing from the social psychology laboratory. In A. G. Miller (Hrsg.), *The social psychology of good and evil* (S. 193–239). New York: The Guilford Press.

Miller, A. G. (2016). Why are the Milgram obedience experiments still so extraordinarily famous – and controversial? In A. G. Miller (Hrsg.), *The social psychology of good and evil* (2. Aufl., S. 185–223). New York: The Guilford Press.

Opotow, S. (1990). Moral exclusion and injustice: An introduction. *Journal of Social Issues, 46*(1), 1–20.

Smith, G. (2000). *Hannah Arendt Revisited. Eichmann in Jerusalem und die Folgen*. Frankfurt a. M.: Suhrkamp.

Snyder, T. (2017). *Über Tyrannei. Zwanzig Lektionen für den Widerstand* (3. Aufl.). München: Beck.

Stangneth, B. (2011). *Eichmann vor Jerusalem. Das unbehelligte Leben eines Massenmörders*. Zürich: Arche.

Welzer, H. (2016). *Täter – Wie aus ganz normalen Männern Massenmörder werden* (7. Aufl.). Frankfurt a. M.: S. Fischer.

Wojak, I. (2001). *Eichmanns Memoiren. Ein kritischer Essay*. Frankfurt a. M.: Campus.

Zue, N.-S. (2009). Selbstüberwindung? Adolf Eichmann und das Phänomen der Spaltung von Person und Handlung im grausamen Akt. In M. Schaub (Hrsg.), *Grausamkeit und Metaphysik. Figuren der Überschreitung in der abendländischen Kultur* (S. 259–276). Bielefeld: transcript.

Beate Zschäpe, Uwe Böhnhardt und Uwe Mundlos

Das NSU-Trio

Marlene Gertz

© Springer-Verlag GmbH Deutschland, ein Teil von Springer Nature 2019
D. Frey (Hrsg.), *Psychologie des Guten und Bösen*, https://doi.org/10.1007/978-3-662-58742-3_24

24.1 Einleitung

Am 4. November 2011 wollte die Polizei Eisenach 2 Bankräuber stellen, enthüllte dabei jedoch die Mitglieder der terroristischen Gruppe Nationalsozialistischer Untergrund (NSU), die 10 Personen getötet und 2 Bombenanschläge durchgeführt hatten. Mit diesem Tag wurde erneut nationalsozialistische Geschichte in Deutschland geschrieben.

Uwe Mundlos und Uwe Böhnhardt verbrannten in ihrem eigenen Wohnwagen, nachdem sie von der Polizei wegen eines Banküberfalls aufgespürt worden waren. Wenig später zündete Beate Zschäpe die gemeinsame Wohnung in der Frühlingsstraße 26 in Zwickau an und begab sich auf eine Fluchtodyssee durch Deutschland, von der aus sie Bekennerschreiben und -videos verschickte. Vier Tage später stellte sie sich mit einem Anwalt der Polizei in Jena.

Viele Jahre untersuchten die Generalbundesanwaltschaft und die Polizei das Vorgehen des Trios zwischen 1998 und 2011. Nach 5 Jahren Prozess vor dem Oberlandesgericht München kam es im Juli 2018 zur Urteilsverkündung, 9 Morde, deren Tathergänge und Motive lange ungeklärt waren, wurden im Zuge dessen als rassistisch motivierte Taten des Trios Böhnhardt, Mundlos und Zschäpe entlarvt. Rassismus, der lange ein unterschätztes Tatmotiv in Deutschland war, entpuppte sich als noch bestehendes gesellschaftliches und institutionelles Problem.

24.2 Biografien

Es folgen die Kurzbiografien der 3 Mitglieder des NSU sowie ihr gemeinsamer Werdegang im Untergrund ab 1995.

24.2.1 Kurzbiografien bis 1995

24.2.1.1 Beate Zschäpe

» „Frau Zschäpe [ist] als Kind unter relativ schwierigen, aber keineswegs massiv gestörten oder traumatisierenden Bedingungen aufgewachsen." Hennig Saß, psychiatrischer Gutachter (zitiert nach Ramelsberger et al. 2018a, S. 7)

■ **Frühe Kindheit**

Beate Zschäpe wurde am 2. Januar 1975 in Jena als Beate Apel geboren. Ihre Mutter Annerose studierte zu der Zeit Zahnmedizin in Bukarest und setzte ihr Studium nach der Geburt schnell wieder fort. Sie ließ ihre junge Tochter bei ihren Eltern zurück. Annerose heiratete und trennte sich 2 Mal, womit stets Umzüge verbunden waren. Bis zu ihrem 15. Lebensjahr war Beate bereits 6 Mal umgezogen. Ihren rumänischen Vater lernte sie nie kennen.

■ **Schulleben und Ausbildung**

Mit 16 Jahren machte Beate Zschäpe ihren Realschulabschluss in Jena. Im Anschluss wollte sie Kindergärtnerin werden, fand jedoch keine Ausbildungsstätte. 1996 schloss sie eine Lehre als Gärtnerin mit der Fachrichtung Gemüsebau ab, ohne danach jedoch eine Anstellung als Gärtnerin zu finden; sie arbeitete stattdessen als Malergehilfin.

■ **Politisierung**

1990 lernte sie Uwe Mundlos im „Winzerclub" kennen, einem von Straßensozialarbeitern aufgebauten Jugendklub in Jena, der perspektivlosen Jugendlichen eine Begegnungsstätte und Leithilfe bieten sollte. Schnell kristallisierte sich dort eine Untergruppe Jugendlicher mit nationalsozialistischem Gedankengut heraus, die den Sozialarbeitern später entglitt. Dieser Gruppe, u. a. bestehend aus Uwe Mundlos, Uwe Böhnhardt und Ralf Wohlleben, schloss sich Zschäpe an.

■ **Familienleben**
Zu ihrer Mutter hatte Beate nie ein inniges Verhältnis. Den Großteil ihrer Kindheit und Jugend wohnte sie bei ihren Großeltern und bezeichnete sich selbst als „Omakind".

■ **Beziehung zu Mundlos und Böhnhardt**
1993 begann Zschäpe eine Liebesbeziehung mit Uwe Mundlos. Sie verlobten sich, trennten sich jedoch etwa 2 Jahre später wieder, als Mundlos zum Wehrdienst ging. Zschäpe begann wenig später eine Beziehung zu Uwe Böhnhardt. Sowohl die Eltern von Mundlos als auch die Eltern von Böhnhardt mochten Beate und erinnern sie heute als liebes und offenes Mädchen. Beide Eltern hofften, Zschäpe würde ihre Söhne auf die richtige Bahn geleiten (Jüttner 2013).

24.2.1.2 Uwe Mundlos

❯❯ „Er war gegen alles, was so vom System, der SED, aufoktroyiert wurde. Gegen die Armee, gegen die Partei. Nach dem Umzug nach Winzerla ist er in eine rechte Szene reingekommen, die Gedankengänge wurden immer absoluter, radikaler." Andreas Reinl, Schulfreund von Uwe Mundlos (zitiert nach Ramelsberger et al. 2016, S. 11)

■ **Frühe Kindheit**
Uwe Mundlos wurde am 11. August 1973 in Jena geboren und führte zu DDR-Zeiten ein privilegiertes Leben. Seine Mutter Ilona war Kassiererin, sein Vater Siegfried Mathematiker und später Professor für Informatik in Jena. Uwes Bruder leidet unter spastischen Lähmungen und sitzt im Rollstuhl. Uwe kümmerte sich liebevoll um ihn und setzte sich für ihn ein.

■ **Schulleben und Ausbildung**
Mundlos besuchte die Magnus-Oberschule in Jena und machte nach der 10. Klasse seinen Abschluss. Er galt als klug, gewissenhaft und gut belesen, jedoch auch als sehr faul. Nach der Schule machte er eine Ausbildung zum EDV-Kaufmann. Später wollte er sein Abitur am Ilmenau-Kolleg bei Erfurt nachholen und studieren – brach die Schule jedoch ab, um der Polizei zu entkommen und in den Untergrund zu gehen.

■ **Politisierung und Radikalisierung**
Mundlos entwickelte eine antikommunistische Einstellung, die ihn empfänglich für rechtsextreme Ideologien machte. Er war fasziniert von Adolf Hitler, dessen Aufstieg und Kriegsführung, und las wissbegierig Bücher über diese Zeit.

Auch Mundlos fühlte sich im „Winzerclub" wohl, lernte Freunde mit einer ähnlichen politischen Gesinnung kennen und passte sein Äußeres durch das Tragen von Springerstiefeln und Bomberjacken an. Mit 20 Jahren war er stark radikalisiert und häufig in Schlägereien gegen die linke Szene involviert. 1994 machte er seinen Grundwehrdienst und fiel auch dort durch seine rechts gesinnten Gedanken auf.

■ **Familienleben**
Die Familie Mundlos war lange geprägt von starkem Zusammenhalt. Gerade zwischen den Brüdern bestand ein sehr liebevolles Verhältnis. Aufgrund der starken zeitlichen Vereinnahmung durch den 2. Sohn und die Arbeit hatte die Mutter vermutlich weniger Zeit für Uwe und seine Bedürfnisse. Über das Verhältnis zwischen Vater und Sohn ist wenig bekannt.

24.2.1.3 Uwe Böhnhardt

❯❯ „Er war aber auch ganz schnell aggressiv, er hat schnell umgewechselt, von lustig und locker auf aggressiv. Er war schwierig, ich hab schon gemerkt, dass er gefährlich ist. Mir hat er Angst gemacht." Thomas B., ehemaliger Kamerad Uwe Böhnhardts (zitiert nach Ramelsberger et al. 2015, S. 28)

- **Frühe Kindheit**

Geboren am 1. Oktober 1977 wuchs Uwe Böhnhardt als 3. und jüngster Sohn des Ehepaares Brigitte und Jürgen Böhnhardt auf. Brigitte war Lehrerin für verhaltensgestörte Kinder, Jürgen arbeitete als Ingenieur. Als Uwe 11 Jahre alt war, starb einer seiner Brüder aus ungeklärten Umständen. Damit verlor Uwe eine ihm sehr nahestehende Person.

- **Schulleben**

In der Schule fühlte sich Uwe nicht wohl. Er wurde als wortkarg und introvertiert beschrieben und fand keinen sozialen Anschluss. In der 6. Klasse zeigte er sehr schlechte Schulleistungen, blieb 2 Mal sitzen und begann, die Schule zu schwänzen, bis er dieser nach einiger Zeit verwiesen wurde. Seine Eltern waren sehr bemüht, ihn zum Lernen zu motivieren und auf verschiedenen Schulen unterzubringen – jedoch ohne Erfolg.

- **Politische Gesinnung, Radikalisierung und Delinquenz**

Früh wurde Uwe kriminell, knackte Autos, klaute und randalierte so massiv, dass er mit 15 Jahren für 6 Monate in Jugendhaft kam. Dieser Aufenthalt dürfte ihn seelisch wohl belastet haben, motivierte ihn jedoch nicht dazu, in Zukunft von straffälligem Verhalten Abstand zu nehmen.

Nach der Haft driftete er in die rechte Szene ab, ging auf Demos und schrie Nazi-Parolen. 1993 lernt er Ralf Wohlleben kennen, der ihn mit in den „Winzerclub" nahm, wo er Beate Zschäpe und Uwe Mundlos kennenlernte. Ehemalige Kameraden beschrieben ihn als „absoluten Rassist mit hohem Gewaltpotential" (Jüttner 2013, S. 68). Es ist ungeklärt, ob Böhnhardt

gegenüber Beate Zschäpe bereits im Jugendalter gewalttätig wurde oder ob er dieses Verhalten erst mit dem gemeinsamen Untertauchen entwickelte.

- **Berufliche Ausbildung**

Nach der Haft machte Böhnhardt eine Lehre zum Hochbaufacharbeiter, die er 1996 abschloss, jedoch anschließend keine Anstellung fand. Das war eine große Enttäuschung für ihn, die er damit zu rechtfertigen versuchte, dass er die wachsende Zahl an Ausländern in Deutschland für seinen Misserfolg verantwortlich machte.

- **Familienleben**

Das Verhältnis von Uwe Böhnhardt zu seinen Eltern war gut. Gerade er als Nesthäkchen genoss viel Aufmerksamkeit und viele Privilegien. Mit dem frühen Jugendalter entglitt Jürgen und Brigitte Böhnhardt ihr Sohn jedoch zunehmend. Sie bemerkten seine politische Gesinnung, das Schwänzen der Schule und die zunehmende Delinquenz. Sie versuchten daraufhin, positiv auf ihren Sohn einzuwirken. Im Hause galt ein striktes Verbot rechtsradikaler Klamotten, Nazi-Parolen und Poster, dem sich Uwe fügte. Auch Aufgaben im Haushalt oder Garten kam er nach.

24.2.2 Das NSU-Trio ab 1995

Zschäpe, Mundlos und Böhnhardt verband eine enge Freundschaft, in jungen Jahren sogar jeweils eine Liebesbeziehung. Gemeinsam waren sie Teil der Thüringer Neonaziszene, Mitglieder der „Kameradschaft Jena" sowie des „Thüringer Heimatschutzes". Sie verteilten Propagandamaterial, nahmen an Demonstrationen, Rechtsrock-Konzerten und Störungen linker Veranstaltungen teil (Jüttner 2013).

24.2.2.1 Die Zeit vor dem Untergrund

■ **Radikalisierung und der Gang in den Untergrund**

» „Zschäpe, Böhnhardt und Mundlos […] haben eine Autorität verkörpert in der Szene." Holger Gerlach, ehemaliges Mitglied der Nazi-Szene und Angeklagter im NSU-Prozess (zitiert nach Ramelsberger et al. 2014, S. 7)

1996 wollte die Gruppe öffentliche Aufmerksamkeit erregen und zeigte provokanteres Verhalten. Sie bauten Bombenattrappen beklebt mit Davidstern oder Hakenkreuz und platzierten diese in der Jenaer Innenstadt. Durch diese Taten rückten sie in den Fokus der Polizei, die im Januar 1998 die Garagen von Zschäpe und Böhnhardt aufgrund des Verdachts, dass dort geheime Bombenwerkstätten seien, durchsuchten. In einer der Garagen fanden die Ermittler neben Manifesten und Mitgliederlisten auch 4 funktionsfähige Rohrbomben mit insgesamt 1,39 kg Sprengstoff.

Während der Durchsuchung durch die Polizei durfte Böhnhardt das Gelände verlassen und konnte Zschäpe und Mundlos über die Geschehnisse informieren. Als 2 Tage später die Haftbefehle gegen sie erlassen wurden, hatten sie sich schon von ihren Familien verabschiedet und waren im Untergrund verschwunden (◙ Tab. 24.1).

24.2.2.2 Das Leben im Untergrund

■ **Ein ansonsten ganz normales Leben?**

» „Das waren eigentlich ganz nette Menschen, mit denen wir da zu tun hatten. Man kannte sich ja und hat ihnen auch vertraut. Die drei haben mit unseren Töchtern auch ‚Siedler von Catan‘ gespielt." Wolfgang Schiffner, Urlauber aus Fehmarn (zitiert nach Ramelsberger et al. 2014, S. 30)

Die Untergetauchten fanden viel Unterstützung im Thüringer Netzwerk der Neonazis. Sie kamen bei Kameraden in Chemnitz unter, bis sie in ihre erste eigene Wohnung zogen.

◙ Tab. 24.1	Chronologie der Ereignisse
1998	– Abtauchen von Böhnhardt, Mundlos und Zschäpe nach der Razzia im Garagenverein – Erster Raubüberfall durch Böhnhardt und Mundlos, bis 2011 folgen 15 weitere
2000	– Mord an Enver Şimşek, Nürnberg
2001	– Mord an Abdurrahim Özüdoğru, Nürnberg – Mord an Süleyman Taşköprü, Hamburg – Mord an Habil Kılıç, München – Sprengstoffanschlag im Lebensmittel Getränkeshop Gerd Simon, Köln
2004	– Mord an Mehmet Turgut, Rostock – Nagelbombenanschlag in der Keupstraße, Köln
2005	– Mord an İsmail Yaşar, Nürnberg – Mord an Theodoros Boulgarides, München
2006	– Mord an Mehmet Kubaşık, Dortmund – Mord an Halit Yozgat, Kassel
2007	– Mord an Michèle Kiesewetter, Heilbronn
2011	– Tod von Böhnhardt und Mundlos nach Banküberfall, Eisenach – In-Brand-Setzen der Wohnung durch Zschäpe, Zwickau – Zschäpe stellt sich der Polizei

Außerdem verhalfen ihnen ihre Kameraden zu neuen Identitäten, Pässen und Geld.

Zur Finanzierung des Lebens im Untergrund baute und verkaufte das Trio außerdem „Pogromly" (Nazi-Monopoly), bei dem die Bahnhöfe durch Konzentrationslager ersetzt wurden, das Wasser- ein Gaswerk wurde und „Frei Parken" zu „Besuch beim Führer" umformuliert wurde. Ziel war es „eine schöne judenfreie Stadt zu erhalten" (Ramelsberger et al. 2015, S. 12). Außerdem organisierten Thüringer Kameraden Konzerte der rechtsradikalen Szene zugunsten der Untergetauchten. Später finanzierten sie sich durch Raubüberfälle.

Nach einigen Jahren der ständigen Angst vor der Polizei gewannen sie zunehmend an Sicherheit und Gelassenheit, gingen Hobbys nach und machten Urlaube an der Nord- und Ostsee. Anwohnern, Bekannten und Urlaubsfreunden nannten sie falsche Namen und erfanden Geschichten aus ihrem Alltag und Berufsleben.

Außerdem hatte das Trio von 1999 bis 2002 Kontakt zu Brigitte und Jürgen Böhnhardt. Die Treffen waren stets sehr emotional für alle Beteiligten. Die Eltern von Böhnhardt wollten sie nicht an die Polizei verraten, versuchten sie aber stets davon zu überzeugen, sich der Polizei zu stellen. Erst im Zuge der Ermittlungen wurde den Eltern bewusst, dass das Trio parallel zu diesen Treffen bereits 4 Personen getötet hatte (Ramelsberger et al. 2014).

- **Delinquenz**

Insgesamt ist der NSU für 10 Morde, 2 Sprengstoffanschläge sowie 15 Raubüberfälle mit über 600.000 EUR Beute verantwortlich (◘ Tab. 24.1). Nach aktuellen Ermittlungen wurden diese Taten aktiv von Böhnhardt und Mundlos begangen. Zschäpe war in die Vorbereitungen der Taten und Tarnung der Gruppe involviert (Ramelsberger et al. 2018b).

- **Ideologie und Tatmotive des Trios**

» „Der nationalsozialistische Untergrund ist ein Netzwerk von Kameraden mit dem Grundsatz – Taten statt Worte. Solange sich keine grundlegenden Änderungen in der Politik, Presse und Meinungsfreiheit vollziehen, werden die Aktivitäten weitergeführt." NSU-Bekennervideo (das ZOB, 2011)

Alle Morde verdeutlichen eine extreme Gewalt- und Risikobereitschaft der Täter, da die Tatorte meist recht belebt waren. Die 9 Morde zwischen 2000 und 2007 und auch die Sprengstoffanschläge trafen ausschließlich Migranten und folgten einem **rassistischen Motiv**. Anders war der letzte Mord an der Polizistin Michèle Kiesewetter; dieser ist als Versuch der **Machtdemonstration** oder Abrechnung mit der Staatsgewalt zu verstehen (Ramelsberger et al. 2018b).

Diese rassistische, antisoziale und antidemokratische Ideologie wird in dem 2011 veröffentlichten Bekennervideo des NSU, der „Rosarote Paulchen Panther", deutlich. In diesem recht professionellen Video beschreibt Paulchen Panther die 10 Morde und Anschläge auf eine ironische, sehr makabre und die Opfer verhöhnende Weise. Das „ZentralOrganBayern" (das ZOB) war Prozessbeobachter im NSU-Prozess und stellt das ungekürzte NSU-Bekennervideo für die Öffentlichkeit zur Verfügung (das ZOB 2011).

24.2.2.3 Das Ende des NSU-Trios

- **In Eisenach – Mundlos und Böhnhardt**

» „Kopfdurchschuss, völlige Zerstörung des Gehirns, damit sofortiger Tod und Handlungsunfähigkeit." Reinhard Heiderstädt, Gerichtsmediziner (zitiert nach Ramelsberger et al. 2015, S. 23)

Am 4. November 2011 begingen Mundlos und Böhnhardt ihre letzte Tat, einen

Banküberfall in Eisenach. Durch den Hinweis eines Anwohners wurde die Polizei auf die sich im Wohnwagen versteckenden Personen aufmerksam. Als die Polizei ihn später umstellte, ging dieser in Flammen auf. Untersuchungen zufolge erschoss Uwe Mundlos zunächst Uwe Böhnhardt, zündete anschließend das Wohnmobil an und nahm sich selbst mittels Mundschuss das Leben. Damit stellten sie sicher, dass sie den Brand nicht überlebten und entzogen sich der Staatsgewalt. In dem fast ausgebrannten Wohnmobil fanden die Ermittler ein riesiges Waffenlager, darunter die Tatwaffe für die 10 Morde (Ramelsberger et al. 2015).

■ **In Zwickau – Zschäpe**

» „‚Hier ist Beate. Uwes Beate. Der Uwe kommt nicht mehr.' ‚Ist der Uwe tot?' ‚Ja, der Uwe ist tot.'" Brigitte Böhnhardt über den Anruf von Beate Zschäpe (zitiert nach Ramelsberger et al. 2014, S. 30)

Knapp 200 km entfernt saß Beate Zschäpe zu diesem Zeitpunkt noch in ihrer gemeinsamen Wohnung in Zwickau und erfuhr vermutlich über das Fernsehen von dem Tod ihrer Freunde. Daraufhin setzte sie die lange geplante Kette letzter Taten des NSU-Trios in Bewegung, um ihre Gruppe und deren Taten schlagartig bekannt zu machen und gleichzeitig einige belastende Beweise zu vernichten (Jüttner 2013).

Zschäpe vergoss Benzin in der Wohnung, brachte ihre geliebte Katze zu einer Nachbarin und zündete anschließend ihre Wohnung in der Frühlingsstraße 26 an. Außerdem rief sie sowohl die Eltern von Böhnhardt als auch die Eltern von Mundlos an, um sie über den Tod ihrer Söhne zu informieren, bevor es diese aus der Presse oder von der Polizei erfahren würden.

Auf der Flucht durch Deutschland versandte sie mindestens 12 Briefumschläge mit Bekennerschreiben und dem 15-minütigen NSU-Bekennervideo, der „Rosarote Paulchen Panther" (das ZOB, 2011), an Zeitungen, Moscheen, Parteien und einen rechten Verlag.

Am 8. November 2011 meldete sich Zschäpe gemeinsam mit einem Anwalt bei der Polizei Jena (Jüttner 2013). Seither sitzt sie in Untersuchungshaft bzw. im Strafvollzug.

24.2.3 Der NSU-Prozess

» „Die Angeklagte Beate Zschäpe ist schuldig des Mordes in zehn tatmehrheitlichen Fällen, in Tateinheit mit versuchtem Mord in 32 Fällen, in Tateinheit mit gefährlicher Körperverletzung in 23 Fällen, in Tateinheit mit Herbeiführen einer schweren Sprengstoffexplosion sowie Mitgliedschaft in einer terroristischen Vereinigung, in Tateinheit mit zehn Fällen des besonders schweren Raubes mit besonders schwerer räuberischer Erpressung sowie mit besonders schwerer Brandstiftung." Manfred Götzl, Vorsitzender Richter des NSU-Prozesses (zitiert nach Ramelsberger et al. 2018b, S. 31)

Nach den Nürnberger Prozessen und den Stammheim-Prozessen gegen die Rote Armee Fraktion (RAF) begann 2013 ein weiteres großes Verfahren der deutschen Nachkriegsgeschichte – der NSU-Prozess am Oberlandesgericht München. Neben Beate Zschäpe standen noch 4 weitere Angeklagte vor Gericht, die das Trio im Untergrund aktiv unterstützt hatten:

Weitere Unterstützer des Trios und Angeklagte im NSU-Prozess

Ralf Wohlleben
- War Pressesprecher, Funktionär, stellvertretender Landesvorsitzender der NPD
- Baute ein Helfernetzwerk für das Trio auf und war dadurch eine Schlüsselfigur für ihr Untertauchen
- Verurteilt zu einer Freiheitsstrafe von 10 Jahren wegen der Beihilfe zu 9 Fällen des Mordes (z. B. Beschaffung der Tatwaffe)

Carsten Schultze
- Helfer und Handlanger von Ralf Wohlleben und dem Trio
- Machte eine Aussage vor Gericht und trug somit zur Aufklärung bei. Außerdem zeigte er Reue und übernimmt Verantwortung für seine Tat
- Verurteilt zu einer Jugendstrafe von 3 Jahren wegen der Beihilfe zu 9 Fällen des Mordes (z. B. Beschaffung der Tatwaffe)

Holger Gerlach
- Helfer des Trios, verhalf ihnen zu Pässen, Versicherungskarten und Geld
- Durch seine Aussage vor Gericht trug er zur Aufklärung bei. Außerdem zeigte er Reue und übernimmt Verantwortung für seine Tat.
- Verurteilt zu einer Freiheitsstrafe von 3 Jahren wegen der Unterstützung einer terroristischen Vereinigung

André Eminger
- Wichtiger Unterstützer und guter Freund des Trio
- Verschaffte ihnen eine Wohnung und mehrere Wohnmobile
- Verurteilt zu einer Freiheitsstrafe von 2 Jahren und 6 Monaten wegen der Unterstützung einer terroristischen Vereinigung

Während des Prozesses meldete sich Beate Zschäpe so gut wie nie persönlich zu Wort, sondern ließ ihre Aussagen durch ihre Verteidiger vorlesen. Erst am vorletzten Prozesstag äußerte sie sich mit dem Appell „nicht stellvertretend für etwas, was [sie] weder gewollt noch getan [hatte]" (Ramelsberger et al. 2018b, S. 31), verurteilt zu werden. Damit betonte sie, nicht an der Vorbereitung, Planung und Durchführung der Mordanschläge und weiterer Straftaten beteiligt gewesen zu sein. Nun habe sie Angst, als einzige Überlebende des Trios eine härtere Strafe zu erhalten, weil Mundlos und Böhnhardt nicht mehr zur Rechenschaft gezogen werden könnten. Auch wenn es nur wenige handfeste Beweise dafür gibt, dass Beate Zschäpe aktiv an den Taten des NSU beteiligt war, erscheint es schwer vorstellbar, dass eine Person mit 2 Verbrechern zusammengewohnt hat, ohne an ihren Verbrechen beteiligt gewesen zu sein – theoretisch möglich ist es jedoch.

Beate Zschäpe wurde im Juli 2018 nach 438 Verhandlungstagen zu einer lebenslangen Haftstrafe mit besonderer Schwere der Schuld, d. h. mindestens zu 15 Jahren Haft, verurteilt wegen der Mittäterschaft an 10 Morden, 32 versuchten Morden, an Raubüberfällen, Sprengstoffanschlägen, der Mitgliedschaft in einer terroristischen Vereinigung und besonders schwerer Brandstiftung (Ramelsberger et al. 2018c). Gegen dieses Urteil hat die Verteidigung Zschäpes Revision angekündigt. Bei einem Revisionsverfahren würde der Bundesgerichtshof (BGH) in Karlsruhe überprüfen, ob die Beweise und Indizien gegen die Tatverdächtige korrekt in das Urteil eingeflossen sind und ob das Gerichtsverfahren ordentlich geführt wurde. Eine Entscheidung hierzu wird vermutlich nicht vor dem Jahr 2020 fallen (Ramelsberger et al. 2018d).

Sollte es zu einem Revisionsverfahren kommen, würde darin vermutlich die Verurteilung Zschäpes wegen der Mittäterschaft verhandelt werden. Zschäpe wurde zur Mittäterschaft und beispielsweise nicht zur Beihilfe verurteilt, was ihrem Verteidiger Mathias

24

Grasel zufolge juristisch nicht haltbar sei, da Zschäpe „nachweislich an keinem Tatort" gewesen sei und „nie eine Waffe abgefeuert oder eine Bombe gezündet" habe (Sundermann 2018). Zu diskutieren wird also u. a. sein, ob man Mittäterin sein kann, ohne dass man z. B. zur Tatzeit am Tatort war.

Da die Angeklagten kaum auf Fragen eingingen und viele der Zeugen aus der rechten Szene und dem Verfassungsschutz die Aussagen äußerst knapp hielten, konnte die erhoffte gründliche Aufklärung zum NSU und ihren Taten nicht umfassend vollzogen werden. Das sorgte und sorgt weiterhin besonders unter den Angehörigen der Mord- und Anschlagsopfer für Empörung und Enttäuschung, da nach wie vor viele Fragen über den Tod ihrer Angehörigen offen sind.

24.3 Psychologische Theorien, Modelle und Konzepte

Die beschriebenen Biografien und Ereignisse werfen einige Fragen auf: Wie hat sich jede/r einzelne von ihnen in dieser extremen Weise entwickelt? Warum ist die Gruppe zusammen in den Untergrund gegangen und wie konnte sie dort so lange bestehen und „überleben"?

Diese und weitere Fragen werden im Folgenden auf der Grundlage psychologischer Forschungsergebnisse diskutiert. Zunächst werden die Entwicklungen von Uwe Böhnhardt, Uwe Mundlos und Beate Zschäpe jeweils einzeln beleuchtet, bevor dann die Gruppe als Ganzes hinsichtlich der Entscheidung, im Untergrund zu leben, der Gruppenrollen und aufrechterhaltenden Faktoren diskutiert wird. Auch auf die Entstehung von Delinquenz bzw. delinquenten Verhalten wird dabei eingegangen.

24.3.1 Individualebene

24.3.1.1 Uwe Böhnhardt

» „Böhnhardt war eine tickende Zeitbombe. Bekannte aus der Szene sagten mir: Der

kann dich abstechen, der ist gefährlich."
Siegfried Mundlos, Vater von Uwe Mundlos (zitiert nach Ramelsberger et al. 2014, S. 31)

Uwe Böhnhardt wurde bereits im frühen Jugendalter straffällig und saß mit 15 Jahren wegen Diebstahl, Körperverletzung und Erpressung für 6 Monate im Jugendstrafvollzug. Bis zu seinem Tod 2011 wurde er immer gewaltbereiter und mehrfach straffällig.

Es sind viele Faktoren bekannt, die Straffälligkeiten im Jugendalter, aber auch im Erwachsenenalter begünstigen. Im Folgenden werden einige diskutiert, die sich in Uwe Böhnhardts Entwicklung wiederfinden. Hierzu gehören genetische Dispositionen, Entwicklungsprobleme, Einflüsse der Peergroup und Lernerfahrungen.

Für die Ausbildung von stark delinquentem und aggressivem Verhalten können genetische und biologische Faktoren von Bedeutung sein (▶ Kap. 16). Genetische Einflüsse sind für Unterschiede des Temperaments und der kognitiven Funktionen bedeutsam, die die Ausbildung von dissozialem Verhalten begünstigen. Das heißt nicht, dass es ein „Aggressivitätsgen" gibt, das unser Verhalten steuert, aber es gibt genetische Ausprägungen, die eine Neigung zu aggressivem oder delinquentem Verhalten begünstigen (Lösel und Bliesener 2003).

Außerdem sind temporäre Entwicklungsprobleme und Einflüsse der **Peergroup,** in der man sich behaupten möchte, eine bedeutsame Ursache für jugendtypische Delinquenz. Jugendliche, die selbst zu aggressivem und delinquentem Verhalten neigen und nicht in andere Gruppe integriert sind, schließen sich häufig von der Norm abweichenden Cliquen an, nehmen an deren devianten Aktivitäten teil und übernehmen ihre Einstellungen, um die Bedürfnisse nach Autonomie, Abenteuer und Statussymbolen auszuleben (Lösel und Bliesener 2003).

Ein ähnliches Muster verschiedener Einflussfaktoren scheint bei Uwe Böhnhardt vorherrschend gewesen zu sein. Über eine genetische Disposition lässt sich nur spekulieren, auch ob bereits im frühen Kindesalter eine Neigung zu impulsivem und aggressivem Verhalten vorherrschte. Aber aufgrund der Beschreibungen, die über Uwe Böhnhardt ab seiner Schulzeit vorliegen, erscheint es durchaus wahrscheinlich, dass sowohl eine genetische Disposition als auch eine Neigung zur Verhaltensauffälligkeit im Kindesalter bestanden.

Über Böhnhardt ist bekannt, dass er in der Schule Schwierigkeiten hatte, Anschluss zu finden und die erforderten Leistungen zu erbringen. Seit der 6. Klasse blieb er mehrfach sitzen, wurde der Schule verwiesen, und keine andere Schule nahm ihn auf. Das dürfte sein Selbstwertgefühl stark beeinträchtigt haben. Das Gefühl des Scheiterns und der fehlenden Anerkennung waren vermutlich Gründe, warum er die Schule nicht mehr besuchen wollte und zunehmend verhaltensauffällig wurde.

Unter der Annahme, dass Böhnhardt selbst zu aggressivem und delinquentem Verhalten neigte, schloss er sich vermutlich einer Clique an, in der er für sein delinquentes Verhalten Anerkennung erhielt und Bestätigung fand. Er griff darauf auch weiterhin zurück, um soziale Kontakte im Gefängnis bzw. nach seiner Freilassung zu knüpfen (Lösel und Bliesener 2003).

Vor dem Hintergrund der **sozial-kognitiven Lerntheorien** mag die erfahrene Anerkennung dazu geführt haben, dass er dieses Verhalten beibehielt. Dieser Theorie zufolge führt die positive Verstärkung eines Verhaltens dazu, dass dieses Verhalten in Zukunft mit einer höheren Wahrscheinlichkeit erneut gezeigt wird (Bandura 1965). Und das gilt durchaus nicht nur für gesellschaftlich anerkanntes Verhalten.

Es lässt sich vermuten, dass Böhnhardts genetische Disposition und seine Neigung zur Delinquenz den Grundstein für sein delinquentes Verhalten legten. Verstärkt wurde dies durch die Lernerfahrung, dass Gewalt eine Verhaltensoption ist, die ihm soziale Anerkennung in einer Peergroup verschaffte.

Auch der Umstand, dass sein Bruder tot aufgefunden wurde und die Polizei keinen Täter ermitteln konnte, dürften ihn zusätzlich belastet und eine Abneigung gegenüber der Polizei geschürt haben (Funke 2015).

24.3.1.2 Uwe Mundlos

» „Wir haben ihn respektiert, er hat uns beeindruckt. […] Uwe kannte sich in der Geschichte gut aus. Das hat er wohl von seinem Großvater. Der hat ihm alles über den Nationalsozialismus gesagt."
Unbekannt, ehemaliger Freund von Uwe Mundlos (zitiert nach Funke 2015, S. 108)

Besonders interessant an Uwe Mundlos ist, dass über ihn kein typisches Ereignis aus dem Kindes- oder Jugendalter bekannt ist, das als Ursache für seine dissoziale und delinquente Entwicklung aufgeführt werden kann. Vielmehr wurde Mundlos vermutlich von der kommunistischen, autoritären Führung, die in der DDR herrschte, beeinflusst und entwickelte eine klare antikommunistische Einstellung und Abneigung gegenüber dem Staat und Autoritäten (Jüttner 2013). Das machte ihn empfänglich für rechtsextreme Ideologien und schürte seine Faszination für die Person Hitlers. Er sprach viel mit seinem Großvater über den Nationalsozialismus und las Bücher über diese Zeit.

Im „Winzerclub" dürfte er sich wohlgefühlt haben, weil er dort eine Peergroup fand, die durch sein großes Wissen zu ihm aufschaute und eine ähnliche Einstellung hatte wie er. Mundlos entwickelte eine ideologisch-fanatische Einstellung, die sich in zunehmendem Alter weiter festigte.

24.3.1.3 Beate Zschäpe

Im Rahmen des Gerichtsprozesses wurden 2 psychiatrische Gutachten über Beate Zschäpe erstellt, zunächst von Hennig Saß auf der Grundlage von Aktenstudien und Verhaltensbeobachtungen der Angeklagten vor Gericht und wenig später von Joachim Bauer, der 14 h explorativ mit Beate Zschäpe sprach. Die sich teilweise widersprechenden

Gutachten werden im Folgenden vorgestellt und kritisch diskutiert. Die Gesamtgutachten sind nicht in vollem Umfang publiziert, daher kann nur auf Ausschnitte eingegangen werden.

- **Dissoziale und antisoziale Persönlichkeit**

» „Sie hat sich nichts gefallen lassen, sie war robuster im Umgang als andere Frauen." Apel, S., Cousin von Beate Zschäpe (zitiert nach Ramelsberger et al. 2014, S. 31)

Der 1. vom Gericht beauftragte Gutachter, Hennig Saß, kam zu der Einschätzung, dass Zschäpe eine Person mit einer akzentuierten Persönlichkeit mit deutlichen dissozialen und antisozialen Zügen sei (Ramelsberger et al. 2018a).

In einer starken Ausprägung ist diese Störung laut Definition geprägt von mangelndem Mitgefühl und Schuldbewusstsein sowie der Missachtung sozialer Normen und Regeln. Die Betroffenen haben eine niedrige Frustrationstoleranz sowie eine niedrige Schwelle für aggressives oder gewalttätiges Verhalten (ICD-10 2015).

Diese Tendenz begründet Saß mit Beschreibungen Zschäpes durch andere Kameraden als „ein energisches, wehrhaftes, eigenständiges und anerkanntes Mitglied in der rechten Szene" (Ramelsberger et al. 2018a, S. 7). Außerdem sei ihm zufolge das Leben im Untergrund ein klares Indiz für eine Missachtung von Normen und Regeln.

Gegen diese antisoziale, von fehlendem Mitgefühl geprägte Tendenz spricht jedoch Zschäpes Anteilnahme während des Prozesses. So zeigte sie beispielsweise bei schwierigen Passagen wie etwa bei „Zeugenbefragungen mit möglicherweise emotional belastendem Inhalt" (Ramelsberger et al. 2018a, S. 10) einen gewissen Rückzug und versuchte, sich hinter ihrem Laptop zu verstecken. Dieses Verhalten kann durchaus als emotionale Anteilnahme interpretiert werden.

Daneben gibt es bisher keine Hinweise dafür, dass Beate Zschäpe eine besonders niedrige Frustrationstoleranz oder eine niedrige Schwelle für aggressives oder gewalttätiges Verhalten hat. Der Beweisaufnahme vor Gericht zufolge hatte Beate Zschäpe selbst nicht aktiv gemordet oder Einrichtungen überfallen, sie war also selbst vermutlich keine aktive, gewaltbereite und skrupellose Täterin (Jüttner 2013).

Dies und auch der Umstand, dass es Saß nicht möglich war, persönlich mit Beate Zschäpe zu sprechen, um sich ein Bild von ihr und ihrer Persönlichkeit zu machen, verringern die Aussagekraft seines Gutachtens. Deshalb ist das 2. Gutachten von Joachim Bauer sehr wichtig.

- **Dependente Persönlichkeitsstörung**

» „Noch viel mehr als finanziell war ich in emotionaler Hinsicht von Uwe Mundlos und Uwe Böhnhardt abhängig. Durch das Untertauchen riss der Kontakt zu meiner Familie ab, und mein Leben änderte sich von einem Tag auf den anderen um 180 Grad. Uwe Mundlos und Uwe Böhnhardt wurden zu meiner Ersatzfamilie." Beate Zschäpe (zitiert nach Ramelsberger et al. 2017, S. 11)

Das psychiatrische Gutachten von Joachim Bauer mündete in die Diagnose einer dependenten Persönlichkeitsstörung Beate Zschäpes (Ramelsberger et al. 2018a).

Diese Störung ist gekennzeichnet durch überstarke Trennungsängste, klammerndes Verhalten gegenüber bestimmten Personen sowie der eingeschränkten Fähigkeit, unabhängig Alltagsentscheidungen zu treffen. Erkrankte ordnen ihre eigenen Bedürfnisse häufig denen anderer unter, was mit unterwürfigem Verhalten einhergeht (Dilling et al. 2015).

Ein ausgeprägtes Anklammerungs- und Abhängigkeitsverhalten zeigte Beate Zschäpe gegenüber Mundlos und Böhnhardt. Die Angst vor dem Verlassenwerden war so groß, dass sie die jahrelange körperliche Misshandlung durch Böhnhardt hinnahm und auch die massiven Gewalttaten und Morde von Böhnhardt und Mundlos duldete oder sogar unterstützte.

Bauer war der Meinung, Zschäpe sei subjektiv nicht aus der Situation und dem Gruppengefüge entkommen (Ramelsberger et al. 2018a), da die beiden ihre einzigen Vertrauten waren. Interessant ist in diesem Zusammenhang auch, dass sich Beate Zschäpe bereits wenige Tage nach dem Selbstmord von Böhnhardt und Mundlos selbst der Polizei stellte und nicht versuchte, weiter unterzutauchen. Nach über 10 Jahren des Lebens im Trio wusste sie vermutlich selbst nicht, wie sie ohne die beiden alleine zurechtkommen sollte. Das kann als Zeichen einer mangelnden Selbstständigkeit gedeutet werden.

Auch wenn die Diagnose von Bauer aufgrund des persönlichen Gesprächs mit Beate Zschäpe methodisch valider und besser belegbar ist, darf das Verhalten von Zschäpe nicht als rein deterministisch bewertet werden. Das Gericht kam nicht zu dem Urteil einer mangelnden Schuldfähigkeit Beate Zschäpes. Sie war nicht in ihrem eigenen Körper gefangen, sondern hatte selbst Entscheidungsgewalt über ihr Verhalten. Daher trägt sie auch die Verantwortung für ihr Verhalten. Zschäpes Schweigen über die Raubüberfälle, Morde und Anschläge durch Böhnhardt und Mundlos kann zwar mit einer emotionalen und vielleicht auch materiellen Abhängigkeit von diesen erklärt werden, es rechtfertigt jedoch nicht ihre Duldung der Taten und ihre Mittäterschaft.

24.3.2 Gruppenebene

Im Folgenden geht es um das Zusammenwirken von Böhnhardt, Mundlos und Zschäpe auf Gruppenebene, da sich Personen immer in Abhängigkeit von ihrer Umwelt entwickeln (▶ Kap. 3). Diskutiert werden die Gemeinsamkeiten der Mitglieder und die zugrunde liegenden psychologischen Mechanismen, die möglicherweise dazu führten, warum das Trio

in den Untergrund ging, wie die Gruppe aufgebaut war und funktionierte und wie es zu dieser massiven Form der Delinquenz kam.

24.3.2.1 Gemeinsamkeiten der NSU-Mitglieder

» „Es ist deutlich geworden, dass sie mit Mundlos und Böhnhardt sehr eng befreundet ist. Und dass dieses Verhältnis exklusiv war, sie wurden auch immer als ‚die Drei' bezeichnet." Jana J., ehemalige Bekannte Beate Zschäpes (zitiert nach Ramelsberger et al. 2015, S. 16)

Interessant sind Ähnlichkeiten der Lebensläufe der 3 NSU-Mitglieder. Alle kamen aus Akademikerfamilien, wuchsen in ähnlichen, teilweise guten Wohnvierteln auf und hatten einen familiären Rückhalt. Dennoch hatten sie Schwierigkeiten, in der Schul- und Arbeitswelt Fuß zu fassen. Außerdem sind sie alle in der DDR sozialisiert worden, wo das soziale Miteinander zwar sehr groß geschrieben wurde, die Kontrolle durch die Stasi allerdings einen massiven Eingriff in die Privatsphäre darstellte.

Mit der Wende 1989 veränderten sich nicht nur das politische und das wirtschaftliche System, sondern auch das gesamte Leben und soziale Miteinander der Bevölkerung. Nachdem jahrelang ein Bild der angeblichen Gefahren des Westens und des Kapitalismus gezeichnet wurde, war man jetzt plötzlich ein Teil davon, und keiner wusste, was das für das eigene Leben und die Zukunft bedeutete. Das Trio spiegelte genau diese Orientierungs- und Haltlosigkeit der Bevölkerung wider.

Geprägt von dieser Unsicherheit lernten sich Mundlos, Böhnhardt und Zschäpe kurz nach der Wende im „Winzerclub" kennen, der die Jugendlichen eigentlich positiv beeinflussen sollte (Jüttner 2013). Mundlos war ein von rassistischem Gedankengut geprägter Ideologe, Böhnhardt ein sehr gewaltbereiter und nach Zugehörigkeit strebender Teenager und Zschäpe eine unsichere und nach Zugehörigkeit strebende Persönlichkeit. Gemeinsam hörten sie rassistische Szene-Musik, setzten sich mit nationalsozialistischen Gedanken auseinander und schafften eine gemeinsame soziale Identität, ein Wir-Gefühl, in ihrer Gruppe, in der sie sich wohlfühlten.

24.3.2.2 Entscheidung für ein Leben im Untergrund

» „[Sie wurden] hoch gelobt für die Taten. Dass sie ernst machen. Sie waren eine Art Märtyrer." Christina Hamberg, ehemaliges Mitglied der Nazi-Szene (zitiert nach Ramelsberger et al. 2016, S. 10)

Als im Januar 1998 die Polizei vor der Tür stand, gab es nur die folgenden beiden Optionen: Sie konnten sich stellen und ins Gefängnis gehen oder untertauchen. Diese Entscheidung musste sehr schnell getroffen werden, und verschiedene Gründe sind denkbar, warum sich das NSU-Trio für das Untertauchen entschieden hat: der Schutz Böhnhardts, die Anerkennung in der Szene und/oder ihre Ideologie.

Es gibt einige Hinweise darauf, dass sie untertauchten, um **Böhnhardt zu schützen.** Er hatte „Angst vor dem Gefängnis", weil er dort im Alter von 15 Jahren eine „schlechte Erfahrung gemacht" hatte (Ramelsberger et al. 2014, S. 29; Ramelsberger et al. 2015, S. 22). Vielleicht hielten Mundlos und Zschäpe aus Loyalität, Sorge oder Liebe zu ihm, weil sie ihm diese Erfahrung nicht nochmals zumuten wollten. Das würde daraufhin hindeuten, dass der Zusammenhalt der Gruppe bereits zu diesem Zeitpunkt sehr groß war.

Daneben hatten sie sich schon durch den Bau der Bombenattrappen einen Namen innerhalb der nationalsozialistischen Szene gemacht. Sie wurden für ihr Einschreiten bewundert. Diese Art der **Anerkennung** und **Wertschätzung** genossen vermutlich alle drei, weil sie bisher vermutlich wenig Anerkennung im schulischen und beruflichen Kontext erfahren hatten.

Ein weiterer Faktor dürfte auch die **rassistische und antistaatliche Ideologie** gewesen sein. Ihr Streben lag darin, das „Reich in den alten Grenzen, gegen die multikulturelle

Gesellschaft, gegen das Finanzkapital" zu schützen (Ramelsberger et al. 2014, S. 6). Von diesem ideologischen Gedanken könnte vor allem Uwe Mundlos getrieben gewesen sein.

Es kann nicht abschließend geklärt werden, welches der Hauptgrund für ein gemeinsames Leben im Untergrund war – vermutlich spielten alle 3 Faktoren eine Rolle. Dass das NSU-Trio zu Beginn daran glaubte, dass sich ihr Leben im Untergrund über 10 Jahre erstrecken würde, ist anzuzweifeln.

24.3.2.3 Internes Gruppengefüge

Aus psychologischer Sicht erstaunlich ist die Tatsache, dass die Gruppe so lange im Untergrund leben und 10 Menschen töten konnte, ohne dass sie verraten oder entdeckt wurde oder eines der Mitglieder ausstieg. Auch wenn einem an dieser Stelle Schlagworte wie „institutioneller Rassismus", „Korruption im Verfassungsschutz" und „Blindheit der Polizei auf dem rechten Auge" einfallen könnten, soll es hier weiterhin um die Gruppenkonstellation innerhalb des Trios gehen.

Menschen beeinflussen sich immer gegenseitig. Daher wird die These aufgestellt, dass die Gruppe nie so lange hätte untertauchen und ungestört Menschen töten können, wenn ein Mitglied gefehlt oder sich anders verhalten hätte. Außerdem soll vertiefend auf das innere Gefüge der Gruppe eingegangen werden, um zu verstehen, warum sie so lange Bestand hatte und keiner aus der Gemeinschaft ausbrach. Zur Erläuterung werden hierzu die Teamrollen nach Belbin (2010) herangezogen.

■ **Die Teamrollen innerhalb der NSU-Gruppe nach Belbin**

» „Uwe Mundlos war der Intellektuelle, der schlug nicht. Und er war überlegen. Er war der Dominante der drei. Mit Heil Hitler, mit erhobenem Arm war er der Vorreiter." Unbekannt, ehemaliger Freund Uwe Mundlos' (zitiert nach Funke 2015, S. 109)

Belbin (2010) unterscheidet 3 Hauptrollen einer Gruppe: wissensorientierte, handlungsorientierte und kommunikationsorientierte

Rollen. Diesen lassen sich jeweils 3 verschiedene Rollen unterordnen (◨ Abb. 24.1).

Betrachtet man das Trio, kann man Uwe Mundlos der wissensorientierten, Böhnhardt der handlungsorientierten und Zschäpe der kommunikationsorientierten Rolle zuordnen.

Mundlos war der „Älteste und Klügste" (Ramelsberger et al. 2014) des Trios. Argumentativ und intellektuell war er Böhnhardt weit überlegen. Damit kam ihm in erster Linie die **wissensorientierte Rolle** zu. Er sah den Kampf gegen die Staatsgewalt und die zunehmende Ausländerzahl als seine Lebensaufgabe an und rief andere dazu auf, ihn zu unterstützen (Jüttner 2013). Es lässt sich vermuten, dass das Trio ohne ihn nicht so lange unentdeckt geblieben wäre, weil er vermutlich gut recherchierte, wie am Tatort vorgegangen werden sollte, damit möglichst wenige Spuren hinterlassen werden. Neben

der Auskundschaftung der Tatorte und Opfer war Mundlos zudem aktiv an den Morden und Überfällen beteiligt, wodurch er auch ein Umsetzer war und somit gleichzeitig eine **handlungsorientierte Rolle** in der Gruppe innehatte.

Böhnhardt war vom frühen Jugendalter an sehr impulsiv, gewaltbereit und weniger ein Denker. Außerdem war er aktiv an den Raubüberfällen, Morden und Anschlägen beteiligt (Jüttner 2013). Daher kann ihm die Rolle des Machers und Umsetzers innerhalb des Trios zugeordnet werden. Ihm kam nach Belbin also eine **handlungsorientierte Rolle** zu.

Beate Zschäpe sorgte für das Wohl aller und prägte damit vermutlich auch den starken Gruppenzusammenhalt maßgeblich, der gerade für sie als eine Person mit einer dependenten Persönlichkeit sehr bedeutsam war. Sie kochte, war mit den Nachbarn

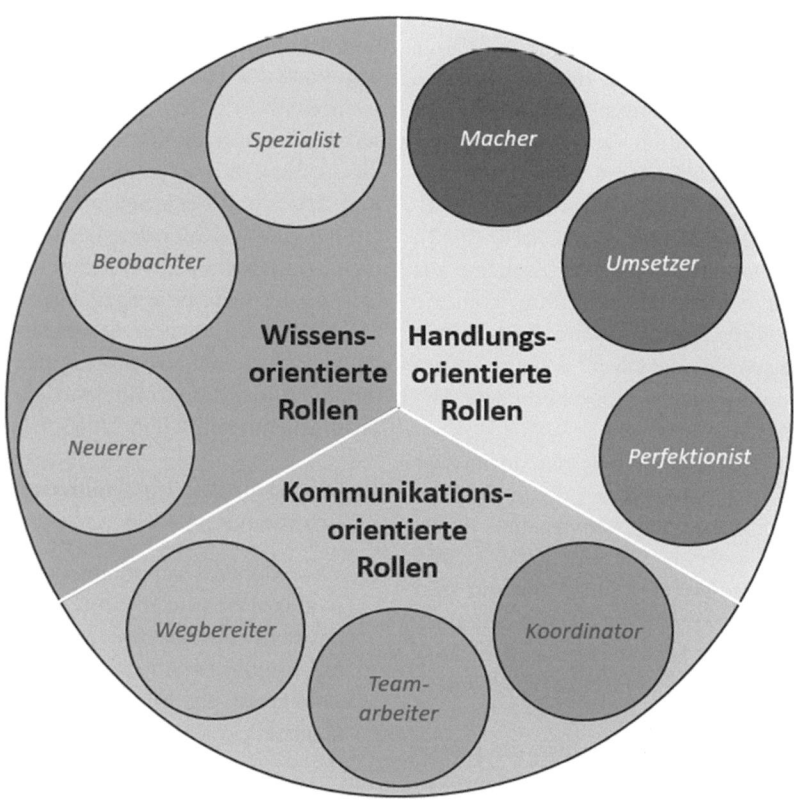

◨ **Abb. 24.1**   Teamrollen nach Belbin (2010)

im Haus befreundet und verwaltete die gemeinsame Kasse. Ihre Aufgabe war es, für Tarnung und einen sicheren Rückzugsort zu sorgen (Jüttner 2013; Ramelsberger et al. 2018b). All das sind Merkmale einer **kommunikationsorientierten Rolle.**

- **Gegenseitige Einflussnahme der Gruppenmitglieder**

Es zeigt sich, dass jedem der Mitglieder eine Rolle im Team zugeordnet werden kann. Wie in jedem Team beeinflussten und förderten sich die einzelnen Mitglieder gegenseitig, was überhaupt erst das sichere Untertauchen der Gruppe und ihr brutales Vorgehen ermöglichte.

Vermutlich war der informationelle Einfluss von Mundlos in Bezug auf die politische Einstellung von Uwe Böhnhardt sehr groß. Mundlos war sicherlich dazu in der Lage, ihm Argumente und Parolen, warum Ausländer seiner Meinung nach eine Bedrohung darstellten und der Staat seine politische Aufgabe nicht ausreichend erfüllte, zu liefern, die Böhnhardt übernehmen konnte und wollte, um seinerseits Mundlos' Anerkennung zu erhalten.

Eventuell gehen die ausgeklügelten Pläne, wie die einzelnen Opfer hingerichtet werden sollten und wurden, auch auf Mundlos zurück. Er war der Belesenste von allen.

Hingegen förderte Böhnhardt vermutlich die delinquente Entwicklung von Mundlos, weil er bereits sehr früh eine große Gewaltbereitschaft zeigte und damit ein Vorbild für Mundlos war. Psychologisch würde man hier erneut vom sozial-kognitiven Lernen sprechen (Bandura 1965).

Im Laufe des NSU-Prozesses wurde mehrfach diskutiert, ob es sich bei ihnen um isolierte Täter oder um ein ganzes Netzwerk an Mittätern und Unterstützern handelte. Zumindest die Beihilfe und Unterstützung des Trios durch die Mitangeklagten Wohlleben, Schultze, Gerlach und Eminger gilt als belegt (Ramelsberger et al. 2018b).

24.3.2.4 Bereitschaft zur Anwendung von Gewalt

» „Eine mit dem Blut von Michèle Kiesewetter besprizte und anschließend nicht gewaschene Jogginghose [wurde in] der Frühlingsstraße gefunden. Die einzige Erklärung hierfür ist, dass die Hose von dem Täter als Trophäe über all die Jahre aufbewahrt worden ist." Sada Basay, Anwältin der Nebenklage (zitiert nach Ramelsberger et al. 2016, S. 24)

Im Untergrund lebend konnte das Trio kaum legal Geld verdienen und entschied sich für die Raubüberfälle zur eigenen Finanzierung. Damit stellten sie ihren eigenen Lebensunterhalt sicher.

Betrachtet man die Chronologie der Ereignisse ☐ Tab. 24.1, fällt auf, dass die Gewaltbereitschaft und Brutalität des Trios im Laufe der Zeit immer weiter zunahmen. Einen ersten Berührungspunkt mit Waffen hatten vermutlich alle schon zu DDR-Zeiten in der Schule (Ramelsberger et al. 2015, 2016), Mundlos zudem zusätzlich im Grundwehrdienst. Berührungsängste vor Waffen dürften damit nicht bestanden haben, sodass sie spätestens im Untergrund lebend auf diese zurückgriffen. Durch die Raubüberfälle, bei denen Waffen zum Einsatz kamen, schienen Böhnhardt und Mundlos zunehmend abzustumpfen und sich an ihren Gebrauch zu gewöhnen. Man spricht in diesem Kontext von **Habituation.**

Gleichzeitig scheint das Trio auch eine Form der **Befriedigung** beim Begehen der brutalen Taten empfunden zu haben. So machten Böhnhardt und Mundlos häufig als Trophäe Fotos von ihren sterbenden Opfern, erstellten ein sehr aufwendiges, sich selbst zelebrierendes Video, und Beate Zschäpe dokumentierte alle Taten mit entsprechenden Zeitungsartikeln in einem Ordner (Jüttner 2013; Ramelsberger et al. 2018b).

Aus ihrer Perspektive wurden sie mit jedem Überfall und Mord erfolgreicher, weil sie eben nicht entdeckt wurden. Auch hier setzte ein **sozial-kognitiver Lernprozess** (Bandura 1965) ein, wodurch sie dieses Verhalten weiter zeigten und sich die Intensität immer mehr steigerte. Vermutlich dachten sie zu Beginn nicht, dass sie so lange unentdeckt morden könnten – da es ihnen jedoch erfolgreich gelang, machten sie jahrelang weiter.

Zusammenfassend lässt sich festhalten, dass jedes einzelne Individuum der Gruppe bereits eigene Motive, Einstellungen und Verhaltensweisen, die ihr dissoziales und gewalttätiges Verhalten begünstigten, aus dem Kindes- und Jugendalter mitbrachte, als sie sich kennenlernten. Diese Eigenheiten ergänzten einander gut, sie entwickelten eine gemeinsame Identität, und dadurch entstand ein festes Gruppengefüge, das über 10 Jahre Bestand hatte. Aus diesem Gefüge wollte und konnte nach einiger Zeit keiner der 3 Beteiligten mehr entkommen.

Abschließend muss noch einmal betont werden, dass die hier diskutierten Faktoren als mögliche Erklärungsansätze für die persönliche Entwicklung von Böhnhardt, Mundlos und Zschäpe und für die Gründung und das Fortbestehen des NSU dienen sollen. Diese Erklärungen sind nicht als deterministische Rechtfertigungen zu verstehen. Für ihre Taten, die moralisch nicht zu rechtfertigen sind, trägt das gesamte Trio inklusive aller Mittäter und Unterstützer die volle Verantwortung.

24.4 Fazit

„Nie wieder" – diese Worte prangen in 5 Sprachen an der KZ-Gedenkstätte Dachau. „Nie wieder Faschismus, Rassismus, Menschenverachtung" wären mögliche Ergänzungen dieser Mahnung. Viele Deutsche haben lange Zeit die Ansicht geteilt, dass rechte Gewalt in Deutschland im großen Stil nie wieder möglich sein wird. Das Aufdecken der 10 Morde durch das NSU-Trio sowie die politische und gesellschaftliche Entwicklung Deutschlands in den letzten 5 Jahren machten jedoch deutlich, dass braunes Gedankengut weiterhin ein Teil der deutschen Gesellschaft ist.

Hitzige Diskussionen um den NSU-Prozess vor dem Oberlandesgericht München mündeten oft in der Kritik an dem Versagen der Polizei und des Verfassungsschutzes. Es deutet zudem einiges auf strukturellen und institutionellen Rassismus in Teilen der Justiz, Politik und Wirtschaft hin (Funke 2015). Aber machen wir es uns als Teil dieser Gesellschaft vielleicht etwas zu leicht, wenn wir nur mit dem strafenden Finger auf die Polizei zeigen?

Die hinter den Pegida-Demonstrationen stehende Ideologie lehnt zwar ein Großteil der Bevölkerung ab, lässt sich dadurch jedoch nicht vom eigenen Sofa aufschrecken, um sich Gegendemonstrationen anzuschließen. Zu gut gelingt es uns, wegschauen und diese rechtsgerichtete Bewegung in unserer Gesellschaft zu verdrängen. Dabei sollte sich jeder Einzelne von uns fragen, was er oder sie tun kann, um dem entgegenzuwirken, z. B. indem Begegnungen zwischen Deutschen und Migranten geschaffen werden, um so langfristig Vorurteile abzubauen (Wagner et al. 2006). Nur gemeinsam können wir ein friedliches und wertschätzendes Miteinander in unserer Gesellschaft aufbauen und somit das Gute stärken.

Literatur

Bandura, A. (1965). Influence of models. Reinforcement contingencies on the acquisition of imitative. *Journal of Personality and Social Psychology, 1*, 589–595.

Belbin, R. M. (2010). *Management teams. Why they succeed or fail* (3. Aufl.). Amsterdam: Elsevier/Butterworth-Heinemann.

Dilling, H., Mombour, W., & Schmidt, M. H. (Hrsg.). (2015). *Internationale Klassifikation psychischer Störungen. ICD-10 Kapitel V (F) klinisch-diagnostische Leitlinien* (10. Aufl.). Bern: Hogrefe.

Funke, H. (2015). *Staatsaffäre NSU. Eine offene Untersuchung.* Münster: Kontur-Verlag UG.

Jüttner, J. (2013). Der Nationalistische Untergrund. In A. Röpke & A. Speit (Hrsg.), *Blut und Ehre. Geschichte und Gegenwart rechter Gewalt in Deutschland* (S. 61–93). Berlin: Ch. Links.

Lösel, F., & Bliesener, T. (2003). *Aggression und Delinquenz unter Jugendlichen. Untersuchungen von kognitiven* und sozialen Bedingungen (Polizei+Forschung, Bd. 20). München: Luchterhand.

Ramelsberger, A., Schultz, T., & Stadler, R. (2014). Der NSU-Prozess. Das Protokoll des ersten Jahres. *Süddeutsche Zeitung Magazin, 1,* 2–31.

Ramelsberger, A., Schultz, T., & Stadler, R. (2015). Der NSU-Prozess. Das Protokoll des zweiten Jahres. *Süddeutsche Zeitung Magazin, 1,* 3–35.

Ramelsberger, A., Schultz, T., & Stadler, R. (2016). Der NSU-Prozess. Das Protokoll des dritten Jahres. *Süddeutsche Zeitung Magazin, 1,* 3–35.

Ramelsberger, A., Schultz, T., Stadler, R., & Wiebke, R. (2017). Der NSU-Prozess. Das Protokoll des vierten Jahres. *Süddeutsche Zeitung Magazin, 1,* 3–35.

Ramelsberger, A., Ramm, W., & Stadler, R. (2018a). Der NSU-Prozess. Das Protokoll des fünften Jahres. *Süddeutsche Zeitung Magazin, 1,* 3–35.

Ramelsberger, A., Ramm, W., & Stadler, R. (2018b). Der NSU-Prozess. Das Protokoll des sechsten Jahres. *Süddeutsche Zeitung Magazin, 31,* 3–37.

Ramelsberger, A., Ramm, W., Schultz, T., & Stadler, R. (2018c). *Der NSU-Prozess. Das Protokoll. Bd. 4: Plädoyer und Urteil.* München: Antje Kunstmann.

Ramelsberger, A., Ramm, W., Schultz, T., & Stadler, R. (2018d). *Der NSU-Prozess. Das Protokoll. Bd. 5: Materialien.* München: Antje Kunstmann.

Sundermann, T. (2018). Runde zwei in Karlsruhe? Die Zeit. Artikel vom 12. Juli 2018. ► https://www.zeit.de/gesellschaft/zeitgeschehen/2018-06/revision-nsu-prozess-karlsruhe-bundesgerichtshof. Zugegriffen: 17. Jan. 2019.

Wagner, U., Christ, O., Pettigrew, T. F., Stellmacher, J., & Wolf, C. (2006). Prejudice and minority proportion: Contact instead of threat effects. *Social Psychology Quarterly, 69,* 380–390.

ZentralOrganBayern (das ZOB). (2011). NSU-Bekennervideo. Der rosarote Paulchen Panther. November 2011. ► https://www.youtube.com/watch?v=3bLdBWtCzD4. Zugegriffen: 17. Jan. 2019.

Anders Breivik (Fjotolf Hansen)

Der norwegische Massenmörder

Huong Pham

© Springer-Verlag GmbH Deutschland, ein Teil von Springer Nature 2019
D. Frey (Hrsg.), *Psychologie des Guten und Bösen*, https://doi.org/10.1007/978-3-662-58742-3_25

25.1 Einleitung

» „Ich habe die ausgeklügeltste und spektakulärste politische Attacke in Europa seit dem Zweiten Weltkrieg begangen." Anders Breivik (zitiert nach Spiegel Online 2012, S. 1)

Oslo, 22. Juli 2011, 77 Menschenleben – 8 davon endeten abrupt durch die Detonation einer selbstgebauten Autobombe im Osloer Regierungsviertel, 69 weitere erloschen auf der 40 km entfernten Insel Utoya, auf der das jährliche Jugendferienlager der Sozialdemokratischen Arbeiterpartei stattfand. Ein Großteil der Teilnehmer und Opfer war zwischen 14 und 21 Jahren alt; sie wurden von einem verkleideten Polizisten 90 min lang systematisch gejagt und aus nächster Entfernung mehrfach niedergeschossen.

Der Mann hinter diesen Morden war Anders Breivik, ein unscheinbarer, 32-jähriger, rechtsextremer Norweger, der den Anschlag und das Massaker jahrelang geplant und detailliert protokolliert hatte. Er experimentierte bereits Monate vor der Tat mit verschiedenen Drogen, um seine körperliche und psychische Ausdauer zu stärken. Zum eigentlichen Tatzeitpunkt enthielt sein Blut eine überhöhte Mischung aus Ephedrin, Aspirin und Koffein, die ihm seine Hemmungen nehmen und seine Reaktionsfähigkeit schärfen sollte.

Durch seine Verkleidung liefen ihm viele Jugendliche auf der Suche nach Schutz freiwillig in die Arme, andere starben bei dem verzweifelten Versuch, von der Insel zu fliehen; viele weitere wurden durch die Schüsse aus seiner halbautomatischen Waffe schwer verwundet. Die Flut an Notrufen konnte aufgrund der überlasteten Leitungen und Dienststellen nicht entgegengenommen werden. Viele Jugendliche verabschiedeten sich stattdessen in den letzten Minuten ihres Lebens von ihren Familien. Die Polizei – abgelenkt durch den vorherigen Bombenanschlag – reagierte viel zu spät und hatte wegen fehlender Transportmittel große Schwierigkeiten, auf die Insel zu gelangen. Mit jeder weiteren Minute, die verstrich, tötete Breivik im Durchschnitt einen weiteren Menschen. Als die Polizei schließlich eintraf, ergab sich Breivik sofort und ohne jeglichen Widerstand.

Den vermeintlichen Grund für seine Tat schilderte Breivik in seinem Manifest mit dem Titel „2083 – a European Declaration of Independence", das 1500 Seiten umfasste, und in einem ca. 10-minütigen Video, die er beide kurz vor seiner Tat online verbreitete. Er benennt sich darin als Anführer eines Tempelordens, der bis zum Jahr 2083 den Nationalismus in Europa wiederherstellen soll; die Existenz eines solchen Ordens konnte allerdings nie nachgewiesen werden. Breivik ruft in seinem Pamphlet zu einem gewaltvollen Bürgerkrieg, zum Kampf gegen den Multikulturalismus in Europa, speziell gegen den Islam, auf. Als Feind sieht er diejenigen, die den Liberalismus unterstützen – darunter Polizisten, Journalisten und Lehrende, aber allen voran führende Politiker der heutigen Zeit. Mit dem Anschlag zielte er bewusst auf den toleranten, politisch-engagierten Nachwuchs, den er als Feind der europäischen „Rasse" ansieht.

Breivik wurde nach langwierigen Diskussionen für zurechnungsfähig erklärt und zu 21 Jahren Haft mit anschließender Sicherheitsverwahrung verurteilt – die höchstmögliche Strafe nach norwegischem Recht.

25.2 Biografie

» „Kinder, die man nicht liebt, werden Erwachsene, die nicht lieben." Pearl S. Buck (1892–1973, Schriftstellerin)

Oslo, 13. Februar 1979 – es war ein kalter Dienstagnachmittag, als Anders Breivik auf die Welt kam. Seine Eltern, Jens Breivik, ein 43-jähriger Diplomat und seine 11 Jahre jüngere Frau, Wenche Breivik, eine Krankenpflegehelferin, lernten sich 1 Jahr zuvor im gemeinsamen Waschkeller ihres Mietshauses kennen. Innerhalb kürzester Zeit wurde sie schwanger, worauf die beiden beschlossen, zu heiraten und gemeinsam in Jens größere Wohnung zu ziehen. Sowohl er als auch sie hatten bereits Kinder aus früheren Ehen bzw. Partnerschaften: Jens war bis dahin zweimal verheiratet gewesen und dreifacher Vater. Seine Kinder wuchsen allerdings nicht bei ihm, sondern bei den jeweiligen Müttern auf und besuchten ihn nur sporadisch. Wenche wiederum sorgte bis zum damaligen Zeitpunkt alleine für ihre 6-jährige Tochter Elisabeth; Elisabeth traf ihren leiblichen Vater nur ein einziges Mal, wenige Monate nach ihrer Geburt.

Als Anders ein halbes Jahr alt war, zog die Familie nach London. Jens hatte dort ein gutes Jobangebot erhalten. Obwohl Wenche, anders als sie es sonst gewohnt war, ein komfortables Leben führte, wurde sie in ihrer Rolle als Ehefrau und Mutter zunehmend unglücklich. Die Ehe hielt nicht – etwa 1 Jahr nach der Vermählung trennten sich die beiden wieder. Wenche zog mit ihren beiden Kindern zurück nach Oslo und reichte die Scheidung ein. Sie bekam das alleinige Sorgerecht für Anders. Trotz des Unterhalts, den ihr Jens monatlich zahlte, und seiner alten Wohnung, die er ihr für 2 Jahre zur Verfügung stellte, reichte das Geld bei Weitem nicht. Sie ließ ihre Kinder deswegen nachts alleine, um im Krankenhaus zu arbeiten, und bezog zusätzlich Sozialhilfe.

Neben dieser finanziellen Problematik war sie mit der Erziehung ihrer Kinder überfordert. Bereits während der Schwangerschaft hatte sie aufgrund der starken Übelkeit und der Tritte des Kindes im Bauch eine grundlegende Abneigung und einen tiefen Argwohn gegenüber ihrem ungeborenen Sohn entwickelt, die ihr, je älter er wurde, umso berechtigter erschienen. Sie hielt ihn für merkwürdig, beschrieb ihn als aggressiv und zügellos und bat das Jugendamt mehrmals um Hilfe. Anders Breivik wurde daraufhin im Alter von 2 Jahren an jeweils 2 Wochenenden im Monat zu einer Pflegefamilie geschickt. Im Gegensatz zu Wenche beschrieben ihn seine Pflegeeltern als „einen ganz normalen", gar „prächtigen Jungen" (Seierstad 2016, S. 24). Sie machten mit ihm Ausflüge in die Natur

und besuchten zusammen verschiedene Spielplätze der Stadt. Anders fühlte sich bei ihnen wohl, doch Wenche brach die Wochenendbesuche ziemlich bald wieder ab. Sie fand, dass die Pflegefamilie nicht zu ihrem Sohn passte. Dennoch ließ sie der Gedanke, ihre Kinder zur Adoption freizugeben, um sorgenfrei ihr eigenes Leben führen zu können, nicht los.

25.2.1 Die psychiatrische Untersuchung

Es waren mittlerweile 2 Jahre seit der Scheidung vergangen. Jens kehrte nach Oslo zurück, und Wenche musste mit den Kindern seine Wohnung verlassen. Er hatte Anders, der nun fast 4 Jahre alt war, seit der Trennung von Wenche nicht mehr wiedergesehen. Der Kontakt zu seinem Sohn blieb auch über die restliche Kindheit hinweg spärlich. Nach seiner Rückkehr verhalf er Wenche zwar zu einer neuen Wohnung, zog sich dann aber wieder aus ihrem Leben zurück.

Nach dem erfolgreichen Umzug wandte sich Wenche erneut an das Jugendamt. Ein Sachbearbeiter schickte sie schließlich, beunruhigt von ihrem Auftreten, gemeinsam mit Anders und Elisabeth in eine Tagesklinik, in der die Familie über 4 Wochen lang psychiatrisch untersucht wurde.

Wenches psychischer Zustand wurde als äußerst labil eingestuft. Sie litt unter Depressionen; die Ärzte vermuteten zusätzlich eine Borderline-Persönlichkeitsstörung, die typischerweise durch Impulsivität, Stimmungsschwankungen und instabile zwischenmenschliche Beziehungen gekennzeichnet ist. Dies zeigte sich vor allem in Wenches Verhalten gegenüber ihrem Sohn: In der einen Sekunde drückte sie ihn sanft an sich, in der nächsten schrie sie ihn an und wünschte ihm den Tod. Wenches Leben war geprägt von Männern wie ihrem Halbbruder, der sie ihre ganze Kindheit lang schlug; im Erwachsenenalter von jenen, die sie immer wieder verließen. Sie übertrug diese Erfahrungen offenbar auf ihren Sohn.

Fachleute nahmen Anders als einen Jungen ohne Lebensfreude wahr:

„Anders braucht auffällig wenig Aufmerksamkeit. Er ist vorsichtig und beherrscht, quengelt wenig und ist extrem ordentlich und sauber. […] Sieht oft traurig aus. Es fällt ihm schwer, Gefühle auszudrücken, aber wenn er einmal Regungen zeigt, fällt dies oft heftig aus." (zitiert nach Seierstad 2016, S. 36).

Die Tagesklinik tat ihm jedoch gut. Er passte sich schnell an, machte Fortschritte und freute sich über Lob. Die Ärzte kamen zu dem Schluss, dass er in einem anderen Umfeld aufblühen könnte. Sie empfahlen dem Jugendamt, Anders in einer Pflegefamilie unterzubringen, um irreversible Entwicklungsstörungen zu vermeiden und Elisabeth, mit der Wenche besser zurechtkam, kontinuierlich zu beobachten. Wenche sollte die Hilfe erhalten, die sie sich seit Anders Geburt gewünscht hatte.

Als Jens jedoch von den Plänen erfuhr, beantragte er das alleinige Sorgerecht für seinen Sohn. Wenche änderte daraufhin plötzlich ihre Meinung und zog vor Gericht, das nach einem knapp 1-jährigen Prozess zu ihren Gunsten urteilte; sie durfte Anders behalten. Jens zog sich wieder zurück.

Es blieb letztlich noch ein junger Psychologe, der an der psychiatrischen Untersuchung der Familie beteiligt war und sich weiter dafür einsetzte, Anders in einer Pflegefamilie unterzubringen. Alarmiert durch die fachmännischen Analysen und Ergebnisberichte forderte er das Jugendamt entgegen des gerichtlichen Urteils auf, Wenche das Sorgerecht zu entziehen. Nach einigen Kontrollbesuchen und Anwaltstreffen legte das Jugendamt den Fall im Jahr 1984 dennoch endgültig nieder.

25.2.2 Der unstillbare Drang nach Ruhm

Anders Breivik war während seiner Grundschulzeit ein recht unscheinbares Kind. Zwar hatte er nicht viele Freunde, doch sowohl sein Sozialverhalten als auch seine schulischen Leistungen fielen auf den ersten Blick nicht sonderlich auf. Ungewöhnlich war hingegen die ständige Abwesenheit seiner Eltern – Wenche und Jens besuchten keine einzige schulische Veranstaltung. Im Jugendalter strebte Anders deshalb umso mehr nach Aufmerksamkeit. Er wollte dazugehören und sehnte sich nach besonderer Anerkennung durch Gleichaltrige. Sein Ziel war es, sich unter den Graffiti-Taggern einen Namen zu machen. Um das zu erreichen, wurden seine Aktionen immer waghalsiger und krimineller.

Als er zum 3. Mal verhaftet wurde, brach sein Vater den Kontakt zu ihm vollständig ab. Sein zwanghafter Ehrgeiz kam auch bei Gleichaltrigen nicht gut an, da er, um möglichst viel Aufsehen zu erregen, neben staatlichen Gesetzen auch gegen interne Regeln der Graffiti-Szene verstieß. Als „Möchtegern-Tagger" abgestempelt, fiel er in die Ungunst seiner Clique. Während seiner restlichen Schulzeit wurde er gemobbt – niemand wollte mehr etwas mit ihm zu tun haben.

Sein Drang nach schnellem Erfolg und Ruhm zog sich bis in sein Erwachsenenalter hinein. Er brach kurz vor dem Examen, trotz guter Noten, die Handelsschule ab, um sich selbstständig zu machen. Sein Ziel war es, Millionär zu werden. Neben seinem Aktienhandel entwickelte er immer wieder neue Geschäftsideen, die jedoch alle scheiterten. Parallel zu seiner wirtschaftlichen Karriere strebte er auch nach politischem Erfolg. 1999 trat er der rechtspopulistischen Fortschrittspartei bei und setzte sich zum Ziel, bei den Wahlen als Kandidat aufgestellt zu werden. Die Partei zog ihn jedoch nicht einmal in Erwägung, und er wandte er sich daraufhin enttäuscht von ihr ab.

Seine ersten Millionen verdiente Anders Breivik schließlich im Jahr 2002 mit gefälschten Urkunden und Abschlussdiplomen, die er erstellte und im Internet verkaufte. Er gab auf der Webseite an, dass die Zeugnisse nur als Requisiten dienten, und bewegte sich somit in einer rechtlichen Grauzone. Eindeutig kriminell war allerdings die

Geldwäsche, die er betrieb, um den steuerlichen Abzügen zu entkommen – seine Mutter unterstütze ihn dabei. Das Geschäft lief gut, und voller Stolz rief Anders nach 11 Jahren Funkstille seinen Vater an, um ihm von seinem Erfolg zu berichten. Es war das letzte Mal, dass sie miteinander sprechen sollten.

25.2.3 Hochmut kommt vor dem Fall

Knapp 5 Jahre lang ließ Anders die Internetseite laufen. Als die Medien aber anfingen, über gefälschte Diplome an norwegischen Universitäten zu berichten, und auch seine Webseite ins Fadenkreuz geriet, stellte er, aus Angst seinen gesellschaftlichen Ruf zu schädigen, den Verkauf wieder ein. Zeitgleich fielen auch die Aktienkurse und sein Vermögen schwand dahin. Anders Breivik zog schließlich – ohne Geld und Hoffnung – mit 27 Jahren zurück zu seiner Mutter.

Dort verbarrikadierte er sich in seiner eigenen virtuellen Welt. Er ließ alle seine Interessen schleifen und besuchte nicht einmal mehr den Pistolenclub, dem er 2005 beigetreten und der zu seiner großen Leidenschaft geworden war. Anfangs spielte er einfach nur stundenlang das Computerspiel World of Warcraft (WoW), verlor sich dabei in fantastischen Welten, gewann Kriege und Schlachten. Er machte sich als guter und äußerst ambitionierter Stratege in der WoW-Szene bald einen Namen. Mit seinen überehrgeizigen Plänen und seiner radikalen Art eckte er aber binnen kurzer Zeit auch in dieser Community wieder an. Er verlor schließlich die Gunst der anderen Mitspieler. Anders Breivik wurde – wie so oft – abermals aus einer von ihm auserkorenen Gemeinschaft ausgestoßen.

Er fand schließlich eine neue virtuelle Nische, in die er sich ohne jeglichen Widerstand einnisten konnte. Es gab hierbei keinerlei Aufnahmebedingungen oder Hürden zu bewältigen, er abonnierte lediglich Newsletter, um auf dem Laufenden gehalten zu werden und postete unter seinem Pseudonym „Anders B" kurze Beiträge in rechtsradikalen Foren, in denen er den Meinungen anderer User beipflichtete und die Community zu härteren Maßnahmen wie dem Kampf gegen den Multikulturalismus aufrief. Auf den Internetplattformen fand seine Stimme zum ersten Mal Gehör. Aber das alleine reichte Anders Breivik nicht. Er strebte, so wie er es schon seit seiner Jugend tat, nach einem höheren Maß an Anerkennung und Ruhm. Er wollte nicht nur irgendein anonymer Blogger sein, einer von vielen, sondern als Idol seiner Szene in die Geschichte eingehen. So fing er an, sein homophobes, frauenfeindliches und rechtsradikales Manifest zu verfassen. „Anders B" schmiedete von nun an einen grausamen Plan.

Anders Breivik änderte 2017 seinen Namen zu Fjotolf Hansen. Für die Namensänderung liegen keine öffentlichen Begründungen vor. In diesem Kapitel wird der Einfachheit halber sein ursprünglicher Name verwendet.

25.3 Psychologische Theorien, Modelle und Konzepte

» „Je größer das erlebte Gefühl der Unterlegenheit eines Menschen ist, desto größer ist die Heftigkeit, zu erobern, und desto gewaltsamer ist die emotionale Unruhe." Alfred Adler (1870–1937, Arzt und Psychotherapeut)

Es gibt kein universelles Erklärungsmuster dafür, warum und wie aus einem Menschen ein Massenmörder wird. Die Entwicklung des Einzelnen ist aufgrund der individuellen und einzigartigen Kombination unzähliger Einflüsse nie vollständig erfassbar. Dennoch gibt es laut integrativer Ansätze, beispielsweise dem Vulnerabilitäts-Stress-Modell (Zubin und Spring 1977), eindeutige Risikofaktoren, die eine atypische, ungesunde Entwicklung begünstigen, die letztendlich in dysfunktionale Verhaltensweisen und Gewalttaten münden kann.

Bei Anders Breivik ist diese Vulnerabilität, d. h. erhöhte Anfälligkeit, sowohl genetisch gegeben als auch kontextuell erlernt worden. Psychische Erkrankungen wie Depressionen und Persönlichkeitsstörungen lagen bereits seit mindestens einer Generation in seiner Familie vor, gleichzeitig wurde er seit seiner Geburt immer wieder von seiner Umgebung abgelehnt. Wie die Entwicklung sowie das Erleben und Verhalten eines jeden Menschen muss also auch seine Entwicklung stets als eine Funktion zwischen persönlichen Eigenschaften und umweltbedingten Einflüssen betrachtet werden (Lewin 1936).

25.3.1 Internale Risikofaktoren

25.3.1.1 Bindungstheorie

John Bowlby gilt als Pionier der Bindungsforschung; seine Bindungstheorie (1975) wird heutzutage von Wissenschaftlern auf der ganzen Welt anerkannt und bildet die Grundlage vielerlei psychologischer Fragestellungen und Modelle. Bowlby postulierte, dass jedes Kind ein angeborenes Bedürfnis nach emotionaler Bindung zu vertrauten Bezugspersonen – zumeist den eigenen Eltern – habe, die den Schutz und das Überleben des Kindes garantieren soll. Empirischen Ergebnissen zufolge lassen sich hierbei 4 verschiedene Bindungsstile identifizieren, die je nach Ausprägung als Schutz- oder Risikofaktor der späteren Entwicklung fungieren können (Ainsworth 1978):

1. **Sicher** gebundene Kinder haben die Erfahrung gemacht, sich auf ihre Bezugsperson verlassen zu können. Sie sind eine feinfühlige Eltern-Kind-Interaktion gewohnt.
2. **Unsicher-vermeidend** gebundene Kinder werden von ihrer Bindungsperson häufig abgewiesen. Ihnen wird vermittelt, dass sie kein Anrecht auf Liebe und Unterstützung haben.
3. **Unsicher-ambivalent** gebundene Kinder sind widersprüchliches Verhalten

gewohnt; Die Eltern-Kind-Interaktion kann in einem Moment äußerst feinfühlig und liebevoll sein und im nächsten Moment in Feindseligkeit umschlagen.
4. **Desorganisiert** gebundene Kinder zeigen ein stark inkonsistentes Bindungsverhalten, da ihre Bezugsperson sowohl die Quelle als auch die Auflösung ihrer Angst darstellt. Kinder, die misshandelt wurden oder deren Eltern unter unverarbeiteten traumatischen Ereignissen leiden, zeigen oftmals dieses Bindungsmuster (Main und Solomon 1990).

Auf Basis der Bindungserfahrung werden **innere Arbeitsmodelle** entwickelt (Fremmer-Bombik 1997), die das Sozialisations- und Bindungsverhalten bis hin ins hohe Erwachsenenalter prägen.

Breivik lässt sich, wie aus dem psychiatrischen Gutachten seiner Kindheit eindeutig hervorgeht, in die Kategorie der **unsicher-ambivalenten Bindung** einordnen. Die Beziehung zu seiner Mutter – seiner primären Bezugsperson – kann als eine Art „Hassliebe" bezeichnet werden. Sie wies ihn bereits als Fötus offenkundig ab und versuchte ihn mehrmals, an das Jugendamt abzugeben, und trotzdem gelang es ihr nicht, sich im entscheidenden Moment von ihm zu trennen. Sein Vater war hingegen schlichtweg nie für ihn da. Dem jungen Breivik wurden somit bereits von Geburt an die Erfahrungen der bedingungslosen Liebe und Wertschätzung verwehrt.

Die **Deprivation,** d. h. ein Mangel, solch grundlegender Bedürfnisse durch einen unsicheren Bindungsstil stellt in kritischen Entwicklungsphasen – vornehmlich in der Kindheit und Jugend – einen Risikofaktor für unangepasstes Verhalten dar. Unsicher gebundene Kinder und Jugendliche weisen laut empirischer Befunde häufiger delinquente Störungen in Form von dissozialem und aggressivem Verhalten auf als sicher gebundene (z. B. Green und Goldwyn 2002). Es fällt ihnen außerdem schwer, die Perspektive anderer Personen zu übernehmen, was sich im Erwachsenenalter anhand defizitärer Empathiefähigkeiten bemerkbar macht (Jacobsen et al. 1994).

Diese Merkmale spiegeln sich auch im Fall Breivik wider: Seine Mutter beschwerte sich beim Jugendamt immerzu über seine Wutanfälle, und in der Nachbarschaft war er im Alter von 6 Jahren bereits als antisozialer Einzelgänger, Unruhestifter und Tierquäler bekannt.

25.3.1.2 Psychopathologische Persönlichkeit

Kann ein Mensch, der solch grausame Morde begangen hat, überhaupt bei vollem Verstand sein? Mit dieser Frage beschäftigen sich psychiatrisch-psychologische Gutachten vor Gericht, auf deren Basis die Schuldfähigkeit eines Straftäters bewertet wird. Dabei gelten in Norwegen – ähnlich wie in Deutschland – jene Personen als zurechnungsunfähig, die unter Psychosen oder geistiger Zurückgebliebenheit leiden, ergo einer eingeschränkten Willens- und Steuerungsfähigkeit unterliegen. In einem solchen Fall können Personen nicht im vollen Ausmaß für ihr Handeln zur Verantwortung gezogen werden, sodass – abhängig vom Gutachten – nur ein vermindertes Strafmaß oder sogar der Freispruch mit Unterbringung in der Psychiatrie angeordnet wird (vgl. Rechtsprechungen zu § 20 des Strafgesetzbuches [StGB]).

Die große Schwierigkeit solcher Gutachten liegt allerdings darin, den mentalen Zustand des Täters retrospektiv zu beurteilen. Dabei gilt es, reale Merkmale und Aussagen von vorgetäuschten zu unterscheiden und auf Basis der psychologischen Störungskriterien (vgl. DSM-5 und ICD-10; ▶ Abschn. 16.6) ein möglichst objektives Urteil zu fällen. Dass dennoch ein subjektiver Interpretationsspielraum bestehen bleibt und weitere Einflussfaktoren – z. B. der Untersuchungszeitpunkt und -zeitraum – das Urteil verzerren können, zeigte sich auch im Fall von Breivik, in dem 2 Gutachten zu unterschiedlichen Schlüssen kamen.

Das 1. Gutachten erklärte ihn aufgrund einer **paranoiden Schizophrenie** für zurechnungsunfähig. Zentrale Symptome dieser Störung sind laut DSM-5 vor allem Wahnvorstellungen und Halluzinationen (APA 2013). Besonders häufig fühlen sich Betroffene verfolgt oder hören Stimmen, die ihnen Befehle erteilen und ihr Handeln kommentieren. Schizophrene Menschen leben in ihrem eigenen sog. **Wahnsystem,** sie werden also dazu gezwungen, sich ihre eigene Realität zu konstruieren. In Breiviks Fall entspricht dies seiner Rolle als „Kommandeur der Tempelritter" und seiner Ansicht, dass sich ganz Europa im Bürgerkrieg befände.

Nach massiver fachlicher Kritik am 1. Gutachten und dem öffentlichen Entsetzen über eine mögliche Strafmilderung wurde ein weiteres psychiatrisches Gutachten erstellt, das Breivik für zurechnungsfähig befand und ihm eine **narzisstische Persönlichkeitsstörung** attestierte. Menschen mit einer solchen Persönlichkeitsstörung streben immerzu nach externer Anerkennung, überschätzen ihre eigenen Fähigkeiten und weisen ein mangelhaftes Einfühlungsvermögen auf (APA 2013). Laut dieses Expertenurteils ist Breiviks Weltanschauung nicht als Produkt einer Psychose zu betrachten, sondern schlicht Teil seiner rechtsradikalen Ideologie. Die beschriebenen Symptome gehen deutlich aus Breiviks Biografie hervor, vor allem der unstillbare Drang nach Anerkennung. Sein Wunsch, ein „Denkmal" zu hinterlassen, kann als Hauptmotiv seiner blutigen Anschläge betrachtet werden. Die politischen Hintergründe sind hierbei zweitrangig, lediglich ein gesellschaftlich konstruierter Umstand, in dem sich Breivik befand. Breivik instrumentalisierte das Böse, um seine Einzigartigkeit zu unterstreichen und seine bisherigen Lebensniederlagen auszumerzen.

Tatsächlich lassen sich psychische Erkrankungen bei sog. „Einsamer-Wolf"-Terroristen, zu denen auch Breivik gehört, häufiger diagnostizieren (▶ Abschn. 25.3.2) als in der durchschnittlichen Normalbevölkerung (Pantucci 2011). Bei Attentätern, die im Sinne eines organisierten Kollektivs handeln, lässt sich hingegen kein systematischer Unterschied feststellen (Sageman 2004; ▶ Kap. 26).

25.3.2 Externale Risikofaktoren – der Radikalisierungsprozess zum „einsamen Wolf"

In der Radikalisierungsforschung werden terroristische Einzelgänger als sog. „einsame Wölfe" bezeichnet. Diese operieren individuell, sie gehören also weder einer Gruppe noch einem Netzwerk an und agieren ohne jegliche Befehle von außen. Ihre Tatmotive werden häufig politisch begründet (Hartleb 2012). Neben der psychopathologischen Persönlichkeit, wie sie auch bei Breivik vorhanden war, gibt es weitere externe Risikofaktoren, die einen solchen Selbstradikalisierungsprozess als Einzelgänger begünstigen können.

25.3.2.1 Kontrollverlust

Die wahrgenommene Kontrolle über die Umwelt stellt ein menschliches Grundbedürfnis dar. Menschen streben danach, selbstbestimmt zu handeln und äußere Zustände und Ereignisse im Leben beeinflussen und vorhersagen zu können, um den eigenen Selbstwert zu schützen. Nehmen wir keine Kontrollmöglichkeit wahr, droht ein sog. **Kontrollverlust,** der sich nachteilig auf unser Erleben und Verhalten auswirkt (Frey und Jonas 2002).

Als Breivik seine Taten plante, befand er sich am Tiefpunkt seines Lebens. Er verlor sein Geschäft, sein ganzes Vermögen und zog in einem Alter von 27 Jahren zurück in sein Kinderzimmer zu seiner Mutter. Seine Attentate können als Versuch interpretiert werden, wieder Herr über sein Leben zu werden, wobei der Tod als ein Beispiel für die größtmögliche Kontrolle gesehen werden kann (Burgess et al. 1986). Durch das Morden verschaffte er sich eine ultimative Machtposition, die ihn über das Leben und den Tod anderer Menschen entscheiden ließ. Er zwang seine Umwelt dazu, ihn wahrzunehmen und ihm die Aufmerksamkeit zu schenken, nach der er sich sein ganzes Leben lang gesehnt hatte.

25.3.2.2 Soziale Exklusion

Das menschliche Grundbedürfnis nach Gruppenzugehörigkeit und nach positiven sozialen Interaktionen diente unseren Vorfahren ursprünglich als wichtige Überlebens- und Reproduktionsmaßnahme („need to belong"; Baumeister und Leary 1995) und ist bis heute noch tief in uns verankert. Kann dieses Bedürfnis aufgrund fehlender sozialer Beziehungen nicht erfüllt werden, folgen – vor allem bei chronischem Mangel – negative Konsequenzen. Neben Auswirkungen auf die physische und psychische Gesundheit kann soziale Ausgrenzung auch aggressives Verhalten hervorrufen (Twenge et al. 2001).

Breivik wurde von seiner sozialen Umwelt permanent abgelehnt. Erst durch seinen Rückzug in die virtuelle Welt verschaffte ihm der Fremdenhass die Möglichkeit, sich einer Gruppe zugehörig zu fühlen. Durch seine selbst konstruierte Ideologie erschuf er sich ein vermeintliches Netzwerk mit Gleichgesinnten, ohne jemals in einen direkten persönlichen Kontakt mit anderen Menschen treten zu müssen. Das Internet, die rechtsradikalen Foren abseits der Realität, nahm er als Bestätigung und Unterstützung seiner Vorhaben wahr. Nach seiner eigenen Weltanschauung hatte er endlich einen Weg gefunden, als „Held" in die europäische Geschichte einzugehen und die Zeiten des „Möchtegern-Taggers", gescheiterten Aktionärs und Unternehmers hinter sich zu lassen.

25.3.3 Fazit

» „Die Welt wird nicht bedroht von den Menschen, die böse sind, sondern von denen, die das Böse zulassen." Albert Einstein (1879–1955, Physiker)

Es gibt kein universelles Täterprofil für Massenmörder, sondern nur Risikofaktoren, die eine Person empfänglicher für Terrorismus und Gewalttaten machen. Das bedeutet, dass ein Mensch nicht per se als böse geboren wird.

Wie in den vorherigen Abschnitten bereits beschrieben, wird das Erleben und Verhalten eines Individuums von einem komplexen Zusammenspiel aus Persönlichkeitsfaktoren und Umwelteinflüssen geprägt. So fällt die Entwicklung ein und derselben Person je nach sozialer Umgebung ganz unterschiedlich aus. Laut Zimbardos **Luzifer-Effekt** (2008) kann sich somit jeder Mensch zum Bösen hin entwickeln, wenn ihn die situativen Umstände dazu drängen. Genauer genommen können Menschen – sofern zurechnungsfähig – zwar für den dispositionalen Anteil ihrer Handlungen verantwortlich gemacht werden, bei dem sie ihrer persönlichen Veranlagung folgen, jedoch nicht für den situativen Anteil, der durch die Umwelt geformt wird.

Aufgrund individueller Schutzfaktoren entwickeln sich dennoch nicht alle Menschen, die unter ähnlichen Lebensumständen wie Breivik aufgewachsen sind, zu Massenmördern. Eine derartige Entwicklung kann kaum vorhergesagt werden. Trotzdem müssen wir für die potenziellen Auswirkungen unseres Verhaltens auf andere Mitmenschen und für deren Leidensdruck sensibilisiert werden.

Speziell Breiviks Taten wären womöglich durch eine rechtzeitige Intervention zu verhindern gewesen. Seine Eltern nahmen ihm von klein auf den Glauben an eine sichere Welt, er war immerzu auf sich allein gestellt, wurde verstoßen, vernachlässigt und nicht geliebt. Im Verlauf seines Lebens lassen sich immer wieder Gelegenheiten identifizieren, in denen man als Außenstehender hätte eingreifen können. Besonders in seiner Kindheit und zu seiner Jugendzeit war der junge Anders Breivik auf externe Hilfe angewiesen – Hilfe, die er jedoch nie erhielt: weder von den Nachbarn, die ihn und seine familiäre Situation als auffällig beschrieben, die mitbekamen, dass Elisabeth und Anders vielfach alleine gelassen wurden, dass das Abendessen häufiger ausfiel und die den Krach aus der Wohnung hörten; noch von Lehrern und Mitschülern, die das offensichtliche Mobbing miterlebten und sich über die ständige Abwesenheit der Eltern bei schulischen Veranstaltungen wunderten.

Und auch von den Behörden, denen ein alarmierendes Expertengutachten vorlag, kam nur vorübergehende Hilfe: Trotz einer unheilvollen Prognose, die eine schwere Entwicklungsstörung vorhersagte, sollte Anders nicht in einer anderen Familie untergebracht werden.

Zwar können bei Weitem nicht alle psychischen Auffälligkeiten behandelt werden, nichtsdestotrotz unterstreicht gerade dieser Fall die Relevanz der Früherkennung und rechtzeitigen psychologischen Intervention. Dabei sind, neben einem erleichterten Zugang zu psychologischen Therapien, klare Anlaufstellen für hilfesuchende Dritte von hoher präventiver Wichtigkeit. Im pädagogischen Kontext können hierbei bereits einzelne Vertrauensschüler bzw. -lehrer bis hin zu fachmännischen Ansprechpartnern wie Schulpsychologen einen wertvollen Unterschied machen. Auch die generelle Aufklärung der Gesellschaft über mögliche Anzeichen ungewöhnlicher Kindesentwicklung und die Entstigmatisierung sozialer und psychischer Probleme können die Hemmschwelle senken, sich an staatliche Beratungsstellen zu wenden.

Allem voran stellt jedoch die Erziehung des Einzelnen – die Erziehung zu einem verantwortungsvollen Bürger – die grundlegendste Präventionsmaßnahme dar, denn nur eine Gesellschaft mit rücksichtsvollen und wertschätzenden Individuen kann exzessive Gewalt unterbinden (Anwar et al. 2018). Für jeden Einzelnen von uns gilt somit, im Hinterkopf zu behalten, dass wir im Umgang miteinander eine große Verantwortung tragen. Wir haben – bis zu einem gewissen Grad – durchaus Einfluss auf die Entwicklung unserer Mitmenschen und vermögen durch reine Aufmerksamkeit das Böse in der Welt einzudämmen.

Literatur

Ainsworth, M. D. S. (1978). The Bowlby-Ainsworth attachment theory. *Behavioral and Brain Sciences, 1*(3), 436–438.

American Psychiatric Association. (APA). (2013). *Diagnostic and statistical manual of mental disorders* (5. Aufl.). Washington, DC: American Psychiatric Publishing.

25

Anwar, F., Fry, D. P., & Grigaityté, I. (2018). Aggression prevention and reduction in diverse cultures and contexts. *Current Opinion in Psychology, 19,*49–54.

Baumeister, R. F., & Leary, M. R. (1995). The need to belong: Desire for interpersonal attachments as a fundamental human motivation. *Psychological Bulletin, 117*(3), 497–529.

Bowlby, J. (1975). Attachment theory, separation anxiety, and mourning. In D. A. Hamburg & H. K. M. Brodie (Hrsg.), *American handbook of psychiatry: Bd. 6. New psychiatric frontiers* (2. Aufl., S. 292–309). New York: Basic Books.

Burgess, A. W., Hartman, C. R., Ressler, R. K., Douglas, J. E., & McCormack, A. (1986). Sexual homicide: A motivational model. *Journal of Interpersonal Violence, 1*(3), 251–272.

Fremmer-Bombik, E. (1997). Innere Arbeitsmodelle von Bindung. In G. Spangler & P. Zimmermann (Hrsg.), *Die Bindungstheorie* (S. 109–139). Stuttgart: Klett-Cotta.

Frey, D., & Jonas, E. (2002). Die Theorie der kognizierten Kontrolle. *Theorien der Sozialpsychologie, 3,*13–50.

Green, J., & Goldwyn, R. (2002). Annotation: Attachment disorganisation and psychopathology: New findings in attachment research and their potential implications for developmental psychopathology in childhood. *Journal of Child Psychology and Psychiatry, 43*(7), 835–846.

Hartleb, F. (2012). Die Analyse des Falls „Breivik": Einsamer Wolf-Terrorismus als wichtiges, aber vernachlässigtes Phänomen sui generis innerhalb des Terrorismus. In M. H. W. Möllers & R. van Ooyen (Hrsg.), *Jahrbuch für öffentliche Sicherheit 2012/2013* (S. 71–92). Frankfurt a. M.: Verlag für Polizeiwissenschaft.

Jacobsen, T., Edelstein, W., & Hofmann, V. (1994). A longitudinal study of the relation between representations of attachment in childhood and cognitive functioning in childhood and adolescence. *Developmental Psychology, 30*(1), 112–124.

Lewin, K. (1936). A dynamic theory of personality: Selected papers. *The Journal of Nervous and Mental Disease, 84*(5), 612–613.

Main, M., & Solomon, J. (1990). Procedures for identifying infants as disorganized/disoriented during the Ainsworth Strange Situation. In M. T. Greenberg, D. Cicchetti, & E. M. Cummings (Hrsg.), *Attachment in the Preschool years: Theory, research, and intervention* (S. 121–160). Chicago: University of Chicago Press.

Pantucci, R. (2011). *A typology of lone wolves: Preliminary analysis of lone Islamist terrorists.* London: International Centre for the Study of Radicalization and Political Violence.

Sageman, M. (2004). *Understanding terror networks.* Pennsylvania: University of Pennsylvania Press.

Seierstad, A. (2016). *Einer von uns. Die Geschichte eines Massenmörders.* Zürich: Kein & Aber.

Spiegel Online. (2012). Aussage vor Gericht: Breivik prahlt mit seinen Mordtaten. Pressemeldung vom 17. April 2012. ▶ http://www.spiegel.de/panorama/justiz/attentaeter-anders-breivik-prahlt-mit-seinen-taten-a-827966.html. Zugegriffen: 9. Jan. 2019.

Twenge, J. M., Baumeister, R. F., Tice, D. M., & Stucke, T. S. (2001). If you can't join them, beat them: Effects of social exclusion on aggressive behavior. *Journal of Personality and Social Psychology, 81*(6), 1058–1069.

Zimbardo, P. G. (2008). *Der Luzifer-Effekt: Die Macht der Umstände und die Psychologie des Bösen.* Berlin: Springer.

Zubin, J., & Spring, B. (1977). Vulnerability: A new view of schizophrenia. *Journal of Abnormal Psychology, 86*(2), 103–126.

Islamischer Staat und weitere radikale Organisationen

Amelie Scheuermeyer

© Springer-Verlag GmbH Deutschland, ein Teil von Springer Nature 2019
D. Frey (Hrsg.), *Psychologie des Guten und Bösen,* https://doi.org/10.1007/978-3-662-58742-3_26

26

26.1 Einleitung

Beispiel: Anis Amri

19. Dezember 2016, Berlin: Der 23-jährige Tunesier Anis Amri erschießt Lukasz Urban, den polnischen Speditionsfahrer eines Sattelzuges, setzt sich ans Steuer und lenkt den Lkw gegen 20 Uhr in den Weihnachtsmarkt an der Kaiser-Wilhelm-Gedächtniskirche in Berlin. Elf Besucher werden vom LKW in den Tod gerissen, weitere 56 teilweise lebensgefährlich verletzt (Mandalka 2017).

Damit ist der islamistische Anschlag auf Berlin der bis dato größte in Deutschland und hinterlässt Angst und Schrecken. Dass dies lediglich einer von 13 in Europa im Jahr 2016 war, die insgesamt 135 Todesopfer forderten (Zeit Online 2017), zeigt das Ausmaß der Dramatik und die Relevanz der Thematik. Längst ist der Dschihad nicht mehr ein auf fernen Schlachtfeldern stattfindendes Phänomen, sondern bereits in unmittelbarer Nahe, in unseren Städten und in unseren Köpfen angekommen und hinterlässt etliche Fragen: Was bewegt Menschen wie Anis Amri dazu, unschuldige Menschen zu töten? Wieso werden Anschläge wie dieser nicht verhindert? Woher kommt der Trend zu islamistischem Terror?

In diesem Kapitel sollen einige dieser Fragen thematisiert und aus psychologischer Perspektive beleuchtet werden. Nach einem kurzen Überblick über Zahlen und Fakten soll im Folgenden auf möglicherweise zugrunde liegende psychologische Prozesse eingegangen werden, bevor besondere Gruppen innerhalb des Dschihad und die Reaktion unserer Gesellschaft kritisch besprochen werden.

26.2 Entwicklung und Verbreitung

26.2.1 Ideologie

26.2.1.1 Salafisten, Puristen, Islamisten, Dschihadisten?

Salafismus kann als eine fundamentalistische Strömung des Islams bezeichnet werden – eine Rückkehr zum ursprünglichen Islam. Diesem zufolge ist Allah der alleinige Gesetzgeber und die Scharia daher göttliches Gesetz und unvereinbar mit säkularen Staatsformen. Weder menschliche Vernunft noch kulturelle Einflüsse dürfen in den Islam einfließen.

Salafismus allein muss noch nicht politisch aktiv oder sogar terroristisch auftreten. Innerhalb des Salafismus werden 3 Richtungen unterschieden: Purismus, politischer Salafismus oder Islamismus sowie Dschihadismus.

Puristen leben lediglich die strenge Ideologie der Rückkehr zum Ur-Islam zu Hause aus, ohne den Anspruch zu erheben, politische Verhältnisse zu verändern.

Doch das allein ist vielen jungen, militanten Muslimen zu wenig, sie wollen die Welt verändern. **Politische Salafisten** oder **Islamisten** streben danach, einen Staat nach ihrer ursprünglichen Vorstellung vom Islam zu errichten. Dabei sind nicht alle Islamisten gewaltbereit.

Anders die **Dschihadisten:** Ihr Kampf gilt nicht nur den Juden, dem Westen, Amerika im Speziellen, sondern auch den verwestlichten Strukturen muslimischer Staaten und teilweise auch den „falschen Muslimen" wie Schiiten oder rivalisierenden Terrororganisationen (Priester 2017, S. 206 ff.).

26.2.1.2 Dschihadistische Propaganda

Unterdrückung und Demütigung sind seit jeher ein wirksames Gedankengut, um zu Widerstand zu mobilisieren. Was die Niederlage im Ersten Weltkrieg und Reparationszahlungen für die nationalsozialistische Bewegung waren (► Kap. 17), sind für den Dschihad folgende 5 Demütigungen: das Oströmische Reich, die Kreuzfahrer, die Errichtung einer säkularen Türkei unter Atatürk, das Sykes-Picot-Abkommen und die Gründung Israels. Diese gebietlichen Einschränkungen sollen durch ein syrisches Großreich „Cham" ersetzt werden, das als Ausgangspunkt für eine grenzenlose Wiedervereinigung aller Muslime in der „Umma" dienen und schlussendlich über Missionierung in die Weltherrschaft münden soll.

Eine weitere wirksame Mobilisierungsstrategie ist die Propaganda des „Armageddon", einer apokalyptischen Endzeit. Diese werde bereits jetzt durch den Sittenverfall angekündigt. Im jüngsten Gericht werden schließlich nur die wahren Muslime ins Paradies entlassen, wo 72 Jungfrauen auf sie warten. Es leuchtet ein, wie diese Versprechungen und das vermittelte Elitebewusstsein bei sinnsuchenden Jugendlichen auf fruchtbaren Boden stoßen können. Dabei kann davon ausgegangen werden, dass die Drahtzieher des IS keineswegs an den nahenden Weltuntergang glauben, sondern es ihnen lediglich um den Aufbau eines Staates, um Gebietserweiterung und um Macht geht (Priester 2017, S. 210 ff.).

26.2.2 Entstehungsansätze

Es gibt Theorien, die die Globalisierung für das Aufkeimen des Dschihadismus verantwortlich machen (Moghaddam et al. 2016). Durch sie erst wäre der Vergleich armer Länder im Osten mit dem westlichen Reichtum möglich.

Die augenscheinlichen Gewinner sind Amerika und andere westliche Länder, während in den meisten islamischen Ländern die Regierung dabei versagt hat, Arbeitsplätze zu schaffen, und geschädigt von Korruption und Rüstungsausgaben kein Geld hat, die Wirtschaft nachhaltig zu fördern (Musharbash 2006). Zudem fühlen sich viele muslimische Länder ausgebeutet vom Westen, der so lange Zeit ihre Diktatoren unterstützt, mit Waffen versorgt und das Plündern ihrer Bodenschätze befürwortet hat (Sansal 2013).

Dass gerade diese ihnen nun westliche, demokratische Strukturen aufdrängen wollen, schürt Wut in der Bevölkerung. Auch macht es die Globalisierung internationalen Großkonzernen möglich, lokale Firmen und damit die einheimische Wirtschaft zu zerstören. Die zunehmende Verwestlichung wird als Bedrohung empfunden und die Angst um muslimische Werte geschürt.

26.2.3 Organisationen

Das globale Terrornetzwerk **al-Qaida** gilt als Mutterorganisation des Dschihad und war mehr als ein Jahrzehnt Sinnbild dafür – auch durch ihre Verantwortung für den 11. September 2001. Inzwischen ist al-Qaida ein loses Netzwerk überwiegend autonom handelnder Zellen wie al-Qaida im Jemen oder dem Ableger al-Nusra in Syrien. Die Mitgliederzahl von al-Qaida lässt sich aufgrund ihrer Zerstreuung schwer beurteilen, wird aber auf etwa 10.000 geschätzt (Focus Online 2014). Spätestens seit dem Tod des Gründers Osama bin Laden befindet sich die Organisation in einer Krise.

Al-Qaida wurde relativ schnell von der jüngeren Organisation **Islamischer Staat (IS)** abgelöst, der sich durch mehr mediale Präsenz, noch größere Grausamkeit und daher gesteigerte Attraktivität für gewaltaffine Männer auszeichnet. Laut offizieller Angaben der CIA sollen sich zwischen 20.000 und 31.500 Männer und Frauen dem IS in Syrien und im Irak angeschlossen haben, andere Schätzungen reichen bis zu 200.000 (Schippmann 2015). Auch gibt es Vermutungen, dass bis zu 100.000 Europäer in die Kriegsgebiete ausgereist seien. Dabei

sprechen die offiziellen Zahlen des Bundes-
amtes für Verfassungsschutz (BfV 2018) von
1000 Deutschen, von denen sich derweil etwa
ein Drittel wieder in Deutschland befindet. Zu
ca. 190 gibt es Hinweise, dass sie in Syrien oder
im Irak getötet wurden.

26.3 Psychologische Theorien, Modelle und Konzepte

Taten wie die von Anis Amri lassen sich nie
vollständig erklären, da zu viele Faktoren Einfluss auf die Entwicklung eines Menschen
nehmen. Und egal welche widrigen Lebensumstände man auch erlebt haben mag, eine
solche Tat kann doch durch nichts gerechtfertigt werden.

Dennoch scheinen bei der Betrachtung
der Lebensläufe von Dschihadisten viele
Vulnerabilitäten und Prozesse ähnlich zu
sein, sodass es möglich ist – wenn auch
ohne Anspruch auf Vollständigkeit –, einige
Erklärungsansätze zu finden. Dabei ist stets
im Hinterkopf zu behalten, dass bei jedem
von uns ein oder mehrere der aufgelisteten
Faktoren gegeben sein können, ohne dass wir
uns zu Terroristen entwickeln.

Laut Kurt Lewin (1936) ist Verhalten
immer eine Funktion aus Person und Umwelt,
die in gegenseitiger Wechselwirkung stehen (▶ Kap. 2). So birgt also besonders das
Zusammenspiel einer Vielzahl relevanter Veranlagungen, Vorkommnisse und Mechanismen die Gefahr der Radikalisierung. Die
◘ Abb. 26.1 bietet eine Übersicht über die in
diesem Kapitel behandelten Faktoren.

Zunächst soll auf individueller Ebene
darauf eingegangen werden, welche Voraussetzungen – dispositionaler, psychopathologischer und soziodemografischer Art – eine
Person vulnerabel für islamistische Ideologie machen, bevor spezifische Vorkommnisse in der Biografie beschrieben werden,
die nicht selten als akute Gefährdung oder
Auslöser wirken. Wie die geschilderten Faktoren schließlich zu einer kognitiven Öffnung
gegenüber dschihadistischem Gedankengut
und islamistischen Gruppen führen, wird
anschließend anhand der Theorie der relativen Deprivation von Grundbedürfnissen dargestellt (▶ Abschn. 26.3.1).

Des Weiteren wird mit Fokus auf der
Gruppenebene auf Faktoren, die dem
Anschluss und der Identifikation mit der
islamistischen Gruppe zugrunde liegen, und

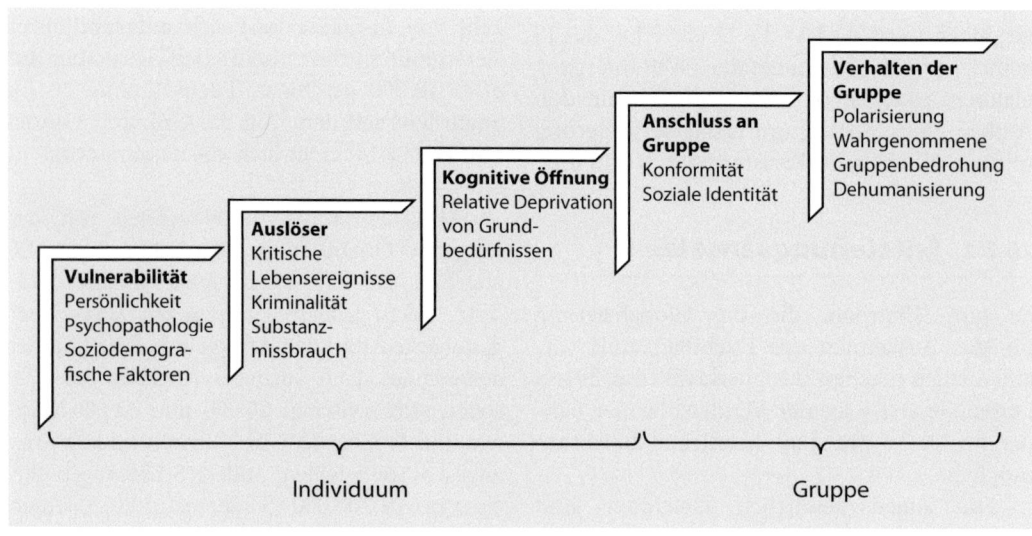

◘ Abb. 26.1   Faktoren, die eine Radikalisierung begünstigen

auf radikalisierende Prozesse innerhalb der Gruppe eingegangen (▶ Abschn. 26.3.2).

Schließlich werden besondere Gruppen betrachtet, die sich durch spezielle Charakteristika auszeichnen und – auch aus präventiven Aspekten – zunehmend wichtiger werden (▶ Abschn. 26.3.3).

26.3.1 Individuelle Ebene

26.3.1.1 Persönlichkeit

» „Ich mache genau das, was im Koran steht, und nur das ist richtig, Punkt." Erhan A. aus Kempten, an Ausreise nach Syrien gehindert (Delhaes und Obermaier 2014, S. 1)

Terroristen neigen in Bezug auf ihre Ideologie zu **geringer kognitiver Komplexität,** also dazu, Sachverhalte zu vereinfachen und in ein Schwarz-Weiß-Denken zu verfallen (Locicero und Sinclair 2008).

Auch der **sozialen Dominanzorientierung** („social dominance orientation"; Pratto et al. 1994) – das dispositionale Ausmaß, in dem sich jemand wünscht, die Ingroup würde die Outgroup dominieren – wird ein Zusammenhang zu Radikalisierung nachgesagt. Hier wurde gefunden, dass bei einer Stichprobe aus arabischen Ländern eine niedrige soziale Dominanzorientierung mit einer höheren Gewaltbereitschaft assoziiert ist (Henry et al. 2005). Das heißt, in Gruppen, die der Dominanz einer Outgroup unterliegen wie muslimische Einwanderer in westlichen Ländern, sind vermutlich diejenigen Mitglieder, die eine Gleichberechtigung anstreben, auch eher bereit, sie mit Gewalt durchzusetzen.

Es gibt also durchaus Persönlichkeitseigenschaften, die bei Radikalen normalerweise eher stark oder schwach ausgeprägt sind. Diese stellen jedoch allenfalls Risikofaktoren dar, die die betroffenen Personen anfälliger machen, auf ungünstige Lebensumstände mit Extremismus und Gewalt zu reagieren.

26.3.1.2 Psychopathologie

Beispiel: Mohammed Daleel, Attentäter von Ansbach

Im syrischen Bürgerkrieg verliert er Frau und Kinder. Tief traumatisiert, depressiv und suizidal führt schließlich die geplante Abschiebung zurück nach Bulgarien zu einer Spontanreaktion: Er sprengt sich am 24. Juli 2016 vor einem Festivalgelände in die Luft. – Oder aber war es doch die skrupellos geplante Tat eines langjährigen IS-Mitgliedes? (Diehl und Sydow 2016)

Der Schluss liegt nahe, dass jemand, der wie Mohammed Daleel unschuldige Festivalgänger in die Luft sprengen will, psychisch krank sein müsse. Die in den 1960er- und 1970er-Jahren vorherrschenden psychopathologischen Erklärungsansätze von Radikalismus sind inzwischen jedoch eher soziologischen und psychologischen Modellen gewichen. Terrorismusforscher wie Marc Sageman (2004) gehen davon aus, dass es keine systematischen Unterschiede zwischen Terroristen und „normalen Menschen" bezüglich ihrer Psychopathologie gibt.

Wenn Persönlichkeitseigenschaften und psychische Störungen alleine den Prozess der Radikalisierung nicht erklären können, welche Faktoren spielen dann auf individueller Ebene noch eine Rolle?

26.3.1.3 Soziodemografische Faktoren

Duale Identität

Beispiel: Brahim und Salah Abdeslam, Attentäter von Paris im November 2015

Die Brüder erscheinen nach außen sehr westlich, sie tragen Jeans, mögen Fußball, feiern Partys und nehmen oft Mädchen mit nach Hause. Doch ihre marokkanische Herkunft scheinen sie doch nicht ganz abgelegt zu haben und fühlen sich nach Kündigung, Haft und Schließung ihrer Bar als Muslime benachteiligt. Ihr Hass führt schließlich zum bisher schlimmsten islamistischen Attentat in Frankreich (AFP 2015).

Betrachtet man die in den Medien präsenten europäischen Attentäter genauer, fällt ins Auge, dass diese häufig aus der 2. oder 3. Generation moderat muslimischer Immigranten stammen.

Die Herkunft aus muslimischen Ländern mit gleichzeitiger Sozialisierung in einem westlichen Land kann zum Phänomen der **dualen Identität** führen (Simon et al. 2013). Die Betroffenen fühlen sich ihrem Heimatland, ihrer Traditionen verbunden, lernen in Schule und Umgebung aber die westliche Kultur kennen. Sie wollen sich akkulturieren, genießen meist vorerst die westlichen Freiheiten, trinken Alkohol, gehen feiern und hören westliche Musik. Gleichzeitig spüren sie eine deutliche Inkompatibilität mit den Werten ihrer ethnokulturellen Minderheitsgruppe. Sie werden von ihren Verwandten in Marokko, Algerien oder Tunesien als verwestlicht angesehen, an ihrem Wohnsitz jedoch als Ausländer betrachtet. So erleben sie eine Identitätskrise, der sie unter Umständen mit einer radikalen Bekehrung zum Salafismus begegnen.

Alter und Geschlecht

Beispiel: Yusuf T

Der in 3. Generation in Deutschland lebende Türke ist gerade einmal 14 Jahre alt, als er beginnt, radikale Ansichten zu entwickeln, Videos des Salafistenpredigers Pierre Vogel anzusehen, um schließlich mit 16 Jahren zusammen mit 2 Freunden in einem Sikh-Tempel in Essen eine Bombe zu zünden (Burger 2016).

Eine solche Identitätskrise manifestiert sich typischerweise in der Pubertät und im jungen Erwachsenenalter, weswegen sich zumeist junge Männer entscheiden, in den Dschihad zu ziehen.

Bei einer Untersuchung von 334 europäischen Dschihadisten wurde ein Altersdurchschnitt von 27,7 Jahren gefunden (Bakker 2011), wobei es sich hierbei um das Alter bei der Verhaftung oder dem begangenen Attentat handelt. Der Radikalisierungsprozess setzt häufig sehr viel früher ein, weswegen der Dschihad teilweise sogar als rechtsradikale Jugendbewegung bezeichnet wird (Priester 2017).

Auch das Geschlecht scheint spezifisch zu sein, so sind unter den von Bakker (2011) untersuchten Terroristen nur 7 Frauen zu finden. Dass der Trend von Frauen beim IS jedoch zunimmt, darauf wird in ▶ Abschn. 26.3.3 noch eingegangen.

Sozioökonomischer Status

Beispiel: Mohamed Abrini, Beteiligter an den Attentaten am Flughafen Zaventem und in Paris 2016

Seine Familie stammt aus Marokko und lebt in 2. Generation in Belgien, wo er als eines von 6 Kindern in ärmlichen Verhältnissen im Brüsseler Brennpunktviertel Molenbeek aufwächst (AFP 2016).

Dass die meisten Attentäter aus der Unterschicht kommen, ist nicht verwunderlich, gibt es doch Evidenz dafür, dass Individuen aus niedrigeren sozialen Klassen weniger Vertrauen in das politische System haben (Deary et al. 2008). Sie fühlen sich von der Gesellschaft ausgegrenzt und verspüren den Wunsch, das System zu ändern und sich aus der Minderwertigkeit zu befreien.

So ist in der Metapher des Treppenhauses der Radikalisierung (Moghaddam 2005) **wahrgenommene Ungerechtigkeit** ein grundlegender Faktor im „Erdgeschoss". Bei einer Betrachtung von 550 europäischen Attentätern, Dschihad-Kämpfern oder verhafteten Islamisten (Priester 2017, S. 38 f.) war die untere Schicht mit 50 % am stärksten vertreten, in Deutschland sogar mit 64 %. Dazu wurden neben Schulabbrechern und Arbeitslosen auch Ungelernte im Niedriglohnsektor wie Pizzaboten, Kassierer und Türsteher gezählt.

26.3.1.4 Biografische Faktoren

Beispiel: Mohamed Abrini – Fortsetzung

Mit 18 Jahren bricht er seine Ausbildung zum Schweißer ab und gerät auf die schiefe Bahn. Fünf Mal muss er ins Gefängnis, wegen Raubüberfalls, Drogendelikten, Bandenkriminalität und anderen Vergehen. Zwischenzeitlich arbeitet er in einer Bäckerei, schafft den Absprung aus der Kriminalität jedoch nicht und radikalisiert sich. Als sein Bruder im Kampf für den IS in Syrien stirbt, ist für ihn der Moment gekommen, ebenfalls für den Dschihad zu töten (AFP 2016).

Kritische Lebensereignisse

Viele islamistische Attentäter haben tragische Lebensereignisse zu verzeichnen wie den Tod eines nahestehenden Verwandten, die Scheidung der Eltern oder den Abbruch der Schule oder einer Ausbildung.

Auch **soziale Exklusion** kann hierbei eine Rolle spielen, definiert als ein Mangel an Ressourcen und fehlende Teilnahme an normalen Beziehungen und Aktivitäten, wodurch die Lebensqualität beeinträchtigt wird (Levitas et al. 2007). Es handelt sich also um eine als belastend empfundene Ausgrenzung aus mindestens einem Lebensbereich.

So wurde der Brite Ibrahim Kamara, der an der Seite von al-Nusra bei einem Luftangriff in Syrien starb, schwer diskriminiert und mehrmaliges Opfer rassistischer Übergriffe (Townsend 2016); Mohamed Merah, der Attentäter von Toulouse, wurde 2 Mal von der französischen Armee abgelehnt (Flade 2012).

Es gibt Evidenz dafür, dass Ausgrenzungen zu einer Tendenz, sich extremen Gruppen anzuschließen, führen (Hales 2014).

Kriminalität und Substanzmissbrauch

Diese kritischen Lebensereignisse stellen oft Auslöser dar, um in die Kriminalität und die Drogensucht abzurutschen, wie auch das Beispiel von Mohamed Abrini zeigt. Mindestens ein Fünftel der von Bakker (2011) untersuchten dschihadistischen Terroristen kann eine oder mehrere Vorstrafen vorweisen, viele davon mit Gewaltanwendung.

Diese frühen Gewalterfahrungen, aber auch bereits Videospiele oder gewaltverherrlichende Propagandavideos stellen einen wichtigen Wegbereiter für spätere Terrorakte dar. Sie bewirken eine sog. **Desensibilisierung,** eine Reduktion emotionsbezogener physiologischer Reaktivität auf reale Gewalt (Carnagey et al. 2007). Das heißt, die sich radikalisierenden Personen werden langsam an Gewalt gewöhnt und die Hemmung, „Ungläubige" zu töten, sinkt.

Die oft aus der kriminellen Vorgeschichte resultierenden Haftstrafen sind nicht selten der Nährboden für erste Kontakte in die islamistische Szene. Gefängnisse sind der ideale Ort für eine Rekrutierung. Gescheiterte, verzweifelte, perspektivlose Männer mit Wut auf die Gesellschaft, die nichts mehr zu verlieren haben, finden sich hier gehäuft an einem Ort – und sind empfänglich für radikale Ideologien.

26.3.1.5 Relative Deprivation von Grundbedürfnissen

» „Sie sind […] auf der Suche nach einem Sinn im Leben. Und genau damit arbeiten die religiösen Missionare. Der Salafismus bietet dir Liebe, Geborgenheit, Struktur, Regeln, Hoffnung. Eine Einfachheit. Alles, wonach sich viele Jugendliche sehnen, deckt der Salafismus komplett ab." Dominic Musa Schmitz, Aussteiger (Obermaier und Stadler 2016, S. 1)

Nach Maslow (1943) hat der Mensch 5 Grundbedürfnisse: das Bedürfnis nach Kleidung, Nahrung und Unterkunft (Existenzbedürfnisse), nach Sicherheit, nach sozialen Kontakten, nach Anerkennung und Wertschätzung sowie nach Selbstverwirklichung.

Bei allen Menschen kommt es ab und zu vor, dass ein oder mehrere Bedürfnisse tatsächlich depriviert (nicht erfüllt) sind oder dass diese als relativ depriviert (Runciman 1966), also als im Vergleich zu anderen als zu Unrecht weniger erfüllt, wahrgenommen werden. Das verschlechtert unsere Stimmung, kratzt kurzzeitig am Selbstwert oder lässt uns unruhig werden.

Durch die geschilderten unglücklichen Verhältnisse wie einen geringen sozioökomischen Status oder vermehrt negative Lebensereignisse kann es jedoch zu einer dauerhaften **relativen Deprivation** kommen. Besonders das Bedürfnis nach sozialer Einbindung scheint hierbei depriviert zu sein.

Die **Hypothese des Zugehörigkeitsbedürfnisses** („need to belong"; Baumeister und Leary 1995) beschreibt das dem Menschen eigene Bedürfnis nach häufiger, affektiv positiver Interaktion mit anderen Personen.

Besonders sozial exkludierte Personen haben einen Mangel an sozialer Interaktion und suchen nach Gruppen, die sie aufnehmen und akzeptieren (Knapton 2014). In diesen Gruppen wiederum kann auch ihr Bedürfnis nach Anerkennung und Bedeutung gestillt werden, das durch die Jahre des Versagens in der Schule/Arbeitswelt und in der Kriminalität unerfüllt geblieben ist (Jasko et al. 2016). Hier sind sie nicht mehr die Versager, sondern werden anerkannt und können sogar mit einem Attentat vollends als Märtyrer in die Heldengeschichte eingehen.

26.3.2 Gruppenebene

Radikalisierung findet fast nie im Alleingang statt, sie kann grundsätzlich als ein soziales Phänomen beschrieben werden. Zwar gibt es auch Ausnahmen, die sog. „einsamen Wölfe" (▶ Kap. 25), auf die in ▶ Abschn. 26.3.3 noch eingegangen wird; diese sind allerdings sehr selten.

Auch wenn im Zeitalter der Digitalisierung viel persönlicher Kontakt durch das Internet ersetzt wird, gibt es auch hier Foren und Chatrooms, die als Gruppen fungieren, in denen prinzipiell dieselben Prozesse

stattfinden wie z. B. in Straßengangs. Laut Peter Neumann, Leiter des Zentrums für die Erforschung der Radikalisierung (ICSR) in London, würde jedoch nach wie vor der Großteil der Dschihadisten durch lokale Netzwerke wie Freunde und Bekannte gewonnen (Luther und Vanessa 2016). Doch welche Gruppenprozesse spielen dabei eine Rolle?

26.3.2.1 Konformität

Beispiel: Harry S., Aussteiger
„Wenn du einmal da bist, gibt es kein Zurück." Ihm zufolge sei der Ausstieg schwer. Es gäbe viele IS-Soldaten, die zurück nach Hause wollten und sich nicht trauten, da sie Konsequenzen fürchteten. Andere seien überzeugt, der IS tue das einzig Wahre: „Ich habe einen Jungen kennengelernt, der seinen Bruder umgebracht hat und glaubt, dass er das Richtige getan hat." (Rothenberg 2016, S. 1)

Individuen auf dem Weg der Radikalisierung geraten also an einen radikalen Bekanntenkreis, z. B. in einem Gefängnis oder in einer Moschee, und beginnen, sich mit dieser Gruppe zu identifizieren. Hier beginnt Konformität – oder umgangssprachlich Gruppenzwang – zu wirken.

In der Sozialpsychologie werden 2 Arten von **Konformität** unterschieden: normativer und informativer sozialer Einfluss (Aronson et al. 2008). Anfangs sind die Jugendlichen vielleicht noch skeptisch, hinterfragen die Hetze gegen ihre Mitschüler und Nachbarn kritisch, wollen aber gleichzeitig dazugehören und verhalten sich daher so, wie es von ihnen erwartet wird. Ein Ausstieg wäre ohne Gesichtsverlust nicht mehr möglich. Dies ist der sog. **normative Einfluss.**

Nach und nach verinnerlichen sie die Ideologie und vertrauen darauf, dass die anderen Gruppenmitglieder das Richtige sagen und tun; sie suchen hierin Informationen, die ihre eigene Unsicherheit, was richtig und falsch ist, beheben. Dadurch unterliegen sie dem sog. **informativen Einfluss.**

26.3.2.2 Soziale Identität

> „Meine neue Identität war etwas ganz
> besonderes [sic!], so empfand ich es
> jedenfalls. Ich war Teil von etwas Großem.
> Einer großen Gemeinschaft, die entstehen
> würde." Yehya Kaddouri, niederländisch-
> marokkanischer Aussteiger, 2011 (zitiert
> nach Priester 2017, S. 51)

Die **Theorie der sozialen Identität** nach Tajfel
und Turner (1986) besagt, dass sich Menschen
u. a. durch ihre Mitgliedschaft in Gruppen
und der damit einhergehenden emotionalen Bedeutung identifizieren. Somit stellt die
soziale Identität einen Teil des Selbstkonzeptes
dar, den Individuen stetig zu verbessern versuchen.

Um ihre positive soziale Identität zu
bewahren, werten die Mitglieder radikaler Gruppen die Outgroup im Vergleich zur
Ingroup ab, indem sie sich als die wahren
Gläubigen und Außenstehende als „Kuffar"
(Ungläubige) ansehen. Diese werden nicht
mehr als Herr Meier, der nette Zeitungsver-
käufer, und Frau Gruber, die Nachbarin mit den
lebhaften Töchtern, gesehen, sondern nur noch
als eine einheitliche, zu bekämpfende Masse.

26.3.2.3 Gruppenpolarisierung

Beispiel: Chérif und Saïd Kouachi, Attentäter auf Charlie Hebdo in Paris

Die verwaisten Brüder wachsen im Heim
auf und entwickeln sich zu Kleinkriminellen.
Gemeinsam mit einem Netzwerk, das sie sich
aus ehemaligen Gefängnismitinsassen und
Mitgliedern der Dschihadistengruppe „But-
tes-Chaumont" aufgebaut haben, radikalisieren sie sich zunehmend, ihre Ansichten
werden immer extremer, bis ihr Hass schließlich in einem grausamen Blutbad endet (Pantel
2015).

Nach und nach entstehen eine immer stärkere
Ingroup-Bevorzugung und Outgroup-Feind-
seligkeit, kollektive Emotionen schaukeln sich
hoch und resultieren in kalter Verachtung.

Der Prozess des gegenseitigen Hoch-
schaukelns wird in der Sozialpsychologie auch
als **Gruppenpolarisierung** (Moscovici und
Zavalloni 1969) bezeichnet. Sie beschreibt das
oft beobachtete Phänomen, dass Gruppenentscheidungen extremer ausfallen als der Mittel-
wert der Einzelurteile der Gruppenmitglieder.

Würde also der Radikale alleine niemals
auf die Idee kommen, ein Attentat zu verüben,
wird in der Gruppe eine radikalere Meinung
begünstigt, und man bestärkt sich gegenseitig
in dieser. Am Ende ist er überzeugt, dies sei
die einzig richtige Entscheidung.

26.3.2.4 Wahrgenommene Gruppenbedrohung

> „Wir werden eines Tages Europa erobern.
> Nicht wir wollen, wir werden! [...] Der
> deutsche Staat bekämpft ja uns, denn er
> hat Waffenlieferungen an die Peschmerga
> gemacht. Und er bekämpft den Islam
> schon seit sehr, sehr langer Zeit." Christian
> Emde, IS-Kämpfer (Todenhöfer 2015, S. 1)

Ein besonderes Phänomen, das bei radikal-mus-
limischen Gruppen beobachtet werden kann,
ist die **wahrgenommene Gruppenbedrohung**
(„perceived group threat"; Blumer 1958).

Stephan und Stephan (2017) unterscheiden hierbei zwischen symbolischer und
realistischer Bedrohung. Als **symbolische
Bedrohung** kann die Bedrohung der muslimischen Kultur angesehen werden. Islamisten fürchten die Macht des Westens, den
Einfluss von Globalisierung auf ihre Traditionen und den damit einhergehenden
Werteverfall der Jugend. Hinzu kommt die
realistische Bedrohung, die Bedrohung des
ökonomischen Status der Gruppe. Sie nehmen die erfolgreichen Weißen um sich herum
wahr, während sie und ihre Familie kläglich
scheitern. Um ihren eigenen Selbstwert und
ihre soziale Identität zu schützen, schieben sie
die Schuld von sich und machen das Land, in
dem sie leben, den Westen, dafür verantwortlich und unterstellen ihm eine Unterdrückung
des Islams.

26.3.2.5 Dehumanisierung

» „Und natürlich finden sich im Koran auch Stellen, wo es heißt, Ungläubige seien schlimmer als Vieh – was die IS-Leute als Legitimation benutzen, diesen Menschen eben auch die Kehle durchzuschneiden wie Vieh." Dominic Musa Schmitz, Aussteiger (Obermaier und Stadler 2016, S. 1)

Andersgläubige werden nicht mehr als Menschen angesehen, sondern als „Schweine" oder „Affen". Diese Dehumanisierung ebnet den Weg zu Gewaltanwendung ihnen gegenüber, da in der Moralvorstellung verankerte Vorbehalte, Menschen zu verletzen oder zu töten, so ausgehebelt werden.

Dieser Mechanismus wird nach einer Theorie von Festinger (1957) auch **kognitive Dissonanzreduktion** genannt. Eine Dissonanz, d. h. ein unangenehmer Spannungszustand, entsteht, wenn man eigenes Verhalten nicht mit den eigenen Überzeugungen in Einklang bringen kann. Dieser Zustand wird dann durch eine Veränderung des Verhaltens oder auch durch kognitive Umstrukturierung wie etwa Dehumanisierung behoben.

26.3.3 Besondere Gruppen

26.3.3.1 Einsame Wölfe

Beispiel: Mohammed Merah, Attentäter in Midi-Pyrénées 2012
Er erschien niemandem besonders religiös, trug keinen Bart und ging gerne feiern. Dafür war er ein Kleinkrimineller, Sohn einer alleinerziehenden Algerierin und hatte durch die Ablehnung beim französischen Militär soziale Exklusion erlebt. Er bekannte sich offiziell zu al-Qaida, was allerdings kritisch zu bewerten ist, da diese Terrororganisation bereits seit 2005 keine Anschläge mehr in Europa verüben konnte (Flade 2012).

Mohammed Merah gilt als einsamer Wolf („lone wolf"), also als terroristischer Einzeltäter (▶ Kap. 25), da er die Anschläge in Toulouse und Montauban im Alleingang geplant und ausgeführt hat.

Doch auch er soll sich nicht völlig losgelöst von Netzwerken radikalisiert, sondern Kontakt zu Salafisten gehabt haben und zweimal nach Pakistan und Afghanistan gereist sein. Die Identifizierung einsamer Wölfe scheint also schwierig zu sein, da oft doch weitere Personen beteiligt sind, sei es beim Nahebringen der Ideologie oder beim Terroranschlag selbst.

Sollte es sich tatsächlich um das Attentat einer einzelnen Person handeln, liegt ein Vergleich mit einem Amoklauf nahe, und es kann vermutet werden, dass auch die zugrunde liegenden psychologischen Prozesse dabei ähnlich sind.

26.3.3.2 Konvertiten

Beispiel: Samuel Wendt, Syrienrückkehrer
Aufgewachsen in einem alten Bauernhof, Sohn tiefgläubiger Christen. Mit 19 Jahren beginnt er, sich für den Islam zu interessieren. Samuel liest den Koran, versucht seine Eltern vom Wählen abzuhalten, fordert sie auf, wie der Prophet den Teller abzulecken, betet 5 Mal am Tag. Zum Glauben kommt noch ein Elitebewusstsein: „Mohammed hat irgendwie mal gesagt, in der Endzeit werden sich in diesem Gebiet die besten Muslime versammeln. Zu denen wollte ich gehören" (Simon 2015, S. 1).

Eine nicht zu verachtende Anzahl europäischer Terroristen macht mittlerweile die Gruppe der Konvertiten aus. Insgesamt wird davon ausgegangen, dass ca. 20 % aller aktiven Dschihadisten Konvertiten sind (Stoldt 2015). Wie viele muslimische Konvertiten es insgesamt gibt, ist unklar, da diese nirgends notiert werden. Zum Islam überzutreten, ist nämlich denkbar unkompliziert, man muss lediglich vor 2 muslimischen Zeugen die „Schahada", das Glaubensbekenntnis, aufsagen.

Ein Großteil konvertiert in der Pubertät zum Islam, eine Zeit der Sinnsuche, der Identitätsfindung und auch der Rebellion gegen die Eltern und gegen gesellschaftliche Konventionen. Bei gebürtig muslimischen Terroristen spielt Religion meist eine untergeordnete Rolle. Es geht mehr darum, Schuldige für das eigene Versagen zu finden und in einer Gruppe etwas zu gelten. Konvertiten haben sich dagegen oft sehr eingehend mit dem Islam beschäftigt, suchten in ihm nach Sinn und einem höheren Lebensziel. Sie konnten beispielsweise im Christentum keine Antworten finden. Der streng ausgelegte Islam hingegen hält für alle Lebensbereiche genaueste Verhaltensvorschriften bereit und gibt so Sinnsuchenden Halt und Kontrolle.

Es kann gemutmaßt werden, dass auch der nationalsozialistische Rechtsextremismus, Scientology oder ein Tierschutzverein hierbei ihren Zweck erfüllen würden, wären sie gerade populär und im Umfeld verfügbar.

» „Wenn ich damals einem Juden begegnet wäre, wäre ich Jude geworden. Und wenn es ein Scientologe gewesen wäre, wäre ich Scientologe geworden." Dominic Musa Schmitz, Konvertit (Lübbers 2016, S. 1)

26.3.3.3 Frauen

Beispiel: Safia S., Attentäterin von Hannover

Bereits mit 7 Jahren tritt sie in Videos mit dem Prediger Pierre Vogel auf. Mit 15 Jahren wird sie an der Ausreise nach Syrien gehindert und sticht schließlich einem Polizisten im Bahnhof ein Gemüsemesser in den Hals. An ihrem ursprünglichen Plan, ihn zu töten und mit seiner Dienstwaffe anschließend um sich zu schießen, kann sie glücklicherweise gehindert werden (Eder 2016).

Von den rund 930 aus Deutschland ausgereisten Personen im Irak und in Syrien sind 20 % Frauen (B. Z. Berlin 2017). Was bringt so viele Frauen dazu, einer frauenfeindlichen Ideologie zu folgen, die den Wirkungsbereich der Frau auf die häusliche Sphäre begrenzt?

Oft folgen sie ihren Männern nach Syrien oder spielen die Rolle der logistischen und finanziellen Unterstützerin. Doch neben dieser Loyalität spielen vermutlich bei vielen Frauen noch andere Motive eine Rolle. Einige reisen alleine nach Syrien, wollen Teil einer größeren Sache sein. Mit ihrem Engagement als Krankenschwestern oder Kindergärtnerinnen erweitern sie ihr zugedachtes Tätigkeitsspektrum und nehmen eine aktive Rolle ein. Es klingt paradox, aber für viele Frauen stellt der Salafismus eine Art Emanzipation dar. Sie stellen sich bewusst gegen die moderate, liberale Auslebung des Islams der Eltern und entziehen sich so deren Autorität. Sie haben eine romantisierte Vorstellung vom Leben an der Seite eines wie ein Popstar angehimmelten Kämpfers.

Dass sie dort angekommen oft erst wochenlang in Frauenhäusern festsitzen, bis sie einem Soldaten zugeteilt werden, den sie lediglich bei Laune halten und ihm Nachwuchssoldaten gebären sollen, ist ihnen oft nicht bewusst.

Doch nicht nur als Gebärmaschinen machen sich Frauen für den Dschihad nützlich, zunehmend greifen sie wie Safia auch selbst zu Gewalt. Dass der IS neuerdings auch bewusst Frauen für Attentate rekrutiert, zeigt ein im September 2016 verhindertes, von Syrien aus angeleitetes Attentat in Paris – mit 3 Täterinnen sowie 2 Helferinnen (Allen und Evans 2016).

26.4 Bedeutung für die heutige Zeit

26.4.1 Flüchtlingspolitik

Islamistische Terrorakte verbreiten Angst und Schrecken in Europa und dem Rest der Welt. Viele machen die europäische Flüchtlingspolitik dafür verantwortlich. Empfängt Angela

Merkel potenzielle Attentäter mit offenen Armen?

So forderte Bundesinnenminister Thomas de Maizière (CDU) im Jahr 2017, unterstützt von der Alternative für Deutschland (AfD), einen dauerhaften Stopp des Familiennachzugs für Migranten mit eingeschränktem Schutzstatus (Breyton 2017), auch aus Angst, potenzielle Islamisten ohne weitere Hintergrundinformationen ins Land zu lassen.

Doch ist dies sinnvoll? Eine Trennung von Familie könnte die Deprivation des Grundbedürfnisses nach Zugehörigkeit noch verstärken und die enttäuschten und einsamen Betroffenen in die Obhut einer neuen dschihadistischen „Familie" treiben.

Auch die langen Bearbeitungszeiten für Asylverfahren verhindern eine schnelle Eingliederung. Asylbewerber fühlen sich von der Gesellschaft exkludiert – auch das ist wie in ▶ Abschn. 26.3.1 beschrieben ein Risikofaktor für Radikalisierung.

26.4.2 Terrorabwehr

Wie kann es sein, dass beim heutigen Stand der Technik und trotz des stetigen Ausbaus der Sicherheitsmaßnahmen Ausreisen und Attentate nicht verhindert werden können?

Ein Faktor ist sicher, dass in Deutschland ein Sicherheitsföderalismus herrscht, was eine bundesweite Zusammenarbeit erschwert. Es existieren bisher keine nationalen Terrorabwehrstrategien, sondern lediglich regionale Programme (Fuchs 2018).

Ein Austausch und eine Abstimmung der Vielzahl an Sicherheitsbehörden findet vor allem über das Gemeinsame Terrorabwehrzentrum in Berlin statt, dennoch kommt es oft zu Kommunikationslücken wie etwa im Fall Anis Amri. Acht Staatsanwaltschaften aus 3 Bundesländern hatten mit Amri zu tun, auch war er in NRW bereits als Gefährder eingestuft, die Überwachung wurde jedoch wieder eingestellt (Huld 2017).

Ein Versagen der Behörden wird von den Medien sofort aufgegriffen, dabei oft unbemerkt bleiben die vielen Fälle, in denen das System funktioniert. Laut Bundesinnenminister de Maizière sind seit 2000 ganze 16 Terroranschläge in Deutschland vereitelt worden, alleine 3 im letzten Jahr (Spiegel Online 2017). Von Fall zu Fall wird dazugelernt, sodass zunehmend schneller Gefährder identifiziert und an der Ausreise und an Anschlägen gehindert werden können. Dennoch ist auch die Sicherheitspolitik nicht vor menschlichen Fehlern gefeit.

26.4.3 Resozialisierung und Deradikalisierung

Auch bei der Intervention in Verdachtsfällen islamistisch auffällig gewordener Personen können psychologische Erkenntnisse einen Beitrag leisten. Beispielsweise kann es sinnvoll sein, sich radikalisierende Jugendliche in andere Gruppen einzugliedern, ihnen etwa bei der Jobsuche zu helfen oder ihnen zu einer Rolle in einem Verein zu verhelfen. So können sowohl ihr Bedürfnis nach Zugehörigkeit als auch das nach Bedeutung erfüllt werden.

Sind die Personen bereits straffällig geworden, ist es jedoch mit der Festnahme nicht getan. Momentan sind bundesweit mehr als 150 verurteilte Islamisten inhaftiert, Tendenz steigend. Gerade im Gefängnis ist es wichtig, die Inhaftierten zu resozialisieren und zu verhindern, dass sie andere Insassen rekrutieren. Hier fehle es laut Expertenmeinung allerdings deutlich an Personal sowie einem bundesweiten strukturierten Netzwerk (Völlinger 2017). Es ist der Fehler zu vermeiden, diese jungen Leute aufzugeben. Denn viele Fälle zeigen, dass eine Umkehr möglich ist, so wie die Geschichte von Dominic Musa Schmitz (2016), einem mit 17 Jahren konvertierten Deutschen.

26.4.4 Rolle der Medien

Kritisch hinterfragt werden kann zudem die Rolle der Medien. Jedes Attentat ist wochenlang Thema Nummer eins in Fernsehen, Zeitung und

Radio. Detailliert werden Namen, Fotos und Lebensgeschichte der Attentäter preisgegeben.

Natürlich ist es schwer, solche Vorfälle geheim zu halten, und auch versteht sich der Wunsch der Bevölkerung nach Aufklärung. Doch stellt sich die Frage, ob diese öffentliche Präsentation der Verantwortlichen nicht auch negative Konsequenzen nach sich zieht. So erlangt die Person die gewünschte Popularität und Bedeutung und wird von Bewunderern verehrt. Jeder weitere zur Schau gestellte Attentäter kann als Vorbild und Antrieb für Jugendliche auf ihrem Weg der Radikalisierung dienen.

26.5   Fazit

» „Bring mir die Kriminellen, die Kaputten, die richtig Gläubigen sind für Syrien nicht zu gebrauchen." Türkischer Imam, Oberhausen (Opitz und Rauss 2016, S. 1)

Betrachtet man die Geschichten islamistischer Terroristen und Syrienkämpfer, wird deutlich, wie viele Faktoren, von der Persönlichkeit über demografische und biografische Kriterien bis hin zu Gruppenprozessen eine Rolle spielen und in gegenseitiger Wechselwirkung stehen. Es können gemeinsame Risikofaktoren herausgearbeitet und psychologische Prozesse bestimmt werden, die mit einer gewissen Wahrscheinlichkeit eine Radikalisierung bedingen und begleiten. Eine treffsichere Vorhersage des Verlaufs ist dennoch unmöglich.

Doch auch wenn es mannigfaltige Variationen des Radikalisierungsprozesses gibt, so wird vor allem Eines deutlich: Der Dschihadismus ist keine Radikalisierung Gläubiger, sondern eine Ideologisierung Radikaler.

Literatur

Agence France-Presse. (AFP). (2015). Attentäter von Paris: Brahim Abdeslam – Cannabis, Alkohol und kaum Religion. Rheinische Post Online. Pressemeldung vom 20. November 2015.
► https://www.rp-online.de/panorama/ausland/paris-attentaeter-brahim-abdeslam-cannabis-alkohol-und-kaum-religion-aid-1.5571856. Zugegriffen: 10. Jan. 2019.

Agence France-Presse. (AFP). (2016). Mohamed Abrini: Vom Kriminellen zum Terrorhelfer. Tagesspiegel. Artikel vom 9. April 2016. ► https://www.tagesspiegel.de/politik/mohamed-abrini-vom-kriminellen-zum-terrorhelfer/13425188.html. Zugegriffen: 10. Jan. 2019.

Allen, P., & Evans, S. (2016). Female ‚ISIS terrorist cell wanted to blow up Eiffel Tower' as mum-of-three charged. The Mirror Online. Artikel vom 11. September 2016. ► https://www.mirror.co.uk/news/world-news/female-isis-terrorist-cell-wanted-8812233. Zugegriffen: 10. Jan. 2019.

Aronson, E., Wilson, T., & Akert, R. (2008). *Sozialpsychologie* (6. Aufl.). München: Pearson Studium.

B. Z. Berlin. (2017). Romantische Träume, böses Erwachen: Wie ISIS Mädchen und Frauen in den Dschihad lockt. Artikel vom 18. Juli 2017. ► https://www.bz-berlin.de/deutschland/wie-isis-maedchen-frauen-in-dschihad-lockt. Zugegriffen: 10. Jan. 2019.

Bakker, E. (2011). Characteristics of Jihadi terrorists in Europe (2001–2009). In R. Coolsaet (Hrsg.), *Jihadi terrorism and the radicalisation challenge. European and American experiences* (S. 131–144). Aldershot: Ashgate.

Baumeister, R., & Leary, M. (1995). The need to belong: Desire for interpersonal attachments as a fundamental human motivation. *Psychological Bulletin, 117*(3), 497–529.

Blumer, H. (1958). Race prejudice as a sense of group position. *Pacific Sociological Review, 1*(1), 3–7.

Breyton, R. (2017). AfD setzt Union bei Familiennachzug unter Druck. Welt Online. Artikel vom 23. November 2017. ► https://www.welt.de/politik/deutschland/article170867900/AfD-setzt-Union-bei-Familiennachzug-unter-Druck.html. Zugegriffen: 10. Jan. 2019.

Bundesamt für Verfassungsschutz. (BfV). (2018). Reisebewegungen von Jihadisten Syrien/Irak. Stand: 18. September 2018. ► https://www.verfassungsschutz.de/de/arbeitsfelder/af-islamismus-und-islamistischer-terrorismus/zahlen-und-fakten-islamismus/zuf-is-reisebewegungen-in-richtung-syrien-irak. Zugegriffen: 10. Jan. 2019.

Burger, R. (2016). Anschlag auf Sikh-Tempel: Jetzt stehen die Dschihadisten vor Gericht. Frankfurter Allgemeine Online. Artikel vom 7. Dezember 2016. ► https://www.faz.net/aktuell/politik/kampf-gegen-den-terror/prozess-beginn-um-terror-anschlag-auf-sikh-tempel-in-essen-14562221.html. Zugegriffen: 10. Jan. 2019.

Carnagey, N., Anderson, C., & Bushman, B. (2007). The effect of video game violence on physiological desensitization to real-life violence. *Journal of Experimental Social Psychology, 43*(3), 489–496.

Deary, I., Batty, G., & Gale, C. (2008). Bright children become enlightened adults. *Psychological Science, 19*(1), 1–6.

Delhaes, M., & Obermaier, F. (2014). „Ich glaub, das steht irgendwo im Koran". Süddeutsche Zeitung Magazin. Artikel vom 03. Oktober 2014. ▶ https://sz-magazin.sueddeutsche.de/texte/anzeigen/42259/3/1. Zugegriffen: 10. Jan. 2019.

Diehl, J., & Sydow, C. (2016). Attentäter von Ansbach: Die zwei Legenden des Mohammad Daleel. Spiegel Online. Artikel vom 27. Juli 2016. ▶ https://www.spiegel.de/politik/deutschland/ansbach-anschlag-die-zwei-legenden-des-mohammed-daleel-a-1104984.html. Zugegriffen: 10. Jan. 2019.

Eder, S. (2016). Angriff auf Polizist: Wie wurde aus Safia S. eine Islamistin? Frankfurter Allgemeine Online. Artikel vom 20. Oktober 2016. ▶ https://www.faz.net/aktuell/gesellschaft/kriminalitaet/angriff-auf-polizist-wie-wurde-aus-safia-s-eine-islamistin-14489730.html. Zugegriffen: 10. Jan. 2019.

Festinger, L. (1957). *A theory of cognitive dissonance.* Stanford: Stanford University Press.

Flade, F. (2012). Leben und Sterben des Mudschahid Mohamed Merah. Welt Online. Artikel vom 22. März 2012. ▶ https://www.welt.de/politik/ausland/article13939534/Leben-und-Sterben-des-Mudschahid-Mohamed-Merah.html. Zugegriffen: 10. Jan. 2019.

Focus Online. (2014). Al-Kaida, Boko Haram, IS: Die gefährlichsten Gotteskrieger im Vergleich. Artikel vom 07. November 2014. ▶ https://www.focus.de/politik/videos/al-kaida-boko-haram-is-die-gefaehrlichsten-gotteskrieger-im-vergleich_id_4250693.html. Zugegriffen: 10. Jan. 2019.

Fuchs, T. (2018). Deutschland hat noch keine nationale Abwehrstrategie. Hannoversche Allgemeine Online. Artikel vom 11. Januar 2018. ▶ https://www.haz.de/Nachrichten/Politik/Deutschland-Welt/Deutschland-hat-noch-keine-nationale-Abwehrstrategie. Zugegriffen: 10. Jan. 2019.

Hales, A. (2014). *Ostracism and interest in extreme groups.* Dissertation, Purdue University, West Lafayette, IN.

Henry, P., Sidanius, J., Levin, S., & Pratto, F. (2005). Social dominance orientation, authoritarianism, and support for intergroup violence between the Middle East and America. *Political Psychology, 26*(4), 569–584.

Huld, S. (2017). Anschlag war zu verhindern: Amri – Eine Serie von Pannen. n-tv. 18. Mai 2017. ▶ https://www.n-tv.de/politik/Amri-Eine-Serie-von-Pannen-article19848467.html. Zugegriffen: 10. Jan. 2019.

Jasko, K., LaFree, G., & Kruglanski, A. (2016). Quest for significance and violent extremism: The case of

domestic radicalization. *Political Psychology, 38*(5), 815–831.

Knapton, H. (2014). The recruitment and radicalisation of western citizens: Does ostracism have a role in homegrown terrorism? *Journal of European Psychology Students, 5*(1), 38–48.

Levitas, R., Pantazis, C., Fahmy, E., Gordon, D., Lloyd, E., & Patsios, D. (2007). *The multi-dimensional analysis of social exclusion.* Bristol: University of Bristol.

Lewin, K. (1936). *Principles of Topological Psychology.* New York: McGraw-Hill Book.

Locicero, A., & Sinclair, S. (2008). Terrorism and terrorist leaders: Insights from developmental and ecological psychology. *Studies in Conflict & Terrorism, 31*(3), 227–250.

Lübbers, A. (2016). „Wissen wollte ich nicht – nur glauben". Welt Online. Artikel vom 20. Juni 2016. ▶ https://www.welt.de/regionales/nrw/article156373266/Wissen-wollte-ich-nicht-nur-glauben.html. Zugegriffen: 10. Jan. 2019.

Luther, C., & Vanessa, V. (2016). Terrorismus: Der Mythos vom einsamen Wolf. Zeit Online. Artikel vom 30. Juli 2016. ▶ https://www.zeit.de/politik/ausland/2016-07/terrorismus-einsamer-wolf-anschlaege. Zugegriffen: 10. Jan. 2019.

Mandalka, T. (2017). Chronologie: Das Attentat vom Berliner Breitscheidplatz. Rundfunk Berlin-Brandenburg (rbb) 24. Bericht vom 19. Dezember 2017. ▶ https://www.rbb24.de/politik/beitrag/2017/12/chronologie-terror-anschlag-attentat-breitscheidplatz-amri.html. Zugegriffen: 10. Jan. 2019.

Maslow, A. (1943). A theory of human motivation. *Psychological Review, 50*(4), 370–396.

Moghaddam, F. (2005). The staircase to terrorism: A psychological exploration. *American Psychologist, 60*(2), 161–169.

Moghaddam, F., Heckenlaible, V., Blackman, M., Fasano, S., & Dufour, D. (2016). Globalization and terrorism: The primacy of collective processes. In A. Miller (Hrsg.), *The social psychology of good and evil* (2. Aufl., S. 415–440). New York: Guilford Press.

Moscovici, S., & Zavalloni, M. (1969). The group as a polarizer of attitudes. *Journal of Personality and Social Psychology, 12*(2), 125–135.

Musharbash, Y. (2006). Terror-Anatomie: Die Generation Pop-Dschihad. Spiegel Online. Artikel vom 29. August 2006. ▶ https://www.spiegel.de/panorama/zeitgeschichte/terror-anatomie-die-generation-pop-dschihad-a-430651.html. Zugegriffen: 10. Jan. 2019.

Obermaier, F., & Stadler, R. (2016). „Ich kam mir vor wie ein Rebell". Süddeutsche Zeitung Magazin. Artikel vom 29. Januar 2016. ▶ https://sz-magazin.sueddeutsche.de/texte/anzeigen/44159/Ich-kam-mir-vor-wie-ein-Rebell. Zugegriffen: 10. Jan. 2019.

Opitz, B., & Rauss, U. (2016). Vom Ruhrpott in den heiligen Krieg. Stern Online. Artikel vom 19. November 2016.

26

▶ https://www.stern.de/panorama/gesellschaft/dinslaken-lohberg–vom-ruhrpott-in-den-heiligen-krieg-7200272.html. Zugegriffen: 10. Jan. 2019.

Pantel, N. (2015). Chérif und Saïd Kouachi: Wie aus Kleinkriminellen fanatisierte Mörder wurden. Süddeutsche Zeitung Online. Artikel vom 09. Januar 2015. ▶ https://www.sueddeutsche.de/panorama/cherif-und-sad-kouachi-wie-aus-kleinkriminellen-religioes-fanatisierte-moerder-wurden-1.2297625. Zugegriffen: 10. Jan. 2019.

Pratto, F., Sidanius, J., Stallworth, L., & Malle, B. (1994). Social dominance orientation: A personality variable predicting social and political attitudes. *Journal of Personality and Social Psychology, 67*(4), 741–763.

Priester, K. (2017). *Warum Europäer in den Heiligen Krieg ziehen: Der Dschihadismus als rechtsradikale Jugendbewegung*. Frankfurt a. M.: Campus.

Rothenberg, C. (2016). Die Terror-Beichte des Harry S.: „Der IS ist der größte Fehler meines Lebens". n-tv. Artikel vom 4. August 2016. ▶ https://www.n-tv.de/politik/Der-IS-ist-der-groesste-Fehler-meines-Lebens-article18340061.html. Zugegriffen: 10. Jan. 2019.

Runciman, W. (1966). *Relative deprivation and social justice: A study of attitudes to social inequality in twentieth-century England*. Berkeley: University of California Press.

Sageman, M. (2004). *Understanding terror networks*. Philadelphia: University of Pennsylvania Press.

Sansal, B. (2013). Dem Arabischen Frühling folgen die Islamisten. Welt Online. Artikel vom 15. Februar 2013. ▶ https://www.welt.de/kultur/literarischewelt/article113654132/Dem-Arabischen-Fruehling-folgen-die-Islamisten.html. Zugegriffen: 10. Jan. 2019.

Schippmann, A. (2015). CIA-Zahlen viel zu niedrig: Kämpfen 200 000 Terroristen für ISIS? BILD Online. Artikel vom 11. Februar 2015. ▶ https://www.bild.de/politik/ausland/isis/experte-geht-von-200000-mitgliedern-aus-39710342.bild.html. Zugegriffen: 10. Jan. 2019.

Schmitz, D. (2016). *Ich war ein Salafist: Meine Zeit in der islamistischen Parallelwelt*. Berlin: Ullstein.

Simon, B., Reichert, F., & Grabow, O. (2013). When dual identity becomes a liability: Identity and political radicalism among migrants. *Psychological Science, 24*(3), 251–257.

Simon, J. (2015). Der Junge, der in den Krieg ging. Zeitmagazin. Artikel vom 08. Dezember 2015.

▶ https://www.zeit.de/zeit-magazin/2015/19/islamischer-staat-rueckkehrer-rekrutierung. Zugegriffen: 10. Jan. 2019.

Spiegel Online. (2017). Terrorbekämpfung: Drei Anschläge in diesem Jahr verhindert. Spiegel Online. Artikel vom 17. Dezember 2017. ▶ https://www.spiegel.de/politik/deutschland/thomas-de-maiziere-drei-anschlaege-in-diesem-jahr-verhindert-a-1183756.html. Zugegriffen: 10. Jan. 2019.

Stephan, C., & Stephan, W. (2017). Intergroup threat theory. In New Mexico State University (Hrsg.), *The international encyclopedia of intercultural communication* (S. 1–12). New York: Guilford Press.

Stoldt, T.-R. (2015). Konvertieren, radikalisieren, explodieren? Welt Online. Artikel vom 13. Juni 2015 ▶ https://www.welt.de/regionales/nrw/article142394214/Konvertieren-radikalisieren-explodieren.html. Zugegriffen: 10. Jan. 2019.

Tajfel, H., & Turner, J. C. (1986). The social identity theory of intergroup behavior. In S. Worchel & W. G. Austin (Hrsg.), *Psychology of intergroup relations* (S. 7–24). Chicago: Nelson-Hall.

Todenhöfer, J. (2015). Deutscher Dschihadist im RTL-Interview: „Wir werden Europa erobern und jeden töten, der nicht zum Islam konvertiert". Focus Online. 14. Januar 2015. ▶ https://www.focus.de/politik/ausland/islamischer-staat/deutscher-dschihadist-im-rtl-interview-wir-werden-europa-erobern-und-jeden-toeten-der-nicht-zum-islam-konvertiert_id_4405915.html. Zugegriffen: 10. Jan. 2019.

Townsend, M. (2016). From Brighton to the battlefield: how four young Britons were drawn to jihad. The Guardian. Artikel vom 31. März 2016. ▶ https://www.theguardian.com/uk-news/2016/mar/31/brighton-to-battlefield-how-four-young-britons-drawn-to-jihad-syria. Zugegriffen: 10. Jan. 2019.

Völlinger, V. (2017). Radikalisierung: Knastkarriere zum Islamisten. Zeit Online. Artikel vom 12. Januar 2018. ▶ https://www.zeit.de/gesellschaft/2017-01/radikalisierung-islamismus-deutsche-gefaengnisse-praevention-terrorismus/komplettansicht. Zugegriffen: 10. Jan. 2019.

Zeit Online. (2017). Europol: 135 Tote durch islamistischen Terror. Artikel vom 15. Juni 2017. ▶ https://www.zeit.de/gesellschaft/zeitgeschehen/2017-06/europol-islamistischer-terror-europa-2016-135-opfer. Zugegriffen: 10. Jan. 2019.

Josef Fritzl

Das „Monster von Amstetten"?

Karolin Ehret

© Springer-Verlag GmbH Deutschland, ein Teil von Springer Nature 2019
D. Frey (Hrsg.), *Psychologie des Guten und Bösen*, https://doi.org/10.1007/978-3-662-58742-3_27

27.1 Einleitung

Am 19. April 2008 wurde eine sehr bleiche, junge Frau bewusstlos von einem 73-jährigen Mann in das Landesklinikum Amstetten in Oberösterreich eingeliefert. Sie litt zu diesem Zeitpunkt unter einem akuten epileptischen Anfall und weiteren nicht eindeutig zuzuordnenden Symptomen. Der ältere Mann gab an, ihr Großvater zu sein. Die junge Frau, seine Enkelin, sei von seiner, seit Jahren verschwundenen, Tochter vor die Haustür gelegt worden, mit einem Brief, in dem sie ihn gebeten habe, sich um ihre kranke Tochter zu kümmern.

Misstrauisch aufgrund dieser ungewöhnlichen Umstände und weil dringend Hintergrundwissen zum Zustand der kranken Frau benötigt wurde, ließen die Behörden über die öffentlichen Medien nach der Mutter fahnden. Genau eine Woche später kam eine ebenso bleiche, hagere Frau in Begleitung des vermeintlichen Großvaters in das Landesklinikum und gab an, die Mutter des erkrankten Mädchens zu sein.

In der darauffolgenden Vernehmung kam eine Tat zum Vorschein, deren Ausmaß bis zum heutigen Zeitpunkt einzigartig ist: Es stellte sich heraus, dass die zu diesem Zeitpunkt 42-jährige Mutter der Erkrankten seit 24 Jahren von ihrem Vater, Josef Fritzl, gefangen gehalten und missbraucht worden ist. Die erkrankte junge Frau, die damals 19 Jahre alt war, war nicht die Enkelin des 73-Jährigen, sondern eines seiner 7 inzestuös gezeugten Kinder. Ein Aufschrei ging durch die weltweiten Medien und versetzte die Gesellschaft in Fassungslosigkeit.

27.2 Biografie

27.2.1 Tathergang

Josef Fritzl, Vater von insgesamt 7 ehelichen Kindern, lockte am 28. August 1984 seine damals 18-jährige Tochter Elisabeth, die er bereits seit ihrem 11. Lebensjahr regelmäßig

sexuell missbrauchte, in den Keller des Familienhauses. Er betäubte sie und sperrte sie in ein geheimes Verlies, das er zu diesem Zweck, versteckt hinter einem Regal in einem der Kellerräume, errichtet hatte. Um das Verschwinden seiner Tochter zu erklären, ließ Fritzl seine Familie und die Polizei in dem Glauben, dass sich Elisabeth, die seinen Aussagen zufolge schon immer einen ausgeprägten Freiheitsdrang gehabt habe, einer Sekte angeschlossen und in einem Brief darum gebeten habe, nicht nach ihr zu suchen.

Es folgten 24 Jahre, in denen Elisabeth nicht ein einziges Mal die 5 rudimentär ausgestatteten und nur 1,70 m hohen Zimmer, ohne Licht- oder Luftzufuhr, verlassen durfte und unzählige Male vergewaltigt wurde. In dieser Zeit gebar Elisabeth 7 Kinder, von denen eines kurz nach der Geburt aufgrund fehlender ärztlicher Versorgung starb und von Fritzl verbrannt wurde. Von den Kindern wuchsen 3 als Gefangene bei ihrer Mutter im Keller auf. Die anderen 3 wurden im Familienhaus oberhalb des Kellers als Adoptiv- und Pflegekinder von Fritzl und seiner Frau aufgezogen. Die Kinder, die im Haus aufwuchsen, legte Fritzl heimlich vor die Haustür, mit Briefen, in denen Elisabeth vermeintlich darum bat, ihre Kinder aufzunehmen, da sie sich selbst in der Sekte nicht um sie kümmern könne.

Niemand schöpfte Verdacht, weder die Familie noch die Nachbarn oder die Polizei, bis sich am 19. April 2008 das Blatt wendete: das älteste der gefangenen Kinder, die 19-jährige Kerstin, wurde schwer krank. Nachdem sich ihr gesundheitlicher Zustand stetig verschlechterte, bettelte Elisabeth ihren Vater an, die Tochter in ein Krankenhaus zu bringen. Fritzl kam der Bitte seiner Tochter nach und brachte Kerstin ins Landesklinikum Amstetten. Aufgrund des schlechten gesundheitlichen Zustandes, der körperlichen Auffälligkeiten wie der äußerst blassen Haut des eingelieferten Mädchens sowie der merkwürdigen Geschichte, die Fritzl über das Auftauchen seiner vermeintlichen

Enkelin erzählte, wurden die Angestellten des Krankenhauses misstrauisch und ließen über die öffentlichen Medien nach der Mutter des Mädchens fahnden. Über den Fernseher, den Fritzl für die Gefangenen im Verlies angebracht hatte, erfuhr Elisabeth vom Ausruf nach Kerstins Mutter und konnte Fritzl ein weiteres Mal überzeugen, sodass er sie zu ihrer Tochter ins Krankenhaus brachte. Am 26. April 2008 wurde die Tat letztendlich aufgedeckt und das „Monster von Amstetten" (DPA 2009, S. 1) war in den Medien geboren.

Knapp 1 Jahr später, am 19. März 2009, fiel der Schuldspruch. Josef Fritzl wurde für voll zurechnungsfähig erklärt und zu lebenslanger Haft aufgrund von Vergewaltigung, Freiheitsberaubung, Sklaverei, schwerer Nötigung, Blutschande sowie Mord durch Unterlassung verurteilt. Fritzl legte keinen Widerspruch ein und nahm das Urteil unverzüglich an. Er ist bis heute in einer Anstalt für geistig abnorme Täter untergebracht.

Über die Rolle möglicher Mitwisser und -täter wurde kaum in den Medien berichtet. Fritzls Ehefrau, Elisabeths Mutter Rosemarie, soll nichts vom Doppelleben ihres Mannes gewusst haben, und auch Elisabeths Geschwister hätten angeblich keinen Verdacht geschöpft. Die Vermutung, dass zumindest zum Errichten des Verlieses fremde Hilfe nötig gewesen sein dürfte, wurde nicht weiterverfolgt.

27.2.2 Biografischer Hintergrund

Während der Ermittlungen wurden Fritzls Vergangenheit und sein Werdegang genau beleuchtet, mit dem Ziel zu verstehen, wie jemand zu einem solchen Verbrechen fähig ist.

Josef Fritzl wurde 1935 in Amstetten geboren, wo er sein gesamtes Leben verbrachte. Er wuchs vaterlos als uneheliches Kind bei seiner Mutter auf. Die Mutter, zu der er ein sehr schlechtes Verhältnis hatte, war seine einzige Bezugsperson, da er seinen Angaben zufolge weder zu anderen Familienmitgliedern noch anderen außenstehenden Personen Kontakt aufnehmen durfte. Fritzl soll ein „Alibikind" (Kastner 2012, S. 177) gewesen sein, um unter Beweis zu stellen, dass seine Mutter sehr wohl gebärfähig war, nachdem sie ihr Lebensgefährte aufgrund fehlgeschlagener Versuche, Nachwuchs zu bekommen, verlassen hatte. Fritzls Kindheit war von emotionaler Kälte, Unsicherheit und Gewalt geprägt. Seine Mutter vernachlässigte ihn, war teilweise tagelang verschwunden und misshandelte ihn sowohl psychisch als auch körperlich.

Mit Eintritt in die Schule löste sich Fritzl immer stärker von seiner Mutter und entwickelte einen ausgeprägten beruflichen Ehrgeiz. Während seiner Lehre als Elektrotechniker lernte er mit 21 Jahren seine damals 17-jährige Ehefrau Rosemarie kennen, mit der er insgesamt 7 Kinder hat.

Josef Fritzl wurde früh straffällig. Er begann, öffentlich zu onanieren, und an fremden Schlafzimmern zu lauschen, bis er 1967 eine 24-jährige Frau vergewaltigte, wofür er zu einer Haftstrafe verurteilt wurde. Dieses Delikt zwang ihn zur beruflichen Neuorientierung, weshalb er sich selbstständig machte und letztendlich vor allem im Immobilienhandel tätig war. Dies stellte auch die vorerst letzte Tat Fritzls dar, die in die Öffentlichkeit geriet, da er daraufhin seine Übergriffe ausschließlich im häuslichen Bereich ausübte.

Seine Ehe sei ihm zufolge äußerst distanziert gewesen. Im Alltag hatten die Eheleute nur wenige Berührungspunkte, da sie z. B. in separaten Wohnbereichen wohnten und teils nur durch die gemeinsamen Kinder verbunden waren. Zudem dominierte Fritzl stark über seine devote Ehefrau, die aufgrund ihrer fehlenden Berufsausbildung finanziell auf ihn angewiesen war. Er habe ihr beispielsweise verboten, ihn zu gewissen Tageszeiten im Keller zu besuchen, um ihn nicht bei der vermeintlichen Arbeit zu stören. Die größtenteils getrennten Tagesabläufe und das völlige Gehorsam seiner Ehefrau dürften Fritzls weitreichendes Doppelleben überhaupt erst ermöglicht haben.

Von seiner Familie wurde Fritzl als Haustyrann beschrieben, der seine berufliche Frustration an seinem familiären Umfeld abreagierte, wobei er auch körperlich übergriffig wurde. Die Familie hatte Angst vor ihm und ordnete sich größtenteils unter. Das nachbarliche Umfeld habe davon jedoch nichts bemerkt und ihn als „liebevollen Opa" (Focus Online 2014, S. 4) wahrgenommen. Freundschaften pflegte er kaum.

27.3 Psychologische Theorien, Modelle und Konzepte

Nachdem Fritzl die Tat gestanden hatte, war noch immer nicht klar, wie ein Mensch zu einem solchen Verbrechen fähig sein kann und was das Motiv seiner Tat war.

In einem 130-seitigen psychiatrischen Gutachten und zahlreichen weiteren Schriften fasste die österreichische Psychiaterin Adelheid Kastner (2009, 2012) die stundenlangen Gespräche mit Josef Fritzl zusammen, erläuterte die psychiatrischen Befunde und gab aufschlussreiche Deutungs- und Erklärungsansätze. Sie ging vor allem auf die Bedeutung der frühkindlichen Beziehung zu seiner Mutter ein.

Als Fritzls Mutter schwanger wurde, war diese schon von ihrem damaligen Mann verlassen worden. Der Grund der Trennung sei gewesen, dass Fritzls Mutter bis zu diesem Zeitpunkt nicht in der Lage gewesen war, ihrem Ex-Mann ein Kind zu gebären. So könnte ihr Sohn Josef vorerst ein willkommenes Geschenk gewesen sein, da er ihr zeigte, dass sie sehr wohl gebärfähig und das Scheitern ihrer Beziehung nicht ihr zuzurechnen war.

Laut Kastner sei das Kind jedoch schnell zur Projektionsfläche der jahrelangen negativen Erfahrungen in der Beziehung zum Ex-Mann der Mutter geworden, die von körperlicher Gewalt, Kränkung und Lieblosigkeit geprägt gewesen sei. Josef Fritzls kindliche Bedürfnisse seien unbeachtet geblieben. So sei er durch fehlende Zuneigung, unvorhersehbare

Aggressionsausbrüche und körperliche Misshandlung für etwas bestraft worden, das er selbst nie getan hatte.

Fritzls Kindheit beschreibt Adelheit Kastner als einen Kreislauf aus Angst, Einsamkeit, ungestillter Bedürftigkeit und emotionaler Not. Als Konsequenz könnte das Kleinkind Josef Fritzl gelernt haben, negative Emotionen bei sich und anderen auszublenden, anstatt auf gesunde Weise mit ihnen umzugehen. Es könnte sich demnach eine **emotionale Invalidität** in Fritzl entwickelt haben, d. h. eine Unfähigkeit, Emotionen bei sich und anderen adäquat wahrzunehmen und auszudrücken.

Zudem könnte mit wachsendem Alter der Wunsch entstanden sein, endlich die Rollen umzudrehen und nicht weiter Opfer des egoistischen Dominanzverhaltens der Mutter zu sein, sondern selbst **Macht** auszuüben. Kastner nennt dies die „Wut des abgelehnten, misshandelten, ungeliebten Kindes" (Kastner 2009, S. 192) die sich vor allem gegen Frauen gerichtet habe, da er selbst das Opfer einer Frau gewesen war. Zudem könnten die Erzählungen aus Fritzls Jugend darauf hindeuten, dass im Laufe seiner Pubertät die Begierde nach Macht und **Dominanz** anstieg, wobei sie sich vor allem auf den sexuellen Bereich fixiert zu haben scheint.

Es ist anzunehmen, dass ihm schnell klar wurde, dass er dieses Verlangen nur schwer auf „normalem" Wege stillen können würde. So beging er anfangs passive, später übergriffige **Sexualdelikte,** bis er dafür im Jahre 1967 letztendlich zu einer Haftstrafe verurteilt wurde. Nach der Freilassung schien seine sexuelle Begierde wieder stetig anzusteigen, da er bald darauf begann, seine damals 11-jährige Tochter Elisabeth regelmäßig zu misshandeln.

Als diese mit zunehmendem Alter immer mehr nach draußen strebte und Jobs annahm, um sich den baldigen Auszug nach ihrem 18. Geburtstag zu finanzieren, könnte sich die Lage für Fritzl angespannt haben. Mit Elisabeths Abwesenheit würde ihm die zentrale Person fehlen, an der er seine Dominanz- und

Machtbedürfnisse ausleben konnte. Er würde zudem erneut eine wichtige Bezugsperson verlieren, so wie er damals auf seine Mutter verzichten musste, da sie sich gegen ihre Mutterrolle gewehrt hatte.

So habe er, laut Kastner, eine Fantasie über ein Leben entwickelt, in dem er völlig er selbst sein konnte. Er habe seine dunklen Begierden, die ihn tagtäglich steuerten, ausleben und gleichzeitig, zur Öffentlichkeit gewandt, ein „normales" Leben führen wollen. Er habe letztendlich ein Kellerverlies gebaut, in das er seine Tochter heimlich einsperrte und in dem er allen seinen Trieben nachgehen konnte. Ein so zwiegespaltenes Leben in „oben" und „unten" habe, Kastners Ansicht nach, die ideale Lösung für sein inneres Dilemma dargestellt.

27.3.1 Bindungsbedürfnis und Bindungsstörung

Der Psychologe John Bowlby (1969) beschäftigte sich mit der Entstehung frühkindlicher Bindung und ihrer Auswirkung auf das Erleben und Verhalten von Kindern.

Hierbei wird die Bindung als ein emotionales Band zwischen dem Kind und einer oder mehrerer Bezugspersonen angesehen. Die Qualität der Bindung hängt vom Interaktionsverhalten zwischen der Bindungsperson und dem Kind ab: Das Kind ist im Kleinkindalter sowohl bei inneren Belastungen, z. B. Hunger, als auch bei äußeren Belastungen, z. B. Angst nach der Trennung von der Bindungsperson, völlig von seiner Bezugsperson abhängig. Welcher Bindungstyp im Kind entsteht, hängt also von der Qualität und der Kontinuität der emotionalen Unterstützung der Bindungsperson in solchen Belastungssituationen ab.

Kommt es in der frühkindlichen Phase jedoch zu Traumatisierungen, etwa durch übermäßige Gewalt und Verwahrlosung, oder einem ständigen Wechsel der Bezugsperson, fehlt dem Kind die Möglichkeit, eine feste Bindung aufzubauen, und es besteht die Gefahr, dass es eine **Bindungsstörung** entwickelt. Bindungsstörungen werden in verschiedene Subtypen unterteilt. So kann sich nach frühkindlicher Traumatisierung etwa eine „Bindungsstörung mit Hemmung" entwickeln, die sich unter anderem darin zeigt, dass betroffene Kinder Schwierigkeiten haben, soziale Kontakte aufzubauen sowie eigene Emotionen zu regulieren, wahrzunehmen und dadurch auf emotionale Reize von außen zu reagieren.

Den Erzählungen aus seiner frühen Kindheit zufolge wurde Fritzls Bindungsbedürfnis nicht ausreichend befriedigt. Auf seine Mutter sei kein Verlass gewesen, da sie laut Fritzl oftmals unangekündigt verschwand, ihren Sohn vernachlässigte, keinerlei Wärme und Nähe zeigte und ihn sowohl körperlich als auch seelisch misshandelte. Zudem habe sie ihren Sohn von anderen Personen abgeschottet, sodass seine Mutter seine einzige, wenn auch schlechte, Bezugsperson blieb. Diese traumatischen Bindungserfahrungen könnten Ursache der Entwicklung einer Bindungsstörung gewesen sein, deren Anzeichen sich auch in Fritzls späterem Leben zeigten: Er wurde zwar grundsätzlich als gesellig und sozial angepasst wahrgenommen, konnte jedoch weder Freundschaften pflegen noch eine enge Beziehung zu seinen Kindern oder seiner Frau aufbauen. Zudem sind seine emotionalen und Selbstregulationsfähigkeiten laut psychiatrischem Gutachten stark eingeschränkt, was in der Summe für die oben beschriebene Bindungsstörung sprechen könnte.

Laut Kastner schuf sich Fritzl durch die Gefangenschaft seiner Tochter die Bedingungen, mit denen er seine in der Kindheit ungestillten Intimitätsansprüche, also sein unbefriedigtes Bedürfnis nach einer festen Bindungsperson, kompensieren konnte. Er baute sich eine künstliche Beziehung auf, die er voll unter Kontrolle hatte und die aufgrund der Gefangenschaft durch keine äußeren Faktoren gestört werden konnte. In einem Interview sprach er dies sogar offen an und erklärte, dass er Elisabeth trotz ihres Leidens, „nicht freilassen [konnte], denn damit würde

[er] sie ja verlieren" (20 Minuten 2008, S. 1). Schlussendlich könnte die Gefangenschaft seiner Tochter eine Art Werkzeug gewesen sein, um ungestillte Bedürfnisse seiner Kindheit zu kompensieren.

27.3.2 Macht- und Dominanzbedürfnis

Nach Alfred Adler (1930) spielt die Erziehung eine zentrale Rolle bei der Entwicklung von Machtstreben. Eltern üben, je nach Erziehungsstil, mehr oder weniger Macht über ihre Kinder aus, wobei elterliche Machtausübung kindliche Minderwertigkeitsgefühle auslösen kann. Nach Adler wird im Laufe des Lebens versucht, das Gefühl der Minderwertigkeit aus der Kindheit zu kompensieren, indem z. B. die Rollen vertauscht werden und selbst Macht ausgeübt wird.

Auch bei Fritzl könnte sich ein derartiger **Kompensationsmechanismus** entwickelt haben. In seiner Kindheit wurde Josef Fritzl von seiner Mutter in hohem Maße körperlich und seelisch misshandelt. Gleichzeitig war er jedoch sowohl emotional als auch physisch von ihr abhängig, da sie lange Zeit seine einzige Bezugsperson darstellte und er ihr schutzlos ausgeliefert war.

Die Degradierung vonseiten der Mutter könnte zu einem starken **Selbstwertdefizit** im jungen Josef Fritzl geführt haben, das auch noch im Alter von 73 Jahren im psychiatrischen Gutachten nachgewiesen werden konnte. Um seinen seit der Kindheit chronisch geringen Selbstwert zu erhöhen, könnte er begonnen haben, Macht und Dominanz auf andere auszuüben.

Für Fritzl scheinen sexuelle Übergriffe an unschuldigen Opfern das Mittel der Wahl gewesen zu sein, die er vorerst außerhalb der Familie ausübte. Womöglich aufgrund der juristischen Konsequenzen, die er für seine Tat tragen musste, zog er sich schlussendlich in den häuslichen Bereich zurück. So begannen die heimlichen sexuellen Übergriffhandlungen an seiner Tochter Elisabeth. Seine Machtausübung

wurde bis zum Exzess geführt, indem er Elisabeth letztendlich einsperrte und ab diesem Zeitpunkt die Oberhand über alle ihre lebensnotwendigen Ressourcen wie Nahrung, Licht oder Luft hatte. So hatte er auf einmal die komplette **situative Kontrolle** über seine Tochter. Dieser Begriff wird dadurch definiert, „dass eine fremde Person die eigene Gestaltung räumlicher, zeitlicher und sozialer Bedingungen verhinder[t] und sie stattdessen bestimmen kann" (Drinck 2016, S. 224).

Nach Adlers Theorie könnte also anzunehmen sein, dass er versuchte, Elisabeth zu seinem Eigentum zu machen, um indirekt, durch die seelische sowie körperliche Misshandlung an ihr, die negativen Erfahrungen aus seiner Kindheit zu kompensieren und dadurch seinen Selbstwert wiederaufzubauen.

27.3.3 Moralentwicklung und Moraldefizit

Die Moralentwicklung stellt einen wichtigen Schritt in der Kindesentwicklung dar, da die Heranwachsenden hierbei das bestehende Normen- und Wertesystem und die sich daraus ableitenden Handlungskonventionen ihrer Gesellschaft erlernen. Die Moral dient also als ein Wegweiser sozial verträglichen Verhaltens. Nach dem Phasenmodell von Erikson (1968) entwickelt sich die Moral zwischen dem 4. und 6. Lebensjahr.

Grundsätzlich nimmt Erikson 8 Stufen an, die ein Kind erfolgreich durchlaufen muss, um sich defizitfrei zu entwickeln. Jede Stufe stellt das Kind vor eine Aufgabe, eine sog. Krise, der sich die Kinder stellen müssen. Wird die Problemstellung nicht bewältigt, so werden die Kinder auch in ihrem späteren Leben mit dem jeweiligen Problem leben müssen. Die **Moral** bildet sich nach Erikson in Phase 3 aus, wobei das Problem dieser Phase darin bestehe, dass das Kind eine wachsende Initiative zur Erkundung der Umwelt und seines Verhaltens entwickelt, jedoch mit steigendem Alter einen immer größeren Teil der Verantwortung für sein Handeln übernehmen muss. Die Eltern nehmen in dieser Phase eine zentrale Rolle ein: Zum einen sollen sie ihr Kind dazu ermutigen, Neugierde zu entwickeln, um neue Dinge zu erkunden. Zum anderen sollen sie das Kind dabei unterstützen, Verantwortung für die Konsequenzen seines Verhaltens zu übernehmen. Im besten Fall entsteht hierbei ein Gleichgewicht, sodass das Kind keine Angst hat, Risiken einzugehen, und es dennoch nicht in voller Leichtfertigkeit handelt.

Bei einem Ungleichgewicht zwischen Initiative und Verantwortung bzw. Schuld können Defizite in der moralischen Entwicklung eines Kindes entstehen. So kann sich beispielsweise rücksichtsloses Verhalten entwickeln, wenn Eltern ihre Kinder zu selten zur Rechenschaft ziehen und sie dadurch viel Initiative ohne jegliches Schuldgefühl zeigen, auch wenn ihr Verhalten die Rechte anderer Menschen verletzt.

Im Fall Fritzl, der den Erzählungen aus seiner Kindheit zufolge kaum Aufmerksamkeit durch seine Mutter erhalten hatte und sein kindliches Orientierungsverhalten wahrscheinlich größtenteils ohne jegliche Überwachung und Konsequenzen ausübte, könnte sich ein solches Ungleichgewicht ergeben haben. Dafür könnte auch seine Rücksichtslosigkeit gegenüber anderen Menschen und deren Rechte sprechen.

27.3.4 Der Konflikt zwischen „oben" und „unten"

Einer der schockierenden, aber auch bemerkenswerten Aspekte dieser Tat ist, dass Josef Fritzl dieses Doppelleben über mehrere Jahrzehnte aufrechterhalten konnte, ohne dass sein Umfeld Verdacht schöpfte oder der Täter selbst dem Schulddruck nicht mehr Stand hielt. Nur durch spezifische Charaktereigenschaften und Fähigkeiten sei, laut Kastner, eine so radikale Trennung der beiden Welten, in denen Fritzl lebte, überhaupt möglich gewesen. In der „oberen" Welt war Josef Fritzl ein sozial angepasster Bürger, eher unauffällig

und mit einer nach außen hin intakt wirkenden Familie. „Unten" im Verlies des Kellers war er jedoch dazu fähig, ein Verbrechen zu begehen, das bis zum heutigen Tag in seiner Grausamkeit eine Ausnahmestellung einnimmt.

Adelheid Kastner führt an, dass besonders sein ausgeprägtes Planungstalent die Straftat ermöglicht habe. Um eine 4-köpfige Familie über 24 Jahre unbemerkt zu versorgen, bedürfe es eines hohen Maßes an Gewissenhaftigkeit, Genauigkeit und Voraussicht. Zudem sei es ihm möglich gewesen, Teile der Realität temporär auszublenden. Die Fähigkeit, im Leben oberhalb des Kellers die Gefangenen im Keller völlig zu vergessen und im Keller seine Identität außerhalb des Verlieses zu ignorieren, habe ihm dabei geholfen, Schuldgefühle und plötzliche intuitive Äußerungen im Alltag zu unterdrücken, die ihn verraten hätten.

Schuld spielt bei diesem Delikt ebenfalls eine große Rolle. Es scheint unvorstellbar, dass Fritzl trotz seiner grauenhaften Taten nach eigenen Aussagen nur sehr selten Anflüge von Schuld empfand. Laut Kastner sei dies auf Fritzls emotionale Invalidität zurückzuführen. Fritzl sei es nicht möglich, Emotionen auf normale Weise zu erleben. Dies habe sich in seiner Kindheit entwickelt, in der er ständiger Angst und anderen negativen Gefühlen ausgesetzt war. Mit der Zeit kann sich bei Kindern in solchen Situationen ein Abwehrmechanismus bilden, der es ihnen ermöglicht, aufkommende negative Emotionen zu unterdrücken und sie damit als ungültig zu erklären. Diese Invalidität der eigenen Gefühle ließ sich bei Fritzl bis ins hohe Alter nachweisen und erlaubte es ihm, Gefühle wie Schuld und Reue nach eigenen Angaben nur sehr selten zu empfinden.

Zudem könnte ein **Empathiedefizit** die Tat begünstigt haben. Angesichts der Erzählungen aus seiner Kindheit ist anzunehmen, dass Fritzl kaum eine Chance hatte, Empathie zu erlernen. Seine Mutter, die nicht auf seine Bedürfnisse und Gefühle einging, bot hinsichtlich des Einfühlungsvermögens kein

4344

gutes Beispiel. Er wurde vernachlässigt, nicht wahrgenommen und hatte zudem keine alternativen Bezugspersonen, bei denen er verschiedene Emotionen ausleben und ihre Wirkung hätte austesten konnte. Dies könnte die Ursache dafür sein, dass es Fritzl kaum möglich war, mit anderen Menschen wie Elisabeth und den 3 eingesperrten Kindern mitzufühlen, wodurch die Hemmschwelle für Straftaten wie diese weiter sinken konnte.

Kastner bezeichnete Fritzl als einen „zerrissene[n] Mensch[en], mit Leidenschaften, die er nicht beherrschen könne" (Jüttner 2008, S. 1). Er lebte sie deshalb im Verborgenen aus und hielt die Tat über mehr als 2 Jahrzehnte hinweg geheim. Demnach spiegele sein Leben, laut Kastner, auch zum Teil seine Seele wider: Da gäbe es den „oberen", sozial angepassten Teil, der sich nach angelernten moralischen Vorstellungen zu verhalten versuchte, und den „unteren, bösen" Teil der, vor allen anderen versteckt, im Verlies des Kellers verborgen war.

27.3.5 Selbstwahrnehmung

Auf die Frage, wie er selbst zu seiner Tat stehe und sie begründe, sind ebenfalls die unterschiedlichen Gesichter Fritzls zu erkennen: Auf der einen Seite sei er sich des faktischen Unrechts seiner Tat durchaus bewusst gewesen und zeigte sich im Verlauf des gesamten gerichtlichen Prozesses einsichtig und kooperativ. Auf der anderen Seite versuchte er jedoch, die Tat selbstwertdienlich zu begründen und zu rechtfertigen, indem er betonte, dass er es nur gut gemeint habe, Elisabeth vor einer absehbaren Drogenkarriere bewahren wollte und sich durchweg um alle gekümmert habe. Das Verlies, der Missbrauch und die Kinder mit Elisabeth hätten sich mit der Zeit ergeben. Er habe seine Tochter dabei vielmehr als Partnerin anstatt als sein leibliches Kind angesehen. Teilweise zeigte er jedoch auch Reue und betonte, wie furchtbar seine Tat gewesen sei, gegen die er sich aber nicht habe wehren können, da er „eine

bösartige Ader" habe, „zur Vergewaltigung geboren sei" (Jüttner 2008, S. 1) und sein Verhalten daher nicht willentlich beeinflussen konnte.

Diese Widersprüche hinsichtlich der eigenen Aussagen zu seinem Verbrechen könnten die unterschiedlichen Facetten in Fritzl verdeutlichen: Zum einen gibt es den angepassten, sozial verträglichen Josef Fritzl, der in manchen Momenten Reue zeigt und seine Tat durchaus rational zu begreifen und sich der Schwere des Verbrechens bewusst zu sein scheint. Zum anderen macht es aufgrund der pseudomoralischen Rechtfertigungen den Anschein, als ob er seine Tat zum Teil mit seinen gesellschaftlichen Moralvorstellungen in Einklang zu bringen versucht.

Das unstillbare Bedürfnis nach Macht und Dominanz könnte man als „das Böse" in Fritzl bezeichnen, das ihn zu der Tat verleitet haben könnte. Diesem Bedürfnis war er sich nach eigenen Angaben zwar bewusst, scheint es aber als **Ich-Dystonie** wahrgenommen zu haben, d. h., als einen unabhängigen Teil seiner Persönlichkeit, auf den er selbst keinen Einfluss hatte. Nach Kastner sei es ihm auf diese Weise möglich gewesen, seine Taten teils völlig von seinem Selbstkonzept zu lösen und dadurch mit seinem Schuldgefühl vereinbaren zu können.

27.4 Bedeutung für die heutige Zeit

27.4.1 Erklärbarkeit von Verbrechen

Nach dem Aufdecken schrecklicher Verbrechen entsteht häufig ein großes gesellschaftliches Bedürfnis, diese nachvollziehen zu können. Aber hilft es uns tatsächlich weiter, nach Erklärungen zu suchen?

Auf der einen Seite lassen Erklärungen Straftaten kontrollierbarer werden: Wenn man nachvollziehen kann, wie es zu einer Tat kam, scheint man eher dazu fähig zu sein, ein solches Verhalten in Zukunft vorhersehen und vermeiden zu können. Auf der anderen Seite bieten Erklärungen die Möglichkeit, uns selbst von einer solchen Straftat abzugrenzen: Indem wir die Unterschiede zwischen unserer Persönlichkeit sowie unserer Lebensgeschichte und der des Täters erkennen, sinkt die Angst, eventuell unbewusst selbst zu einem ähnlichen Verbrechen fähig zu sein.

Im Fall Fritzl ist deutlich geworden, dass seine negativen frühkindlichen Erfahrungen eine große Rolle bei der Entwicklung seiner Persönlichkeit gespielt und letztendlich die Entwicklung zum Schwerverbrecher begünstigt haben könnten. In einigen Fällen werden Opfer frühkindlicher Gewalt im Laufe ihres Lebens selbst zu Tätern, da Faktoren wie eine Bindungsstörung oder ein Empathiedefizit Ursache für die Motive hinter den Verbrechen sein und die Hemmschwelle für Straftaten senken können.

Viele weitere Verbrecher, z. B. Jack Unterweger (▶ Kap. 28), Ted Bundy (▶ Kap. 29), Fritz Haarmann (▶ Kap. 30) und Charles Manson (▶ Kap. 31), hatten eine schwere Kindheit, die geprägt war von häuslichen Übergriffen, Vernachlässigung und Ablehnung. Dies wird häufig als Erklärungsansatz für ihre Taten herangezogen.

Meiner Ansicht nach zeigt uns die Analyse des Falles von Josef Fritzl, dass einer der wichtigsten Ansatzpunkte zur Vermeidung derartiger Verbrechen in der **Prävention häuslicher Gewalt** liegt.

Erster Ansatzpunkt könnten demnach die Eltern sein. Wie auch im Fall von Fritzl ist Gewalt innerhalb von Familien, wenn auch selbstverständlich nicht in diesem Ausmaß, keine Seltenheit. Sie zeigt sich beispielsweise in elterlicher Ablehnung und Vernachlässigung oder in unterschiedlich ausgeprägten körperlichen Übergriffen an ihren Kindern. Bereits geringe Formen derartigen elterlichen Verhaltens können schwere Schäden bei den Kindern hinterlassen. Teils liegt die Ursache häuslicher Gewalt in der Überforderung der Eltern, teils – wie eventuell bei Josef Fritzl – in den eigenen Kindheitserfahrungen oder in psychischen Problemen der Eltern.

Um Eltern bei Erziehungsfragen, aber auch bei eigenen psychischen Problemen zu unterstützen, sollten diese meiner Meinung nach einen besseren Zugang zu psychologischen oder sozialpädagogischen Anlaufstellen haben. So steigt die Wahrscheinlichkeit, dass Eltern ihren Erziehungsstil optimieren und von psychischer und physischer Gewalt Abstand nehmen können. Bei schweren Fällen häuslicher Gewalt müssen natürlich andere Maßnahmen ergriffen und im schlimmsten Fall die Kinder, zum eigenen Schutz, aus den Familien genommen werden.

Großes Potenzial für eine frühzeitige Erkennung häuslicher Gewalt liegt bei allen Personen, die in täglichem Kontakt mit Kindern stehen, z. B. Lehrern, Kindergärtnern, Betreuern und Ärzten. Diese sollten vermehrt geschult werden, auch weniger offensichtliche Anzeichen häuslicher Gewalt zu erkennen und ordnungsgemäß mit solchen Fällen umzugehen.

Außerdem kann die Gesellschaft durch die Veröffentlichung von Verbrechen sowie durch weiterführende Öffentlichkeitsarbeit sensibilisiert werden, aufmerksamer gegenüber ihren Mitmenschen zu werden. Das würde es den Tätern schwieriger machen, häusliche Gewalt vor dem persönlichen Umfeld geheim zu halten.

27.4.2 Hätte der Fall Fritzl verhindert werden können?

Die Frage, ob der Fall Fritzl hätte verhindert werden können, lässt sich nicht leicht beantworten. Dass das Verbrechen über Jahrzehnte geheim gehalten werden konnte, zeigt, wie sorgsam Fritzl bei der Planung und Umsetzung seiner Tat gewesen sein muss.

Aber es stellt sich auch die Frage, ob ein solches Verbrechen überhaupt möglich gewesen wäre, wenn das familiäre und soziale Umfeld aufmerksamer gewesen wäre und Fritzls Verhalten öfter infrage gestellt hätte. Selbst wenn auf Anhieb die wenigsten eine derart schwerwiegende Tat vermuten würden, hätte zumindest das durchaus merkwürdige Verschwinden der Tochter Elisabeth zu mehr Misstrauen führen können.

Ich stelle die Vermutung an, dass Angst, aber auch Verleugnung, Harmoniebedürfnis und fehlende Zivilcourage eine Rolle gespielt haben könnten. Für die Familienmitglieder könnte ein Anzweifeln und Kritisieren des Familienvaters mit schweren Konsequenzen verbunden gewesen sein, da Fritzl laut Familienberichten zu starken Wutausbrüchen und Gewalt neigte. So könnten sie schlichtweg aus Selbstschutz das auffällige Verhalten des Vaters erduldet haben. Sie könnten es jedoch auch vor sich selbst verleugnet haben, um ihr persönliches Bild vom Vater nicht zu gefährden oder ihr fehlendes Eingreifen vor ihrer eigenen Moralvorstellung zu rechtfertigen. In der Gemeinde, bei Freunden und bei Nachbarn könnte sich ein kollektives „Wegsehen" entwickelt haben, bei dem niemand den ersten Schritt in Richtung Zweifel wagte, da es sonst auch kein anderer tat.

Fakt ist, dass der Fall Fritzl nicht verhindert wurde. Aufgrund der undurchsichtigen Berichte von Familienmitgliedern und Nachbarn können nur Vermutungen angestellt werden, ob es tatsächlich Möglichkeiten gegeben hat, auf das Verbrechen aufmerksam zu werden. Deswegen muss beim Versuch, diese Frage zu beantworten, vorsichtig vorgegangen werden. Jedoch hat der Fall von Fritzl gezeigt, dass auch unauffällige, „normal" wirkende Personen in der Lage sein können, schreckliche Verbrechen zu begehen. Eine Erhöhung der Sensibilität außenstehender Personen ist demnach von hoher Relevanz, um ähnliche Vorkommnisse in Zukunft frühzeitiger erkennen zu können.

27.4.3 Frauen in Gefangenschaft – ein Einzelfall?

Die Presse sprach von einem Verbrechen, das in seiner Grausamkeit einzigartig gewesen sei und von dem in dieser Form noch nie in den Medien berichtet wurde.

Jedoch löste die Veröffentlichung des Falles eine Welle weiterer Aufdeckungen von Verbrechen ähnlicher Art aus. So wurde zwischen 2009 und 2010 beispielsweise von kolumbianischen (n-tv 2009, S. 1) oder australischen (Süddeutsche Zeitung 2010, S. 1) und italienischen (Schäder 2009, S. 1) Pendants zum Fall Fritzl berichtet in denen allesamt Frauen, teilweise Töchter, jahrelang gefangen gehalten und/oder missbraucht wurden. Alle diese Fälle hatten nicht nur einen Großteil des Tatbestandes mit dem Fall Fritzl gemeinsam, sondern auch den Fakt, dass die Täter jahrelang unbemerkt von der Gesellschaft ihr Unwesen treiben konnten.

Fritzls Verbrechen war also grundsätzlich kein Einzelfall, sondern trieb eher die Berichterstattung von Fällen ähnlicher Art an.

27.4.4 Zum Umgang der Medien mit dem Fall

Noch vor seiner Verurteilung wurde Josef Fritzl in den Medien mit vollem Namen genannt sowie private Fotos und Videos von ihm und seiner Familie verbreitet. Er wurde als das „Monster von Amstetten" (20 Minuten 2008), „Das Gesicht des Bösen" (Focus Online 2009, S. 1) der „Horror-Vater Fritzl" (APA-OTS 2008, S. 1) betitelt.

Das Ignorieren von Fritzls Persönlichkeitsrecht („Im Zweifel für den Angeklagten") wurde vom Deutschen Presserat durch die Einzigartigkeit des Falles begründet, die die rechtswidrige Berichterstattung rechtfertige. Da laut Presserat in diesem speziellen Fall „die Realität die Ethik überholt habe" (Luck 2008, S. 1) fiel eine Sanktionierung der Presse größtenteils aus.

Selbst wenn es kaum rechtliche Konsequenzen aufgrund der Berichterstattung zu diesem Fall gab, zweifele ich dennoch an, dass diese ethisch vertretbar ist.

Ich möchte zunächst betonen, dass Fritzls Verbrechen in höchstem Maße eigennützig, grauenvoll und erbarmungslos war. Es ist kaum vorstellbar, welches Leid Elisabeth und ihren Kindern widerfahren sein muss und es bleibt fraglich, ob sie sich jemals von den schrecklichen Erlebnissen erholen können. Menschen die Autorität über ihr eigenes Leben zu nehmen und ihnen Gewalt zuzufügen, ist nicht zu entschuldigen, selbst wenn man durch verschiedene Erklärungsansätze die Motive des Täters nachzuvollziehen versucht.

Dennoch sollte meiner Ansicht nach auf Bezeichnungen wie „Monster" verzichtet werden. Nicht nur in der Art der Berichterstattung wurden Josef Fritzl die Persönlichkeitsrechte abgesprochen, indem man ihn vor dem rechtskräftigen Urteil bereits als Täter darstellte und persönliche Informationen verbreitete. Auch durch die Bezeichnung „Monster" oder „das Böse" erkennt man Fritzl jegliches Menschsein ab. Selbst wenn die Taten einer Person ihre Opfer in unmenschliche Bedingungen versetzen, sind die Täter, egal welches Verbrechen sie begangen haben, immer noch Menschen, die es zu wahren gilt.

Wie ging es mit Familie Fritzl weiter?

- Elisabeth Fritzl und ihre Kinder leben laut Presseangaben unter anderem Namen in einem kleinen österreichischen Dorf. Die Kinder befinden sich in Ausbildungen und hätten sich recht gut in ihr neues Leben eingefunden. Die gesamte Familie ist stark von den Medien abgeschottet (Peyerl und Atzenhofer 2013).
- Josef Fritzl ließ sich während seiner Haft von seiner Frau Rosemarie scheiden und änderte seinen Nachnamen zu „Mayrhoff" um (Heute 2017; Prewein 2012).
- Das Haus der Familie Fritzl wurde verkauft, in Wohnungen umgebaut und vermietet. Das Kellerverlies wurde zuvor zubetoniert (AFP 2016).

27.5 Fazit

Es werden wohl nie alle Fragen zum Fall Josef Fritzl geklärt werden können: Weshalb sperrte er Elisabeth und kein anderes seiner Kinder ein? Wieso wehrte sich Elisabeth in ihrer Gefangenschaft nicht stärker? Spielte Fritzls Ehefrau eine Rolle bei der Tat? Wenn ja, welche? Wieso ist Fritzl am Ende das Risiko eingegangen und hat sowohl Kerstin als auch Elisabeth ins Krankenhaus gebracht, nachdem er sie jahrzehntelang gefangen hielt?

Bekannt ist, was Josef Fritzl in seiner eigenen Kindheit passiert ist. Das kann uns helfen, seine Entwicklung zum Schwerverbrecher besser nachzuvollziehen. Dennoch bleibt die Frage offen, warum nicht jeder Mensch, dem Negatives in der Kindheit widerfahren ist, zum Straftäter wird. Die Beantwortung dieser Frage ist schwer, da unklar ist, welche persönlichen Faktoren dazu führen, ob sich ein Mensch letztendlich gut oder schlecht verhält.

Als Adelheit Kastner gefragt wurde, was nötig gewesen wäre, damit Fritzl trotz seiner Vergangenheit von einem solchen Verbrechen abgesehen hätte, antwortete sie:

» „Er hätte andere Entscheidungen treffen können." (zitiert nach Schick 2009, S. 2)

Literatur

20 Minuten. (2008). Inzest-Vater: Fritzl soll auch seine Mutter eingesperrt haben. Pressemitteilung vom 29. Oktober 2008. ► https://www.20min.ch/news/dossier/amstetten/story/12180492. Zugegriffen: 9. Jan. 2019.

Adler, A. (1930). *Kindererziehung*. Frankfurt a. M.: Fischer.

Agence France-Presse (AFP). (2016). Spekulationen nach Verkauf von Josef Fritzls Inzest-Haus. Die Welt. Artikel vom 06. Dezember 2016. ► https://www.welt.de/vermischtes/article160013302/Spekulationen-nach-Verkauf-von-Josef-Fritzls-Inzest-Haus.html. Zugegriffen: 9. Jan. 2019.

APA-OTS Originaltext-Service GmbH (APA-OTS). (2008). Horror-Vater Fritzl: „Ich habe nie Liebe bekommen…". Artikel vom 29. Oktober 2008. ► https://www.ots.

at/presseaussendung/OTS_20081029_OTS0190/
horror-vater-fritzl-ich-habe-nie-liebe-bekommen.
Zugegriffen: 9. Jan. 2019.

Bowlby, J. (1969). *Attachment and loss: Bd. 1. Attachment.* New York: Random House.

Deutsche Presse-Agentur GmbH. (DPA). (2009). Monster von Amstetten: Prozess hinter verschlossenen Türen. Abendzeitung München. Pressemitteilung vom 22. Januar 2009. ▶ https://www.abendzeitung-muenchen.de/inhalt.panorama-monster-von-amstetten-prozess-hinter-verschlossenen-tueren.30899705-1216-4972-8fdc-01949f9a84d0.html. Zugegriffen: 09. Januar 2019.

Drinck, B. (2016). Formen der Macht-Konsequenzen für Individuen und Gesellschaft. ▶ http://www.totetu.org/assets/media/paper/k024_132.pdf. Zugegriffen: 9. Jan. 2019.

Erikson, E. H. (1968). *Identity: Youth and crisis.* New York: Norton.

Focus Online. (2009). Das Gesicht des Bösen. Artikel vom 09. März 2009. ▶ https://www.focus.de/panorama/welt/amstetten/tid-13638/fall-fritzl-das-gesicht-des-boesen_aid_378165.html. Zugegriffen: 2. Jan. 2019.

Focus Online. (2014). Entführt, eingekerkert und vergewaltigt: Diese 10 Sex-Bestien schockieren die Welt. Artikel vom 22. Mai 2014. ▶ https://www.focus.de/panorama/welt/brutale sex-bestien-josef-fritzl-das-oesterreichische-monster_id_3864595.html. Zugegriffen: 29. Dez. 2017.

Heute. (2017). Josef Fritzl (82) heißt jetzt mit Nachnamen Mayrhoff. Newsletter vom 12. Mai 2017. ▶ https://www.heute.at/oesterreich/niederoesterreich/story/Josef-Fritzl-82–hei-t-jetzt-mit-Nachnamen-Mayrhoff-50994291. Zugegriffen: 9. Jan. 2019.

Jüttner, J. (2008). Psychiatrisches Gutachten: Josef Fritzl leidet an schwerer Persönlichkeitsstörung. Spiegel Online. Artikel vom 22.Oktober 2008. ▶ http://www.spiegel.de/panorama/justiz/psychiatrisches-gutachten-josef-fritzl-leidet-an-schwerer-persoenlichkeitsstoerung-a-585796.html. Zugegriffen: 9. Jan. 2019.

Kastner, H. (2009). *Täter-Väter: Väter als Täter am eigenen Kind.* Wien: Ueberreuter.

Kastner, H. (2012). Schutzraum Familie. *Forensische Psychiatrie, Psychologie, Kriminologie, 6*(3), 177–185.

Luck, H. (2008). Das Monster hat einen Namen. Focus Online. Artikel vom 30. April 2008. ▶ https://www.focus.de/panorama/welt/amstetten/josef-f-das-monster-hat-einen-namen_aid_298534.html. Zugegriffen: 29. Dez. 2017.

n-tv. (2009). Die „Fritzls" dieser Welt – Inzest-Drama in Kolumbien. Pressemitteilung vom 29. März 2009. ▶ https://www.n-tv.de/panorama/Inzest-Drama-in-Kolumbien-article64256.html. Zugegriffen: 9. Jan. 2018.

Peyerl, R., & Atzenhofer, W. (2013). Fritzls Zellentür tagsüber immer offen. ▶ https://kurier.at/chronik/niederoesterreich/inzestfall-von-amstetten-fritzls-zellentuer-tagsueber-immer-offen/10.424.521. Zugegriffen: 9. Jan. 2019.

Prewein, M. (2012). Josef Fritzl: Scheidung hinter Gittern. Artikel vom 25. Oktober 2012. ▶ https://www.news.at/a/josef-fritzl-scheidung-hinter-gittern. Zugegriffen: 9. Jan. 2019.

Schäder, K. (2009). Italiener missbraucht seine Tochter 26 Jahre lang. Die Welt. Artikel vom 28. März 2009. ▶ https://www.welt.de/vermischtes/article3460233/Italiener-missbraucht-seine-Tochter-25-Jahre-lang.html. Zugegriffen: 9. Jan. 2019.

Schick, N. (2009). Gutachterin Kastner: Der Weg zur Seele von Josef Fritzl. Focus Online. Artikel vom 21. März 2009. ▶ https://www.focus.de/panorama/welt/amstetten/tid-13736/gutachterin-kastner-der-weg-zur-seele-von-josef-fritzl_aid_382599.html. Zugegriffen: 9. Jan. 2019.

Süddeutsche Zeitung. (2010). 30 Jahre vom Vater missbraucht. Pressemitteilung vom 09. Juni 2010. ▶ https://www.sueddeutsche.de/panorama/australien-jahre-vom-vater-missbraucht-1.40155. Zugegriffen: 9. Jan. 2019.

27

Jack Unterweger

Verena Busch

© Springer-Verlag GmbH Deutschland, ein Teil von Springer Nature 2019
D. Frey (Hrsg.), *Psychologie des Guten und Bösen*, https://doi.org/10.1007/978-3-662-58742-3_28

28.1 Einleitung

Es ist der 5. Juni 1991. Der österreichische Radiosender strahlt eine Folge des bekannten Magazins „Journal Panorama" aus. Es geht um die Prostituiertenmorde, die sich in letzter Zeit in Wien häufen. Bisher hat die Polizei keinerlei Hinweise. „Muss es für einen Beamten nicht frustrierend sein, wenn man sozusagen gegen diese tote Wand rennt?", bringt es der Reporter an den Polizeidirektor gerichtet auf den Punkt (Leake 2010, S. 50). Die anschließend interviewten Prostituierten geben zu, Angst zu haben und sich nicht schützen zu können. Das Besondere an dem Beitrag sind aber nicht nur die ungeklärten Mordfälle, sondern der Reporter selbst. Es handelt sich um Jack Unterweger, einen zu lebenslänglicher Haft verurteilten Mörder, der erst 1 Jahr zuvor entlassen wurde. Was zu dieser Zeit noch keiner ahnt: In 2 Jahren wird er in Österreich in Untersuchungshaft sitzen, als Hauptverdächtiger für genau die Morde, für die er in seinem Beitrag recherchierte.

Die Faszination für das Böse stellt ein uraltes und gleichzeitig sehr aktuelles Thema dar. Was fasziniert uns an dem Dunklen, Düsteren einer Person? Warum zieht uns etwas an, das uns gleichzeitig abstößt? Diese Fragen sind schon vielfach diskutiert worden, ohne eine eindeutige Antwort zu finden. Am Beispiel von Jack Unterweger, der durch seine mysteriöse und manipulative Art überhaupt erst berühmt wurde, werden sie in diesem Kapitel aus psychologischer Sicht betrachtet.

28.2 Biografie

28.2.1 Kindheit und Jugend

Jack Unterweger wurde 1950 in der Steiermark in Österreich geboren (Lanzinner und Kraus 2016). Der genaue Verlauf seiner Kindheit ist nicht gesichert, da er in seinen autobiografischen Werken viele erfundene Ereignisse einfließen ließ, die später oft

als Tatsachen übernommen wurden. So behauptete Unterweger fälschlicherweise, seine Mutter und seine Tante seien Prostituierte gewesen. Letztere soll von einem ihrer Freier sogar ermordet worden sein. Wie sich später herausstellte, gab es tatsächlich eine Prostituierte mit dem Namen Unterweger, die ermordet wurde. Jedoch handelte es sich weder bei dem Mörder um einen ihrer Freier noch war sie mit Jack Unterweger verwandt (Leake 2010).

Als fundiert gilt, dass Unterweger der Sohn einer jungen Österreicherin und eines amerikanischen Besatzungssoldaten war, der in Österreich stationiert war und später nach Amerika zurückkehrte. Deshalb hat Unterweger seinen Vater nie kennengelernt. Auch seine Mutter kannte er kaum, da diese, als er 2 Jahre alt war, wegen Betrugs inhaftiert wurde. Ihren kleinen Sohn gab sie zum Großvater, bei dem er dann aufwuchs (Lanzinner und Kraus 2016). Unterwegers Angaben zufolge war sein Großvater ein Spieler, Dieb und Trinker und soll ihn bereits mit 4 Jahren als Diebesgehilfen ausgenutzt und regelmäßig geschlagen haben. Eine Verwandte Unterwegers, die in seiner Kindheit häufiger zugegen war, bestreitet dies und beschreibt ihn als wortkargen, aber liebevollen Opa (Leake 2010). Hier wird Unterwegers außergewöhnliches Talent deutlich, die Wirklichkeit neu zu erfinden und anderen glaubhaft zu verkaufen, das ihm sein ganzes Leben lang gute Dienste leistete.

Als Jugendlicher schlug sich Unterweger mit Gelegenheitsjobs durch. Er arbeitete u. a. als DJ und Hilfsarbeiter, begann aber auch bald mit kleinkriminellen Tätigkeiten (Lanzinner und Kraus 2016). Während seine kriminelle Karriere anfangs aus eher harmlosen Diebstählen und Zuhälterei bestand, steigerte sie sich zu Drogenhandel, Körperverletzung und Sexualdelikten, bis sie 1974 ihren Höhepunkt erreichte, als er die Nachbarin einer Freundin unter einem Vorwand in sein Auto lockte, in einem Waldgebiet in Hessen mit einer Stahlrute misshandelte und schließlich ermordete (Leake 2010). Später behauptete Unterweger, die Tat sei im Affekt geschehen, als die aufgestauten Aggressionen gegenüber seiner Mutter hochgekocht seien. Jedoch starb das Opfer nicht durch die gewalttätigen Schläge mit der Stahlrute, sondern durch das Erwürgen mit ihrer eigenen Unterwäsche, eine langsame und qualvolle Todesart, die Kaltblütigkeit erfordert (Leake 2010).

» „[…] in dem Moment, wo man Angst verbreitet und sieht den andern dann ängstlich zittern, […] kriegt man ein wahnsinniges Siegergefühl. […] Man beobachtet wie man den quält […] und wie der leidet darunter und man kann sich nicht zurückhalten mehr, man hat nicht mehr diese geistige Kraft, obwohl […] man sieht, wie die Hand auf den hinfährt. Aber man kann sich nicht mehr zurückhalten." Unterweger im Interview mit Peter Huemer während seiner Haftzeit in Stein, (1989)

28.2.2 Mordfälle und Prozess

Unterweger wurde 1976 in Österreich des Mordes angeklagt und erhielt eine lebenslange Haftstrafe. Die Ermittlungen gegen ihn wegen eines weiteren, im Jahr 1973 verübten Mordes wurden daraufhin eingestellt (Lanzinner und Kraus 2016).

Während andere im Gefängnis vielleicht die Hoffnung verloren hätten, begann Unterweger, viel zu lesen und sich weiterzubilden (Leake 2010). 1978 holte er seinen Hauptschulabschluss nach (Lanzinner und Kraus 2016). Er besuchte Fernkurse über kreatives Schreiben, bis er zu dem Schluss kam, dass er selbst ein weitaus besserer Schriftsteller zu werden vermochte als die Autoren, deren Werke er las.

Er begann tatsächlich, selbst zu schreiben. Neben einigen Geschichten für die Kindergutenachtsendung des ORF „Das Traummännlein" verfasste er stark autobiografisch andeutende Werke, in denen er seine Kindheit und die frühe Trennung von seiner Mutter als determinierend für seine spätere kriminelle Laufbahn darstellte.

Sein wohl bekanntester Roman war *Fegefeuer oder die Reise ins Zuchthaus* (Leake 2010). Der Titel lässt erahnen, dass seine Romane inhaltlich wenig mit Gutenachtgeschichten gemein hatten. Durch die Darstellung des Protagonisten als Opfer der Umstände und die eingehende psychologische Reflexion seiner Entwicklung sowie möglicher Ursachen erhielt das Buch bald Aufmerksamkeit von einigen wichtigen Persönlichkeiten der österreichischen Literaturszene (Lanzinner und Kraus 2016). Durch Unterwegers unschuldige Ausstrahlung und ungewöhnliche Geschichte baute er sich während seiner Haftzeit eine Fangemeinschaft auf (Leake 2010). Seine Werke wurden hochgelobt und schließlich wurde eine Petition verfasst, nach der ein derart begabter und reflektierter Mann geläutert sein müsse und keine Gefahr mehr für die Allgemeinheit darstellen könne. So wurde Unterweger nach Ablauf von 15 Jahren als resozialisiert geltend auf Bewährung entlassen.

Wäre er damals 1976 auch des 2. Mordes für schuldig befunden worden, wäre es hierzu nie gekommen (Leake 2010).

Als Liebling der Wiener Schickeria war er fortan ein berühmtes Mitglied der Gesellschaft. Als gefeierter Autor und Journalist reiste er durch Österreich und die USA, seine Stücke wurden als Theater aufgeführt und sein Roman *Fegefeuer* sogar verfilmt. Unterweger hielt sich nicht zurück, sondern genoss sein Leben in Freiheit in vollen Zügen. Er kaufte sich teure Autos und war oft in schicken Bars und Restaurants mit seinem Schäferhund zu sehen.

Sein sehr eigenwilliger Kleidungsstil trug zusammen mit seinem jungenhaften und gepflegten Äußeren zu seinem bleibenden Eindruck bei. Besonders bei den Frauen war Unterweger außergewöhnlich erfolgreich (Leake 2010). Auch in Prostituiertenkreisen soll er kein Unbekannter gewesen sein.

Gleichzeitig arbeitete Unterweger als Journalist im Wiener Rotlichtviertel und führte dort Interviews über eine Reihe ungeklärter Prostituiertenmorde durch, die einige

Monate nach seiner Freilassung begonnen hatten. Seine Reportagen wurden von einem bekannten österreichischen Radiosender ausgestrahlt. Die Morde hatten eine Gemeinsamkeit: das Vorgehen des Mörders. Er brachte die Prostituierten in den Wald, zwang sie, sich auszuziehen, und erwürgte sie dann mit ihrer eigenen Unterwäsche – eine äußerst ungewöhnliche Art, einen Mord zu begehen, die der Polizei Rätsel aufgab. Die Leichen wurden teilweise erst Monate nach ihrem Tod im Wienerwald gefunden, weshalb keine brauchbaren Spuren am Tatort aufzufinden waren (Leake 2010).

Erst einige Monate später wurden die Gemeinsamkeiten der Morde mit jenem Verbrechen aufgedeckt, das Unterweger beinahe 2 Jahrzehnte zuvor begangen hatte. Auffällig war zudem, dass sich Unterweger immer in der Nähe der Tatorte aufgehalten hatte. Zwar konnte er für jede Tatzeit ein Alibi vorweisen, jedoch stellte sich bei weiteren Nachforschungen heraus, dass seine Alibis hauptsächlich Ereignisse betrafen, die kurze Zeit vor und nach den Morden stattgefunden hatten. Misstrauen erregte außerdem, dass Unterweger anfangs mehrfach behauptet hatte, sich nicht erinnern zu können, wo er zu der betreffenden Zeit gewesen war, obwohl er seit seinem Gefängnisaufenthalt penibel Tagebuch führte.

Gegen Unterweger wurde ein Haftbefehl erlassen. Bevor er gefasst werden konnte, schaffte er es jedoch, mithilfe seiner 18-jährigen Freundin Bianca Mrak nach Miami zu fliehen (Leake 2010).

28.2.3 Und der Mörder ist …

Während Bianca als Go-go-Tänzerin Geld verdiente, arbeitete Unterweger an seiner Verteidigungsschrift. Bei einer Geldübergabe wurde er schließlich gefasst und, nachdem er einige Wochen in den USA in Auslieferungshaft gesessen hatte, auf eigenen Wunsch nach Österreich überführt.

Ein langwieriger und von der Öffentlichkeit verfolgter Prozess nahm seinen Lauf, der von den Medien regelrecht „ausgeschlachtet" wurde (Leake 2010). Ein berühmter Autor und Reporter, der für die von ihm selbst recherchierten Morde unter Verdacht stand, erregte natürlich große Aufmerksamkeit. Später erzählte Astrid Wagner, die sich für Unterweger eingesetzt hatte und damals als junge Rechtsanwältin tätig war, es habe bereits im Vorfeld eine Vorverurteilung gegeben und der Prozess sei nicht fair verlaufen (Reiter 2015).

Durch die Kooperation mit der amerikanischen Polizei trat ein weiterer Zusammenhang zutage: Es stellte sich heraus, dass in Amerika ebenfalls 3 Prostituierte ermordet worden waren – in dem Zeitraum, in dem Unterweger dort an einer Reportage über das Rotlichtmilieu gearbeitet hatte –, und diese ebenfalls mit ihrer Unterwäsche erwürgt aufgefunden worden waren. Schließlich wurde auch eine Verbindung mit einem Mordfall in Tschechien hergestellt: Eine Frau aus Prag war in der Zeit ermordet worden, als sich Unterweger dort für eine Reportage aufhielt (Leake 2010).

Unterweger sitzt in Österreich noch etwa 2 Jahre in Untersuchungshaft. Während dieser Zeit wird er sowohl von seiner Freundin Bianca als auch von Astrid Wagner mehrmals besucht und unterstützt.

Am 20. April 1994 wird der Prozess eröffnet. Unterweger hat eine mitreißende Verteidigungsrede vorbereitet, die er mit den Worten: „Ich bin unschuldig. Danke", abschließt (Leake 2010, S. 385). Die Ermittler zeigen Bilder der Mordopfer. Es wird der einzige stichhaltige Beweis präsentiert: ein blondes Haar auf dem Rücksitz des von Unterweger verschrotteten BMWs. Das Haar gehört dem Prager Opfer, Blanka Bockova. Dies wird mittels der ersten DNS-Analyse festgestellt, die in Österreich je vor Gericht verwendet wurde (Lanzinner und Kraus 2016). Die Geschworenen stimmen ab. Schuldig in 9 Fällen, lautet das Urteil. Bei den anderen beiden Mordopfern kann aufgrund der stark fortgeschrittenen Verwesung keine sichere Aussage mehr getroffen werden.

Jedoch wird die Entscheidung nie rechtskräftig: Noch am selben Abend erhängt sich Unterweger in seiner Gefängniszelle (Leake 2010). Dies überraschte nicht jeden. Astrid Wagner, die mit Unterweger während seiner Haftzeit viele Briefe ausgetauscht hatte, erklärte, er habe diesen Schritt angekündigt. Bereits während seiner vorherigen Haftstrafe hatte er einen Selbstmordversuch unternommen, der jedoch – vermutlich absichtlich – fehlschlug (Leake 2010).

Handelte es sich also bei Unterwegers Tat um einen letzten verzweifelten Versuch, die Menschen auf seine Seite zu ziehen? Oder wollte er nur sein Versprechen wahr machen, keinen Tag seines Lebens mehr im Gefängnis zu verbringen (Bandelow 2013)? Diese Fragen werden wohl nie zur Gänze beantwortet werden können und reihen sich somit nur in die vielen Unklarheiten des Falles von Jack Unterweger ein.

28.3 Psychologische Theorien, Modelle und Konzepte

28.3.1 Maligner Narzissmus

» „Das wirklich Faszinierende an diesem Typen war, wie viele Menschen er verändert und aus der Bahn geworfen hat." Elisabeth Scharang, Regisseurin des Films „Jack" (zitiert nach Hager und Supé 2015, S. 1)

Reinhard Haller, einer von Unterwegers Psychiatern, nennt ihn heute einen prototypischen Fall für **„malignen Narzissmus".** Dieser Begriff bezeichnet die Kombination einer narzisstischen Persönlichkeit mit antisozialem Verhalten, einer misstrauisch-paranoiden Haltung und Sadismus. Er wurde von Otto Kernberg geprägt und beschreibt eine Charakterstörung, die bei vielen Sexualmördern vorliegt (Leake 2010). Nach Haller (2009) ist sie am besten geeignet, um das „Böse" im Menschen zu beschreiben. Im Gegensatz zur „normalen" narzisstischen Persönlichkeit, die nicht selten vorkommt, führt die maligne, „krankhafte"

Form des Narzissmus dazu, dass die Mitmenschen gefühllos ausgenutzt und für die eigenen Zwecke missbraucht werden. Ein „bösartiger" Narzisst ist also jemand, der, um sich selbst aufzuwerten und ins Licht der Aufmerksamkeit zu rücken, andere Menschen verletzt und erniedrigt.

Narzisstische Charakterzüge zeigten sich bei Unterweger beispielsweise während seiner Haft in Stein, als er zu schreiben anfing und seine Werke gekonnt wichtigen Personen zuzuspielen wusste. Hierbei war seine gute Beziehung zum damaligen Gefängnisdirektor sicherlich ebenso von Vorteil wie die große Anzahl seiner Verehrerinnen und literarischen Fans, die ihn auch nach seiner Haftzeit noch unterstützten. Unterwegers Narzissmus war daher vermutlich mitentscheidend für seinen späteren Erfolg als Autor und auch für seine Freilassung. Auch sein auffälliger Kleidungsstil, seine Vorliebe für besondere Autos (er besaß übrigens bis 1992 keinen Führerschein), seine ausgefallenen Tätowierungen (auf seiner Brust prangte der Schriftzug „Make love not war") sowie das Mitführen seines Schäferhundes in schicke Cafés zeigen seine selbstdarstellende Art (Leake 2010).

Sadismus bezeichnet die Empfindung von Lust beim Quälen anderer Menschen und wurde nach dem französischen Adeligen Marquis de Sade benannt, einem Schriftsteller, der in seinen Werken pornografische Gewaltfantasien thematisierte. Das Erdrosseln von Margret Schäfer, von Unterweger als Affekttat dargestellt, zeigt deutliche Komponenten eines sadistischen Sexualverbrechens. Besonders das Machtmotiv steht hier im Vordergrund, was auch zu anderen Verhaltensweisen Unterwegers passt (Leake 2010). Seine Rücksichtslosigkeit und Gefühlskälte zeigten sich auch besonders in seinem Umgang mit Frauen.

Die von Kernberg beschriebene **paranoid-misstrauische Grundhaltung** wird bei Unterweger oft im Zusammenhang mit polizeilichen Ermittlungen erkennbar (Leake 2010). Er war von einer Verschwörung gegen ihn überzeugt, unterstellte der Polizei niedere Motive und verließ, als er von seiner bevorstehenden

Verhaftung erfuhr, das Land. Da durch die Medien teilweise tatsächlich eine Vorverurteilung stattfand, lässt sich Unterwegers Verhalten jedoch nicht als grundlos paranoid betiteln. Als entscheidend betont Haller (2009) hier aber die Einschätzung der Mitmenschen als Feinde, die es dem Täter ermöglicht, seine Verbrechen auf so bösartige Weise zu planen und durchzuführen.

Antisoziale Verhaltensweisen lassen sich nach Haller in 2 Kategorien einteilen: die aggressive und die ausnützerisch-parasitäre Form. Bei Unterweger sind beide Verhaltensweisen zu beobachten: Seine Verbrechen (Überfall, Raub, Mord) zählen eindeutig zur aggressiven Variante, während seine Beziehungsführung oft auch die ausnützerische Form annahm, indem er z. B. Freundinnen auf den Strich schickte oder Bekannte häufig unter einem erfundenen Vorwand um Geld bat (Leake 2010).

Narzisstische und soziopathische Persönlichkeitszüge wurden Unterweger bereits in seiner ersten psychiatrischen Untersuchung im Jahr 1975 diagnostiziert und hielten sich relativ überdauernd, abgesehen von dem sehr wohlwollend ausgestellten psychiatrischen Gutachten zu seiner vorzeitigen Haftentlassung (Leake 2010). Gepaart mit seiner Intelligenz und berechnenden Art machte ihn dies zu einem gekonnten Schauspieler, der die Bedürfnisse anderer Menschen erkannte und für sich einzusetzen wusste. Diese Manipulationsfähigkeit findet sich bei vielen berüchtigten Verbrechern, beispielsweise auch bei Charles Manson (▶ Kap. 31). Ein bedeutender Unterschied ist hier, dass Unterweger nie andere Personen in seine Pläne einweihte und die Verbrechen selbst beging. Außerdem verfolgte er keinen „größeren Plan" mit seinen Taten sondern vollführte sie (vermutlich) aufgrund seines eigenen Machtbedürfnisses.

28.3.2 Psychopathie

Neben Narzissmus spielte bei Unterweger auch der „Charme des Psychopathen" eine große Rolle (Leake 2010).

Unter **Psychopathie** versteht man allgemein die Unfähigkeit, Mitgefühl mit anderen Menschen zu haben (Haller 2009). Nach den in Deutschland verwendeten Diagnosekriterien des ICD-10 gilt Psychopathie nicht als eigenständige Diagnose, sondern fällt unter das Bild der dissozialen Persönlichkeitsstörung. Obwohl Psychopathen Reue, Mitgefühl oder Schuld selbst nicht erfahren können, schaffen sie es, ihren Mitmenschen diese äußerst überzeugend vorzuspielen (Leake 2010).

Unterweger fand heraus, was die Menschen in ihm sehen wollten, den geläuterten „bad boy", der seine schlimme Kindheit und den Mutterkomplex literarisch aufgearbeitet hatte, und zeigte ihnen genau dies. Obwohl ihm im Gefängnis bescheinigt wurde, dass er als dauerhaft gefährlich und rückfallgefährdet anzusehen war, wurde er vorzeitig entlassen, ohne während seines Gefängnisaufenthalts jemals an einer Therapie teilgenommen zu haben (Leake 2010).

28.3.3 Eine schlimme Kindheit – Rechtfertigung oder Einflussfaktor?

Bei einer psychologischen Betrachtung sind das Umfeld und der geistige Zustand der Person meist schwierig kausal einzuordnen. Wie bei der allseits bekannten Frage nach der Henne oder dem Ei gibt es keine sichere Antwort darauf, was „zuerst da war".

Nicht anders verhält es sich bei Unterwegers Vergangenheit. War seine Kindheit tatsächlich der Auslöser für seine psychischen Auffälligkeiten? Oder stellte sie vor allem einen Risikofaktor dar, d. h., er suchte sich für sein frühes auffälliges Verhalten anschließend ein verstärkendes Umfeld? Im Folgenden werden die Umstände von Unterwegers Kindheit genauer in Augenschein genommen.

28.3.3.1 Die Rolle der Mutter

Unterwegers Suche nach seiner verschwundenen Mutter, die ihn bereits im Kleinkindalter im Stich ließ, wird von ihm selbst als Hauptgrund seiner Handlungen genannt. Im Interview mit Peter Huemer (1989) während seiner Haftzeit in Stein sagte er im Hinblick auf seine Beziehung zu Frauen:

> » „Im Grund hab ich eigentlich immer die Mutter gesucht. […] und so war die Beziehung schon zum Scheitern verurteilt, da ja keine die Mutter war."

Inzwischen wird vermutet, dass der intelligente Unterweger bald herausfand, dass dieses Motiv psychologisch gesehen logisch erschien, und er es entsprechend gerne der Gesellschaft präsentierte (Leake 2010). Dennoch stellte die frühe Trennung und gestörte Beziehung zu seiner Mutter mit Sicherheit einen Risikofaktor für seine psychologische Entwicklung dar.

Unterweger fand seine Mutter tatsächlich und traf sie als Erwachsener regelmäßig. Sie lebte in München und äußerte gegenüber Unterwegers Anschuldigungen, dass sie nie als Prostituierte gearbeitet und auch keine Schwester gehabt habe. Warum er das geschrieben hatte, wisse sie nicht und sie halte es für Blödsinn, dass er in Margret Schäfer damals sie gesehen habe:

> » „Da hätte er ja gleich mich umbringen können." (zitiert nach Leake 2010, S. 338)

28.3.3.2 Großvater und Erziehung

Wie bereits eingangs des Kapitels erwähnt, gilt Unterwegers schlimme Kindheit, wie er sie in seinen Romanen beschrieb, inzwischen als umstritten. Dass einige seiner Aussagen nachgewiesenermaßen falsch sind, macht es umso schwieriger, seinen Beschreibungen Glauben zu schenken. Ohne weitere Nachforschungen wurde seine literarische Autobiografie meist vollständig übernommen, sogar in den Dokumenten, die später zu seiner vorzeitigen Haftentlassung führten (Leake 2010).

Man kann heute davon ausgehen, dass Unterweger bei seinem Großvater tatsächlich unter sehr einfachen Bedingungen aufwuchs, wie es damals auch für viele andere Regionen normal war. Ob die Bedingungen jedoch so unzumutbar waren, wie Unterweger sie in seinem Roman beschrieb, bleibt ungeklärt. Beispielsweise behauptete er, er habe sich mit seinem Großvater und dessen Frauenbesuch ein Bett teilen müssen, wäre zum Betrügen beim Kartenspielen gezwungen sowie regelmäßig verprügelt worden. Auch sei er bereits in jungen Jahren zum Alkoholkonsum genötigt worden (Leake 2010).

Ab 1958 lebte Unterweger bei Pflegeeltern und in einem Kinderheim, die Hauptschule beendete er 1965 ohne Abschluss. Danach befand er sich wegen Diebstahls in einer Erziehungsanstalt. Er begann eine Lehre zum Kellner, die er jedoch abbrach, später arbeitete er u. a. als DJ und Zuhälter. In den folgenden Jahren wurde er mehrfach zu Haftstrafen verurteilt (Lanzinner und Kraus 2016). Dies verdeutlicht, dass Unterweger bereits früh in die Kriminalität abrutschte und Kontakte zum Rotlichtviertel und Drogenmilieu hatte. Seine Jugendzeit beeinflusste damit vermutlich auch seine spätere Hingezogenheit zu Prostituiertenkreisen.

Reinhard Haller beschreibt Unterwegers Kindheit als prägend für die für Verbrecher typischen **antisozialen Verhaltensweisen.** Dazu zählen emotionale Defizite und Verwahrlosungstendenzen, erste Verhaltensstörungen und der frühe Drogenmissbrauch sowie seine Unfähigkeit, Bindungen einzugehen, was sich später bei seinen Beziehungen deutlich zeigte. Gepaart mit Aggressionshandlungen bestimmten diese Unterwegers Jugend und sind ebenfalls als Risikofaktoren für seine Entwicklung einzuordnen (Leake 2010).

Thomas Müller (2004), ein österreichischer Kriminalpsychologe, stellt bei dem Versuch, kriminelle Taten zu verstehen, immer die Bedeutung des jeweiligen Motivs und des zugrunde liegenden Bedürfnisses der Person heraus. Bei Unterwegers Taten steht ein **Machtbedürfnis** im Zentrum. Dieses beschrieb er zum einen selbst, wenn er über seine Verbrechen sprach (Huemer 1989), zum anderen ist es ein häufiges Motiv sadistischer Sexualmorde. Auch Unterwegers weiteres Verhalten wurde stark von diesem Bedürfnis geprägt: Er suchte sich vornehmlich Beziehungen mit

Menschen, denen er sich überlegen sah (meistens Frauen, mit Männern pflegte er wenig Kontakt), und genoss es, sich selbst theatralisch in Szene zu setzen. Auch seine Vorliebe für Prostituierte passt in dieses Schema. Schließlich war sein Selbstmord eine letzte Zurschaustellung seiner Überlegenheit und vielleicht die einzige Chance, noch einmal die Kontrolle über die Geschehnisse zu ergreifen.

Die Analyse möglicher Motive kann zwar helfen, Verbrechen besser zu verstehen, jedoch lassen sich diese nie zur Gänze erklären, da das Vorliegen bestimmter Motive und Risikofaktoren nicht zwangsläufig in den von Unterweger vermutlich begangenen Taten resultieren muss.

> » „Ein Verbrechensanalytiker sollte nie verurteilen, er beurteilt bestenfalls."
> (Müller 2004, S. 59)

Auch aus allgemeinpsychologischer Sicht ist es wichtig, im Gedächtnis zu behalten, dass die Tat verurteilt werden kann, aber nicht der Mensch. Dennoch ist es selbstverständlich die Aufgabe der Gesellschaft, potenzielle Opfer zu schützen und Straftaten zu verhindern.

28.3.3.3 Kindheitsprägung als Determinismus?

Bei Unterweger kommen einige Faktoren zusammen: das Aufwachsen ohne Eltern, eine Kindheit unter schwierigen Umständen und früher Kontakt zur Kriminalität. Sind dies jedoch tatsächlich Faktoren, die seine Entwicklung zum Mörder erklären können?

Reinhard Haller benennt diese als Risikofaktoren für die Entwicklung eines abnormen Charakters, sagt aber auch, dass sie „für das Verständnis allenfalls eine Teilerklärung" liefern (Leake 2010, S. 405).

Dies zeigt auch auf, was viele wohl bei der Lektüre von Unterwegers *Fegefeuer* vergessen haben könnten: Eine schwere Kindheit ist kein Rechtfertigungsgrund. Auch Menschen, denen in ihrem Leben viel Schlimmes widerfahren ist, schaffen es, sich zum Guten zu entwickeln. Und auch, wenn vieles von dem, was Unterweger in seiner Biografie berichtet,

tatsächlich wahr sein mag: Es genügt nicht, um eine Straftat zu entschuldigen.

28.4 Bedeutung für die heutige Zeit

28.4.1 Die Faszination für das Böse

Wie schafft es ein Mensch, solche grausamen Taten zu begehen, Menschen zu belügen und gleichzeitig eine so starke Anziehungskraft und Faszination auszuüben? Wieso gingen die Menschen 1990 davon aus, dass sich ein verurteilter Mörder, dem psychische Auffälligkeit attestiert wurde, innerhalb von 15 Jahren im Gefängnis ohne therapeutische Behandlung, nur durch sein Schreiben selbst geheilt haben könnte und nicht mehr gefährlich war?

Auch nach Unterwegers Tod gab es Menschen, die an seine Unschuld glaubten und fest davon überzeugt waren, dass er die Morde nicht begangen haben kann. Wie ist das möglich, obwohl bekannt ist, dass er mit Sicherheit mindestens einen Mord begangen hat, für den er ja auch verurteilt wurde?

Und wieso fasziniert uns diese Geschichte so sehr, dass selbst Jahre später noch Bücher über ihn geschrieben und Filme über ihn gedreht werden? Seine Geschichte erscheint uns so dramatisch, so hollywoodreif, dass sie beinahe nicht wahr sein kann.

In der Wiener Gesellschaft galt er als Prominenter und Frauenheld und kann als ein Paradebeispiel für die menschliche Faszination für das Böse herangezogen werden.

> » „Das Dunkle an so einem Typen, das macht die Intellektuellen an." Günther Nenning, einer der Journalisten, der sich für Unterwegers vorzeitige Entlassung einsetzte (zitiert nach Leake 2010, S. 251)

Wie konnte es überhaupt dazu kommen? Eine wichtige Rolle spielt sicherlich der zeitgeschichtliche Hintergrund des Falls. In den 1980er-Jahren herrschte in Österreich eine

Zeit der „Sozialromantik", der Glaube an eine gefängnislose Gesellschaft und daran, dass der Mensch sich ändern kann (Leake 2010). 1991 kam der Film „Das Schweigen der Lämmer" in die Kinos und spornte mit der faszinierenden Figur des Hannibal Lecter als charismatischem Kannibalen das Interesse der Menschen für Serienmörder an (Leake 2010).

> » „Wir waren damals von einer Sehnsucht getragen, dass Menschen sich verändern können. Unterweger schien der perfekte Beleg dafür. Ich war mir damals sicher, nicht auf ihn hereinzufallen, weil er mir eigentlich unsympathisch war."
> Peter Huemer, führte das Interview mit Unterweger in der Haftanstalt in Stein (zitiert nach Hager und Supé 2015, S. 1)

Eine wichtige Voraussetzung für die Begeisterung für Unterweger war also die Offenheit der Gesellschaft und gerade der literarischen Oberschicht für eine derartige Figur.

Daneben gibt es die allgemeine Faszination des Menschen für das Böse. Diese äußert sich auf vielfältige Weise: bei der Begeisterung für Horror- oder sog. Splatterfilme, beim allgemeinen Interesse an schlimmen Tragödien, bei der stetigen Anwesenheit eines Bösewichts in berühmten literarischen Werken etc. Wie kann das erklärt werden? Es wurden bereits einige Bücher zu diesem Thema verfasst, eine eindeutige Antwort hat bisher jedoch niemand gefunden. Eng hiermit verbunden ist die grundlegende Frage, ob der Mensch an sich ein gutes oder böses Wesen ist bzw. ob in jedem böse Anteile schlummern, vergleichbar mit den Trieben von Freuds „Es". Oder ist es vielmehr die Suche nach Stärke, die früher überlebensnotwendig war und in der menschlichen Vergangenheit meist mit Gewalt demonstriert wurde? Ist es vielleicht das Interesse und die Angst vor dem Unbekannten, dem Außergewöhnlichen, das eine Ablenkung vom tristen Alltag verspricht? Oder ist es das Verbotene, das uns reizt, oder die unterbewusste Identifikation mit „bösen Menschen", die häufig durch ihr Charisma

und ihre schillernde Persönlichkeit besonders hervortreten und Aufmerksamkeit auf sich ziehen?

28.4.2 Unterweger und die Frauen

Ein Phänomen, das besonders im Hinblick auf Unterweger betont wird, ist die sog. **Hybristophilie,** das Verlieben in einen Häftling. Dieses Phänomen ist tatsächlich recht häufig und kam gerade bei besonders bekannten Verbrechern vor, z. B. bei Ted Bundy (▶ Kap. 29), einem amerikanischen Serienmörder, oder bei der berühmten Geschichte von Bonnie und Clyde (▶ Kap. 32). Unterweger, der schon seinerzeit als Frauenheld galt, soll an einem Tag 42 Briefe von Verehrerinnen erhalten haben, die aus den verschiedensten Schichten stammten (u. a. von einer Nonne sowie der Ehefrau eines Politikers; Lakotta und Pfister 2014). In Freiheit unterhielt er Affären mit über 100 Frauen.

> » „Es war direkt unheimlich, wie die Frauen auf ihn abfuhren." Margit Hass, eine damalige Freundin Unterwegers (zitiert nach Hager und Supé 2015, S. 1)

Reinhard Haller, der neben Jack Unterweger etwa 400 weitere Verbrecher behandelte, teilt die Frauen, die sich in Häftlinge verliebten, in 3 Gruppen ein: die Retterinnen, die an das Gute im Menschen glauben und meinen, den Verbrecher „bekehren" zu können, die Seelenforscherinnen, die die Abgründe der Seele kennenlernen wollen, und die Frauen mit einem archaischen Motiv. Letztgenannte identifizieren das Töten und die Verbrechen als etwas Männliches und sehen sie als Zeichen für Stärke, was einen erotischen Reiz ausmacht. Zudem betont Haller, dass die meisten charismatischen Psychopathen sehr gut wüssten, wie sie mit Frauen umzugehen hätten (Lakotta und Pfister 2014).

Typisch sei außerdem, dass die Mehrheit der Frauen die begangenen Verbrechen bagatellisieren und den Häftling als unschuldig sehen (Lakotta und Pfister

2014). Als denkbares Muster sieht Haller die Bewältigung der eigenen Angst, indem man sich mit jemandem identifiziert, den man eigentlich fürchtet. Wenn die Frauen in ihrer Kindheit z. B. aufgrund eines gewalttätigen Vaters Missbrauch erfahren haben, kann eine sog. Reinszenierung des Traumas stattfinden, indem die Frauen die Rollen tauschen und über den im Gefängnis sitzenden Mann die volle Kontrolle haben (Lakotta und Pfister 2014). Ein anderer Grund könnte der Abbau kognitiver Dissonanz sein, eines internen Spannungszustandes, der entsteht, wenn z. B. die eigenen Handlungen nicht der eigentlichen Überzeugung entsprechen.

Besonders bekannt sind Unterwegers letzte beiden Beziehungen während seiner Untersuchungshaft. Interessant ist vor allem, dass diese beiden Frauen sehr unterschiedlich waren: Bianca Mrak war eine Schülerin und Astrid Wagner eine junge Juristin. Während Mrak Unterweger wohl aufgrund ihrer Jugend und Unwissenheit verfiel, obwohl sie ihn bei ihrer ersten Begegnung nicht anziehend fand und als „Lustgreis" beschrieb (Leake 2010), verliebte sich Wagner in seinen Charme.

» „Jack Unterweger hatte auf sehr viele Menschen eine sehr starke Wirkung. Er hatte ein starkes Charisma. […] Ich stamme aus bürgerlichen Verhältnissen, war damals gerade mit dem Studium fertig. […] Ich dachte damals, das kann es doch noch nicht gewesen sein. Wobei mich immer schon das Verruchte interessiert hat. Ich hatte schon immer eine Faszination übrig für das Fremde, das Andersartige." Wagner in einem Interview (zitiert nach Madonna 2013, S. 1)

Auf die Frage, warum sich Frauen in Männer verlieben, die im Gefängnis sitzen, antwortet sie:

» „Da gibt es natürlich verschiedenste Gründe. Am Anfang ist es vielleicht das Faszinosum, das sehr bald, wenn man den Menschen besser kennt, dem

Mitleid weicht und auch ein bisschen Bemutterung ist dabei. […] Dann spielt auch das Unerreichbare mit. Dazu kommt, dass Häftlinge nicht fremdgehen können, nicht davonlaufen, nicht betrunken nach Hause kommen […]." Wagner in einem Interview (zitiert nach Madonna 2013, S. 1)

28.5 Fazit

Narzissten mit einer charismatischen Ausstrahlung können uns alltäglich begegnen – nicht als Mörder oder Schriftsteller wie Jack Unterweger, aber vielleicht als eigenwillige Künstler, scheinbare Frauenversteher oder erfolgreiche Kollegen. Gerade in der heutigen Zeit, die von einigen Journalisten sogar als „Zeitalter der Narzissten" bezeichnet wird, begegnen uns selbstverliebte Menschen besonders häufig.

Neben diesem hervorstechenden Persönlichkeitsmerkmal von Unterweger wirft sein Fall aber noch mehr Fragen auf: Ist eine psychologische Verarbeitung von Verbrechen ohne Therapie möglich? Wie stehen die Chancen für eine tatsächliche Resozialisierung von persönlichkeitsgestörten Straftätern? Und könnte ein solcher „Reinfall" auf einen besonders manipulativen Charakter auch heute noch vorkommen? Während sich diese Fragen eher auf die gesellschaftliche Ebene beziehen, hat der Fall Unterweger auch Bedeutung für den Einzelnen. Was kann man selbst tun, um nicht das Opfer eines charismatischen Betrügers zu werden? Wie schützt man sich vor der Hingezogenheit zum Dunklen? Und wie kann man einschätzen, wozu ein Mensch fähig ist?

» „Die meisten von uns sind zu weitaus mehr Bösem fähig, als sie sich selbst vorstellen können." Reinhard Haller (zitiert nach Jiménez 2015, S. 1)

Vielleicht liegt auch darin unsere Faszination verborgen, da bei bösen Taten, die wir betrachten, gespiegelt wird, was wir in uns selbst zumindest in Ansätzen vermuten (Jiménez 2015).

Im Fall Jack Unterweger bleibt es bis heute ungewiss, ob er tatsächlich des Mordes an 11 Frauen fähig war. Während viele von der Schuld Unterwegers überzeugt sind, gibt es auch einige, die sie immer noch anzweifeln. Besonders am Prozess und dem Vorgehen von Polizei und Justiz wird Kritik geübt, da durch die vorgefertigte Meinung der Medien einige Unstimmigkeiten des Falles nicht beachtet wurden und inzwischen kaum mehr polizeiliche Unterlagen vorhanden sind (Motter 2019). Unterweger kündigte nach dem Urteil an, in Berufung zu gehen. Durch seinen Selbstmord kam es nicht mehr dazu, ansonsten hätte ein Zweitgutachten eventuell zu einem anderen Urteil geführt. Gerade dieser Ungelöstheit hat der Fall wohl einen Teil seiner immer noch bestehenden Faszination zu verdanken. Unterweger ging als „mutmaßlicher Serienmörder" in die österreichische Kriminalgeschichte ein.

Um mit den Worten eines jungen Angestellten der Kanzlei, die Unterwegers Verteidigung vertrat, zu schließen:

》 „Es ist sehr wahrscheinlich, dass er es war, es ist aber auch sehr wahrscheinlich, dass er es nicht war." (Hager und Supé 2015, S. 1)

■ **Wie Unterweger weiterlebt**

Astrid Wagner und Bianca Mrak haben beide Bücher über ihre Beziehung zu Jack Unterweger geschrieben. Von Elisabeth Scharang, die Unterweger seinerzeit interviewte, kam 2015 in Österreich der Film „Jack" ins Kino. John Leake veröffentlichte 2010 das Buch *Der Mann aus dem Fegefeuer*, das sich sehr ausführlich mit dem Fall befasst und eine der Hauptquellen dieses Kapitels darstellt. Es sei interessierten Lesern zur weiteren Lektüre empfohlen.

Literatur

Bandelow, B. (2013). *Wer hat Angst vorm bösen Mann? Warum uns Täter faszinieren*. Reinbek bei Hamburg: Rowohlt.

Hager, A., & Supé, F. (2015). Jack Unterweger: Der Party-Killer. Profil. Artikel vom 29. August 2015. ▶ https://www.profil.at/gesellschaft/jack-unterweger-party-killer-5834700. Zugegriffen: 21. Jan. 2019.

Haller, R. (2009). Der Code des Bösen: Der Gerichtspsychiater Reinhard Haller seziert in seinem neuen Buch die Anatomie des Bösen. Ein Auszug. Zeit Online. Artikel vom 22. Oktober 2009. ▶ https://www.zeit.de/2009/44/A-Das-Boese/. Zugegriffen: 21. Jan. 2019.

Huemer, P. (1989). Im Gespräch – Peter Huemer mit Jack Unterweger. Österreichische Mediathek. ▶ https://www.mediathek.at/unterrichtsmaterialien/suche/detail/atom/011D030D-183-001A7-00000BBC-011C3764/pool/BWEB/. Zugegriffen: 21. Jan. 2019.

Jiménez, F. (2015). Warum manche Menschen mörderisch böse werden. Die Welt. Artikel vom 16. Februar 2015. ▶ https://www.welt.de/gesundheit/psychologie/article136831129/Warum-manche-Menschen-moerderisch-boese-werden.html. Zugegriffen: 21. Jan. 2019.

Lakotta, B., & Pfister E. (2014). Beziehungen: Der Reiz des Bösen. Der Spiegel. Artikel vom 22. September 2014. ▶ http://www.spiegel.de/spiegel/print/d-129339498.html. Zugegriffen: 21. Jan. 2019.

Lanzinner, M., & Kraus, H.-C. (Hrsg.). (2016). *Neue Deutsche Biografie*. Berlin: Duncker & Humblot.

Leake, J. (2010). *Der Mann aus dem Fegefeuer: Das Doppelleben des Jack Unterweger*. München: Heyne.

Madonna. (2013). Wenn Frauen Verbrecher lieben. Artikel vom 07. Juni 2013. ▶ https://madonna.oe24.at/magazin/Wenn-Frauen-Verbrecher-lieben/106525606. Zugegriffen: 21. Jan. 2019.

Motter, M. (2019). Der Fall Jack Unterweger. ▶ http://jack-film.at/der-fall-jack-unterweger/. Zugegriffen: 21. Jan. 2019.

Müller, T. (2004). *Bestie Mensch: Tarnung-Lüge-Strategie*. Elsbethen: ecowin.

Reiter, B. (2015). Ich war verliebt und verblendet. Kurier. Artikel vom 04. September 2015. ▶ https://kurier.at/freizeit/anwaeltin-astrid-wagner-im-interview/146.634.566. Zugegriffen: 21. Jan. 2019.

Theodore Robert Bundy

Der Campus-Killer

Tim Schöttelndreier

© Springer-Verlag GmbH Deutschland, ein Teil von Springer Nature 2019
D. Frey (Hrsg.), *Psychologie des Guten und Bösen*, https://doi.org/10.1007/978-3-662-58742-3_29

29.1 Einleitung

Ob als erbarmungsloses Ungeheuer, herzlose Bestie oder gefühlloses Monster. Ähnlich wie in Dorian Greys berühmten Porträt erwarten wir, dass Serienmördern ihre Verbrechen unmittelbar ins Gesicht geschrieben stehen. Zu unserer eigenen Verwunderung müssen wir uns allerdings eingestehen, dass oftmals unscheinbare und ganz normale Menschen die Quelle allen Übels sind – Menschen, die sich offen in der Gesellschaft engagieren und deren Gräueltaten lange Zeit unentdeckt bleiben.

Theodore Robert Bundy war ein Meister, wenn es um das Verbergen seiner perversen und abscheulichen Neigungen ging. Ted Bundy, wie er in der Öffentlichkeit genannt wurde, hatte eine vielversprechende Zukunft in der Politik in Aussicht. Er war intelligent, gut aussehend und sympathisch. In ihm manifestierte sich das Klischee eines amerikanischen Jungen, den sich jedes Elternteil wünschen kann. Umso schwerer wiegt die Tatsache, dass der studierte Psychologe 1977 des Mordes angeklagt wurde und im Zuge seiner Hinrichtung zwischen 1974 und 1978 gestand, mehr als 36 Frauen in verschiedenen Bundesstaaten von Amerika vergewaltigt und ermordet zu haben. Expertenmeinungen gehen sogar von einer weitaus höheren Opferzahl aus.

Über die zahlreichen Taten hinweg, bediente sich Bundy zumeist einem einheitlichen Vorgehensmuster. Um das Mitgefühl der jungen Frauen zu gewinnen, machte er von seiner attraktiven Erscheinung, seinem charmanten Auftreten sowie seiner eloquenten Art Gebrauch. So täuschte Bundy beispielsweise einen gebrochenen Arm vor, um die Frauen an einen abgelegenen Ort zu führen. In einem unbeachteten Moment würgte er anschließend seine Opfer bis zur Bewusstlosigkeit und vergewaltige sie. Danach tötete er die Frauen und verscharrte ihre leblosen Körper an schwer zugänglichen Plätzen. Nicht selten kehrte Bundy zum Masturbieren an den Ort des Geschehens zurück und schändete den Leichnam der jungen Frauen.

Ted Bundy gilt neben Charles Manson (▶ Kap. 31) als einer der berüchtigtsten Serienmörder in der jüngeren Geschichte der USA. Sein nicht vereinbar erscheinendes Doppelleben hat ihn vor allem in Amerika zu einer Ikone des Wahnsinns werden lassen, um die in der Bevölkerung eine Welle der Begeisterung entstanden ist. Dieses Interesse wurde auch zahlreichen Kriminalromanen und Horrorfilmen wie „Das Schweigen der Lämmer" (1991), zuteil. Das auch in der heutigen Zeit die Faszination gegenüber Ted Bundy nicht abzureißen scheint, verdeutlicht der kommenden Thriller „Extremely Wicked, Shockingly Evil and Vile" (2019) mit Zac Efron in der Hauptrolle. Seine Taten faszinieren die Menschen bis heute.

Trotz dieser medialen Reichweite und des vermeintlichen Wissens über ihn lässt Ted Bundys Vergehen mehr Fragen als Antworten zurück. Welche Motive lagen hinter seinen skrupellosen Taten? Wie konnte er sowohl in seiner Karriere als auch in seinem Privatleben funktionieren, sogar aufblühen, während er seine dunklen Triebe befriedigte? Lassen sich ähnliche Entwicklungsverläufe mit dem Wissen um Bundys Leben vermeiden? In den nachfolgenden Abschnitten sollen anhand von fundierten psychologischen Ansätzen die Entstehungsgeschichte von Ted Bundy eingehender reflektiert sowie einige der aufgeführten Fragen beantwortet werden.

29.2 Biografie

Bevor auf die Autobiografie von Ted Bundy eingegangen wird, sollte vorweg erwähnt werden, dass sich zwar pathologische Auffälligkeiten im Leben des Serienmörders beobachten lassen. Spezifische Dispositionen im Leben eines Heranwachsenden sind jedoch weniger relevant für die Entwicklung einer gewalttätigen Persönlichkeit wie die Art und Weise, mit der auf entsprechende Missstände reagiert wird.

29.2.1 Kindheit und Jugend

Theodore Robert Cowell, bekannt als Ted Bundy, wurde am 24. November 1946 in Burlington, Vermont, als unehelicher Sohn von Louise Cowell geboren. Nach jahrelanger Depression, die mit dem Zweiten Weltkrieg einherging, begann sich das Land allmählich wieder zu erholen. Bundys Mutter, eine 22-jährige Sekretärin, lebte gemeinsam mit ihren religiösen Eltern in Philadelphia, als sie unbeabsichtigt schwanger wurde. Geschlechtsverkehr außerhalb der Ehe war zur damaligen Zeit als Verstoß gegen die gesellschaftlichen Normen zu verstehen, wobei eine illegitime Schwangerschaft die Demütigung der gesamten Familie nach sich ziehen konnte. Angesichts dieses Risikos beschloss die werdende Mutter gemeinsam mit ihren Eltern, das Kind in Vermont zu gebären (Carlisle 2016).

Die ersten Jahre seiner Kindheit verbrachte Ted bei seinen Großeltern in Philadelphia, mit dem Glauben, dass seine eigentliche Mutter seine Schwester und seine Großeltern seine Eltern seien (Carlisle 2016). Der wahre biologische Vater von Ted konnte nie ausfindig gemacht werden. Kurz vor dem 4. Geburtstag zogen Louise und ihr Sohn nach Tacoma, Washington. Dort lernte die alleinerziehende Mutter Johnnie Culpepper Bundy kennen, einen ehemaligen Militärkoch, den sie kurze Zeit später heiratete. Johnnie adoptierte Ted, wodurch er seinen allseits bekannten Nachnamen erhielt. Er schien mit seinem Stiefvater und den nachfolgenden Halbgeschwistern oberflächlich gut auszukommen. Während dieser Jahre und trotz zahlreicher Bemühungen, dem Jungen näher zu kommen, blieb dennoch fortwährend eine gewisse Distanz zwischen dem Stiefvater und seinem Adoptivsohn bestehen (Michaud und Aynesworth 1989).

Über die gesamte Schulzeit hinweg zeigte Bundy gute bis herausragende Leistungen. Er selbst schätzte sich in der Mittelschule als schüchternes und sozial unbegabtes Kind ein (Michaud und Aynesworth 1989). Erst in der Highschool wurde er anderen gegenüber aufgeschlossener und verhielt sich selbstbewusster.

Er war sozial engagiert, wobei seine Interessen allen voran in der Politik und dem Skifahren lagen. Ungeachtet seines neu erworbenen Selbstvertrauens ging Ted nur selten mit Mädchen aus und wirkte sexuell desinteressiert. Anderen Berichten zufolge entdeckte er allerdings durch den Kontakt mit erotischen Zeitschriften, die er in einer Abfalltonne fand, früh seine Faszination gegenüber autoerotischen Handlungen (Carlisle 2016).

29.2.2 Von der Studienzeit bis zum Abgrund

Mit Beendigung der Highschool im Jahr 1965 bot sich Ted aufgrund eines Stipendiums die Gelegenheit, die University of Puget Sound in Tacoma, Washington, zu besuchen. Zur selben Zeit geriet er erstmals durch Einbrüche und Diebstähle ins Visier der Polizei (Rule 2009). Es kam allerdings nie zu einer Strafverfolgung. Den darauffolgenden Sommer schlug sich Ted mit Gelegenheitsarbeiten durch, um Geld für seinen Wechsel an die Universität zu sparen. Sein Interesse galt dabei den Asienwissenschaften (Rule 2009).

Im Frühjahr 1967 traf Ted auf Stephanie Brooks, als er den Campus der Universität in Washington erkundete. Sie war attraktiv, gebildet, stammte aus einer wohlhabenden Familie in Kalifornien und verzauberte Ted auf den ersten Blick. Zum Unmut von Bundy verkehrten die beiden jedoch in vollkommen unterschiedlichen sozialen Kreisen, wodurch er das Gefühl hatte, ihr nicht das Wasser reichen zu können (Michaud und Aynesworth 1989). Um Stephanie dennoch zu imponieren, begann Ted, teure Skiausrüstungen zu stehlen und Skipässe zu fälschen. Als sie ihm immer mehr ihrer Aufmerksamkeit schenkte, geriet sein Studium ins Hintertreffen. Ab dem Sommer 1969 begannen die beiden schließlich, miteinander auszugehen. Aber dadurch, dass Ted sein Studium zunehmend aus den Augen verlor, hatte Stephanie den Eindruck, dass er kein Mann fürs Leben sei (Rule 2009). Als es für Ted an der Zeit war, mit dem Ende der

Semesterferien sein Studium wiederaufzunehmen, machte Stephanie ihren Abschluss und nahm ein Stellenangebot in Kalifornien an. Ihrer Meinung nach war dies der ideale Zeitpunkt, um der Romanze ein jähes Ende zu bereiten. Ted war über die überraschende Ablehnung der erhofften Liebe seines Lebens restlos bestürzt (Carlisle 2016).

Er brach sein Studium der Asienwissenschaften ab und reiste zu seiner Geburtsstätte zurück, um die Wahrheit über seine Abstammung, die er bereits länger infrage gestellt hatte, aufzudecken. In Vermont fand er eine Geburtsurkunde, die seinen Verdacht der unehelichen Herkunft bestätigte. Dies war eine weitere Beschämung, die Ted in kurzer Zeit hinnehmen musste (Rule 2009). Den Kontakt zu Stephanie versuchte er dennoch aufrechtzuerhalten. Er besuchte sie in ihrem Büro und machte ihr teure Geschenke. Trotz aller Bemühungen, blieb Stephanies mangelhafter Eindruck von Ted weiterhin bestehen. Doch diese erneute Zurückweisung machte ihn nur entschlossener, Stephanies Herz zurückerobern zu wollen, weshalb er an die Universität in Tacoma zurückkehrte, um Psychologie zu studieren (Michaud und Aynesworth 1989).

In den Jahren von 1970 bis 1973 erweckte Ted den Anschein, sein Leben wieder in geordnete Bahnen gelenkt zu haben. Er zählte zu den herausragendsten Studenten seines Jahrgangs, galt als aufsteigender Stern in der Republikanischen Partei und wurde von der Polizei als Held geehrt, der einen Jungen vor dem Ertrinken gerettet hatte (Rule 2009).

Seit ihrem letzten Treffen hatte Ted lediglich sporadisch Kontakt zu Stephanie gehalten. Seiner neuen Lebensgefährtin *Elizabeth* Kloepfer, die er wenige Monate zuvor kennengelernt hatte, verschwieg er die gelegentlichen Kontakte zu seiner ehemaligen Partnerin. 1973 nahm Ted an einer Versammlung der Republikanischen Partei in Kalifornien teil, in deren Verlauf er seiner Jugendliebe über den Weg lief. Stephanie war sichtlich angetan von dem selbstsicheren, erfolgreichen jungen Mann, der vor ihr stand. Es dauerte nicht lang, und

die Liaison zwischen den beiden erreichte einen neuen Höhepunkt. Ted machte Stephanie einen Heiratsantrag, in den sie rasch einwilligte. Zur selben Zeit lebte er noch immer gemeinsam mit Elizabeth in Washington. Die beiden Frauen wussten nichts voneinander (Carlisle 2016).

Im Herbst 1973 ergriff Ted die Chance seiner lange herbeigesehnten Vergeltung. Der einstige Bewunderer von Stephanie verhielt sich seiner langjährigen Liebe gegenüber plötzlich gefühllos und distanziert. Er wollte, dass Stephanie erfährt, wie es sich anfühlt, aus heiterem Himmel von der großen Liebe verstoßen zu werden. Sie waren nicht mehr länger intim, und von einer geplanten Hochzeit war längst keine Rede mehr. Kurz darauf beendete Ted die Beziehung. Zu Stephanies eigenem Glück war dies das letzte Mal, dass sie Ted begegnen sollte.

Im Jahr 1974 schloss Ted sein Psychologiestudium mit Auszeichnung ab und bewarb sich um ein anschließendes Jurastudium an der University of Utah. Zur selben Zeit beging er seinen ersten dokumentierten Mord (Rule 2009).

29.2.3 Anfang und Ende einer Mordserie

Lynda Ann Healy, eine 21-jährige Radiosprecherin, die ebenfalls Psychologie studierte, sollte eine von vielen sein, an denen Bundy seine abscheulichen Fantasien auslebte. Lynda wohnte gemeinsam mit 3 Freundinnen in einem Gemeinschaftshaus in Washington. Am 31. Januar 1974, dem Abend ihrer Entführung, war sie am Telefon, bevor sie verhältnismäßig früh ins Bett ging. Niemand hatte in der Nacht etwas gehört. Lynda war am nächsten Morgen wie vom Erdboden verschluckt. Dies war der Beginn einer Mordserie, die Studenten im gesamten Nordwesten der USA in Angst und Schrecken versetzen sollte (Norris 2011).

Am 14. Juli 1974 verschwanden innerhalb von wenigen Stunden 2 weitere Frauen in einem angrenzenden Park von Washington. Einige Zeugen berichtete, dass sie einen

Mann beobachtet hatten, der eine Verletzung vortäuschte und die Frauen bat, sein Spielzeugboot in einen VW Käfer zu laden. Die sterblichen Überreste der Frauen wurden im September desselben Jahres unweit von dem Park gefunden. Sie wurden verprügelt, misshandelt, vergewaltigt und stranguliert (Rule 2009). Trotz all seiner Bemühungen schaffte es eine Frau dennoch, sich aus Bundys Fängen zu befreien. Carol DaRonch wurde von Ted Bundy angesprochen und in sein Auto gelockt. Als er ihr Handschellen anlegen und sie mit einer Brechstange niederschlagen wollte, konnte Carol aus dem Auto flüchten. In diesem Jahr tötete Bundy 6 weitere junge Frauen, bis er schließlich im August 1975 erstmals verhaftet wurde (Rule 2009).

Während einer üblichen Fahrzeugkontrolle in Salt Lake City wurden die Beamten auf Bundys Fahrzeug aufmerksam. Er versuchte zu fliehen, konnte aber von den Polizeikräften aufgehalten werden. Im Kofferraum des Fahrzeugs fanden die Beamten eine Brechstange, Handschellen sowie eine Sturmmaske. Schnell zählten die Behörden eins und eins zusammen und stellten Carol DeRonch Ted Bundy gegenüber. Sie identifizierte den Verdächtigen, ohne zu zögern. Bundy wurde anschließend zu 15 Jahren Haft für die versuchte Entführung verurteilt (Rule 2009). Nach mehreren erfolglosen Fluchtversuchen gelang es Ted 1977, aus dem Gefängnis zu fliehen, um ein letztes Mal seine grausamen Fantasien auszuleben (Norris 2011).

Er floh in Richtung Florida und brach in ein Verbindungshaus ein. Dort verprügelte, vergewaltigte und erwürgte er 4 hilflose Studentinnen. Schließlich wurde Bundy am 15. Februar 1978 festgenommen, als er in einem gestohlenen Fahrzeug ausfindig gemacht werden konnte.

Ted Bundys Prozess fand aufgrund seiner jüngsten Taten in Miami statt, wo er als sein eigener Anwalt auftrat. Er wurde mithilfe mehrerer Zeugenaussagen und Bissspuren an den Opfern der Morde in Florida überführt. Ihn sollte die Todesstrafe ereilen, die er 9 Jahre hinauszögern konnte, indem er den Ermittlern neue Hinweise zu seiner Mordserie lieferte.

Theodore Robert Bundy wurde am 24. Januar 1989 auf dem elektrischen Stuhl hingerichtet. Auf seine Todesstrafe wartend gestand er, insgesamt 36 kaltblütige Morde begangen zu haben (Beller 2013).

29.3 Psychologische Theorien, Modelle und Konzepte

Während seiner Haft zeigte sich Ted Bundy kommunikationsfreudig, wenn es darum ging, Interviews oder Gespräche zu führen, die sein inneres Wesen ergründen sollten (Michaud und Aynesworth 1989). Aufgrund der Variabilität seiner Aussagen fielen die psychologischen Gutachten jedoch sehr unterschiedlich aus: So wurden ihm mitunter eine bipolare affektive Störung, eine multiple Persönlichkeitsstörung sowie eine antisoziale Persönlichkeitsstörung nachgesagt (Lewis 2009).

Die nachfolgenden Ausführungen sollen nicht als erneuter Versuch verstanden werden, den Serienmörder einem Störungsbild zuzuordnen, zumal eine derartige Ferndiagnose aus ethischer Perspektive nicht zu vertreten wäre. Stattdessen sollen in diesem Abschnitt psychologische Ansätze aufgegriffen werden, die für ein näheres Verständnis der Taten relevant erscheinen. Die aufgeführten Beweggründe für Bundys Mordserie sind dabei als subjektive Sichtweisen zu verstehen, da seine eigenen Darstellungen auch andere Interpretationsansätze liefern könnten.

29.3.1 Psychopathie

Die Vorstellung eines Serienmörders, der wie ein vollkommen gewöhnlicher Mensch wirkt, ist verwirrend und beängstigend zugleich, und es drängt sich der Gedanke auf, dass die Menschen, die diese Unmenge grausamer Taten verüben, Wahnsinnige sein müssen.

Die Wissenschaft zeigt allerdings, dass dieser erste Impuls, den Täter als verrückten Verbrecher zu klassifizieren, falsch ist. Stattdessen sind viele Serienmörder gewiefte Psychopathen,

d. h. oberflächlich charmante Menschen mit einer geringen bzw. ausbleibenden Fähigkeit, Empathie, Reue oder Mitgefühl zu empfinden. Sie spielen einem lediglich die Gefühle vor, die man von ihnen erwartet. Dies tat auch Ted Bundy (Lewis 2009; Norris 2011). Der Begriff der Psychopathie fand erstmals Erwähnung in dem Buch *The Mask of Sanity* (Cleckley 1941). Aufgrund von einzelnen methodischen Mängeln überarbeitete der Kriminalpsychologen Robert D. Hare das Konstrukt, der maßgeblich zu unserem heutigen Verständnis von Psychopathie beitrug. Hare definierte das Störungsbild wie folgt:

» „Social predators who charm, manipulate, and ruthlessly plow their way through life, leaving a broad trail of broken hearts, shattered expectations, and empty wallets. Completely lacking in conscience and in feeling for others, they selfishly take what they want and do as they please, violating social norms and expectations without the slightest sense of guilt or regret." (Hare 1999, S. xi)

Prägend durch diese Auslegung, gilt Psychopathie mittlerweile als schwerwiegende Form der **dissozialen Persönlichkeitsstörung** und wird in den gängigen Klassifikationssystemen nicht länger als eigenständige Diagnose aufgeführt. Stattdessen lässt sich das Störungsbild anhand der von Hare (2003) revidierten Psychopathie-Checkliste (PCL-R) erfassen. Dieses Verfahren umfasst 20 Items, die rückblickend betrachtet auch Erklärungen über die Persönlichkeit von Ted Bundy liefern.

So konnte Norris (2011) nachweisen, dass der berüchtigte Serienmörder in Bezug auf beinahe alle Merkmale über starke psychopathische Züge verfügte. Betreffend das Item „Sprachgewandtheit und oberflächlicher Charme" zeigen Psychopathen ein unglaubliches Geschick, wenn es darum geht, sich von seiner besten Seite zu präsentieren. Ted Bundy war hier keine Ausnahme. Mit Leichtigkeit gewann er etwa das Vertrauen der Wachen, die ihn im Gefängnis mit zusätzlichen Speisen und anderen Luxusartikeln versorgten (Rule 2009). Auch legte Bundy einen

erheblichen „Mangel an Gewissensbissen oder Schuldbewusstsein" an den Tag. Psychopathen haben immer eine Ausrede für ihre Handlungen parat und äußern grundsätzlich keine Bedenken zu ihren Auswirkungen. So betonte Ted Bundy beispielsweise in einem Interview mit Michaud und Aynesworth:

» „I mean I don't feel guilty for anything! I feel less guilty now than I've felt in any time in my life. About anything." (Michaud und Aynesworth 1989, S. 287)

Auf Basis dieser und weiterer Merkmale, die in der Arbeit „Psychopathy and gender of serial killers" von Norris (2011) nachzulesen sind, kann Ted Bundy demzufolge als Inbegriff eines Psychopathen verstanden werden.

Dabei lässt sich aus wissenschaftlichen Befunden ableiten, dass Psychopathie auf genetische sowie biologische Prädispositionen zurückzuführen ist, wobei der Auslöser für die tatsächliche Entfaltung dieser Anlagen von sozialer Natur ist (Fallon 2014; Hare 1999). Aus dieser Perspektive erscheint es wahrscheinlich, dass Bundy ebenfalls derartige Prädispositionen hatte. Die nachfolgenden psychologischen Ansätze befassen sich mit den möglichen Motiven aus dem sozialen Umfeld Bundys, die letztlich zur Entfaltung seiner psychopathischen Veranlagung geführt haben können.

29.3.2 Unbefriedigtes Bindungsbedürfnis

Die Anfänge der Bindungsforschung gehen auf den britischen Psychoanalytiker John Bowlby (1969, 1988) zurück, der sich mit den Auswirkungen frühkindlicher Bindungsqualitäten auf die Kindesentwicklung befasste. Seine **Bindungstheorie** beschreibt das angeborene Bedürfnis von Kindern, eine stabile und innige Beziehung zu einer Bezugsperson (zumeist zur Mutter oder zum Vater) aufzubauen. Die Qualität dieser elementaren Bindung begründet den Charakter, mit dem die Kinder ihre Umwelt erkunden und zukünftige Beziehungen eingehen.

Abhängig von dem jeweiligen Interaktionsmuster, das zwischen dem Kind und seiner Bezugsperson besteht, lassen sich diesbezüglich unterschiedliche Bindungstypen differenzieren. Die Feinfühligkeit der Bezugsperson gegenüber den Gefühlen und Bedürfnissen des Kindes ist in diesem Kontext besonders folgenschwer (Ainsworth et al. 2015). Ist das kindliche Verlangen nach einer sicheren Bindung und Geborgenheit längerfristig depriviert, kann es zu pathologischen Verhaltensauffälligkeiten im Kindesalter kommen, die sich auch im Erwachsenenalter fortsetzen (McLeod, 2007). Ausgelöst etwa durch emotionale Vernachlässigung, körperliche Misshandlung oder eine psychische Erkrankung der Bezugsperson selbst sind **Bindungsstörungen** die Folge (Dornes, 1997). Dieses Störungsbild äußert sich u. a. durch soziale Reaktionen, z. B. Schwierigkeiten im zwischenmenschlichen Kontakt, oder emotionale Reaktionen, z. B. eine gestörte affektive Entwicklung (Bowlby 1944; Harlow 1958).

Mit der Verleugnung bzw. dem Verschweigen seiner unehelichen Herkunft wurde der Grundstein für Ted Bundys persönliche Beziehungshistorie gesetzt. Auch wenn Bundy in seinen frühen Lebensjahren Feinfühligkeit erfuhr, konnte er vermutlich keine enge Bindung zu seinen Bezugspersonen aufbauen. Einzelnen Angaben nach hat er stattdessen unter frühkindlichen Misshandlungen und emotionaler Vernachlässigung gelitten. Seine Großeltern, bei denen Bundy die ersten prägenden Jahre seiner Kindheit verbrachte und die sich lange Zeit als seine Eltern ausgaben, wiesen z. B. Verhaltensweisen auf, die starke Parallelen zu psychischen Störungsbildern erlauben. Ted Bundys Großvater galt demnach als tyrannischer Hausherr, der nicht davor zurückschreckte, seine Aggressionen an dem eigenen Enkel auszulassen. Bundys Großmutter litt unterdessen an wiederkehrenden depressiven Episoden und konnte ihm ebenfalls keinen Rückhalt bieten (Nelson 1994). Zugleich konnte Bundys eigentliche Mutter, Louise Cowell, in ihrer Rolle als Schwester nur bedingt für Entlastung sorgen und keine sichere Bindung zu ihrem Kind herstellen. Angesichts dieser frühen Deprivation entfalteten sich Verhaltensweisen wie unzureichende soziale Kontakte, jugendliche Delinquenz und abhängige Beziehungsmuster (Rule 2009). Bedingt durch die vermutlich vorliegende Prädisposition zu antisozialen Handlungen prägten sich die Auffälligkeiten im Erwachsenenalter weiter aus.

Zusammenfassend können die frühkindlichen Erfahrungen im Leben von Ted Bundy daher als denkbare Ursache für den Ausbau seiner psychopathischen Vulnerabilität betrachtet werden.

29.3.3 Frustrations-Aggressions-Hypothese

Ein weiterer Faktor lässt sich auf die Annahmen der Frustrations-Aggressions-Hypothese zurückführen. Die Anfänge dieser Theorie besagen, dass „Aggression immer die Folge von Frustration" (Dollard et al. 2001, S. 9) ist, wobei sich das Ausmaß der Aggression proportional zur Frustration verhält (Dollard et al. 2001).

Ergänzt wurde diese These durch die Forschung von Berkowitz (1974), der zufolge Frustration nicht unmittelbar zur Aggression führen muss, sondern durch das Zustandekommen von Gefühlen wie Ärger und Wut vermittelt wird. Ein Individuum erfährt somit eine aversive Situation (z. B. eine Provokation), woraufhin sich ein negatives Gefühl einstellt (z. B. Wut). Dieses Gefühl geht mit gewissen Handlungstendenzen einher, die sich das jeweilige Individuum über die Jahre angeeignet bzw. die es erlernt hat (z. B. Gewalt oder Aggression).

Die Entstehung derartiger Assoziationen lässt sich mithilfe der **sozial-kognitiven Lerntheorie** (Bandura 1986) erklären. Bandura beschreibt dabei den kognitiven Lernprozess als einen Vorgang, bei dem vor allem Kinder mittels Beobachtungen die Verhaltensweisen ihrer Vorbilder adaptieren. Am Beispiel der Provokation kann etwa aus der empfundenen Wut Gewalt resultieren, wenn die frühkindliche Bezugsperson derartige Handlungsmuster vorgelebt hat.

Basierend auf diesem Ansatz machte sich Ted Bundy die aggressiven Reaktionen seines Großvaters, wodurch beinahe auf jede negative Empfindung Aggression oder Gewalt folgte, zu eigen. Auf die folgenschwere Frustration, die aus der unerwarteten Zurückweisung von Stephanie resultierte, reagierte Bundy mit intensiver Aggression, die sich in dem perfiden Plan äußerte, sich an seiner großen Liebe zu rächen. Durch die zeitgleiche Erkenntnis seiner illegitimen Abstammung staute sich Bundys Aggression weiter auf und gipfelte endgültig in seiner sexuellen Gewaltbereitschaft – beginnend mit einfachen Sexualdelikten, die sich mit der Zeit zu immer brutaleren Taten festigten. Dies könnte eine weitere mögliche Ursache sein, die Ted Bundys antisoziale Veranlagung zum Vorschein gebracht hat.

29.3.4 Ganzheitliche Betrachtung der Entwicklungsgeschichte

In der scheinbaren Willkür von Ted Bundys Taten einen konkreten Sinn zu finden, erscheint nach wie vor schwer. Grundsätzlich sollte darauf verzichtet werden, nach einem spezifischen Motiv für derartige Grausamkeiten zu suchen. Stattdessen muss Bundys Leben ganzheitlich betrachtet und genetische, biologische, psychologische, soziale sowie gesellschaftliche Faktoren in wechselseitiger Beziehung zueinander analysiert werden.

Somit verkörpert die Zurückweisung durch seine große Liebe und die Verheimlichung seiner wahren Herkunft nur einen Bruchteil des großen Ganzen. Ebenso haben gesellschaftliche Aspekte ihren Teil dazu beigetragen, dass Ted Bundy die skrupellose Person geworden ist, die er war. Die in der damaligen Zeit zu befürchtenden öffentlichen Sanktionen einer unehelichen Schwangerschaft zwangen die Familie Cowell etwa, die wahre Abstammung Bundys zu unterschlagen. Die genetische

Prädisposition auf der anderen Seite prägte die biologische Entwicklung von Bundy, wodurch dieser, reagierend auf die frühkindliche Deprivation, antisoziale Verhaltensweisen im Jugendalter an den Tag legte. Die Reaktion aus der Umwelt und der frühe Kontakt zur Pornografie, den er gegen ein soziales Umfeld eintauschte, förderten wiederum die Entstehung seines psychopathischen Charakters. Nähere Informationen zu den Annahmen der Gen-Umwelt-Interaktion können hierbei dem ▶ Kap. 25 zu Anders Breivik entnommen werden. Die tief greifende Frustration, die Ted Bundy während seiner Studienzeit hinnehmen musste, tat ihr Übriges, um den Weg seiner Mordserie zu ebnen.

Zudem waren die Schulen und andere Institutionen, die Ted Bundy besuchte, unzureichend gegenüber den frühkindlichen Risikofaktoren einer psychopathologischen Entwicklung, z. B. dem anfänglichen sozialen Rückzug in der Grundschule, sensibilisiert, um die von dem jungen Ted Bundy ausgehende Gefahr zu erkennen und mögliche Gegenmaßnahmen einzuleiten.

Bundy sticht zwar aufgrund der hohen Anzahl an Morden besonders hervor, allerdings lassen sich ähnliche Leidenswege in der Kindheit und eine geringe Hemmschwelle für Gewalttaten auch auf andere Serienmörder übertragen (Douglas und Olshaker 2007).

29.4 Bedeutung für die heutige Zeit

29.4.1 Implikationen für die Praxis

Resultierend aus den kaltblütigen Taten Bundys ist die Frage berechtigt, ob sich derartige Fälle in der heutigen Zeit wiederholen können und welche Maßnahmen getroffen werden sollten, um dieses zu verhindern. Ereignisse, wie die des sog. „Cleveland Stranglers" (Anthony Edward Sowell), zeigen, dass der Begriff des Serienmörders an Aktualität nicht verloren hat. Allein in den USA sollen Schätzungen zufolge gegenwärtig 35 Serienmörder aktiv sein (Statistic Brain Research Institute 2017).

Da eine grundsätzliche Veranlagung zu Gewaltverbrechen keinen wirklichen Anhaltspunkt bietet, um Serienmorden vorzubeugen, stehen allen voran gesellschaftliche und soziale Faktoren im Fokus veränderbarer Variablen. Demnach leistet jede zwischenmenschliche Interaktion einen gewissen Beitrag für die Entwicklung eines Individuums – sei es in der Art, wie das nahe Umfeld z. B. auf eine uneheliche Empfängnis reagiert oder wie in einer Partnerschaft miteinander umgegangen wird. Die Summe dieser Erfahrungen bestimmt die individuelle Entwicklung maßgeblich mit. Insofern steht an erster Stelle der möglichen Gegenmaßnahmen die kritische Auseinandersetzung mit dem eigenen Verhalten. Jeder sollte reflektiert mit anderen Menschen umgehen und sich, soweit möglich, fragen, welchen Einfluss das eigene Tun und Handeln auf den Gegenüber haben kann.

Eine weitaus größere Bedeutung geht allerdings von den übergreifenden gesellschaftlichen Faktoren aus, die Delinquenz sowohl fördern als auch vermeiden können. Abhängig von den Werten, Normen und Einstellungen, die in einer Kultur vorherrschen, prägen diese das Milieu, in dem ein Individuum aufwächst und gedeiht. Eine Nation wie die USA signalisiert beispielsweise durch die gewaltverherrlichende Darstellung von Straftaten und die lockeren Waffengesetze eine gewisse Akzeptanz gegenüber Gewalt und Aggression. Eine Korrektur dieser Vorstellung durch Sozialisationsinstanzen wie Schulen und Gemeinden bleibt zudem in den meisten Fällen aus. Daher wäre eine zusätzliche denkbare Maßnahme, gesellschaftliche Institutionen für solche Themen zu sensibilisieren, um bereits die sich abzeichnende Entwicklung gewalttätiger Persönlichkeiten erkennen und Gegenmaßnahmen ergreifen zu können.

Dieser kleine Ausschnitt möglicher Maßnahmen soll verdeutlichen, dass es Wege gibt, der Disposition von Serienmördern Einhalt zu bieten. Die Einsicht, dass nicht allein genetische Veranlagungen der Ursprung aller Gewalttaten sind, steht hierbei im Vordergrund, um langfristig einen präventiven Wandel in der Gesellschaft erzielen zu können.

29.4.2 Serienmörder als gefeierte Berühmtheiten und Liebhaber

Bundys charismatisches Auftreten während der Mordprozesse brachte ihm schnell die mediale Aufmerksamkeit, die er in vollen Zügen genoss. Durch die regelmäßigen Interviews mit Journalisten, die mitunter im Fernsehen ausgestrahlt wurden, begann die nicht enden wollende „Popkultur" um den grausamen Serienmörder. Sein berüchtigter VW Käfer wurde in ein Museum gestellt, signierte Fotos sowie abgeschnittene Fingernägel von ihm wurden auf dem Schwarzmarkt gehandelt, und sein Charakter wurde zum Leitbild zahlreicher Kriminalromane und -filme. Doch warum kann um einen kaltblütigen Triebtäter, dem jegliche moralische Prinzipien fremd sind, eine solche Faszination entstehen?

Einer der bekanntesten Erklärungsversuche besagt, dass Serienmörder uns durch ihr Wesen und ihre Haltung imponieren. Während normale Mensch sich an die strengen Grundsätze und moralischen Vorstellungen der Gesellschaft halten, setzen sich Triebtäter ohne Gewissensbisse über diese Grenzen hinweg. Sie erscheinen „als der entschlossene Egoist, der wir nicht sein wagen" (Kümmel 2018, S. 1). Diese Theorie ist jedoch nur eine von vielen, weshalb es bis jetzt keine eindeutige Erklärung für die weitläufige Begeisterung für Serienmörder gibt. Weitere Theorien über die grundsätzliche Begeisterung, die von Serienmördern ausgehen, finden sich in dem Kapitel zu Jack Unterweger (▶ Kap. 28).

Während seines Gefängnisaufenthalts unterhielt Ted Bundy ebenfalls unzählige Brieffreundschaften zu gebildeten und unbescholtenen Frauen, die sich letzten Endes in ihn verliebten. Eine dieser Verehrerinnen nahm er sogar zur Frau und zeugte mit ihr ein Kind. Grundsätzlich ist es keine Seltenheit, dass Serienmörder Liebesbriefe erhalten oder Beziehungen während der Zeit im Gefängnis eingehen. Dennoch stellt sich hierbei die Frage wie sich Gefühle von Zuneigung, Bewunderung und Liebe gegenüber einem mehrfachen Mörder überhaupt entfalten können?

In der Wissenschaft hat sich zur Beschreibung dieses Phänomens der Begriff der **Hybristophilie** durchgesetzt, die sexuelle Hingezogenheit zu Kriminellen, wobei Frauen davon häufiger betroffen sind. Die Motive für diese Form der Paraphilie können sehr vielseitig sein. Untersuchungen differenzieren in diesem Bereich 3 Typen von Verehrerinnen (Ritter 2016):

1. Die **Retterin** gilt als eine Verehrerin, die grundsätzlich in das Gute im Menschen vertraut und den Straffälligen wieder auf den rechten Weg bringen möchte.
2. Die **Seelenforscherin** hingegen fühlt sich zu dem Bösen hingezogen und möchte das Wesen eines Straftäters ergründen.
3. **Frauen mit archaischen Motiven** wiederum identifizieren die Taten des Verurteilten als Ausdruck von Stärke und Maskulinität.

Neben dieser gängigen Klassifikation werden in der Literatur auch Krankheitsbilder wie das Rotkäppchen-Syndrom oder das Amiga-Syndrom als Deutungsversuche aufgegriffen (Link 2014). Die Aussage: „Liebe macht blind", beschreibt das **Rotkäppchen-Syndrom** hierbei zutreffend. Frauen, die unter dieser Form leiden, fühlen sich zu dem Bösartigen ihres Partners hingezogen und leugnen dessen Taten. Das **Amiga-Syndrom** auf der anderen Seite lässt sich am ehesten durch folgenden Satz charakterisieren: „Meiner ist ganz anders." Ähnlich wie bei dem von Ritter (2016) definierten Retterinnen-Typ glauben diese Frauen an das Gute in ihrem Partner. Sie sind davon überzeugt, den Täter durch ihre Liebe und Religion bekehren zu können.

Unabhängig von diesen Differenzierungen weist Sheila Isenberg (2000) auf eine häufige Gemeinsamkeit der betroffenen Frauen hin. Demnach haben viele der Frauen in ihrem Leben mindestens eine Missbrauchserfahrung hinnehmen müssen. Die Partnerschaft zu einem Inhaftierten wird folglich als einzige Möglichkeit gesehen, das aus den Misshandlungen verstärkte **Bedürfnis nach Sicherheit und Kontrolle** in Beziehungen zu erfüllen. Vor diesem Hintergrund kann die Partnerschaft ebenfalls als Versuch verstanden werden, die Angst vor einem eigentlich gefürchteten Partner zu bewältigen.

Wie dieser Abschnitt verdeutlicht, äußert sich die Faszination gegenüber einem Serienmörder in zahlreichen Facetten. Eine differenzierte Betrachtung, z. B. des Liebeswahns gegenüber Straftätern, ist somit vonnöten, um einen genaueren Eindruck von der weitläufigen Begeisterung für Serienmörder zu erhalten.

29.5 Fazit

Zwar kann an dieser Stelle keine abschließende Beurteilung über die tatsächlichen Bewegründe von Ted Bundys grauenhafter Mordserie erfolgen, dennoch bieten die aufgeführten psychologischen Ansätze wertvolle Hinweise. Demzufolge kann Bundys frühkindlichen Erfahrungen sowie den prägenden Ereignissen zu seiner Studienzeit eine bedeutende Rolle eingeräumt werden. Ein nicht zu vernachlässigender Einfluss geht auch von der Veranlagung für gewalttätige Verhaltensweisen sowie den damals vorherrschenden gesellschaftlichen Bedingungen aus. Dieses komplexe Wirkungsgefüge formte maßgeblich das Leben und somit die Person Ted Bundy.

Die Ganzheit dieser Faktoren darf jedoch nicht von der Eigenverantwortung des Serienmörders ablenken, zumal sich andere Individuen mit ähnlichen Vorgeschichten, die in diesem Buch Erwähnung finden, zu wahren Wohltätern entwickelt haben. Zu irgendeinem Zeitpunkt muss sich Bundy daher eigens für das Töten und Vergewaltigen von Frauen entschieden haben.

Dahingehend lässt sich auch die Frage, ob die Taten verhindert hätten werden können, nur bedingt beantworten. Institutionen wie die Polizei oder die Schulen hätten zwar mit dem entsprechenden Hintergrundwissen das Gefahrenpotenzial hinter den Jugenddelikten von Ted Bundy erkennen können, welchen Einfluss die daraus abgeleiteten Maßnahmen jedoch gehabt hätten, kann keinesfalls geklärt werden. Nicht selten zeigen Fälle, z. B. der von Anders Behring Breivik (▶ Kap. 25), dass eingeleitete Maßnahmen nicht unbedingt den gewünschten Erfolg erzielen müssen. Insgesamt bestimmt abermals die Summe an förderlichen Umwelterfahrungen, ob die Gewalttaten an und von Bundy hätten vereitelt werden können.

Zu guter Letzt lässt uns Ted Bundys Lebensgeschichte mit der Lehre zurück, dass Serienmörder ebenfalls nur Menschen sind. Sie werden weder als Übeltäter geborgen noch sind sie erbarmungslose Ungeheuer. Genauso wie jedes andere Individuum sind sie streng genommen das Spiegelbild ihrer eigenen Umwelterfahrungen. Aus diesem Blickwinkel kann jedem Menschen eine tragende Rolle bei dem Hervorbringen von Straftätern zuteilwerden. Abhängig von dem Umgang untereinander, der geprägt ist durch die gesellschaftlichen Vorstellungen, kann Einfluss auf den Entwicklungsverlauf eines Individuums genommen werden. Daher forderte Richard Hare schlüssig:

» „Handle so, als würdest du von deiner Handlung selbst betroffen." (zitiert nach Zimmermann 2015, S. 75)

Schlussendlich werden wir nie alle Fragen zu Ted Bundys Vergehen beantworten können. Nicht einmal der Serienmörder selbst war sich seiner Motive und inneren Antriebe völlig im Klaren.

» „I don't think anybody doubts whether I've done some bad things. The question is: what, of course, and how and, maybe even most importantly, why?" (Rockefeller 2016, S. 34)

Literatur

Ainsworth, M., Blehar, M., & Waters, E. (2015). *Patterns of attachment: A psychological study of the strange situation*. London: Taylor & Francis.

Bandura, A. (1986). *Social foundations of thought and action: A social cognitive theory*. Englewood Cliffs: Prentice-Hall Inc.

Beller, C. (2013). *Berühmte Verbrecher*. München: Compact Via.

Berkowitz, L. (1974). Some determinants of impulsive aggression: Role of mediated associations with reinforcements for aggression. *Psychological Review, 81*(2), 165–176.

Bowlby, J. (1944). Forty-four juvenile thieves: Their characters and home-life. *The International Journal of Psycho-Analysis, 25,* 19–53.

Bowlby, J. (1969). *Attachment and loss* (Bd. I). Penguin Books.

Bowlby, J. (1988). Developmental psychiatry comes of age. *The American journal of psychiatry, 145*(1), 1.

Carlisle, A. (2016). *I'm not guilty*. Encino: Genius Book Publishing.

Cleckley, H. M. (1941). *The mask of sanity: An attempt to re-interpret some issues about the so-called psychopathic personality*. Oxford: Mosby.

Dollard, J., Ford, C., Hovland, C., & Sollenberger, R. (2001). *Frustration and aggression*. London: Routledge.

Dornes, M. (1997). *Die frühe Kindheit: Entwicklungspsychologie der ersten Lebensjahre*. Berlin: Fischer Taschenbuch.

Douglas, J., & Olshaker, M. (2007). *Die Seele des Mörders: 25 Jahre in der FBI-Spezialeinheit für Serienverbrechen*. München: Spiegel-Buchverlag.

Fallon, J. (2014). How I discovered I have the brain of a psychopath. The Guardian. Artikel vom 03. Juni 2014. ▶ https://www.theguardian.com/commentisfree/2014/jun/03/how-i-discovered-i-have-the-brain-of-a-psychopath. Zugegriffen: 10. Jan. 2019.

Hare, R. (1999). *Without conscience: The disturbing world of the psychopaths among us*. New York: Guilford Publications.

Hare, R. (2003). *The psychopathy checklist-Revised* (2. Aufl.). Toronto: ON.

Harlow, H. (1958). The nature of love. *American Psychologist, 13*(12), 673–685.

Isenberg, S. (2000). *Women who love men who kill*. Lincoln: iUniverse.

Kümmel. (2018). Serienmörder: Ein kleiner Sieg über den Tod. Zeit Online. Artikel vom 30. Januar 2018. ▶ http://www.zeit.de/zeit-geschichte/2018/01/serienmoerder-faszination-kinohelden. Zugegriffen: 10. Jan. 2019.

Lewis, B. (2010). *Mapping the trail of a serial killer*. Guilford: Lyons Press.

Lewis, D. (2009). *Guilty by reason of insanity: A psychiatrist explores the minds of killers*. New York: Ivy Books.

Link, B. (2014). Warum lieben Frauen Psychopathen? WEB.DE Magazin. 4. Dezember 2014. ► https://web.de/magazine/wissen/lieben-frauen-psychopathen-30255726. Zugegriffen: 10. Jan. 2019.

McLeod, S. (2007). Bowlby's attachment theory. ► https://www.simplypsychology.org/bowlby.html. Zugegriffen: 10. Jan. 2019.

Michaud, S., & Aynesworth, H. (1989). *Ted Bundy: Conversations with a killer*. New York: Signet.

Nelson, P. (1994). *Defending the devil: My story as Ted Bundy's last lawyer*. New York: W. Morrow.

Norris, C. (2011). Psychopathy and gender of serial killers: A comparison using the PCL-R (MA). East Tennessee State University. Electronic Theses and Dissertations. Paper 1340. ► https://dc.etsu.edu/etd/1340/. Zugegriffen: 10. Jan. 2019.

Ritter, J. (2016). Mysteriöse Flucht: Die befreiende Macht der Liebe. Frankfurter Allgemeine. Artikel vom 15. Februar 2016. ► https://www.faz.net/aktuell/gesellschaft/kriminalitaet/mysterioese-flucht-die-befreiende-macht-der-liebe-14071786.html. Zugegriffen: 10. Jan. 2019.

Rockefeller, J. (2016). Ted bundy: The worst and most popular serial killer in America's history. J. D. Rockefeller (S. 34). CreateSpace Independent Publishing Platform

Rule, A. (2009). *The stranger beside me*. New York: Pocket Books Reprint.

Statistic Brain Research Institute. (2017). Serial killer statistics and demographics. Crime Reports. Stand: 23. September 2017. ► https://www.statisticbrain.com/serial-killer-statistics-and-demographics/. Zugegriffen: 10. Jan. 2019.

Zimmermann, M. (2015). *Philosophieunterricht Oberstufe*. Raleigh: Lulu.com.

29

Fritz Haarmann

Caroline Mehner

© Springer-Verlag GmbH Deutschland, ein Teil von Springer Nature 2019
D. Frey (Hrsg.), *Psychologie des Guten und Bösen*, https://doi.org/10.1007/978-3-662-58742-3_30

30.1 Einleitung

» „Warte, warte nur ein Weilchen, dann kommt Haarmann auch zu dir, mit dem kleinen Hackebeilchen macht er Hackefleisch aus dir. Aus den Augen macht er Sülze, aus dem Hintern macht er Speck, aus den Därmen macht er Würste und den Rest, den schmeisst er weg."
Reim aus den 1920er-Jahren

Im Sommer 1924 wurden 4 menschliche, skelettierte Schädel in der Leine, einem Fluss bei Hannover, gefunden. Einige Wochen später ließ die Polizei den Wasserstand der Leine absenken, wobei über 300 weitere Knochenteile sichergestellt wurden. Eine Analyse ergab, dass die abgetrennten Schädel vermutlich von jungen Männern zwischen 11 und 21 Jahren stammten. Die Ermittler vermuteten einen homosexuellen Täter. Homosexuelle wurden zu Beginn des 20. Jahrhunderts noch mit Perversen gleichgesetzt, strafrechtlich verfolgt und in Karteien aufgelistet (bpb 2014). Da auch Haarmanns Name auf dieser Liste stand und er bereits unter Verdacht geraten war, junge Männer zu sich gelockt zu haben und an ihrem Verschwinden beteiligt gewesen zu sein, wurde er zum Hauptverdächtigen des Verfahrens. Kurze Zeit später verhaftete ihn die Polizei bei einem Zwischenfall, woraufhin Kriminalbeamte seine Wohnung durchsuchten und Blutspuren an Möbeln, Messern und Kleidungsstücken fanden. Wie sich später herausstellte, befand sich zu diesem Zeitpunkt ein weiterer abgetrennter Schädel in seiner Wohnung, den Haarmann jedoch erfolgreich vor der Polizei verstecken konnte.

Zeitgleich rief die Presse zur öffentlichen Mithilfe bei der Aufklärung des Falles auf. Jeder Bürger, der in Kontakt mit Haarmann stand oder gebrauchte Kleidung von ihm abkaufte, sollte sich melden. Hunderte Kleidungsstücke stapelten sich daraufhin im Hof der Polizei. Angehörige von ca. 80 Vermissten identifizierten die Kleidung ihrer verschwundenen Kinder. Wie sich allerdings später herausstellte, sind nicht alle dieser Kinder Haarmann zum Opfer gefallen. Die

Nachbarn und eine Gastwirtschaft berichteten zudem, dass sie Boullion, Sülze und Fleisch von ihm erhielten, wobei unklar blieb, ob es sich hierbei um Menschenfleisch oder Fleisch aus der Markthalle handelte.

Da Haarmann die Morde zunächst leugnete, wurden von den Beamten 4 der Schädel mit rot gefärbten Augenhöhlen in seine Zelle gehängt und ein Sack mit den gefundenen Knochen dazugestellt. Haarmann sollte denken, die Toten könnten ihn auf diese Art weiterhin sehen. Kurze Zeit später gestand er einige seiner bestialischen Morde. Er erklärte, wie er abends zunächst mit seinen Opfern sexuell verkehrt, sie geküsst, ihnen dabei in die Kehle gebissen und sie dadurch getötet hatte. Am nächsten Morgen sei er oftmals aufgewacht und habe einen leblosen Körper neben sich liegen sehen. Er sei erschrocken, wurde traurig und habe teilweise sogar geweint. Die „Puppenjungs", wie Haarmann sie nannte, seien doch so hübsche Jungs gewesen. Manchmal habe er sich im Bett auf die andere Seite gedreht, um weiterschlafen zu können. Anschließend zerstückelte er die Leichen in kleinste Teile, höhlte sie von innen aus, spülte kleine Teile in der Toilette hinunter, zertrümmerte Knochen und warf diese in die Leine. Die Kleidungsstücke seiner Opfer verkaufte Haarmann gemeinsam mit einem Freund, um Geld zu verdienen. Er betonte immer wieder, dass er sich nicht an seine Taten erinnern könne und sie auch nicht gewollt habe. In einem Abschiedsbrief schrieb er:

» „ich bin ein Guter Junge ich wollte es ja nicht aber es ist doch schrecklich diese Angst wenn einer Tod ist und wegbringen." (zitiert nach Pozsár und Farin 2009, S. 638)

30.2 Biografie

Fritz Haarmann wurde am 25. Oktober 1879 als jüngstes von 6 Kindern in Hannover geboren. Seinen Eltern gehörte eine kleine Zigarrenmanufaktur in Hannover, in der

Haarmann bereits als Kind auf Anweisung seines Vaters häufig mitarbeiten musste. Haarmann war einem konträren Erziehungsstil ausgesetzt und lehnte seinen Vater ab, während er seine Mutter zutiefst liebte. Die Schulleistungen Haarmanns aus den Jahren 1892/1893 deuten auf befriedigende bis ungenügende Schulleistungen hin.

Im Alter von 16 Jahren trat er in die Unteroffiziersvorschule ein, wurde jedoch bereits nach 2 Wochen ins Lazarett eingeliefert, mit der Begründung, er sei geisteskrank. Er zeigte beispielsweise Angstzustände als von der Fußartillerie geschossen wurde und verkündete, er habe die Kantine gekauft und werde diese nun übernehmen. Der behandelnde Arzt beschrieb ihn als vergnügt, ängstlich sowie kindlich neugierig und diagnostizierte ihm einen beschränkten Geisteszustand. Er wurde als gesund befunden, wieder in die Schule entlassen und 3 Wochen später erneut eingeliefert. Nach einiger Zeit wurde er aufgrund „epileptischen Irresein(s)" als „dienstunbrauchbar" entlassen.

Zurück in Hannover soll er im Alter von 17 Jahren Kinder in einen Keller gelockt und an ihren Geschlechtsteilen gespielt haben. Die Anklage wurde fallen gelassen, weil er aufgrund einer krankhaften Störung der Geistesfähigkeit nicht nach seinem freien Willen hätte handeln können. Haarmann wurde zunächst in die Heil- und Pflegeanstalt Hildesheim eingeliefert, musste dann für kurze Zeit in die Abteilung für Geisteskranke ins Stadtkrankenhaus wechseln, da ihn die Polizei als gemeingefährlich einstufte. Der behandelnde Arzt notierte:

» „Patient macht einen schwachsinnigen, kindlichen Eindruck, hat von seiner Lage und von der moralischen Seite der ihm zur Last gelegten Handlungen kein Verständnis." (zitiert nach Pozsár und Farin 2009, S. 59)

Er freue sich, lache viel und wiederhole sich. Einfache Rechenaufgaben konnte er nicht ausrechnen und zudem keines der 10 Gebote nennen.

Wieder in Hildesheim gelang es ihm, zu seinem Vater zu flüchten. Die Flucht blieb jedoch erfolglos, und er kam in die sog. „Idiotenanstalt" in Langenhagen. Er unternahm einen weiteren Fluchtversuch, verschwand und wurde letztendlich in der Schweiz wieder aufgefunden, wo er zwischenzeitlich in einer Schiffsbaufirma in Zürich gearbeitet hatte.

Im Jahr 1900, zurück in Hannover, beantragte er sein Führungszeugnis, um im Hannoverschen Jäger-Bataillon den Militärdienst als Freiwilliger antreten zu können. Zudem ging er eine kurze Liebesbeziehung mit einer Frau ein. Aufgrund der Anstrengungen der Manöver bekam Haarmann mehrere Ohnmachtsanfälle. Im Lazarett wurde ihm daraufhin eine Nervenschwäche (Neurasthenie), eine „hebephrene Schizophrenie" und eine damit einhergehende Verblödung diagnostiziert. Der zuständige Arzt erklärte ihn für die folgenden 2 Jahre als erwerbsunfähig. Auch danach wurde immer wieder auf seine mangelhafte Intelligenz, Ausdauer und Erziehung verwiesen. Weitere Ärzte beschrieben ihn als undankbar, egoistisch, arrogant, rachsüchtig und boshaft.

In den darauffolgenden Jahren, von 1905 bis 1925, wurde Haarmann mehrfach aufgrund von Einbrüchen, Diebstählen, Sachbeschädigung, Betrug oder Körperverletzung und sexueller Belästigung verklagt, kam mehrmals ins Gefängnis und von 1913 bis 1918 ins Zuchthaus. Auch seine Familienmitglieder ließ er bei seinen kriminellen Handlungen nicht aus. Haarmanns Versuche, an Geld zu kommen, gingen so weit, dass er seinen Vater auf Unterhalt verklagte und seinen Bruder erpresste oder z. B. Todesanzeigen in den Zeitungen las, die Hinterbliebenen aufsuchte und ihnen suggerierte, er müsse die Wohnung nach dem Tod desinfizieren. Zudem lockte er einen 13-jährigen Jungen zu sich, um mit ihm sexuelle Handlungen auszuüben. Haarmanns Vater warnte daraufhin die Polizei.

Mit einem ehemaligen Polizeikommissar gründete Haarmann schließlich die Detektei „Lasso", um potenzielle Täter an die Polizei auszuliefern und mitzuhelfen, Verbrechen aufzuklären. Aufgrund seiner eigenen kriminellen Vergangenheit hatte er sich ein Netzwerk zu anderen Kriminellen aufgebaut und war somit ein wertvoller Lieferant von Informationen. Sein Kollege erfuhr zwischenzeitlich von Bekannten, dass Haarmann vorbestraft war und auch des Mordes verdächtigt wurde. Daraufhin brach er den Kontakt zu ihm ab. Er beschrieb, dass sich Haarmann nicht anders wie alle Menschen benommen hätte.

» „Er kam mir allerdings außerordentlich schlau und gerissen vor und hatte eine ausgezeichnete Beobachtungsgabe sowie ein vorzügliches Personengedächtnis." (zitiert nach Pozsár und Farin 2009, S. 119)

Während er für sämtliche andere Straftaten zur Rechenschaft gezogen wurde, blieben die in dieser Zeit verübten Morde bis zum Fund der Schädel unentdeckt. Am 23. Juni 1924 kam es schließlich erneut zur Verhaftung. In Göttingen wurde sein Geisteszustand untersucht und es wurde ein psychologisches Gutachten angefertigt, in dem er für voll zurechnungsfähig erklärt wurde. Haarmann wurde schließlich für 24 Morde zum Tode verurteilt und am 15. April 1925 enthauptet.

30.3 Psychologische Theorien, Modelle und Konzepte

Straftaten sind das Ergebnis eines komplexen Zusammenspiels aus biologischen, psychologischen, sozialen sowie unter Umständen gesellschaftlichen und historischen Einflussfaktoren. Ähnliches gilt auch für viele psychische Störungen. Auf einige dieser Faktoren soll im Folgenden eingegangen werden, um deutlicher zu machen, welche Einflüsse auf Fritz Haarmann während seines Lebens eingewirkt und zu seinen schrecklichen Taten geführt haben könnten. Hierbei kann selbstverständlich kein Anspruch auf Vollständigkeit der Einflussfaktoren erhoben werden.

30.3.1 Familiäres Umfeld und fehlende Bindung

Fritz Haarmann wuchs in einer zerrütteten Familie auf. Während sein Vater einen autoritären, strengen und gewaltvollen Erziehungsstil pflegte und Haarmann oft aufgrund seiner Enkopresis (Einkoten) demütigte, schwärmte er für seine liebevolle Mutter, die keine klaren Regeln verfolgte. Sie verstarb als Fritz Haarmann 22 Jahre alt war. Zwischen Haarmann und seinem Vater bestand eine regelrechte Feindschaft. Bereits in jungen Jahren zwang ihn sein Vater oftmals, in der Zigarrenfabrik mitzuhelfen, wodurch Haarmann jegliche Gelegenheit, mit anderen Kindern zu spielen und Freunde zu gewinnen, verwehrt blieb. Einmal soll er von seinem Vater sexuell belästigt worden sein. Als Fritz Haarmann älter und bereits kriminell geworden war, kam es mehrfach zu Auseinandersetzungen, Drohungen und Anzeigen zwischen Vater und Sohn. Haarmann versuchte sogar, seinen Vater zu würgen.

Die Beziehungen zu seinen Geschwistern waren ebenfalls sehr schwierig und gaben ihm nicht den familiären Halt, den er vermutlich gebraucht hätte. Auch hier gab es viele Anschuldigungen, Erpressungen, Anzeigen und Streitigkeiten um das Erbe nach dem Tod der Eltern. Sein Bruder Willy soll Haarmann zudem sexuell missbraucht haben.

Nach der **Theorie der selbst erlebten Viktimisierung** werden Sexualstraftaten häufig mit selbst erlebtem Missbrauch in der Kindheit der Täter in Verbindung gebracht. Dies gelte insbesondere für Jungen (Wößner 2006). Hier stellt sich die Frage, wie es dazu kommt, dass manche Opfer später selbst zu Tätern werden. Dies kann u. a. mithilfe der **sozial-kognitiven Lerntheorie** beantwortet werden: Haarmanns Eltern und in diesem Fall auch sein Bruder galten als Modell oder Vorbild. Ihr Verhalten wird daher als legitimiert angesehen. Es wird zunächst beobachtet und anschließend übernommen. So entstehen verzerrte Denkmuster und die Gefahr, dass Missbrauchsopfer später selbst zu Missbrauchstätern werden (Cassel und Bernstein 2007).

Hieran wird deutlich, dass Haarmann, abgesehen von seiner Mutter, die jedoch früh starb, von allen Familienmitgliedern zurückgewiesen wurde und somit weder familiären Rückhalt noch eine sichere Bindung hatte. Die frühe Bindung zu einer Bezugsperson in der Kindheit beeinflusst das spätere Selbstbild sowie Annahmen und Erwartungen, die eine Person gegenüber späteren Beziehungen im Leben hat, ihr **inneres Arbeitsmodell** (Wößner 2006). Betrachtet man die Entwicklung krimineller Handlungen und Straftaten aus entwicklungstheoretischer Sicht, so wird dieses Verhalten von Bowlby gestörten Bindungssystemen zugeschrieben (Wößner 2006). Letztere führen zu fehlendem Interesse und Gleichgültigkeit gegenüber anderen Personen, was in Zusammenhang mit dem Bedürfnis nach Zugehörigkeit zu anderen Menschen zu gewaltvollen Handlungen führen kann.

Das familiäre Umfeld spielt zudem eine wichtige Rolle bei der Entwicklung von **Pädophilie**, denn dysfunktionale Familien und fehlende sichere Bindungen stellen einen Risikofaktor hierfür dar. Es entstand die Idee, dass pädophile Menschen so oft von ihrem Umfeld, aber insbesondere ihrer Familie zurückgewiesen wurden, sodass sie sich Kindern zugewandt haben, um emotionale und physische Intimität zu erfahren (Cassel und Bernstein 2007).

In ► Kap. 27 zu Josef Fritzl wird genauer auf das Bindungsbedürfnis eines Menschen und die Entstehung einer Bindungsstörung eingegangen.

30.3.2 Gesellschaftlicher und geschichtlicher Hintergrund

Fritz Haarmann wurde 1879 in der Zeit des Kaiserreichs und Otto von Bismarcks geboren. Deutschland war auf dem Weg in ein neues, modernes Zeitalter, und die Gesellschaft befand sich im Wandel. Zudem bestand die allgemeine 3-jährige Wehrpflicht. Dies war ein wichtiger Teil des Lebens junger Männer zu dieser Zeit, um sich in die deutsche Gesellschaft zu integrieren. Auch Fritz Haarmann wurde von dem Wunsch, Soldat zu sein, angetrieben und versuchte mehrfach, sich dort zu integrieren. Durch die Schaffung des Nationalstaates bildete sich ein verstärkter Nationalismus in Deutschland heraus. Mit Beginn des Ersten Weltkrieges im August 1914 brach in Deutschland eine Kriegseuphorie und eine Welle der Begeisterung aus. Nach den 4 Kriegsjahren war das deutsche Volk jedoch kriegsmüde, die Menschen litten an Hunger und Grippeepidemien. Der Krieg forderte mehr als 8 Mio. Tote weltweit und hinterließ unzählige seelische, geistige und körperliche Schäden.

Es lassen sich nur Mutmaßungen darüber anstellen, wie sich in Deutschland die anfängliche Kriegseuphorie und die anschließende Zahl der Toten die Verhältnismäßigkeit zum Tod eines Einzelnen gestaltete. Wenn Hunderttausende Männer euphorisch in den Krieg ziehen, den Tod des Gegners als gemeinsames Ziel vor Augen haben und diesen feiern, entsteht vermutlich ein „gutes" Gefühl. Der Tod wird in diesem Zusammenhang vermutlich positiver interpretiert als in anderen Situationen, und insbesondere der Tod eines einzelnen Menschen wird wahrscheinlich vor dem Hintergrund, dass Millionen andere Menschen ebenfalls ums Leben kommen, als weniger gravierend angesehen.

Fritz Haarmann verbrachte die Zeit während des Ersten Weltkrieges im Zuchthaus, wodurch sich die Frage stellt, wie stark Haarmann vom Krieg beeinflusst wurde. Es ist jedoch zu vermuten, dass dieser nicht spurlos an ihm vorbeigegangen sein kann. Schon früh in seinem Leben wollte er Soldat werden, und späteren Gesprächen mit seinem Gutachter zufolge sah er sich selbst auch als Soldaten an. Insofern wird er den Krieg wahrscheinlich als etwas Gutes betrachtet haben und wäre gerne dabei gewesen. Darüber hinaus dürfte auch er die Verhältnismäßigkeit zum Tod eines

Einzelnen verloren haben und könnte seine späteren Morde an „nur" 24 Menschen als eventuell nicht so schwerwiegend angesehen haben.

Spätestens nach seiner Entlassung wurde er durch die Nachkriegszeit beeinflusst. Deutschland lag in Trümmern, es gab viele Vermisste, Flüchtlinge und Heimatlose, denen Haarmann einen Schlafplatz und Essen anbot und die ihm anschließend zum Opfer fielen. Die Menschen betrieben Handel mit schwer aufzutreibenden Gütern, an dem nun auch Haarmann teilnahm, indem er Fleisch verkaufte. So boten sich situativ viele Möglichkeiten zur Ausübung seiner Verbrechen.

Es kann festgehalten werden, dass Haarmann sicherlich durch den Krieg, die Anwesenheit der Soldaten, seinen eigenen starken Wunsch, Soldat zu sein, und insbesondere durch die Nachkriegszeit beeinflusst wurde. Erneute Ablehnung erfuhr er auch zu dieser Zeit, da er kein Soldat sein und somit auch keinen Erfolg als solcher erlangen konnte. Die ungeordneten Verhältnisse im Nachkriegsdeutschland mit vielen Vermissten boten ihm allerdings eine passende Gelegenheit, um auf einem anderen Weg Aufmerksamkeit zu erregen.

30.3.3 Krimineller Kannibalismus

Der **Kannibalismus,** das Töten und Verspeisen von Menschen, ist in der Geschichte der Menschheit keine Seltenheit. Betrachtet man die Lebensweise unserer Vorfahren vor Tausenden Jahren, wird die tierische Eigenschaft im Menschen deutlich. Auch Beispiele aus der Geschichte zeigen, dass Kulturen und Völker immer wieder Mitglieder ihrer Gemeinschaften opferten und auch verspeisten.

Hierbei ist der kriminelle Kannibalismus vom rituellen und profanen Kannibalismus abzugrenzen. Während sich der **rituelle Kannibalismus** auf das Verspeisen von Opfern aufgrund von Überzeugungen, z. B. nach einem Sieg, bezieht, kommt **profaner Kannibalismus** in Notsituationen vor, beispielsweise in

Kriegssituationen, in denen Menschen hungern müssen (Klages 2011).

Im Fall von Haarmann könnte es sich um **kriminellen Kannibalismus** gehandelt haben, bei dem Menschen aus niederen Beweggründen getötet und gegessen werden. Dies zeigt, dass es auch in der Neuzeit, in einer Gesellschaft auf dem Weg in die Moderne, Fälle von Kannibalismus gibt. Dieser Begriff sollte allerdings unter Vorbehalt mit diesem Fall in Zusammenhang gebracht werden, denn es blieb bis zuletzt unklar, ob er das Fleisch seiner Opfer gegessen hat.

30.3.4 Individuelle Hemmschwellen

Menschen haben eine individuelle Hemmschwelle in Bezug auf **Gewalt**, insbesondere in Bezug auf Tötungsdelikte, die jedoch durch verschiedenste Einflüsse herabgesetzt werden kann. Im Fall Haarmann hatten die bereits genannten Kriegserfahrungen sicherlich einen Einfluss hierauf. Im Jugendalter machte er im Militär die ersten Erfahrungen in Manövern, und in seinen späteren Lebensjahren brach in Deutschland der Erste Weltkrieg aus. Des Weiteren könnte seine individuelle Hemmschwelle auch durch „Probeopfer" gesenkt worden sein, denn bereits in früheren Jahren tötete er Tiere (Klages 2011). Diese Erfahrungen sowie seine Erlebnisse als Soldat trugen somit vermutlich dazu bei, sich seinen schrecklichen Taten anzunähern.

Neben der Hemmschwelle in Bezug auf Gewalt, gibt es eine weitere Hemmschwelle, die bei Fritz Haarmann übertreten wurde: die der **sexuellen Erregung.** Petra Klages (2011) vermutet, dass die sexuelle Erregung Haarmanns während der Taten in Kombination mit fehlender Empathie, seiner Geistesstörungen, Nervenschwäche und auch Pädophilie ausschlaggebend für seine grausamen Taten war. Bei normalen, gesunden Personen wird die sexuelle Erregung gehemmt, sobald diese Reize wie Schmerz, Angst oder Gewalt wahrnehmen, nicht jedoch bei Sexualstraftätern (Hoyer und Kunst 2001). Durch seine sexuelle Erregung scheinen diese Taten überhaupt erst möglich geworden zu sein und Angst und Schmerz hierbei keine Rolle gespielt zu haben.

30.3.5 Bedürfnis nach Einzigartigkeit

» „[…]wenn ich so gestorben wäre, dann wäre ich beerdigt und keiner hätte mich gekannt, so aber – Amerika, China, Japan und die Türkei, alles kennt mich" Fritz Haarmann (zitiert nach Pozsár und Farin 2009, S. 376)

Nach seinem Urteil erklärte Haarmann, dass es ihm wichtig gewesen sei, berühmt zu werden. Als Soldat wurde ihm diese Möglichkeit verwehrt und am Krieg konnte er nicht teilhaben. Als Massenmörder hatte er jedoch die Chance, dass die Welt von ihm erfahren und reden würde.

Das **Bedürfnis nach Einzigartigkeit** („need for uniqueness"; Snyder und Fromkin 1977) beschreibt den Wunsch, sich von anderen zu unterscheiden und in irgendeiner Art besonders zu sein. Dieses Bedürfnis ist bei Menschen unterschiedlich stark ausgeprägt.

Bei Fritz Haarmann scheint es durchaus ein sehr starkes Bedürfnis gewesen zu sein, denn in den Protokollen der psychiatrischen Gespräche wird immer wieder deutlich, wie sehr er sich danach sehnte, „groß rauszukommen" und Geschichte zu schreiben. So äußerte er beispielsweise den Wunsch nach einem Roman, der „Millionen" einbringen würde, einer Verfilmung und einem Denkmal, dass er wie folgt beschreibt:

» „[…] gross 4 bis 5 Meter hoch mit meinem Bilde […] darauf soll stehen zum Ewigen Andenken an den Massenmörder Fritz Haarmann und seinen Opfern […]" (zitiert nach Pozsár und Farin 2009, S. 638)

Er verglich sich sogar mit Napoleon, denn sie wären beide berühmt und Soldat gewesen, worauf Haarmann sehr stolz war.

Paradoxerweise erstellte ein Bildhauer tatsächlich eine Bronzestatue von Haarmann, die 1992 nach Hannover geholt, jedoch nach starker öffentlicher Kritik wieder entfernt wurde (Die Zeit 1992). Im Jahre 1995 wurde dann der Film „Der Totmacher" mit Götz George gedreht. Zudem erschienen zahlreiche Bücher über Fritz Haarmann und seine Morde.

30.3.6 Psychopathie

Nach Hare (1999) hängt Psychopathie mit Aggressionen und antisozialem Verhalten zusammen. Auch Raubtierverhalten geht hiermit einher. Das Leben von Psychopathen zeichnet sich bereits früh in ihrer Jugend durch kriminelle Handlungen aus. Später werden sie oftmals zu Betrügern oder sogar Serienmördern. Eigenschaften von Psychopathen sind u. a. mangelnde Empathiefähigkeit, Egoismus, Impulsivität oder auch fehlende Einsicht und Reue – Eigenschaften, die auch auf Haarmann zutreffen.

30.3.6.1 Empathiedefizit

Empathie wird als die Fähigkeit verstanden, sich in die Perspektive eines anderen Menschen hineinzuversetzen und diese sowie seine Emotionen nachvollzuziehen zu können (Schläfke et al. 2005).

Nach Marshall et al. (1995) findet die Empathiebildung eines Menschen über folgende 4 Schritte statt: Emotionswahrnehmung, Perspektivenübernahme, Emotionsreplikation und Entscheidung zur Response, also ein auf den Reiz ausgelöstes Verhalten zu zeigen. Die Annahme, dass Sexualstraftäter generell eine geringere Empathiefähigkeit im Vergleich zu nicht kriminell auffälligen Menschen haben, konnte widerlegt werden. Sexualstraftäter sind durchaus fähig, Empathie zu empfinden, in Bezug auf ihre Opfer zeigen sie jedoch Defizite bezüglich der Empathiefähigkeit (Hoyer und Kunst 2001), was nahelegt, dass es sich hierbei nicht um eine generelle, sondern eine kontext- und personenspezifische Empathiefähigkeit handelt.

Warum ist die Empathiefähigkeit gegenüber dem eigenen Opfer geringer, und wie kam es dazu, dass Haarmann seine Taten mit beängstigender Gefühlslosigkeit durchführen konnte? Eine mögliche Antwort auf diese Frage liefern biologische Einflussfaktoren und die vorliegenden Störungen Haarmanns.

30.3.6.2 Biologische Grundlagen

Als biologische Grundlagen für Psychopathie werden zum einen traumatische Hirnläsionen, z. B. im Frontalhirn, und zum anderen Störungen limbischer Funktionen angesehen. Letztere sind dafür verantwortlich, die Mimik bzw. die Emotionen des Gegenübers zu erkennen und zu interpretieren. Insbesondere die Amygdala spielt eine wichtige Rolle bei der Wahrnehmung und emotionalen Bewertung von Reizen. Sind diese Bereiche gestört, wirkt sich das dementsprechend auf die Fähigkeit aus, Empathie zu empfinden.

Bei Straftätern konnte gezeigt werden, dass eine höhere Hirnaktivität in anderen Bereichen stattfindet, wenn affektive Reize verarbeitet werden. Eventuell werden hierbei kognitive Strategien genutzt, um die emotionalen Reize zu deuten und die Rolle der gestörten Areale zu kompensieren (Schläfke et al. 2005).

Bei Fritz Haarmann wurden in seiner Lebensspanne mehrere Krankheiten, beispielsweise eine Nervenschwäche, Epilepsie oder auch eine Hirnhautentzündung, diagnostiziert, die eventuell hiermit in Verbindung gebracht werden können.

Um den biologischen Grundlagen seines Verhaltens weiter nachzugehen, wurde der Kopf Haarmanns 90 Jahre lang, in Formalin eingelegt, in Göttingen aufbewahrt und zu Untersuchungszwecken genutzt. Der Kopf brachte allerdings wissenschaftlich gesehen keine Erkenntnisse und wurde im Jahr 2015 schließlich eingeäschert (Spiegel Online 2015).

30.3.7 Pädophilie

Pädophilie zählt zu den sog. Paraphilien oder den Störungen der Sexualpräferenz und

bezeichnet sexuelle Gedanken zu oder Handlungen an Kindern (Müller und Nedopil 2017). Bezieht sich die sexuelle Neigung auf Jungen bis ca. 13 Jahren so spricht man von **Päderastie,** während man bei 13- bis 17-Jährigen von **Ephebophilie** spricht (van den Aardweg 2010). In Haarmanns Beuteschema fielen Jungen zwischen 11 und 21 Jahren. Auch der **Intimizid** sollte in diesem Zusammenhang nicht unerwähnt bleiben. Dies ist eine paraphile Störung oder eine gefährliche sexuelle Paraphilie und meint die Tötung des Intimpartners. Es kommt hierbei beim Täter zu einem sexuellen Lustgewinn während oder nach der Tötung (Marneros 2008).

Um die **Entstehung sexueller Aggressionen** gegenüber Erwachsenen besser zu verstehen, entwickelten die Forscher Hall und Hirschman (1991) ein Klassifikationssystem, das sich auf 4 spezifische motivationale Zustände bezieht, die dieses Verhalten wahrscheinlicher werden lassen: physiologische sexueller Erregung, kognitive Prozesse, negative affektive Zustände und entwicklungsbedingte Ursachen. Dieses Modell wird auch auf sexuelle Aggressionen gegenüber Kindern angewandt.

Der Fall Haarmann lässt sich am ehesten den letzten beiden Subtypen zuordnen. Während sich der **affektive Pädophilietyp** durch geringe emotionale Kontrolle auszeichnet und mit ungeplantem, oft gewaltvollem Sex zusammenhängt, bezieht sich der **entwicklungsbedingte Pädophilietyp** auf Männer mit persönlichen und Anpassungsschwierigkeiten, familiären sowie interpersonalen Konflikten und persönlichen Erfahrungen als Opfer in der eigenen Kindheit (Hall und Hirschman 1992).

Des Weiteren konnten Forscher zeigen, dass pädophile Täter oftmals schwach und unreif sind und Gefallen daran finden, andere zu dominieren. Es handelt sich oft um einsame, isolierte und introvertierte Personen mit einem geringen Selbstwert und gescheiterten interpersonalen Beziehungen. Sie haben ein starkes Bedürfnis nach sofortiger sexueller Befriedigung sowie eine geringe Impulskontrolle (Cassel und Bernstein 2007).

30

30.3.8 Schizophrenie

Schizophrenie gehört zu einer der meist genannten Störungen im Zusammenhang mit kriminellem Verhalten (Cassel und Bernstein 2007). Bei Betroffenen ist oftmals das Denken zerfahren, die Sprache nicht verständlich, und der Affekt wird oft als inadäquat, verflacht und ambivalent beschrieben.

Bei Haarmann wurde eine Unterform der Schizophrenie, die **hebephrene Schizophrenie,** diagnostiziert, die meist zwischen dem 15. und 25. Lebensjahr entsteht und bei der vor allem affektive Veränderungen imponieren. Befasst man sich mit den Protokollen Haarmanns und seinem Sprachstil und Ausdrucksvermögen, wird deutlich, dass sein emotionaler Ausdruck an vielen Stellen unangemessen war. So freute er sich beispielsweise an unpassenden Stellen, wurde euphorisch und lachte hysterisch.

Folgende 3 wesentliche Einflussfaktoren können hier zur Entstehung beitragen haben: genetische Veränderungen, besondere Belastungen oder Stress und neurotoxische Faktoren (Müller und Nedopil 2017).

Schizophrene Personen werden ebenso wie Pädophile oft mit **Impulsdelikten** in Verbindungen gebracht. Hierbei handelt es sich um aggressive Taten und auch sexuelle Impulsdurchbrüche, die vom Täter nicht geplant wurden und bei denen es auch keine konkrete Vorgeschichte zwischen Täter und Opfer gegeben hat. Sie können bei einem Täter mehrfach vorkommen und nach einem wiederkehrenden Muster ablaufen (Marneros 2008). Die Impulse können u. a. durch starke Kränkungserlebnisse ausgelöst werden und zu Tötungshandlungen führen (Müller und Nedopil 2017).

30.3.9 Die Frage nach der Intelligenz

Verschiedenste Quellen geben Einblicke in die Persönlichkeit, die Fähigkeiten und die Intelligenz von Fritz Haarmann, die jedoch teilweise widersprüchlich sind. Auf der einen Seite diagnostizierten Ärzte bei ihm einen beschränkten Geisteszustand sowie Verblödung, und er konnte sich teilweise nicht mehr an die Gesichter seiner Opfer erinnern; auf der anderen Seite beschreibt ihn sein ehemaliger Partner in der Detektei „Lasso" als besonders „schlau und gerissen" und bezeichnet Haarmanns Personengedächtnis als hervorragend (Pozsár und Farin 2009, S. 119).

Vor dem Hintergrund seiner grausamen Morde, der Leichenzerstückelung und der Vertuschung stellt sich die Frage, wie intelligent ein Mensch für solche Taten sein muss. Oder waren es doch die Umstände und die besondere Situation in der Nachkriegszeit, die ihm in die Karten spielten, sodass er so lange unentdeckt blieb? Wäre es auch möglich, dass Haarmann während seines gesamten Lebens seine „Verblödung" nur vorgetäuscht hat? Letzteres ist schwer vorstellbar, wenn man bedenkt, wie viele Verhöre und Gespräche mit Polizisten und Psychiatern er führen musste. Es ist möglich, dass die Ambivalenz seiner Wahrnehmung im Zusammenhang mit seinen Störungen und Krankheiten stand, sodass er sich einerseits während seiner sexuellen Erregung und im Rausch nicht an die Opfer erinnern konnte, sich aber andererseits im „normalen" Zustand sehr wohl an Personen erinnern konnte. Es bleibt hierbei jedoch nur bei Vermutungen.

Als Beispiel für einen hochintelligenten und charismatischen Serienmörder kann Jack Unterweger genannt werden, der in ▶ Kap. 28 vorgestellt wird.

30.3.10 Leugnung und Rechtfertigung seiner Taten

Zu Beginn der Vernehmungen leugnete Haarmann seine Taten zunächst und widersprach allen Vorwürfen. Hierbei ist anzumerken, dass Sexualstraftäter häufiger ihre Taten leugnen als andere Straftäter (Endres und Breuer 2014). Unterschieden werden können dabei 3 Motive: Das kriminologische oder **motivationale**

Leugnen nutzt ein Täter strategisch, um seine kriminellen Handlungen fortsetzen zu können, während **intrinsisches Leugnen** zur Aufrechterhaltung des Selbstkonzeptes dient. **Extrinsisches Leugnen** beinhaltet die Angst vor Strafe und Verurteilung durch andere (Endres und Breuer 2014).

Haarmanns Leugnung wird höchstwahrscheinlich extrinsisch motiviert gewesen sein, da in den Protokollen deutlich wird, dass er sich sowohl mit den Polizisten als auch mit seinem Gutachter gut stellen wollte und schlimme Konsequenzen und Strafen fürchtete (Pozsár und Farin 2009).

Alle Formen des Leugnens gehen zudem mit fehlender Reue und dem Unvermögen, Verantwortung zu übernehmen, einher. Auch ein geringer Intelligenzquotient steht im Zusammenhang mit Leugnen (Endres und Breuer 2014).

Im Fall Haarmann spielen zudem Verdrängung und Verleugnung eine wichtige Rolle, da er angab, sich an die Morde nicht richtig erinnern zu können. Bei einer Verdrängung geraten eben diese Inhalte nicht in das Bewusstsein des Täters, während bei einer Verleugnung versucht wird, das Geschehene nicht wahrhaben zu wollen, um es zu verarbeiten (Endres und Breuer 2014).

Als Haarmann schließlich die Morde zugab, versuchte er, diese zu rechtfertigen. Er erklärte, dass er versucht habe, seine Opfer zu warnen. Er wollte nicht, dass sie wieder zu ihm kommen, weil er ahnte, was passieren würde. Fritz Haarmann selbst sah sich daher als „gut" an, denn er wollte seine Opfer schützen. Teilweise schob er die Schuld auf seinen Freund Hans, den er darum bat, die Jungen von ihm fernzuhalten.

30.3.11 Hätten die Morde verhindert werden können?

Auch die Frage, ob oder vielmehr, wie diese Morde hätten verhindert werden können, sollte hier nicht unbeantwortet bleiben.

Zunächst hätte Haarmanns Familie Einfluss auf seine Taten nehmen können. Vor allem sein Vater wusste von den Anschuldigungen, dass er Jungen zu sich gelockt und sexuell belästigt haben soll. Auch sein engster Freund, Hans Grans, den Haarmann sogar warnte, hätte die Morde vermutlich verhindern können.

Des Weiteren hatte Haarmann mehrfach Kontakt zu Institutionen wie dem Militär und der Polizei. Insbesondere beim Jäger-Bataillon und bei der Zusammenarbeit mit der Polizei hätten diese ihn im Vorfeld genauer untersuchen müssen, bevor sie ihn rekrutierten. Nachdem ihn die Polizei Jahre zuvor als gemeingefährlich eingestuft hatte, ließen sie ihn später für sich arbeiten. Auch beim Militär hätte bekannt sein können, dass er nicht für den Dienst an der Waffe geeignet war, da er dort bereits mehrmals aufgefallen und den Belastungen bei Manövern nicht gewachsen war. Diese Art von Tätigkeiten könnten seine (psychischen) Störungen sogar verstärkt und zur Entwicklung der Taten beigetragen haben.

Letztlich war Fritz Haarmann jedoch selbst für seine Taten verantwortlich. Es bleibt dabei fraglich, ob er seinen Störungen und dem daraus resultierenden Verhalten quasi ausgeliefert war oder ob ihm seine Taten bewusst waren und er diese gezielt umgesetzt hat.

30.3.12 Einfluss auf die Gesellschaft und die Polizei

Als die Morde öffentlich bekannt wurden, verfielen die Menschen in Ungläubigkeit und Entsetzen. Anfang der 1920er-Jahre waren fast 600 Menschen in Deutschland als vermisst gemeldet worden, was dazu führte, dass viele der Angehörigen Haarmann verdächtigten, für das Verschwinden ihrer Kinder verantwortlich zu sein. Als die Polizei die Bevölkerung dazu aufrief, die gekaufte Kleidung von Haarmann zur Polizei zu bringen, sammelten sich unzählige Kleidungsstücke an. Ihm konnten jedoch letztendlich nur 24 Taten nachgewiesen werden.

Daneben entstand der zu Beginn dieses Kapitels zitierte Kinderreim. Er wurde teilweise in den Familien als Erziehungsmethode genutzt, um den Kindern Angst zu machen oder sie zu warnen, wenn diese nicht gehorchten. Dies führte möglicherweise auch dazu, dass der Fall zunehmend verharmlost und sich darüber lustig gemacht wurde.

Auch im Hinblick auf die Polizei hat der Fall Spuren hinterlassen. Laut Dr. Dirk Götting, Leiter des Polizeimuseums Niedersachsen, spielte der Fall eine wichtige Rolle während der Veränderung und Umstrukturierung der Polizei. Hierbei nennt Dr. Götting beispielsweise die Vernehmungsmethoden der damaligen Polizisten, das Missachten externer Hinweise oder der Umgang mit Vermissten zu der damaligen Zeit. Zudem wurde das Gerichtsverfahren polizeifreundlich durchgeführt, denn der Philosoph und Publizist Theodor Lessing, der gut mit dem Fall vertraut war, wurde von dem Verfahren ausgeschlossen. Der mangelhafte Umgang der Polizei im Fall Haarmann wurde im Nachhinein aufgearbeitet. Einerseits kam es zu Disziplinarverfahren gegen die beteiligten Polizisten, die Haarmann psychisch unter Druck gesetzt und gefoltert haben, sodass dieser sein Geständnis ablegte. Andererseits verbesserte sich beispielsweise der Austausch über Vermisste oder auch Vernehmungsmethoden. Viele Polizisten der nachfolgenden Jahrzehnte fuhren nach Göttingen, um den Kopf Haarmanns zu betrachten und um von den Fehlern der damaligen Kollegen zu lernen (Dr. D. Götting, persönliche Mitteilung vom 10. November 2017).

30.4 Bedeutung für die heutige Zeit

30.4.1 Wäre so ein Fall heute noch möglich?

Wir leben heutzutage in einer anderen Zeit und in einem Land, in dem Frieden herrscht und die Menschen nicht wie vor 100 Jahren durch Krieg, Verluste und Hunger bedroht werden. Wir haben geordnete Verhältnisse, ein gutes Bildungssystem und profitieren von Technologien, insbesondere solchen, die die Polizei bei der Aufklärung von Straftaten nutzen kann. Die Wehrpflicht und die Todesstrafe wurden abgeschafft, Verteidigerrechte im Gerichtsprozess gestärkt sowie Vernehmungsmethoden verbessert.

Dennoch gelangen immer wieder ähnliche, unglaubwürdige Fälle an die Öffentlichkeit. Fälle wie der von Natascha Kampusch oder auch der von Josef Fritzl (▶ Kap. 27) zeigen, dass das spurlose Verschwinden eines Menschen auch heutzutage noch möglich ist. Die Polizei hat zwar ihren Umgang mit Vermissten verbessert, und es gibt entsprechende Systeme zur Unterstützung, dennoch wurden von 1951 bis 2017 insgesamt 1869 ungeklärte Fälle zu vermissten Kindern in der Datei „Vermi/Utot" beim Bundeskriminalamt (BKA) erfasst. Diese Zahl schließt viele unbegleitete Flüchtlinge und sog. „Dauerausreißer" mit ein. Insbesondere im Hinblick auf die aktuelle Flüchtlingssituation ist dieses Thema von hoher Relevanz. Die Zahl der Fälle, in denen ein vermisstes Kind gefunden wird und der Fall aufgeklärt werden kann, ist zwar sehr hoch, liegt jedoch nicht bei 100 % (BKA, 2019). Die Frage, ob die Taten von Haarmann in der heutigen Zeit noch möglich sind, kann vor diesem Hintergrund leider nicht verneint werden.

Das FBI entwickelte in den 1990er-Jahren eine Software für die Erfassung von Sexualstraftätern, die u. a. nun auch in Deutschland Anwendung findet. Fälle und Verhaltensweisen der Täter werden hier gespeichert und kategorisiert. Das System schlägt Alarm, sobald Ähnlichkeiten im Modus Operandi erkannt werden und somit der Verdacht auf einen Serienmörder naheliegt (BKA 2006).

30.4.2 Was lernen wir aus diesem Fall?

Nach der Aufklärung eines solchen Verbrechens stellt sich die Frage, welche Lehren wir daraus ziehen und wie jeder Mensch dazu beitragen kann, das Böse zu verhindern.

In diesem Fall können folgende Erkenntnisse gewonnen werden: Fritz Haarmann wurde sehr häufig als verblödet, kindlich oder naiv bezeichnet, was vermuten lässt, dass er von vielen Personen nicht ernst genommen und daher auch nicht verdächtigt wurde. Daneben hat er der Polizei sogar geholfen. Alle diese Menschen haben durch persönliche Überzeugungen, Erwartungen oder auch Kategorisierungen die Möglichkeit verpasst, genau hinzusehen.

Hier sollte das Phänomen des **Confirmation Bias** (Bestätigungsfehlers) nicht unerwähnt bleiben, wonach Menschen nur nach Informationen suchen, die ihre Vorannahmen bestätigen, und keinen Versuch unternehmen, diese zu widerlegen (Nickerson 1998). Insbesondere in den Augen der Polizeibeamten, die Haarmann als Helfer oder zumindest als nützlich ansahen, galt er vermutlich als unschuldig. Dies führte u. a. dazu, dass beispielsweise während einer Wohnungsdurchsuchung ein weiterer abgetrennter Schädel nicht gefunden wurde, weil aufgrund bestehender Erwartungen und der Überzeugung von Haarmanns Unschuld nicht aktiv danach gesucht wurde. Dieses Phänomen greift auch bei den Menschen, die Haarmann als verblödet oder naiv angesehen haben, denn sie haben ihm solche Taten vermutlich gar nicht erst zugetraut und wurden daher auch durch ihre Erwartungen beeinflusst.

Dies ist auch heutzutage ein wichtiges Phänomen und wird es vermutlich auch immer bleiben: Menschen werden aus verschiedensten Gründen in einem anderen Licht gesehen und nicht objektiv betrachtet. Genau hier kann jeder von uns ansetzen, denn es ist die Verantwortung eines jeden Menschen, wachsam zu sein, die Umwelt aufmerksam wahrzunehmen und merkwürdigen Gegebenheiten nachzugehen. Eine neutrale Grundhaltung und offene Einstellung sind hierbei besonders wichtig, um sich nicht von eigenen fälschlichen Überzeugungen leiten zu lassen. Dann hätte eventuell schon früher erkannt werden können, zu was Haarmann fähig war, und Schlimmeres hätte verhindert werden können. Die Verantwortung, die jeden Menschen bei dieser Tat trifft, hat bereits Theodor Lessing vor fast 100 Jahren erkannt (Pozsár und Farin 2009, S. 45):

» „Aber verhindern müßten Sie, daß die ungeheure Schuld verschwiegen wird, die unsere Gesellschaft an dem Fall Haarmann trifft. [...] Ich meine eigentlich die Schuld, die uns alle trifft [...].“

30.5 Fazit

In diesem Kapitel wurde der Frage nachgegangen, wie es zu den vielen Morden von Fritz Haarmann kommen konnte, obwohl er in recht engem Kontakt mit der Polizei stand. Die aufgeführten Erklärungsansätze sollen jedoch keinesfalls dazu dienen, diese Taten zu akzeptieren oder zu entschuldigen.

Haarmann wurde im Laufe seines Lebens von vielen negativen Faktoren beeinflusst, und ihm gelang es dadurch nicht, eine feste Bindung zu entwickeln. Aufgrund von Berufsunfähigkeit, Gefängnisaufenthalten und Nervenkrankheiten blieb es ihm zudem verwehrt, Soldat zu werden, in den Krieg zu ziehen und seinen tiefen Wunsch, berühmt zu werden, zu verwirklichen.

Berühmtheit erlangte er schließlich als Massenmörder von über 20 Jungen und jungen Männern: Die gesamte Welt weiß nun von ihm und von seinen grausamen Taten und berichtet darüber – wie auch jetzt wieder im Rahmen dieses Kapitels. Inwiefern dies sein Ziel war, sei dahingestellt, auch wenn einiges dafür zu sprechen scheint.

Es mag strittig sein, inwiefern er bewusst gehandelt und die Morde geplant hat oder doch aufgrund seiner psychischen Störungen als vermindert schuldfähig einzuordnen wäre. Das Versagen zieht in diesem Fall aber weit größere Kreise, die Folgen bis tief in das bestehende Rechtssystem nach sich zogen.

Literatur

Bundeskriminalamt (BKA). (2006). ViCLAS als unterstützende Falldatenbank. Stand: 01. Dezember 2006 ► https://www.bka.de/DE/UnsereAufgaben/Ermittlungsunterstuetzung/OperativeFallanalyse/ViCLAS/viclas_node.html. Zugegriffen: 10. Jan. 2019.

Bundeskriminalamt (BKA). (2019). Die polizeiliche Bearbeitung von Vermisstenfällen in Deutschland. ► https://www.bka.de/DE/UnsereAufgaben/Ermittlungsunterstuetzung/Vermisstensachbearbeitung/vermisstensachbearbeitung.html. Zugegriffen: 10. Jan. 2019.

Bundeszentrale für politische Bildung (bpb). (2014). Vor 20 Jahren: Homosexualität nicht mehr strafbar. ► https://www.bpb.de/politik/hintergrund-aktuell/180263/20-jahre-homosexualitaet-straffrei-10-03-2014. Zugegriffen: 10. Jan. 2019.

Cassel, E., & Bernstein, D. A. (2007). *Criminal behavior* (2. Aufl.). New Jersey: Lawrence Erlbaum Associates.

Die Zeit. (1992). Warte nur ein Weilchen: Der Ärger um das Mörder-Denkmal flaut nicht ab. Artikel vom 06. März 1992. ► https://www.zeit.de/1992/11/warte-nur-ein-weilchen. Zugegriffen: 10. Jan. 2019.

Endres, J., & Breuer, M. M. (2014). Leugnen bei inhaftierten Sexualstraftätern: Ursachen, Korrelate und Konsequenzen. *Forensische Psychiatrie, Psychologie, Kriminologie, 8*(4), 263–278.

Hall, G. C. N., & Hirschman, R. (1991). Toward a theory of sexual aggression: A quadripartite model. *Journal of Consulting and Clinical Psychology, 59*(5), 662–699.

Hall, G. C. N., & Hirschman, R. (1992). Sexual aggression against children: A conceptual perspective of etiology. *Criminal Justice and Behavior, 19*(1), 8–23.

Hare, R. D. (1999). Psychopathy as a risk factor for violence. *Psychiatric Quarterly, 70*(3), 181–197.

Hoyer, J., & Kunst, H. (Hrsg.). (2001). *Psychische Störungen bei Sexualdelinquenten.* Lengerich: Pabst Science Publishers.

Klages, P. (2011). *Serienmord und Kannibalismus in Deutschland: Fallstudien, Psychologie, Profiling.* Graz: Stocker.

Marshall, W. L., Hudson, S. M., Jones, R., & Fernandez, Y. M. (1995). Empathy in sex offenders. *Clinical Psychology Review, 15*(2), 99–113.

Marneros, A. (2008). *Intimizid: Die Tötung des Intimpartners. Ursachen, Tatsituationen und forensische Beurteilung.* Stuttgart: Schattauer.

Müller, J. L., & Nedopil, N. (2017). *Forensische Psychiatrie. Klinik, Begutachtung und Behandlung zwischen Psychiatrie und Recht* (5. Aufl.). Stuttgart: Thieme.

Nickerson, R. S. (1998). Confirmation bias: A ubiquitous phenomenon in many guises. *Review of General Psychology, 2*(2), 175–220.

Pozsár, C., & Farin, M. (Hrsg.). (2009). *Die Haarmann-Protokolle.* München: Belleville.

Schläfke, D., Häßler, F., & Fegert, J. M. (2005). *Sexualstraftaten. Forensische Begutachtung, Diagnostik und Therapie.* Stuttgart: Schattauer.

Snyder, C. R., & Fromkin, H. L. (1977). Abnormality as a positive characteristic: The development and validation of a scale measuring need for uniqueness. *Journal of Abnormal Psychology, 86,*518–527.

Spiegel Online (2015). Massenmörder aus den Zwanzigern: Kopf von Fritz Haarmann eingeäschert. Pressemitteilung vom 24. Januar 2015. ► http://www.spiegel.de/panorama/justiz/fritz-haarmann-kopf-von-massenmoerder-eingeaeschert-a-1014809.html. Zugegriffen: 10. Jan. 2019.

van den Aardweg, G. J. M. (2010). Homosexuelle Pädophilie, Ephebophilie, Androphilie, Päderastie: Gemeinsamkeiten, Unterschiede, Überschneidungen. ► https://www.dijg.de/paedophilie-kindesmissbrauch/ephebophilie-androphilie-paederastie-homosexuelle/. Zugegriffen: 10. Jan. 2019.

Wößner, G. (2006). *Typisierung von Sexualstraftätern. Ein empirisches Modell zur Generierung typenspezifischer Behandlungsansätze.* Berlin: Duncker & Humblot.

Charles Manson

Das Blumenkind des Bösen

Tinatini Surmava-Große

© Springer-Verlag GmbH Deutschland, ein Teil von Springer Nature 2019
D. Frey (Hrsg.), *Psychologie des Guten und Bösen,* https://doi.org/10.1007/978-3-662-58742-3_31

31.1 Einleitung

Ende Juli und Anfang August 1969 ereigneten sich in Los Angeles 8 der blutigsten Morde, die je in den USA verübt wurden.

Am 31. Juli 1969 wurde die Kriminalpolizei in die Old Topanga Road 946 gerufen. Dort fand sie einen Toten, der mehrere Stichverletzungen aufwies. Die Tat war offenbar schon einige Tage her. In unmittelbarer Nähe der Leiche hatte jemand mit dem Blut des Opfers „political piggy" („politisches Schweinchen") an die Wand des Schlafzimmers geschrieben. Zudem war die Wand überall mit blutigen Spuren bedeckt, die wie Handabdrücke aussahen. Bei dem Opfer handelte es sich um den 32-jährigen Gary Hinman, einen Soziologiestudenten, der sich nebenbei mit Musikunterricht etwas Geld verdiente. Wie später bekannt wurde, besserte er sein Einkommen zusätzlich auf, indem er Meskalin herstellte und verkaufte.

Am Samstag, den 9. August, nahm die Polizei einen weiteren Tatort in Augenschein. Hier bot sich den Beamten ein so grauenhafter Anblick, dass ihnen beinahe übel wurde. Es kostete sie größte Überwindung, sich in dem Haus am Cielo Drive genauer umzusehen. Fünf junge Leute waren wie in einem Mordrausch mit zahllosen Messerstichen getötet worden. Es handelte sich um die bekannte Schauspielerin Sharon Tate Polanski sowie ihre Freunde Abigail Folger, Voytek Frykowski, Jay Sebring und Steven Parent. Wie im Hinman-Fall fanden sich auch hier überall blutige Parolen an den Wänden. An der Tür des Hauses prangte das Wort „PIG" („Schwein"). Wie sich später herausstellte, war es mit dem Blut von Sharon Tate geschrieben worden. Die Polizei tappte hinsichtlich eines möglichen Motivs für die Morde noch völlig im Dunkeln und suchte weiter nach Hinweisen.

Knapp 24 h nachdem die Polizei in den Cielo Drive gerufen worden war, gab es am Sonntag, den 10. August, einen ähnlich grausigen Leichenfund im Stadtteil Los Feliz. Im Waverly Drive 3301 war der Hausbesitzer, der 44-jährige Leno LaBianca, mit 26 Stichen

getötet worden, die teilweise von einer Fleischgabel stammten. Auf seine 38-jährige Ehefrau Rosemary hatte man 41 Mal eingestochen. Wie schon bei den beiden anderen Fällen waren mit dem Blut der Opfer Botschaften an die Wände geschmiert worden: „DEATH TO PIGS" („Tod den Schweinen") und „RISE" („Erhebt euch") stand an einer Wand, die Kühlschranktür zierte das falsch geschriebene „HEALTER SKELTER".

Die sog. „Tate-LaBianca-Morde" versetzten das ganze Land in Trauer und Entsetzen.

31.2 Biografie

31.2.1 Ein unerwünschtes Kind

Geboren wurde Charles Manson am 12. November 1934 in Cincinnati, Ohio. Man kann davon ausgehen, dass er kein Wunschkind war, da seine Mutter Kathleen Maddox bei der Geburt erst 16 Jahre alt war und ständig wechselnde Beziehungen unterhielt.

In den ersten Wochen hatte der Junge noch nicht einmal einen Namen. Er hieß einfach nur „No Name Maddox". Wer der leibliche Vater des Kindes war, blieb ein Rätsel. In der Akte heißt es: „Vater unbekannt. Es wird angenommen, dass es sich um einen afroamerikanischen Koch namens Scott gehandelt hat, mit dem die Mutter von Charles zum Zeitpunkt der Schwangerschaft intimen Kontakt unterhielt" (Deis 2015, S. 1). Manson muss diese Notiz vor allen Dingen deswegen peinlich gewesen sein, weil er in späteren Jahren bekennender Rassist war.

Kathleen Maddox stammte ursprünglich ebenfalls aus Ashland und war während der Schwangerschaft nach Cincinnati geflüchtet. Sie war dann kurze Zeit mit einem William Manson verheiratet, dessen Familienname ihr Junge annahm und künftig beibehielt. 1939 verhaftete man Kathleen Maddox. Der 4-jährige Charles Manson kam zu einer Tante in West Virginia. Sie war das Ebenbild seiner Großmutter – sehr streng und religiös – und damit das genaue Gegenteil seiner Mutter.

31.2.2 Odyssee durch die Erziehungsheime – Jugend

1942 wurde Kathleen Maddox auf Bewährung entlassen. Sie nahm ihren Sohn Charles wieder bei sich auf. Es folgte eine Odyssee durch eine Vielzahl heruntergekommener Absteigen, Alkoholexzesse und ständig wechselnde Liebhaber (Deis 2015). 1947 versuchte die überforderte Mutter, ihr Kind loszuwerden. Sie fand jedoch keine Pflegeeltern. Am Ende landete Charles Manson in einem Kinderheim in Terre Haute, Indiana. Nach 10 Monaten floh er von dort zurück zu seiner Mutter. Doch Kathleen Maddox wollte sich nicht mehr um ihn kümmern.

Mit 13 Jahren beging Charles Manson regelmäßig Ladendiebstähle. Man ertappte ihn schließlich mit einem gestohlenen Fahrrad. Er kam wieder in einem Erziehungsheim, dieses Mal in Pater Flanagans „Boys Town". Vier Tage nach seiner Ankunft verübte er mit einem anderen Jungen aus dem Heim 2 bewaffnete Raubüberfälle. Dieses Mal sperrte man Manson in die noch strengere Indiana Boys School. Er unternahm zahlreiche Fluchtversuche, war aber erst 1951 erfolgreich. Er flüchtete mit 2 anderen Jungen aus dem Heim. Ihr Ziel war Kalifornien. Die Flucht dorthin finanzierten sich die 3 mit Einbrüchen und Autodiebstählen. Die Polizei nahm sie in Utah fest.

Danach wurde Manson auf die National Training School for Boys in Washington, D. C. geschickt. Die Sozialarbeiter stellten schnell fest, dass sich Charles Manson vor jeglicher Aktivität drückte. Er machte immer nur so viel, wie nötig war, um Ärger mit den Lehrern zu vermeiden. Als er in der Einrichtung eintraf, war er quasi Analphabet trotz eines IQs von 109. Abgesehen vom Fach Musik lagen seine schulischen Leistungen im unteren Durchschnitt.

31.2.3 Prägende Ereignisse im Leben von Charles Manson

31.2.3.1 Charles Manson und Manson Family

Am 21. März 1967 stand Mansons Entlassung an. Er war inzwischen 32 Jahre alt und hatte 20 Jahre seines Lebens in Gefängnissen und Erziehungsheimen verbracht.

Nach der Entlassung fuhr er nach San Francisco, wo gerade der „Sommer der Liebe" zelebriert wurde. Die Stadt war Treffpunkt von Hippies aus aller Welt, der Stadtteil Haight-Ashbury das Epizentrum von „love, peace and happiness".

Manson war wenig beeindruckt von der Hippie-Kultur. Sie war für ihn eher Mittel zum Zweck, da er in dem Milieu problemlos untertauchen konnte. Zudem verabscheute die Subkultur den Gedanken an eine Leistungsgesellschaft, sodass Mansons bisher erfolglos verlaufende Biografie und seine Antriebslosigkeit kein Makel waren (Deis 2015). Er finanzierte seinen Lebensunterhalt fortan mit Betteln. Zudem lernte er in dem Umfeld viel über den Umgang mit Drogen. Manson bemerkte rasch, dass Drogen ein effizientes Mittel waren, um seine Mitmenschen noch leichter zu manipulieren.

Überall in der Stadt traf er auf junge Leute, die lieben und geliebt werden wollten und die nach einer persönlichen Identität und dem Sinn des Lebens suchten. Darunter befanden sich viele junge Frauen mit psychischen und emotionalen Problemen, die gegen ihre Eltern und die Gesellschaft im Allgemeinen rebellierten. Charles Manson war für diese Jugendlichen so etwas wie eine Offenbarung. Mit der Unterstützung von Lysergsäurediethylamid (LSD) und Amphetaminen formte er aus den leichtgläubigen Geschöpfen glühende Anhänger, die ihm bedingungslos folgten und sich von nun an als „Manson Family" bezeichneten.

31.2.3.2 Beatlemania und Jailhouse Rock – ein geplatzter Traum

Charles Manson entwickelte während seiner Haftzeit ein gesteigertes Interesse an Musik. Die „Beatlemania" war auf dem Höhepunkt und erfasste auch Manson. Er freundete sich mit dem alternden Gangsterboss Alvin „Creepy" Karpis an. Karpis war in den 1930er-Jahren als Anführer der Barker-Karpis-Bande einer der meistgesuchten Verbrecher des Landes gewesen. Karpis lehrte Charles Manson das Gitarrespielen. Danach verbrachte Manson den Großteil seiner Freizeit damit, Songs auf seiner Hawaiigitarre zu komponieren. Alleine 1965 entstanden zwischen 80 und 90 Lieder.

Charles Manson träumte davon, als Musiker Karriere zu machen. Durch den Kontakt zu Dennis Wilson (Schlagzeuger bei den „Beach Boys") lernte er den Musikproduzent Terry Melcher kennen und wollte ihn dazu überreden, ihn zu produzieren. Bei dieser Gelegenheit besuchte Manson Terry Melcher mehrfach in seinem Haus am Cielo Drive, in das wenige Monate später die Polanskis einziehen würden. Charles Manson lud Melcher auf die Spahn Ranch ein. Dort sollte er sich seine Kompositionen anhören und mitschneiden. Melcher war jedoch weder von der Musik noch vom Auftritt Mansons überzeugt. Er konnte nicht das geringste Potenzial für einen zukünftigen Hit erkennen.

Als er nichts mehr von Melcher hörte, wurde Manson wütend auf ihn. Er gab Melcher die Schuld daran, dass seine Karriere ins Stocken geraten war. Die Wut über die Zurückweisung war sicherlich nicht die einzige Ursache jener Ereignisse, die folgten. Doch von nun an widmete sich Charles Manson einem anderen Projekt, mit dessen Hilfe er garantiert die Aufmerksamkeit der Öffentlichkeit erregen würde.

31.2.3.3 Zur falschen Zeit am falschen Ort – Was geschah in der Tatnacht?

Am 9. August 1969, drangen die Manson-Family-Mitglieder in das Haus des Hollywood-Regisseurs Roman Polanski ein. Sie töteten dessen hochschwangere Frau, die Schauspielerin Sharon Tate, sowie ihre anwesenden Freunde. Aufsehen erregte nicht nur die Prominenz der Opfer, sondern auch die bestialische Tötungsart sowie die Tatsache, dass eigentlich die falschen Personen Ziel des Mordanschlags wurden. Geplantes Opfer der Morde war der vorherige (und inzwischen ausgezogene) Bewohner, der Musikproduzent Terry Melcher.

Eine Nacht später wurden Leno und Rosemary LaBianca, ein Unternehmerpaar, Opfer der Sektenmitglieder Charles Watson, Patricia Krenwinkel und Leslie van Houten. Charles Manson hatte beide Mordbefehle an seine Familienmitglieder gegeben.

Im Oktober 1969 wurden Manson und seine Anhänger wegen Autodiebstahls festgenommen. Im Gefängnis erwähnte Susan Atkins gegenüber einer Mitgefangenen, an dem Mord an Sharon Tate beteiligt gewesen zu sein, was die Ermittler zum ersten Mal auf die Spur Mansons und seiner Anhänger führte. Kurz darauf standen die Beteiligten an den Morden fest.

Am 24. Juni 1970 begann die als Tate-LaBianca-Prozess in die Geschichte eingegangene Verhandlung gegen die Manson-Familienmitglieder. Am 19. April 1971, nach 9,5 Monaten und einem Prozess der Superlativen, sprach das Gericht – den Ausführungen des Staatsanwalts Vincent Bugliosi folgend – die 4 Angeklagten schuldig und verurteilte sie zum Tod. Als im Jahr 1972 in Kalifornien die Todesstrafe offiziell abgeschafft wurde, wurden die Todesurteile in lebenslange Haftstrafen umgewandelt.

31

31.2.3.4 Die letzten Tage

Charles Manson war zu lebenslanger Haft verurteilt und saß zuletzt im Staatsgefängnis von Kalifornien in Corcoran. Nach der Ablehnung seines 12. Bewährungsgesuchs im April 2012 wurde die nächste Bewährungsanhörung für das Jahr 2027 angesetzt.

Nach fast 50 Jahren im Gefängnis starb er im Alter von 83 Jahren, am 19. November 2017, in einem Krankenhaus in Kern County in Kalifornien eines natürlichen Todes, wie die kalifornische Gefängnisbehörde mitteilte.

31.3 Psychologische Theorien, Modelle und Konzepte

Serienmorde ziehen sich bis zum heutigen Tag durch die Geschichte. Der Serienmörder ist sowohl Faktum wie auch Albtraum, da er die klassischen Vorstellungen von Ursache und Wirkung, von nachvollziehbaren Motiven infrage stellt. Wie kann es dazu kommen, dass ein Mensch derart extreme Verhaltensweisen zeigt (Gießmann 2008)?

Die Frage nach dem Warum drängt sich unweigerlich jedem auf, der sich eingehender mit Serienmördern beschäftigt. Diese zu beantworten, gestaltet sich insofern schwierig, als die Gründe für solch ein extremes Verhalten bei jedem Einzelfall variieren. Dennoch ist man sich über gewisse Gemeinsamkeiten einig, die im Folgenden erläutert werden.

31.3.1 Psychologische Perspektive

31.3.1.1 Umfeld/Erziehung – Kindheit ohne jegliche Struktur

Mansons Leben war von Anfang an geprägt von Lieblosigkeit, Erniedrigung und vergeblichen Ausbruchsversuchen. Seit seiner Geburt hatte es ihm an elterlicher Fürsorge und Geborgenheit gefehlt. Manson wuchs ohne Vater auf. Es entbehrte nicht nur eine Vaterfigur, sondern es mangelte an jeglicher Struktur in seinem Leben. Seine Mutter verschwand häufiger für mehrere Tage oder sogar Wochen und ließ ihr Kind einfach zurück. Mal wurde er zu den Großeltern geschickt, mal zu den Tanten. Hin und wieder traten die Behörden auf den Plan und brachten ihn vorübergehend in einem Heim unter. Manson hat den Großteil seines Lebens hinter Gittern verbracht. Schon früh war er ein Außenseiter, seinen ersten Überfall verübte er im Alter von 13 Jahren – der Start einer kriminellen Karriere.

Im Jahr 1980 führte das FBI eine Studie zu 36 Serienmördern durch, um die Ursachen ihrer Gewalttaten zu ermitteln (Ressler et al. 1980). Im Ergebnisbericht ist übereinstimmend bei allen Tätern von „zerrütteten Familienverhältnissen" die Rede. Die Befragten empfanden ihre Erziehung als „ungerecht, feindselig und kalt", ihr Verhältnis zu ihren Eltern beschrieben sie als „kühl, distanziert, lieblos und vernachlässigt, ohne emotionale Wärme und Körperkontakt". Die Väter verließen in vielen Fällen die Familie, bevor das Kind das 12. Lebensjahr erreicht hatte. In sehr vielen Fällen gab es weitere familiäre Probleme, z. B. Alkohol- und Drogenmissbrauch, psychische und sexuelle Probleme. Die beiden letztgenannten Faktoren kommen in der Untersuchung bei fast allen Serienmördern vor.

Auch für die Psychoanalyse sind defizitäre Familienverhältnisse für die Bildung sog. „kriminogener Persönlichkeitsstrukturen" verantwortlich. Abrahamsen (1973, S. 16) sieht den „Aggressionsschub", der letztlich zum Mord führen kann, aus „inneren Konflikten" entspringen. Diese Konflikte resultieren aus der Umgebung sowie aus traumatischen Erlebnissen in der Kindheit. Um diese Erlebnisse spannen sich Ängste, Frustrationen und Depressionen, die schließlich zu unbewussten Verdrängungen führen.

Schuld an seinem schwierigen Leben sieht Charles Manson vor allem in der US-amerikanischen Gesellschaft. Nie habe er „eine Chance" bekommen, „einen Platz in der Gesellschaft zu finden", klagt er. Schon mit

„zehn Jahren" habe man ihn „zum Teufel erklärt". Für alle sei er nur „eine Belastung" gewesen, „die niemand brauchte". Schon deswegen wollte er auch „nie Teil dieser kranken und falschen Welt sein" (Maresch 2011, S. 1).

Während seines Prozesses hatte sich Charles Manson mit einer Rasierklinge ein Kreuz in die Stirn geritzt. Dadurch wollte er sich symbolisch aus der Menschheit „herausstreichen". Jahre später änderte Manson das Kreuz zur „Swastika" (Hakenkreuz) ab.

Sein Verhalten lässt sich durch die **Frustrations-Aggressions-Theorie** erklären. Im Rahmen dieser Theorie wird davon ausgegangen, dass Aggression eine Folge von Frustration sein kann (Dollard et al. 1939). Je intensiver und länger anhaltend die Frustration ist, desto stärker fällt die aggressive Reaktion aus.

31.3.1.2 Dissoziale Persönlichkeitsstörung

Die dissoziale Persönlichkeitsstörung gehört zu den **spezifischen Persönlichkeitsstörungen** (F60), bei denen laut ICD-10 „eine schwere Störung der charakterlichen Konstitution und des Verhaltens" vorliegt, die mehrere Bereiche der Persönlichkeit betrifft (Dilling et al. 2015; Abschn. 16.6). Das auffällige Verhaltensmuster ist tief greifend und in vielen persönlichen und sozialen Situationen eindeutig unpassend. Das Zustandsbild ist nicht direkt auf signifikante Hirnerkrankungen oder -schädigungen zurückzuführen (Baving 2006).

Für die **dissoziale Persönlichkeitsstörung** sind eine niedrige Schwelle für aggressives und gewalttätiges Verhalten (wiederholte Schlägereien, Überfälle etc.), eine sehr geringe Frustrationstoleranz, Verantwortungslosigkeit und die Missachtung sozialer Normen, Regeln und Verpflichtungen, ein fehlendes Schuldbewusstsein (zeigen keine Reue nach ihren Taten), Impulsivität, mangelndes Lernen aus Erfahrung oder Bestrafung und mangelndes Einfühlen in andere typisch. Das auffällige Verhalten lässt sich meist schon in der Kindheit und Jugend beobachten.

Manson fing mit 12 Jahren an, in Geschäfte einzubrechen. Während der 3 Jahre in der Besserungsanstalt brach er 18 Mal aus. Die Gefängnisaufenthalte zogen sich wie ein roter Faden durch Mansons Leben. Die meisten seiner Haftstrafen erhielt er wegen betrügerischer Eigentumsdelikte und Autodiebstahls, aber auch aufgrund von Körperverletzung und homosexueller Vergewaltigung.

Experten gehen zudem davon aus, dass **Psychopathen** stärker emotional beeinträchtigt sind. Manson setze z. B. hemmungslos Aggression ein, um Kontrolle über andere Menschen auszuüben und seine Ziele durchzusetzen.

31.3.1.3 Unstillbarer Drang nach Macht und Kontrolle

Im Umgang mit anderen Menschen sind Psychopathen sehr manipulativ. Manson wusste, wie er seinen Charme einsetzen könnte. Seine Anhänger führte er in die Irre, indem er Schuldgefühle oder Empathie vorspielte. Die fehlenden Emotionen verschafften ihm den Vorteil, dass er seine Handlungen sehr rational durchdenken konnte.

Dabei lassen sich Mansons legendäre Verführungskünste außerdem auf eine weitere Substanz zurückführen: LSD. Er nahm selbst auch LSD, aber immer nur sehr wenig – eher um den Mädchen vorzutäuschen, dass es in Ordnung sei. Ihm war bewusst, wie gefährlich LSD war, und er nutzte es, um Menschen gefügig zu machen. Er verfolgte seine Interessen ohne Rücksicht auf Verluste oder die Auswirkungen auf andere Menschen zu beachten. Manson bestimmte auch, wer wie viele Drogen bekam.

Serienmörder empfinden ihre vermeintlich feindliche Umwelt als Bedrohung. Ständig leben sie in Angst davor, ohnmächtig und hilflos zu sein. Gerade aus diesem Gefühl heraus bildet sich der intensive Wunsch, stark und überlegen zu sein und absolute Kontrolle über andere zu erlangen. Auch Douglas und Olshaker (1996) fand als die 3 gängigsten Motive von Serienmördern **Dominanz**, **Manipulation** und **Kontrolle**.

In der **Theorie des sozialen Vergleichs** (Garcia et al. 2013) geht es um eine Benachteiligung aufgrund einer empfundenen Bedrohung. Daraus resultiert eine Bedrohung des Selbstwertes, die Menschen grundsätzlich zu entschärfen versuchen.

Mansons Drang nach Kontrolle lässt sich auch anhand der **Theorie der kognizierten Kontrolle** (Frey und Jonas 2002) beschreiben. Diese Theorie liefert die Erklärung dafür, wie das offensichtlich sehr bedeutsame Gefühl von Kontrollerleben und Autonomie entsteht. Wenn Menschen das Gefühl haben, dass Ereignisse für sie beeinflussbar, vorhersehbar und erklärbar sind, empfinden sie die Situation als kontrollierbar und erleben sich als selbstbestimmt und autonom. Entsprechend haben Personen das natürliche Bestreben, in möglichst vielen Lebensbereichen kognizierte Kontrolle zu empfinden, also ihr Leben selbst bestimmen zu können. Gelingt dies in einem Bereich nicht, entsteht Kontrollverlust, den es mit allen Mitteln zu vermeiden gilt.

Auch die **Minderwertigkeitstheorie nach Adler** (Hoffman 1994) spiegelt diese Tendenz wider. Adler spricht dabei von Menschen, die sich körperlich minderwertig fühlen und dann versuchen, dieses Gefühl durch Höchstleistungen zu kompensieren. Können sie die Höchstleistung jedoch nicht erbringen, so versuchen sie zumindest, dies zu suggerieren.

Manson war ein schmächtiger Mann (1,57 m). Er musste lernen, sich hinter Gittern zu behaupten und verteidigen (Bugliosi und Gentry 1974). Diese Unsicherheit kompensierte er, indem er permanent versuchte, die anderen Jungen zu beeindrucken. Das tat er mit seinem Talent, zu reden. Er sagte den Menschen das, was sie hören wollten, um sie zu manipulieren. Seine Stärken waren sein Charisma und seine Fähigkeit, andere Menschen zu beeinflussen. Das hat er sein Leben lang trainiert und als Überlebensstrategie angewandt.

Im Gefängnis erzählte ihm ein Bekannter von einer neuen, kontrovers diskutierten Religion namens Scientology. Auch wenn er die Lehre von Scientology nicht angenommen hat, lernte er doch die Prinzipien, wie man Menschen, vor allem schwächere, an sich binden kann. Dies war wichtig, um später seinen eigenen Kult zu gründen.

Alvin Karpis, Anführer der Barker-Karpis-Bande beschrieb Manson wie folgt:

> » „Das Ungewöhnliche an Manson war, dass er körperlich ein Zwerg war, aber sich dennoch seinen Platz in der Gefängnishierarchie erkämpfte. Er erreichte dies, indem er andere Leute geschickt manipulierte. Damit hörte er nie auf, selbst wenn es für ihn nichts dabei zu gewinnen gab. Wenn du dich in Mansons Gegenwart befandest, hast du dich in jeder Sekunde benutzt und manipuliert gefühlt." (zitiert nach Deis 2015, S. 1)

Manson wollte auch im Gerichtssaal die Kontrolle über das Geschehen behalten. Der Angeklagte besaß zwar praktisch keinerlei Schuldbildung, wusste sich aber dennoch durchdacht und artikuliert auszudrücken. Er witterte sofort, wenn ihm der Staatsanwalt mit einer Frage eine Falle stellen wollte. Er antwortete nie spontan und unüberlegt, sondern wägte seine Antwort genau ab. Gegenüber den Zuschauern im Saal zeigte er wieder ein anderes Gesicht: Er lächelte, scherzte mit der Presse und zwinkerte hübschen Mädchen im Publikum zu. Manson war ein Chamäleon, der nicht im Geringsten von der Schwere der Anklage belastet zu sein schien (Bugliosi und Gentry 1974).

Ein Erklärungskonzept dafür kann die **Impression-Management-Hypothese** liefern (Frey und Bierhoff 2011; Mummendey und Bolten 1993). Dieser zufolge hat jeder Mensch das Bedürfnis, sich gegenüber anderen Menschen möglichst gut darzustellen. Dieses Bedürfnis drückt sich dadurch aus, dass Menschen Anstrengungen jeglicher Art betreiben, um das Bild, das andere Personen von ihnen haben, entsprechend der eigenen Wünsche zu formen.

In der Gefängnisakte findet sich die Beschreibung, dass Charles Manson unfähig wäre, mit positiven Handlungen auf sich aufmerksam zu machen. Deshalb bediene er sich oftmals negativer Verhaltensweisen, um seinem Drang nachzukommen (Rentz 2009).

Sein Wunsch nach Macht und Kontrolle zeigt sich auch in der Faszination für die Beatles. In den frühen 1960er-Jahren war die „Beatlemania" an ihrem Höhepunkt, sie ähnelte in ihrer Intensität einer Religion. Manson hörte die englischen Bands im Gefängnis und die kreischenden Mädchen, wenn sie auf ihre Idole trafen. Ein Charakter wie Manson, dem es um Macht und Manipulation ging, faszinierte dieser Erfolg in ganz besonderer Weise. Er war jedoch kein fanatischer Fan im eigentlichen Sinn, sondern stellte mehrfach fest, dass er, wenn er die Chance gehabt hätte, viel größer und berühmter geworden wäre als die Beatles. Manson hatte das Ziel, ein berühmter Musiker zu werden. Als jedoch kein Schallplattenvertrag in Sicht war, machten sich Wut und Enttäuschung breit (Bugliosi und Gentry 1974).

Auf das **Bedürfnis nach Anerkennung,** das hier ebenfalls eine Rolle spielt, wird in ▶ Kap. 30 zu Fritz Haarmann eingegangen.

31.3.1.4 Narzissmus

Die **narzisstische Persönlichkeitsstörung** zeichnet sich besonders durch eine hohe Selbstbezogenheit und einen Mangel an Empathie aus (Fiedler 2007). Zentrale Motive des Narzissmus sind Anerkennung, Wichtigkeit, Solidarität und Autonomie (Sachse 2013).

Zu den Kriterien, die erfüllt sein müssen, um eine narzisstische Persönlichkeitsstörung zu diagnostizieren, gehören ein übertriebenes Selbstwertgefühl, das Gefühl der Einzigartigkeit und ein starkes Anspruchsdenken (APA 2013). Allen Menschen mit narzisstischer Persönlichkeitsstörung liegt ein negatives Selbstschema zugrunde, das abwertende Annahmen enthält wie: „Ich bin nicht ok!" (Sachse 2013). Zur Kompensation dieses negativen Schemas entwickeln Narzissten jedoch normative Schemata, die eigene Ziele und Verhaltensregeln beinhalten.

Einer der entscheidenden Faktoren in der Entwicklung von Narzissten ist die narzisstische

Gewalt. Das endgültige Ausbrechen dieser Gewalt wird oft durch einen bestimmten Auslöser verursacht. Im Mansons Fall war das sein geplatzter Traum – die Ablehnung von dem Musikproduzenten Terry Melcher. Denn bis zu diesem Zeitpunkt gab es schon so viele Demütigungen und Misshandlungen in seinem Leben, dass der Auslöser letztlich nur den Punkt markierte, an dem er sich von dem Versuch, „normal" zu sein, verabschiedete.

Als am 22. November 1968 das sog. „White Album" der Beatles erschien, glaubte Manson, darin eine speziell an ihn adressierte Botschaft zu hören. Charles Manson fehlinterpretierte das Album und vor allem den Song „Helter Skelter" und formte daraus die Ideologie der Manson Family. Das beinhaltete die verquere Logik, dass es einen Rassenkrieg zwischen der schwarzen und weißen Bevölkerung Amerikas geben würde, ausgelöst von ihm und seiner Familie durch die Tötung „reicher weißer Schweine". Manson war überzeugt, die Schuld für die Morde würde der schwarzen Bevölkerung angelastet werden. Das Endergebnis wäre schließlich ein regelrechter blutiger Rassenkrieg, den nach Mansons Überzeugung die Schwarzen gewinnen würden – „doch weil die Schwarzen sich selbst nicht führen könnten, würden sie ihn, Charles Manson, zu ihrem ‚Messias' machen" (Wickert 2013, S. 1). Beruhend auf ihrer „Helter-Skelter-Ideologie" plante Charles Manson die mörderische Zukunft der Manson Family.

31.3.2 Soziologische Perspektive

In diesem Abschnitt wird der Frage nachgegangen, ob das Böse angeboren ist oder von außen geformt wird.

Bis zum 18. Jahrhundert ließ man gesellschaftliche Faktoren als Determinanten des Verbrechens weitgehend außer Acht (Filser 1983). Der Grund für Böswilligkeit sollte in der persönlichen (genetischen) Veranlagung des Täters liegen. Doch nicht zuletzt die Aufklärung führte zu neuen Sichtweisen auf die Kriminalität. Die bis dahin als gesichert betrachtete „Täterpersönlichkeit", bei der davon ausgegangen wurde, dass ein Mensch böswillig Straftaten begeht, wurde zunehmend infrage gestellt (Backes 1994). Gegenstand war daraufhin nicht mehr bloßes Bestrafen, sondern das Verhüten von Verbrechen durch gesellschaftspolitische Maßnahmen (Filser 1983).

Aus soziologischer Sicht weist die Verteilung der Kriminalität in der Gesellschaft systematische Aspekte auf. Nicht der Mensch als biologisches oder psychisches Individuum findet vorrangig Beachtung, sondern seine Beziehungen zu anderen Mitgliedern der Gesellschaft (Sack 1993). Diese Beziehungen formen ihn sowohl positiv wie auch negativ. Die Diskrepanz zwischen den kulturell regulierten Zielen und den Möglichkeiten zur Realisierung derselben führt zu einem Spannungsverhältnis, dass der Einzelne durch individuelle Anpassung auflösen muss. Gelingt dies nicht, werden zur Erreichung der Ziele unter Umständen illegitime Maßnahmen gewählt.

31.3.3　Öffentliche Wirkung und Resonanz

31.3.3.1　Unterschiede der Tate-LaBianca-Morde zu anderen Verbrechen

Für Staatsanwalt Vincent Bugliosi sind die Unterschiede zu anderen Serien- oder Massenmördern einer der Gründe, warum die Tate-LaBianca-Morde aus dem Jahr 1969 nach wie vor auf so ein großes öffentliches Interesse stoßen. Weniger die Verbrechen an sich, sondern die Tatumstände bereiteten den Menschen große Angst:

» „Charles Manson unterscheidet sich mit Sicherheit deutlich von anderen Serien- oder Massenmördern. Er machte sich selber nicht die Hände schmutzig, sondern ließ andere seine Fantasien ausführen – harmlose Kinder aus Mittelschichtsfamilien, die sich auf Geheiß

eines Gurus plötzlich in blutrünstige Mordbestien verwandeln. Deshalb erinnern wir uns an ihn. Das Ergebnis: Der Name Charles Manson ist zum Inbegriff des Bösen auf dieser Welt geworden." Vincent Bugliosi (zitiert nach nach Dies 2015, S. 1)

Die Mitglieder der Mason Family waren Menschen, die nach einer eigenen Identität suchten, einer Identität, die für sie passte. Diese verzweifelte Suche ist es, die Charles Manson und Männer wie ihn so mächtig und gefährlich macht – damals wie heute.

31.3.3.2　Vom Kultführer zur Kultfigur – die Faszination des Bösen

Obwohl die Ereignisse inzwischen mehr als 49 Jahre zurückliegen, sind Charles Manson und die Manson Family nie in Vergessenheit geraten. Im Gegenteil haben die Medien Manson jede Menge Gelegenheit zu Selbstdarstellung gegeben, und er hat das Angebot dankend angenommen. Sein Wunsch, ein Star zu werden, hat sich auf eine ironische Art und Weise erfüllt. Um Charles Manson ist in den letzten Jahren ein regelrechter Kult entstanden.

Eine mögliche Erklärung für die Faszination des Bösen bietet das **Sensation Seeking**, ein Ansatz des Psychologen Marvin Zuckerman aus der Persönlichkeitsforschung (Wickert 2013). Hierbei handelt es sich um die Neigung, neue Erfahrungen und Eindrücke zu erleben.

Es zeigt sich vor allem in dem Umstand, dass Manson heute als eine Art „Popikone der Gegenkultur" betrachtet wird. Eines der bekanntesten Cover eines Manson-Songs stammt von der Band Guns N' Roses, veröffentlicht auf ihrem Album „The Spaghetti Incident?" (Wickert 2013).

Das Pseudonym des berühmten amerikanischen Rockstars Marilyn Manson ist eine Mischung aus den Namen der Filmikone Marilyn Monroe und Charles Manson – allerdings nicht, um damit seine Verehrung auszudrücken, sondern um 2 Extreme US-amerikanischer

Popularität, Marilyn Monroe und Charles Manson, in einem Namen zusammenzufassen. Er will damit u. a. den Irrsinn und die Tragik des Starkults hervorheben, der beiden Geschichten anhaftet.

Heute gibt es eine regelrechte Vermarktung der Marke „Charles Manson". Milliarden Dollar werden an Filmen, Fernsehreportagen und Zeitungsberichten über ihn verdient. Sein Konterfei wird auf Freizeithemden, T-Shirts, Duftmitteln, Zigaretten, Waschmitteln und Sammelposter gedruckt. Zu den Standard-Tattoos US-amerikanischer Gangs gehören heute auch die mit blutgeschriebenen Botschaften an den Tatorten der Manson Family.

Das Thema „Faszination des Bösen" wird in ▶ Kap. 28 zu Jack Unterweger näher erläutert.

31.4 Bedeutung für die heutige Zeit

Trotz zahlreicher Erklärungsansätze bleibt das Interesse für das Böse im Menschen ungebrochen. Spektakuläre Fälle wie der von Charles Manson sind sehr ausführlich dokumentiert und erinnern daran, dass es Menschen gibt, die sich dafür entschieden haben, in aller Konsequenz böse zu handeln und sich von der Gesellschaft nicht nur abzuwenden, sondern sich gegen diese zu stellen. Sie erinnern auch daran, dass sie sich in unserem direkten Umfeld befinden können – ihnen haftet äußerlich kein Erkennungszeichen an, sie sind Teil unserer Gesellschaft. Damit drängen sich folgende Fragen auf: Kann man so einen Fall vorhersehen? Wie können wir dazu beitragen, solche Fälle in Zukunft zu verhindern?

Mögliche Ansätze zur Beantwortung dieser Fragen zeichnen sich u. a. bei der Betrachtung des Werdeganges von Charles Manson ab: Manson erfuhr eine ganze Reihe von Demütigungen, Misshandlungen und Peinigungen. Er hatte weder ein stabiles familiäres Umfeld noch erfuhr er genügend Zuwendung. So konnte er wichtige Werte und Normen nicht verinnerlichen. Mansons Mutter und Verwandten verhielten sich zurückweisend und achtlos. Hieraus entstand in seinem Fall der starke Wunsch nach Dominanz und Kontrolle, der sich zunächst in aggressiven Fantasien äußerte. Charles Manson war durch die frühen Enttäuschungen nicht mehr zu gesunden zwischenmenschlichen Beziehungen fähig. Er fühlte sich von seiner Umwelt bedroht und hatte ständig den Eindruck, sich wehren zu müssen. Durch einen weiteren Auslöser, einer erneuten Demütigung, geriet Mason endgültig ins emotionale Ungleichgewicht und ließ nachfolgend seinem Hass freien Lauf.

In einer qualitativen Analyse rekonstruierter Lebensgeschichten von 100 Jugendlichen versuchte Böttger (1998) Zusammenhänge zwischen der Biografie eines Menschen und der späteren Auftretenswahrscheinlichkeit von Gewalt zu ermitteln. In dieser Untersuchung fand sich in den allermeisten Fällen der „Kreislauf der Gewalt" bestätigt. Dieser besagt, dass eine fortwährende Reproduktion von Gewalt eintritt, wenn Eltern ihre Kinder misshandeln. Wie in vielen anderen Untersuchungen wurde auch in dieser ein maßgeblicher Einfluss der Erziehung auf die Gewaltentwicklung festgestellt. Besonders problematisch scheinen stark autoritäre oder vernachlässigende Erziehungsstile zu sein (Niemann et al. 2013).

Diese Probleme bei der Erziehung und bei häuslicher Gewalt zu verstehen, zu erkennen und wirksame frühzeitige Interventionsmaßnahmen zu entwickeln, ist entsprechend von besonderer Bedeutung für die Prävention. Auf das frühzeitige Erkennen und Eingreifen bei häuslicher Gewalt wird in ▶ Kap. 27 zu Josef Fritzl eingegangen.

Die meisten der Kinder, die zu Verbrechern heranwachsen, fallen ihren Lehrern und Betreuern bereits in einem sehr frühen Alter auf (Hare et al. 1993). Es ist entscheidend, dass diese Berufsgruppen das Wesen des Problems verstehen, mit dem sie konfrontiert sind. Falls Intervention eine Chance auf Erfolg haben soll, muss sie in der frühen Kindheit stattfinden. Es bestehen kaum Zweifel, dass die Korrektur solcher frühen Probleme zu einem Rückgang der Kriminalität und anderer Formen sozialen Fehlverhaltens führen würde.

31.5 Fazit

Charles Manson brachte die 1960er-Jahre zu einem bitteren Ende und wurde zu einer düsteren Ikone der Gegenkultur. Er hat andere Menschen manipuliert, gefügig gemacht und 7 Menschen ermorden lassen. Solche Fälle bringen uns ins Grübeln: Wem dürfen wir überhaupt trauen? Wie können wir Gefahren erkennen und vermeiden?

In diesem Kapitel wurde der Frage nachgegangen, wie es Charles Manson gelungen ist, Menschen in seinen Bann zu ziehen und sie sogar dazu zu bringen, grausame Morde für ihn zu begehen. Daneben wurde genauer betrachtet, was die Faszination des ehemaligen Sektenführers ausmachte? Nach Bugliosi (2010, S. 6) ist Charles Manson höchstwahrscheinlich der berühmteste und berüchtigtste Massenmörder aller Zeiten; die Legendenbildung um die Geschichte der Manson Family scheint mit den Jahren zuzunehmen und sein Ruhm sich sogar noch zu vermehren.

Literatur

Abrahamsen, D. (1973). *The murdering mind.* New York: Harper & Row.
American Psychiatric Association (APA). (2013). *Diagnostic and statistical manual of mental disorders* (5. Aufl.). Washington: American Psychiatric Association.
Backes, O. (1994). *Strafrecht und Gewalt – Auf der Suche nach Ursachen und Konsequenzen von Gewalt.* Darmstadt: Wissenschaftliche Buchgesellschaft.
Baving, L. (2006). *Störungen des Sozialverhaltens.* Berlin: Springer.
Böttger, A. (1998). *Gewalt und Biographie: Eine qualitative Analyse rekonstruierter Lebensgeschichten von 100 Jugendlichen* (1. Aufl.). Baden-Baden: Nomos.
Bugliosi, V. (2010). *Helter Skelter – der Mordrausch des Charles Manson.* München: Riva.
Bugliosi, V., & Gentry, C. (1974). *Helter skelter. The shocking story of the Manson murders.* London: Arrow Books Limited.
Deis, R. (2015), Charles Manson Biografie. True crime story. Artikel vom 23. April 2015. ► http://www.true-crime-story.de/charles-manson-biografie/. Zugegriffen: 24. Jan. 2019.
Dilling, H., Mombour, W., & Schmidt, M. H. (Hrsg.). (2015). *Internationale Klassifikation psychischer Störungen. ICD-10 Kapitel V (F) klinisch-diagnostische Leitlinien* (10. Aufl.). Bern: Hogrefe.
Dollard, J., Miller, N. E., Doob, L. W., Mowrer, O. H., & Sears, R. R. (1939). *Frustration and aggression.* New Haven: Yale University Press.
Douglas, J., & Olshaker, M. (1996). *Die Seele des Mörders: 25 Jahre in der FBI-Spezialeinheit für Serienverbrechen.* München: Goldmann.
Fiedler, P. (2007). *Persönlichkeitsstörungen.* Basel: Beltz.
Filser, F. (1983). *Einführung in die Kriminalsoziologie.* Paderborn: UTB Schöningh.
Frey, D., & Bierhoff, H.-W. (Hrsg.). (2011). *Sozialpsychologie – Individuum und soziale Welt.* Göttingen: Hogrefe.
Frey, D., & Jonas, E. (2002). Die Theorie der kognizierten Kontrolle. In D. Frey & M. Irle (Hrsg.), *Theorien der Sozialpsychologie* (Bd. III, S. 13–50)., *Motivations-, Selbst- und Informationsverarbeitungstheorien.* Bern: Huber.
Garcia, S. M., Tor, A., & Schiff, T. M. (2013). The psychology of competition: A social comparison perspective. *Perspectives on Psychological Science, 8*(6), 634–650.
Hare, R. D., Strachan, K., & Forth, A. E. (1993). Psychopathy and crime: An overview. In C. R. Hollin & K. Howells (Hrsg.), *Clinical approaches to the mentally disordered offender* (S. 165–178). Chichester: Wiley.
Hoffman, E. (1994). *The drive for self: Alfred Adler and the founding of individual psychology.* Reading: Addison-Wesley.
Maresch, R. (2011). Das Symbol des Bösen. Telepolis. Artikel vom 09. August 2011. ► https://www.heise.de/tp/features/Das-Symbol-des-Boesen-3390804.html?seite=all. Zugegriffen: 24. Jan. 2019.
Mummendey, H. D., & Bolten, H.-G. (1993). Die Impression-Management-Theorie. In D. Frey (Hrsg.), *Theorien der Sozialpsychologie* (Bd. III, S. 57–77)., *Motivations- und Informationsverarbeitungstheorien.* Bern: Huber.
Niemann, C., Cudrig, S., & Gießmann, M. (2013). *Serienmörder im Visier. Gewaltverbrecher und ihre Hintergründe.* München: GRIN.

Rentz, I. (2009). Das Gesicht des Bösen. Spiegel Online. Artikel vom 06. August 2009. ► http://www.spiegel.de/einestages/massenmoerder-charles-manson-a-948437.html. Zugegriffen: 24. Jan. 2019.

Ressler, R. K., Douglas, J. E., Groth, A. N., & Burgess, A. W. (1980). Offender profiles: A multidisciplinary approach. *FBI Law Enforcement Bulletin, 49*(9), 16–20.

Sachse, R. (2013). *Persönlichkeitsstörungen*. Göttingen: Hogrefe.

Sack, F. (1993). Soziologische Kriminalitätstheorien. In G. Kaiser, H. Kerner, F. Sack, & H. Schellhoss (Hrsg.), *Kleines kriminologisches Wörterbuch* (3. Aufl.). Heidelberg: C. F. Müller Juristischer.

Wickert, C. (2013). Helter Skelter – Faszination Charles Manson. Blogeintrag vom 9. Oktober 2013. ► https://criminologia.de/2013/10/helter-skelter-faszination-charles-manson/. Zugegriffen: 24. Jan. 2019.

31

Bonnie und Clyde

Eine blutige Liebesgeschichte

Engin Devekiran

© Springer-Verlag GmbH Deutschland, ein Teil von Springer Nature 2019
D. Frey (Hrsg.), *Psychologie des Guten und Bösen*, https://doi.org/10.1007/978-3-662-58742-3_32

32.1 Einleitung

32.1.1 Der Mythos

» „Das ist Miss Bonnie Parker. Ich bin Clyde Barrow. Wir rauben Banken aus." Clyde Barrow (zitiert nach Karl 2015, S. 244)

Dass der Mythos von Bonnie und Clyde auch heute noch lebt, zeigt sich exemplarisch daran, dass sich Clydes markiger Spruch heute auf Tassen, T-Shirts und Postern wiederfindet. Devotionalien der beiden wechseln für horrende Summen den Besitzer. Filme über Bonnie und Clyde wurden zu Kassenschlagern. Es lässt sich also viel Geld mit ihrer Geschichte verdienen.

Darüber hinaus ist das Gangsterpaar, das sich zwischen 1932 und 1934 als Staatsfeind Nummer 1 ein aufreibendes Katz-und-Maus-Spiel mit der Polizei lieferte, ein steter Quell an Inspiration: Von Serge Gainsbourg bis zu den Toten Hosen haben Künstler aller Couleur die tragische Liebesgeschichte in ihren Liedern aufgegriffen.

Sexy und cool, für immer jung und unsterblich verliebt; dabei Bankräuber und mehrfache Mörder, permanent auf der Flucht vor dem Gesetz – und trotzdem als Volkshelden verehrt; die Vielschichtigkeit ihrer Geschichte macht Bonnie und Clyde so reizvoll.

Der Frage, wie es dazu kam, dass sich 2 Teenager zu dem wohl berühmtesten Gangsterpaar der Welt entwickelten, wird sich im Folgenden mittels psychologischer und soziologischer Theorien angenähert. Die Einordnung in den zeitgeschichtlichen Kontext der USA der 1920er- und 1930er-Jahre ist darüber hinaus von zentraler Bedeutung. Eines vorweg: Die Realität ist um einiges ernüchternder, als es der romantisch-verklärte Mythos glauben lässt.

32.1.2 Geschichtlicher Kontext: das Amerika der großen Depression

Nach Ende des Zweiten Weltkrieges erlebten die USA eine enorme Produktionssteigerung, vor allem im Konsumgüterbereich. Viele Menschen waren jedoch zu arm, um sich die Produkte zu kaufen, die den Alltag erleichtern: Staubsauger und Waschmaschinen waren wegen der niedrigen Löhne einfach zu teuer. Auch der puritanische Geist vieler US-Amerikaner war eher hinderlich für den Verkauf von lebenserleichternden, aber nicht wirklich notwendigen Artikeln.

Um die in Massen hergestellten Produkte zu verkaufen, wurde einerseits kräftig auf Werbung gesetzt. Andererseits gewährten die Banken auch den ärmsten Menschen großzügige Kredite, was gepaart mit der erfolgreich geweckten Konsumlust zu einer hohen privaten Verschuldung des Landes führte.

Im Laufe der 1920er-Jahre boomte die Wirtschaft, die Menschen gewöhnten sich an ein Leben auf Pump, und die Börse weckte das Interesse von Kleinanlegern mit Versprechungen vom schnellen Geld. Menschen nahmen Kredite auf, um an der Börse zu spekulieren – eine riesige Investitionsblase entstand (McElvaine 1993). Als Ende Oktober 1929 die Blase schließlich platzte, war der Traum vom Wohlstand für alle rasch ausgeträumt. Banken forderten ihre Kredite zurück, die Kreditnehmer konnten diese nicht bezahlen und verloren ihre Häuser. Die Produktion ging um 50 % zurück. Millionen von Menschen wurden arbeits- und obdachlos (Karl 2015).

Die Regierung unter Herbert Hoover weigerte sich, trotz sozialer Unruhen und Hungerepidemien regulierend einzugreifen,

32

was den Volkszorn auf die Banken und die Politik schürte (McElvaine 1993). Bankräuber zogen in Outlaw-Manier durch das Land und wurden dafür, getreu dem Brecht'schen Bonmot: „Was ist ein Einbruch in eine Bank gegen die Gründung einer Bank?" (Brecht 2001, S. 94), von der verarmten Bevölkerung verehrt (Karl 2015). Das Amerika von Bonnie und Clyde war geprägt vom täglichen Kampf ums Überleben – kein guter Ort für Träumer.

32.2 Biografien

» „Take a walk on the wild side." (Lou Reed)

Die hier dargestellte Zusammenfassung basiert auf der Biografie von Karl (2015).

32.2.1 Bonnie Parker – Bonjour Tristesse

Die als verruchte Gangsterbraut in die Geschichte eingehende Bonnie Elizabeth Parker wuchs als 3. von 4 Kindern in stabilen, aber einfachen Verhältnissen auf. Ihre Familie war hoch angesehen in der texanischen Kleinstadt Rowena. Die Umstände änderten sich jäh, als mit ihrem Vater der Ernährer der Familie starb. Aus Perspektivlosigkeit zog Familie Parker nach West Dallas – eine trostlose Arbeitersiedlung mit hoher Kriminalitätsrate.

Bonnie war trotz der veränderten Umstände ein lebenslustiges, neugieriges Kind mit schauspielerischer und musischer Begabung. Sie war sich sicher, dass sie eines Tages ganz groß rauskommen würde. Ihr freundliches Wesen machte sie bei Mitschülern sehr beliebt: So half sie täglich einer gehbehinderten Mitschülerin, die Schultasche zu tragen. Schon früh war Bonnie aber auch berüchtigt für ihr wildes Temperament. Einen Schulkameraden, der ihr einen Korb gab, verprügelte sie kurzerhand. Sie hatte gute Noten und wollte aufs College gehen, was sich ihre Familie allerdings nicht leisten konnte.

Mittlerweile zur jungen Frau gereift und unzufrieden mit ihrer Situation verliebte sich Bonnie in einen kleinkriminellen Frauenschwarm. Auf eine schnelle Heirat folgte eine ebenso schnelle Trennung. Trotzdem hat sie sich aus Loyalität zeitlebens nicht von ihm scheiden lassen.

Bonnie arbeitete mittlerweile als Kellnerin und verteilte oft kostenlose Mahlzeiten an Bedürftige. Mit Beginn der großen Depression 1929 verlor auch sie ihren Job. Der Traum, dem tristen West Dallas zu entfliehen, schien zunächst geplatzt. Bis sie den Mann kennenlernte, der ihr Leben von Grund auf veränderte.

32.2.2 Clyde Barrow – Irrwege aus der Armut

Clyde Barrow faszinierte Bonnie sofort. Er war ein Machertyp, gut gekleidet, hatte hervorragende Manieren – und war (wieder) ein Kleinkrimineller.

Clyde wuchs als jüngstes von 5 Geschwistern in schwierigen Verhältnissen auf. Seine Mutter starb früh, sein Vater war Analphabet. Clydes Stiefmutter war eine tiefreligiöse Frau. Zusammen bewirtschafteten die Familie eine Farm nahe Dallas – ohne fließend Wasser und Strom. Die Familie hielt zusammen, doch es gab Probleme mit Clydes älterem Bruder Buck, der auf die schiefe Bahn geriet. Clyde eiferte seinem Bruder nach, seine großen Helden waren berühmte Outlaws wie Jesse James. Darüber hinaus liebte er Waffen und war ein guter Schütze, wobei er nicht gerne auf Lebewesen schoss.

Aufgrund einer dauerhaften Farmkrise in den 1920er-Jahren zog die Familie Barrow nach West Dallas – ein großer Kontrast zum eintönigen Leben auf dem Land. Sie waren so arm, dass sie allesamt in einem Pferdewagen unter einer Brücke schlafen mussten. Der jugendliche Clyde war fasziniert von der Stadt.

Seine Stiefmutter versuchte vergeblich, ihn von den umherziehenden Jugendgangs fernzuhalten. Buck rutschte in Dallas indessen vollends in die Kriminalität ab, was der Bewunderung durch seinen kleinen Bruder keinen Abbruch tat.

Clyde hasste seine Lebensumstände. Die Stadt war voll mit gut gekleideten Leuten, tollen Autos und allerlei Spaß versprechenden Aktivitäten und repräsentierte einen Lebensstil, der für ihn nicht erreichbar zu sein schien. Ihm wurde schnell klar, dass mit seinen Gelegenheitsjobs kein aufregendes Leben finanzierbar war.

Es begann eine für die Zeit typische kleinkriminelle Karriere: Hühnerdiebstahl, Autodiebstahl, Einbruch. Der Ertrag war meistens gering, betrug jedoch bei Weitem mehr, als er mit ehrlicher Arbeit jemals hätte verdienen können.

Als Clyde im Januar 1930 Bonnie bei einem Besuch bei Freunden gegenüberstand, war er schon bei der Polizei bekannt.

32.2.3 Bonnie und Clyde – ihr gemeinsamer Weg

32.2.3.1 Clyde im Gefängnis – unfreiwillige Fernbeziehung

Bonnie und Clyde verliebten sich Hals über Kopf ineinander. Bonnies Familie war sehr angetan von dem charmanten, gut aussehenden jungen Mann. Sie wussten noch nichts von seinen kriminellen Tätigkeiten. Dies änderte sich an dem Tag, an dem Clyde vor den Augen der Parkers wegen Einbruchs verhaftet wurde. Bonnie war am Boden zerstört. Doch sie war bereit, Clyde zu verzeihen, was aus ihrem Brief an den Inhaftierten deutlich wird:

» „Liebling, wenn du herauskommst, möchte ich, dass du dir einen Job suchst und in Gottes Namen nie wieder in irgendwelche Schwierigkeiten gerätst. […] wenn du freikommst und dich nicht mehr verstecken musst, dann werden wir ein schönes Leben führen." (zitiert nach Karl 2015, S. 62 f.)

Clyde war wegen verschiedener Delikte angeklagt und wurde vom Richter zu 14 Jahren Haft, von denen er nur 2 im Gefängnis absitzen musste, verurteilt.

Dies war ein schrecklicher Zustand für die Verliebten, sodass Clyde bald den Entschluss zur Flucht fasste. Bonnie agierte als Komplizin. Das riskante Unterfangen, eine Pistole in Clydes Zelle zu schmuggeln, gelang, und dieser schaffte es, mit 2 Zellengenossen zu fliehen, ohne dass jemand verletzt wurde. Doch die Freiheit währte nicht lange: Noch in derselben Nacht wurde das Trio gefasst. Damit hatte Clyde kein Recht mehr auf seine Bewährung und musste die vollen 14 Jahre Haft antreten. Bonnie, die wieder als Kellnerin arbeitete, war bestürzt. In rührenden Briefen versicherte sie, auf ihn zu warten.

Clyde wurde Ende 1930 in die berüchtigte texanische Haftanstalt von Huntsville überstellt. Das Gefängnis war hoffnungslos überfüllt und die Haftbedingungen schändlich. Besonders schlimm für Clyde war, dass er ausgerechnet in die härteste der 11 Gefängnisfarmen von Huntsville, nämlich Eastham, einquartiert wurde. Dort waren hauptsächlich Schwerverbrecher in großen Schlafsälen ohne jegliche Privatsphäre untergebracht. Die Rechtlosigkeit der Gefangenen machte ihn wütend. Unter der glühend heißen texanischen Sonne mussten sie bei ständiger Schikane durch die Wärter schwere Feldarbeit verrichten. Während seiner Haft schrieb Bonnie ihm weitere Briefe, und seine Stiefmutter stellte eine Reihe von Gnadengesuchen beim texanischen Gouverneur – vergeblich. Anders als viele Gefangene war Clyde kein Mitläufer, er leistete Widerstand. Dies zog den Unmut der Wärter auf ihn und machte ihn selbst zum Opfer von Misshandlungen.

Ein wichtiger Wendepunkt in Clydes Leben war der banale Umstand, dass er in einen anderen Schlafsaal von Eastham verlegt wurde. Der leitende Häftling im Schlafsaal, Ed Crowder, war ein lebenslänglich verurteilter Schwerverbrecher und brutaler Vergewaltiger. Für den 21-jährigen Clyde begann ein 1-jähriges Martyrium, bei dem er von Crowder mehrfach vergewaltigt wurde. Er erhielt keine Unterstützung von der Gefängnisleitung, die Mithäftlinge sahen weg.

Ein Ausweg bot sich durch einen lebenslänglich verurteilten Gefangenen: Dieser hasste Crowder ebenfalls und unterbreitete Clyde den Vorschlag, dass, wenn Clyde Crowder tötete, er die Schuld dafür auf sich nehmen würde. Der Plan wurde in die Tat umgesetzt. Clyde lockte seinen Peiniger in einer Oktobernacht 1931 in die Toilette und erschlug ihn mit einem eingeschmuggelten Eisenrohr. Damit wurde er zum Mörder.

Clyde war seelisch und körperlich am Ende und hegte aufgrund der weiterhin schlimmen Haftbedingungen Fluchtgedanken. Die Gefahr, dabei erschossen zu werden, war jedoch sehr hoch, da die Sicherheitsvorkehrungen auf der Gefängnisfarm deutlich verschärft waren. Es gab aber einen weiteren Weg, sich der zermürbenden Feldarbeit zu entziehen: Selbstverstümmelung war ein auf Eastham probates Mittel, eine Einlieferung in die Krankenstation zu erwirken. Clyde war so verzweifelt, dass er diesen Weg wählte. Ein Häftling hackte ihm auf seine Bitte hin 2 Zehen ab, was seine Gangart für immer verändern sollte. Tragischerweise war dieser Akt völlig unnötig: Nur einige Tage danach hatte seine unermüdliche Stiefmutter Erfolg mit einem Gnadengesuch beim Gouverneur.

Im Februar 1932 wurde Clyde aus Huntsville entlassen. Über seine traumatischen Erfahrungen sprach er selbst nie – die Familie erfuhr erst Jahre später davon. Körperlich und vor allem seelisch geschunden verließ Clyde Eastham nach 2 Jahren als Mörder und voller Hass auf das Justizsystem und seine Vertreter.

32.2.3.2 Wieder vereint – keine Chance auf Normalität

Bonnie war überglücklich, ihren Clyde wiederzuhaben. Nach 2 Jahren Gefängnis wollte er so schnell wie möglich zur Normalität zurückkehren, kaufte sich einen Anzug und trainierte seinen Gang. Eleganz war für Clyde ein Symbol von Freiheit. Auch unter widrigsten Umständen war Clyde später auf der Flucht gut gekleidet.

Die wirtschaftliche Lage war weiterhin desaströs. In Dallas, einer Stadt kollektiver Verzweiflung, bemühte er sich jeden Tag um einen Job. Sein fester Wille zahlte sich aus: Er bekam eine Anstellung. Doch die lokale Polizei machte ihm einen Strich durch die Rechnung. Ein Freund von Clyde fasste das Dilemma wie folgt zusammen:

» „Als er aus dem Gefängnis raus war, hat er es mit Arbeit versucht. Er hat auch welche gefunden, aber da gab's zwei Polizisten, die haben immer rausgefunden, wo er gerade arbeitet, und dann sind sie hingefahren und haben seinen Chefs gesteckt, dass er ein Ex-Häftling ist. Und dass er sie wahrscheinlich beklauen wird und da haben sie ihn entlassen." Raymond Hamilton (zitiert nach Karl 2015, S. 92)

Clyde erkannte nach mehreren Entlassungen, dass sein Ruf in Dallas zu schlecht für anständige Arbeit war. Er reiste unter verdecktem Namen nach Massachusetts, um dort Arbeit zu finden. Doch die Trennung von seinen Liebsten nach den harten Jahren im Gefängnis machte ihm derart zu schaffen, dass er wieder zurückkehrte.

Daneben hatte Clyde noch eine Rechnung in Texas offen. Bereits während seiner Inhaftierung hatte er sich einen spektakulären Racheplan an der Justiz ausgedacht und gemeinsam mit einem Mithäftling die Vereinbarung getroffen, mit einer Truppe Männer sämtliche Gefangene von Eastham zu befreien, um damit das System zu bestrafen, das ihn bis ins Mark gedemütigt hatte.

Als er kurze Zeit später wieder entlassen wurde, weil ihn die Polizei während der Arbeitszeit zu einer Befragung mitgenommen hatte, war Clyde den Versuch der Rechtschaffenheit leid. Frustriert leistete er gegenüber seiner Mutter einen folgenreichen Schwur:

» „[…] ich werde nie wieder arbeiten – und ich werde mich auch nie wieder einsperren lassen. Niemals werde ich in diese Hölle von Eastham zurückkehren. Lieber sterbe ich. Ich schwör bei Gott, wenn sie mich kriegen wollen, müssen sie mich töten." (zitiert nach Karl 2015, S. 95)

32.2.3.3 Die Barrow Gang – blutige Anfänger

Mit der Entscheidung für ein Leben als Krimineller gründete Clyde eine Bande. Die sog. „Barrow Gang" bestand bis zum tödlichen Ende des Gangsterpaares aus Clyde, Bonnie und einer schwankenden Anzahl Vertrauter. Um an Waffen für die geplante Befreiung von Eastham zu gelangen, mussten größere Summen Geld beschafft werden.

Bonnie war stolz, ein Teil der Bande zu sein: Ihre Abenteuerlust war durch Clydes großes Vorhaben geweckt worden. Ihre Begeisterung erhielt allerdings schnell einen Dämpfer, da sie bei einem missratenen Überfall Bonnie von der Polizei festgenommen wurde. Sie konnte sich in Untersuchungshaft aber erfolgreich als vermeintliche Geisel der Gang ausgeben.

Die Raubzüge gingen ohne Bonnie weiter. Dabei kam es zu 2 folgenschweren Ereignissen. Bei einem Überfall auf einen Luxuswarenladen erschoss Clydes Komplize in Panik den Ladenbesitzer. Bei einem 2. Zwischenfall in Springtown, Oklahoma, kam es bei einer Routinekontrolle der Polizei zur Eskalation: Aus Angst, erwischt zu werden, schossen Clyde und ein weiterer Komplize auf die beiden völlig unvorbereiteten Polizisten – einer starb, der andere wurde schwer verletzt. Damit waren Clyde und seine Gang gesuchte Mörder, in Texas mit Aussicht auf die Todesstrafe.

Zu diesem Zeitpunkt hätte Bonnie noch die Möglichkeit gehabt, sich von Clyde zu trennen. Das Gefängnis hatte sie als freie Frau verlassen und sie war nicht an den Morden beteiligt. Doch ihre Liebe zu Clyde war größer als ihre Vernunft. Ab August 1932 war das Liebespaar zusammen auf der Flucht. Die Legende von Bonnie und Clyde war geboren.

32.2.3.4 Zwei Jahre Flucht – Roadtrip der Gewalt

Die Gründe dafür, dass es 2 Jahre dauerte, bis Bonnie und Clyde im Kugelhagel der Polizei ihr frühes Ende fanden, sind vielschichtig.

Zum einen war Clyde ein herausragender Fahrer: Dank seiner akribischen Art kannte er jeden noch so kleinen Feldweg in der Gegend, um schnell entwischen zu können; 1000 Meilen an einem Tag zu fahren, war für Clyde ebenfalls keine Besonderheit. Zum anderen war Clyde der Polizei technisch in vielen Belangen überlegen: Besaßen die meisten Polizisten wegen der wirtschaftlichen Notlage kleine Revolver, hatte Clyde Maschinengewehre mit Militärtechnik im Gepäck; fuhren die Polizisten mit ihren einfachen Privatautos Streife, rauschte Clyde mit einem gestohlenen Ford V8 (seinerzeit das schnellste Auto) an ihnen vorbei. Eine Gesetzeslücke half der Gang außerdem: Durch das Überfahren von Staatsgrenzen endete die Zuständigkeit der Polizei, eine Verfolgung war dadurch nicht mehr rechtens. Solange sie ständig in Bewegung blieben, waren Bonnie und Clyde somit schwer zu fassen.

Hinzu kam, dass sich Clyde und seine Bande einen Ruf als schießwütige Hitzköpfe einhandelten. Zwar schoss Clyde niemals aus Mordlust auf Menschen oder Unbewaffnete. Er agierte bei seinen Überfällen sogar sehr höflich. Mit einem Ehepaar, das von Bonnie und Clyde als Geisel genommen wurde, tauschten die beiden auf der Autofahrt sogar Kuchenrezepte aus (diese Geschichte war später landesweit in den Zeitungen zu lesen). Trotzdem: Fühlte Clyde sich bedroht, zögerte er keine Sekunde zu schießen. Die Folge davon war, dass es die meisten Polizisten – schlecht ausgebildet, schlecht ausgestattet und noch schlechter bezahlt – gar nicht erst auf eine Konfrontation mit Clyde Barrow anlegten.

Ihr Ruf als brandgefährliche Gangster potenzierte sich im Zuge der steigenden Popularität der beiden. Geschah irgendwo im mittleren Westen ein Verbrechen, schob man es mit hoher Wahrscheinlichkeit Clyde in die Schuhe – auch wenn das Tatmuster gar nicht in das Bild ihrer Raubüberfälle passte.

Wann immer das geschah, fuhr Clyde unter hohem Risiko heimwärts zu einem vorher vereinbarten Familientreffpunkt, um zu erklären, dass er diese oder jene Tat nicht begangen hatte. Insgesamt waren sowohl Bonnie als auch Clyde sehr familienverbunden. Hatte die 22-jährige Bonnie einmal Heimweh, fuhr Clyde sie umgehend zu ihrer Mutter. Trotz der widrigen Umstände und tagelangen Autofahrten mit Übernachtungen an Flussufern gab es auf der Flucht seltene Gelegenheiten, sich zu amüsieren. Restaurantbesuche, Kinos und schicke Kleider bildeten das Kontrastprogramm zum entbehrungsreichen und gehetzten Leben auf der Straße.

Den Großteil des Geldes aus den Überfällen teilten sie mit ihrer Familie und ihren Freunden. Da sie im krisengeplagten mittleren Westen vorwiegend Banken ausraubten, stieg ihre Beliebtheit in der Bevölkerung stetig an. Es waren Geschichten wie die folgende, die Bonnie und Clyde zu Legenden machten: Die Gang raubte 1934 am helllichten Tag eine Bank nahe Dallas aus. Dabei entrissen sie einem anwesenden Fabrikarbeiter seinen Gehaltsscheck. Schon an der Tür machte Clyde kehrt und gab dem Mann seinen Scheck zurück mit den Worten:

» „Du hast wohl sehr lange für das Geld gearbeitet was? Wir rauben Banken aus, keine Arbeiter." (zitiert nach Karl 2015, S. 233)

Die amerikanische Unterschicht verehrte Bonnie und Clyde für solche Taten. Zu einer Art modernen Robin Hood und Lady Marian wurden die beiden vor allem durch Bonnie. Sie brachte den nötigen Sex-Appeal mit in die Räubergeschichte. Die Klatschpresse war begeistert und erfand immer neue Skandalgeschichten um die beiden, was den Hype weiter befeuerte.

Welche Spuren die Flucht bei den beiden hinterließ, stand nicht in den Zeitungen: Bei einem Autounfall verätzte auslaufende Batteriesäure Bonnies Bein. Ins Krankenhaus konnte sie aufgrund der Fahndung nicht gebracht werden. Fortan humpelte sie noch schlimmer als Clyde. Des Weiteren fing sie an zu trinken, da die Flucht an ihren Nerven zehrte. Clyde und sie gerieten oft in Streit und er schlug sie dabei nicht nur einmal.

Trotzdem: Bonnie und Clyde hielten zusammen – bis zum bitteren Ende.

32.2.3.5 Eastham und das Ende – teure Rache

Der 15. Januar 1933 sollte der Tag der Rache von Clyde am Staat Texas werden. Dass ein enger Freund gerade in Eastham einsaß, war ein weiterer Grund für Bonnie und Clyde, nicht länger zu warten. Mithilfe eingeschmuggelter Waffen und mit Clyde als Fluchtwagenlenker gelang 5 Gefangenen die Flucht, 2 Aufseher wurden dabei schwer verletzt. Auch wenn die Anzahl befreiter Häftlinge nicht groß war, hatte es Clyde geschafft, die Justiz zu demütigen.

Der Preis für die vollzogene Rache war hoch: Bonnie und Clyde wurden von FBI-Chef Hoover zu Staatsfeinden Nummer 1 erklärt und fortan nicht mehr von einfachen Polizeibeamten verfolgt, sondern von einer FBI-Sondereinheit um den ehemaligen Texas-Ranger Frank Hamer. Der Auftrag war klar: Die beiden mussten gestoppt werden – tot oder lebendig.

Das Liebespaar ahnte von den Vorbereitungen im Hintergrund nichts. Nach einigen erfolgreichen Raubzügen feierten sie in einem Geheimversteck ein großes Familienfest. Clyde drängte Bonnie ein letztes Mal, dass sie bei ihrer Mutter bleiben sollte. Doch sie lehnte entschieden ab.

Unter den aus Eastham befreiten Gefangenen befand sich ein gewisser Henry Methvin, dem Clyde schnell großes Vertrauen schenkte und den er in die Barrow Gang aufnahm. Doch Methvin war ein unerfahrener Kleinkrimineller. Als 2 Dorfpolizisten in der Nähe von Dallas die Gang überraschten, missinterpretierte Methvin Clydes Aufforderung, die beiden zu schnappen, als Schießbefehl. Am Ende waren die Polizisten tot. In den Medien und in der Bevölkerung kippte die Stimmung und wandte sich zunehmend gegen Bonnie und Clyde, zumal irrtümlicherweise behauptet wurde, Bonnie hätte einen der beiden Beamten knallhart aus nächster Nähe

32

erschossen. Aufgrund dieses Vorkommnisses waren immer mehr Leute bereit, Bonnie und Clyde ans Messer zu liefern. Dabei befand sich der Verräter – Henry Methvin – längst unter ihnen.

Frank Hamer stand in Kontakt mit Methvins Vater. Gegen eine Strafmilderung für seinen Sohn, der insgeheim große Angst vor Bonnie und Clyde hatte, war er bereit, das Gangsterpaar zu verraten.

Das Paar war unterwegs zu Methvins Farm, um Henry abzuholen. Die Ermittlergruppe um Frank Hamer postierte sich gut versteckt in einer Böschung neben der Straße, an der Methvins Vater als Lockvogel eine Reifenpanne vortäuschen sollte. Als sich der Wagen von Clyde um 9 Uhr morgens näherte, löste sich ein Schuss aus dem Gewehr eines der Ermittler. Sofort schoss auch der Rest der Truppe. Über 150 Kugeln durchsiebten den Ford V8. Das Liebespaar hatte keine Chance. Das war das Ende von Bonnie und Clyde.

32.3 Psychologische Theorien, Modelle und Konzepte

32.3.1 Clyde Barrow: Kriminalität und Gewalt

32.3.1.1 Armut, soziale Desorganisation und Kriminalität

Empirische Befunde zeigen, dass Menschen, die in großer Armut leben, zu mehr Gewalt neigen (Crutchfield und Wadsworth 2002). Das spiegelt sich auch in Kriminalitätsstatistiken zur großen Depression wider: Die Sterblichkeitsrate durch Totschlag in den USA im Jahr 1933 ist mit 9,7 pro 100.000 Menschen höher als je zuvor seit Beginn der Erhebungen (Latzer 2014). Mit Entspannung der ökonomischen Situation ab 1934 geht die Gewaltrate um 20 % zurück (Latzer 2014). Doch arme Menschen verüben Gewalt nicht einfach nur aus dem Grund, weil sie unter anderen armen Menschen

leben. Der Grund ist vielmehr, dass es in Gemeinschaften mit hohem Armutsniveau weniger soziale Kontrollmöglichkeiten gibt, die von gewalttätigem Verhalten abschrecken (Crutchfield und Wadsworth 2002).

Das ist der Grundgedanke der **Theorie der sozialen Desorganisation** (Shaw und McKay 1942), bei der die Entstehung von kriminellem Verhalten aus einer sozioökologischen Perspektive betrachtet wird. Die Desorganisation von Kommunen wird begünstigt durch eine hohe Einwohnerfluktuation, schwache Institutionen (z. B. Schulen, Kirchen) und einen fehlenden Gemeinschaftssinn (Crutchfield und Wadsworth 2002). Aus der Desorganisation resultiert ein Verlust von sozialer Kontrolle, z. B. über die Jugendlichen in der Kommune, wodurch diese häufiger in Kontakt mit Kriminalität geraten.

Ende der 1920er-Jahre war auch West Dallas eine sozial desorganisierte Kommune. Ohne elterliche Aufsicht und nachbarschaftliche Kontrolle waren die Heranwachsenden oft sich selbst überlassen. Auch wenn Clydes Familie zusammenhielt und versuchte, ihn von kriminellen Aktivitäten fernzuhalten, war sein Umfeld alles andere als förderlich. Clydes Vater Henry fasste dies so zusammen:

» „Ich hab ja versucht, ihn zur Vernunft zu bringen. Aber ein hart arbeitender Familienvater hat einfach keine Zeit, sich dauernd vor seine Kinder hinzusetzen." (Karl 2015, S. 52)

Für die Plausibilität der Theorie spricht ferner, dass Clyde erst in West Dallas, wo er in Kontakt mit Kriminellen geriet und ansonsten wenig Perspektive hatte, mit Diebestouren begann. Die elterliche Farm, auf der er aufwuchs, hätte ihm trotz seiner Faszination für Outlaws und Waffen vermutlich wenig Gelegenheit für eine kriminelle Karriere gegeben.

Man kann festhalten, dass die Entwicklung von Clyde zum Kleinkriminellen entschieden von seiner desorganisierten sozialen Umgebung beeinflusst wurde.

32.3.1.2 Kriminelle Vorbilder

Anhand der oben dargelegten ökologischen Perspektive lässt sich zwar erklären, warum kriminelles Verhalten unter bestimmten Bedingungen häufiger auftritt, aber nicht die individuellen Unterschiede: Warum hat sich Clyde zum Kriminellen entwickelt, während der Großteil seiner Familie gesetzestreu lebte?

Eine plausible Erklärung für diese Diskrepanz bietet die **sozial-kognitive Lerntheorie** (Bandura 1983). Nach dieser Theorie wird Verhalten durch Beobachtung von Modellen gelernt. Wenn Menschen wissen möchten, ob ein bestimmtes Verhalten (z. B. Stehlen) angebracht ist, orientieren sie sich daran, was andere tun. Je mehr ein potenzielles Modell vom Lernenden bewundert wird, umso wahrscheinlicher wird dessen Verhalten imitiert (Aronson et al. 2014).

Hier nimmt sich Clyde nicht seine fromme Stiefmutter zum Vorbild, sondern seinen älteren Bruder Buck, in den Clyde schon als Kind ganz vernarrt war (Karl 2015). Buck gerät früh auf die schiefe Bahn. Auch Clydes Begeisterung für Outlaws wie Jesse James ist ein Hinweis auf Rollenvorbilder im Milieu der Gesetzlosigkeit.

Die Wahrscheinlichkeit der Nachahmung eines Verhaltens wird außerdem verstärkt, wenn der Lernende beobachtet, dass das Modellverhalten belohnt wird (Aronson et al. 2014). Clyde sieht, dass nur diejenigen, die es mit dem Gesetz nicht so streng nehmen, gut gekleidet in schicken Autos fahren, ins Kino gehen und Restaurants besuchen, und erkennt zudem, dass er selbst diesen Lebensstil nicht durch anständige Arbeit finanzieren kann. Clyde lernt somit früh: Ehrlichkeit lohnt sich nicht.

32.3.1.3 Motivation für Clydes kriminelle Aktivitäten

Um Clydes Talfahrt in die Gewalt zu verstehen, ist der Blick auf motivationale und emotionale Faktoren wichtig. Was treibt Clyde an und warum kommt er aus der Gewalt nicht mehr heraus?

Eine umfassende Erklärung bietet die **Theorie des sozialen Interaktionismus** (Tedeschi et al. 1974). Dieser zufolge gibt es 3 grundlegende Motive gibt, Zwang gegenüber anderen auszuüben, nämlich soziale Kontrolle, Gerechtigkeit und Identität.

Motivation sozialer Kontrolle Das Bedürfnis nach sozialer Kontrolle beschreibt den Willen zur Einflussnahme auf die Umwelt, um das eigene Anliegen durchzusetzen. Möchten wir z. B. Geld haben, müssen wir andere davon überzeugen, es uns zu geben. Dabei gibt es verschiedene Strategien. Zwang wird laut der Theorie dann ausgeübt, wenn der Akteur glaubt, dass andere Formen der Einflussnahme zu keinem Ergebnis führen (Tedeschi 2002). Die Wahrscheinlichkeit der Ausübung von Zwang steigt bei fehlenden sozialen Fertigkeiten, Mangel an Intelligenz und Bildung sowie einem Mangel an (finanziellen) Ressourcen.

Bei Clyde trifft vor allem der letztgenannte Punkt zu, da seine sozialen Fertigkeiten sehr gut ausgebildet sind, schließlich wird er als charmant und intelligent beschrieben (Karl 2015). Clyde hat ein starkes Bedürfnis nach sozialer Kontrolle: Nichts ist ihm mehr zuwider, als arm zu sein. Er möchte auf großem Fuß leben und strebt nach Ansehen. Doch dafür hat er nicht die nötigen Mittel. Ehrliche Arbeit erscheint ihm in der Krise als keine geeignete Strategie für die Erfüllung seiner Bedürfnisse. Ferner sind ihm Freiheit und Selbstbestimmung so wichtig, dass jeder, der sich ihm auf der Flucht in den Weg stellt, damit rechnen muss, erschossen zu werden. Dass Clyde in Gewalt seinen letzten Ausweg sieht, heißt jedoch nicht, dass sie ihn kaltlässt: Gegenüber seiner Schwester äußerte er, dass er das Töten hasse (Karl 2015).

Gerechtigkeitsmotivation Erfährt ein Individuum (oder eine ihm nahestehende Person) eine Ungerechtigkeit, empfindet es Wut und Ärger, und es regt sich das Bedürfnis zur Wiederherstellung von Gerechtigkeit (Tedeschi 2002). Die wahrgenommene Ungerechtigkeit kann dabei aus einer unfair empfundenen Verteilung von Ressourcen, Entscheidungsfindungen oder als Verletzung von Normen des Umgangs miteinander resultieren. Das geschädigte Individuum kann unterschiedlich reagieren, z. B. durch Vergebung, Aufforderung zur Entschuldigung oder Bestrafung.

Clyde entschied sich für Letzteres und wurde dadurch vom Kleinkriminellen zum Schwerverbrecher. Die 2 Jahre im Hochsicherheitsgefängnis unter brutalsten Haftbedingungen und unter schweren Misshandlungen führten dazu, dass er seinen ersten Mord beging. Nach dieser Erfahrung hatte Clyde das Vertrauen in den Rechtsstaat verloren. Ein weiterer Punkt, der zeigt, dass Clyde nach Gerechtigkeit gierte, war der über die gesamte Flucht hinweg verfolgte Plan, Eastham zu befreien und so das Justizsystem zu demütigen. Er raubte mit Vorliebe Banken aus, stahl also das Geld vom verhassten System. Nur selten wurden Privatpersonen überfallen. Die Gerechtigkeitsmotivation kann somit als Clydes zentrale Triebfeder nach der Haft angesehen werden.

Identitätsmotivation Das letzte Motiv zur Ausübung von Zwang beschreibt den Wunsch, Identitäten zu behaupten oder zu schützen. Eine Person kann ihren Ruf als Gangster dadurch aufrechterhalten, dass sie andere Menschen beraubt und bedroht. Sie erstrebt eine von ihr gewünschte Identität, um ihr Bedürfnis nach sozialer Kontrolle zu befriedigen (Tedeschi 2002).

Clyde sah sich selbst als starken, unabhängigen Mann, der es verdiente, schöne Anzüge zu tragen und schnelle Autos zu fahren (Karl 2015). Statusgewinn erreichte Clyde durch kriminelle Aktivitäten. Erst durch seine waghalsigen Überfälle mit Bonnie an seiner Seite wurde Clyde vom Verlierer zum Helden: Es schmeichelte seinem Ego, dass sein Gesicht auf den Titelseiten der Zeitungen zu sehen war und die Leute ihn gleichzeitig

fürchteten und bewunderten (Karl 2015). Wie hätte er jemals mit ehrlicher Arbeit einen derartigen Ruhm erlangen können?

Dass sich Clyde völlig auf seine Identität als Gesetzloser einließ, liegt auch darin begründet, dass ihm die örtliche Polizei von Dallas nach seiner Haftstrafe keine Chance ließ, eine andere Identität aufzubauen. Da der Versuch ehrlicher Arbeit scheiterte, zog er die Identität eines Outlaws vor.

Clyde ist nach der entmenschlichenden Erfahrung im Gefängnis stolz, Anführer einer Gang zu sein. In der Tat sind Angriffe auf Stolz, Ruf oder Selbstachtung eine wichtige Ursachengruppe für die Entstehung von Gewalt (Baumeister und Bushman 2002). Clyde, der Outlaw, lässt sich seine Selbstachtung nicht mehr nehmen. Daher rührt auch seine tödliche Kompromisslosigkeit – entweder Tod oder Leben, entweder die oder er.

32.3.1.4 Trauma und Gewalt

Zum Abschluss der Analyse von Clyde Barrow wird explizit auf die Traumafolgen durch die Vergewaltigung in Eastham eingegangen, da dieses Erlebnis einen wichtigen Wendepunkt in Clydes Leben markiert.

Ein **Trauma** ist laut Definition ein Ereignis, das die psychischen und biologischen Bewältigungsmechanismen eines Menschen überfordert und das durch eine äußere Unterstützung, die diese Unfähigkeit der Person […] ausgleichen könnte, nicht kompensiert werden kann (van der Kolk und Streeck-Fischer 2002, S. 1021). Vergewaltigte Kinder und Jugendliche neigen später dazu, selbst Gewalt auszuüben (van der Kolk und Streeck-Fischer 2002). Das Trauma zerstört bei Menschen grundlegende regulierende Funktionen. So geben in einer US-amerikanischen Feldstudie 76 % der Befragten, die als Kind oder Jugendlicher missbraucht wurden, an, häufige Episoden ungesteuerter Wut zu empfinden (van der Kolk und Streeck-Fischer 2002). Auch aus Clyde bricht die Wut zuweilen aus, die sich dann sogar gegen seine über alles geliebte Bonnie richtet (Karl 2015).

Das Leben traumatisierter Personen ist vollkommen durch die Erwartung der Wiederkehr des Traumas bestimmt, sodass schon geringfügige Belastungen zu **Überreaktionen** führen können (van der Kolk und Streeck-Fischer 2002). Dies trifft auch auf Clyde zu: Mit dem Schwur an seine Mutter, sich nie mehr einsperren zu lassen, nahm Clyde alles, sogar den Tod in Kauf, um eine Rückkehr an diesen traumatischen Ort zu verhindern. Die für traumatisierte Personen typischen Überreaktionen zeigen sich auch bei Clyde: Ging etwas schief, geriet er leicht in Panik und schoss wild durch die Gegend. Insofern dürfte Clydes gewalttätiges Verhalten immer auch ein Ausdruck einer subjektiv empfundenen Bedrohung sein.

32.3.2 Bonnie Parker: Rolle als Komplizin

Bei Bonnie Parker stellt sich die wichtige Frage, warum sie Clyde bis zum bitteren Ende begleitete. Zu vielen Zeitpunkten hatte sie die Chance auszusteigen. Doch sie blieb – aus Liebe.

In der **Dreieckstheorie der Liebe** von Sternberg (1986) sind die 3 Komponenten Leidenschaft, Intimität und Festlegung vereint. Intimität erzeugt Nähe und Zuneigung zu einer Person, Leidenschaft beschreibt das starke Verlangen nach Vereinigung mit der Person und die Festlegung sorgt für den Entschluss, unter sowohl positiven wie auch negativen Bedingungen die Liebe am Leben zu erhalten. Leidenschaft ist dabei die Komponente, die am Anfang einer Beziehung am leichtesten verfügbar ist.

Aus den Kombinationsmöglichkeiten der 3 Komponenten ergeben sich verschiedene Spielarten der Liebe: Beispielsweise ist die **romantische Liebe** geprägt durch Leidenschaft und Intimität, aber nicht durch Festlegung. Die bewusste Entscheidung, dem Partner in die Gesetzlosigkeit und schließlich in den Tod zu folgen, bedarf vermutlich der **vollendeten Liebe**, geprägt durch die Kombination aller Komponenten.

Dabei war Bonnie keineswegs naiv. Bei einem der zahllosen Versuche, Bonnie zum Bleiben zu bewegen, antwortete diese ihrer Mutter:

» „Ich weiß, dass Clyde früher oder später getötet werden wird, weil er niemals aufgeben wird. Aber ich liebe ihn und ich werde bei ihm bleiben bis zum Ende." (Karl 2015, S. 161)

Die meisten Menschen würden in Bonnies Situation wohl früher oder später auf ihre Mutter hören. Was sind also die psychologischen Mechanismen, die dazu führen, dass Bonnie Clyde erst in die Gesetzlosigkeit und dann in den sicheren Tod folgt?

Lust an Gewalt dürfte es nicht sein. Das Bild von Bonnie als kalte Killerin oder Anstachlerin von Clyde beruhte auf erfundenen Geschichten der Regenbogenpresse. Bonnie war nie direkt an Überfällen beteiligt und wendete selbst nie Gewalt an. Ihre Rolle war die der Komplizin: Das Schmierestehen und Berichten potenzieller Bedrohungen gehörten zu ihren Hauptaufgaben. Sie empfand Mitleid mit den vielen Opfern, die ihre Flucht säumten. Auch war es Bonnie, die versuchte, Clyde nach seiner Haft zu einem normalen Leben zu bewegen. Dennoch hat sie seinen Entschluss zur Flucht mitgetragen.

Als Bonnies zentrale Triebfeder kann also **Loyalität** identifiziert werden. Loyalität bezeichnet in der Philosophie eine auf gemeinsamen moralischen Maximen aufgebaute Verbundenheit (Iser 2008). Die gemeinsame Moral grenzt Loyalität von Treue und Unterwerfung ab und betont Bonnies bewusste Entscheidung, mit Clyde bis ans Ende zu gehen.

Ein weiterer Grund, warum sich Bonnie von Clyde angezogen fühlte, könnte am bei ihr stark ausgeprägten Persönlichkeitsmerkmal **Sensation Seeking** liegen. Dieses beschreibt die Tendenz, Abwechslung und neue Erlebnisse aufzusuchen, um eine ständige Erregung zu erleben (Giebel et al. 2015).

Dass Bonnie ein Sensation Seeker war, zeigt sich u. a. daran, dass sie nur allzu gerne das triste Leben in West Dallas gegen ein höchst gefährliches, aber spannendes Leben an Clydes Seite eintauschte. Da Bonnies Ehemann ebenfalls ein Krimineller war, kann zudem vermutet werden, dass Bonnie, ob bewusst oder unbewusst, Kriminelle attraktiv fand.

Die sexuelle Anziehung von Schwerkriminellen nennt man in der Psychologie **Hybristophilie** – umgangssprachlich auch unter dem Namen Bonnie-und-Clyde-Syndrom bekannt.

Ihrer Rolle als Namenspatronin wurde die „echte" Bonnie allerdings nicht gerecht, denn sie liebte Clyde schon, bevor dieser zum Schwerkriminellen wurde, und versuchte, ihn lange zur Rechtschaffenheit zu bewegen. Dass ihr Verhalten auf tief empfundener Liebe, Loyalität und Sensation Seeking zurückzuführen war, liegt deshalb deutlich näher.

32.4 Bedeutung für die heutige Zeit

Aus der Geschichte von Bonnie und Clyde kann man einige Lehren für die heutige Gesellschaft ziehen.

Geht es uns – zumindest in Deutschland – größtenteils wirtschaftlich gut, zeigt die Finanzkrise von 2008 frappierende Ähnlichkeiten zur Ära der großen Depression – ihr liegen dieselben Mechanismen aus Gier und Not zugrunde. In solchen Situationen darf ein Staat seine Bürger nicht sich selbst überlassen. Sozial desorganisierte Kommunen gibt es unabhängig von globalen Krisen viele auf der Welt, auch hierzulande. Gibt man Jugendlichen an diesen Orten keine Perspektive, sind Gewalt und Kriminalität nicht fern.

Auch über heutige Zustände in Gefängnissen sowie die Stigmatisierung von Straffälligen regt der Fall zum Denken an. Gewalt in Gefängnissen ist auch in Deutschland ein gravierendes Problem: Laut einer Studie wird jeder 4. Häftling in deutschen Gefängnissen Opfer von physischer und psychischer Gewalt – und das nur im Laufe eines Monats

(Bieneck und Pfeiffer 2012). Besonders häufig sind Jugendliche betroffen. Clydes Fall zeigt, wie traumatische Erfahrungen in der Haft und die anschließende Diskriminierung zu schlimmen Gewaltausbrüchen führen können. Wie kann unter solchen Bedingungen eine Resozialisierung gelingen? Obwohl man zumindest in Deutschland dazugelernt hat und Milliarden in den Strafvollzug fließen, fällt die Resozialisierung von Straftätern in die Gesellschaft immer noch schwer – jeder 2. Straftäter wird rückfällig (Binder und Stiens 2016).

Letztendlich hat man bei der Frage nach dem friedlichen Zusammenleben in Krisenzeiten laut Karl Popper (2009) nur die Wahl zwischen Vernunft und Gewalt. Das gilt für die Geschichte von Bonnie und Clyde ebenso wie für unsere heutige Gesellschaft.

32.5 Fazit

Was waren Bonnie und Clyde nun: ein Liebespaar auf Abwegen, Schwerverbrecher und eine Gefahr für die Gesellschaft oder doch eher rebellierende Volkshelden? Die Antwort lautet: Je nach Lesart waren sie alles davon. Für Kapitalismuskritiker und die von Armut betroffenen Menschen jener Zeit galten sie – zumindest anfangs – am ehesten als Volkshelden, für den Staat und die Polizei trifft die Schwerverbrechervariante zu, und für alle Romantiker waren sie die texanische Version von Romeo und Julia. Die Fülle an Lesarten macht hier den Mythos aus – jeder findet ein Stück von sich selbst in ihrer Geschichte wieder.

Bei aller Faszination für das Gangsterpaar geraten die Opfer der Gewaltspirale jedoch in Vergessenheit. Indem sie ihre Freiheit über die Freiheit anderer stellten, nahmen sie vielen Frauen den Mann, vielen Kindern den Vater und vielen Müttern den Sohn.

Angesichts dieser Spirale der Gewalt stellt sich die Frage, ob man all das hätte verhindern können. Aufgrund der vorgestellten Analyse liegt der Schluss nahe, dass sich Clyde in einem weniger desorganisierten Umfeld nicht in diesem Ausmaß kriminell betätigt hätte. Die Anlagen dazu hatte er jedoch zweifellos. Auch bei Bonnie hätten ein stabileres Umfeld und die Möglichkeit, aufs College zu gehen, wahrscheinlich zu einem ganz anderen Lebensweg geführt. Die Verbrechen der beiden sind auch ein Spiegel ihrer frustrierenden Lebensumstände, für die zum Großteil der Staat und die Banken die Verantwortung tragen. Die unmenschlichen Bedingungen, denen Clyde im Gefängnis ausgesetzt war, und die aktiv behinderte Rückkehr in die Gesellschaft waren weitere zentrale Meilensteine in einem Leben, an dessen Ende es nur Verlierer gab.

Literatur

Aronson, E., Wilson, T., & Akert, R. (2014). *Social psychology* (8. Aufl.). Essex: Pearson.

Bandura, A. (1983). Psychological mechanisms of aggression. In R. G. Geen & E. Donnerstein (Hrsg.), *Aggression: Theoretical and empirical reviews* (S. 1–40). New York: Academic Press.

Baumeister, R. F., & Bushman, B. J. (2002). Emotionen und Aggressivität. In W. Heitmeyer & J. Hagan (Hrsg.), *Internationales Handbuch der Gewaltforschung* (S. 598–618). Wiesbaden: VS Verlag.

Bieneck, S., & Pfeiffer, C. (2012). *Viktimisierungserfahrungen im Justizvollzug. Forschungsbericht Nr. 119.* Hannover: Kriminologisches Forschungsinstitut Niedersachsen e. V.

Binder, L. & Stiens, T. (2016). Resozialisierung: Gefangen im System. Zeit Online. Artikel vom 3. September 2016. ► https://www.zeit.de/gesellschaft/zeitgeschehen/2016-08/resozialisierung-gefaengnis-rueckfall-haftstrafe-rueckfallquote. Zugegriffen: 18. Jan. 2019.

Brecht, B. (2001). *Die Dreigroschenoper: Nach John Gays „The Beggar's Opera".* Frankfurt a. M.: Suhrkamp.

Crutchfield, R. D., & Wadsworth, T. (2002). Armut und Gewalt. In W. Heitmeyer & J. Hagan (Hrsg.), *Internationales Handbuch der Gewaltforschung* (S. 83–103). Wiesbaden: VS Verlag.

Giebel, G., Moran, J., Schawohl, A., & Weierstall, R. (2015). The thrill of loving a dominant partner: Relationships between preference for a dominant mate, sensation seeking, and trait anxiety. *Personal Relationships, 22*(2), 275–284.

Iser, M. (2008). Loyalität. In S. Gosepath, W. Hinsch, & B. Rössler (Hrsg.), *Handbuch der Politischen Philosophie und Sozialphilosophie* (2. Aufl., S. 981–1013). Berlin: De Gruyter.

Karl, M. (2015). *„Ladies and Gentlemen, das ist ein Überfall": Die Geschichte von Bonnie & Clyde.* München: btb.

Latzer, B. (2014). Do hard times spark more crime? Los Angeles Times. Artikel vom 24. Januar 2014. ► https://www.latimes.com/opinion/op-ed/la-oe-latzer-crime-economy-20140124-story.html. Zugegriffen: 18. Jan. 2019.

McElvaine, R. (1993). *The great depression.* New York: Three Rivers.

Popper, K. (2009). *Gesammelte Werke. Bd. 10: Vermutungen und Widerlegungen. Das Wachstum der wissenschaftlichen Erkenntnis* (2. Aufl.). Tübingen: Mohr Siebeck.

Shaw, C. R., & McKay, H. D. (1942). *Juvenile delinquency and urban areas.* Chicago: University of Chicago Press.

Sternberg, R. (1986). A triangular theory of love. *Psychological Review, 93*(2), 119–135.

Tedeschi, J. (2002). Die Sozialpsychologie von Aggression und Gewalt. In W. Heitmeyer & J. Hagan (Hrsg.), *Internationales Handbuch der Gewaltforschung* (S. 573–597). Wiesbaden: VS Verlag.

Tedeschi, J., Smith, R., & Brown, R. (1974). A reinterpretation of research on aggression. *Psychological Bulletin, 81*(9), 540–562.

Van der Kolk, B. A., & Streeck-Fischer, A. (2002). Trauma und Gewalt bei Kindern und Heranwachsenden. In W. Heitmeyer & J. Hagan (Hrsg.), *Internationales Handbuch der Gewaltforschung* (S. 1020–1040). Wiesbaden: VS Verlag.

Pablo Escobar

Der Robin Hood Kolumbiens?

Annika Motzkus

33.1 Einleitung

Pablo Escobar, einer der berüchtigtsten Drogenhändler des 20. Jahrhunderts, erscheint als widersprüchliche Person. Auf der einen Seite handelte es sich um einen skrupellosen Mann, der im Interesse der eigenen Macht und des persönlichen Reichtums zahlreiche Menschen tötete. Auf der anderen Seite war er ein fürsorglicher Familienvater und Ehemann, mit einem großen Herz für die arme Bevölkerung seines Landes. Die Betrachtung der Entwicklung seiner Person sowie zugrunde liegender Motive für Escobars zwiespältiges Verhalten sind spannende Sachverhalte, die im vorliegenden Kapitel thematisiert werden sollen.

Die Verwerflichkeit der Handlungen Escobars lässt sich nicht bestreiten. Doch ebenso hat er immer versucht, aus seinen persönlichen Gewinnen einen Vorteil für die arme Bevölkerung seines Landes zu erwirken. Er hatte große Pläne, war schon als Kind sehr ambitioniert und versuchte früh, seine Ziele zu erreichen. Insbesondere folgende Fragen scheinen besonders interessant: Wie hat er es geschafft, seine Ziele vor Augen zu haben und diese dann auch zu erreichen? Was an Pablo Escobar macht das Gute und was machte das Böse aus? Was treibt einen Menschen dazu an, so viele andere Leute umzubringen, um erfolgreich, angesehen und reich zu sein?

33.2 Biografie

33.2.1 Kinderjahre und Jugendzeit

Pablo Emilio Escobar Gaviria, auch bekannt als Pablo Escobar, Don Pablo oder El Patrón, wurde am 01. Dezember 1949 in Rionegro, Antioquia, in Kolumbien als 3. von 7 Kindern eines Viehzüchters und einer Lehrerin geboren. Er wuchs in der ländlichen Mittelschicht unter eher ärmlichen Verhältnissen in Envigado, einem Vorort von Medellín auf.

Schon früh hatte er den Wunsch, aus den ärmlichen Verhältnissen der Familie auszubrechen und gesellschaftlich aufzusteigen.

Bereits als Kind ließ er verlauten, einmal Millionär sein zu wollen (Mollison et al. 2010). Er verachtete seinen Vater für seine „mentalidad de pobre" (Mentalität der Armen) und zeichnete sich selbst durch Eigenschaften wie Ehrgeiz, Raffgier sowie Machtbesessenheit aus (Ehringfeld 2013).

Besonderen Einfluss auf die Einstellungen des kleinen Escobars hatte Joaquin Vallejo Arbaláez, ein Arbeiter seines Vaters und Patenonkel des Jungen. Dieser war ein intellektueller Mann, der sich politisch stark engagierte und später Delegierter der Vereinten Nationen wurde. Sicherlich bewirkte sein Einfluss zu einem großen Teil, dass Escobar selbst Aktivist in Schülergruppen sowie engagiert in lokalen Bürgerbeteiligungsinitiativen war. Ebenso wurde Escobar stark durch seine Mutter geprägt. Von Kindheit an bis ins Erwachsenenalter unterstützte sie ihren Sohn. Im Jugendalter soll sie einmal Folgendes zu ihm gesagt haben:

» „Der Tag, an dem du was Schlechtes machst, mach' es vernünftig. Die Welt ist für die Durchtriebenen und nicht für die Doofen." (zitiert nach Ehringfeld 2013, S. 1)

Bereits im Teenageralter begannen die kriminellen Taten Escobars. Er stahl Autos und Grabsteine und verkaufte Letztere anschließend neu geschliffen an Schmuggler aus Panama. Später stieg er in den Zigarettenhandel ein und erlangte erstmals größere Bekanntheit im Rahmen der „Marlboro-Kriege", bei denen er eine zentrale Rolle in der Kontrolle des Zigarettenschmuggelmarktes in Kolumbien spielte (Deas 1993). Dieser Zeitraum stellte sich als bedeutsames „Übungsgelände" für den späteren Hauptakteur des Drogenhandels dar.

33.2.2 Anfänge des Medellín-Kartells

In den frühen 1970er-Jahren, d. h. im jungen Erwachsenenalter von Pablo Escobar, war Kolumbien einer der primären Schmuggelorte für Marihuana (Deas 1993). Als ebenso der Kokainmarkt zu florieren begann, war es wenig verwunderlich, dass das Land auch hier große Dominanz hatte. Die geografische Lage stellte aufgrund der Nähe zu Peru und Bolivien als Coca-Kultivierungszentren sowie aufgrund der günstigen Position an der nördlichen Spitze Südamerikas mit einer relativ kurzen Entfernung zu dem großen Drogenmarkt der USA einen Vorteil für das Geschäft dar.

Escobar agierte zu diesem Zeitpunkt schnell, um Kontrolle und Macht über den Kokainhandel zu gewinnen. Er erkannte seine Chance im Handel mit der Droge und nutzte sie. Im Jahr 1975 soll er den erfolgreichen Drogenhändler Fabio Restrepo aus Medellín ermorden haben lassen, um Einfluss auf den von ihm kontrollierten Sektor zu nehmen und bereits zu Beginn viel Macht im Drogengeschäft zu erlangen (Lichterbeck 2009).

In den folgenden Jahren wurden unter Escobars Befehl große Mengen Coca-Paste eingekauft, verarbeitet und weiter nach Amerika gebracht, wo die Kokainnachfrage sehr hoch war und Schmuggler in kurzer Zeit Millionen US-Dollar verdienen konnten. Mit dem erzielten Geld konnten die betreffenden Händler wiederum ihre Marktherrschaft ausbauen.

Pablo Escobar selbst operierte dabei mit einer kleinen Gruppe Krimineller, die sich schließlich zum Medellín-Kartell formierte, wobei er allgemein als Begründer gilt. Gemeinsam schuf er mit den Ochoa-Brüdern, Carlos Lehder und anderen Kriminellen ein Wirtschaftsimperium, das an Größe, Professionalität und Kriminalität kaum zu überbieten war (Mollison et al. 2010). Sie kontrollierten die gesamte Gegend um Medellín und zogen viele Einwohner gegen Bezahlung oder Bedrohung auf ihre Seite.

33.2.3 Ausflug in die Politik

Neben seinen kriminellen Handlungen zeigte Escobar früh Interesse an der Politik und erzählte bereits als junger Mann, dass er Präsident Kolumbiens werden wolle. Ein bedeutender Einschnitt in Escobars politischer Laufbahn war 1982, als er zum Abgeordneten des kolumbianischen Kongresses gewählt wurde (Mollison et al. 2010). In dieser Rolle repräsentierte er die kolumbianische Regierung auch bei offiziellen Anlässen. Dies zeugt von seinem positiven Bild, das er in der Öffentlichkeit u. a. durch sein soziales Engagement hinterließ.

Die Gründe für seinen Wohlstand und Reichtum blieben jedoch nicht lange verborgen, sodass er 2 Jahre nach seiner Wahl zur Niederlegung des Amtes gezwungen wurde. Später ließ Escobar den Justizminister, der seinen zweifelhaften Hintergrund aufgedeckt hatte, ermorden (Mollison et al. 2010).

33.2.4 Hochzeit des Kartells

Das „gewöhnliche" Kokaingeschäft umfasste die Beschaffung der Coca-Paste aus Nachbarländern und die anschließende Raffinierung in Laboratorien im Dschungel Kolumbiens vor dem weiteren Verkauf. Besonders bekannt war in diesem Zusammenhang der Zusammenschluss von 19 Kokainküchen des Medellín-Kartells mit dem Namen „Tranquilandia", der jedoch 1984 von der Antidrogenbehörde der USA entdeckt und zerstört wurde (Mollison et al. 2010). Von den Produktionsstätten flog das Kartell das Kokain mit Flugzeugen zum Export aus. Sie nutzten getarnte Start- und Landebahnen und gingen durchweg sehr kontrolliert vor (Ehringfeld 2013).

Trotz aller Vorsicht geriet Escobar bereits in den Anfangszeiten des Kokainhandels aufgrund von Strafhandlungen in Konflikt mit dem Gesetz. Als er 1976 mit neuer Ware aus Ecuador nach Medellín zurückkehrte, wurde er von der kolumbianischen Regierung aufgrund unzulässigen Besitzes von 18 kg Coca-Paste angeklagt. Der Versuch, die Richter mit Schmiergeld zu bestechen, schlug fehl, sodass Escobar für die Taten belangt werden sollte. Kurze Zeit später ließ er die beiden Polizeibeamten, die ihn festgenommen hatten, umbringen, woraufhin sein Fall fallengelassen wurde (Mollison et al. 2010).

Dies war der Auftakt einer Serie von Bestechungen und Morden, in der er vielfach Autoritäten, die sich gegen ihn stellten, entweder zu bestechen versuchte oder sie bei Gegenwehr umbrachte. Dieses radikale Vorgehen wurde als „plata o plomo" (Silber oder Blei) bezeichnet (Tikkanen 2018). Im Zuge seiner kriminellen Aktivitäten starben Hunderte Staatsbeamte, Zivilisten und Polizeibeamte. Ebenso wurden vielfach Politiker, Richter und Regierungsbeamte bedroht. Besondere Gegner des Medellín-Kartells stellten neben dem politischen System auch die Angehörigen des Cali-Kartells dar, die mit der Gruppe Escobars im Kokainhandel konkurrierten, allerdings weniger dominant waren (Mollison et al. 2010).

Die Nachfrage nach Kokain wuchs schnell. Es existieren Angaben, dass das Medellín-Kartell Anfang der 1980er-Jahre durch das ausgeklügelte systematische kriminelle Vorgehen täglich bis zu 5000 kg Kokain über Flug- und Schiffsrouten in die USA schmuggeln konnte (Mollison et al. 2010). Dadurch verdiente Escobar mehrere Millionen US-Dollar und kaufte bis zum Ende seines Lebens viel Grundbesitz und unzählige Immobilien in Kolumbien und in den USA. Dazu gehörte auch seine „Hacienda Nápoles", ein riesiges Anwesen im griechischen Stil mit eigenem Zoo. Sein persönliches Vermögen betrug zeitweise bis zu 3 Mrd. US-Dollar, 1989 listete Forbes ihn auf Platz 7 der reichsten Personen der Welt (Mollison et al. 2010).

Mit der Vergrößerung seines Netzwerks und zunehmender Bekanntheit wurde Escobar weltweit berüchtigt. Um 1984 kontrollierte das Medellín-Kartell etwa 80 % des Kokainmarktes in den USA. Das Imperium Escobars war so mächtig, dass andere Schmuggler ihm Anteile ihres Gewinns zahlten, um seine geschaffene Infrastruktur für den Drogenhandel nutzen zu dürfen (Mollison et al. 2010).

33.2.5 Das Gute

Bekanntheit erlangte Escobar nicht nur als krimineller Gegner der Regierung, sondern auch aufgrund seines hohen sozialen Engagements bei der Bevölkerung. Während er Millionen US-Dollar durch seine kriminellen Machenschaften gewann, engagierte er sich sozial, indem er Organisationen gründete und unterstützte, die Wohnraum für Obdachlose zur Verfügung stellten und den Bewohnern der „barrios" (Viertel) in Medellín halfen oder indem er lokale Sportvereine finanziell förderte (Thompson 1996).

Eines seiner ersten Projekte war „Medellín Cívico" in den späten 1970er-Jahren. Im Rahmen dieses Projektes wurden Flutlichter an Fußballfeldern in ärmeren Vierteln in Medellín installiert, was eine Senkung der Kriminalitätsrate zur Folge hatte (Thompson 1996). Ein weiteres Beispiel folgte 1981, als Escobar auf Medellíns Mülldeponie beobachtete, wie Obdachlose dort lebten und erfolgreiches Recycling betrieben, um von dem anschließenden Verkauf des Materials zu überleben. Escobar gründete die bürgerliche Aktivistengruppe „Medellín sin turgurios" (Medellín ohne Slums) und kaufte Land in der nahen Umgebung, auf dem er günstigen Wohnraum für die Obdachlosen erbauen ließ. Dieses Viertel wurde später von den Bewohnern „Barrio Pablo Escobar" getauft (Thompson 1996).

Es wird häufig berichtet, dass Escobar sich selbst bewusst als eine Art „Robin Hood" darstellen wollte. Dies verschaffte ihm nicht nur in Bezug auf sein Selbstbild einen Vorteil. Er stand damals tatsächlich im Vergleich zu den Politikern des Landes bei der Bevölkerung gut dar, da die Politik von Korruption gekennzeichnet war. Escobar hingegen schien sich ehrlich um die Leute im Land zu kümmern. Durch seine sozialen Aktionen wurde er bei der armen Bevölkerung nicht nur bekannt, sondern auch beliebt. Hierdurch erlangte er später Unterstützung, z. B. beim Verstecken, und konnte länger im Drogenhandel überleben (Mollison et al. 2010).

33.2.6 La Catedral und die Flucht

Trotz des großen Erfolges während der 1980er-Jahre kann der 30. April 1984 als ein wichtiger Wendepunkt in der Geschichte Escobars und des Medellín-Kartells betrachtet werden. Die Zerstörung der Drogenfabrik „Tranquilandia" ereignete sich während der Hochzeiten seines Drogengeschäfts. Diesen Schritt verzieh er der Regierung nicht, und eine Serie kaltblütiger Morde begann, in deren Verlauf Escobar auch den zuständigen Minister, Rodrigo Lara Bonilla, ermorden ließ.

Er floh anschließend nach Panama, um dort Schutz unter dem damaligen Machtinhaber, Manuel Noriega, zu suchen. Währenddessen drohte ihm die kolumbianische Regierung mit der Auslieferung an die USA. Zu seinem eigenen Schutz wollte Escobar die Abzahlung der kolumbianischen Staatsschulden im Gegenzug für ein Abkommen zur Nichtauslieferung mit Kolumbien aushandeln, was zu diesem Zeitpunkt jedoch vom Staat nicht angenommen wurde.

Um die Regierung unter Druck zu setzen, führte Escobar kurze Zeit später bei seiner Rückkehr in sein Heimatland die Serie skrupelloser Verbrechen durch Ermordungen und Bombenexplosionen mithilfe seiner Killer fort (Ehringfeld 2013). Seinen Standpunkt beschreibt ein Zitat von ihm sehr treffend:

» „Lieber ein Grab in Kolumbien, als eine Zelle in den USA." (zitiert nach Lichterbeck 2009, S. 1)

Die Gräueltaten des Kartells, die zahlreiche Ermordungen umfassten, sollten sich dabei laut seinem Anführer an folgendem Leitsatz orientieren:

» „Der Tod muss unser Machtinstrument sein, die einzige Form, uns verständlich zu machen." (zitiert nach Ehringfeld 2013, S. 1)

Im Jahr 1989 wurde Escobar wegen der Ermordung von Luis Carlos Galán, dem kolumbianischen Präsidentschaftskandidaten und bekennenden Gegner des Medellín-Kartells, während eines Wahlkampfauftrittes sowie für den Bombenangriff auf den Hauptsitz des Geheimdienstes DAS (Departamento Administrativo de Seguridad) in Bogotá und auf einen Avianca-Flug, in dem Escobar den Nachfolger Galáns und ebenfalls Kartellgegner César Gaviria vermutete, angeklagt (Mollison et al. 2010).

Als Reaktion auf die zunehmende Serie politisch bedeutsamer Verbrechen und Entführungen verstärkten sich die Untersuchungen der Regierungen Kolumbiens und der USA gegen ihn, die Jagd nach Escobar nahm neue Ausmaße an. Im Zuge dessen wurden unzählige Mafiosi festgenommen sowie Autos, Gebäude und Gelder beschlagnahmt. Auch die Meinung der Bevölkerung wendete sich zum Teil gegen Escobar, bei seinen Kartellgegnern wuchs der Wunsch, ihn tot zu sehen (Ehringfeld 2013).

Um seinen Gegnern zu entfliehen, ergab sich Escobar im Juni 1991 der kolumbianischen Regierung unter dem inzwischen gewählten Präsidenten César Gaviria. Damit einher gingen jedoch seinerseits die Bedingungen der Aufnahme einer Nichtauslieferungsklausel an die USA in der kolumbianischen Verfassung sowie die Gewährleistung, dass Drogenhändler keine Strafe zu erwarten hatten, wenn sie sich stellten. Weiterhin wurde ihm gestattet, sein eigenes Luxusgefängnis „La Catedral" zu errichten, das er nach seinen Wünschen gestalten und bewohnen konnte. Es umfasste u. a. ein Casino, ein Spa sowie einen Nachtklub. Seine kriminellen Aktivitäten führte er aus dem Gefängnis fort.

Ein Jahr später jedoch, im Jahr 1992, floh Escobar, als ihn die Regierung aufgrund der Fortführung seiner kriminellen Geschäfte und Ermordungen in ein Standardgefängnis verlegen wollte. Mit der Flucht begann eine 16-monatige Jagd nach Pablo Escobar. In dieser Zeit wurde die ohnehin angeschlagene Monopolstellung des Medellín-Kartells weiter geschwächt (Mollison et al. 2010).

33.2.7 Letzte Jahre

Nach Escobars Flucht aus dem Gefängnis intensivierten auch die USA mithilfe von Spezialeinheiten die Suche nach ihm. Sie arbeiteten mit dem kolumbianischen „Bloque de Búsqueda" zusammen, der eigens dafür ausgebildet wurde. Zudem kam es durch die „Los Pepes" (Los perseguidos por Pablo Escobar), eine Bürgerwehr, zusammengesetzt aus Rivalen und ehemaligen Anhängern Escobars, zu einem großen Blutvergießen. Aus Wut auf Escobar und das Medellín-Kartell ermordeten sie dessen Anhänger und zerstörten große Mengen des Eigentums (Lichterbeck 2009).

Der „Bloque de Búsqueda", der kolumbianische und amerikanische Geheimdienst sowie die „Los Pepes" schlossen sich im Laufe der Suche zusammen, um Escobar und verbleibende Verbündete zu stellen. Am 02. Dezember 1993 wurde Pablo Escobar letztlich aufgrund eines zurückverfolgten Telefonanrufs in seinem Versteck in Medellín gefunden und durch die kolumbianische Nationalpolizei bei seinem Fluchtversuch erschossen. Bis heute existieren Gerüchte, dass Escobar sich selbst erschossen oder sich erfolgreich abgesetzt habe (Mollison et al. 2010).

33.2.8 Persönliches und sein Vermächtnis

Parallel zu seinem Einstieg in die Kokainkarriere heiratete Pablo Escobar im März 1976 die damals 15 Jahre alte Maria Victoria Henao. Zusammen bekamen sie 2 Kinder. Der ältere Sohn, Juan Pablo Escobar, ist heute als Motivationsredner Juan Sebastián Marroquín Santos bekannt und verfasste 2014 das bekannte Buch *Pablo Escobar: My father* über seinen Vater. Dem Sohn folgte eine Tochter mit dem Namen Manuela Escobar (Mollison et al. 2010).

Der Tod Pablo Escobars wurde neben der Familie ebenso von vielen Kolumbianern betrauert. Insgesamt kamen etwa 20.000 Menschen, vorrangig die arme Bevölkerung Medellíns, zu seiner Beerdigung auf dem Friedhof Montesacro (Thiel und Baranyi 2014). Die Regierung des Landes sowie weitere Teile der Welt hingegen feierten seinen Tod und den sich damit beschleunigenden Niedergang des Medellín-Kartells, wobei der Kokainhandel seither durch andere Personen fortgeführt wird.

Escobars Familie musste nach seinem Tod zum Teil unter polizeilichen Schutz gestellt werden, da Gegner des Kartells versuchten, ihnen zu schaden. In den 1990er-Jahren enteignete die kolumbianische Regierung die Familie zudem von ihrem luxuriösen Anwesen „Hacienda Nápoles". Seitdem wohnen dort Familien, die durch die Handlungen Escobars ihr Zuhause verloren haben. Es existieren Pläne der Regierung, auf dem Gelände ein Hochsicherheitsgefängnis zu errichten oder es landwirtschaftlich zu nutzen (Mollison et al. 2010).

Escobar selbst ist weiterhin auf der einen Seite ein gefeierter Volksheld der armen Bevölkerung und auf der anderen Seite ein als hochkriminell angesehener bekannter Drogenhändler, der mit seinem skrupellosen Vorgehen Schrecken in Kolumbien und der restlichen Welt verbreitet hat (Mollison et al. 2010). Das Magazin *Semana* schrieb kurz nach Escobars Tod über ihn:

> » „Früher kannte die Welt Kolumbien als Land des Kaffees. Er aber machte es zum Inbegriff des ‚Narcostaats' und etablierte den Drogenhandel als einen der lukrativsten Wirtschaftszweige der Welt." (zitiert nach Lichterbeck 2009, S. 1)

Zudem wird vielfach von Escobar in Büchern erzählt, und Fernsehsendungen sowie Filme dokumentieren Teile seines Lebens.

33.3 Psychologische Theorien, Modelle und Konzepte

Über die Hintergründe von Escobars Verhalten lässt sich nur spekulieren. Rückblickend auf das Leben des Drogenbarons ist es jedoch möglich, Annahmen über Einflussgrößen zu treffen, die allgemein zu seinem Verhalten sowie zu seinem Erfolg als größter Drogenhändler des 20. Jahrhunderts beigetragen haben könnten. Diese psychologischen Faktoren sollen im Folgenden beleuchtet werden.

33.3.1 Persönlichkeitsstörung Psychopathie

Psychopathie stellt laut dem DSM-5 eine extreme Form der **antisozialen Persönlichkeitsstörung** dar (APA 2013; Abschn. 16.6). Merkmale dieser veränderten Persönlichkeit sind demnach u. a. manipulatives Verhalten, fehlende Empathie, hohe Selbstbewertung und Impulsivität, kein Empfinden von Schuld oder Reue sowie oberflächlicher Charme (Archer und Wheeler 2013).

Das Standardinstrument zur Erfassung der Ausprägung von Psychopathie als psychische Störung stellt die Psychopathy Checklist-Revised (PCL-R), beschrieben bei Hare et al. (1990), dar. Es handelt sich um eine Checkliste mit 20 Items, die die Ausprägungen verschiedener Eigenschaften von Psychopathen erheben. Nachfolgend soll auf einige, möglicherweise bei Escobar zutreffende Eigenschaften entsprechend der Items der PCL-R eingegangen werden:

Oberflächlicher Charme Pablo Escobar wird vielfach als sehr freundliche und höfliche Person beschrieben, er selbst stellte sich gerne als „Robin Hood" dar, der Arme unterstützt.

Ahmed (2016, S. 9) schreibt in seiner Darstellung über Escobar:

> » „And yet, though the West perceived Escobar as a terrorist, in sectors of Colombia, he was depicted as a hero."

Diese Facetten seines Lebens liefern Hinweise für eine hohe Ausprägung dieses Aspekts der Psychopathie.

Übersteigerter Selbstwert Aus Biografien und Darstellungen geht hervor, dass sich Escobar selbst als großartigen Menschen sah. Er war ambitioniert und überzeugt, er könne alles erreichen. Ein treffendes Beispiel findet sich in den Ausführungen Bowdens (2015, S. 28), der Escobar wie folgt beschreibt:

> » „[…] somewhere along the way, [he] began to see himself as a great man. His words and ideas assumed historical importance and his ambition grew."

Manipulatives Verhalten Aus der zuvor beschriebenen Biografie Escobars geht hervor, dass er das Potenzial besaß, eine große Masse an Menschen von seinem korrekten Verhalten zu überzeugen und sogar so zu steuern, dass sie bereit waren, für ihn Gewalt zu verüben und zu töten. Er ging dabei sehr skrupellos vor und war mithilfe von Worten, Geld und Gewalt gewillt, scheinbar alles dafür zu tun, reich und berühmt zu werden. Ein eindrucksvolles Beispiel stellt der berühmte Leitsatz „plata o plomo" dar, dessen Bedeutung in ▶ Abschn. 33.2.4 erläutert wird.

Herzlosigkeit/fehlende Empathie Aus der Beschreibung zu Escobars Aufstieg im Drogenhandel sowie zum Umgang mit seinen Gegnern wird ersichtlich, dass er für den Tod mehrerer Tausend Menschen verantwortlich war, darunter sowohl Offizielle wie auch Zivilisten. Bei der Bombardierung des Regierungsgebäudes sowie des Avianca-Flugs kann man davon ausgehen, dass Escobar bewusst war, dass dabei viele unschuldige Menschen zu Schaden kommen würden. Trotzdem nutzte er das Mittel des Mordes weiter für seine Zwecke, ohne Reue zu zeigen. Bowden (2015, S. 19) schreibt in seinem Buch:

> » „Escobar discovered in himself an ability to remain calm, deliberate, even cheerful when others grew frightened and unsteady."

Häufig wechselnde Partnerschaften Trotz der anscheinend glücklichen Ehe mit Maria Victoria Henao war Pablo Escobar bekannt dafür, immer wieder Affären mit anderen Frauen zu haben oder sich Prostituierte zu kaufen. Wenn eine dieser Frauen schwanger wurde, ließ er sie nicht selten von seinen Killern umbringen (Lichterbeck 2009).

Frühe Verhaltensauffälligkeiten und jugendliche Straffälligkeit Es wird bei der Beschreibung der Herkunft Escobars deutlich, dass er bereits frühzeitig in Kontakt mit Kriminalität kam und durch den Diebstahl von Autos und Grabsteinen oder den Handel mit Zigaretten sein Geld verdiente. Ebenso geht aus biografischen Darstellungen hervor, dass in ihm schon früh der Wunsch nach Macht und Reichtum erwuchs und er bereits in jungen Jahren das Streben danach äußerte, Milliardär sowie Präsident Kolumbiens zu werden.

Verantwortungslosigkeit Die vielen frühen kriminellen Gräueltaten Escobars sowie das skrupellose Vorgehen mit der Ermordung seiner Gegner können keinesfalls durch sein soziales Engagement „aufgehoben" werden. Die diversen Ermordungen, Bombenangriffe und der Handel mit der gefährlichen Droge Kokain sind Zeugnisse der Verantwortungslosigkeit von Escobar.

Widerruf bedingter Freigabe Ein Beispiel für diese Facette bei Pablo Escobar ist sein Vorgehen bei der Festnahme 1991, der Gefangenschaft in La Catedral und seiner anschließenden Flucht 1992. Ursprünglich ergab er sich der Regierung von Kolumbien im Tausch gegen eine Nichtauslieferungsklausel. Als er erfuhr, dass er in ein normales Staatsgefängnis verlegt werden sollte, floh er jedoch aus dem

Gefängnis, er „widerrief" damit seine ursprüngliche Zustimmung zur Festnahme.

Es lässt sich festhalten, dass Pablo Escobars Verhalten mit seinen damit vermutlich einhergehenden Persönlichkeitseigenschaften vielfach darauf hindeutet, dass er einige Kriterien für Psychopathie erfüllt. Dennoch lassen sich hierzu lediglich Mutmaßungen anstellen, und die Frage nach einer möglichen antisozialen Persönlichkeitsstörung kann rückwirkend nicht mit Sicherheit beantwortet werden.

33.3.2 Modelllernen

Das Lernen am Modell nach Bandura (1969) stellt einen wichtigen Mechanismus im Sozialisationsprozess von Menschen dar. Die Vielfalt der Verhaltensweisen, die Menschen zeigen, wird zu großen Teilen ohne direkte Aufforderung oder Anleitung allein durch Beobachtung von Handlungs- und Antwortmustern anderer Akteure im sozialen System gelernt.

Von zentraler Bedeutung bei diesem aktiven kognitiven Prozess sind neben Kognitionen ebenso die Motivation und die Emotionen der beteiligten Personen. Das Lernen über Modelle funktioniert, indem beobachtete Handlungen und die Konsequenzen des Verhaltens für das Vorbild in Zusammenhang gebracht werden und anschließend eine Beurteilung durch den Beobachter erfolgt, ob das Verhalten ursächlich für die Folgen war, ob diese Folgen positiv und wünschenswert ausfielen und inwiefern man selbst das Verhalten ausführen kann. Das Verhalten wird man selbst zeigen, wenn man eine Erwartung über positive Konsequenzen entwickelt hat, also eine Belohnung erwartet oder sich eine Bestrafung durch das Verhalten vermeiden lässt (Koch und Stahl 2017).

Bei Pablo Escobar könnte das soziale Lernen durch Modelle insofern von zentraler Bedeutung gewesen sein, als dass er seine Kindheit in einer ärmeren Familie verbracht hat und früh in Kontakt mit der Kriminalität

33

auf den Straßen Medellíns kam, wo die Kriminalitätsrate bereits damals sehr hoch war. Ihm, der nach mehr Reichtum strebte, wurde sowohl von seinen gleichaltrigen Freunden und Bekannten als auch von älteren Menschen, denen er nacheiferte und die mehr Geld als er und seine Familie hatten, vorgelebt, dass sich durch ein Leben als Krimineller relativ schnell viel Geld und Anerkennung verdienen ließ.

Zudem wurde in ► Abschn. 33.2.1 bereits darauf eingegangen, dass Escobar ebenfalls durch seinen politisch aktiven Patenonkel beeinflusst wurde. In dessen politischem Engagement könnten auch Pablo Escobars eigene politische Aktivitäten begründet liegen.

33.3.3 Streben nach Gerechtigkeit

Gerechtigkeit stellt einen Idealzustand ausgeglichener Interessen ohne die Benachteiligung von Einzelpersonen oder Gruppen dar und gilt als zentraler Wert und als Gebot des Handelns. Eine Art der Gerechtigkeit ist die **distributive Gerechtigkeit,** sie gewährleistet die faire Verteilung materieller (z. B. Geld) und symbolischer Güter (z. B. Anerkennung). Wird eine Diskrepanz zwischen dem Ist- und dem Sollzustand wahrgenommen, d. h. zwischen geforderter und wahrgenommener distributiver Gerechtigkeit, hat dies Folgen für das Denken und Handeln der Person (Törnblom und Vermunt 2012).

Auf der psychologischen Ebene führt diese Diskrepanz zu einem unangenehmen Gefühl, das die Person eliminieren möchte. Dies kann in Wut, Unzufriedenheit und anderen negativen Zuständen resultieren. Es gilt: Je größer die wahrgenommene Diskrepanz ist, umso größer fällt der Spannungszustand aus, was in einer proportional adäquat starken Motivation zur Reduktion des Spannungszustands, der Handlungsmotivation, resultiert (Törnblom und Vermunt 2012).

Auf der Verhaltensebene ergeben sich in der Folge der Diskrepanzwahrnehmung wichtige Verhaltenstendenzen. Im Allgemeinen ist Verhalten motiviert durch den Wunsch, die

aversive Situation, die die Diskrepanz hervorruft, zu beseitigen. Dabei existieren nach Adams (1965) verschiedene Möglichkeiten, um mithilfe von Verhaltensanpassungen auf wahrgenommene Ungerechtigkeit zu reagieren, z. B. eine kognitive Uminterpretation oder eine Veränderung des eigenen Inputs. An dieser Stelle ist zu erwähnen, dass Rache und Vergeltung ebenso mögliche Mechanismen zur subjektiven Wiederherstellung von Gerechtigkeit darstellen.

In Bezug auf Escobar kann sich die Wahrnehmung einer Ungerechtigkeit daraus ergeben haben, dass er seine Situation in ärmlichen Verhältnissen im Vergleich zu anderen, die deutlich mehr Mittel besaßen, als ungerecht wahrnahm. Er war bereit, für mehr Gerechtigkeit zu kämpfen. Für ihn stellte es sich möglicherweise so dar, dass er Geld von den Reichen (die sich z. B. Drogen leisten konnten) nahm und dadurch selbst reicher wurde. Er gab jedoch auch den Armen etwas ab, was einen essenziellen Punkt darstellt, denn dies reduzierte für ihn subjektiv die Ungerechtigkeit gegenüber der ärmeren Bevölkerung und rechtfertigte sein Verhalten.

Zudem kann sein Verhalten bezüglich der wahrgenommenen Gerechtigkeit darin begründet liegen, dass Escobar die Welt insgesamt als ungerecht wahrnahm. Er könnte das Gefühl gehabt haben, dass einige Menschen in Kolumbien wenig investierten und dennoch viel besaßen. Die Konsequenz war möglicherweise die Haltung, dass auch er nicht gerecht sein musste, wenn es andere auch nicht sind.

33.3.4 Bedürfnis nach Macht

Nach Alfred Adler strebt der Mensch danach, von einer Minderwertigkeit zu einer Überwertigkeit zu gelangen, ebenso strebt er nach Vollkommenheit (Adler und Rüedi 2007). Das Streben nach Macht stellt eine Konkretisierung dieses Strebens nach Vollkommenheit dar.

Ein wichtiger Begriff ist in diesem Zusammenhang der des Motivs. Motive bezeichnen situationsübergreifende persönliche Dispositionen, Zielzustände einer bestimmten Thematik (z. B. Leistung, Macht, Anschluss) positiv oder negativ zu bewerten (Heckhausen und Heckhausen 2010). Diese Motive bestimmen, welche Aspekte der Umgebung Aufmerksamkeit auf sich ziehen und wie Situationen wahrgenommen, bewertet und bewältigt werden. Es lässt sich ableiten, dass Motive das Verhalten steuern. Wenn eine Person also ein hoch ausgeprägtes Machtmotiv hat, wird sie den Zustand, in dem sie Macht besitzt, positiv bewerten und anstreben und ihre Handlungen so ausrichten, dass sie Macht zur Bedürfnisbefriedigung erhält. Dieser Wirkzusammenhang wird in dem **Grundmodell kognitiver Motivationstheorien** nach Rheinberg und Heckhausen ersichtlich (Heckhausen und Heckhausen 2010). Demnach führt die Interaktion einer Person (Motive, Ziele, Erwartungen) mit der Situation (Anreize, Gelegenheit) zur Motivation für ein bestimmtes Verhalten. Dies impliziert auch, dass es individuelle Dispositionen zu geben scheint, die die Motivation beeinflussen.

Bezogen auf Escobar wird deutlich, dass sich bei ihm bereits in der Kindheit das Machtmotiv zeigte. Er hatte schon früh das Ziel, reich zu sein, und äußerte den Wunsch, Präsident Kolumbiens zu werden, beides Handlungen zur Befriedigung des Strebens nach Macht. Zudem demonstrierte er immer wieder durch die Ermordung anderer Menschen und vor allem auch einflussreicher Politiker, dass er über ihnen steht und sich bzw. seinen Willen gegen sie durchsetzen kann.

Ebenso hat das Ausmaß, in dem das Bedürfnis bisher befriedigt wurde, Einfluss auf die Ausprägung desselbigen in bestimmten Situationen. Bei Escobar wurde das Machtbedürfnis schon früh durch seine kriminellen Erfahrungen im Straßendiebstahl befriedigt sowie später in deutlich größerem Ausmaß bei seinem Einstieg in den ertragreichen Kokainhandel. Diese frühe Erfahrung von Bedürfnisbefriedigung führte zu einem positiven Affekt, der ursprünglich angestrebt

wird. Da bestimmte Handlungen positive Affekte nach sich zogen, versuchte Escobar folglich auch später, diese Handlungen erneut zur Erreichung positiver Konsequenzen auszuführen. Dieser Mechanismus kann als **positive Verstärkung** bezeichnet werden.

33.3.5 Bedürfnis nach Verbundenheit

Analog zu dem Machtmotiv gibt es noch andere Motive, die beim Menschen in unterschiedlicher Ausprägung vorhanden sein und das Handeln bestimmen können. Eines dieser Bedürfnisse, die das Verhalten Escobars erklären könnten, ist das **Verbundenheitsmotiv** bzw. das Zugehörigkeitsbedürfnis. Dieses Motiv findet sich in verschiedenen Bedürfnis- und Motivationstheorien, z. B. in der Bedürfnispyramide von Maslow (1943) als 2. Bedürfnis oder im Motivsystem nach McClelland (1987) als das Anschlussmotiv („affiliative motive").

Durch dieses Bedürfnis kann erklärt werden, weshalb die Familie und seine engsten Verbündeten für Pablo Escobar eine so große Rolle spielten. Es lässt sich aufgrund des Bedürfnisses nach sozialer Zugehörigkeit vermuten, dass die Familie für Escobar keine rein praktische Funktion bei seinen Geschäften hatte, sondern es ihm tatsächlich wichtig war, die einhergehende Verbundenheit zu spüren, um sein Anschlussmotiv zu befriedigen.

Zudem kann anhand dieses Bedürfnisses erklärt werden, weshalb Escobar die arme Bevölkerung unterstützte. Er selbst kam aus ärmeren sozialen Schichten und fühlte vermutlich eine gewisse Verbundenheit zu diesen Menschen. Durch seine ihnen zugute kommende Hilfe konnte die Bindung zur Gruppe noch gestärkt werden, wodurch wiederum seine eigenen sozialen Bedürfnisse befriedigt wurden. Dennoch lässt sich nicht bestreiten, dass auch strategische Gedanken wie die Unterstützung bei Fluchten für ihn durch diese in Medellín stark vertretenen Bevölkerungsschichten eine Rolle gespielt haben könnten.

Es erscheint zunächst widersprüchlich, dass viele Eigenschaften der Psychopathie auf Escobar zuzutreffen scheinen, doch ebenso Anhaltspunkte für ein ausgeprägtes Bedürfnis nach Verbundenheit vorliegen. An dieser Stelle sei erwähnt, dass das Verhalten von Personen keineswegs eindimensional und einfach zu erklären ist. Wie bereits beschrieben, resultiert die Motivation zu verschiedenen Verhaltensweisen aus einem Zusammenspiel der Person und der Situation. Dementsprechend können sich die Wirkfaktoren je nach Situation unterscheiden, sodass beispielsweise im Drogenhandel und im Kontakt mit der Regierung die Verhaltensweisen eines Psychopathen überwiegen, während Escobar im Kontakt mit seiner Familie sein Bedürfnis nach Verbundenheit verstärkt erfüllen konnte.

- ▪ **Zusammenfassung der persönlichen Voraussetzungen**

Auf der persönlichen Ebene lässt sich festhalten, dass Escobar sehr ehrgeizig, machtbesessen und ambitioniert war. Er hatte große Ziele, die er verfolgte und vielfach erreichte. Auf seine möglichen zugrunde liegenden Motive und verstärkende Charakterzüge wurde bereits Bezug genommen.

Bei Escobar treffen diese Persönlichkeitseigenschaften mit einem guten Geschäftssinn und großem „zwischenmenschlichen Talent" zusammen. Dadurch gelang es ihm, partnerschaftliche Beziehungen mit etablierten Drogenhändlern einzugehen und diese für seine Zwecke zu nutzen, um sich im Drogengeschäft sowie gegen Autoritäten durchzusetzen.

33.3.6 Erfolgsfaktoren von Pablo Escobar

Neben den beschriebenen psychologischen Aspekten, die herangezogen werden können, um Pablo Escobars Verhalten zu erklären, sollten auch die gesellschaftlich-historischen Umstände als Erklärungsansätze berücksichtigt werden. Nachfolgend werden diese weiteren möglichen Einflussfaktoren dargestellt, die förderlich für

den frühzeitigen Erfolg Escobars gewesen sein könnten.

Die Situation Kolumbiens in den frühen Jahren Escobars stellte sicherlich einen begünstigenden Faktor für seine Entwicklung dar – er war zur richtigen Zeit am richtigen Ort. Es herrschten chaotische Verhältnisse. Nur wenige Familien kontrollierten den Staat und seine Ressourcen. Es gab kaum staatliche Sicherheit. Der Präsidentschaftskandidat Jorge Gaitán wollte diese Verhältnisse, die zu starker Kriminalität führten, bekämpfen und wurde daraufhin ermordet. Sein Tod ließ die Gewalt im Land weiter steigen und viele Menschen verloren ihr Leben (Lichterbeck 2009).

In dieser Zeit, die heute als „La Violencia" (Die Gewalt) bezeichnet wird, wuchs Escobar auf, was sowohl ihn persönlich beeinflusste sowie einen großen Teil der armen Bevölkerung empfänglich für Kriminalität machte. Ein schneller gesellschaftlicher Aufstieg durch finanzielle Ausbeutung der „zu reichen" Menschen mit allen Mitteln erschien attraktiv.

» „Kidnapping', so stellt Escobar fest, ,ist eine lukrative Einnahmequelle.'"
(Lichterbeck 2009, S. 1)

So dürfte es relativ leicht für ihn gewesen sein, auch andere mit der Aussicht auf Ruhm und auf ein besseres Leben in Wohlstand für seine Zwecke zu animieren (Mollison et al. 2010).

Neben diesen gesellschaftlichen Faktoren hat vermutlich auch die bedeutende Rolle des Kokains als aufstrebende Modedroge der 1970er-Jahre die Entwicklung Escobars günstig beeinflusst. Er erkannte diese Chance, konnte seine Position im Geschäft clever stärken und den Handel an sich reißen. Nachdem Escobar erst einmal so angesehen und reich war, war es ihm möglich, viele Menschen und Vorteile einfach zu erkaufen. Vor allem in der ärmeren Bevölkerung hatte er durch sein soziales Engagement und das Teilen seines Vermögens viele Anhänger, die ihn schützten, gleichgültig woher das Geld stammte.

Es lässt sich zusammenfassen, dass Escobar anscheinend die sich ihm bietenden gesellschaftlich-politischen, historischen sowie persönlichen Gegebenheiten erkannt und entsprechende Chancen effektiv genutzt hat. Er stieg zum richtigen Zeitpunkt mit dem notwendigen Maß an Hartnäckigkeit und Skrupellosigkeit in das Geschäft mit Kokain ein. Anschließend setzte er die finanziellen Mittel intelligent ein, hat Unterstützer in der Bevölkerung gewonnen, sich politisch etabliert und konnte folglich aktiv mitbestimmen. Bowden (2015) bringt zur Entwicklung von Escobar zum Ausdruck, dass er das Produkt seiner Zeit und seiner Gesellschaft gewesen sei.

33.4 Bedeutung für die heutige Zeit

Nach dem Tod Escobars wurde das Medellín-Kartell zerschlagen, doch den Krieg gegen Drogenhändler führen die Regierungen weiterhin. Zunächst übernahm der Mexikaner und ehemalige Mittelsmann des Medellín-Kartells Joaquín Guzmán „El Chapo" mit seinem Sinaloa-Kartell als einer der Hauptakteure einen Großteil des Kokainmarktes in den USA.

Doch auch in Kolumbien entwickelt sich der Drogenhandel mit neuen kriminellen Gesichtern stetig weiter und bleibt nach wie vor eine Herausforderung für die Regierung, die der aktuelle Präsident Juan Manuel Santos zu bewältigen versucht. Immer wieder kommt es zu Kokainfunden. Besonderes Augenmerk lag zuletzt im November 2017 auf dem bisher größten Fund der Droge seit Beginn des Kampfes der Regierung vor 40 Jahren. Es handelte sich um 12 t Kokain, die dem Golf-Clan gehören sollen. Dieses Kartell agiert unter dem Anführer Dairo Antonio Úsaga „Otoniel", der als „neuer Pablo Escobar" derzeit einer der meistgesuchten Kriminellen Kolumbiens ist (Ismar und Ruiz-Tovar 2017).

An Drogenhändlern der Gegenwart wie El Chapo oder Otoniel wird ersichtlich, dass das Wirken Pablo Escobars über seine Lebenszeit hinausgeht. Er beeinflusste nicht nur die Gesellschaft seiner Zeit, noch heute gibt es

Überlebende seines Kartells, die ihm nacheifern, oder Menschen, die ihn bewundern. Ebenso haben seine Taten gezeigt, dass eine Verbesserung der Bekämpfung der Drogenkartelle notwendig ist und staatlich gegen die Gewaltherrschaft vorgegangen werden muss. Aus negativen Beispielen wie dem von Escobar sollten Regierungen ihre Lehren für den Umgang mit solcher Kriminalität ziehen. Ähnliche Verläufe und Entwicklungen müssen verhindert werden. Doch Mollison et al. (2010, S. 352) schreiben über den Drogenkampf nach Escobars Zeit:

> » „Die Frage, ob aus Escobars Leben und Tod Lehren gezogen wurden, ist noch immer offen. Historisch betrachtet, scheint Kolumbien in einem Teufelskreis gefangen."

33.5 Fazit

Welche Lehren lassen sich aus dem Leben Escobars heute ziehen? Zusammenfassend haben spezifische zeitlichgeschichtliche und gesellschaftliche Umstände, vor allem aber persönliche Dispositionen den Aufstieg Escobars begünstigt. Er hat ein erschreckendes Exempel statuiert, wie durch den skrupellosen Einsatz von Gewalt unter günstigen Rahmenbedingungen ein großes Ausmaß an Macht gewonnen werden kann. Dies stellte eine Bedrohung für die gesamte Gesellschaft dar. Ob es in Anbetracht der zeitgeschichtlichen und gesellschaftlichen Bedingungen zu verhindern gewesen wäre, ist fraglich. Eine derartige Entwicklung einer Person vorherzusehen, ist aufgrund der vielfachen Einflussfaktoren kaum möglich. Die Persönlichkeit liegt nur in begrenztem Maße in einem beeinflussbaren Bereich, da sie zu einem großen Teil aufgrund genetischer Prädispositionen und früher Entwicklungen geformt wird.

So bleibt festzuhalten, dass sich Regierungen weltweit gemeinsam auf die Entwicklung effektiverer Methoden im Kampf gegen den Drogenhandel konzentrieren müssen, um

Menschen wie Pablo Escobar keine Möglichkeit zu geben, Macht durch Geld und Gewalt zu erlangen. Der Fokus kann und muss dabei auf den veränderbaren gesellschaftlichen Faktoren liegen wie der Verbesserung der Bildung mit sozial unabhängiger Chancengleichheit, der Beseitigung von Armut im Sinne einer Absicherung sozialer Mindeststandards, dem staatlichen System oder der Polizeigewalt eines Landes.

Literatur

Adams, J. S. (1965). Inequity in social exchange. In L. Berkowitz (Hrsg.), *Advances in experimental social psychology* (S. 267–299). New York: Academic Press.

Adler, A., & Rüedi, J. (2007). *Menschenkenntnis (1927)*. Göttingen: Vandenhoeck & Ruprecht.

Ahmed, A. (2016). Pablo Escobar: Drug Lord as Heroic Archetype. [Honors Theses]. Bucknell University. ► https://digitalcommons.bucknell.edu/cgi/viewcontent.cgi?article=1343&context=honors_theses. Zugegriffen: 23. Jan. 2019.

Amercian Psychiatric Association (APA). (2013). *Diagnostic and statistical manual of mental disorders* (5. Aufl.). Washington, D.C.: American Psychiatric Association.

Archer, R. P., & Wheeler, E. M. (2013). *Forensic uses of clinical assessment instruments* (2. Aufl.). New York: Routledge.

Bandura, A. (1969). Social-learning theory of identificatory processes. In D. A. Goslin (Hrsg.), *Handbook of socialization theory and research* (S. 213–262). Chicago: Rand McNally.

Bowden, M. (2015). *Killing Pablo: The hunt for the world's greatest outlaw*. New York: Atlantic Monthly Press.

Deas, M. (1993). Obituary: Pablo Escobar. The Independent. Artikel vom 4. Dezember 1993. ► https://www.independent.co.uk/news/people/obituary-pablo-escobar-1465149.html. Zugegriffen: 23. Jan. 2019.

Ehringfeld, K. (2013). Drogenmilliardär Pablo Escobar – Der Schneekönig. Spiegel Online. Artikel vom 2. Dezember 2013. ► http://www.spiegel.de/einestages/kolumbiens-drogenmilliardaer-pablo-escobar-der-schneekoenig-a-951320.html. Zugegriffen: 23. Jan. 2019.

Hare, R. D., Harpur, T. J., Hakstian, A. R., Forth, A. E., Hart, S. D., & Newman, J. P. (1990). The revised psychopathy checklist: Reliability and factor structure. *Psychological Assessment: A Journal of Consulting and Clinical Psychology, 2*(3), 338–341.

Heckhausen, J., & Heckhausen, H. (2010). *Motivation und Handeln* (4. Aufl.). Berlin: Springer.

Ismar, G., & Ruiz-Tovar, R. (2017). Kolumbien zeigt größten Kokain-Fund der Geschichte. Die Welt. Artikel vom 09. November 2017. ► https://www.welt.de/vermischtes/article170454205/Kolumbien-zeigt-groessten-Kokain-Fund-der-Geschichte.html. Zugegriffen: 23. Jan. 2019.

Koch, I., & Stahl, C. (2017). Lernen – Assoziationsbildung, Konditionierung und implizites Lernen. In J. Müsseler & M. Rieger (Hrsg.), *Allgemeine Psychologie* (3. Aufl.). Berlin: Springer.

Lichterbeck, P. (2009). Pablo Escobar: Killer, Staatsfeind, Volksheld. Der Tagesspiegel. 13. 2009. ► https://www.tagesspiegel.de/politik/die-geschichte-pablo-escobar-killer-staatsfeind-volksheld/1647426.html. Zugegriffen: 23. Jan. 2019.

Maslow, A. H. (1943). A theory of human motivation. *Psychological Review, 50*(4), 370–396.

McClelland, D. C. (1987). *Human motivation.* Cambridge: Cambridge University Press.

Mollison, J., Nelson, R., Salitter, S., & Blank, G. (2010). *Escobar: Der Drogenbaron* (2. Aufl.). München: Heyne.

Thiel, G., & Baranyi, F. (2014). *Alle tot: Das 20. Jahrhundert in 101 Nachrufen.* Salzburg: Anton Pustet.

Thompson, D. P. (1996). Pablo Escobar, Drug Baron: His surrender, imprisonment, and escape. *Studies in Conflict & Terrorism, 19*(1), 55–91.

Tikkanen, A. (2018). Pablo Escobar – Colombian criminal. Encyclopædia Britannica, inc. 23. Februar 2018. ► https://www.britannica.com/biography/Pablo-Escobar. Zugegriffen: 23. Jan. 2019.

Törnblom, K., & Vermunt, R. (2012). Towards integrating distributive justice, procedural justice, and social resource theories. In K. Törnblom & A. Kazemi (Hrsg.), *Critical issues in social justice. Handbook of social resource theory. Theoretical extensions, empirical insights, and social applications* (S. 181–197). New York: Springer.

Die Verbindung von Gut und Böse

Inhaltsverzeichnis

Ein Blick auf das Gute und das Böse aus Sicht der Psychologie und ihrer Nachbardisziplinen

Caroline Mehner und Dieter Frey

© Springer-Verlag GmbH Deutschland, ein Teil von Springer Nature 2019
D. Frey (Hrsg.), *Psychologie des Guten und Bösen*, https://doi.org/10.1007/978-3-662-58742-3_34

Ist der Mensch von Natur aus gut oder böse? Was treibt das Gute oder das Böse im Menschen an? Können sich Menschen, die etwas Böses getan haben, wandeln? Und wie lässt sich das Böse verhindern und das Gute im Menschen stärken?

Seit Jahrhunderten diskutieren Anhänger unterschiedlichster Disziplinen, vor allem Philosophen, über diese Fragen, und wie so häufig in der Wissenschaft ist man sich uneinig in Bezug auf das Verständnis und die Definitionen. Manche untersuchen das Gute und das Böse empirisch wissenschaftlich, andere machen sich theoretisch Gedanken zu diesem Thema und wieder andere begegnen dem Guten und dem Bösen in ihrer tagtäglichen Arbeit. Manche Disziplinen halten die Kategorien „Gut" und „Böse" für nützlich, andere für überflüssig. Manche glauben, dass das Gute im Menschen überwiegt, andere sind vom Gegenteil überzeugt.

Diesen Fragen wurde bereits in den vorherigen Kapiteln anhand unterschiedlichster Biografien nachgegangen. Dabei wurde deutlich, wie vielfältig das Gute und das Böse jeweils sein kann. Kein Mensch, kein Lebenslauf, keine einzelne Tat ist identisch. Es gibt niemals nur einen Weg, der in die eine oder in die andere Richtung führt. Es sind immer verschiedene Lebensumstände, Situationen und Familieneinflüsse, die bei diesen Menschen zu ihren Taten geführt haben. Daher ist es sehr schwierig, wenn nicht sogar unmöglich, für die genannten Fragen eindeutige und allgemeingültige Antworten zu geben. Aber reiner Zufall ist es womöglich auch nicht, denn das multifaktorielle Entwicklungsmodell am Anfang dieses Buches (► Kap. 3) zeigt viele Risiko- und Schutzfaktoren auf, die dazu führen können, dass sich Menschen zum Guten oder Bösen entwickeln.

Bisher stand hauptsächlich die psychologische Perspektive des Guten und Bösen im Fokus. Daher haben wir für dieses abschließende Kapitel des Buches Vertreterinnen und Vertretern unterschiedlichster Disziplinen die oben genannten Fragen gestellt, um erneut den Blick für andere Perspektiven zu öffnen und das Gute und das Böse im Menschen möglichst vielfältig beleuchten zu können.

Für dieses Kapitel wurden bewusst Personen ausgewählt, die sich diesem Thema aus dem Bereich der Forschung, der Grundlagenforschung und auch der Praxis annähern. Neben der psychologischen Sichtweise wird nun auch die biologische, neurologische, philosophische, sozialwissenschaftliche, theologische und kriminologische Sichtweise einbezogen. Auch auf die Positive Psychologie und ihren Beitrag zur Förderung des Guten wird in diesem Kapitel eingegangen.

- **Unsere Interviewpartner**
- — Dr. Katja Vogt, Professorin für Philosophie, Columbia University, New York
- — Prof. Dr. Borwin Bandelow, Psychiater, Neurologe, Psychologe und Psychotherapeut, Professor für Psychiatrie und Psychotherapie, Universität Göttingen
- — Dr. Johann Endres, Psychologe, Kriminologischer Dienst des bayerischen Justizvollzugs, Erlangen
- — Dirk Bosse, Leiter der Mordkommission Braunschweig
- — Pfarrer Friedhelm Meiners, St. Martini Kirche Braunschweig

34.1 Was ist überhaupt Gut und Böse?

Gut und Böse zählen zu den ersten Konzepten, die ein Kind in seinem Leben lernt. Von Geburt an wird uns beigebracht, alle Erfahrungen, Emotionen und Erlebnisse, die wir machen, in diese Kategorien einzuteilen (Baumeister et al. 2001). Auch Märchen, mit denen Kinder konfrontiert werden, haben dieses Thema zum Gegenstand (Frey 2017). Jeder Mensch ist folglich mit diesen Begriffen vertraut. Doch was ist überhaupt Gut und Böse?

Bevor der Frage nachgegangen wird, ob ein Mensch gut oder böse ist oder wie dies gefördert bzw. verhindert werden kann, sollte zunächst definiert werden, was überhaupt darunter verstanden wird. Die Definitionen dieser Konzepte werden vor allem in der Philosophie diskutiert. Die Professorin für Philosophie Dr. Katja Vogt äußert sich dazu wie folgt:

» „Philosophen versuchen oft, Begriffe zu vermeiden, die religiös klingen, und ‚böse' kann diesen Beiklang haben. Statt von ‚gut und böse' ist deshalb in der Ethik eher von ‚gut und schlecht' die Rede. Nach Ende der Nazizeit und insbesondere angesichts des Holocaust haben Philosophen dann die Frage aufgeworfen, ob manche Verbrechen nicht nur schlecht, sondern böse sind. Entsprechend wird heute zwischen schlecht und böse unterschieden. Wenn man sich täuscht und etwas Schlechtes fälschlicherweise als gut anstrebt, handelt man schlecht oder falsch, aber nicht böse. Wirklich böse ist, das Schlechte als schlecht zu erkennen und es um des Schlechten willen anzustreben. Was ist die Eigenschaft gut? Wir bewerten alles Mögliche als gut: ein guter Plan, ein gutes Fahrrad, ein guter Film, eine gute Tat etc. Gibt es etwas, was all diese Dinge gemeinsam haben, aufgrund dessen wir sie gut nennen? Vermeintlich nicht. Ausgehend von diesem Puzzle vertreten Ethiker kontroverse Theorien des Guten. Anti-Realisten argumentieren, dass es eine Frage unserer Einstellungen ist, was wir gut finden. Realisten argumentieren, dass ‚gut' eine Eigenschaft ist, die Teil der Realität ist. Ich selbst vertrete einen Realismus, der von antiker Philosophie inspiriert ist. Das Gute ist das, was für Menschen (wirklich) gut ist. Was gut ist, trägt dazu bei, dass ein menschliches Leben bzw. menschliches Leben insgesamt gut verläuft." Dr. Katja Vogt, Professorin für Philosophie

Laut der Philosophin Dr. Katja Vogt ist also das gut, was für den Menschen wirklich gut ist. Vermutlich hat jeder Mensch eine etwas andere Vorstellung vom Guten, und das, was jemandem als gut erscheint, ist eventuell nicht das, was wirklich gut ist. Wenn sich z. B. ein Sklavenhalter dabei gut fühlt, dass seine Sklaven gute Arbeit machen, wie würde man das beurteilen? Oder es kann einer Lüge, die eigentlich als schlecht oder unehrlich anzusehen ist, unter bestimmten Umständen jedoch Leben retten kann, eine andere Bedeutung zukommen. Während des Nationalsozialismus haben einige Deutsche den verfolgten Juden beispielsweise dabei geholfen, unterzutauchen und ein Versteck zu finden. Diese Menschen haben den Aufenthaltsort der Verfolgten vor dem nationalsozialistischen Regime verschwiegen und somit gelogen, gleichzeitig jedoch Leben gerettet. Die Lüge, die eigentlich als negativ angesehen wird, kann hier also auch zu etwas Gutem werden. Hierbei wird deutlich, wie schwierig es ist, eine eindeutige Definition für das Gute und das Böse zu finden. Wir sollten also immer wieder hinterfragen, ob das, was wir als gut ansehen, auch wirklich gut ist. Es müssen dabei immer die jeweilige Perspektive und Situation eines Menschen sowie sein Umfeld und dessen Einflüsse mit betrachtet werden.

Laut des Psychologen Roy Baumeister und seinen Kollegen (2001) wird unter dem Gutem etwas Erstrebenswertes, Vorteilhaftes und Angenehmes verstanden; das Böse hingegen als nicht erstrebenswert, schädlich, unerfreulich. Auch Aristoteles sah das Gute bzw. das gute Leben als das an, wonach wir streben, um letztendlich Glück und Zufriedenheit zu erlangen. Glückseligkeit oder auch „eudaimonia" (altgriech.) stellt laut Aristoteles das Endziel bzw. das höchste Gut dar, an dem all unser Handeln ausgerichtet ist (Frey und Schmalzried 2013).

34.2 Ist der Mensch von Natur aus gut oder böse?

Mit dieser Frage haben sich schon viele Philosophen wie beispielsweise Platon, Aristoteles oder Kant auseinandergesetzt. Auch der Autor und Philosoph Richard David Precht stellte sich diese Frage in seinem Buch *Die Kunst, kein Egoist zu sein* (2010). Seiner Meinung nach zeichnen die meisten Philosophen ein eher optimistisches Bild des Menschen:

» „Die Zahl derjenigen, die den Menschen von Natur aus für gut halten, ist größer als die Zahl derjenigen, die meinen, er sei von Natur schlecht." (Precht 2010, S. 52)

Laut der Philosophin Dr. Katja Vogt ist der Mensch evolutionär betrachtet beides – gut und böse:

» „Wenn man unter ‚Natur' hier ‚Evolution' verstehen soll, dann ist die Antwort vermutlich: beides. Evolutionär haben wir Eigenschaften erworben, die gegenüber Nahestehenden altruistisch sind und gegenüber Außenstehenden feindselig. Alternativ kann man ‚von Natur aus' als ‚bei der Geburt' verstehen. Meine Auffassung ist, dass wir mit verschiedenen Anlagen geboren werden, einzelne Personen aber nicht von Geburt an gut oder böse sind." Dr. Katja Vogt, Professorin für Philosophie

Eine ähnliche Ansicht vertritt Pfarrer Friedhelm Meiners: Aus der theologischen, christlichen Sichtweise sei der Mensch weder gut noch böse. Vom Glauben her betrachtet sei jeder Mensch ein Sünder und daher sowohl zum Guten als auch zum Bösen fähig – immer beides. Meiners geht hierbei auf die erste biblische Geschichte, die vom Menschen erzählt wird, ein: Die Geschichte von Kain und Abel. Kain erschlägt seinen Bruder Abel vermutlich aus Gier, Eifersucht oder Neid, weil dieser im Gegensatz zu Kain von Gott gnädig angesehen wurde, als sie vor Gott ihre Opfer darbrachten. Das Opfer von Kain, die Ernte von seinem Feld, wurde von Gott nicht anerkannt. Diese Geschichte vom Brudermord im 1. Buch Moses zeigt, dass bereits in der Bibel von Totschlag geschrieben wird und der Mensch daher nicht von Natur aus als gut oder böse angesehen werden kann.

In der Psychologie wird davon ausgegangen, dass der Mensch einerseits durch seine Veranlagung, seine Gene und andererseits durch sein Umfeld, seine Familie, seine Erziehung und besondere Lebensumstände beeinflusst wird. Diese Faktoren beeinflussen die individuelle Entwicklung eines jeden Menschen und somit auch seine Entwicklung in Bezug auf das Gute oder Böse. Jeder Mensch hat folglich das Potenzial, sich in die eine oder andere Richtung zu entwickeln. Dies heißt jedoch nicht, dass ein Mensch, der einige böse Taten begangen hat, als ausschließlich böse (bzw. bei guten Taten als ausschließlich gut) bezeichnet wird. Der Mensch besteht stets aus verschiedenen guten und schlechten Facetten. Dies wird auch im Alltag deutlich, wenn wir Menschen begegnen, bei denen wir das Gefühl bekommen, sie haben 2 unterschiedliche Gesichter. In einem Moment ist dieser Mensch freundlich, verständnisvoll und hilfsbereit; in einem anderen Moment kann dies ins Gegenteil umschlagen – je nach Situation oder Gegenüber. Diese negativen Eigenschaften eines Menschen sind oftmals die, die in einem Konflikt schnell, impulsiv und unkontrolliert gezeigt werden oder in Stresssituationen Ausdruck finden. Es werden Worte gesagt und Dinge getan, die später bereut werden, und Menschen verletzt, die man nicht verletzen wollte. Hierbei wird deutlich, dass wir dem Bösen auch im Alltag und im Kleinen immer wieder ausgesetzt sind.

Die guten Eigenschaften hingegen werden immer wieder zwischendurch, aber vor allem auf lange Sicht deutlich – wenn wir das Ganze betrachten. So hat bereits der Philosoph Théodore Jouffroy gesagt:

» „Ein Tag genügt, um festzustellen, dass ein Mensch böse ist; man braucht ein Leben, um festzustellen, dass er gut ist." Théodore Jouffroy (zitiert nach Precht 2010, S. 51)

Mit diesem Zitat zeigt Jouffroy, was das Böse für eine Kraft hat. Laut Jouffroy genügt eine böse Tat bzw. ein Tag, um mit dem Bösen viel von dem zu überschatten, was einen Menschen eigentlich ausmacht. Das Gute habe allerdings nicht diese Kraft. Um das Gute zu erkennen, brauche es sehr viel länger – laut Jouffroy ein ganzes Leben lang.

34

Auch in der psychologischen Forschung konnte über viele Phänomene hinweg gezeigt werden, dass das Böse stärker ist als das Gute (Baumeister et al. 2001). Negative Ereignisse haben eine stärkere Kraft auf das Individuum als positive Ereignisse derselben Art. Letzteres kann mithilfe der **Prospect-Theorie** von Kahneman und Tversky (1979) erklärt werden. Diese Theorie zeigt auf, dass menschliche Entscheidungen keinen rationalen Bewertungs- und Entscheidungsprinzipen folgen, sondern subjektiv getroffen werden. Laut der Theorie werden Verluste stärker gewertet als vergleichbare Gewinne (Betsch et al. 2011). Dies erklärt, wieso uns ein negatives Ereignis oder eine böse Tat stärker negativ beeinflusst als ein positives Ereignis oder eine gute Tat. Negative Informationen werden beispielsweise gründlicher verarbeitet als positive Informationen. Ein schlechter Eindruck oder ein Stereotyp bildet sich schneller und ist schwieriger wieder aufzulösen als ein guter Eindruck. Und negative Emotionen, „böse" Eltern oder schlechtes Feedback haben einen größeren Einfluss auf den Menschen als positive Emotionen, „gute" Eltern oder positives Feedback (Baumeister et al. 2001).

Auch Vertrauen, das über eine lange Zeit hinweg zwischen Menschen aufgebaut wurde, kann mit einer Tat oder einem bösen Wort zerstört werden. Eine gute Tat oder ein gutes Wort hingegen kann das Vertrauen nicht so schnell wieder aufbauen, wie es verloren wurde. Um die Effekte eines negativen Ereignisses auszugleichen, sind viele gute Ereignisse vonnöten. Das Gute hat es also schwerer, und es braucht viele gute Erfahrungen, um das Böse zu überdecken. Folglich müssen das gesamte Leben und nicht nur einzelne Taten eines Menschen betrachtet werden, um sich über die Güte eines Menschen ein Bild zu machen.

Dass eine einzelne Tat nicht über die Gut- oder Bösartigkeit eines Menschen entscheidet, findet auch Dirk Bosse, Leiter der Mordkommission Braunschweig. Fragt man ihn, ob der Mensch gut oder böse ist, so erhält man eine interessante Antwort: Er sei während seiner 30-jährigen Mordkommissionsarbeit mit den verschiedensten Tätern in Berührung gekommen und habe während dieser Zeit nur 2 Menschen kennengelernt, die als direkte Täter für ihn böse waren. Er erzählt von berechnenden Auftragsmördern, die aus Vergünstigungs- und finanziellen Erwartungen andere Menschen hingerichtet haben. Das seien Menschen gewesen, die nach Bosses Definition böse sind, empathie- und gefühllos. Für Bosse scheint das Berechnende an diesen Auftragsmördern ausschlaggebend gewesen zu sein, um sie tatsächlich als böse zu bezeichnen. Diese Menschen haben ihre Morde sehr genau geplant, sogar einen Auftrag angenommen und sich sehr bewusst dazu entschieden, Menschen zu töten. Hierbei nennt Bosse auch die Unterscheidung der beiden Tötungsdelikte Mord und Totschlag (§§ 211 und 212 StGB): Beim Totschlag wird der Täter als Totschläger und nicht als Mörder bezeichnet. Ein Mord ergibt sich dagegen aus den objektiven Handlungen des Täters bzw. der Motivation seines Tuns, beispielsweise Mordlust, die Befriedigung des Geschlechtstriebs oder Habgier.

Damit stimmt die Meinung von Bosse mit den anfangs gewählten Worten der Philosophin Katja Vogt überein, die formulierte, dass es böse sei, das Schlechte als schlecht zu erkennen und es um des Schlechten Willen anzustreben. Eine andere Person bloß aus eigenem Vorteil zu töten, würde sie vermutlich als böse bezeichnen, weil eine Intention und ein Eigennutz dahinterstehen.

» „Der Mörder, der aus Verzweiflung handelt, obwohl er vielleicht gesetzlich tatsächlich den Tatbestand des Mordes erfüllt, ist für mich nicht automatisch ein böser Mensch." Dirk Bosse, Leiter der Mordkommission

Diese Aussage deckt sich mit der von Dr. Michael Stone, forensischer Psychiater und Professor der Columbia University. Er hat sich mit der Differenzierung von Totschlägern und Mördern beschäftigt und die sog. „Skala des Bösen" entwickelt. Hier stuft er Menschen bzw. die Bösartigkeit ihrer Taten auf 22 Ebenen ein (Schaertl 2009). Die Skala reicht von gerechtfertigter Tötung bzw. von Menschen, die aus Notwehr handeln und nachvollziehbar töten, über impulsive und eifersüchtige Mörder bis zu Psychopathen, Folter- und Sexualmördern. Die Täter, die ihre Tötung genau geplant haben, können auf einer anderen Ebene der Skala eingeordnet werden als diejenigen, die sich selbst oder andere zu verteidigen versuchen und dadurch einen anderen Menschen getötet haben. Auf der untersten Ebene der Skala, bei der gerechtfertigten Tötung bzw. Tötung aus Notwehr, wird deutlich, dass solch eine Tat nicht unbedingt böse sein muss, wenn sie beispielsweise aus Selbstschutz oder Schutz des eigenen Kindes geschieht. Zudem gibt es bei dieser Skala keine deutlichen Grenzen zwischen den Ebenen. Eine Tötung kann daher nicht eindeutig mit dem Bösen gleichgesetzt werden (Schaertl 2009).

Die verschiedenen Antworten unserer Interviewpartner aus den verschiedenen Fachdisziplinen zeigen größtenteils, dass der Mensch nicht als gut oder böse bezeichnet wird, sondern sowohl zum Guten als auch zum Bösen fähig ist. Laut dem Leiter der Mordkommission Bosse und dem Psychiater Dr. Stone entscheidet auch eine einzelne Tat bzw. eine Tötung nicht unbedingt über das gesamte Leben eines Menschen oder kategorisiert diesen als böse. Es kommt immer auch auf das Umfeld, die Lebensumstände, die Familie und die spezifische Situation an.

Trotz schwieriger Umstände, negativer Erfahrungen und Einflüsse oder Gewalt, die einem Menschen in der Kindheit vorgelebt wurden, sollte jedoch betont werden, dass die Verantwortung für sein eigenes Verhalten immer bei dem Menschen selbst liegt. Wir sind zu beidem fähig – zu Gutem und zu Bösem –, jedoch ist es immer unsere Entscheidung, wie wir uns verhalten, d. h., ob wir impulsiv, aggressiv, gewalttätig oder gut handeln. In jeder Situation haben wir die Wahl, uns für das Gute zu entscheiden. Dies

kann schwerfallen, weil wir dem Bösen auch im Alltag immer wieder ausgesetzt sind, es uns beeinflusst und eventuell vom guten Weg abbringt. Das meint auch die Philosophin Dr. Katja Vogt:

> » „Eine gute Person zu sein ist eine komplexe Aufgabe und eine lebenslange Herausforderung." Dr. Katja Vogt, Philosophin

Aber auch wenn es eine große Aufgabe und Herausforderung ist, die vermutlich lange andauern oder auch niemals enden wird, weil das Böse neben dem Guten immer Bestand haben wird und das Gute mehr Ereignisse braucht, um das Böse zu überschatten, so kann das Gute trotzdem das Böse besiegen.

34.3 Können sich Menschen, die etwas Böses getan haben, grundlegend wandeln?

Der Psychiater Prof. Dr. Borwin Bandelow und der Psychologe Dr. Johann Endres sind sich hierbei einig: Menschen können sich ändern und bessern. Mithilfe vieler Therapien, die die Psychologie zu bieten hat, kann Menschen beispielsweise geholfen werden, ihre Impulse zu steuern, sich dem Druck einer Gruppe zu entziehen oder Zivilcourage zu lernen. Bandelow berichtet, dass die meisten Straftaten von jungen Männern begangen werden. Je älter die Menschen werden, desto weniger brutal gehen sie vor und desto eher versuchen sie, einer Gefängnisstrafe zu entgehen. Endres erklärt zudem, dass alle Menschen neue Verhaltensweisen lernen sowie ihre Überzeugungen und Ziele ändern können. Merken sie beispielsweise, dass sie mit manchen Dingen nicht gut umgehen können und aggressiv werden, so meiden sie eventuell zukünftig bestimmte Umgebungen oder Situationen. Darüber hinaus hält Endres jedoch fest, dass nicht alles beliebig formbar ist. So seien manche Dinge eben schwer zu erlernen, beispielsweise eine Handvoll neuer Sprachen im mittleren Alter.

» „Natürlich können sich Menschen ändern, die Frage ist nur, wie sehr. Es ist nicht alles beliebig formbar." Dr. Johann Endres, Psychologe

Dirk Bosse, Leiter der Mordkommission, findet, dass sich ein zutiefst böser Mensch nicht wandeln kann. Hier stellt sich die Frage nach der Bestrafung, die auf eben diesen Wandel hinwirken soll. Bestrafung sei Bosse zufolge die einzige juristische Möglichkeit, die uns zur Verfügung stehe, um Menschen dazu zu bewegen, kein negatives Verhalten mehr zu zeigen. Endres greift hierbei auf seine langjährige Erfahrung im kriminologischen Dienst des bayerischen Justizvollzugs zurück und erklärt, dass sich Straftäter hinsichtlich ihrer Rückfallwahrscheinlichkeiten unterscheiden. Die wesentlichen Faktoren hierbei seien die Persönlichkeitsaspekte: Menschen mit einer stark ausgeprägten dissozialen Persönlichkeitsstörung mit stabilen Merkmalen wie Impulsivität, Gefühlskälte, niedriger Gewaltschwelle und Rücksichtslosigkeit haben gegenüber anderen eine relativ hohe Rückfallneigung, so Endres.

Des Weiteren ist das vergangene Verhalten eines Menschen auch immer ein guter Prädiktor für künftiges Verhalten. Insofern ist der wichtigste Prädiktor für Rückfälligkeit das kriminelle Verhalten einer Person in der Vergangenheit. Das heißt, dass die Wahrscheinlichkeit, eine Straftat zu begehen, bei einer Person, die in der Vergangenheit bereits straffällig war, höher ist als bei einer Person, die noch keine Straftat begangen hat. Genauso gibt es aber auch Menschen, die nur einmalig straffällig werden und dieses Verhalten nicht wiederholen. Das Verhalten in der Vergangenheit sagt also nicht zu 100 % vorher, ob eine Person erneut straffällig wird oder nicht.

Die Frage, ob sich Menschen, die etwas Böses getan haben, **grundlegend** wandeln können, müsste vermutlich etwas abgeändert werden, um sie eindeutiger beantworten zu können: Können sich Menschen, die etwas Böses getan haben, ändern? Laut des Psychiaters Bandelow und des Psychologen Endres kann sich der Mensch verändern – z. B. aufgrund des Lebensalters, einer Bestrafung oder neuer Erfahrungen und neu gelernter Verhaltensweisen. Der Mensch kann sich durchaus verändern – die Frage ist nur, wie sehr er das kann.

34.4 Was treibt „das Böse" im Menschen an?

Im Einführungskapitel zum Bösen (▶ Kap. 16) wurden bereits viele Risikofaktoren thematisiert, die dazu führen können, dass Menschen straffällig und gefährlich werden. Hier wurde bereits ausführlich auf biologische, psychologische und soziale Faktoren eingegangen.

Der Psychiater Bandelow konzentriert sich bei der Beantwortung dieser Frage vor allem auf biologische Faktoren. Er geht davon aus, dass die meisten Straftäter in Gefängnissen, beispielsweise Mörder oder Sexualstraftäter, eine antisoziale bzw. dissoziale Persönlichkeitsstörung aufweisen. Hierbei können sich Menschen nicht in die Gefühlswelt ihres Gegenübers hineinversetzen und missachten soziale Normen und Rechte anderer. Eigene Ziele werden rücksichtslos durchgesetzt, oftmals mit einer hohen Risikobereitschaft und mit kriminellem, gewalttätigem Verhalten.

Bandelow entwickelte hierzu eine Theorie, die jedoch noch nicht wissenschaftlich nachgewiesen wurde: Die Ursache der Störung führt er dabei auf das endogene Opiatsystem zurück, das Belohnungssystem des Menschen. Normalerweise werden wir bei Tätigkeiten wie der Nahrungsaufnahme oder dem Geschlechtsverkehr mit der Ausschüttung von Endorphinen „belohnt". Sie lösen ein Gefühl von Euphorie aus, ein Wohlgefühl und Sättigung. Letztendlich haben all unsere Handlungen das Ziel, dieses System zu befriedigen.

Laut Bandelow liegt bei Straftätern mit dieser Störung ein Defizit an Endorphinen in ihrem Belohnungssystem vor, sodass nicht genügend Glückshormone ausgeschüttet werden können. Zwar strebt jeder Mensch nach einer Ausschüttung von Endorphinen, die antisozialen Personen haben aber so einen hohen Mangel an Endorphinen, dass sie auch illegale und gefährliche Methoden anwenden, z. B. Vergewaltigungen oder Drogenmissbrauch, um die Endorphinausschüttung zu steigern. Bandelow erklärt, dass unter diesen Bedingungen beispielsweise eine Vergewaltigung wahrscheinlicher wird, um das Belohnungssystem stimulieren zu können. Diese Handlung ist somit auf Defizite des Belohnungssystems zurückzuführen. So kann es dazu kommen, dass gewisse Regeln überschritten werden.

Auch Aggressionen seien durch Endorphine erklärbar, so Bandelow. Männer, die früher erfolgreich auf Jagd gegangen sind und Tiere bzw. Nahrung mit nach Hause gebracht haben, hatten größere Chancen bei Frauen und waren folglich erfolgreicher bei der Fortpflanzung. Sieht man diese Aggressionen, die Durchsetzungskraft bei der Nahrungs- und Partnersuche als etwas Böses an, so ist dieser Teil evolutionär in uns verankert und gehört zum Menschsein dazu.

Auch der Psychologe Endres geht bei der Beantwortung dieser Frage u. a. auf biologische Faktoren ein:

» „Jeder Mensch ist auf die eigene Selbsterhaltung ausgerichtet, auf den Erwerb von Vorteilen und die Vermeidung von Schmerzen und Nachteilen. Daraus ergibt sich je nach Situation eine Neigung zu egoistischem Verhalten gegenüber anderen. Wenn ich Hunger habe und das Essen nicht für alle reicht, dann ist das Motiv eben sehr hoch, etwas für sich zu behalten und nicht zu teilen. Die Knappheit der Güter auf der Welt ist sicher ein Punkt, das Streben nach Überleben. Letztlich kann man dahinter auch eine biologische Tendenz annehmen: Organismen sind insgesamt auf die Erhaltung und die Weitergabe ihrer Gene angelegt, auch wenn das nicht die bewussten Motive sind, die man hat. Andere Motive können auch Ideologien sein. Jemand tut etwas Böses, weil er meint, dass es richtig ist, ein geeignetes Mittel, um erstrebte Zustände zu erreichen. Ich denke die meisten Antriebe, die zum Bösen antreiben, sind nicht so spezifisch. Jeder Mensch will gut sein – gut im Sinne von ‚besser als andere‘ –, er will hervorstechen durch seine Leistung, er will attraktiv sein, er will schöne Sachen für sich haben, ein bequemes Leben führen, und meistens schafft man das auch mit legalen und akzeptierten Mitteln, aber manchmal ist die Verlockung groß, dass man mit nicht legitimen Mitteln diese Ziele erreicht. […] Die Theorie der ‚Good Lives‘ besagt, dass jeder nach einem guten Leben strebt; aber manche haben eben die legitimen Mittel nicht zur Verfügung oder die legitimen Mittel sind sehr teuer und aufwändig oder die Menschen meinen, das geht auch mit nicht legitimen Mittel." Dr. Johann Endres, Psychologe

Dirk Bosse, Leiter der Mordkommission Braunschweig, bezieht sich sowohl auf biologische als auch auf soziale Faktoren:

» „Einmal kann der Mensch durch seine Anlage so in die Enge getrieben werden, dass er Verhaltensweisen zeigt, die andere als böse definieren. Ein gleiches Ergebnis ist aber sicherlich durch die Umwelt zu erreichen. Jemand, der von seinem Umfeld nur geschlagen wird, nur Frustrationserlebnisse hat, wird sicherlich irgendwann verbittert, egal welche Anlage er hat, und neigt zu anderen Reaktionen, die er bei einer anderen Umweltprägung nie gezeigt hätte. Aber ob es wirklich böses Verhalten ist, das müssen andere entscheiden." Dirk Bosse, Leiter der Mordkommission Braunschweig

Wie bereits in ▶ Kap. 16 beschrieben wurde, können bestimmte Risikofaktoren, die einen Menschen beeinflussen, dazu beitragen, dass das Böse im Menschen angetrieben wird. So kann eventuell ein Mangel an Endorphinen für das Böse im Menschen verantwortlich sein. Laut Bandelow kann eine böse Handlung also dadurch angetrieben werden, dass ein

Täter mit einer antisozialen Persönlichkeitsstörung nach stärkeren externen Reizen sucht, um das Belohnungssystem ausreichend zu stimulieren und diesen Mangel auszugleichen; und er dabei eben auch gegen Regeln und Gesetze verstößt.

Psychologe Endres nimmt andere biologische Ursachen für ein solches Verhalten an: Zum einen will der Mensch sein Überleben sichern, zum anderen ist er von der Evolution darauf programmiert, die eigenen Gene weiterzugeben. Das bedeutet auf der einen Seite Kooperation und Altruismus, auf der anderen Seite aber auch eine Tendenz, sich Vorteile gegenüber Konkurrenten zu verschaffen.

Aber auch der Wunsch, sich von anderen abzuheben und besser zu sein, sei ein Antrieb des Menschen, der zum Bösen führen kann, wenn dazu keine legitimen Wege eingeschlagen werden können. Bosse, Leiter der Mordkommission Braunschweig, sieht die Ursache des Bösen vor allem im Umfeld des Menschen. Letzteres konnte bereits in psychologischen Studien nachgewiesen werden: Ein positives Umfeld bzw. „gute" Eltern können die Entwicklung eines Kindes nicht positiver beeinflussen als durchschnittliche Eltern und ein durchschnittliches Umfeld. Wächst ein Kind jedoch in einem negativen Umfeld mit „schlechten" Eltern auf, kann dies zu bleibenden Schäden führen (Scarr 1992).

Betrachtet man diese 3 Perspektiven, so wird deutlich, dass der Mensch sowohl von „innen", d. h. von biologischen und psychologischen Einflüssen, als auch von „außen", also von Umwelteinflüssen, zu bösem Verhalten gebracht werden kann. Meist ist es jedoch ein Zusammenspiel der biologischen, psychologischen und sozialen Faktoren, das dazu führt, dass ein Mensch ein bestimmtes Verhalten zeigt.

34.5 Was treibt „das Gute" im Menschen an?

Neben der Frage, wie das Böse verhindert werden kann, ist wohl die Frage, was das Gute im Menschen antreibt, mit am wichtigsten.

Nur wenn wir uns darüber bewusst sind, können wir das Gute stärken und die Welt somit ein Stück weit besser, positiver machen.

Pfarrer Friedhelm Meiners antwortet auf diese Frage:

> » „Die Liebe und auch der Wunsch nach Anerkennung treibt das Gute im Menschen an." Friedhelm Meiners, Pfarrer

Jeder Mensch sei darauf aus, anerkannt und gesehen zu werden. Dies könne etwas Gutes antreiben – in Partnerschaften, Freundschaften, aber auch in beruflichen Beziehungen. Es kann aber auch zum Gegenteil, zum Bösen führen, wenn ein Mensch nicht gesehen wird und keine Anerkennung erfährt. Das mache wütend und könne dazu führen, dass Menschen etwas Übles tun, um als besonders angesehen zu werden. Meiners zeigt auf, wie wichtig Wertschätzung und Anerkennung eines jeden Menschen sind. Sobald diese Bedürfnisse eines Menschen nicht erfüllt werden bzw. diese Erfüllung durch das Verhalten anderer verwehrt bleibt, kann das Verhalten dieses Menschen schnell ins Böse umschlagen. Er wird vermutlich auf anderen Wegen versuchen, Bestätigung und Aufmerksamkeit zu erlangen.

Meiners Antwort findet sich auch in einer bekannten sozialpsychologischen Theorie, der **Bedürfnispyramide von Maslow** (1970), wieder. Dieser Theorie zufolge hat jeder Mensch unterschiedliche Bedürfnisse, die erfüllt werden müssen. So sollten zunächst physiologische Bedürfnisse wie das Bedürfnis nach Nahrung, Schlaf oder Sexualität erfüllt werden. Es folgen die Bedürfnisse nach Sicherheit und Schutz sowie anschließend die sozialen Bedürfnisse wie Zugehörigkeit und Freundschaft. Zwei weitere Bedürfnisse, Wertschätzung bzw. Anerkennung und Selbstverwirklichung, zählen zu den sog. Wachstumsbedürfnissen.

Auch psychologisch gesehen strebt also jeder Mensch danach, anerkannt zu werden, erfolgreich zu sein, sich selbst zu verwirklichen und seine Potenziale zu entfalten. Gelingt es einem Menschen, diese Bedürfnisse auf einem legitimen Weg zu erreichen (z. B. indem ein Mensch einen Beruf findet und ausübt, der ihn erfüllt, sich selbstständig macht, eine Familie gründet oder eine Stiftung ins Leben ruft), so kann man durchaus sagen, dass durch die Erfüllung dieser Bedürfnisse das Gute im Menschen gefördert wird. Bleibt einem Menschen die Erfüllung dieser Bedürfnisse verwehrt, ist es naheliegend, dass dies zu Frustration führt. Dieser Umstand wird vermutlich als ungerecht wahrgenommen, und es wird versucht, dennoch das angestrebte Ziel zu erreichen – im schlimmsten Fall auf nicht legitimen Weg.

34.6   Was kann die Positive Psychologie zum Guten beitragen?

Die Psychologie hat sich in der Vergangenheit zum Großteil darauf konzentriert, was bei Individuen, Familien, Gruppen oder Organisationen nicht gut läuft, was verbessert werden sollte und wie dies gelingen kann. Themen wie klinische Diagnosen, Persönlichkeitsstörungen, fehlerhafte Entscheidungen, Vorurteile, Ausgrenzung oder ein geringer Selbstwert standen dabei im Mittelpunkt (Seligman und Csikszentmihalyi 2000).

Auch hierbei wird erneut deutlich, wie viel Kraft das Böse hat, da sich der Großteil der psychologischen Forschung darauf konzentrierte, das Böse bzw. das Negative anstelle des Guten zu untersuchen und zu verstehen (Baumeister et al. 2001).

Insbesondere nach dem Zweiten Weltkrieg lag der Fokus hauptsächlich auf der Behandlung verschiedenster Störungsbilder: Den kranken, leidenden Menschen musste geholfen werden. Erst Jahrzehnte später rückten auch die Menschen in den Vordergrund, denen es eigentlich gut ging. Mit der Positiven Psychologie kam es zu einem Wandel: vom „Reparieren der schlimmsten Dinge im Leben" zum „Aufbau positiver Qualitäten" (Seligman und Csikszentmihalyi 2000).

Menschliche Stärken werden nun als Puffer für mentale Störungen gesehen. Es wird davon ausgegangen, dass das Verständnis menschlicher Stärken dabei helfen kann, den Schaden, der durch Störungen, Stress und Leiden entsteht, zu vermindern oder sogar zu verhindern (Gable und Haidt 2005; Seligman und Csikszentmihalyi 2000). Wenn die Stärken eines Menschen, beispielsweise Resilienz, Optimismus oder soziale Kompetenz, gefördert werden und dieser Mensch ein stärkeres Bewusstsein für seine Stärken bekommt und weiß, wie er mit Krisen und Rückschlägen umgehen oder seine Emotionen beeinflussen kann, könnten vermutlich viele böse Taten verhindert werden. Auch waren einige Taten, die in diesem Buch dargestellt wurden, schlichtweg Verzweiflungstaten oder Hilferufe. Diese hätten eventuell verhindert werden können, wenn sich die Täter ihrer eigenen Stärken und Möglichkeiten bewusst gewesen wären und dadurch anders gehandelt hätten.

Nun stellt sich eventuell die Frage, wie die Stärken eines Menschen bzw. das Gute dazu beitragen können, die Schwächen bzw. das Böse zu überlagern, wenn das Böse doch viel stärker ist? Trotz des gut erforschten Prinzips, dass das Böse stärker ist als das Gute, kann das Böse trotzdem vom Guten überlagert werden. Viele gute Ereignisse können die psychologischen Effekte eines einzelnen schlechten Ereignisses überdecken (Baumeister et al. 2001). Allein diese Erkenntnis, dass das Gute das Böse besiegen kann, auch wenn das Böse eigentlich als stärker angesehen wird, sollte eine Motivation dafür sein, sich mit dem Guten intensiver zu beschäftigen und sich zu fragen, wie wir es weiter fördern können.

Hier setzt die Positive Psychologie an. Die Positive Psychologie befasst sich mit den positiven Aspekten des menschlichen Lebens. Was macht ein gutes Leben aus? Was macht das Leben lebenswert? Und wie kann das Wohlbefinden der Menschen und somit das Gute gefördert werden?

Martin Seligman, Begründer der Positiven Psychologie, geht in seinem Buch *Wie wir aufblühen* darauf ein, warum jungen Menschen Wohlbefinden bereits in der Schule gelehrt werden sollte und wie dies gelingen kann. Seligman geht davon aus, dass Menschen zufriedener mit ihrem Leben sind, wenn sie sich ihrer Charakterstärken bewusst sind und diese in ihrem Leben nutzen können.

Im eigens entwickelten **Resilienzprogramm** der University of Pennsylvania soll in Schulen genau daran gearbeitet werden. Mithilfe einer Vielzahl an Lehreinheiten zu Elementen der Positiven Psychologie, die Lehrer und Experten durchführen, wird an den eigenen Stärken, Strategien und weiteren Themen gearbeitet. Um ihre eigenen Charakterstärken zu identifizieren, führen die Schüler zunächst Tests durch, schreiben Aufsätze über sich selbst oder erstellen Familienstammbäume zu Stärken. Sobald sie herausgefunden haben, ob ihre Stärke eher in Ehrlichkeit, Loyalität, Ausdauer, Kreativität, Freundlichkeit, Mut, Fairness oder anderen Bereichen liegt, wird in der kommenden Woche darauf geachtet, dass diese Stärken angewandt werden können. So wurden die Kinder beispielsweise ermutigt, ihre Ausdauer bei einem Marathon zu fördern oder ihre Kreativität in neuen Kunstprojekten zu nutzen. Um positive Gefühle zu fördern, führen die Schüler mit einem Tagebuch jeden Tag die Übung „Was ist gut gelaufen" durch. Hierbei notieren sie täglich 3 positive Dinge, die an diesem Tag gut gelaufen sind und positiv waren. Sie notieren dabei nicht nur das Ereignis selbst, sondern auch, wie es dazu gekommen ist, was es über ihre eigenen Stärken aussagt und wie man diese in Zukunft stärker nutzen könnte. Des Weiteren schreiben sie Dankesbriefe an ihre Eltern oder führen Sinndialoge. Mit diesen Übungen reflektieren die Schüler somit ihren Charakter, ihre Stärken und wo sie diese besonders gut einsetzen können (Seligman 2015).

Darüber hinaus sollen Vorbilder in der Schule ausgewählt werden, die diese Stärke ebenfalls haben, sodass das Verhalten dieser Personen beobachtet und imitiert werden kann, um die eigenen Stärken zu fördern. Dieser Lernprozess durch Beobachtung und Nachahmung des Verhaltens einer anderen Person wird in der Psychologie **Modelllernen**

genannt und hat insbesondere im Kindesalter einen großen Einfluss auf die Entwicklung (Bandura 1971). Forscher konnten zeigen, dass die Spiegelneuronen im Gehirn mit diesem Prozess zusammenhängen. Sie sind nicht nur aktiv, wenn der Mensch eine Handlung selbst ausführt, sondern auch, wenn diese Handlung bei jemand anderem, einem Modell, beobachtet wird. So können Kinder beispielsweise Lippen- und Zungenbewegungen für die Wortbildung lernen oder auch ihre Empathie steigern. Sehen wir beispielsweise einen uns nahestehenden Menschen leiden, werden diese Emotionen nicht nur von unserem Gesicht gespiegelt, sondern auch von unserem Gehirn. Vorbilder können somit einen großen Einfluss auf die Lern- und Entwicklungsprozesse von Kindern haben. Mahatma Gandhi (▸ Kap. 9) oder Martin Luther King (▸ Kap. 8) sind beispielsweise prosoziale, positive Vorbilder, die einen großen Einfluss auf die Menschheit hatten (Myers 2008). Aber auch im Kleinen und im alltäglichen Leben können beispielsweise Eltern, Lehrer, Trainer oder jeder andere Mensch als Vorbild Auswirkungen auf das Verhalten der Mitmenschen haben.

In einer Vielzahl wissenschaftlicher Studien konnte gezeigt werden, dass mithilfe der speziell entwickelten Programme der Positiven Psychologie, Symptome von Depression oder Angstzuständen sowie Verhaltensstörungen gemindert werden konnten (Seligman 2015). Darüber hinaus wurden die **sozialen Kompetenzen** der Schüler, beispielsweise ihr Einfühlungsvermögen, ihre Kooperationsfähigkeit oder ihre Selbstkontrolle, gefördert. Auch sog. **Coping-Strategien**, d. h. Fähigkeiten, gut mit alltäglichen Problemen umzugehen, konnten mithilfe dieser Programme erlernt werden. Nicht zuletzt erhöhte sich die **Resilienz** der Teilnehmer, d. h. die Fähigkeit, Krisen und Rückschläge mit eigenen Ressourcen zu bewältigen und aus diesen gestärkt hervorzugehen. Die Elemente des Wohlbefindens nach Seligman (2015) können mit den oben genannten Übungen nachweislich gefördert werden: Hierzu gehören positive Gefühle,

Engagement, Sinn, positive Beziehungen und das Erreichen von Zielen.

Mit dem Wissen, dass menschliche Stärken, Kompetenzen und Strategien als Puffer für mentale Störungen fungieren können, kann die Prävention von Gewaltverbrechen von einer anderen Seite aus angegangen werden. Der Fokus sollte nicht nur dort liegen, wo es bereits Verhaltensauffälligkeiten, Störungen, Vorstrafen oder Ähnliches gibt. Zusätzlich sollten menschliche Kompetenzen und Stärken ausgebildet werden – vor allem dort, wo es noch gar keine Auffälligkeiten gibt. Lehrer, Familien, Psychologen, Trainer und all diejenigen, die maßgeblich an der Entwicklung und Bildung von Kindern beteiligt sind, sollten dazu beitragen ein Klima zu schaffen, in dem sich menschliche Stärken zunächst identifizieren und im nächsten Schritt weiter ausbilden lassen (Seligman und Csikszentmihalyi 2000). Zudem sollten sie selbst als Vorbild agieren, um ein Modell für andere Menschen, insbesondere für Kinder, zu sein. Es müssen Bedingungen geschaffen werden, um das Gute im Menschen sehen und fördern zu können. So kann das Gute im Menschen gestärkt werden, um das Böse gar nicht erst aufkommen zu lassen. Hiermit schließt sich bereits die nächste Frage nach der Verhinderung des Bösen an.

34.7 Wie lässt sich das Böse verhindern?

Die wohl wichtigste Frage, die wir uns im Zusammenhang mit diesem Thema und diesem Buch stellen sollten, ist die Frage, wie wir das Böse verhindern können. Im vorherigen Abschnitt zur Positiven Psychologie wurde bereits deutlich, dass dies gelingen kann, indem Bedingungen geschaffen werden, die zur Identifizierung menschlicher Stärken beitragen. Folglich kann das Böse zurückgedrängt werden oder es kommt gar nicht erst auf.

Auch der Psychologe Dr. Johann Endres spricht von der Stärkung menschlicher Fähigkeiten: Er sieht im Bösen einen Ausdruck der Schwäche und erkennt dort einen Ansatzpunkt, wie Menschen gestärkt und somit das Böse verringert werden kann:

» „Menschen, die Straftaten begehen, sind oftmals von ihren persönlichen Fähigkeiten eingeschränkt, von ihrer sozialen Herkunft, von ihren Möglichkeiten, ein Leben zu führen, wie sich das eigentlich alle Menschen wünschen, weil sie sich schwertun, die Schule abzuschließen, meist auch kognitiv vom Durchhaltevermögen her. Gegen diese Schwäche kann man etwas tun. Man kann den Menschen helfen, was sie nicht gelernt oder falsch gelernt haben, aufzuholen. Es ist ein wichtiger Bereich des Strafvollzugs, dass man den Leuten z. B. hilft, eine Berufsausbildung zu machen; dass man, wenn es um die Bewältigung von Konflikten geht, ihnen in Trainings beibringt, dass man seine Ziele auch auf nicht konfrontative oder jedenfalls nicht gewalttätige Art durchsetzen kann; dass man weniger häufig in Streit gerät und dass man, wenn man in einen Streit gerät, nicht zur Gewalt greift. Man versucht, die Denkmuster zu ändern, indem man den Leuten neue Erfahrungen vermittelt, und ihnen zeigt, dass es auch anders geht. Letztendlich denke ich, dass sich Straftaten und Gewalt auch durch Strafandrohungen verhindern lassen. […] Ich denke auch, dass durch Normsetzungen, durch geteilte Ächtung von bestimmtem Verhalten wie z. B., dass in unserer Gesellschaft seit einigen Jahren die Züchtigung von Kindern verpönt ist, die Leute dadurch auch ihr Verhalten ändern und das nicht mehr tun. […] Dies ist ein gutes Beispiel dafür, dass sich das Verhalten von Menschen ändern lässt." Dr. Johann Endres, Psychologe

Die Professorin für Philosophie, Dr. Katja Vogt, sieht den Ansatzpunkt zur Verhinderung des Bösen ebenfalls im Menschen selbst, jedoch eher in der kognitiven Bewertung von Dingen. Es gehe darum, zu verändern, was uns als gut erscheint:

» „Das Ziel ist, dass wir Handlungen als gut sehen, die tatsächlich gut sind. Das ist nicht nur eine Meinungsänderung. Stattdessen geht es auch darum, seine affektiven und reaktiven Einstellungen zu ändern. Um ein vergleichsweise harmloses Beispiel zu nennen: Der bloße Gedanke „Rauchen ist schlecht für mich" ist motivational oft nicht ausreichend, um jemanden dazu zu bewegen, das Rauchen aufzugeben. Zusätzlich muss man an den Punkt kommen, wo Zigaretten abstoßend statt anziehend erscheinen. Allgemeiner gesprochen ist es das Ziel, dass das Schlechte und Böse uns abstößt und dass wir es nicht nur intellektuell negativ bewerten, sondern auch als solches empfinden." Dr. Katja Vogt, Professorin für Philosophie

Laut Vogt sei es wichtig, die eigene Einstellung in Bezug auf das, was verändert werden soll, zu hinterfragen. Dies ist ein wichtiger Ansatzpunkt, um letztendlich auch eine Verhaltensveränderung hervorzurufen.

Darüber hinaus gibt es Menschen, die sich ihrer negativen Handlungen sehr wohl bewusst sind und bereits die Einstellung zu diesem Verhalten erlangt haben, dass dieses nicht gut ist. Bei diesen Menschen mangelt es vermutlich weniger an der Einstellung zu ihrem Verhalten, sondern eher an alternativen Handlungswegen. Insbesondere in Konfliktsituationen wissen sich Menschen oftmals nicht besser zu helfen, als mit Gewalt zu reagieren.

Dies berichtet auch Pfarrer Meiners:

» „Ich kenne so viele Familienverhältnisse, wo über Generationen geschlagen, geschrien und missbraucht wird, weil das die Form der Anerkennung ist. Es ist die schnellste und die einfachste. Wenn wir jemandem Gewalt antun, haben wir direkt eine Wirkung. Liebe wächst langsam, aber Gewalt sehr schnell." Friedhelm Meiners, Pfarrer

Wenn diese Menschen in ihrer eigenen Kindheit mit viel Gewalt aufgewachsen sind, wurden ihnen keine alternativen Verhaltensweisen vorgelebt, mit denen sich ein Konflikt besser lösen ließe. Folglich fehlt es ihnen vermutlich an Handlungskontrolle und anderen Lösungswegen, weil sie es selbst nicht anders gelernt haben. Hier reicht es also nicht aus, die Einstellung der Menschen zu verändern.

Wie auch der Psychologe Endres sagt, muss diesen Menschen dabei geholfen werden, neue Verhaltensweisen zu erlernen, um ihre Schwächen aufzuarbeiten. Es gehe also darum, den Menschen zu stärken, ihn weiterzubilden oder zu trainieren. Letztendlich wird damit das Gute im Menschen gefördert. Auch Pfarrer Friedhelm Meiners legt den Fokus auf die Stärkung des Guten:

» „Das Böse kann verhindert werden, indem man einen guten Menschen schafft." Friedhelm Meiners, Pfarrer

Seiner Meinung nach kann dies außerdem gelingen, indem Menschen Anerkennung entgegengebracht wird und deutlich gemacht wird, was gut und böse ist. Das müsse allerdings in jedem Einzelfall passieren. Laut Meiners könne darüber hinaus mit Gerechtigkeit und mit guten Lebensbedingungen viel Böses verhindert werden. Menschen müssen das Gefühl haben, ihr Leben in Freiheit zu leben. Sie müssen das Gefühl haben, dass sie gerecht behandelt, geliebt und anerkannt werden, und ihr Leben als ausgefüllt und sinnvoll wahrnehmen: „Wenn ich ein erfülltes Leben habe, dann drängt es das Böse zurück." Die Erfüllung der psychologischen Bedürfnisse nach Maslow können also dazu beitragen, das Böse einzudämmen (▶ Abschn. 34.5).

Laut Bosse, Leiter der Mordkommission Braunschweig, sei die Verhinderung des Bösen eine Aufgabe, die seiner Meinung nach seit Jahrtausenden nicht gelungen ist und vermutlich nie gelingen wird, denn die genauen Ursachen, warum ein Mensch gut oder böse wird, sind uns nicht bekannt:

» „Aber wir werden nie das Böse im Menschen verhindern. […] Auch in einem Pfarrer, auch in einem Polizisten, auch in einem Arzt liegen das Gute und das Böse dicht beieinander, und manchmal verschwimmen auch hier die Grenzen." Dirk Bosse, Leiter der Mordkommission Braunschweig

Diese Aussage weist auf eine abschließende Frage hin: Kann das Böse überhaupt vollständig verhindert werden, wenn es neben dem Guten in der Natur des Menschen liegt? Wenn wir davon ausgehen, dass dies der Fall ist, der Mensch also immer gute und böse Facetten hat und zu gutem und bösen Verhalten fähig ist, so wird das Böse immer da sein. Es lässt sich somit nicht gänzlich verhindern. Wir sind dem Bösen immer und überall ausgesetzt, und bestimmte Situationen wie Konflikte oder Stress können die negativen Facetten im Menschen immer wieder hervorrufen. In diesen Situationen merken wir, wie dicht Gut und Böse beieinander liegen.

Wenn das Böse nicht gänzlich verhindert werden kann, sollte unser Fokus auf der bestmöglichen Verhinderung oder Eindämmung des Bösen liegen, indem wir die guten Facetten und Verhaltensweisen der Menschen erkennen und fördern und somit das Böse überlagern.

34.8 Gut und Böse in der Natur des Menschen

Der Mensch hat das Potenzial für beide Seiten: Gut und Böse. Biologische, psychologische und soziale Faktoren haben jeweils einen Einfluss darauf, in welche Richtung sich ein Mensch entwickelt (▶ Kap. 3). Es liegt also in der Natur des Menschen, zu jedem Verhalten fähig zu sein. Die Frage dabei ist nur, welche dieser beiden Seiten im Menschen gestärkt wird und für welche wir uns entscheiden.

Jeder Mensch kann an vielen Stellen dazu beitragen, dass die gute Seite gestärkt wird. So können beispielsweise die psychologischen Bedürfnisse anderer Menschen nach Anerkennung und Wertschätzung erfüllt werden, nicht zuletzt durch Kooperation und Solidarität. Aber auch durch soziale Faktoren wie eine sichere Bindung von Kindern zu ihren Eltern, Freunden und einem sozialen Netzwerk, die Unterstützung von Mitmenschen oder durch Vorbilder kann das Gute gefördert werden.

Die Stärken und Kompetenzen von Menschen sollten im Sinne der Positiven Psychologie dabei in den Vordergrund rücken und gefördert werden. Der Fokus sollte nicht darauf liegen, was ein Mensch nicht kann, was ihm fehlt oder was er falsch gemacht hat, sondern darauf, was er für Stärken hat und wie er diese nutzen kann. Es sollten ein Umfeld und eine Atmosphäre geschaffen werden, die dazu beiträgt, diese Stärken zu erkennen und zu fördern.

■ **Vorbilder**

Bereits Aristoteles hat die große Bedeutung von Vorbildern erkannt: Eltern, Lehrer, Trainer, Führungskräfte, aber auch alle anderen Menschen können Vorbildfunktionen erfüllen und somit eine Orientierungshilfe für Kinder, Teammitglieder, Mitarbeiter, Kollegen und andere Mitmenschen darstellen.

Dabei ist es wichtig, nicht nur über gute Verhaltensweisen, Eigenschaften oder Werte zu reden. Um zu lernen, wie man tugendhaft bzw. gut handelt, um letztendlich ein gutes und glückliches Leben zu leben, muss man die Tugenden zudem auch anwenden. Zu einer Vorbildfunktion gehört daher nicht nur die Weitergabe theoretischen Wissens, sondern eben auch das aktive Verhalten, wie schon Aristoteles postulierte. Es ist essenziell, dass das gezeigte Verhalten der Vorbilder mit den Äußerungen und inhaltlichen Erklärungen dieser Personen übereinstimmt (Frey und Schmalzried 2013). Folglich sollten Eltern nicht nur über Ehrlichkeit oder Lehrer nicht nur über Demokratie sprechen, sondern sie sollten dies auch aktiv vorleben.

Auch Menschen, die beispielsweise ein Anti-Aggressivitäts-Training absolvieren müssen, sollten nicht nur theoretische

Kenntnisse, Ratschläge oder Berichte zu Gewaltsituationen hören, sondern sich tatsächlich in diese Situationen hineinbegeben, andere beobachten, üben und lernen. Nur indem immer wieder das Verhalten eines tugendhaften Menschen gezeigt wird, kann dieses Verhalten letztendlich auch übernommen und erlernt werden.

Auch der Neurologe und Psychiater Viktor Frankl brachte zum Ausdruck, dass Werte nicht gelehrt werden können, sondern vorgelebt werden müssen (Frey und Schmalzried 2013). Jeder Mensch kann dabei seinen Beitrag leisten und sich darum bemühen, eine Vorbildfunktion zu erfüllen, vorauszugehen und anderen einen guten Weg zeigen. Somit kann jeder Mensch zu einem Umfeld beitragen, indem der Fokus auf dem Guten und auf den Stärken der Menschen liegt. Dies sollte sowohl in Familien, Kindergärten, Schulen, Sportvereinen, Universitäten, aber auch in Unternehmen und in der Arbeitswelt eine Selbstverständlichkeit sein.

- **Ist es wirklich gut?**

In Anlehnung an die Philosophin Dr. Katja Vogt sollten wir uns darüber hinaus fragen, was wir als gut und böse ansehen, und uns dann die Frage stellen, ob das, was wir als gut ansehen, auch wirklich gut ist. Oder ist es vielleicht nur gut für uns selbst und für alle anderen schlecht?

Mit Lügen, Intrigen, Täuschungen und auch Gewalt kommen viele Menschen vielleicht schneller an ihr Ziel, setzen sich und ihre Interessen durch und sind damit durchaus erfolgreich. Sie könnten ihr Verhalten möglicherweise sogar damit begründen, dass dies im Interesse anderer geschehen ist, es für z. B. für die Familie oder das Unternehmen (überlebens)wichtig war. Aber ist es damit „gutes" Verhalten? Vielleicht müssen wir hierbei unser eigenes Verhalten einmal mehr überdenken oder auch umlernen. Vielleicht gibt es einen anderen, einen guten Weg, um ein bestimmtes Ziel zu erreichen oder ein Bedürfnis zu erfüllen.

Dies setzt immer Offenheit und Flexibilität voraus. Nur wer offen für Veränderungen und für etwas Neues ist, sich eigene Fehler und Irrtümer eingesteht, kann kritisch reflektieren, dass sein Verhalten im Nachhinein gesehen vielleicht gar nicht gut war, und in Zukunft anders handeln.

- **Zweite Chancen**

Wie anhand der Darstellungen von Dirk Bosse, dem Leiter der Mordkommission Braunschweig, und der Skala des Bösen des Psychiaters Dr. Michael Stone deutlich wurde, lässt sich aufgrund einer einzelnen Tat nicht auf die Güte eines Menschen schließen.

Hiermit soll nicht ausschließlich Tötung oder Mord gemeint sein, sondern jede alltägliche Handlung oder jedes böse Wort, mit der wir andere Menschen verletzen oder schädigen können. Eine Tat, die die bösen Facetten eines Menschen in einer bestimmten Situation zum Ausdruck bringen kann, ist kraftvoll, zerstört Vertrauen und überschattet zunächst alle guten Eigenschaften. Wenn wir jedoch davon ausgehen, dass Gut und Böse nah beieinander in der Natur des Menschen liegen, so sind auch die guten Eigenschaften nach solch einer Tat noch vorhanden – wenn auch überlagert von einem negativen oder bösen Ereignis. Daher können wir uns auch im Nachgang einer solchen Tat immer wieder dazu entscheiden, gut zu handeln.

Pfarrer Friedhelm Meiners erklärt, dass von uns Menschen aus der theologischen Perspektive eigentlich nur eine Sache verlangt wird: Vergebung. Dies ist im Vater Unser, im zentralen Gebet des christlichen Glaubens, festgehalten. Einem Menschen eine 2. Chance zu geben, sei laut Meiners allerdings das schwerste. Doch Vergebung und 2. Chancen bringen immer auch Hoffnung und Optimismus mit sich, denn dadurch bekommt der Mensch immer wieder die Möglichkeit, sich anders zu verhalten und sich für das Gute zu entscheiden.

- **Der gute Weg**

Wie schwer es manchmal sein kann, sich gut zu verhalten, hat bereits die Philosophin Dr. Katja Vogt in ihrer Aussage erkannt: Es sei eine komplexe Aufgabe und eine lebenslange Herausforderung, eine gute Person zu sein. Wie viel Kraft das Böse immer wieder haben kann, beschreibt auch die Philosophin Annemarie Pieper in ihrem Buch *Gut und Böse* (2008):

> » „Der ,Normalmensch' ist jederzeit durch das Böse anfechtbar und muß sich das Gute immer wieder neu erkämpfen." (Pieper 2008, S. 17)

Wie sowohl Vogt als auch Pieper anmerken, sind wir dem Bösen immer wieder ausgesetzt. Im alltäglichen Leben erleben wir beispielsweise immer mehr Ausgrenzung, Diskriminierung von Fremden oder Intoleranz. Wir müssen aktiv etwas dafür tun, dass das Gute hierbei stärker ist als das Böse. Dies liegt in unserer Verantwortung. Dafür sind eine offene und humane Gesellschaft und Werte wie Gleichheit, Gerechtigkeit, Freiheit und Menschenwürde, die bereits Immanuel Kant gefordert hat, unabdingbar. Auch Popper und Lessing forderten Offenheit und Toleranz gegenüber Kritik und anderen Sichtweisen in der Gesellschaft (Frey und Schmalzried 2013). Es sollte zur Norm gehören, dass Menschen und Unterschiedlichkeiten toleriert werden und Ausgrenzung nicht geduldet wird. Das Bestehende sollte ständig hinterfragt und auch offen diskutiert werden.

Nach Immanuel Kant sollte unser Handeln dabei am kategorischen Imperativ ausgerichtet werden. Dieser oberste Leitsatz für unser Handeln führt laut Kant letztendlich auch zum Glück:

> » „Handle nach derjenigen Maxime, durch die du zugleich wollen kannst, dass sie ein allgemeines Gesetz werde." (zitiert nach Frey und Schmalzried 2013, S. 79)

Auch wenn dies der eventuell längere oder schwierigere Weg ist, der mehr Kraft, Mut und Zeit benötigt, und auch wenn das Gute erst über einen längeren Zeitraum sichtbar wird, so wird es stets der bessere Weg sein. In jeder Situation haben wir immer wieder die Möglichkeit, uns für diesen guten Weg zu entscheiden und somit auch immer ein Vorbild für andere zu sein.

Gut und Böse liegen in der Natur des Menschen und gehören wie viele andere Gegensätze zum Leben dazu. Das Böse hat eine große Kraft, der wir ständig ausgesetzt sind. Trotzdem kann das Gute über das Böse siegen, sofern wir uns nur dafür entscheiden und dazu beitragen, das Gute in uns und in anderen zu stärken. Wenn wir für das Gute einstehen, es erkennen, stärken und anderen vorleben, dann können wir dazu beitragen, das Böse einzudämmen und die Welt ein Stück weit zu verbessern.

Interviews

- Mündliches Interview mit Dr. Johann Endres, Psychologe im kriminologischen Dienst des bayerischen Justizvollzugs, geführt am 16. April 2018
- Mündliches Interview mit Pfarrer Friedhelm Meiners, Braunschweig, geführt am 5. April 2018
- Mündliches Interview mit Dirk Bosse, Leiter der Mordkommission Braunschweig, geführt am 6. April 2018
- Schriftliches Interview mit Dr. Katja Vogt, Professor of Philosophy, Columbia University, 19. April 2018
- Mündliches Interview mit Prof. Dr. Borwin Bandelow, Psychiater, Neurologe, Psychologe und Psychotherapeut, Professor für Psychiatrie und Psychotherapie an der Universität Göttingen, geführt am 27. März 2018

Literatur

Bandura, A. (1971). *Psychological modeling*. Chicago: Aldine & Atherton.

Baumeister, R. F., Bratslavsky, E., Finkenauer, C., & Vohs, K. D. (2001). Bad is stronger than good. *Review of General Psychology, 5*(4), 323–370.

Betsch, T., Funke, J., & Plessner, H. (2011). *Denken – Urteilen, Entscheiden, Problemlösen*. Berlin: Springer.

34

Frey, D. (Hrsg.). (2017). *Psychologie der Märchen*. Berlin: Springer.

Frey, D., & Schmalzried, L. (2013). *Philosophie der Führung: Gute Führung lernen von Kant, Aristoteles, Popper & Co.* Berlin: Springer.

Gable, S. L., & Haidt, J. (2005). What (and why) is positive psychology? *Review of General Psychology, 9,* 103–110.

Kahneman, D., & Tversky, A. (1979). Prospect theory: An analysis of decision under risk. *Econometrica, 47*(2), 263–291.

Maslow, A. H. (1970). *Motivation and personality* (2. Aufl.). New York: Harper & Row.

Myers, D. G. (2008). *Psychologie* (2. Aufl.). Berlin: Springer.

Pieper, A. (2008). *Gut und Böse* (3. Aufl.). München: Beck.

Precht, R. D. (2010). *Die Kunst, kein Egoist zu sein*. München: Goldmann.

Scarr, S. (1992). Developmental theories for the 1990's: Development and individual differences. *Child Development, 63,* 1–19.

Schaertl, M. (2009). Skala des Bösen. Focus. Artikel vom 09. November 2009. ► https://www.focus.de/wissen/mensch/tid-16319/psychologie-super-reiche-sind-oft-verkommen_aid_452075.html. Zugegriffen: 15. Jan. 2019.

Seligman, M. (2015). *Wie wir aufblühen: Die fünf Säulen des persönlichen Wohlbefindens* (3. Aufl.). München: Goldmann.

Seligman, M., & Csikszentmihalyi, M. (2000). Positive psychology: An introduction. *American Psychologist, 55,* 5–14.

Nachwort: Die Zukunft des Guten und Bösen

Dieter Frey, Caroline Mehner, Marlene Gertz und Clarissa Zwarg

Die Analyse des Guten und des Bösen ist eine Chance für eine bessere Welt. Wir können nur aus den grausamen Taten der Vergangenheit lernen, wenn wir uns darüber bewusst sind, was dazu geführt hat, wo wir hätten eingreifen und was wir hätten ändern können. Nur wenn wir die Faktoren kennen, die sowohl das Gute als auch das Böse im Menschen hervorbringen, können wir versuchen, das Gute zu stärken und das Böse einzudämmen.

Sicherlich gibt es für die meisten Persönlichkeiten, die in diesem Buch thematisiert wurden, verschiedene Analysen mit unterschiedlichen Facetten. Wir haben uns dabei in erster Linie auf die psychologische Perspektive konzentriert und nur an einigen Stellen, beispielsweise im vorherigen ▶ Kap. 34, die Perspektive der Soziologie, der Rechtswissenschaften, der Kriminologie, der Politologie und der Sozialwissenschaften eingenommen.

Wir möchten an dieser Stelle noch einmal betonen, dass wir nicht behaupten, Experten der Psychologie hätten ein „Röntgenauge" und könnten jegliches zwischenmenschliche Verhalten besser als jeder andere Nichtpsychologe analysieren. Wohl aber behaupten wir, dass Experten der Psychologie die Situationen häufig differenzierter betrachten und erkennen, dass Verhalten stets sowohl abhängig von der jeweiligen Situation als auch von der Persönlichkeit des Gegenübers ist. Ungeschulte Laien können diese distanzierte Warte zumeist weniger gut einnehmen und fügen Menschen bevorzugt in ihr eigenes Denkschema ein, statt das des anderen aufzugreifen (Schwarz-Weiß-Denken). Das passiert auch schnell, wenn Menschen als gut oder böse eingeschätzt werden, obwohl ganz selten jemand nur „gut" oder nur „böse" ist.

Natürlich ist die heutige Gesellschaft in weiten Teilen eine andere als die, in der viele der behandelten Personen gelebt haben. So fällt es beispielsweise in der heutigen Zeit schwer, zu verstehen, wie Hitler die Massen faszinieren und mitreißen konnte. Trotzdem glauben wir, dass viele der behandelten Aspekte und die Kenntnis der Bedingungen, die in der Vergangenheit bereits zum Guten sowie zum Bösen geführt haben, auch heute relevant sind. Wir sind der Meinung, dass man durch jede Konfrontation mit dem Guten und dem Bösen lernen kann. Man kann lernen, wie das Böse minimiert und das Gute gefördert werden kann, wo man das Böse heute noch sieht und welche Vorkehrungen man treffen muss, sodass sich das Böse nicht ausbreiten kann.

▪ Das Ziel unseres Buches

Wir verstehen die Psychologie nicht nur als Erfahrungs- und Erklärungswissenschaft, sondern als Aufklärungswissenschaft, die die Welt im positiven Sinne mithilfe wissenschaftlicher Erkenntnisse verändern kann. Diese Wissenschaft ist auch dafür verantwortlich, Missstände in der Welt aufzuzeigen, Vorstellungen zu entwickeln, wie Idealzustände aussehen müssen oder wie eine bessere Zukunft unserer Gesellschaft aussehen könnte. Deshalb beschränkt sich Wissenschaft nicht auf eine reine Deskription, Erklärung und Aufklärung, sondern hat immer auch etwas mit Visionen, Werten und der Infragestellung des Bestehenden zu tun.

Hier und da hoffen wir, dass es gelungen ist, anhand wissenschaftlicher Erkenntnisse zu veranschaulichen, wie Gewohnheiten überwunden, starre Strukturen aufgelöst und Menschen für eine humanistische Grundidee gewonnen werden können.

Darüber hinaus war es unser Anliegen, eine Grundstimmung zu schaffen, wie sie z. B. in der Positiven Psychologie proklamiert wird (Seligman und Csikszentmihalyi 2000). Diese beinhaltet, Verantwortung für die Zukunft und dafür zu übernehmen, dass kritische Zustände, die die Menschenwürde verletzen, indiskutabel sind und dass man Personen und Institutionen braucht, die für eine offene Gesellschaft kämpfen. Das heißt, wir haben – neben dem Erkenntnisgewinn – immer auch eine Vorstellung davon, wie eine zukünftige offene Gesellschaft, und zwar eine Weltgesellschaft aussehen sollte. Zugrunde liegt dem ein Werteethos im Sinne Poppers oder Max Webers. Wir folgen der Idee, dass man als Wissenschaftler nicht nur Verantwortung für Ist-, sondern auch für Sollzustände hat. Dieses muss man zwar klar trennen, aber Wissenschaft kann sehr oft einen wichtigen Beitrag dazu leisten, wie man von einem Ist- zu einem Sollzustand gelangen kann. Dabei muss sorgfältig zwischen deskriptiven, explikativen und normativen Aussagen unterschieden werden.

Das Ziel sollte eine Zukunft sein, die von einer humanistischen Philosophie geprägt ist, einer offenen Gesellschaft, einer Gesellschaft des gegenseitigen Respekts, der Wertschätzung und Menschenwürde, wie es auch im Grundgesetz verankert ist. Es sollte ein Höchstmaß an Toleranz und Selbstbestimmung sowie Zivilcourage vorherrschen, sodass dort eingeschritten wird, wo diese Werte verletzt werden (Frey et al. 2004, 2005; Frey und Schnabel 2012; Niesta Kayser et al. 2016).

▪ Was lernen wir für die Zukunft?

Wir alle können mithilfe dieser Analyse zum Guten und zum Bösen eigene Episoden in unserem Leben zu interpretieren versuchen und Erkenntnisse gewinnen, wie wir unser Leben gestalten, organisieren, strukturieren, verändern und neu definieren können.

Für diese Selbstreflexion sollte man sich einige Fragen stellen: Wo verhalte ich mich selbst gut oder böse? Wie kann ich positiv bzw. gut agieren? Wo bin oder kann ich ein Vorbild sein? Wann habe ich mich vielleicht falsch entschieden und hätte einen besseren, einen guten Weg wählen können? Hätte ich mich unter anderen Ausgangsbedingungen auch so verhalten? Wie ist es in meiner Familie? Wie ist es in meinem Dorf, in meiner Umgebung, bei meiner Arbeit? Es sind genau diese Selbstreflexionen, die bewirken, dass man sehr viel über sich und andere lernen kann. Außerdem wird durch diese Auseinandersetzung unser Blick für Situationen geschärft, in denen wir Einfluss auf Geschehnisse nehmen können.

Diese Analyse als Ausgangspunkt für Reformen oder Revolutionen zu bezeichnen, führt sicherlich zu weit, aber sie bieten eine gute Gelegenheit zur Selbstreflexion und damit zu sinnvollem Handeln.

▪ Wenn aus Opfern Täter werden

Oft gibt es auch den Fall, dass Opfer aus den unterschiedlichsten Gründen später selbst zu Tätern werden. Wir haben hierzu eine klare Position: Jeder ist verantwortlich für sein eigenes Leben und sein eigenes Verhalten, wohlwissend dass traumatische Erlebnisse Menschen in vielerlei Hinsicht blockieren können. Doch, was auch immer in der Vergangenheit geschehen sein und den Menschen nachteilig beeinflusst und geprägt haben mag, die Entscheidung für die eigenen Taten, ob gut oder böse, liegt letztlich ausschließlich bei einem selbst.

▪ Empfehlungen für den Alltag und die Schule

Böse Taten sind nicht immer vorhersehbar, da jeder Fall anders geartet ist. Niemand kann vorhersagen, ob bereits morgen ein potenzieller Täter straffällig wird. Umso wichtiger ist es, dass wir dort, wo schwierige Rahmenbedingungen herrschen und viele Risikofaktoren zusammenkommen, reagieren. Mit Schulpsychologen, Lehrern, Eltern, Sozialarbeitern sollte beginnenden Verhaltensauffälligkeiten entgegengesteuert werden, denn bei den meisten von uns porträtierten Personen war es so, dass sie erst im Alter Täter wurden. Vielleicht hätte das eine oder andere Vergehen verhindert werden können, wenn nur mehr Anzeichen erkannt und ihnen aktiv begegnet worden wäre.

Aus diesem Grund halten wir es für sinnvoll, dass diese Positiv- und Negativbeispiele auch in der Schule besprochen werden, um bereits Kindern Hinweise über die Ausgangsbedingungen des Guten und Bösen zu geben. Das kann im Religions- oder Ethikunterricht, aber auch in jedem anderen Fach getan werden. Natürlich ist jeder aufgefordert, andere

Beispiele für das Gute und Böse zu verwenden.

Wir glauben, dass der Egoismus einzelner Menschen, von Gruppen und von Nationen sowie die Knappheit der Güter und der damit verbundene Konkurrenzkampf die Gefahr birgt, dass das Gute nicht gelebt und eingehalten wird, um sich durchzusetzen. Es gibt mannigfaltige Ausgangsbedingungen, wie sich das Böse entwickeln kann. Trotzdem wollen wir uns nicht mit diesem pessimistisch-fatalistischen Standpunkt abfinden. Jeder kann in seinem Bereich, in seinem Leben durch Zivilcourage aktiv werden und zeigen, dass Egoismus und Böses seine Grenzen haben. Jede Gemeinschaft kann außerdem einen Beitrag leisten, Institutionen zu schaffen oder zu verteidigen, die Unrecht bestrafen und Gerechtigkeit wiederherstellen. Deshalb hat eine funktionierende Demokratie einen wichtigen Einfluss auf die Förderung des Guten und das Eindämmen des Bösen.

Im Sinne der Positiven Psychologie sollte der Fokus dabei immer auf der Identifizierung und Ausbildung menschlicher Stärken und Kompetenzen liegen. Auch hier kann jeder Mensch aktiv werden, indem eigene Charakterstärken und die der Mitmenschen erkannt und gefördert werden. So können Eltern, Lehrer, Trainer, Führungskräfte und alle anderen als Vorbild für Kinder, Mitarbeiter und Mitmenschen agieren. Auch im Kleinen und im alltäglichen Leben kann somit jeder Mensch als Modell dienen, dadurch Lern- und Entwicklungsprozesse bei anderen fördern und damit zum Guten beitragen.

■ **Die Verantwortlichkeit der Presse**

Ein Problem ist, wie die Presse bei einigen besonders „spektakulären" Fällen mit den Taten umgeht. Hier hat die Presse auf der einen Seite eine große Verantwortung, um Nachahmung zu minimieren, auf der anderen Seite aber auch eine Verantwortung gegenüber den Persönlichkeitsrechten der Täter. Besonders wichtig ist auch – gerade in Zeiten des schnellen und globalen Informationsflusses – teilweise Zurückhaltung zu wahren, um zu Unrecht Angeklagte nicht öffentlich zu verurteilen.

■ **Die Zukunft kommt – das Wie gestalten wir**

Wir wünschen uns, dass wir Sie mit der Analyse von Gut und Böse unterhalten, neugierig machen und dazu motivieren konnten, die guten und bösen Taten der dargestellten Personen aus einem anderen Blickwinkel zu betrachten und zu reflektieren.

So hoffen wir am Schluss, dass Sie durch dieses Buch inspiriert wurden, für die heutige Zeit und Ihr eigenes Leben zu lernen, bei Bedarf einzuschreiten, wenn sich Böses entwickelt, und dort unterstützend einzuwirken, wo Gutes entsteht.

Literatur

Frey, D., & Schnabel, A. (2012). Zivilcourage am Arbeitsplatz: Sind kritische Mitarbeiter erwünscht? In G. Meyer & S. Frech (Hrsg.), *Zivilcourage: Aufrechter Gang im Alltag* (S. 91–111). Schwalbach: Wochenschau-Verlag.

Frey, D., Brandstätter, V., Peus, C. & Winkler, M. (2004). Zivilcourage: Intoleranz gegenüber Intoleranz. In H. R. Yousefi & K. Fischer (Hrsg.), *Interkulturelle Orientierung – Grundlegung des Toleranz-Dialogs. Teil II: Angewandte Interkulturalität. Reihe Bausteine zur Mensching-Forschung* (Bd. 6/II, S. 431–452). Nordhausen: Bautz.

Frey, D., Greitemeyer, T., Fischer, P., & Niesta, D. (2005). Psychologische Theorien hilfreichen Verhaltens. In K. J. Hopt, T. von Hippel, & W. R. Walz (Hrsg.), *Non-Profit-Organisationen in Recht, Wirtschaft und Gesellschaft* (S. 177–196). Tübingen: Mohr Siebeck.

Frey, D., Frey, A., Peus, C. & Osswald, S. (2008). Warum es so leicht ist, Werte zu proklamieren und so viel schwieriger, sich auch entsprechend zu verhalten. In E. Rohmann, M. J. Herner, & D. Fetchenhauer (Hrsg.), *Sozialpsychologische Beiträge zur Positiven Psychologie. Eine Festschrift für Hans-Werner Bierhoff* (S. 226–247). Lengerich: Pabst.

Niesta Kayser, D., Frey, D., Kirsch, F., & Brandstätter, V. (2016). Zivilcourage. In H.-W. Bierhoff & D. Frey (Hrsg.). *Enzyklopädie der Psychologie: Sozialpsychologie. Bd 2: Soziale Motive und Soziale Einstellungen* (S. 255–275). Göttingen: Hogrefe.

Seligman, M., & Csikszentmihalyi, M. (2000). Positive psychology: An introduction. *American Psychologist, 55*, 5–14.

Serviceteil

Sachverzeichnis

MIX
Papier aus verantwortungsvollen Quellen
Paper from responsible sources
FSC® C105338

If you have any concerns about our products,
you can contact us on
ProductSafety@springernature.com

In case Publisher is established outside the EU,
the EU authorized representative is:
**Springer Nature Customer Service Center GmbH
Europaplatz 3, 69115 Heidelberg, Germany**

Printed by Libri Plureos GmbH
in Hamburg, Germany